JURISTISCHE
FALL-LÖSUNGEN

———

Fritzsche
Fälle zum Schuldrecht I

Fälle zum Schuldrecht I

Vertragliche Schuldverhältnisse

von

Dr. Jörg Fritzsche

o. Professor an der Universität Regensburg

4. Auflage

Verlag C.H. Beck München 2010

Verlag C. H. Beck im Internet:
beck.de

ISBN 978 3 406 60572 7

© 2010 Verlag C. H. Beck oHG
Wilhelmstraße 9, 80801 München
Druck und Bindung: Nomos Verlagsgesellschaft
In den Lissen 12, 76547 Sinzheim

Satz: Druckerei C. H. Beck Nördlingen

Gedruckt auf säurefreiem, alterungsbeständigem Papier
(hergestellt aus chlorfrei gebleichtem Zellstoff)

Vorwort zur 4. Auflage

Die Neuauflage berücksichtigt Gesetzgebung, Rechtsprechung und Schrifttum bis Mai 2010. Einige Fälle wurden ausgetauscht, andere überarbeitet. Aktuelle Probleme wurden ergänzt, außerdem zahlreiche Anregungen und Fragen aufmerksamer Leser/innen eingearbeitet. Solche Anregungen sind weiterhin sehr willkommen, weil sie verdeutlichen, wo die Lernenden noch mehr Hilfe benötigen. Man kann sie einfach an fritzsche.lehrstuhl@jura.uni-regensburg.de senden.

Die Vorbemerkungen zu den einzelnen Fällen sind meist kurz, weil den Lösungen jeweils eine Gliederung mit den einzelnen Prüfungspunkten vorangestellt ist, die den Prüfungsaufbau verdeutlicht. Ein Teil der Gliederungen enthält zusätzlich Stichworte zur Lösung – dies soll Anfänger/innen verdeutlichen, wie in etwa eine Lösungsskizze aussehen kann, die man in der Klausur anfertigt, bevor man mit der Reinschrift beginnt. In der Regel sollte man in Lösungsskizzen nicht nur die Prüfungspunkte, sondern alle Aspekte hineinschreiben, auf die man in der Lösung eingehen will. Dies kann hier nicht stets geschehen, weil es die Lösung vorwegnehmen und zu viel Platz beanspruchen würde.

Dank gebührt neben dem Verlag und meiner Sekretärin *Gabriele Schmitt* für die Betreuung des Manuskripts auch meinen Mitarbeiterinnen und Mitarbeitern *Bettina Danzer, Britta Wankerl, Bardia Kian, Stefan Gloser und Fabian Michl*, die – neben den Leser/innen – zur Ausmerzung von Tippfehlern, Personenverwechslungen und ähnlichen Ärgernissen sowie zu sinnvollen Ergänzungen des Fallbuchs beigetragen haben.

Regensburg, im Mai 2010 *Jörg Fritzsche*

Aus dem Vorwort zur 1. Auflage (2003)

Dieses Buch soll Studierenden in den Anfangssemestern beim Einstieg in die Lösung von Fällen aus dem Vertragsrecht helfen. Dazu beginnen die einzelnen Themenblöcke meist mit einem leichten Grundfall. Da man die Falllösung aber nur richtig erlernt, wenn man auch Probleme in den Fällen ausmachen kann, schließen sich Fallvarianten oder weitere Fälle zu spezielleren Fragen an. Diese sollen zugleich zu einer Vertiefung vorhandener Kenntnisse beitragen. Damit wendet sich dieses Buch auch an Studierende in den mittleren Semestern.

Der thematischen Beschränkung auf vertragliche Schuldverhältnisse liegt die Überlegung zu Grunde, dass die meisten Fragen des allgemeinen Schuldrechts hauptsächlich bei ihnen eine Rolle spielen, während es für gesetzliche Schuldverhältnisse oftmals Sonderregeln gibt. Die Reihenfolge der Fälle entspricht in etwa der Darstellung in den Lehrbüchern (und Vorlesungen). Den Anfang machen daher die Begründung von vertraglichen (und ähnlichen) Schuldverhältnissen, deren Inhalt und Erfüllung, ehe es im Schwerpunkt um das Leistungsstörungsrecht geht. Neben den zentralen §§ 275 ff., 320 ff. behandeln die Fälle auch die Folgen von Rücktritt und Verbraucherwiderruf, Fragen der Abtretung und speziellere Aspekte des Kauf-, Miet-, Dienst- und Werkvertragsrechts.

... Oftmals ist, da höchstrichterliche Rechtsprechung zum geltenden Recht fehlt, völlig unklar, welchen von mehreren denkbaren Lösungswegen man einschlagen sollte. Und dies gilt leider oftmals gerade da, wo die Schuldrechtsreform Probleme lösen sollte, oder auch an Stellen, an denen es früher gar kein Problem gab. Das zwingt dazu, in diesem Fallbuch zu vielen Kontroversen und ihren Auswirkungen Stellung zu beziehen. Deshalb sind die Lösungen – entgegen der ursprünglichen Intention – oftmals nicht ganz kurz, was aber auch mit Hinweisen zum Aufbau oder zu weiteren Problemen zusammenhängt, zu denen im Hinblick auf den Umfang des Buches nicht eigens ein Fall gebildet werden konnte.

Man sollte sich also insbesondere als Studienanfänger/in nicht von der Länge einer Lösung oder der Vielzahl der behandelten Probleme abschrecken lassen. Denn nur die Übung ermöglicht es, immer wieder neue, unbekannte Fälle mit zunächst ungewissen Problemen rechtlich richtig zu erfassen und zu lösen.

Inhaltsverzeichnis

Abkürzungsverzeichnis XIII
Literaturverzeichnis XVII

1. Teil. Hinweise zur Fallbearbeitung bei vertraglichen Schuldverhältnissen

A. Die typischen Anspruchsziele und -grundlagen 1
   I. Der Erfüllungsanspruch (Primäranspruch) 1
   II. Sonstige Leistungsansprüche 2
   III. Die Schadensersatzsprüche (Sekundäransprüche) 2
   IV. Rücktritts- und Widerrufsrecht; Rückgewähransprüche 2
   V. Sonstige Anspruchsziele 4

B. Prüfungsablauf und Anspruchsaufbau 4
   I. Erfüllungsansprüche 4
   II. Schadensersatzansprüche 5
   III. Rückgewähransprüche 8

2. Teil. Fälle

Fall 1. **Wer zahlt den Makler?**
Abschluss eines Maklervertrags – Vertrag zugunsten Dritter – Verwirkung des Lohnanspruchs nach § 654 – Fälligkeit und Fälligkeitsbedingung 9

Fall 2. **Das verflixte Salatblatt**
Culpa in contrahendo – Konkretisierung der §§ 311 Abs. 2, 241 Abs. 2 durch Rechtsprechungsgrundsätze – konkurrierende deliktische Ansprüche – Beweislastumkehr nach § 280 Abs. 1 S. 2 und bei Verletzung von Verkehrssicherungspflichten – Verjährung – Drittschutz im Schuldverhältnis und § 311 Abs. 3 S. 1 16

Fall 3. **Zahlungsversuche**
Erfüllung, Leistung an Erfüllungs statt und Leistung erfüllungshalber – Erfüllung einer Geldschuld durch Überweisung – abstraktes oder kausales Schuldanerkenntnis 26

Fall 4. **Glassplitter**
Nachträgliche und anfängliche objektive Unmöglichkeit – Leistungsbefreiung nach § 275 Abs. 1 – Gegenleistungsanspruch bei Leistungsbefreiung des Schuldners – Schadensersatz statt der Leistung – Vermögensschaden – Differenz- und Surrogationsmethode 33

Fall 5. **Unterversicherung**
Anspruch auf das stellvertretende commodum (Ersatzherausgabe) – Erhalt des Gegenleistungsanspruchs – Anrechnung des commodums auf den Schadensersatz statt der Leistung 45

Inhaltsverzeichnis

Fall 6. Übermächtige Versuchung
Doppelverkauf – Anspruch auf den erlangten Ersatz, § 285 Abs. 1 – Commodum ex negotiatione cum re (Veräußerungserlös) – Auswirkungen des § 275 Abs. 2 – Rückzahlung des Kaufpreises nach Leistungsbefreiung des Verkäufers, § 326 Abs. 4 – Anspruch auf das commodum und Gegenleistungspflicht, § 323 Abs. 3 50

Fall 7. Arbeiten oder dienen?
Persönliche Unzumutbarkeit der Leistung, § 275 Abs. 3 – Leistungsverweigerungsrecht und Gegenleistung – Dauerschuldverhältnis – absolute Fixschuld – Kündigung statt Rücktritt bei Dauerschuldverhältnissen 59

Fall 8. Umleitung
Leistungsbefreiung infolge Unmöglichkeit bei der Gattungsschuld – Rückgängigmachen der Konkretisierung (De- oder Entkonkretisierung) – Rückgewähranspruch bei nicht geschuldeter Gegenleistung, §§ 346 Abs. 1, 326 Abs. 4 – Rücktrittsrecht nach §§ 346 Abs. 1, 326 Abs. 5 63

Fall 9. Untergang eines sperrigen Gegenstands
Abgrenzung von Stück- und Gattungsschuld – Vorratsschuld – Unmöglichkeit und Annahmeverzug – Erfüllbarkeit einer Forderung – Konkretisierung und Gefahrübergang nach § 300 Abs. 1 – Übergang der Gegenleistungsgefahr nach § 326 Abs. 2 oder § 446 S. 3 71

Fall 10. Ottokars Glück und Ende
Sach-, Leistungs- und Preisgefahr – Gefahrtragung beim Versendungskauf – Transport durch eigene Leute und § 447 – Übereignung durch Vertreter – Übergabe durch Besitzdiener – Voraussetzungen der Verantwortlichkeit 84

Fall 11. Vergebliche Versuche
Verletzung der Hauptleistungspflicht – Schadensersatz statt der Leistung – Umfang der Ersatzpflicht – Ersatz vergeblicher Aufwendungen – Rentabilitätsvermutung – Kündigung eines Werkvertrags nach § 649 95

Fall 12. Platter Roller
Vom Gläubiger zu verantwortende Leistungsbefreiung – beiderseits zu verantwortende Unmöglichkeit – Befreiung von der Gegenleistungspflicht – Berücksichtigung beim Schadensersatz statt der Leistung – Mitverschulden – (Gegen-)Schadensersatzanspruch des Schuldners gem. § 280 Abs. 1 108

Fall 13. Verplappert
Allgemeiner Bankvertrag – Rahmenvertrag – Geschäftsbeziehung als gesetzliches Schuldverhältnis ohne primäre Leistungspflicht – Schadensersatz wegen Pflichtverletzung – Abgrenzung zum Schadensersatz statt der Leistung – Verschwiegenheitspflicht und Unterlassungsanspruch – Verhältnis der §§ 281 und 282 – Rücktritt nach § 324 121

Inhaltsverzeichnis IX

Fall 14. Erdbeeren am Montag
Abgrenzung zwischen Nichtleistung und Unmöglichkeit der Leistung
– absolutes Fixgeschäft – Rücktritt nach § 323 Abs. 1 – Fristsetzung
und Entbehrlichkeit 131

Fall 15. Gebrauchter Palandt
Rücktritt nach § 323 Abs. 1 – Rückgewähranspruch gem. § 346 Abs. 1
– Eigentumsvorbehalt (§ 449) und Rücktritt – Schadensersatz statt der
Leistung nach §§ 280, 281 Abs. 1 – Vereitelung des Bedingungseintritts
i. S. v. § 162 138

Fall 16. Verspätetes Zweirad
Schuldnerverzug – Einrede des nicht erfüllten Vertrags – annahmeverzugsbegründendes Angebot – Besonderheiten der Geldschuld – Entbehrlichkeit der Mahnung – Ersatz des Verzögerungsschadens – Vorteilsausgleichung – Haftung für Zufall, § 287 S. 2 145

Fall 17. Verspätete Zweiräder
Schuldnerverzug – Verzugsvoraussetzungen – Mahnung und Entbehrlichkeit – spätester Verzugseintritt bei Entgeltforderungen – Verzugszins – Vertretenmüssen bei Gattungs- und Geldschuld – Zurückbehal-
tung trotz Aufrechnungsmöglichkeit? 154

Fall 18. Preisentwicklungen auf dem Chip-Markt
Abgrenzung der §§ 275 Abs. 2 und 313 – wirtschaftliche Unmöglichkeit als Äquivalenzstörung – Anspruch auf Vertragsanpassung – Risikoverteilung bei Preissteigerung 163

Fall 19. Pharao springt nicht mehr
Rückgewähranspruch nach Rücktritt – Nutzungsersatz nach Rücktritt
– Wertsatz bei Unmöglichkeit der Rückgewähr – Konkurrenz von
Wert- und Schadensersatz 169

Fall 20. Das Heimfahrrad
Haustürgeschäft – Fernabsatzgeschäft – Widerruf und Vertragsrück-
abwicklung 183

Fall 21. www.netzladen.de
Fernabsatzvertrag – Vertragsschluss im elektronischen Geschäftsverkehr – Widerruf und Rückabwicklung – Verbraucherdarlehen – ver-
bundenes Geschäft 190

Fall 22. Tino Tiefkühl
Forderungsabtretung – Schuldnerschutz bei der Abtretung – Erhalt
bestehender Einwendungen – Einrede des nicht erfüllten Vertrags –
Leistung an den Zedenten 197

Fall 23. Der Aufrechner
Abtretung – Schuldnerschutz – Erhaltung der Aufrechnungsmöglichkeit über § 406 – Voraussetzungen der Aufrechnung – Sicherungsab-
tretung 202

X   Inhaltsverzeichnis

Fall 24. Defekte Bremse
Sachmängelgewährleistung beim Kauf – Fristsetzung und Entbehrlichkeit – Gewährleistungsausschluss in AGB und bei Arglist – Gewährleistung und Anfechtung – Rücktritt, Minderung und Schadensersatz statt der Leistung 210

Fall 25. Verschwiegener Verkäufer
Sachmängelgewährleistung beim Kauf – Beschaffenheitsvereinbarung – Nacherfüllung – Schadensersatz statt der ganzen Leistung und Rücktritt – Entbehrlichkeit der Fristsetzung – Haftungsausschluss – arglistiges Verschweigen eines Mangels – garantiegleiche Haftung – Eigenhaftung des Stellvertreters 221

Fall 26. Südafrikanischer Rost
Sachmängelgewährleistung beim Kauf: Nacherfüllung durch Nachlieferungsanspruch beim Stückkauf –, Schadensersatz – Entbehrlichkeit der Fristsetzung – Verweigerungsrecht bzgl. Nacherfüllung, § 439 Abs. 3 236

Fall 27. Der Rahmenbruch
Mangelschaden und Mangelfolgeschaden – Verjährungsfristen bei Sachmängeln – Ablieferung – Auslegung einer Verkäufergarantie und von AGB – Delikts- und Produkthaftung bei Sachmängeln – Rückgriff auf den Vorlieferanten – gesamtschuldnerische Haftung von Händler und Hersteller 243

Fall 28. Nutzungsprobleme
Abgrenzung von Schadensersatz statt und neben der Leistung – Ersatz von Betriebsausfallschäden – Garantie – Zurechnungszusammenhang – rechtmäßiges Alternativverhalten – Schadensminderungsobliegenheit 258

Fall 29. Falsche Lieferungen
Falschlieferung bei Gattungs- und Stückschuld – Abgrenzung der Falsch- zur Zuweniglieferung – unbestellte Lieferung – Verhältnis der Sachmängelvorschriften zur Leistungskondiktion – Leistungsort 268

Fall 30. Die defekte Lenkung
Ansprüche bei Selbstbeseitigung des Mangels im Kaufrecht – Haftungsausschluss – Beweislast für Mängel – Verbrauchsgüterkauf – Geschäftsführung ohne Auftrag und Aufwendungskondiktion 281

Fall 31. Ein Hauskauf mit Hindernissen
Besitzverschaffungspflicht und Rechtsmängelhaftung beim Kauf – Abgrenzung von Sach- und Rechtsmangel sowie von Mangel- und Mangelfolgeschaden – Verzug und vorübergehende Unmöglichkeit – Verzögerungsschaden – Vertragsaufhebung wegen culpa in contrahendo – Fehlen der Geschäftsgrundlage – Irrtumsanfechtung 295

Fall 32. Juristische Feinheiten
Schenkung – anfängliches Unvermögen – Haftung gem. § 311a Abs. 2 – Notar als Erfüllungsgehilfe – Widerruf einer Schenkung – Schenkung unter Auflage 309

Fall 33. Wenig los im Einkaufscenter
Mietmangel – Störung der Geschäftsgrundlage – fristlose Kündigung eines Dauerschuldverhältnisses aus wichtigem Grund 318

Fall 34. Nicht mehr auf Achse
Hauptpflichten des Vermieters – Übertragung von Hauptpflichten auf andere Partei – Mietmangel – unzumutbare Leistungserschwerung i.S.v. § 275 Abs. 2 bei wirtschaftlichem Totalschaden – Einredeerhebung und Gegenleistungsanspruch – teleologische Reduktion des § 326 Abs. 1 S. 2 bei der Miete 324

Fall 35. Zangerls Zeche
Pflichtverletzung beim Dienstvertrag – Maßstab des Vertretenmüssens – Abgrenzung von einfachem Schadensersatz und Schadensersatz statt der Leistung 333

Fall 36. Schnüffler im Pech
Abgrenzung von Dienst- und Werkvertrag beim Detektiv – Schlechterfüllung durch Dienstverpflichteten – Vergütungsanspruch – Schadensersatz statt der Leistung 337

Fall 37. Alte Liebe rostet manchmal
Gewährleistung beim Werkvertrag – Wahlrecht des Unternehmers bei Nacherfüllung – Rückgewähr bei Neuherstellung – Wertersatz – Rücktritt – Minderung – Schadensersatz statt der Leistung 341

Fall 38. Bis dass der TÜV uns scheidet
Gewährleistung beim Werkvertrag – Wahlrecht des Unternehmers bei Nacherfüllung – Rückgewähr bei Neuherstellung – Wertersatz – Rücktritt – Minderung – Schadensersatz statt der Leistung – Ersatz von (Mangel-)Folgeschäden und Begleitschäden – Haftung für Erfüllungsgehilfen – Verjährung 350

Stichwortverzeichnis 359

Abkürzungsverzeichnis

a. A.	anderer Ansicht
a. a. O.	am angegebenen Ort
a. E.	am Ende
a. F.	alte Fassung
a. M.	anderer Meinung
abl.	ablehnend
ABl. EG	Amtsblatt der Europäischen Union bzw. Gemeinschaften
Abs.	Absatz
abw.	abweichend
AcP	Archiv für die civilistische Praxis (Zeitschrift)
AG	Amtsgericht
AGB	Allgemeine Geschäftsbedingungen
AGB-Banken	Allgemeine Geschäftsbedingungen der Banken
AGBG	Gesetz über die Allgemeinen Geschäftsbedingungen (a. F.)
AEUV	Vertrag über die Arbeitsweise der Europäischen Union (früher: EG-Vertrag)
AgrarR	Agrar- und Umweltrecht (Zeitschrift)
AIZ	Allgemeine Immobilienzeitung
allg.	allgemein
allg. M.	allgemeine Meinung
Alt.	Alternative
Anm.	Anmerkung
AP	Arbeitsgerichtliche Praxis (Zeitschrift)
ArbPlSchG	Arbeitsplatzschutzgesetz
arg.	argumentum e
Art.	Artikel
AuA	Arbeit und Arbeitsrecht (Zeitschrift)
Aufl.	Auflage
AuR	Arbeit und Recht (Zeitschrift)
ausf.	ausführlich
BAG	Bundesarbeitsgericht (http://www.bundesarbeitsgericht.de)
BAGE	amtliche Entscheidungssammlung des BAG
BauR	Baurecht (Zeitschrift)
BB	Betriebsberater (Zeitschrift)
Bd.	Band
Begr. zum RegE	Begründung zum Regierungsentwurf
bes.	besonders
BGB	Bürgerliches Gesetzbuch
BGBl.	Bundesgesetzblatt (http://www.bundesanzeiger.de/bgbl1.htm)
BGH	Bundesgerichtshof (http://www.bundesgerichtshof.de/)
BGHZ	Entscheidungen des Bundesgerichtshofs in Zivilsachen (zitiert nach Band und Seite)
BR-Drs.	Bundesratdrucksache
BT-Drs.	Bundestagsdrucksache (zitiert nach Legislaturperiode/laufende Nummer)
BVerfG	Bundesverfassungsgericht (http://www.bverfg.de)
BVerfGE	amtliche Entscheidungssammlung des BVerfG
bzgl.	bezüglich
bzw.	beziehungsweise
c. i. c.	culpa in contrahendo
ca.	cirka
CR	Computer und Recht (Zeitschrift)
d. h.	das heißt
DB	Der Betrieb (Zeitschrift)
ders.	derselbe
dies.	dieselbe(n)

DuD	Datenschutz und Datensicherheit (Zeitschrift) (http://www.dud.de/)
EG	Europäische Gemeinschaft / Vertrag über die EG (a.F.)
EGBGB	Einführungsgesetz zum BGB
entspr.	entsprechend
etc.	et cetera
EU	Europäische Union (http://www.europa.eu.int)
EU-Kommission	Europäische Kommission
EuGH	Gerichtshof der Europäischen Gemeinschaften (http://www.curia.eu.int)
EuGHE	Sammlung der Rechtsprechung des Gerichtshofs und des Gerichts Erster Instanz der Europäischen Gemeinschaften
EuZW	Europäische Zeitschrift für Wirtschaftsrecht
EWG	Europäische Wirtschaftsgemeinschaft
f.	folgende
ff.	fortfolgende
Fn.	Fußnote
FS	Festschrift
gem.	gemäß
GG	Grundgesetz für die Bundesrepublik Deutschland
GmbH	Gesellschaft mit beschränkter Haftung
GoA	Geschäftsführung ohne Auftrag
grdl.	grundlegend
grds.	grundsätzlich
h.L.	herrschende Lehre
h.M.	herrschende Meinung
HGB	Handelsgesetzbuch
Hrsg.	Herausgeber
Hs.	Halbsatz
i.d.F.	in der Fassung
i.d.R.	in der Regel
i.H.v.	in Höhe von
i.S.d.	im Sinne des/im Sinne der
i.S.v.	im Sinne von
i.V.m.	in Verbindung mit
insb.	insbesondere
JA	Juristische Arbeitsblätter (Zeitschrift)
JR	Juristische Rundschau (Zeitschrift)
JURA	Juristische Ausbildung (Zeitschrift)
JuS	Juristische Schulung (Zeitschrift)
JZ	Juristen-Zeitung (Zeitschrift)
K&R	Kommunikation & Recht (Zeitschrift)
krit.	kritisch
LG	Landgericht
lit.	littera (Buchstabe)
m.Anm.	mit Anmerkung (von ... [Autorenname])
Mot.	Motive zum BGB
m.w.N.	mit weiteren Nachweisen
MDR	Monatsschrift für Deutsches Recht (Zeitschrift)
MMR	MultiMedia und Recht (Zeitschrift)
n.F.	neue Fassung
NJW	Neue Juristische Wochenschrift (Zeitschrift)
NJW-RR	Neue Juristische Wochenschrift – Rechtsprechungsreport Zivilrecht (Zeitschrift)
Nr.	Nummer
NZA	Neue Zeitschrift für Arbeitsrecht
OLG	Oberlandesgericht
OLG Rspr.	Die Rechtsprechung der Oberlandesgerichte auf dem Gebiete des Zivilrechts
OLGZ	Entscheidungen der Oberlandesgerichte in Zivilsachen
PFV (pVV)	positive Forderungsverletzung (Vertragsverletzung)
ProdHaftG	Produkthaftungsgesetz
RdA	Recht der Arbeit (Zeitschrift)
RG	Reichsgericht

RGZ	Entscheidungen des Reichsgerichts in Zivilsachen
RL	Richtlinie
Rn.	Randnummer
RRa	ReiseRecht-aktuell (Zeitschrift)
Rspr.	Rechtsprechung
S.	Satz oder Seite
s.	siehe
s. o.	siehe oben
s. u.	siehe unten
sog.	so genannt
st. Rspr.	ständige Rechtsprechung
StGB	Strafgesetzbuch
str.	streitig
TDG	Teledienstegesetz
u. a.	unter anderem
u. U.	unter Umständen
Urt.	Urteil
v.	vom
VersR	Versicherungsrecht (Zeitschrift)
vgl.	vergleiche
Vorbem.	Vorbemerkung
VuR	Verbraucher und Recht (Zeitschrift)
WM	Wertpapiermitteilungen (Zeitschrift)
WRP	Wettbewerb in Recht und Praxis (Zeitschrift)
z. B.	zum Beispiel
ZEuP	Zeitschrift für Europäisches Privatrecht
ZfA	Zeitschrift für Arbeitsrecht
ZGS	Zeitschrift für das gesamte Schuldrecht
ZHR	Zeitschrift für das gesamte Handels- und Wirtschaftsrecht
ZIP	Zeitschrift für Wirtschaftsrecht
ZPO	Zivilprozessordnung
ZRP	Zeitschrift für Rechtspolitik
zust.	zustimmend
ZVglRWiss	Zeitschrift für vergleichende Rechtswissenschaft

Literaturverzeichnis

AK/*Bearbeiter*	Kommentar zum BGB (Reihe Alternativkommentare), 1979 ff.
AnwK/*Bearbeiter*	*Dauner-Lieb u. a.*, AnwaltKommentar BGB, 2005
Bamberger/Roth/*Bearbeiter*	*Bamberger/Roth*, BGB, Kommentar, 2. Aufl., 2007
Baur/Stürner	*Baur/Stürner*, Sachenrecht, 18. Aufl., 2009
Becker	*Becker*, Vertragliche Schuldverhältnisse – Eine Fallsammlung mit Lösungen in Gegenüberstellung von neuem und altem Schuldrecht, 2002
Brox/Walker, AS	*Brox/Walker*, Allgemeines Schuldrecht, 34. Aufl., 2010
Brox/Walker, BS	*Brox/Walker*, Besonderes Schuldrecht, 34. Aufl., 2010
Dauner-Lieb u. a.	*Dauner-Lieb u. a.*, Fälle zum Neuen Schuldrecht, 2002
Ehmann/Sutschet	*Ehmann/Sutschet*, Modernisiertes Schuldrecht, 2002
Enneccerus/Lehmann	*Enneccerus/Lehmann*, Lehrbuch des Bürgerlichen Rechts, Bd. 2: Recht der Schuldverhältnisse, 52.–56. Tausend, 1958
Erman/*Bearbeiter*	*Erman*, BGB, Kommentar, 12. Aufl., 2008
Esser/Weyers	*Esser/Weyers*, Schuldrecht, Bd. 2: Besonderer Teil, Teilbd. 1: Verträge, 8. Aufl., 1998
Hirsch	*Hirsch*, Allgemeines Schuldrecht, 6. Aufl., 2009
Hk/*Bearbeiter*	*Dörner u. a.*, Handkommentar zum BGB, 6. Aufl., 2009
Hoeren/Martinek/*Bearbeiter*	*Hoeren/Martinek*, Systematischer Kommentar zum Kaufrecht, 2002
Huber/Faust	*Huber/Faust*, Schuldrechtsmodernisierung, Einführung in das neue Recht, 2002
Jauernig/*Bearbeiter*	*Jauernig*, BGB, Kommentar, 13. Aufl., 2009
Kaiser	*Kaiser*, Bürgerliches Recht, 12. Aufl., 2009
Köhler	*Köhler*, Allgemeiner Teil, 33. Aufl., 2009
Kropholler	*Kropholler*, Studienkommentar BGB, 12. Aufl., 2010
Larenz I bzw. II/1	*Larenz*, Lehrbuch des Schuldrechts, Bd. I: Allgemeiner Teil, 14. Aufl., 1987; Bd. II, Teilbd. 1: Besonderer Teil 1, 13. Aufl., 1986
Larenz/Canaris	*Larenz/Canaris*, Lehrbuch des Schuldrechts, Bd. II Teilbd. 2: Besonderer Teil 2, 13. Aufl., 1994
Looschelders, SAT	*Looschelders*, Schuldrecht Allgemeiner Teil, 7. Aufl., 2009
Looschelders, SBT	*Looschelders*, Schuldrecht Besonderer Teil, 4. Aufl., 2010
Lorenz/Riehm	*Lorenz/Riehm*, Lehrbuch zum neuen Schuldrecht, 2002
Medicus/Lorenz I	*Medicus/Lorenz*, Schuldrecht I, Allgemeines Schuldrecht, 18. Aufl., 2008
Medicus/Lorenz II	*Medicus/Lorenz*, Schuldrecht II, Besonderer Teil, 15. Aufl., 2010
Medicus/Petersen	*Medicus*, Bürgerliches Recht, 22. Aufl., 2009
MünchKomm/*Bearbeiter*	Münchener Kommentar zum BGB, 4. Aufl., 2001 ff.; 5. Aufl., 2006 ff.
Musielak	*Musielak*, Grundkurs BGB, 11. Aufl., 2009
Oechsler	*Oechsler*, Vertragliche Schuldverhältnisse, 2. Aufl. 2007
Oertmann	*Oertmann*, Recht des bürgerlichen Gesetzbuches, Bd. 2: Schuldrecht, Teilbd. 2: Die einzelnen Schuldverhältnisse, 1907
Oetker/Maultzsch	*Oetker/Maultzsch*, Vertragliche Schuldverhältnisse, 3. Aufl., 2007
Palandt/*Bearbeiter*	*Palandt*, BGB, Kommentar, 69. Aufl., 2010
Reinicke/Tiedtke	*Reinicke/Tiedtke*, Kaufrecht, 8. Aufl., 2009
RGRK/*Bearbeiter*	Kommentar zum BGB, herausgegeben von Mitgliedern des BGH, 12. Aufl., 1974 ff.
Schwab/Witt	*Schwab/Witt* (Hrsg.), Examenswissen zum neuen Schuldrecht, 2. Aufl., 2003
Soergel/*Bearbeiter*	*Soergel*, BGB, Kommentar, 13. Aufl., 1999 ff.
Staudinger/*Bearbeiter*	*v. Staudinger*, Kommentar zum BGB, 13. Bearbeitung, 1993 ff.

1. Teil. Hinweise zur Fallbearbeitung bei vertraglichen Schuldverhältnissen

Da man das Studium typischerweise entweder in einem Grundkurssystem mit Fragen des Deliktsrechts oder eher klassisch mit dem allgemeinen Teil des BGB beginnt, sind Fälle aus dem Bereich der vertraglichen Schuldverhältnisse nicht die ersten, die man jemals löst. Deshalb ist eine grundlegende Einführung in die Anspruchs- und Gutachtentechnik, wie sie im Band „Fälle zum BGB Allgemeiner Teil" zu finden ist, hier entbehrlich. Im Folgenden geht es nur um spezifische Hinweise zur Bearbeitung von (typischen) Fällen zu vertraglichen Schuldverhältnissen einschließlich typischer allgemeiner Fragen des Prüfungsaufbaus. Auch die Vorbemerkungen zu den Lösungen in diesem Band gehen davon aus, dass die Anspruchstechnik in ihren Grundzügen bereits bekannt ist. Sie behandeln also nur sehr spezielle Aufbaufragen, die zur besseren Verständlichkeit aber auch in Hinweisen bei den Lösungen enthalten sein können, und versuchen, das inhaltliche Herangehen an den jeweiligen Fall zu erläutern.

A. Die typischen Anspruchsziele und -grundlagen

Bei den vertraglichen Schuldverhältnissen sind verschiedene Anspruchsziele zu unterscheiden. Dies sind in erster Linie Ansprüche auf Erfüllung einerseits und auf Schadensersatz andererseits. Daneben gibt es noch Neben(leistungs)ansprüche und natürlich Hilfs- und Folgeansprüche. Nicht vergessen sollte man freilich, dass man im Gutachten immer alle von der Aufgabe angesprochenen rechtlichen Aspekte prüfen muss.

I. Der Erfüllungsanspruch (Primäranspruch)

Das wohl typischste Anspruchsziel im Vertragsrecht ist an sich der Erfüllungsanspruch, der vom Allgemeinen Teil des BGB her bereits als Aufhänger für die dortigen Probleme bekannt ist. Der Erfüllungsanspruch ist auf das Bewirken einer geschuldeten Leistung gerichtet, die sein Erlöschen nach § 362 Abs. 1 zur Folge hat. In der Regel geht es um die Erfüllung von Hauptleistungspflichten aus Verträgen. Dazu muss man auch die wichtigen Nacherfüllungsansprüche beim Kauf- und Werkvertrag (§§ 437 Nr. 1, 439 Abs. 1 bzw. §§ 634, 635 Abs. 1) zählen, die Modifikationen der ursprünglichen Erfüllungsansprüche darstellen. Für diese Ansprüche passt das im ersten Semester erlernte Prüfungsschema „Anspruch entstanden? Erloschen? Durchsetzbar?" meist uneingeschränkt. Das heißt aber nicht, dass man das alles auch immer hinschreiben sollte. Wenn der Sachverhalt keine Anhaltspunkte für Einwendungen gibt, braucht man diese auch nicht zu prüfen. Man muss dann also auch nicht nach dem besagten Prüfungsschema gliedern. Um auf der sicheren Seite zu sein, kann man zur eigenen Beruhigung allgemein erwähnen, Einwendungen seien nicht ersichtlich.

Die Erfüllungsansprüche für die Hauptleistungspflichten der im BGB ausdrücklich geregelten Verträge findet man im 8. Abschnitt des 2. Buchs (Schuldrecht) des BGB, und zwar jeweils in der ersten Norm des einzelnen Titels. Diese Norm kann man dann auch als Anspruchsgrundlage heranziehen (also z. B. §§ 488 Abs. 1 S. 1, 535 Abs. 2, 651a Abs. 1 S. 2, 662). Natürlich kann man sich darüber streiten, ob der Anspruch nicht an sich aus der vertraglichen Einigung und damit eigentlich nicht aus einer Gesetzesvorschrift folgt; etwaige Bedenken sollte man in der Falllösung aber im Interesse einer brauchbaren Note, für die die Nennung einer konkreten Anspruchsgrundlage bekanntlich hilfreich ist, besser hintanstellen.

5   Handelt es sich um einen gesetzlich nicht geregelten Vertragstyp und scheidet eine Analogie zu einer im Gesetz vorhandenen Anspruchsgrundlage aus, empfiehlt es sich, die vertragliche Vereinbarung zu nennen und noch die §§ 311 Abs. 1, 241 Abs. 1 hinzu zu zitieren, aus denen sich ergibt, dass man Schuldverhältnisse regelmäßig durch Vertrag begründet und dass sie zu Leistungen verpflichten. Soweit der Hauptleistungsanspruch in einer Klausel aus Allgemeinen Geschäftsbedingungen i. S. v. § 305 Abs. 1 enthalten bzw. beschrieben ist, sollte man sich nicht scheuen, die AGB-Klausel zur Anspruchsgrundlage zu erklären (oder zumindest mitzuzitieren) und dann zu prüfen, ob denn ein Vertrag vorliegt, dessen Bestandteil die AGB sind.

II. Sonstige Leistungsansprüche

6   In einem Vertrag sind die Parteien nicht nur zu den *typischen* Hauptleistungen, sondern unter Umständen auch noch zu weiteren Leistungen verpflichtet, sog. Nebenleistungen. Diese können sich wiederum aus einer vertraglichen Vereinbarung, auch in Allgemeinen Geschäftsbedingungen, ergeben. Sie können aber auch im Gesetz vorgesehen sein wie etwa die Quittungspflicht nach § 368 S. 1. Derartige Ansprüche kommen in Klausuren und Hausarbeiten eher selten vor. Gerade deshalb sollte man ihre Existenz immer im Hinterkopf behalten, um nicht völlig überrascht und überfordert zu sein, wenn sie doch einmal gefragt sind.

III. Die Schadensersatzansprüche (Sekundäransprüche)

7   Wenn der Schuldner die primär geschuldete Leistung nicht oder nicht vertragsgemäß erbringt, diese vielleicht sogar gem. § 275 Abs. 1–3 erloschen ist, wird der Gläubiger regelmäßig Schadensersatz fordern. Dazu enthält das Schuldrecht des BGB im Wesentlichen nur zwei Anspruchsgrundlagen, nämlich die §§ 280 Abs. 1 und 311a Abs. 2. Davon geht jedenfalls die Dogmatik der Gesetzesverfasser aus, auch wenn man bei der praktischen Anwendung insbesondere von § 281 Zweifel haben kann, ob das in der endgültigen Gesetzesfassung ganz durchgehalten ist. Außerdem enthalten das Miet- und das Reisevertragsrecht jeweils ganz eigenständige Gewährleistungsvorschriften, die man ggf. prüfen muss (vgl. §§ 536 ff. bzw. 651c ff.).

8   Das oben erwähnte Prüfungsschema „Anspruch entstanden? Erloschen? Durchsetzbar?" kann man bei Schadensersatzansprüchen nur noch modifiziert anwenden. Der Schadensersatzanspruch entsteht nicht durch den Vertragsschluss, sondern durch eine Pflichtverletzung und das Vorhandensein seiner weiteren Voraussetzungen. Ausgeschlossen ist er zumeist nur aufgrund vertraglicher Vereinbarung. Die Durchsetzbarkeit richtet sich dagegen grundsätzlich wieder nach den allgemeinen Regeln.

IV. Rücktritts- und Widerrufsrecht; Rückgewähransprüche

9   Wenn der Schuldner nicht oder nicht ordnungsgemäß erfüllt, kann der Gläubiger nicht nur gem. §§ 280 ff. Schadensersatz statt oder neben der Leistung verlangen, sondern von *gegenseitigen Verträgen* auch gem. §§ 323 ff. zurücktreten; gem. § 325

schließt dieser Rücktritt – anders als nach den bis 2001 geltenden Regelungen – Schadensersatzansprüche nicht aus. Ein Rücktrittsrecht kann sich auch aus vertraglicher Vereinbarung ergeben, vgl. § 346 Abs. 1. Die Widerrufsrechte i.S.v. § 355 Abs. 1 S. 1 sind letztlich anders benannte Rücktrittsrechte.

Das Rücktrittsrecht ist ein Gestaltungsrecht und kein Anspruch i.S.v. § 194 Abs. 1. 10 Wer einen „Anspruch auf Rücktritt" prüft, offenbart daher einen gravierenden Verständnisfehler. Gleiches gilt für die Minderung im Kauf- und Werkvertragsrecht, vgl. §§ 441 Abs. 1 S. 1, 638 Abs. 1 S. 1, für die stets auch die Rücktrittsvoraussetzungen vorliegen müssen. Man vergesse bitte nicht, dass Gestaltungserklärungen grundsätzlich (!) bedingungsfeindlich sind. – Im Miet- und Reisevertragsrecht tritt die Minderung kraft Gesetzes ein, §§ 536 Abs. 1 S. 1, 651d Abs. 1.

Der Rücktritt kann in der Klausur in unterschiedlichen Konstellationen eine Rolle 11 spielen. Man sollte hier die Aufgabenstellung genau beachten: Ist nicht nur nach Ansprüchen, sondern allgemeiner nach „Rechten" (oder „Möglichkeiten") eines Beteiligten gefragt, wird es in der Regel ausreichen, ein **Recht zum Rücktritt** zu untersuchen. Ist dagegen ausdrücklich nach „Ansprüchen" gefragt, kann der Rücktritt zum einen als rechtsvernichtende **Einwendung** gegen einen Erfüllungsanspruch und zum anderen als **Voraussetzung eines Rückgewähranspruchs** nach § 346 Abs. 1 in der Falllösung vorkommen. Gleiches gilt für den Widerruf eines Verbrauchers nach § 355 Abs. 1 S. 1, der eigentlich nichts anderes als ein Rücktritt ist. An ihn muss man bei Beteiligung eines Verbrauchers, der sich vom Vertrag lösen will, immer denken. Sofern weder ein Rücktritt noch ein Widerruf möglich ist, sollte man an die Anfechtung (§§ 142 Abs. 1, 119 ff.) denken – am besten prüft man diese sogar gedanklich zuerst.

Hat der Berechtigte von seinem Rücktritts- oder Widerrufsrecht durch Erklärung 12 (§ 349 bzw. § 355 Abs. 1 S. 1) Gebrauch gemacht, begründet dies bei bereits erbrachten Leistungen einen Rückgewähranspruch nach § 346 Abs. 1 (ggf. i.V.m. § 357 Abs. 1 S. 1, vgl. Fall 21). Sofern zwar die Rücktrittsvoraussetzungen vorliegen, die Erklärung aber noch fehlt, sollte man klarstellen, dass die Entstehung des Rückgewähranspruchs von der Abgabe der Erklärung abhängt. Der Rückgewähranspruch ist ein Leistungsanspruch, wenn auch kein primärer Erfüllungsanspruch. Er wird flankiert von § 347, der Folgeansprüche regelt sowie von weiteren Spezialregelungen (§§ 348–354). Zu beachten ist, dass Leistungsstörungen bei der Rückgewähr grundsätzlich in § 346 Abs. 2–4 besonders geregelt sind, wobei Abs. 4 wieder zu § 280 zurückführt (vgl. Fall 20). Der Durchsetzbarkeit der Ansprüche wird meist § 348 entgegenstehen, wenn auch allgemeine Zurückbehaltungsrechte und Verjährung nicht völlig auszuschließen sind.

Der Rücktritt vernichtet das Schuldverhältnis nicht etwa, sondern wandelt es seinem 13 Inhalt nach um (in ein sog. „Rückgewährschuldverhältnis"). Ein ebenso schwerer wie verbreiteter Fehler besteht darin, als Folge des Rücktritts eine Vertragsnichtigkeit anzunehmen und Bereicherungsrecht anzuwenden, obwohl es die §§ 346 ff. gibt. Zur Rückabwicklung nach § 812 Abs. 1 S. 1 Alt. 1 kommt man grundsätzlich nur bei der Anfechtung des Rechtsgeschäfts (§ 142 Abs. 1) oder seiner Nichtigkeit. Ein weiterer Fehler geht dahin, aus dem Rücktritt *vom schuldrechtlichen Vertrag* zu folgern, der Verkäufer sei wieder Eigentümer der Kaufsache. Das ist wegen des Abstraktionsprinzips falsch, wie die Lektüre von § 346 Abs. 1 unschwer erkennen lässt – der Rücktritt verpflichtet (!) lediglich zur Rückgewähr.

Die Minderung (s.o. Rn. 9) gestaltet den Vertrag ebenfalls um, aber nur teilweise: 14 Der Nacherfüllungsanspruch erlischt, und die Gegenleistung wird im Umfang der §§ 441/638 Abs. 3 reduziert. Im Falle vorheriger Zahlung ist der überzahlte Anteil gem. §§ 441/638 Abs. 4 S. 1 zurückzuerstatten; der Verweis in S. 2 bezieht sich auf

Nutzungen. Ebenso ist es beim Reisevertrag, § 651d Abs. 1. Da im Mietrecht eine Rückerstattungsanordnung fehlt, hat sich die Rspr. dort für einen Bereicherungsanspruch des Mieters entschieden.[1]

V. Sonstige Anspruchsziele

15   Insbesondere im Miet- und im Auftragsrecht spielen auch **Herausgabeansprüche** eine Rolle, vgl. §§ 546 Abs. 1 und 667. Dabei geht es im Falle der Miete um die (Rück-)Übertragung des unmittelbaren Besitzes. Im Auftragsrecht kann die Herausgabe dagegen, je nachdem was der Beauftragte erlangt, auch auf eine Rechtsübertragung gerichtet sein.

16   **Aufwendungsersatz** (vgl. insbesondere § 670) bedeutet den Ersatz von freiwilligen Vermögensopfern. Der Anspruch in § 284 (dazu v. a. Fall 10) betrifft nur den speziellen Fall von Aufwendungen in Erwartung einer Vertragserfüllung, die dann ausbleibt.[2]

B. Prüfungsablauf und Anspruchsaufbau

17   Nachdem nun die möglichen Anspruchsziele im Rahmen eines vertraglichen Schuldverhältnisses bekannt sind, soll der Prüfungsablauf bei den wichtigsten der oben genannten Anspruchsziele betrachtet werden.

I. Erfüllungsansprüche

18   Die Voraussetzungen für das Entstehen der primären Erfüllungsansprüche sind meist gering. Regelmäßig – also vorbehaltlich irgendwelcher Bedingungen (§ 158) usw. – bedarf es nur eines (wirksamen) Vertragsschlusses nach den Vorschriften des Allgemeinen Teils des BGB. Die Fälligkeit (vgl. § 271 Abs. 1), mit der die Durchsetzbarkeit des Anspruchs beginnt, zählt bereits zu den schuldrechtlichen Aspekten der Fallbearbeitung. Sie ist, wenn sie ausnahmsweise fraglich ist, im Anschluss an die Anspruchsentstehung anzusprechen; häufiger spielt sie aber als Voraussetzung für Leistungsstörungstatbestände (s. §§ 281 Abs. 1 S. 1, 323 Abs. 1) eine Rolle.

19   Gerade im Vertragsrecht sind häufig Einwendungen und Einreden zu untersuchen, die den Anspruch des Gläubigers ausschließen können. Diese „Gegenrechte" des Schuldners unterfallen in drei Kategorien: Während rechtshindernde Einwendungen den Anspruch gar nicht erst entstehen lassen und überwiegend im Allgemeinen Teil des BGB zu finden sind (im Schuldrecht etwa §§ 494 Abs. 1, 814), schließen ihn rechtsvernichtende Einwendungen wieder aus, während rechtshemmende Einwendungen nur seine Durchsetzbarkeit einschränken. Die rechtshemmenden Einwendungen sind im Gesetz als Leistungsverweigerungsrechte formuliert, weshalb man sie auch „Einreden" nennt und sie nur dann Bedeutung erlangen, wenn der Schuldner sich auch auf sie beruft.[3] Im Schuldrecht finden sich zahlreiche rechtsvernichtende, aber auch rechtshemmende Einwendungen. In einem korrekten **Gutachten** prüft man diese **Einwendungen** stets unter ihrer Rechtsfolgenorm als **Obersatz**. So wie die Anspruchsprüfung insgesamt mit der Anspruchsgrundlage beginnt, beginnt im Gutachten jede einzelne Ein-

---

[1] Vgl. etwa *BGH* NJW 1995, 254, 255.
[2] Näher MünchKomm/*Ernst*, § 284 Rn. 16 f.
[3] Näher *Fritzsche*, Fälle zum BGB Allgemeiner Teil, 1. Teil Rn. 79 ff.

wendung mit der **Einwendungsnorm** (z. B. Leistungsausschluss gem. § 275 Abs. 1) und **nicht** etwa einem Satz der Art: „Die Leistung könnte unmöglich sein."

Die wichtigsten **rechtsvernichtenden Einwendungen** für vertragliche Schuldverhältnisse sind:
(1) Erfüllung, § 362 Abs. 1 (bzw. Leistung an Erfüllungs statt, § 364 Abs. 1)
(2) Aufrechnung, § 389
(3) Hinterlegung, § 378
(4) Leistungsbefreiung gem. § 275 Abs. 1–3 (bzw. § 326 Abs. 1 S. 1 hinsichtlich der Gegenleistung beim gegenseitigen Vertrag)
(5) Forderung von Schadensersatz statt der Leistung, § 281 Abs. 4
(6) Erklärter Rücktritt, § 346 Abs. 1 (i. V. m. Rücktrittsrecht, z. B. gem. §§ 323 ff.)
(7) Widerruf, § 355 Abs. 1 S. 1
(8) Aufhebungsvertrag, § 311 Abs. 1
(9) Erlass(vertrag), § 397
(10) Kündigung (z. B. § 649 S. 1; Dauerschuldverhältnisse: allgemein § 314 Abs. 1, speziell u. a. §§ 489 f.; 542, 543, 568 ff.; 584; 594 a ff.; 605; 620 ff.; 651 e; 671).

Diese rechtsvernichtenden Einwendungen lassen einen entstandenen (hier: Erfüllungs-)Anspruch wieder erlöschen. Wenn man sie strukturieren will, so geht es in den ersten drei Fällen um das Erlöschen des Anspruchs infolge Leistungserbringung oder Ähnlichem (Erfüllung und Erfüllungssurrogate), in den nächsten drei Fällen um Folgen nicht ordnungsgemäßer bzw. ausbleibender Schuldnerleistung und anderer Pflichtverletzungen. Für den Rücktritt muss dies nicht stets so sein, da ein Rücktrittsrecht auch vertraglich vereinbart sein kann. Die nächsten drei Fälle könnte man als (mehr oder weniger) privatautonome Lösung vom Vertrag (Widerruf) bzw. Aufhebung von Leistungspflichten ansehen.

Schon hier sei darauf hingewiesen, dass § 275 Abs. 2 und 3 im Rahmen der rechtsvernichtenden Einwendungen *atypisch* sind, weil sie ihre Wirkung nur entfalten, wenn sich der Schuldner auf sie beruft, aber gleichwohl zur Schuldbefreiung führen.[4] Es handelt sich also um **rechtsvernichtende Einreden**. Das gilt auch für eine spezielle Ausprägung des Unzumutbarkeitsgedankens im Werkvertragsrecht, die Einrede des § 635 Abs. 3. Einen weiteren **Sonderfall** bildet die **rechtsbeschränkende Einrede** nach § 439 Abs. 3 S. 1, die dazu führt, dass der Verkäufer nur noch die andere Art der Nacherfüllung schuldet, § 439 Abs. 3 S. 3.

Die **rechtshemmenden Einwendungen** lassen den Anspruch in seiner Existenz unberührt, hindern aber seine Durchsetzbarkeit. Die wichtigsten sind:
(1) Verjährung, § 214 Abs. 1
(2) Zurückbehaltungsrecht, § 273 Abs. 1, bzw. Einrede des nicht erfüllten (gegenseitigen) Vertrags, § 320 Abs. 1 S. 1
(3) Unsicherheitseinrede, § 321 Abs. 1 Abs. 1
(4) § 242 (unzulässige Rechtsausübung und Ähnliches)
(5) Stundung (vgl. § 205)

Daneben gibt es noch weitere Einreden dieser Art bei einzelnen Verträgen, z. B. bei der Bürgschaft (§§ 770 f.).

II. Schadensersatzansprüche

Bei den Schadensersatzansprüchen ist alles in gewisser Weise einfacher. Denn in der Regel folgt der Schadensersatz aus § 280 Abs. 1 S. 1, und es stellt sich allenfalls die Frage, ob noch konkurrierende deliktische Ansprüche bestehen. Voraussetzung des

---
[4] Vgl. nur Palandt/*Grüneberg*, § 275 Rn. 26 u. 30.

§ 280 Abs. 1 S. 1 ist ein bestehendes Schuldverhältnis, das sich auch aus Vorstufen zum Vertrag ergeben kann (vgl. § 311 Abs. 2, dazu Fall 2). Die **Prüfungsreihenfolge** für Ansprüche aus **§ 280 Abs. 1** ist die folgende:
1. Bestehendes Schuldverhältnis (ggf. auch aus § 311 Abs. 2 und 3)
2. Pflichtverletzung (objektiver Verstoß gegen Pflichtenprogramm)
3. Keine Widerlegung der Vermutung des Vertretenmüssens, § 280 Abs. 1 S. 2 i. V. m. § 276 ff.
4. Schaden (einschließlich haftungsausfüllende Kausalität)

26 Der Anspruch ergibt sich vor allem dann allein aus § 280 Abs. 1, wenn der Gläubiger unabhängig von der Frage der Vertragsgemäßheit der Leistung Schadensersatz fordert, weil der Schuldner seine sonstigen Rechte, Rechtsgüter oder Interessen (vgl. § 241 Abs. 2) verletzt, also z. B. Einrichtungsgegenstände des Gläubigers beschädigt oder den Gläubiger verletzt. Zwar können insofern *neben* den vertraglichen auch Ansprüche aus dem Deliktsrecht (§§ 823 ff.) bestehen. Doch ist die Haftung für das Verhalten von Hilfspersonen im Deliktsrecht in § 831 Abs. 1 S. 2 mit einer Entschuldigungsmöglichkeit versehen, die zahlreiche Schlupflöcher bietet, die es bei der vertraglichen Haftung wegen § 278 nicht gibt (vgl. dazu Fall 2 Rn. 31). Die Frage der Rechtswidrigkeit wird übrigens bei § 280 Abs. 1 – anders als im Deliktsrecht – typischerweise nicht gesondert geprüft oder auch nur angesprochen, da das Vorliegen einer Pflichtverletzung die Rechtswidrigkeit mit umfasst; man geht darauf nur ein, wenn ganz ausnahmsweise einmal eine Rechtfertigung in Betracht kommt (vgl. Fall 13 Rn. 5 ff.).

27 Besonders beherzigen sollte man auch, dass ein Schadensersatzanspruch auch einen **Schaden erfordert**, was gerne übersehen oder zumindest stiefmütterlich behandelt wird. Den Schaden sollte man, so er dem Sachverhalt zu entnehmen ist, kurz darlegen und, falls das im konkreten Fall in irgendeiner Weise problematisch ist, auch auf die Frage der Kausalität zwischen Pflichtverletzung und Schadenseintritt (haftungsausfüllende Kausalität) eingehen. Pluspunkte kann man auch sammeln, wenn man darauf hinweist, dass sich die Modalitäten des Schadensersatzes, also die Art seiner Gewährung und u. U. sein Umfang, nach den §§ 249 ff. richten, die man ggf. auch *konkret anwenden* sollte.

28 Zusätzliche Erfordernisse gelten, wenn der Schuldner **nicht ordnungsgemäß geleistet** hat: Will der Gläubiger Ersatz eines Verzögerungsschadens, muss gem. § 280 Abs. 2 zusätzlich noch Verzug i. S. v. § 286 vorliegen. Schadensersatz statt der (ausgebliebenen oder nicht vertragsgemäßen) Leistung erhält er gem. § 280 Abs. 3 nur, wenn zusätzlich die Voraussetzungen der §§ 281–283 vorliegen. Diese Normen verdeutlichen einzelne qualifizierte Fälle von Leistungsstörungen recht schön; weniger gelungen ist, dass § 280 Abs. 3 auf die §§ 281–283 verweist, die ihrerseits wieder auf § 280 Abs. 1 zurückverweisen. – Soweit die Leistungspflicht des Schuldners gem. § 275 ausgeschlossen ist, muss man prüfen, ob sie dies bereits bei Vertragsschluss war – dann ist nämlich § 311 a Abs. 2 S. 1 die Anspruchsgrundlage.

29 Für den **Aufbau** bei **Schadensersatzansprüchen statt der Leistung** nach § 280 Abs. 1 S. 1 und Abs. 3 i. V. m. §§ 281 bis 283 sowie beim Ersatz des **Verzögerungsschadens** nach §§ 280 Abs. 1 und 3, 286 gibt es grundsätzlich zwei denkbare Varianten; in der Fallbearbeitung entscheidet man sich einfach für eine Möglichkeit: Nach dem Konzept des Gesetzgebers enthält § 280 Abs. 1 (neben § 311 a Abs. 2) die einzige Anspruchsgrundlage für den Schadensersatz wegen Pflichtverletzungen. Die weiteren Voraussetzungen für bestimmte Schäden gemäß § 280 Abs. 2 und 3 könnte man bei der Frage der Ersatzfähigkeit des jeweiligen Schadenspostens prüfen.[5] Man könnte also bei

---

[5] So etwa *Looschelders*, SAT, Rn. 1222 f.

§ 280 Abs. 1 theoretisch „alles auf einmal" prüfen und lediglich – in Übereinstimmung mit § 280 Abs. 2 und 3 – am Ende einen Punkt „weitere Voraussetzungen der Ersatzfähigkeit" anhängen.

Dagegen spricht jedoch, dass das Gesetz in den §§ 281–283 und 286 nicht nur an spezielle Schadensarten anknüpft, sondern auch qualifizierte Pflichtverletzungstatbestände enthält. Leitet man zunächst bei § 280 Abs. 1 die Pflichtverletzung nur ganz allgemein her, muss man später bei den zusätzlichen Voraussetzungen des Schadensersatzes nach § 280 Abs. 2 und 3 faktisch noch einmal auf die Pflichtverletzung zurückkommen (vgl. §§ 281–283, 286). Das wäre nur darstellerisch „unschön", wenn man so nicht auch zu falschen Ergebnissen gelangen könnte: Nehmen wir den Fall, dass ein Händler S einem Kunden G mangelhafte Ware geliefert hat, ohne von dem Mangel zu wissen oder ihn ohne weiteres erkennen zu können. Da einen Händler nach h. M. keine Untersuchungspflicht hinsichtlich der Waren trifft, die er weiterveräußert, hätte S seine Schlechtleistung nicht zu vertreten und man müsste – bei entsprechendem Aufbau – die Prüfung eigentlich mit diesem Ergebnis beenden. Nun ist Schadensersatz statt der Leistung nach § 281 Abs. 1 S. 1 aber nur geschuldet, wenn der Schuldner auch dann nicht vertragsgemäß (mangelfrei) leistet, nachdem ihm der Gläubiger eine angemessene Frist zur Nacherfüllung gesetzt hat. Dies spricht dafür, dass im Ausbleiben der vertragsmäßigen Leistung nach Fristsetzung ebenfalls eine Pflichtverletzung liegen können muss. Zu den Voraussetzungen des § 281 Abs. 1 gelangt man aber nur, wenn man diesen nicht ganz am Ende prüft. Aus diesem Grunde sollte man von vornherein so aufbauen, wie es der Gesamtanspruchsgrundlage entspricht,[6] also im Beispiel einen Anspruch des G gegen S auf Schadensersatz statt der Leistung gem. §§ 280 Abs. 1 und 3, 281 Abs. 1 (zum Verzögerungsschaden vgl. die Vorüberlegungen bei Fall 16). Zu dieser einheitlichen Anspruchsgrundlage sollte man dann im Gutachten einen einheitlichen Tatbestand prüfen:

1. Bestehendes Schuldverhältnis, § 280 Abs. 1
2. Pflichtverletzung (§ 280 Abs. 1) und besondere Anforderungen (§§ 281–283, 286)
3. Vertretenmüssen, §§ 280 Abs. 1 S. 2, 276 ff.
4. Schaden und Ersatz nach §§ 249 ff.

Soweit man zu den §§ 280 ff. nicht unmittelbar, sondern über das Gewährleistungsrecht und die Verweisungsnormen der §§ 437 Nr. 3, 634 Nr. 4 gelangt, modifiziert dies zwangsläufig den Prüfungsablauf etwas. Voraussetzung ist dann nicht mehr nur ein Schuldverhältnis, sondern konkret ein Kauf- oder Werkvertrag. Zudem muss ein (Sach- oder Rechts-)Mangel vorliegen; erst nach diesen Prüfungspunkten gelangt man dann zu den §§ 280 ff., 311a Abs. 2. Auf das Erfordernis des Schuldverhältnisses braucht man zwangsläufig nicht mehr einzugehen, da man es bereits festgestellt hat, und bei der Pflichtverletzung kann man auf den bereits geprüften Mangel verweisen.

Ebenso gut kann man gleich die Kombination der §§ 437 Nr. 3, 280, 281 bzw. 283 so prüfen, dass ein Kaufvertrag als Schuldverhältnis vorliegen muss und bei der Pflichtverletzung den Mangel untersuchen. Vermeiden sollte man es, zunächst „allgemeine Voraussetzungen der Gewährleistung" nach § 437 (Kaufvertrag, Mangel) zu prüfen, um dann anschließend bei §§ 280, 281 ff. höchst umständlich wieder mit dem Schuldverhältnis anzufangen und sich bei der Pflichtverletzung erneut zu verkünsteln. Denn § 437 ist nach der Gesetzesbegründung eine an sich überflüssige „Wegweiser-Norm", die dem Bürger das Auffinden seiner Rechte erleichtern soll, die aber im Übrigen keinen eigenen Regelungscharakter hat.

---

[6] MünchKomm/*Ernst*, § 283 Rn. 4.

III. Rückgewähransprüche

32 Wie bereits gesehen, finden sich die vertraglichen Rückgewähransprüche vor allem in § 346 Abs. 1. In der Vorschrift geht es um die Rückgewähr empfangener Leistungen *und* die Herausgabe gezogener Nutzungen. Voraussetzung ist jeweils, dass ein Rücktritt erfolgt ist. Dazu bedarf es für die Anspruchsprüfung eines **Rücktrittsrechts** und einer **Rücktrittserklärung** (§ 349). Das Rücktrittsrecht kann sich aus einer vertraglichen Vereinbarung oder einer gesetzlichen Vorschrift (§§ 323 ff.) ableiten. Außerdem verweist § 357 Abs. 1 S. 1 auf die Rechtsfolgen des § 346 Abs. 1, so dass man noch den (erklärten) Widerruf nach § 355 hinzufügen kann. Wenn man einen bestimmten Anspruch prüft, der sich aus einem Rücktritt oder Widerruf ergibt, ist die konkrete Anspruchsnorm zu zitieren. Hier wird häufig geschludert, in Klausuren steht dann nur „Anspruch gem. § 346 ff.". Besonders häufig geschieht das, wenn die Rücktrittsnormen nicht unmittelbar, sondern nur aufgrund eines gesetzlichen Verweises anwendbar sind. In dieser Form ist das nicht ausreichend! Prüft man Rückgewähr bzw. Nutzungsherausgabe, muss man § 346 Abs. 1 angeben, für den Wertersatz § 346 Abs. 2 usw. Denn das sind stets die Rechtsfolgenormen. Zitiert man also z. B. „§§ 433 Abs. 1 S. 2, 434 Abs. 1, 437 Nr. 2, 441 Abs. 1 und 3, 323 Abs. 1, 346 ff.", so ist das eher falsch als richtig. Denn zum einen muss sich der Leser bei solch unsäglichen Paragrafenketten die Anspruchsnorm letztlich selbst heraussuchen, und zum anderen fehlt sie wegen des „346 ff." im konkreten Fall völlig. Wenn man schon mit solchen Ketten arbeitet, sollte man die entscheidende Norm an den Anfang stellen und nicht die unwichtigste wie im Beispiel, das übrigens nicht selbst erfunden ist.

33 Der Aspekt der Rückgewähr ist auch in den §§ 281 Abs. 5, 326 Abs. 4, 439 Abs. 4 und 635 Abs. 4 enthalten. Diese Normen enthalten aber keine eigenen Anspruchsgrundlagen für die Rückgewähr, sondern nur **Rechtsfolgenverweisungen** auf die §§ 346 bis 348 (bzw. §§ 346 Abs. 1, 347 Abs. 1).[7] Der Anspruch ergibt sich also eigentlich aus den §§ 346 ff., deren Anwendbarkeit folgt aber nicht aus einem Rücktritt, sondern aus den besagten Verweisungsnormen. **Anders** verhält es sich bei den §§ 441 Abs. 4 S. 1 und 638 Abs. 4 S. 1, die aber auch abweichend formuliert sind: Sie schreiben jeweils die Erstattung einer Überzahlung vor, sind also eigene Anspruchsgrundlagen.[8] Ergänzt werden sie durch einen S. 2, der ergänzend auf die §§ 346 Abs. 1 und 347 Abs. 1 verweist.

---

[7] Vgl. RegBegr, BT-Drs. 14/6040, S. 141 (zu § 281 Abs. 5), S. 189 (zu § 326 Abs. 4).
[8] Vgl. RegBegr., BT-Drs. 14/6040, S. 236 bzw. 267.

2. Teil. Fälle

Fall 1. Wer zahlt den Makler?

Sachverhalt

Eigner (E) ist Alleineigentümer eines Grundstücks, das mit einem renovierungsbedürftigen Einfamilienhaus bebaut ist und das er verkaufen möchte. Um einen geeigneten Käufer zu finden, wendet sich Eigner am 3. 4. an den Makler Mayr (M), schließt mit ihm einen Alleinauftrag und erteilt eine Vollmacht zum Verkauf, wobei als Mindestkaufpreis 150 000 € vereinbart werden. Eigner ist an den nicht widerruflichen Auftrag ½ Jahr gebunden und schuldet dem Mayr 3% der erzielten Kaufpreissumme zzgl. MwSt. als Provision.

Mayr bemüht sich in der Folge um einen Käufer. Unter anderem schaltet er in der Zeitung Anzeigen folgenden Wortlauts: „Im Kundenauftrag zu verkaufen: Einfamilienhaus in Regensburg, Konradsiedlung, sanierungsbed., ..., 170 000 €, Maklerbüro Mayr". Als Mayr mit einer Vermittlung bereits nicht mehr rechnet, meldet sich am 10. 9. auf eine der Anzeigen Herr Krause (K). Mayr schickt ihm sofort ein Exposé mit ausführlicher Beschreibung. Darin heißt es, der Kaufpreis betrage 170 000 € zzgl. Provision. Dem Exposé hat Mayr seine AGB beigefügt, in denen es heißt, für die Tätigkeit des Mayr sei – vorbehaltlich einer abweichenden Vereinbarung – eine Provision in Höhe von 3% des Kaufpreises zzgl. MwSt. zu zahlen.

Anschließend geht alles sehr schnell. Eigner besucht mit Krause am 15. 9. einen Notar, vor dem beide einen Kaufvertrag abschließen und zugleich die Auflassung erklären. In dem Vertrag heißt es außerdem:

„Die Parteien vereinbaren des Weiteren zugunsten des Maklerbüros Mayr eine Maklerprovision in Höhe von 3% des Kaufpreises zzgl. MwSt., die nach der Eintragung der Auflassungsvormerkung vom Käufer zu zahlen ist."

Nachdem Krause am 21. 9. die Vertragsurkunde übersandt bekommen hat, verlangt Mayr von ihm Zahlung einer Provision in Höhe von 3% des Kaufpreises zzgl. MwSt. – zu Recht?

Vorüberlegungen

Der Fall mag als Einstieg in die Lösung von Fällen aus dem Bereich vertraglicher Schuldverhältnisse etwas verblüffen. Er soll an zwei Dinge erinnern, nämlich zum einen an die Notwendigkeit, den Vertragsschluss stets als potentielles Problem im Auge zu behalten, und zum anderen an die Gestaltungsmöglichkeiten, die die Privatautonomie den Parteien im Schuldrecht gibt, hier: den Vertrag zugunsten Dritter (§ 328 Abs. 1).

Ein Anspruch des M gegen den K auf Zahlung der Maklerprovision kann sich zunächst aus einem von den beiden geschlossenen Maklerverträgen (§ 652) ergeben.

Die Rechtsprechung hat sehr präzise Kriterien herausgearbeitet, wann ein Maklervertrag mit Kaufinteressenten zustande kommt. Spezialkenntnisse werden in der Klausur typischerweise nicht erwartet, wenn sie nicht zuvor in einer Übung vermittelt worden sind. Ihr Fehlen ist daher nicht dramatisch, man kann den Vertragsschluss auch einfach mit den §§ 145 ff. lösen. Insofern sind hier mehrere Lösungen vertretbar, zumal auch die Kasuistik uneinheitlich ist. Nach der Rechtsprechung ist hier ein Vertragsschluss letztlich abzulehnen. Soweit man ihn bejaht, bedarf dieser Maklervertrag nicht der Form des § 311 b Abs. 1, denn diese Vorschrift wird auf den an sich formfrei abschließbaren Maklervertrag nur dann analog angewendet, wenn der Kunde sich unmittelbar oder mittelbar zur Veräußerung oder zum Erwerb verpflichtet,[1] was bei K nicht der Fall wäre.

Damit kann der Provisionsanspruch nur noch aus einem Vertrag zugunsten Dritter (§ 328) folgen, den man angesichts der Angaben im Sachverhalt relativ leicht finden sollte. Der Vertrag zugunsten Dritter ist kein eigener Vertragstyp, sondern eine besondere inhaltliche Ausgestaltungsmöglichkeit, die bei fast allen Verträgen möglich ist und einem Dritten einen unmittelbaren Leistungsanspruch verschafft.[2] Die Besonderheit besteht hier freilich darin, dass der Dritte aus dem Grundstückskaufvertrag keinen Anspruch auf eine der beiden Hauptleistungen erwirbt, wie dies typischerweise der Fall ist. Das steht einem Vertrag zugunsten Dritter aber nicht entgegen. Man muss aber untersuchen, ob hier nicht lediglich eine Erfüllungsübernahme i. S. v. § 329 vorliegt, die nur zwischen dem Schuldner und dem Dritten Wirkungen entfaltet. Bei einer Vereinbarung der hier vorliegenden Art wird die Auslegungsregel des § 329 aber typischerweise nicht angewendet. Es ist dann noch auf die Problematik der Doppeltätigkeit des Maklers einzugehen und die vereinbarte Abhängigkeit der Maklerprovision von der Eintragung der Auflassungsvormerkung zu deuten. Dabei handelt es sich um eine Fälligkeitsvereinbarung.

Hinweis: Das Gesetz definiert den Begriff der Fälligkeit von Ansprüchen als solchen nicht. Unter der Fälligkeit versteht man den in § 271 Abs. 1 angesprochenen Zeitpunkt, ab dem der Gläubiger vom Schuldner die Leistung verlangen kann.

Gliederung

	Rn.
I. Anspruch des M gegen K auf Zahlung der Maklerprovision aus § 652 Abs. 1 S. 1	1
1. Angebot des M	3
2. Angebot des K	4
3. Angebot des M	8
4. Ergebnis	13
II. Anspruch des M gegen K aus §§ 328 Abs. 1, 652 Abs. 1 S. 1	14
1. Vertragsschluss	15
2. Vertrag zugunsten Dritter	16
3. Weitere Entstehungsvoraussetzungen des Provisionsanspruchs	20
4. Keine Verwirkung des Provisionsanspruchs, § 654 analog	22
5. Fälligkeit der Provision	26
6. Ergebnis	28

---

[1] Eingehend MünchKomm/*Roth* § 652 Rn. 58 ff. m. w. N.
[2] MünchKomm/*Gottwald*, § 328 Rn. 4.

Lösung

I. Anspruch des M gegen K auf Zahlung der Maklerprovision aus § 652 Abs. 1 S. 1

Der Anspruch des M könnte sich aus § 652 Abs. 1 S. 1 ergeben. Dazu müsste er mit K einen Maklervertrag geschlossen haben.

Hinweis: Der Maklervertrag verpflichtet den Makler gem. § 652 Abs. 1 S. 1 entweder zum bloßen Nachweis einer Möglichkeit zum Vertragsschluss oder zur Vermittlung des Vertragsschlusses. Das kann man dem Gesetz entnehmen, sofern man es einfach nur in Ruhe liest. Der Nachweismakler muss seinem Kunden lediglich die Informationen verschaffen, die ihn in die Lage versetzen, mit dem anderen Teil in Vertragsverhandlungen zu treten; zu mehr ist er nicht verpflichtet. Der Abschlussmakler muss dagegen den Vertragsschluss herbeiführen, also in der Regel auch Verhandlungen führen. So verhält es sich zwischen E und M, da E dem M eine Verkaufsvollmacht erteilt hat, die für den bloßen Nachweis nicht erforderlich wäre. Das spielt aber alles erst eine Rolle, wenn es um die Frage geht, ob der Makler die geschuldete Leistung erbracht hat. Im Zusammenhang des Vertragsschlusses muss man darauf nicht unbedingt eingehen.

1. Angebot des M

In der Zeitungsannonce des M könnte ein Angebot zum Abschluss eines Maklervertrages liegen. Da M aber nur das Objekt beschreibt und wegen des Hinweises auf einen bereits vorliegenden „Kundenauftrag" nicht ersichtlich ist, ob auch Interessenten mit ihm einen Vertrag schließen müssen, fehlt der Anzeige die für einen Vertragsantrag i.S.v. § 145 notwendige inhaltliche Bestimmtheit. Vielmehr handelt es sich aus Adressatensicht (§§ 133, 157) lediglich um eine Interessentensuche, bei der sich M nicht mit jedem vertraglich binden will (invitatio ad offerendum). Ein Angebot liegt darin nicht.

2. Angebot des K

Ob in der Kontaktaufnahme des K am 10. 9. ein Angebot zu sehen ist, muss durch Auslegung aus dem Empfängerhorizont (§§ 133, 157) geklärt werden. Grundsätzlich könnte man darin ein Vertragsangebot sehen. Jedoch kann der Makler bereits mit dem Verkäufer in einem Vertragsverhältnis stehen und/oder nach außen so auftreten. In einem solchen Fall kann der Interessent davon ausgehen, dass der Makler Dienste nur für die andere Seite erbringen will. Da dem Makler dies bekannt ist, kann er die Kontaktaufnahme des Interessenten nicht ohne weiteres als schlüssiges Angebot an ihn zum Abschluss eines weiteren Maklervertrages ansehen. Nur wenn er gegenüber dem Interessenten in einer jeden Zweifel ausschließenden Weise klargestellt hat, dass er ungeachtet etwaiger Vertragsbeziehungen zur Verkäuferseite auch für den Käufer als Makler tätig und hierfür mit einer Courtage entlohnt werden will,[3] darf er die Anfrage des Interessenten als Vertragsantrag (oder Annahme) werten.[4]

Es kommt also darauf an, ob in der Anzeige unmissverständlich klargestellt war, dass der M von den Interessenten Provision und damit den Abschluss eines eigenständigen Maklervertrages fordert. Dies liegt zwar angesichts des Hinweises, dass hier ein Maklerbüro inseriert, nahe, zumal § 653 Abs. 1 davon ausgeht, dass ein Maklerlohn stillschweigend vereinbart ist, wenn die Tätigkeit den Umständen nach nur gegen eine Vergütung zu erwarten ist. Wie bereits dargelegt, ergibt die Auslegung der Anzeige aus dem Empfängerhorizont, dass M das Grundstück im Kundenauftrag anbietet. Ein ver-

---

[3] *BGH* NJW 1981, 2295; 1986, 1165.
[4] *BGH* NJW-RR 1991, 371.

ständiger Interessent wird dem entnehmen, dass der Makler bereits mit dem Verkäufer einen Vertrag geschlossen hat.[5] Dann ergibt sich auch aus dem Hinweis auf die Maklereigenschaft nicht ohne weiteres, dass M auch mit dem Interessenten noch einen Maklervertrag schließen will. Auch konnte die Maklercourtage noch im späteren Kaufvertrag dem Kaufpreis hinzugerechnet und an den Makler weitergegeben werden. Die Anzeige war also nicht eindeutig. Daher durfte auch M die Anfrage des K nicht dahin verstehen, dieser wolle selbst einen Maklervertrag schließen.[6]

6 **Hinweis:** In der Rechtsprechung uneinheitlich beurteilt wird die Frage, ob die Angabe einer bestimmten Provisionshöhe in einer Zeitungsannonce bereits hinreichend deutlich zum Ausdruck bringt, dass der Makler mit Interessenten einen Vertrag schließen will. Teils wird dies bejaht, weil alle notwendigen Angaben vorliegen;[7] teils wird es verneint, weil der Interessent (auch hier) davon ausgehen könne, der Makler werde aufgrund eines Vertrags mit dem Verkäufer/Vermieter tätig, und es deshalb nicht eindeutig sei, ob letzterer nicht lediglich die Provision auf den Käufer/Mieter abwälzen wolle.[8]

7 Anders kann die Beurteilung nur dann ausfallen, wenn der Makler eine Provision bereits vor der Identifizierung des Objekts verlangt und letztere von der Provisionsvereinbarung abhängig macht. Bei einer solchen Maklertätigkeit kommt der Vertrag bereits mit der Nennung des Objektes zustande (sog. Nachweismaklervertrag).[9] Dies war hier jedoch nicht geschehen.

3. Angebot des M

8 Schließlich könnte in der Übersendung des Exposés und dem erneuten Hinweis auf die Provision ein Angebot gesehen werden.

Nach Ansicht des BGH[10] liegt in einem solchen Vermerk regelmäßig ein hinreichend deutliches Provisionsverlangen, da vergleichbare Klauseln im Wirtschaftsverkehr üblich seien und gemeinhin dahin verstanden würden, dass der Käufer die Provision zu zahlen habe, sofern nicht besondere Umstände hinzu kämen, die Zweifel aufkommen ließen. Zum Vertragsschluss kommt es, wenn der Käufer nach Übersendung des Provisionsverlangens die Dienste des Maklers weiterhin in Anspruch nimmt.[11]

9 Allerdings könnte die Provision hier doch anders zu bewerten sein, weil sie in dem Exposé als Teil des Kaufpreises dargestellt wird.[12] Denn der Hinweis, dass zusätzlich zum Kaufpreis eine Maklerprovision zu zahlen ist, bedeutet nicht zwangsläufig, dass der Interessent mit dem Makler einen Vertrag schließen soll. Vielmehr kann das auch bedeuten, dass der Verkäufer im Kaufvertrag die Provision, die er aufgrund seines Vertrags mit dem Makler zu zahlen hat, auf den Käufer abwälzt; dafür spricht auch, dass die Provision quasi als Teil des Kaufpreises erscheint[13] und später im Kaufvertrag eine entsprechende Vereinbarung getroffen wurde.

10 **Hinweis:** Das spätere Geschehen kann man grundsätzlich bei der Auslegung als Argument heranziehen; es kann zwar den objektiven Inhalt von Rechtsgeschäften und Erklärungen nicht mehr beeinflussen, ist aber geeignet, den wahren Willen der Parteien und ihr Verständnis der Vorgänge zu verdeutlichen.[14]

---

[5] BGHZ 95, 393, 395; *BGH* WM 1991, 643, 644.
[6] *BGH* WM 1971, 1098; NJW 1981, 2295; WM 1983, 764, 765; BGHZ 95, 393, 395 f.; *OLG Düsseldorf* NJW-RR 1997, 368.
[7] *BGH* WM 1971, 904; AIZ A 103 Bl. 64, zitiert nach juris.
[8] Etwa *OLG Dresden* NZM 1998, 1016 f.; *OLG Düsseldorf* NJW-RR 1997, 368.
[9] MünchKomm/*Roth*, § 652 Rn. 45; *BGH* NJW 1967, 1365.
[10] *BGH* WM 1971, 904.
[11] *BGH* NJW 1984, 232; VersR 1991, 774.
[12] Vgl. *OLG Dresden* NZM 1998, 1016 f. m. w. N.
[13] *OLG Hamm* NJW-RR 1999, 127, 128.
[14] *BGH* NJW-RR 1998, 801, 803 m. w. N.

Zudem hat es allein der Makler in der Hand, dem Interessenten ein ausdrückliches 11
Provisionsverlangen an die Hand zu geben. Dieses könnte sich hier schließlich noch
aus den AGB des M ergeben, die dieser dem Exposé beigefügt hatte. Darin wird ausdrücklich auf eine Provision in der geltend gemachten Höhe für die Tätigkeit des M
hingewiesen. Freilich bestehen Bedenken, ob das Übersenden Allgemeiner Geschäftsbedingungen als hinreichend deutlicher Hinweis zu werten ist. Dagegen spricht zum
einen, dass sämtliche Angaben in AGB typischerweise in gleicher Schrift usw. gesetzt
sind, so dass einzelne Angaben nicht hinreichend herausstechen. Ein eindeutiger Hinweis durch AGB ist also kaum möglich. Zum anderen erlangen AGB regelmäßig erst
Bedeutung, wenn es tatsächlich zu einem Vertragsschluss kommt. Deshalb sind sie
typischerweise nicht geeignet, einen solchen erstmalig herbeizuführen.

Somit liegt erneut kein eindeutiges Provisionsverlangen des M gegenüber K vor. 12
Mangels Angebots ist kein Vertrag zustande gekommen (a. A. vertretbar).

4. Ergebnis

Es besteht kein Anspruch des M gegen K aus § 652 Abs. 1. 13

II. Anspruch des M gegen K aus §§ 328 Abs. 1, 652 Abs. 1 S. 1

Der M könnte den Anspruch auf die Provision gegen den K aus einem Vertrag zu- 14
gunsten Dritter, § 328 Abs. 1, herleiten.

1. Vertragsschluss

E und K haben einen formwirksamen (§ 311b Abs. 1 S. 1) Grundstückskaufvertrag 15
abgeschlossen.

2. Vertrag zugunsten Dritter

Zu prüfen ist, ob dieser Grundstückskaufvertrag einen echten Vertrag zugunsten 16
Dritter beinhaltet. Dazu müssten sich Versprechender (Schuldner) und Versprechensempfänger (Gläubiger) geeinigt haben, zugunsten eines Dritten einen schuldrechtlichen
Anspruch zu begründen. Ob E und K hier zugunsten des M einen Anspruch gegen K
auf Maklerlohn begründen wollten, ist durch Auslegung zu klären, §§ 133, 157.

In Frage kommen auch eine Schuldübernahme, ein Schuldbeitritt oder eine bloße 17
Erfüllungsübernahme (§ 329). Für diese Rechtsinstitute ist es charakteristisch, dass
eine fremde Verbindlichkeit besteht, in die ein Dritter in der Weise eintritt, dass er
entweder allein und neu haften, mithaften oder lediglich (im Rahmen eines unechten
Vertrages zugunsten Dritter) für die Erfüllung einstehen soll. E und K haben im Kaufvertrag eine von K direkt an M zu zahlende Provision vereinbart. Dass diese Verbindlichkeit mit der des E aus dem Maklervertrag irgendwie im Zusammenhang stehen
soll, ist der Vertragsklausel nicht zu entnehmen.[15]

Die Formulierung spricht eher dafür, dass M ein eigenes Forderungsrecht erwerben 18
soll. Auch die Auslegungsregel des § 328 Abs. 2 deutet in diese Richtung, da die Klausel ausschließlich im Interesse des M liegt, wie bei einem Akt der Fürsorge,[16] und die
Zahlung direkt an ihn und nicht zusammen mit der Kaufpreissumme über den Notar
zu zahlen ist.

---

[15] Vgl. *Althammer*, Die Maklerklausel im Grundstückskaufvertrag, 2004, S. 77 ff.
[16] *OLG Hamm* NJW-RR 1996, 627; Palandt/*Grüneberg*, § 328 Rn. 3.

19 Daher haben E und K zugunsten des M einen echten Vertrag zugunsten Dritter in der Form eines Maklervertrages geschlossen, woraus der K unmittelbar verpflichtet wird, dem M die anfallende Provision zu zahlen.[17]

3. Weitere Entstehungsvoraussetzungen des Provisionsanspruchs

20 Da der Vertrag einen Anspruch zugunsten des M regelt und ihn als Maklerprovision bezeichnet, müssten an sich zusätzlich die Voraussetzungen eines solchen Provisionsanspruchs gegeben sein, vgl. § 328 Abs. 2. Es wären also das rechtsgültige Zustandekommen des Hauptvertrags und eine dafür ursächliche Maklerleistung erforderlich.

21 Das muss bei der Vereinbarung einer Käuferleistung an den Makler im Grundstückskaufvertrag allerdings nicht stets so sein. Die Rechtsprechung erkennt im Rahmen der Privatautonomie auch Gestaltungen an, in denen eine echte Maklerleistung nicht erbracht wird. Das ist dann der Fall, wenn der Makler aufgrund vertraglicher (oder gesellschaftsrechtlicher) Beziehungen (typischerweise) mit dem Verkäufer wirtschaftlich eng verflochten ist. Dann erbringt der Makler wegen der bestehenden Interessenkollision an sich eine Leistung nur gegenüber dem Verkäufer, während es an einer echten Maklerleistung gegenüber dem Käufer fehlt,[18] so etwa, wenn er zugleich Verwalter der verkauften Sache ist. Ebenso ist anerkannt, dass der Makler aus einer kaufvertraglichen Klausel der hier vorliegenden Art nach § 328 Abs. 1 einen unmittelbaren Zahlungsanspruch gegen den Käufer erwerben kann, selbst wenn es solche Verflechtungen gibt und diese dem Käufer auch bekannt sind. Dann ist der Anspruch – vorbehaltlich einer abweichenden Formulierung – vom Vorliegen einer Maklerleistung unabhängig.[19] Dies ist hier anzunehmen, zumal die weiteren Voraussetzungen des § 652 ohnehin schon mit dem Abschluss des Hauptvertrags erfüllt waren.

4. Keine Verwirkung des Provisionsanspruchs, § 654 analog

22 Möglicherweise ist durch die Doppeltätigkeit des Maklers der Provisionsanspruch verwirkt worden, wenn der M dem Inhalt des Vertrags zuwider auch für den anderen Teil tätig geworden ist, § 654. Die Norm ist, wenn man die kaufvertragliche Zusatzvereinbarung nicht als echten Maklervertrag ansehen will, wegen ihrer inhaltlichen Nähe dazu zumindest analog anwendbar.

23 Das setzt freilich voraus, dass M zu beiden Vertragspartnern in Vertragsbeziehungen steht, aus denen er jeweils seine Provision verlangen kann, und damit einem Verbot in einem der Verträge zuwiderhandelt; darüber hinaus will § 654 eine Doppeltätigkeit nicht verhindern.[20] Doch steht M hier zunächst nur zu E in vertraglichen Beziehungen, nicht aber zu K (s. o. Rn. 4 ff.). Auch der Vertrag zu seinen Gunsten begründet nur ein Forderungsrecht für ihn gegen K. Damit greift § 654 hier nicht ein.

24 Freilich gilt § 654 zumindest entsprechend,[21] wenn das gleichzeitige Tätigwerden zu einer Interessenkollision in der Person des Maklers führen kann.[22] Dafür gibt es hier

---

[17] Zu Maklerklauseln in Kaufverträgen und einen Vertrag zugunsten Dritter annehmend *BGH* NJW 1996, 655; *OLG Hamm* NJW-RR 1996, 627 und NJW-RR 1996, 1081.
[18] BGHZ 112, 240, 241 f.; *BGH* NJW-RR 1998, 992, 993; zustimmend *Schwerdtner,* Maklerrecht, 4. Aufl., 1999, Rn. 660 f., 694; krit. MünchKomm/*Roth,* § 652 Rn. 120.
[19] BGHZ 112, 240, 241 f.; 138, 170, 171 f.; *Althammer,* Die Maklerklausel im Grundstückskaufvertrag, 2004, S. 77 ff., 100 ff. m. w. N.; MünchKomm/*Gottwald,* § 328 Rn. 79 m. w. N.
[20] Palandt/*Sprau,* § 654 Rn. 4; BGHZ 61, 17; *BGH* WM 1992, 279, 281; *OLG Hamm* NJW-RR 1994, 125.
[21] Im Detail sehr str., vgl. Hk/*Ebert,* § 654 Rn. 2 ff. m. w. N.
[22] MünchKomm/*Roth,* § 654 Rn. 9; Palandt/*Sprau,* § 654 Rn. 4.

aber angesichts der einvernehmlichen Vereinbarung des Provisionsanspruchs durch beide Parteien des Hauptvertrags keine Anhaltspunkte.[23] Somit ist der Provisionsanspruch nicht verwirkt.

Hinweis: § 654 regelt seiner Überschrift nach die „Verwirkung des Lohnanspruchs". Diese maklerrechtliche Erscheinung darf man nicht mit dem allgemeinen Rechtsinstitut der Verwirkung verwechseln, das im Rahmen des § 242 die illoyal verspätete Geltendmachung eines Rechts meint. Die (eigentliche) Verwirkung steht in einer gewissen Nähe zur Verjährung.[24] Dagegen geht es im Maklerrecht um die Rechtsfolgen von Interessenkollisionen, also letztlich um Verstöße gegen § 241 Abs. 2.

5. Fälligkeit der Provision

Der Provisionsanspruch des M gegen K ist nach dem Kaufvertrag erst zu zahlen, wenn die Auflassungsvormerkung eingetragen ist. Damit haben die Parteien eine Vereinbarung über die Fälligkeit getroffen, also über den Zeitpunkt, ab dem M als Gläubiger die Leistung von seinem Schuldner K verlangen kann (vgl. § 271 Abs. 1). Da die vereinbarte Voraussetzung für die Fälligkeit bislang nicht eingetreten ist, ist der Anspruch noch nicht fällig.

Hinweis: Es handelt sich also nicht etwa um eine aufschiebende Bedingung i.S.v. § 158 Abs. 1, welche die gesamten Wirkungen des Rechtsgeschäfts vom Eintritt eines künftigen Ereignisses abhängig macht, sondern nur um eine Vertragsbestimmung,[25] welche die Voraussetzungen der Fälligkeit regelt und sie hier an den Eintritt eines künftigen Ereignisses knüpft.

6. Ergebnis

Der M hat gegen den K einen Anspruch auf die Zahlung der Provision, der allerdings noch nicht fällig ist.

---

[23] Für allgemeine Zulässigkeit der Doppeltätigkeit von Vermittlungsmaklern Soergel/*Mormann*, § 654 Rn. 1; zweifelnd Palandt/*Sprau*, § 654 Rn. 8; ganz ablehnend MünchKomm/*Roth*, § 654 Rn. 9.
[24] Zur Verwirkung vgl. Hk/*Schulze*, § 242 Rn. 42 ff. m.w.N.
[25] *BGH* NJW-RR 1998, 801, 802; Palandt/*Ellenberger*, Vor § 158 Rn. 3.

Fall 2. Das verflixte Salatblatt

Nach BGHZ 66, 51 = NJW 1976, 712 – Gemüseblatt.

Sachverhalt

Martha Moser (M) begibt sich am 5. Januar 2002 in den Supermarkt des Siegmund Sappel (S), um dort Lebensmittel einzukaufen. Unmittelbar hinter dem Eingang befindet sich die Obst- und Gemüseabteilung, in der Martha auf einem auf dem Boden liegenden Salatblatt ausrutscht, stürzt und sich ein Bein bricht. Dadurch entstehen ihr Arztkosten in Höhe von 1000 €. Nachdem langwierige Verhandlungen mit Siegmund zu keinem Ergebnis führen, erhebt Martha schließlich am 17. November 2005 Klage zum zuständigen Gericht, mit der sie auch ein angemessenes Schmerzensgeld fordert.
Martha behauptet, Siegmund habe den Unfall verschuldet, da er bzw. seine Angestellten das Salatblatt nicht entfernt hätten, obwohl erkennbar gewesen sei, dass hierdurch Kunden zu Schaden kommen konnten. Siegmund bringt dagegen vor, ihn träfe keine Schuld, da das Salatblatt auch von einem anderen Kunden fallen gelassen worden sein könnte. Im Übrigen erhebt er die Einrede der Verjährung.
Welche Ansprüche hat Martha gegen Siegmund?

Abwandlung: Martha hat ihre 12 Jahre alte Tochter Tanja (T) mit zum Einkaufen in Siegmunds Supermarkt genommen. Tanja hilft Martha beim Aussuchen der Waren, rutscht dabei auf dem Salatblatt aus und bricht sich das Bein. – Welche Ansprüche hat Tanja gegen Siegmund?

Vorüberlegungen

Der Fall befasst sich mit dem Entstehen von Schuldverhältnissen und aus ihnen resultierenden Ansprüchen. Gemäß § 311 Abs. 1 entstehen rechtsgeschäftliche Schuldverhältnisse grundsätzlich nur durch Vertrag. Nach Abs. 2 der Vorschrift kann aber auch die Vertragsanbahnung ein Schuldverhältnis begründen, was den Ansatzpunkt der vor 2002 gewohnheitsrechtlich anerkannten Haftung aus culpa in contrahendo (c.i.c.) bildet. Das von Jhering entwickelte[1] Rechtsinstitut der c.i.c. besagt(e), dass bereits die Aufnahme von Vertragsverhandlungen oder eines sonstigen geschäftlichen Kontakts ein besonderes Vertrauensverhältnis entstehen lässt, das die Parteien zu gesteigerter Sorgfalt verpflichtet, deren Verletzung Schadensersatzansprüche entstehen lässt. Durch diese Vorverlagerung des Schuldverhältnisses sind Ansprüche nach § 280 Abs. 1 möglich, und vor allem ist dem Schuldner ein Fehlverhalten seiner Hilfspersonen über § 278 zuzurechnen. So umgeht man die Unzulänglichkeiten des Deliktsrechts, denn der (dort sog.) Geschäftsherr haftet zwar gem. § 831 Abs. 1 S. 1 auch für objektiv tatbestandsmäßige rechtswidrige Schädigungen durch seine „Verrichtungsge-

---

[1] *Jhering*, Culpa in contrahendo oder Schadensersatz bei nichtigen oder nicht zur Perfektion gelangten Verträgen, in: Jhering, Gesammelte Aufsätze aus den Jahrbüchern für die Dogmatik des heutigen römischen und deutschen Privatrechts, 1881, S. 327ff.

hilfen", kann sich hinsichtlich seines Verschuldens aber oftmals gem. § 831 Abs. 1 S. 2 entlasten. Das geht bei § 278 nicht, der zudem auch selbständige Hilfspersonen erfasst.² Unter anderem deshalb hat sich die c.i.c. zu einem Auffangtatbestand für den Schutz von Vermögensinteressen entwickelt; als Stichworte seien hier die Eigenhaftung des Vertreters oder die Sachwalterhaftung genannt.³

Die §§ 311 Abs. 2, 241 Abs. 2 sind sehr offen formuliert. Zu ihrer Konkretisierung kann man auch die vor 2002 ergangene Rechtsprechung heranziehen.⁴ Die im Detail sehr unterschiedlichen Anwendungsfälle der c.i.c.⁵ muss man sich einprägen. Sie werden in diesem Buch nicht weiter behandelt, da die c.i.c. eigentlich ein gesetzliches Schuldverhältnis ist.⁶

Die Anspruchsgrundlage für Schadensersatzansprüche wegen Verletzung vorvertraglicher Pflichten bildet § 280 Abs. 1 S. 1 (zum Aufbau siehe die Hinweise zur Fallbearbeitung im 1. Teil des Buches, Rn. 24). Man sollte § 311 Abs. 2 (und vielleicht auch § 241 Abs. 2) bei der Anspruchsgrundlage hinzuzitieren, um von Anfang an zu verdeutlichen, was man eigentlich prüft. Die Pflichtverletzung bezieht sich, vgl. § 311 Abs. 2, ausschließlich auf Pflichten nach § 241 Abs. 2.

Rechtsgeschäftliche bzw. rechtsgeschäftsähnliche Schadensersatzansprüche konkurrieren mit solchen aus Delikt. Daher sind im vorliegenden Fall neben Ansprüchen aus § 280 Abs. 1 solche nach den §§ 823 ff. zu untersuchen. Im Gegensatz zur früheren Rechtslage bestehen heute, außer in den Tatbeständen, keine Unterschiede mehr: Ein Schmerzensgeld ist nach § 253 Abs. 2 unabhängig von der Anspruchsgrundlage für den Schadensersatz möglich, und für die Verjährung gelten jeweils die §§ 195, 199.⁷ Dennoch muss man auch den deliktischen Anspruch im Gutachten prüfen – es könnte ja sein, dass die Voraussetzungen des § 311 Abs. 2 nicht vorliegen oder vor Gericht nicht beweisbar sind.

In der Variante geht es um den Schutz Dritter durch Einbeziehung in bestehende Schuldverhältnisse, der wiederum im Wesentlichen der Vermeidung einer Exkulpation nach § 831 Abs. 1 S. 2 dient. Anfänger(innen) können dies erst einmal ignorieren.

Gliederung

Ausgangsfall	Rn.
I. Anspruch M gegen S gem. § 280 Abs. 1 S. 1	1
1. Bestehendes Schuldverhältnis	2
a) Kaufvertrag, § 433	3
b) Vorvertragliches Schuldverhältnis, § 311 Abs. 2	4
aa) Durch Aufnahme von Vertragsverhandlungen	5
bb) Infolge Vertragsanbahnung	6

---

² Näher *Brox/Walker*, AS, § 5 Rn. 2.
³ Vgl. Begr. zum RegE, BT-Drs. 14/6040, 162; Stellungnahme des Rechtsausschusses, BT-Drs. 14/7052, 190; Palandt/*Grüneberg* § 311 Rn. 63; s.a. *Larenz* I, § 9, S. 106 ff., 114.
⁴ Begr. zum RegE, BT-Drs. 14/6040, 161 f.
⁵ Vgl. näher *Brox/Walker*, AS, § 5 Rn. 1 ff.; *Medicus/Lorenz I*, Rn. 104 ff.
⁶ *Medicus/Lorenz* I, Rn. 112; s.a. *Brox/Walker*, AS, § 5 Rn. 2.
⁷ Bis 2001 verjährten deliktische Ansprüche nach § 852 Abs. 1 a.F. in drei Jahren ab Kenntnis von Schaden und Person des Schädigers (und nicht erst ab Jahresende, hier also ab 5.1.2002), c.i.c.-Ansprüche dagegen in dreißig Jahren (§ 195 a.F.). Schmerzensgeld gab es bis Juli 2002 nur im Deliktsrecht (§ 847 a.F.).

	Rn.
2. Pflichtverletzung	7
3. Vertretenmüssen	9
4. Schaden, haftungsausfüllende Kausalität, Ersatz gem. §§ 249 ff.	13
5. Einrede der Verjährung, § 214 Abs. 1	19
6. Ergebnis	23
II. Anspruch M gegen S gem. § 823 Abs. 1	24
1. Rechtsgutsverletzung	25
2. Handlung des S	26
3. Haftungsbegründende Kausalität	27
4. Rechtswidrigkeit	28
5. Verschulden	29
6. Schaden und haftungsausfüllende Kausalität	30
7. Einrede der Verjährung	31
8. Ergebnis	32

Abwandlung

I. Schadensersatzanspruch der T gegen S gem. §§ 280 Abs. 1 S. 1, 311 Abs. 3 S. 1	33
1. Schuldverhältnis	34
a) Vertragsanbahnung/ähnlicher Kontakt, § 311 Abs. 2 Nr. 2 bzw. 3	35
b) Einbeziehung in die Schutzwirkung des Vertragsanbahnungsverhältnisses zwischen M und S	36
aa) Rechtsgeschäftsähnliches Verhältnis zu Dritten, § 311 Abs. 3 S. 1	37
bb) Voraussetzungen des Drittschutzes	40
2. Pflichtverletzung und weitere Voraussetzungen, Schaden, Verjährung	46
3. Ergebnis	47
II. Anspruch der T aus § 823 Abs. 1	48

Lösung

I. Anspruch M gegen S gem. § 280 Abs. 1 S. 1

1 M könnte einen Anspruch auf Schadensersatz in Höhe von 1000 € aus § 280 Abs. 1 S. 1 haben. Dazu müsste S eine der M gegenüber bestehende Pflicht aus einem Schuldverhältnis verletzt haben.

1. Bestehendes Schuldverhältnis

2 Voraussetzung ist das Vorliegen eines Schuldverhältnisses.

a) Kaufvertrag, § 433

3 Die Parteien könnten einen Kaufvertrag i. S. v. § 433 geschlossen haben. Jedoch ist fraglich, ob die dafür notwendigen Willenserklärungen vorliegen: Selbst wenn man der umstrittenen Auffassung folgt, in Selbstbedienungsgeschäften stelle die Auslage der Waren bereits ein Angebot auf Abschluss eines Kaufvertrags dar und nicht nur eine invitatio ad offerendum, erfolgt die Annahme auf jeden Fall erst an der Kasse durch den Kunden durch Vorlage der Waren.[8] In dem Augenblick, als M unmittelbar nach

---

[8] Zum Vertragsschluss in SB-Märkten näher *Fritzsche,* Fälle zum BGB Allgemeiner Teil, 3. Aufl., 2009, Fall 10; s. a. *Köhler,* § 8 Rn. 11; Palandt/*Ellenberger,* § 145 Rn. 8; *Schulze,* AcP 201 (2001), 232.

dem Betreten der Obst- und Gemüseabteilung stürzte, ist also keinesfalls bereits ein Kaufvertrag zustande gekommen.

b) Vorvertragliches Schuldverhältnis, § 311 Abs. 2

Damit kommt nur noch ein vorvertragliches Schuldverhältnis i. S. v. § 311 Abs. 2 in Betracht.

aa) Durch Aufnahme von Vertragsverhandlungen

Ein solches könnte durch die Aufnahme von Vertragsverhandlungen gem. § 311 Abs. 2 Nr. 1 entstanden sein. Da der Begriff nicht näher umrissen ist,[9] kann man ihn nach dem allgemeinen Wortsinn verstehen. Danach erfüllt das Betreten eines Selbstbedienungsladens allein den Tatbestand der Vertragsverhandlungen noch nicht,[10] selbst wenn Waren ausgesucht werden, da es an der für die Verhandlung notwendigen Kommunikation fehlt.

bb) Infolge Vertragsanbahnung

Es könnte sich hier aber um die Anbahnung eines Vertrages im Sinne des § 311 Abs. 2 Nr. 2 handeln. Eine Vertragsanbahnung setzt voraus, dass sich der Geschädigte mit dem Ziel des Vertragsabschlusses oder der Anbahnung geschäftlicher Kontakte zumindest als möglicher Kunde in den Einflussbereich des Unternehmers begeben hat.[11] Da die M in der Absicht, Lebensmittel zu kaufen, die Räume des S betreten hat, hat sie – mit den Worten des § 311 Abs. 2 Nr. 2 – „im Hinblick auf eine etwaige rechtsgeschäftliche Beziehung" dem S „die Möglichkeit zur Einwirkung" auf ihre „Rechte, Rechtsgüter und Interessen gewährt". Es liegt damit ein Schuldverhältnis i. S. d. § 311 Abs. 2 Nr. 2 vor. Ob es tatsächlich zu einem Vertragsschluss kommt, ist hierbei unerheblich.

2. Pflichtverletzung

Weiterhin müsste S gem. § 280 Abs. 1 eine sich aus diesem Schuldverhältnis ergebende Pflicht verletzt haben. § 311 Abs. 2 regelt allein die Voraussetzungen für das Entstehen eines vorvertraglichen Schuldverhältnisses, ohne über Inhalt und Reichweite der hierdurch begründeten Pflichten eine Aussage zu treffen,[12] und stellt außerdem lediglich klar, dass das rechtsgeschäftsähnliche Schuldverhältnis keine Leistungspflichten begründet, sondern nur sonstige Pflichten nach § 241 Abs. 2.

Auch § 241 Abs. 2 stellt lediglich klar, dass im Rahmen eines Schuldverhältnisses Pflichten zur Rücksichtnahme auf die Rechte, Rechtsgüter und Interessen des anderen Teils bestehen können.[13] Die Bezugnahme auf den „Inhalt" des Schuldverhältnisses bedeutet nichts anderes, als dass der Umfang der Schutzpflichten im jeweiligen Einzelfall zu bestimmen ist.[14] Insofern kann (wiederum) auf die bereits vorhandene Rechtsprechung zurückgegriffen werden. Danach trifft den Inhaber eines Geschäftes gegenüber Personen, die sich zwecks Vertragsanbahnung in seinen Einflussbereich begeben, eine Obhuts- und Schutzpflicht i. S. v. § 241 Abs. 2 dahingehend, durch geeignete

---

[9] Vgl. *Canaris,* JZ 2001, 499, 519; *Dauner-Lieb,* JZ 2001, 8, 14.
[10] Vgl. auch Begr. zum RegE, BT-Drs. 14/6040, 163 (zu Nr. 2).
[11] BGHZ 66, 51, 54.
[12] Begr. zum RegE, BT-Drs. 14/6040, 162.
[13] Begr. zum RegE, BT-Drs. 14/6040, 125; *Wilhelm,* JZ 2001, 861, 866.
[14] Begr. zum RegE, BT-Drs. 14/6040, 126.

Maßnahmen und Vorkehrungen zu verhindern, dass jemand durch am Boden liegende Gegenstände zu Fall kommt.[15] Da die Beseitigung des Salatblattes seinem Organisations- und Gefahrenbereich zuzurechnen und offenkundig unterblieben ist, was zu einer Verletzung der körperlichen Integrität der M geführt hat, hat S diese Pflicht verletzt.

3. Vertretenmüssen

9   Der Schadensersatzanspruch bestünde nicht, wenn S die Pflichtverletzung nicht zu vertreten hätte, vgl. § 280 Abs. 1 S. 2.[16] Zu vertreten hat der Schuldner gem. § 276 Abs. 1 S. 1 grundsätzlich Vorsatz und Fahrlässigkeit. Da ein vorsätzliches, also jedenfalls wissentliches Handeln des S nicht ersichtlich ist, kommt allenfalls Fahrlässigkeit in Betracht. Diese liegt vor, wenn S die im Verkehr erforderliche Sorgfalt außer Acht gelassen hat, § 276 Abs. 2. Die Pflichtverletzung des S liegt darin, dass das Salatblatt nicht entfernt bzw. die Reinigung und Überwachung des Gefahrenbereichs nicht ausreichend organisiert wurde. Insofern spielt es keine Rolle, ob eventuell ein Kunde das Salatblatt hat fallen lassen. Die Fahrlässigkeit des S wäre nur ausgeschlossen, wenn er sein Personal im erforderlichen Umfang angewiesen hätte, den potenziell besonders gefährlichen Obst- und Gemüsebereich ständig zu kontrollieren und auftretende Gefahren sofort zu beseitigen. Denn es ist auch für das Personal faktisch ausgeschlossen, jede Verunreinigung und sonstige Gefahr auf dem Boden sofort zu erkennen und zu entfernen. Somit hilft auch § 278 nicht weiter, über den dem S ein eventuelles Verschulden seiner Erfüllungsgehilfen zugerechnet werden könnte, da auch ein solches nicht feststeht. Damit stellt sich die Frage, wen die Beweislast für das Vertretenmüssen trifft.

10 Da das Vertretenmüssen eine anspruchsbegründende Tatsache ist, trifft grundsätzlich M die Beweislast. Jedoch enthält § 280 Abs. 1 S. 2 eine generelle Beweislastumkehr für die Frage des Vertretenmüssens von Pflichtverletzungen im Rahmen von Schadensersatzansprüchen. Konsequenz ist, dass der Gläubiger nur die Darlegungs- und Beweislast für das Vorliegen einer objektiven Pflichtverletzung trägt. Liegt – wie hier – eine Pflichtverletzung vor, greift die Vermutung des § 280 Abs. 1 S. 2 ein mit der Folge, dass den Schuldner die Darlegungs- und Beweislast dafür trifft, dass er diese nicht zu vertreten hat. Diese Vermutung kann der Schuldner widerlegen, indem er Tatsachen vorträgt und ggf. beweist, aus denen sich ergibt, dass er die Pflichtverletzung nicht zu vertreten hat.[17]

11 **Hinweise:** Man darf im Gutachten nicht einfach auf die Vermutung verweisen, sondern muss auch die Möglichkeit des Entlastungsbeweises durch den Schuldner prüfen. Das zwingt de facto zur Prüfung des Vertretenmüssens nach §§ 276 ff. Führt diese zu dem Ergebnis, dass die Sachverhaltsangaben eine Entscheidung nicht ermöglichen, darf man auf die Vermutung zurückgreifen. – Wegen der negativen Formulierung wird § 280 Abs. 1 S. 2 teils als anspruchshindernde Einwendung geprüft. Konsequenterweise müsste man dann zuvor den Anspruchstatbestand samt Schaden prüfen. Der hier gewählte „klassische" Aufbau (wie bei § 823 Abs. 1) ist vorzuziehen, um unnötige Ausführungen zum Schaden zu vermeiden.

12 S hat lediglich darauf verwiesen, dass ein anderer Kunde das Salatblatt fallen gelassen haben könnte. Damit hat er nicht dargelegt, dass er alle ihm zumutbaren Vorkehrungen zur regelmäßigen Beseitigung von Bodenverunreinigungen und damit zur

---

[15] *BGH* NJW 1962, 32 – Bananenschale; BGHZ 66, 51, 54 – Gemüseblatt; s. a. *OLG Köln* NJW-RR 1995, 861 (Salatblatt).
[16] Zum Problem der Trennung von Pflichtverletzung und Vertretenmüssen insbesondere im Bereich der Schutzpflichtverletzung vgl. *Canaris*, JZ 2001, 499, 512.
[17] Begr. zum RegE, BT-Drs. 14/6040, 136.

Vermeidung eines solchen Unfalls getroffen hat.[18] Er kann also den Nachweis des Nichtvertretenmüssens nicht führen.

4. Schaden, haftungsausfüllende Kausalität, Ersatz gem. §§ 249 ff.

Der M ist durch den Beinbruch ein Schaden entstanden: Zum einen liegt eine Vermögenseinbuße vor, da der Bruch ärztlich behandelt werden musste; die Behandlungskosten von 1000 € beruhen adäquat-kausal auf der Pflichtverletzung. M kann sie gem. § 249 Abs. 2 S. 1 in Geld ersetzt verlangen. Ein anspruchsminderndes Mitverschulden i. S. v. § 254 Abs. 1 ist dem Sachverhalt nicht zu entnehmen. 13

Hinweis: Das Mitverschulden könnte man *hier* ebenso ganz weglassen. Auf keinen Fall darf man eine Unaufmerksamkeit der M unterstellen, da sie den Sachverhaltsangaben nicht zu entnehmen ist, auch wenn man sie als nahe liegend empfinden mag. 14

In Betracht kommt außerdem ein „Schmerzensgeldanspruch" der M gem. § 253 Abs. 2. Nach dieser Norm kann M für den ihr in Form von Schmerzen und der mit einem Beinbruch zwangsläufig eintretenden Einschränkung der Beweglichkeit entstandenen Nichtvermögensschaden eine billige Entschädigung in Geld fordern. Es handelt sich hierbei um eine Billigkeitsentschädigung zum Zweck des Ausgleichs von Schäden sowie der Genugtuung des Geschädigten.[19] 15

Hinweis: Nach zutreffender Ansicht ist § 253 Abs. 2 keine Anspruchsgrundlage, weil die systematische Stellung der Norm und ihr Anknüpfen an die Ersatzfähigkeit des immateriellen Schadens dagegen sprechen.[20] Da dies aber umstritten ist, darf man „den Schmerzensgeldanspruch" auch gesondert prüfen; auf diese Kontroverse wird in der Fallbearbeitung üblicherweise nicht eingegangen. 16

Voraussetzung für das Schmerzensgeld ist – neben dem Bestehen eines Schadensersatzanspruchs auf beliebiger Rechtsgrundlage – die Verletzung des Körpers oder der Gesundheit.[21] Der Beinbruch stellt eine Körperverletzung dar. Der Schadensersatzanspruch des M gegen S umfasst somit ein Schmerzensgeld i. S. v. § 253 Abs. 2. 17

Hinweis: Die Höhe des Schmerzensgeldanspruchs ist den Vorgaben der vorhandenen Rechtsprechung zu entnehmen, die in Schmerzensgeldtabellen[22] zusammengefasst sind. Dazu braucht man in der Falllösung keine Angaben zu machen. Nur wenn ein bestimmter Betrag beansprucht wird, sollte man versuchen, zur Frage der „Billigkeit" der Höhe Stellung zu nehmen. Ein Mitverschulden i. S. v. § 254 wird gleich in diesem Zusammenhang berücksichtigt. 18

5. Einrede der Verjährung, § 214 Abs. 1

Dem Anspruch der M könnte jedoch die (rechtshemmende) Einrede der Verjährung nach § 214 Abs. 1 entgegenstehen, die S hier ausdrücklich erhoben hat. 19

Die regelmäßige Verjährungsfrist beträgt gem. § 195 drei Jahre. Sie beginnt gem. § 199 Abs. 1 mit dem Schluss des Jahres zu laufen, in dem der Anspruch entstanden ist und der Gläubiger Kenntnis vom Anspruch und vom Schuldner hat bzw. fahrlässig nicht hat. Diese Voraussetzungen sind aufgrund des Unfalls am 5. 1. 2002 erfüllt, so dass die Verjährung gem. § 199 Abs. 1 mit Ablauf des 31. 12. 2002 begann. 20

---

[18] Vgl. *OLG Köln* NJW-RR 1995, 861.
[19] Jauernig/*Teichmann*, § 253 Rn. 3; Palandt/*Grüneberg*, § 253 Rn. 4 m. w. N.
[20] MünchKomm/*Oetker*, § 253 Rn. 15 f.; wohl auch Jauernig/*Teichmann*, § 253 Rn. 4. – A. A. Palandt/*Grüneberg*, § 253 Rn. 4.
[21] Sowie der Freiheit und der sexuellen Selbstbestimmung und über die an sich abschließende Aufzählung hinaus bei der Verletzung des allgemeinen Persönlichkeitsrechts, vgl. MünchKomm/*Oetker*, § 253 Rn. 27.
[22] Z. B., Beck'sche Schmerzensgeldtabelle, 5. Aufl., 2006; *Hacks/Ring/Böhm*, ADAC-Handbuch Schmerzensgeld-Beträge, 25. Aufl., 2006; *Kuntz*, Schmerzensgeld, Loseblatt, Stand 2/2007.

21 Da insbesondere auch die Kenntnis der M i. S. v. § 199 Abs. 1 Nr. 2 vorliegt, finden die ergänzenden Verjährungshöchstgrenzen in § 199 Abs. 2–4 keine Anwendung. Die Verjährung endet somit gem. § 188 Abs. 2 Alt. 2. am 31. 12. 2005. Die Klageerhebung am 17. 11. 2005 erfolgte somit rechtzeitig und führte zur Hemmung der Verjährung, §§ 204 Abs. 1 Nr. 1, 209.

22 **Hinweis:** Darüber hinaus war die Verjährung auch noch gem. § 203 S. 1 gehemmt, so dass sich die Verjährungsfrist gem. § 209 entsprechend verlängert. Das spielt hier aber keine Rolle, da die Regelverjährungsfrist noch nicht abgelaufen ist. Würde der Sachverhalt dagegen eine Klageerhebung erst im Laufe des März 2006 angeben, müsste man diese Hemmung behandeln. Mangels klarer Angabe zur Verhandlungsdauer wäre dann § 203 S. 2 heranzuziehen, um die Rechtzeitigkeit der Klageerhebung zu begründen.

6. Ergebnis

23 M hat gegen S aus § 280 Abs. 1 S. 1 einen (durchsetzbaren) Anspruch auf Schadensersatz in Höhe von 1000 € sowie auf ein angemessenes Schmerzensgeld.

II. Anspruch M gegen S gem. § 823 Abs. 1

24 M könnte auch einen Schadensersatzanspruch aus § 823 Abs. 1 haben.

1. Rechtsgutsverletzung

25 Es liegt eine Verletzung des Körpers der M vor.

2. Handlung des S

26 Die Verletzung müsste auf einer Handlung des S beruhen. Da S nicht aktiv geworden ist, kommt insofern nur die Verletzung einer Verkehrssicherungspflicht in Betracht. Nach der Rspr. hat derjenige, der eine Gefahrenquelle für andere Personen eröffnet, alle ihm zumutbaren Maßnahmen zu unternehmen, um den Eintritt von Schäden zu verhindern.[23] Als Betreiber des Supermarktes traf S eine Pflicht, dafür zu sorgen, dass niemand durch die Beschaffenheit der Geschäftsräume, insbesondere durch am Boden liegende Gegenstände, zu Schaden kommt. Hierzu gehören auch die Reinhaltung des Bodens und die Sicherstellung der Beseitigung von herunter gefallenen Gegenständen durch geeignete organisatorische Maßnahmen. Dieser Pflicht ist S nicht in ausreichendem Umfang nachgekommen.

3. Haftungsbegründende Kausalität

27 Die Verletzung der Verkehrssicherungspflicht führte zum Sturz der M und somit zur Körperverletzung.

4. Rechtswidrigkeit

28 Die Rechtswidrigkeit ist bei Verletzung einer Gefahrvermeidungspflicht indiziert.[24]

5. Verschulden

29 Allerdings müsste S zumindest fahrlässig gehandelt haben, § 823 Abs. 1. Da er sein Verschulden bestreitet und auf eine Verursachung durch einen anderen Kunden hinweist, müsste an sich M beweisen, dass er die im Verkehr erforderliche Sorgfalt (§ 276

---

[23] Nachweise bei Palandt/*Sprau*, § 823 Rn. 45 ff.; vgl. auch *Larenz/Canaris*, § 76 III 4a, S. 413.
[24] *Larenz/Canaris*, § 75 II 3c, S. 368f.

Abs. 2) hinsichtlich der Verkehrssicherungspflicht verletzt hat.[25] Die Beweislastumkehr des § 280 Abs. 1 S. 2 bezieht sich lediglich auf Pflichtverletzungen in bestehenden Schuldverhältnissen. Für die allgemeine Delikthaftung verbleibt es bei dem Grundsatz, dass jede Partei die Tatsachen vorzutragen und zu beweisen hat, die für sie günstig (s. o. Rn. 12) sind. Danach müsste M das Verschulden des S beweisen. Das kann sie insofern nicht, als nicht auszuschließen ist, dass das Salatblatt von einem anderen Kunden fallen gelassen worden ist. Da S jedoch eine Verkehrssicherungspflicht verletzt hat, kommt der M der Beweis des ersten Anscheins zu Hilfe,[26] den S durch seinen bloßen Hinweis auf die Möglichkeit einer Fremdverursachung nicht entkräften kann; er müsste vielmehr, etwa durch die Vorlage eines detaillierten Reinigungsplans, nachweisen, dass er alle ihm zumutbaren Anstrengungen zur Vermeidung von Verletzungen seiner Kunden getroffen hat.[27] Da er dies nicht tut, kann aus der objektiven Verletzung der Verkehrssicherungspflicht auf eine (Organisations-)Fahrlässigkeit des S geschlossen werden.

6. Schaden und haftungsausfüllende Kausalität

Zum Schaden gelten die Ausführungen oben Rn. 13 ff. entsprechend. **30**

7. Einrede der Verjährung

Dem Anspruch der M könnte die von S erhobene Einrede der Verjährung entgegenstehen, § 214 Abs. 1. Da der deliktische Anspruch ebenfalls in der regelmäßigen Verjährungsfrist des § 195 verjährt, ist die Klageerhebung am 17. 11. 2005 noch rechtzeitig erfolgt (Rn. 19 ff.). **31**

8. Ergebnis

Nach § 823 Abs. 1 hat M einen Anspruch in gleicher Höhe wie nach § 280 Abs. 1. **32**

Abwandlung

I. Schadensersatzanspruch der T gegen S gem. §§ 280 Abs. 1 S. 1, 311 Abs. 3 S. 1

Ein Schadensersatzanspruch der T gegen S könnte sich aus §§ 280 Abs. 1 S. 1, 311 Abs. 3 S. 1 und den Grundsätzen über den Vertrag mit Schutzwirkung zugunsten Dritter ergeben. **33**

1. Schuldverhältnis

Dazu muss zwischen T und S ein Schuldverhältnis bestanden haben. **34**

a) Vertragsanbahnung/ähnlicher Kontakt, § 311 Abs. 2 Nr. 2 bzw. 3

Ein Schuldverhältnis könnte hier nur infolge Anbahnung eines Vertrages gem. § 311 Abs. 2 Nr. 2 entstanden sein (s. o. Rn. 3 ff.). Da T aber den Supermarkt des S nicht mit dem Ziel des Vertragsschlusses, sondern lediglich als Begleiterin ihrer Mutter aufgesucht hat, ist das nicht der Fall. Auch § 311 Abs. 2 Nr. 3 meint Fälle, in denen z. B. ein **35**

---

[25] Zur Unterscheidung von Verkehrssicherungspflicht und Fahrlässigkeit durch die h. M. etwa *Larenz/Canaris*, § 75 II 3 d, S. 369 f., § 76 III 7 a, S. 426 f.
[26] Vgl. insbesondere *BGH* NJW 1986, 2757, 2758; s. a. *BGH* NJW 1994, 2617; 2001, 2019; Bamberger/Roth/*Spindler*, § 823 Rn. 28 f.; Palandt/*Sprau*, § 823 Rn. 54, 200 m. w. N.
[27] Vgl. *BGH* NJW 1985, 484 f.; *OLG Köln* NJW-RR 1995, 861.

Vertrag noch nicht angebahnt, sondern lediglich vorbereitet wird. Deshalb erfasst die Vorschrift Dritte, die in einem Näheverhältnis zu einer der Vertrags- bzw. Verhandlungsparteien stehen, nicht ohne weiteres; für sie sind vielmehr die Grundsätze über den Vertrag mit Schutzwirkung zugunsten Dritter anzuwenden.[28]

b) Einbeziehung in die Schutzwirkung des Vertragsanbahnungsverhältnisses zwischen M und S

36 Daher ist zu prüfen, ob T als Dritte in die Schutzwirkungen eines Schuldverhältnisses zwischen M und S einbezogen ist.

aa) Rechtsgeschäftsähnliches Verhältnis zu Dritten, § 311 Abs. 3 S. 1

37 Gemäß § 311 Abs. 3 S. 1 kann ein Schuldverhältnis mit Pflichten nach § 241 Abs. 2 auch zu Personen entstehen, die nicht selbst Vertragspartei werden sollen. Dabei hatte der Gesetzgeber zwar vor allem den Fall der Haftung des Dritten vor Augen gehabt, wie die beispielhafte Erwähnung („insbesondere") der Sachwalterhaftung in § 311 Abs. 3 S. 2 nahe legt.[29] Ob die bewusst offen gehaltene Formulierung[30] es dem Wortlaut des § 311 Abs. 3 S. 1 entsprechend erlaubt, auch die Einbeziehung Dritter in die Schutzwirkungen eines bestehenden Schuldverhältnisses zu erfassen, ist umstritten,[31] kann aber dahinstehen.

38 Denn § 311 Abs. 3 S. 1 klärt nur, dass Schuldverhältnisse i.S.d. § 241 Abs. 2 auch zu Dritten entstehen können, die nicht Vertragspartei werden sollen, lässt die Voraussetzungen dafür aber ebenso offen wie § 311 Abs. 2. Somit kann auf die von der Rechtsprechung entwickelten Grundsätze des Vertrages mit Schutzwirkung zugunsten Dritter zurückgegriffen werden: Einem Dritten kann ein eigener Schadensersatzanspruch aus der Verletzung von Sorgfalts- und Schutzpflichten zustehen, wenn er in den Schutzbereich dieser vertraglichen Pflichten einbezogen ist.[32] Anders als beim Vertrag zugunsten Dritter hat der Dritte jedoch keinen Anspruch auf die Hauptleistung, dieser verbleibt vielmehr beim Gläubiger.[33]

39 **Hinweis:** Umstritten ist, ob sich der vertragliche Drittschutz aus einer ergänzenden Vertragsauslegung gem. §§ 133, 157 oder einer richterlichen Rechtsfortbildung nach § 242 ergibt.[34] Da die Grundsätze über den Drittschutz auch im Rahmen des § 311 Abs. 2 (also der c.i.c.)[35] anwendbar sind, wenn ein vergleichbares Schutzbedürfnis besteht, liegt die Annahme einer richterlichen Rechtsfortbildung (zumindest für Konstellationen der vorliegenden Art) näher. Im Fallgutachten ist auf diesen Aspekt grundsätzlich nur einzugehen, wenn er für die Voraussetzungen der Haftung wichtig ist (s.u. Rn. 42).

bb) Voraussetzungen des Drittschutzes

40 Der Drittschutz hat folgende Voraussetzungen:
41 Der Dritte muss bestimmungsgemäß den Gefahren einer Pflichtverletzung des Schuldners ebenso ausgesetzt sein wie der Gläubiger („**Leistungsnähe**"). Das ist hier

---

[28] Begr. zum RegE, BT-Drs. 14/6040, 163.
[29] Vgl. zu den Auswirkungen des § 311 Abs. 3 S. 2 auch die Stellungnahme des Rechtsausschusses, BT-Drs. 14/7052, 190.
[30] Begr. zum RegE, BT-Drs. 14/6040, S. 163.
[31] *Brox/Walker*, AS, § 5 Rn. 13; *Looschelders*, SAT, Rn. 231 ff. m.N.; MünchKomm/*Emmerich*, § 311 Rn. 231 ff.; vgl. auch *Canaris*, JZ 2001, 499, 520.
[32] *BGH* NJW 1959, 1676; 1996, 2927, 2928; MünchKomm/*Gottwald*, § 328 Rn. 111 ff., *Medicus/Lorenz* I, Rn. 817 ff. Zur Kritik vgl. *Hattenhauer*, Grundbegriffe des Bürgerlichen Rechts, 2. Aufl., 2000, S. 206; *Honsell*, FS Medicus, 1999, S. 211, 233; *Canaris*, JZ 1995, 443.
[33] Palandt/*Grüneberg*, § 328 Rn. 13.
[34] Zum Meinungsstand: Palandt/*Grüneberg*, § 328 Rn. 14; MünchKomm/*Gottwald*, § 328 Rn. 110 ff.
[35] BGHZ 66, 51, 58; MünchKomm/*Gottwald*, § 328 Rn. 113 ff. m.w.N.

zu bejahen, da die Gefahr eines Unfalls durch das am Boden liegende Salatblatt gleichermaßen für M und T bestanden hat.

Der Gläubiger muss ein berechtigtes Interesse am Schutz des Dritten haben, was zumindest bei Rechtsverhältnissen mit personenrechtlichem Einschlag gegeben ist, wenn der Vertragspartner für das „Wohl und Wehe" des Dritten verantwortlich ist (sog. „Gläubigernähe").[36] Da eine solche Verantwortlichkeit der M gegenüber T aus der elterlichen Sorge gem. § 1626 resultiert, ist dies ebenfalls zu bejahen. 42

Hinweis: Umstritten ist die Einbeziehung Dritter in die Schutzwirkung des Vertrages bei Fehlen einer persönlichen Schutzpflicht des Gläubigers. Die Rspr. bejaht auf Grundlage der ergänzenden Vertragsauslegung einen Drittschutz auch dann, wenn der Gläubiger an der Einbeziehung des Dritten in den Schutzbereich des Vertrages ein besonderes Interesse hat und der Vertrag dahin ausgelegt werden kann, dass der Vertragsschutz in Anerkennung dieses Interesses auf den Dritten ausgedehnt werden soll, z.B. bei der Obhutspflicht über fremde Sachen, Scheckinkasso.[37] Im vorliegenden Fall spielt dies wegen der personenrechtlichen Beziehung zwischen M und T aber keine Rolle. 43

Die Drittbezogenheit der Pflicht muss für den Schuldner **erkennbar** sein. Da für einen Supermarktbetreiber wie S ohne weiteres klar ist, dass Eltern beim Einkaufen von ihren Kindern begleitet werden, ist dies zu bejahen. 44

Weiterhin müsste T **schutzbedürftig** sein. Dies wäre zu verneinen, wenn sie bereits einen inhaltsgleichen vertraglichen bzw. vertragsähnlichen Anspruch gegenüber S hätte. Das ist nicht der Fall (s.o. Rn. 37). Damit greifen die Grundsätze des Vertrages mit Schutzwirkung zugunsten Dritter hinsichtlich T ein, wenn auch die sonstigen Voraussetzungen eines Schadensersatzanspruches erfüllt sind. 45

2. Pflichtverletzung und weitere Voraussetzungen, Schaden, Verjährung

Die weiteren Anspruchsvoraussetzungen liegen vor (s.o. Rn. 7ff.). Auf Verjährung kann sich S nicht berufen (Rn. 19ff.). 46

3. Ergebnis

T hat gegen S einen Schadensersatzanspruch gem. §§ 280 Abs. 1 S. 1, 311 Abs. 3 S. 1. 47

II. Anspruch der T aus § 823 Abs. 1

Wie oben Rn. 24ff. 48

---

[36] Palandt/*Grüneberg*, § 328 Rn. 17.
[37] Vgl. m.w.N. Palandt/*Grüneberg*, § 328 Rn. 17a.

Fall 3. Zahlungsversuche

Sachverhalt

V hat gegen K einen Anspruch auf Kaufpreiszahlung in Höhe von 100 €. Als V nach mehreren erfolglosen Mahnungen schließlich mit Klage droht, schickt ihm der in chronischen Geldnöten steckende K ein Schreiben, in dem es u.a. heißt:
„… überlasse ich Ihnen hiermit wegen Ihrer Kaufpreisforderung in Höhe von 100 € meine fällige Forderung gegen den S auf Rückzahlung eines Bardarlehens von 100 €. Die Anschrift des S lautet …"
V reagiert auf das Schreiben des K nicht, verlangt aber sogleich von S schriftlich Zahlung der 100 €. Statt einer Zahlung erhält V ein Schreiben des I, der zum vorläufigen Insolvenzverwalter über das Vermögen des S ernannt worden ist und (zutreffend) darauf hinweist, mangels Masse werde es nicht zur Eröffnung des Insolvenzverfahrens kommen. V wendet sich daraufhin wieder an K, der aber meint, von ihm könne V jetzt nichts mehr verlangen. Wer hat Recht?

Abwandlung: Weil K nicht zahlen kann und V mit Klage droht, entschließt sich K's Onkel O, die 100 € an V zu zahlen. Er überweist den Betrag unter eindeutigem Hinweis auf die Schuld des K auf ein Konto des V, das auf den Mahnschreiben als Bankverbindung angegeben war. Nach erfolgter Gutschrift überweist V die Zahlung an O zurück und verlangt Zahlung von K.

Vorüberlegungen

Die Fragestellung „Wer hat Recht?" ist sehr allgemein gehalten. Meist soll man sich dennoch mit konkreten Fragen beschäftigen, hier also mit der Erfüllung der Kaufpreisschuld i.S.v. § 362 Abs. 1. Um dies tun zu können, sollte man den Kaufpreisanspruch in einem Anspruchsgutachten untersuchen.
Allgemein ist die Erfüllung nicht übermäßig prüfungsrelevant, sieht man einmal von den speziellen Fragen bei der Geldschuld ab (kennen Sie diese?). Sie erfordert gem. § 362 Abs. 1 das Bewirken der geschuldeten Leistung, also der richtigen Leistung am richtigen Ort und unter Umständen auch zur richtigen Zeit an den – arg. § 362 Abs. 2 – richtigen Gläubiger. Hier muss man also ggf. auf die Leistungsmodalitäten eingehen. Wird – wie hier – eine andere Leistung erbracht als vereinbart, ist die Erfüllung gegenüber der Leistung an Erfüllungs Statt (§ 364 Abs. 1) und der Leistung erfüllungshalber (vgl. § 364 Abs. 2) abzugrenzen. Man muss dazu die notwendigen Abgrenzungskriterien kennen, die unten in der Lösung dargelegt sind. Leistet ein Dritter (Abwandlung), sollte man § 267 kennen.

Gliederung

Ausgangsfall Rn.
I. Anspruch des V gegen K gem. § 433 Abs. 2 1
   1. Anspruchsentstehung 2
   2. Erlöschen durch Erfüllung, § 362 Abs. 1? 3
   3. Erlöschen durch Leistung an Erfüllungs statt, § 364 Abs. 1? 4
   4. Ergebnis 6
II. Anspruch V gegen K gem. § 781 8

Abwandlung
Anspruch des V gegen K gem. § 433 Abs. 2 13
   1. Anspruchsentstehung 13
   2. Erlöschen gem. § 362 Abs. 1 14
      a) Zurückweisungsbefugnis des V gem. § 267 Abs. 2 15
      b) Fremdtilgungswille des O 16
      c) Leistungsbewirkung durch Überweisung? 17
         aa) Grundsatz der Barzahlung von Geldschulden 18
         bb) Überweisung als Fall von § 362 Abs. 1 oder von § 364 Abs. 1? ... 20
      d) Leistung an den Gläubiger 26
      e) Zwischenergebnis 28
   3. Ergebnis 29

Lösung

Ausgangsfall

I. Anspruch des V gegen K gem. § 433 Abs. 2

V könnte gegen K einen Zahlungsanspruch aus § 433 Abs. 2 haben.   **1**

1. Anspruchsentstehung

Der Anspruch ist durch Kaufvertragsschluss entstanden.   **2**

2. Erlöschen durch Erfüllung, § 362 Abs. 1?

Der Anspruch wäre durch Erfüllung erloschen, § 362 Abs. 1, wenn K die geschulde- **3** te Leistung – Zahlung von 100 € – bewirkt hätte. Er hat jedoch nur seinen Anspruch gegen S auf Darlehensrückzahlung abgetreten. Selbst wenn darin bereits eine Leistung liegen sollte – die Abtretung erfolgt nach § 398 S. 1 durch Vertrag, bedarf also der Annahme durch V – handelt es sich nicht um die geschuldete Geldzahlung. Erfüllung i.S.v. § 362 Abs. 1 ist damit nicht eingetreten.

3. Erlöschen durch Leistung an Erfüllungs statt, § 364 Abs. 1?

Der Anspruch könnte weiter gem. § 364 Abs. 1 BGB durch Leistung an Erfüllungs **4** statt erloschen sein. Dazu müsste Gläubiger V eine andere Leistung als die geschuldete an Erfüllungs statt angenommen haben. Durch Zusendung der Abtretungserklärung hat K eine andere Leistung angeboten. Entscheidend ist, ob V dieses Angebot im Sinne einer Willenseinigung angenommen und die Abtretung anstelle der Zahlung akzeptiert hat. An einer ausdrücklichen Annahmeerklärung fehlt es; eine konkludente Annahme könnte – aus der Sicht des K – in dem Versuch des V liegen, die abgetretene Forderung einzuziehen. Jedoch ist bei der Auslegung seines Verhaltens gem. §§ 133, 157 zu berücksichtigen, dass V nicht sicher sein konnte, ob der abgetretene Anspruch besteht und durchsetzbar ist. Für K war somit erkennbar, dass es nicht im Interesse des V lag, die ursprüngliche Kaufpreisforderung dennoch sogleich zum Erlöschen zu bringen. Daher liegt hier eine Leistung erfüllungshalber (vgl. § 364 Abs. 2) vor, bei der der Gläubiger eine zusätzliche Befriedigungsmöglichkeit erhält und die ursprüngliche Forderung erst erlischt, wenn der Gläubiger tatsächlich Befriedigung erlangt. Da V die abgetretene Forderung gegen S bislang nicht realisieren konnte, ist auch die ursprüngliche Kaufpreisforderung nicht erloschen. Auf die Wirksamkeit der Abtretung kommt es somit hier nicht an.

5 **Hinweis:** Folgt man diesen ganz herrschenden Erwägungen,[1] kommt es auf den Abschluss des Abtretungsvertrags nicht an. Bei diesem stellt sich die Frage, ob V das Abtretungsangebot (als Leistung erfüllungshalber) angenommen hat. Eine Annahmeerklärung ist dem K nicht zugegangen, so dass der Abtretungsvertrag nur durch Annahme nach § 151 S. 1 abgeschlossen worden sein kann. Da eine ausdrückliche Annahme von V bei diesem für ihn vorteilhaften Vorgang nicht zu erwarten und dies für K erkennbar war, dürfte K i.S.v. § 151 S. 1 auf den Zugang der Annahmeerklärung verzichtet haben. Im Versuch des Forderungseinzugs bei S liegt die für den Vertragsschluss notwendige Betätigung seines Annahmewillens.

6 **4. Ergebnis**

7 V hat gegen K immer noch den Kaufpreisanspruch gem. § 433 Abs. 2.

II. Anspruch V gegen K gem. § 781

8 **Hinweis:** Diese Anspruchsgrundlage ist für Studienanfänger/innen vermutlich neu. Ein Schuldanerkenntnis gem. § 781 sollte man zumindest anprüfen, wenn jemand sich mit einer Forderung eines anderen konfrontiert sieht und darauf hin irgendwie zum Ausdruck bringt, dass er den erhobenen Anspruch anerkennt. Damit ein abstraktes Anerkenntnis i.S.v. § 781 vorliegt, darf die Erklärung des Schuldners in der Regel keinen Bezug zum Rechtsgrund aufweisen. Andernfalls kommt ein – im Gesetz nicht geregeltes – deklaratorisches Anerkenntnis in Betracht. Sowohl das konstitutiv-abstrakte als auch das deklaratorische Anerkenntnis erfüllen zugleich den Tatbestand des § 212 Abs. 1 Nr. 1, führen also zu einem Neubeginn der Verjährung. Für das Anerkenntnis i.S.d. § 212 reicht auch ein rein tatsächliches Verhalten aus, wie die Beispiele (Abschlags- und Zinszahlung, Sicherheitsleistung) belegen; es stellt dann eine geschäftsähnliche Handlung dar. – Grundsätzlich sollte man den Anspruch aus § 781 sogar zuerst prüfen, weil Einwendungen aus dem anerkannten Anspruch ausgeschlossen sind. Hier sprachen didaktische Gründe für die gewählte Reihenfolge.

9 V könnte gegen K weiter einen Anspruch gem. § 781 haben. Dazu müsste ein entsprechender abstrakter Schuldanerkenntnisvertrag vorliegen. Dieser könnte sich aus den im Zusammenhang des § 364 behandelten Umständen ergeben, nämlich dem Angebot des K an V auf Abtretung einer eigenen Forderung zum Zwecke der Erfüllung der Forderung des V. Ein abstraktes Schuldversprechen i.S.v. § 781 setzt voraus, dass sich die Parteien darüber einig sind, dass die in ihm übernommene Verpflichtung von ihrem ursprünglichen Rechtsgrund, also von ihren wirtschaftlichen und rechtlichen Zusammenhängen, gelöst werden und allein auf dem im Versprechen zum Ausdruck gekommenen Leistungswillen des Schuldners beruhen soll.[2]

---

[1] Vgl. nur MünchKomm/*Wenzel*, § 364 Rn. 8.
[2] *BGH* NJW 1999, 714, 715.

Ob dies der Fall ist, muss im Wege der Auslegung der getroffenen Vereinbarung anhand der schriftlichen Erklärung des Schuldners ermittelt werden. Eine Vermutung für ein abstraktes Leistungsversprechen besteht dabei nicht. Ein gewichtiges Indiz für eine selbstständige Verpflichtung liegt aber dann vor, wenn der Schuldgrund in der Urkunde nicht oder nur in allgemeiner Form erwähnt wird. Umgekehrt spricht es im Zweifel gegen einen selbständigen Verpflichtungswillen, wenn in der schriftlichen Erklärung ein bestimmter Schuldgrund angegeben ist.[3]

Die Angabe des Schuldgrundes spricht hier gegen die Annahme eines abstrakten Schuldanerkenntnisses, ebenso der Zweck des Schreibens, der angesichts der Abtretung weniger auf die Begründung eines neuen Schuldgrundes als vielmehr auf die Erfüllung der Schuld gerichtet ist.

Hinweis: Gleichwohl wäre das Gegenteil noch vertretbar. Dann bedarf es freilich noch der Annahme des Angebots durch V und insofern weiterer Ausführungen, die sich mit § 151 S. 1 beschäftigen.

Abwandlung

Anspruch des V gegen K gem. § 433 Abs. 2

1. Anspruchsentstehung

Der Anspruch des V gegen K auf Kaufpreiszahlung ist durch den Abschluss des Kaufvertrags entstanden.

2. Erlöschen gem. § 362 Abs. 1

Der Anspruch wäre durch Erfüllung erloschen, § 362 Abs. 1, wenn K die geschuldete Leistung – Zahlung von 100 € – bewirkt hätte. Die Leistung hat grundsätzlich der Schuldner zu erbringen. Hier hat aber auf keinen Fall K selbst gezahlt, sondern statt seiner sein Onkel O.

a) Zurückweisungsbefugnis des V gem. § 267 Abs. 2

Zu prüfen ist, ob sich daraus eine Befugnis des V ergibt, die Zahlung zurückzuweisen, wie er es durch die Rücküberweisung an O konkludent getan hat. Eine Zurückweisungsbefugnis ergibt sich aus § 267 Abs. 2. Sie setzt neben der Leistung eines Dritten voraus, dass der Schuldner der Leistung des Dritten widerspricht. Ein solcher Widerspruch des K liegt hier nicht vor. Damit bestand keine Zurückweisungsbefugnis nach § 267 Abs. 2, und die Drittleistung ist gem. § 267 Abs. 1 S. 1 zulässig, ohne dass K zugestimmt haben müsste, § 267 Abs. 1 S. 2.

b) Fremdtilgungswille des O

Damit kann die Drittleistung grundsätzlich auch Erfüllungswirkung haben, wenn die Voraussetzungen des § 362 Abs. 1 vorliegen. Zusätzlich ist lediglich ein sog. Fremdtilgungswille erforderlich, mit anderen Worten muss O hier die fremde Schuld des K tilgen wollen. Dies ist aber der Fall und war für V durch die Angabe bei der Überweisung ohne weiteres erkennbar.

---

[3] *BGH* NJW 1999, 714, 715; RGRK/*Steffen*, § 780 Rn. 10 m.w.N.

c) Leistungsbewirkung durch Überweisung?

17 Schließlich muss die geschuldete Leistung bewirkt worden sein. Die Leistung muss also so erbracht sein, wie sie nach dem Inhalt des zu erfüllenden Schuldverhältnisses geschuldet war. Hier lag eine Geldschuld vor.

aa) Grundsatz der Barzahlung von Geldschulden

18 Geldschulden sind grundsätzlich durch Barzahlung zu erfüllen, sofern die Parteien nichts anderes vereinbart haben, da nur Bargeld in Gestalt von Noten und Münzen gesetzliches Zahlungsmittel ist. Eine Barzahlung ist hier aber nicht erfolgt.

19 **Hinweis:** Dies muss man auch als Studienanfänger bereits wissen. Dass nur Bargeld gesetzliches Zahlungsmittel ist, ergibt sich aus Art. 128 Abs. 1 S. 3 AEUV und für Banknoten aus Art. 10 EuroVO,[4] für Münzen aus Art. 11 S. 2 EuroV). Übrigens muss nach Art. 11 EuroVO, § 3 Abs. 1 MünzG niemand mehr als 50 Euromünzen annehmen.

bb) Überweisung als Fall von § 362 Abs. 1 oder von § 364 Abs. 1?

20 Damit ist zu prüfen, ob die Überweisung auf das Konto des V als Bewirken der geschuldeten Leistung anzusehen ist oder nur als Leistung an Erfüllungs Statt i. S. v. § 364 Abs. 1. Da die bargeldlose Zahlung im Wege der Banküberweisung heute allgemein üblich ist, könnte sie auch ohne weitere Vereinbarung eine zulässige Art der Erfüllung von Geldschulden darstellen.[5] Freilich hängt dies von der Verkehrsauffassung ab, über die man nur mutmaßen kann.

21 Daher ist im Wege der Auslegung des Vertrages aus der Sicht eines objektiven Dritten (§§ 133, 157) zu klären, ob K zur Zahlung durch Banküberweisung berechtigt war oder nicht. Von einer solchen Berechtigung ist auszugehen, wenn der Gläubiger sein Einverständnis damit im Zuge der Vertragsanbahnung oder -durchführung zumindest konkludent zum Ausdruck gebracht hat. Dies kann durch die Angabe einer Bankverbindung in Briefen, auf Rechnungen etc. geschehen.[6] Hier hat V sich somit durch die Angabe seiner Bankverbindung auf den Mahnschreiben mit einer Überweisung einverstanden erklärt.

22 Freilich ist damit noch nicht zwingend gesagt, dass das Einverständnis des Gläubigers V mit einer Zahlung des K durch Überweisung auf das angegebene Konto zur Erfüllung führt,[7] denn auch für die wirksame Leistung an Erfüllungs statt bedarf es des Einverständnisses des Gläubigers und damit einer Parteivereinbarung.[8] Insbesondere kann der Gläubiger sein Einverständnis i. S. v. § 364 Abs. 1 auch vor der Leistung – quasi als Einwilligung – erteilen. Dies begründet eine sog. Ersetzungsbefugnis des Schuldners: Er darf die geschuldete Leistung (Bargeld) durch eine andere Leistung (Buchgeld) ersetzen, muss dies aber nicht tun. Da V hier durch die Angabe seiner Kontonummer sein „Einverständnis" signalisiert hat und folglich mit der Gutschrift auf seinem Konto die Kaufpreisschuld des K zwingend entweder nach § 362 Abs. 1 oder nach § 364 Abs. 1 erloschen wäre, könnte eine Entscheidung der Kontroverse an sich unterbleiben.

---

[4] Verordnung (EG) Nr. 974/98 des Rates vom 3. Mai 1998 über die Einführung des Euro, ABl. EG L 139 S. 1.
[5] Dafür Palandt/*Grüneberg*, § 362 Rn. 9.
[6] Palandt/*Grüneberg*, § 362 Rn. 8 f.
[7] Vgl. hierzu *Medicus/Petersen*, Rn. 757.
[8] Ebenso MünchKomm/*Wenzel*, § 362 Rn. 21 f.; MünchKomm/*Grundmann*, §§ 244, 245 Rn. 110.

Hinweis: Die Ersetzungsbefugnis spielt – prüfungsrelevant – auch eine Rolle, wenn bei einem Neuwagenkauf (oder Leasing) der Gebrauchtwagen des Käufers „in Zahlung" gegeben wird. Dabei handelt es sich nach h. M. um einen einheitlichen Kaufvertrag (Leasingvertrag), bei dem der Verkäufer gem. § 364 Abs. 1 die Befugnis einräumt, einen Teil des Kaufpreises durch die Überlassung seines alten Fahrzeugs zu tilgen.[9] Sollte der Kauf- oder Leasingvertrag später zurückabgewickelt werden, kann der Käufer (Leasingnehmer) daher (neben geleisteten Geldzahlungen) nur sein Altfahrzeug zurückverlangen und nicht dessen vereinbarten Anrechnungswert.[10] – Die nun folgenden Ausführungen sind allenfalls in einer Hausarbeit zu erwarten:

23

Dem steht aber entgegen, dass mit dem O hier ein Dritter geleistet hat (§ 267). Für diesen Fall geht die ganz h. M. davon aus, der Dritte könne nur die geschuldete Leistung bewirken, nicht aber Erfüllungssurrogate wie die Leistung an Erfüllungs statt anbieten bzw. vornehmen.[11] Teilweise relativiert man dies dahin, Erfüllungssurrogate seien dem Dritten nur im Einvernehmen mit dem Gläubiger möglich.[12] Ob insofern im Falle der Geldschuld das generelle Einverständnis des Gläubigers mit Überweisungen dafür ausreicht oder nicht, ist unklar.

24

Dass ein Dritter jedenfalls nicht ohne weiteres an der Stelle des Schuldners eine Leistung an Erfüllungs statt anbieten dürfen soll, liegt daran, dass der Schuldner ein Interesse haben kann, den geschuldeten Leistungsgegenstand „loszuwerden". Bei der hier vorliegenden Geldschuld sind jedoch schutzwürdige Interessen des V oder des K, die einer Leistung des O an Erfüllungs statt entgegenstehen könnten, nicht ersichtlich; es geht bei der Überweisung nicht um den Leistungsgegenstand, sondern nur um die Art und Weise, wie V den von K geschuldeten Geldwert erhalten soll. Das spricht dafür, dass O die Überweisung auch dann anbieten darf, wenn man sie als Leistung an Erfüllungs statt ansehen wollte. Insgesamt sind diese Schwierigkeiten mit der Leistung an Erfüllungs statt bei der Drittzahlung ein weiterer Grund, warum man im Falle des Einverständnisses des Gläubigers mit Überweisungen auf ein angegebenes Konto von einer Erfüllung i. S. v. § 362 Abs. 1 ausgehen sollte. In erster Linie sprechen allerdings die allgemeine Üblichkeit bargeldloser Zahlungen und die damit einhergehende weitgehende Gleichstellung von Bar- und Buchgeld als Zahlungsmittel (im weiteren Sinne) dafür, dass die Verkehrskreise heute beide Zahlungsformen als rechtlich im Wesentlichen gleichartig ansehen. Der Geldgläubiger hat es bei Vertragsschluss in der Hand, auf einer Barzahlung zu bestehen. Im vorliegenden Fall ist also wegen des Einverständnisses des V mit einer Überweisung von einer Leistungsbewirkung i. S. v. § 362 Abs. 1 auszugehen.

25

d) Leistung an den Gläubiger

Schließlich muss die Leistung an den Gläubiger V erfolgen. Insofern könnte man erwägen, ob hier eine Leistung an die Bank und damit an einen Dritten i. S. v. § 362 Abs. 2 vorliegt, die nur unter den weiteren Voraussetzungen des § 185 wirksam wäre; jedoch ergibt sich bereits aus der Angabe des Empfängers auf dem Überweisungsformular, dass unmittelbar an den Inhaber des Girokontos geleistet wird; die Bank ist nur eine sog. Zahlstelle.[13] Damit hat O an V geleistet.

26

Hinweis: Die vorstehende Erörterung ist in einer Klausurlösung nicht unbedingt erforderlich und erfolgt hier auch aus didaktischen Gründen.

27

---

[9] St. Rspr., etwa *BGH* NJW 2003, 505, 506 m. w. N.
[10] *BGH* NJW 2003, 505, 506 f. m. w. N.
[11] RGZ 119, 1, 4 ff.; *LG Düsseldorf* NJW-RR 1991, 311; Jauernig/*Stadler*, § 267 Rn. 7; Palandt/*Grüneberg*, § 267 Rn. 4. – A. A. Gernhuber, Die Erfüllung und ihre Surrogate, 2. Aufl., 1994, § 21 I 7.
[12] MünchKomm/*Krüger*, § 267 Rn. 14 unter Hinweis auf *BGH* NJW 1982, 386, 387.
[13] Unstr., vgl. Palandt/*Grüneberg*, § 362 Rn. 9.

e) Zwischenergebnis

28 Damit ist die Kaufpreisschuld des K gem. §§ 362 Abs. 1, 267 Abs. 1 bewirkt und erloschen.

2. Ergebnis

29 V hat gegen K keinen Anspruch auf Kaufpreiszahlung gem. § 433 Abs. 2 mehr.

Fall 4. Glassplitter

Sachverhalt

Theo hat alte Weingläser geerbt und erfährt zufällig, dass darunter ein besonders seltenes Glas ist, das dem Sammler Bernd in seiner Sammlung noch fehlt. Theo bietet Bernd dieses Glas für 150 € an und gibt ihm Bedenkzeit bis zum Abend. Bernd telefoniert in der Zwischenzeit herum, macht aber nur noch ein gleichartiges Angebot ebenfalls für 150 € in einer anderen Stadt ausfindig. Daher ruft er um 17 Uhr bei Theo an und erklärt, das Glas kaufen zu wollen. Theo bittet ihn, das Glas zwischen 18 und 20 Uhr abzuholen, und stellt das Glas schon einmal auf den Schuhschrank im Flur. Anschließend macht er einen kurzen Spaziergang. Als er um 18 Uhr zurück kommt, stößt er beim Ausziehen der Jacke das Glas um. Es fällt zu Boden und zerbricht. Im nächsten Augenblick klingelt Bernd, der sehr verärgert reagiert, weil er ein solches Glas jetzt nur noch für 175 € bei Dieter kaufen kann. Er verlangt daher von Theo, dass dieser im ein gleichartiges Glas verschafft, hilfsweise aber Schadensersatz in Höhe von 25 €.
Was kann Bernd (B) von Theo verlangen?

Abwandlung 1: Es war der Tausch des Weinglases gegen einen alten Bierkrug vereinbart, Wert jeweils 150 €. – B möchte einerseits Schadensersatz von T verlangen, andererseits aber auch, dass dieser den Bierkrug abnimmt, für den er keine Verwendung hat.

Abwandlung 2: Das Glas ist bereits um 16.50 Uhr dem Spieltrieb von Theos kleinem Sohn zum Opfer gefallen; Theo hatte das Klirren gehört, sich aber nicht darum gekümmert. Außerdem hatte Bernd das Glas bereits für 180 € weiterverkauft. – Was kann Bernd nun verlangen?

Vorüberlegungen

I. Ausgangsfall

Zentralbegriff des Leistungsstörungsrechts ist nach den Vorstellungen des Gesetzgebers der Schuldrechtsmodernisierung von 2001[1] die Pflichtverletzung i.S.v. § 280 Abs. 1. Das kommt allerdings nicht in allen Normen, die theoretisch darauf aufbauen sollten, hinreichend klar zum Ausdruck (vgl. insbesondere §§ 311a Abs. 2, 323). Außerdem spielt die Pflichtverletzung nur für Sekundärrechte eine Rolle, also für Schadensersatzansprüche und Rücktrittsrechte (vgl. §§ 280 Abs. 1 und 3, 281 ff., 323 ff.). Bei der Beendigung der Leistungspflicht nach § 275 stellt das Gesetz hingegen auf andere Kategorien ab, nämlich auf die Unmöglichkeit bzw. Unzumutbarkeit der Leistung. Diese Regelung steht an der Spitze des Leistungsstörungsrechts, obwohl es hier um seltene Sonderfälle der Leistungsstörungen geht. Im Ausgangsfall ist zum Ein-

---

[1] Vgl. Begr. zum RegE, BT-Drs. 14/6040, 133 ff.

stieg ganz einfach zu untersuchen, ob T nach § 275 von seiner Leistungspflicht befreit ist. Auf ein Vertretenmüssen kommt es dabei nicht an,[2] und auch der Zeitpunkt des Eintritts der **Leistungsbefreiung** – vor oder nach Vertragsschluss – spielt keine Rolle, vgl. § 311a Abs. 1.

Im Ausgangsfall ist aber nicht nur nach dem Leistungsanspruch gefragt. Der Sachverhalt gibt in Ergänzung der Fallfrage an, was Bernd will, und das ist hilfsweise Schadensersatz. Den **Schadensersatz** innerhalb bestehender Schuldverhältnisse regeln die §§ 280ff. einheitlich. Zu unterscheiden ist (allein) zwischen der Verletzung von Leistungspflichten (jeglicher Art) und der Verletzung nicht leistungsbezogener Nebenpflichten, arg. §§ 280 Abs. 1–3. Soweit der Schuldner nicht oder nicht ordnungsgemäß leistet, kann der Gläubiger nach § 280 Abs. 1 und 3, 281ff. „Schadensersatz statt der Leistung" verlangen. Dieser seit 2002 vom Gesetz verwendete Begriff soll verdeutlichen, wofür Ersatz zu leisten ist, nämlich für die nicht oder nicht wie geschuldet erbrachte Leistung.[3] Obwohl der Gesetzgeber dies nicht beabsichtigt hat, ist damit eine inhaltliche Änderung im Vergleich zur Rechtslage bis 2001 eingetreten, was man für die Lektüre älterer Entscheidungen wissen muss: Der frühere „Schadensersatz wegen Nichterfüllung" sollte vom Wortsinn her alle Schäden ersetzen, die infolge der Nichterfüllung entstehen, und konnte insofern auch Verzögerungsschäden mit umfassen, wenn die Leistung am Ende ganz ausblieb. Das geht wegen der Differenzierung der Schadenskategorien in § 280 Abs. 2 und 3 jetzt wohl nicht mehr. Schadensersatz „statt der Leistung" bedeutet also nur „Ersatz für die Leistung". Insoweit kann der Gläubiger Ersatz sämtlicher Schäden verlangen, die er infolge des endgültigen Ausbleibens der vereinbarten Leistung erleidet. Für die Schadensberechnung ist die sog. „Differenzmethode" (teils auch „Differenztheorie" genannt) maßgebend (vgl. § 249 Abs. 1): Der Gläubiger kann verlangen, vom Schuldner so gestellt zu werden, wie er im Falle ordnungsgemäßer Erfüllung stünde. Nach der herrschenden „eingeschränkten Differenzmethode" kann er zwischen einer „kleinen" und einer „großen" Abrechnung wählen, was sich heute aus § 281 Abs. 1 und der Differenzierung zwischen dem „einfachen" Schadensersatz und dem „Schadensersatz statt der ganzen Leistung" ergibt: Der Gläubiger macht stets einen Vermögensvergleich, in den er alle seine Schadensposten einstellt und addiert. Beim Schadensersatz statt der ganzen Leistung zieht er die von ihm an sich geschuldete Gegenleistung als reinen Rechnungsposten davon ab (anders nach der Surrogationstheorie dazu unten Rn 31). Um diese Fragen geht es im Ausgangsfall. Zum Aufbau s. Rn. 25 im 1. Teil des Buches.

II. Varianten

In der **ersten Abwandlung** geht es um einen Tausch. Das kommt nur selten vor, aber gerade bei ihm kann man überprüfen, ob man die Funktion und das Verhältnis der §§ 275, 326 zueinander verstanden hat. Gerade beim Tausch stellt sich nämlich eine interessante Frage zu den Rechtsfolgen der Leistungsbefreiung bei gegenseitigen Verträgen. Für Leistungsstörungen in gegenseitigen Verträgen enthalten die §§ 323ff. besondere Regelungen. Die Befreiung des Schuldners von einer im Synallagma stehenden Leistungspflicht gem. § 275 entbindet gem. § 326 Abs. 1 S. 1 grundsätzlich auch den Gläubiger von seiner Gegenleistungspflicht; Ausnahmen davon regeln § 326 Abs. 2 und 3. Für den Tausch bedeutet das: Kann die eine Partei nicht mehr leisten, ist auch die andere befreit. Das hat jedoch zur Konsequenz, dass die noch

---

[2] Anders § 275 Abs. 1 a.F.; zu dessen umstrittener Deutung, vgl. nur *Heinrichs*, in: Palandt, 61. Aufl., 2002, § 275 Rn. 24; Staudinger/*Löwisch* (2001) § 275 Rn. 56.
[3] Vgl. Begr. zum RegE, BT-Drs. 14/6040, 136ff.

leistungsfähige Partei gegen die leistungsunfähige keinen Anspruch auf Abnahme ihrer Leistung nach §§ 480, 433 Abs. 2 mehr haben kann. Damit stellt sich die Frage, ob der Gläubiger, wenn der Schuldner infolge einer zu vertretenden Pflichtverletzung vollständig von der Leistungspflicht befreit ist, seine nach § 326 Abs. 1 S. 1 nicht mehr geschuldete Gegenleistung im Wege des Schadensersatzes anbieten darf, wenn er ein Interesse daran hat, dass der Schuldner sie ihm – wie vereinbart – abnimmt. Dies ist nach h. M. als eine der anerkannten Einschränkungen der Differenztheorie zu bejahen.

Die **zweite Abwandlung** betrifft die anfängliche Unmöglichkeit, die in § 311a gesondert geregelt ist. Auch wenn der Schuldner seine Leistung bereits bei Vertragsschluss nicht erbringen kann, ist der Vertrag gem. § 311a Abs. 1 wirksam.[4] Für den Schadensersatz bei anfänglicher Leistungsbefreiung enthält § 311a Abs. 2 eine eigenständige Anspruchsgrundlage. Diese ist notwendig, weil § 280 die Verletzung einer Pflicht aus einem bestehenden Schuldverhältnis voraussetzt. Bei anfänglicher Unmöglichkeit entsteht die Leistungspflicht aber nie, weil sie von Anfang an gem. § 275 Abs. 1 ausgeschlossen ist. Zwar könnte man auch an eine Verletzung von Pflichten aus dem vorvertraglichen Schuldverhältnisses denken (§ 311 Abs. 2), die dem Schuldner gebieten könnten, sich vor Vertragsschluss seiner Leistungspflicht zu versichern. Diese würde über §§ 280 Abs. 1, 311 Abs. 2, 241 Abs. 2 aber nur einen Ersatz des Vertrauensschadens ermöglichen,[5] denn hätte sich der Sachleistungsschuldner seiner (fehlenden) Leistungsfähigkeit vergewissert, wäre der Vertragsschluss unterblieben. Demgegenüber gewährt § 311a Abs. 2 dem Gläubiger einen Anspruch auf Schadensersatz statt der Leistung oder Aufwendungsersatz.

Gliederung

Ausgangsfall Rn.
I. Anspruch des B gegen T auf Lieferung eines Glases, § 433 Abs. 1 S. 1 1
  1. Wirksamer Kaufvertrag 2
  2. Nachträgliche Befreiung von der Leistungspflicht gem. § 275 Abs. 1 3
  3. Ergebnis 7
II. Anspruch des B gegen T auf Schadensersatz statt der Leistung aus §§ 280 Abs. 1 und 3, 283 in Höhe von 25 € 8
  1. Wirksames Schuldverhältnis 10
  2. Nachträgliche Befreiung von der Leistungspflicht gem. § 275 Abs. 1–3 11
  3. Pflichtverletzung 13
  4. Vertretenmüssen 16
  5. Schadensersatz statt der Leistung 20
  6. Ergebnis 23

Abwandlung 1
I. Anspruch des B gegen T auf Abnahme des Bierkrugs, §§ 480, 433 Abs. 2 24
  1. Anspruchsentstehung: Wirksamer Tauschvertrag 25
  2. Nachträgliche Befreiung von der Leistungspflicht gem. § 275 Abs. 1 oder § 326 Abs. 1 S. 1 26
  3. Ergebnis 27

---

[4] Anders § 306 a. F., dazu etwa Palandt/*Grüneberg*, § 311a Rn. 2.
[5] Vgl. auch Palandt/*Grüneberg*, § 311a Rn. 14, etwas unklar aber Rn. 6. Vgl. auch § 307 a. F.

	Rn.
II. Schadensersatzanspruch des B gegen T aus §§ 280 Abs. 1 und 3, 283	28
1. Voraussetzungen des Schadensersatzanspruchs statt der Leistung	29
2. Umfang des Schadensersatzes statt der Leistung	30
3. Ergebnis	34

Abwandlung 2

Schadensersatzanspruch des B gegen T gem. § 311a Abs. 2 S. 1 i.H.v. 30 €	35
1. Wirksamer Vertrag	36
2. Befreiung von der Leistungspflicht	38
3. Leistungshindernis vor Vertragsschluss	39
4. Wahlrecht	40
5. Anspruchsumfang	41
6. Ausschluss des Anspruchs	44
7. Ergebnis	48

Lösung

Ausgangsfall

I. Anspruch des B gegen T auf Lieferung eines Glases, § 433 Abs. 1 S. 1

1 B könnte gegen T einen Anspruch auf Übereignung und Übergabe des vereinbarten Glases nach § 433 Abs. 1 S. 1 haben.

1. Wirksamer Kaufvertrag

2 Der Anspruch setzt voraus, dass zwischen den beiden ein wirksamer Kaufvertrag besteht. Da T dem B den Kauf des Weinglases für 150 € angeboten (§ 145) und B das Angebot innerhalb der von T gesetzten Annahmefrist (§ 148) angenommen hat, ist zwischen den beiden ein Kaufvertrag zustande gekommen. Damit ist ein Anspruch des B gegen T auf Übereignung und Übergabe des vereinbarten Glases nach § 433 Abs. 1 S. 1 entstanden.

2. Nachträgliche Befreiung von der Leistungspflicht gem. § 275 Abs. 1

3 Dieser Lieferungsanspruch des B wäre wieder erloschen, wenn T nach § 275 Abs. 1 von seiner Leistungspflicht nach befreit wäre. Dies wäre der Fall, wenn die Übereignung und Übergabe des vereinbarten Weinglases jedermann oder zumindest dem Schuldner T unmöglich wäre. T ist aus dem Kaufvertrag zur Übergabe und Übereignung des konkreten einzelnen alten Weinglases verpflichtet; die Erfüllung dieser Schuld ist nach der Zerstörung des Glases nicht nur ihm, sondern jedermann unmöglich. Dies spricht dafür, dass hier objektive Unmöglichkeit vorliegt

4 **Hinweis:** Gemäß § 275 Abs. 1 befreit sowohl die objektive („für jedermann") als auch die subjektive („für den Schuldner") Unmöglichkeit den Schuldner *kraft Gesetzes* von seiner Leistungspflicht. Insofern wäre in der Fallbearbeitung eine Abgrenzung zwischen beiden Formen der Unmöglichkeit an sich entbehrlich. Jedoch regeln § 275 Abs. 2 und 3 Fälle der Unzumutbarkeit der Leistung, die ebenfalls zum Ausschluss der Leistungspflicht führen[6] (arg. Überschrift zu § 275), jedoch nur auf eine *Einrede des Schuldners* hin. Je nach den Umständen des Sachverhalts muss man die subjektive Unmöglichkeit

---

[6] Vgl. Palandt/*Grüneberg*, § 275 Rn. 32.

deshalb gegenüber den Tatbeständen der Unzumutbarkeit abgrenzen[7] (vgl. Vorüberlgeungen bei Fall 6, Fall 32 Rn. 17f.). Das kann man sich sparen, wenn objektive Unmöglichkeit vorliegt. Zumindest deshalb empfiehlt es sich, die Art der Unmöglichkeit doch zu klären.

Unmöglichkeit wäre durch die Zerstörung des Glases nicht eingetreten, wenn T sich nicht nur zur Lieferung des ererbten Glases verpflichtet, sondern eine Beschaffungspflicht hinsichtlich der fraglichen Art von Weinglas übernommen hätte, wie B anzunehmen scheint. Immerhin ist die Beschaffung eines anderen Weinglases dieser Art aus anderen Quellen möglich. Ob eine Beschaffungspflicht besteht, ist der jeweiligen Parteivereinbarung im Wege der Auslegung nach den §§ 133, 157 zu entnehmen. Da hier mit dem ererbten Weinglas eine gebrauchte und damit individuell abgenutzte Sache verkauft wurde, liegt jedenfalls keine Gattungsschuld i.S.v. § 243 Abs. 1 vor, für die eine Beschaffungspflicht typisch ist. Vielmehr handelt es sich hier um eine Stückschuld, die sich nur auf das Einzelstück des T bezieht. Für die Übernahme einer Beschaffungspflicht (vgl. § 276 Abs. 1 S. 1 a.E.) durch T sind keine Anhaltspunkte ersichtlich. Damit ist ihm die Erfüllung seiner Leistungspflicht tatsächlich unmöglich geworden und er ist gem. § 275 Abs. 1 von ihr befreit.

Hinweis: Soweit die Unmöglichkeit nicht feststeht, ist im Prozess über sie stets Beweis zu erheben. Nach der bis 2001 geltenden Rechtslage ließ die st. Rspr. die Verurteilung zur Leistung ohne Beweiserhebung zu, wenn das Vertretenmüssen des Schuldners feststand, weil dies dem Gläubiger die Möglichkeit gab, gem. § 283 a.F. nach der Verurteilung zur Leistung eine Frist zu setzen und nach deren Ablauf Schadensersatz wegen Nichterfüllung zu verlangen. Infolge des Wegfalls des § 283 a.F. besteht diese Möglichkeit nicht mehr,[8] so dass der Schuldner grundsätzlich zur Leistung zu verurteilen ist, wenn sich die Unmöglichkeit nicht feststellen lässt.[9] Ist ihm die Leistung dennoch unmöglich, müsste der Gläubiger an sich erneut klagen, dieses Mal auf Schadensersatz statt der Leistung. Um das zu vermeiden, soll der Gläubiger in Zweifelsfällen jeweils *auch* nach § 281 Abs. 1 S. 1 vorgehen können, also dem Schuldner eine angemessene Frist zur Leistungserbringung setzen und nach deren erfolglosem Ablauf Schadensersatz statt der Leistung verlangen dürfen.[10] Ganz zweifelsfrei ist das nicht, weil die Unmöglichkeit zur Leistungsbefreiung nach § 275 Abs. 1 führt und somit den von § 281 Abs. 1 vorausgesetzten fälligen Leistungsanspruch vernichtet. Gleichwohl kann man diesen Weg billigen, weil dann feststeht, dass der Schuldner auf jeden Fall zum Schadensersatz verpflichtet ist, und zwar entweder nach §§ 280, 281 oder nach §§ 280, 283. In einer solchen Situation, die an die vor allem aus dem Strafprozess bekannte Wahlfeststellung erinnert, die aber im Rahmen der freien Beweiswürdigung nach § 286 ZPO auch im Zivilprozess möglich ist,[11] kann das Gericht ein Urteil erlassen, wenn die Voraussetzungen der alternativen Anspruchsgrundlagen feststehen und diese jeweils geeignet sind, den gesamten Klageanspruch zu rechtfertigen.[12]

3. Ergebnis

B kann von T nicht gem. § 433 Abs. 1 S. 1 Übereignung eines Weinglases der vereinbarten Art verlangen.

II. Anspruch des B gegen T auf Schadensersatz statt der Leistung aus §§ 280 Abs. 1 und 3, 283 in Höhe von 25 €

B könnte gegen T jedoch einen Anspruch auf Schadensersatz statt der Leistung in Höhe von 25 € aus §§ 280 Abs. 1 und 3, 283 haben.

---

[7] Unzweifelhaft, vgl. *Canaris*, JZ 2001, 499, 501; Palandt/*Grüneberg*, § 275 Rn. 22 m.N. zur früheren Lösung.
[8] Vgl. *Knütel*, JR 2001, 353, 355; *Stoll*, JZ 2001, 589, 590. *Dedek*, in: Dauner-Lieb/Konzen/K. Schmidt, Das neue Schuldrecht in der Praxis, 2002, S. 183 ff., 195: „Die Konsumption des § 283 a.F. BGB durch § 281 BGB".
[9] Vgl. *Medicus/Lorenz* I, Rn. 428a.
[10] *Medicus/Lorenz* I, Rn. 428a.
[11] Vgl. etwa *BGH* NJW-RR 1987, 1235, 1236; *BGH* NJW 1999, 219, 220; *BAG* NJW 1997, 1724.
[12] Vgl. *BGH* NJW 2001, 224, 225 m.w.N.

9 **Hinweis:** Die Leistungsbefreiung des Schuldners nach § 275 kann also auch Rechtsfolgen zugunsten des Gläubigers auslösen, die sich u. a. aus anderen Vorschriften wie den §§ 280, 283 ergeben. Dies hat der Gesetzgeber mit § 275 Abs. 4 zur Orientierung des Laien[13] klargestellt. Man muss die Norm im Gutachten nicht erwähnen, weil sich die in ihr erwähnten Rechtsfolgen unmittelbar aus den angeführten Vorschriften ergeben. Ähnliche „Wegweiser"-Vorschriften finden sich in §§ 437 und 634, bei denen sich das Mitzitieren aber aus bestimmten Gründen empfiehlt (vgl. Vorüberlegungen bei Fall 24).

1. Wirksames Schuldverhältnis

10   Mit dem Kaufvertrag liegt zwischen den Parteien ein Schuldverhältnis vor.

2. Nachträgliche Befreiung von der Leistungspflicht gem. § 275 Abs. 1–3

11   Der Schadensersatzanspruch gem. §§ 280 Abs. 1, 3, 283 setzt die nachträgliche Befreiung des Schuldners T von einer Leistungspflicht nach § 275 Abs. 1 bis 3 voraus. Wie oben festgestellt, liegt eine Leistungsbefreiung nach § 275 Abs. 1 vor. Die Leistungsbefreiung ist nach Vertragsschluss eingetreten.

12 **Hinweis:** Dass die Leistungsbefreiung im Falle des § 283 nachträglich eingetreten sein muss, folgt aus der Existenz des § 311a Abs. 2, der den Schadensersatzanspruch bei anfänglichen Leistungshindernissen gesondert regelt.

3. Pflichtverletzung

13   Die wechselseitigen Verweise in §§ 280 Abs. 3, 283 werfen die Frage auf, ob über die Leistungsbefreiung nach § 275 hinaus des Weiteren eine Pflichtverletzung des Schuldners erforderlich ist. Nach den Gesetzesmaterialien und der sich auf sie stützenden h. M. besteht die Pflichtverletzung in den Fällen des § 275 gerade in der Nichterbringung der Leistung;[14] die Pflichtverletzung ist also erfolgsbezogen zu verstehen.[15] Die Funktion des § 283 soll sich darauf beschränken, dem Missverständnis vorzubeugen, der gem. § 275 von der Leistungspflicht befreite Schuldner könne eine Pflicht aus dem Schuldverhältnis nicht mehr verletzen.[16] Auch die Wertung des § 311a für anfängliche Leistungsbefreiungen soll für diese Meinung sprechen.[17] Demnach läge im vorliegenden Fall in der unmöglichkeitsbedingten Nichtleistung ohne weiteres die Pflichtverletzung des T.

14   Richtig ist zwar, dass auch der von einer Leistungspflicht befreite Schuldner noch Pflichten aus dem Schuldverhältnis verletzen kann, insbesondere solche gem. §§ 241 Abs. 2, 242. Doch kann der Schuldner gegen eine Leistungspflicht, von der er gem. § 275 befreit ist, denklogisch nicht mehr verstoßen.[18] Folglich kann die Pflichtverletzung nicht einfach darin liegen, dass die Leistung nicht mehr so erbracht wird bzw. werden kann, wie sie geschuldet ist, denn § 275 modifiziert das Pflichtenprogramm. Der Zusammenhang der §§ 280 Abs. 1, 283 muss also ein anderer sein: Damit ein Schadensersatzanspruch besteht, muss die Leistungsbefreiung auf einer (objektiven) Pflichtverletzung des Schuldners beruhen. Die Leistungsbefreiung tritt kraft Gesetzes (§ 275 Abs. 1–3) ein und ist somit von der Pflichtverletzung ohne weiteres unterscheidbar. Die Pflichtverletzung liegt in dem Verhalten, das die Leistungsbefrei-

---

[13] Zu den Problemen des § 275 Abs. 4 vgl. *Kupisch*, NJW 2002, 1401 ff.
[14] Begr. zum RegE, BT-Drs. 14/6040, S. 135 f. (zu § 280 Abs. 1).
[15] *Looschelders*, SAT, Rn. 561.
[16] Begr. zum RegE, BT-Drs. 14/6040, S. 142 (zu § 283); Jauernig/*Stadler* § 283 Rn. 1.
[17] S. *Lorenz*, NJW 2002, 2497, 2500; Palandt/*Grüneberg*, § 280 Rn. 13; *Medicus* I, Rn. 496 zu § 311a Abs. 2 (anders noch in der 14. Auflage).
[18] Ebenso wohl *Spickhoff*, NJW 2002, 2530, 2533 unter Hinweis auf *Larenz*.

ung herbeiführt,[19] also adäquat-kausal verursacht. Insofern wird man letztlich sagen können: Wer sich einem anderen gegenüber zu einer Leistung verpflichtet hat, ist gehalten, alles zu unterlassen, was der Leistungserbringung entgegensteht. Gegen diese sog. allgemeine Leistungstreuepflicht hat T (objektiv) verstoßen, indem er den Leistungsgegenstand – das Weinglas – durch eine eigene Handlung zerstört hat.

Hinweis: Dass diese Betrachtung richtig ist, zeigt sich dann, wenn die Leistungsbefreiung nicht durch einen vom Schuldner verursachten Umstand eintritt: Das Glas wird z. B. bei einem durch Blitzschlag entstandenen Brand von herabstürzenden Trümmern zerschlagen. Hier fehlt es bereits an einer Pflichtverletzung und nicht erst am Vertretenmüssen. 15

4. Vertretenmüssen

T muss die Pflichtverletzung gem. § 280 Abs. 1 zu vertreten haben. Gemäß § 280 Abs. 1 S. 2 wird das Vertretenmüssen vermutet, solange sich der Schuldner nicht entlastet. 16

Vertretenmüssen bedeutet nach § 276 Abs. 1 S. 1 zunächst Verantwortlichkeit für eigenes Verschulden in Form von Vorsatz oder Fahrlässigkeit, sofern sich nicht aus dem Gesetz oder dem Inhalt des Schuldverhältnisses ein anderer Haftungsmaßstab ergibt. Als T im Flur seine Jacke auszog, hätte er daran denken müssen, dass er zuvor das an B verkaufte Glas dort abgestellt hatte; vielleicht hätte er das verkaufte Glas auch gar nicht erst dort abstellen dürfen. So oder so hat er die im Verkehr erforderliche Sorgfalt (§ 276 Abs. 2) außer Acht gelassen und aufgrund dieser Fahrlässigkeit seine Pflichtverletzung gem. § 276 Abs. 1 S. 1 zu vertreten. Damit wird ihm der Entlastungsbeweis nicht gelingen, und er hat die Pflichtverletzung zu vertreten. 17

Hinweis: Die hier vertretene Unterscheidung zwischen Unmöglichkeit und Pflichtverletzung vermengt also letztere nicht mit dem Vertretenmüssen. Auch die Regierungsbegründung betont zunächst zutreffend die Unterscheidung zwischen Pflichtverletzung und Vertretenmüssen. Freilich lässt sie dies – vermutlich aus dem Blickwinkel der §§ 280 Abs. 1, 325 Abs. 1 S. 1 a. F. – im nächsten Moment außer Acht, wenn es im Zusammenhang des § 280 Abs. 1 S. 1 heißt, die Pflichtverletzung liege bei der Unmöglichkeit gerade in der Nichtleistung und beim Verzug in der unpünktlichen Lieferung, während das Vertretenmüssen z. B. in einem sorgfaltswidrigen Umgang mit dem Gegenstand bzw. dem nicht rechtzeitigen Absenden der Ware liege.[20] Das ist weder im einen noch im anderen Fall richtig: Denn den sorgfaltswidrigen Umgang mit dem Leistungsgegenstand muss der Schuldner nicht stets zu vertreten haben, vgl. nur § 300 Abs. 1, und auch die verspätete Absendung der Ware kann unverschuldet sein, etwa bei Einfuhrbeschränkungen, Streiks, Krankheit usw.[21] 18

Problematischer ist an der hier vertretenen Ansicht, dass gem. § 280 Abs. 1 S. 2 nur das Vertretenmüssen vermutet wird, nicht aber die Pflichtverletzung. Die h. M. hat damit kein Problem, weil sie die Leistungsbefreiung nach § 275 mit der Pflichtverletzung gleichsetzt. Unterscheidet man die Leistungsbefreiung von der Pflichtverletzung, müsste nach allgemeinen Regeln des Beweisrechts der Gläubiger die Pflichtverletzung beweisen, was einen erheblichen Nachteil für ihn bedeuten kann. Geht man davon aus, der Gesetzgeber habe die Zusammenhänge zwischen § 280 und § 283 nicht vollständig überblickt, so konnte er die Beweislast zwangsläufig auch nicht zutreffend regeln. Um seinen Intentionen gerecht zu werden, ist § 280 Abs. 1 S. 2 im Falle der Leistungsbefreiung auf die objektive Pflichtverletzung analog anzuwenden. 19

5. Schadensersatz statt der Leistung

Schadensersatzansprüche setzen schließlich einen Schaden voraus. Unter einem Schaden (im natürlichen Sinne) versteht man jede (unfreiwillige) Einbuße an Rechtsgütern und Vermögen; ersatzfähig sind gem. § 253 Abs. 1 aber grundsätzlich nur Vermögensschäden. Einen solchen hat B hier erlitten, da er jetzt für ein Weinglas der von T angebotenen Art einen höheren Preis zahlen muss. 20

---

[19] Ebenso v. *Wilmowsky*, JuS 2002 Beilage zu Heft 1, 6, 14; im Grundsatz auch *Brox/Walker*, AS, § 22 Rn. 51, der dann aber doch auf die Ansicht des Gesetzgebers verweist.
[20] Begr. zum RegE, BT-Drs. 14/6040, S. 135 f.
[21] Vgl. nur Palandt/*Grüneberg*, § 286 Rn. 33 f.

21 **Hinweis:** Das führt man typischerweise noch kürzer aus. Hier sollte aus didaktischen Gründen daran erinnert werden, dass ein Schadensersatzanspruch auch einen Schaden voraussetzt und man den Begriff des Schadens beherrschen muss, was erfahrungsgemäß bei vielen Studierenden nicht der Fall ist. Grundsätzlich sollte man den Schaden immer kurz feststellen, auch wenn das selbst in publizierten Falllösungen leider sehr häufig unterbleibt. Außerdem sollte man den sich anschließenden Prüfungspunkt der „haftungsausfüllenden Kausalität" nicht vergessen: Zu ersetzen sind die Schäden, die adäquat-kausal auf der Pflichtverletzung beruhen, die man auch deshalb möglichst präzise herausarbeiten sollte. Die haftungsausfüllende Kausalität ist meist leicht festzustellen und nur selten näher zu problematisieren (anders etwa in Fall 10).

22 In der Rechtsfolge gewähren §§ 280 Abs. 1 und 3, 283 vollständigen Schadensersatz statt der Leistung. Die Art und Weise des Schadensersatzes richtet sich dabei nach den §§ 249 ff.; nach § 249 Abs. 1 ist der Zustand herzustellen, der ohne die Pflichtverletzung bestehen würde. Beim Schadensersatz „statt der Leistung" ist insofern jedoch definitionsgemäß die Erbringung der Leistung selbst ausgeschlossen. Ohne die Pflichtverletzung hätte T ordnungsgemäß erfüllt, so dass B verlangen kann, so gestellt zu werden, wie er bei ordnungsgemäßer Erfüllung stünde. T hat ihm mit anderen Worten alle Schäden zu ersetzen, die durch die Nichterfüllung adäquat-kausal verursacht sind (haftungsausfüllende Kausalität). Ohne die Pflichtverletzung des T wäre der B nicht zu einem **Deckungsgeschäft** zu einem höheren Preis gezwungen gewesen. Die unfreiwillige Vermögenseinbuße des B liegt also in den Mehraufwendungen in Höhe von 25 € begründet, die eine Ersatzbeschaffung mit sich bringt. Dieser Betrag ist ihm von T nach § 249 Abs. 1 zu ersetzen.

6. Ergebnis

23 B kann von T gem. §§ 280 Abs. 1, 3, 283 Schadensersatz statt der Leistung i. H. v. 25 € verlangen.

Abwandlung 1

I. Anspruch des B gegen T auf Abnahme des Bierkrugs, §§ 480, 433 Abs. 2

24 B könnte gegen T einen Anspruch auf Abnahme des Bierkrugs gem. §§ 480, 433 Abs. 2 haben.

1. Anspruchsentstehung: Wirksamer Tauschvertrag

25 Laut Sachverhalt haben B und T dieses Mal den Tausch des alten Weinglases gegen einen alten Bierkrug von gleichem Wert vereinbart. Damit sind die in §§ 480, 433 beschriebenen Ansprüche entstanden, also auch der Anspruch des B gegen T auf Abnahme des Bierkrugs nach § 433 Abs. 2.

2. Nachträgliche Befreiung von der Leistungspflicht gem. § 275 Abs. 1 oder § 326 Abs. 1 S. 1

26 Der Abnahmeanspruch des B könnte jedoch wieder erloschen sein, wobei zu klären ist, ob nach § 275 Abs. 1 oder § 326 Abs. 1 S. 1. Grundsätzlich ist dem B die Lieferung des Bierkrugs an T noch möglich, so dass auch der Abnahmeanspruch fortbestünde. Jedoch ist – wie im Ausgangsfall festgestellt – der Anspruch des B gegen den T auf Übereignung und Übergabe des Weinglases nach §§ 480, 433 Abs. 1 S. 1 gem. § 275 Abs. 1 erloschen, als das Weinglas zerstört wurde. Damit ist zugleich der Gegenanspruch des T gegen B auf Lieferung des Bierkrugs nach § 480 gem. § 326 Abs. 1 S. 1 untergegangen. Der Abnahmeanspruch nach §§ 480, 433 Abs. 2 setzt aber zwangs-

läufig das Bestehen einer entsprechenden Belieferungspflicht voraus, die hier nicht mehr besteht. Geht man davon aus, dass beim Tausch der Belieferungsanspruch einer Partei mit dem Abnahmeanspruch der anderen synallagmatisch verknüpft ist, also im Gegenseitigkeitsverhältnis des § 326 Abs. 1 S. 1 steht, so wäre der Abnahmeanspruch des B gegen den T nach dieser Norm erloschen; hilfsweise wäre er als Pendant zum Lieferungsanspruchs wegen dessen Wegfalls zumindest nach § 275 Abs. 1 erloschen. Ein Abnahmeanspruch des B gegen T besteht jedenfalls nicht mehr.

3. Ergebnis

B kann von T nicht mehr gem. §§ 480, 433 Abs. 1 S. 1 Abnahme des Bierkrugs verlangen.

II. Schadensersatzanspruch des B gegen T aus §§ 280 Abs. 1 und 3, 283

B könnte gegen T einen Schadensersatzanspruch in Höhe von 150 € Zug-um-Zug gegen Übereignung und Übergabe des Bierkrugs aus §§ 280 Abs. 1, 3, 283 haben.

1. Voraussetzungen des Schadensersatzanspruchs statt der Leistung

Das Schuldverhältnis besteht jetzt in einem Tauschvertrag i.S.v. § 480. Im Übrigen liegen die Voraussetzungen eines Schadensersatzanspruchs des B gegen T gem. §§ 280 Abs. 1 und 3, 283 (oben Rn. 10 ff.) unverändert vor.

2. Umfang des Schadensersatzes statt der Leistung

Der Schadensersatzanspruch statt der Leistung umfasst das positive oder Erfüllungsinteresse. Nach § 249 Abs. 1 ist der Zustand herzustellen, der ohne die Pflichtverletzung – also im Falle ordnungsgemäßer Erfüllung – bestehen würde. Da der Leistungsanspruch definitionsgemäß ausgeschlossen ist, ist eine Differenzberechnung anzustellen. Ohne die Leistungsbefreiung des T hätte B ein Weinglas im Wert von 150 € erhalten und einen Bierkrug im gleichen Wert weggegeben. Da der Anspruch des B auf das Glas von T gem. § 275 Abs. 1 erloschen ist (oben Rn. 3 ff.), kann auch T von B den Krug nicht mehr fordern, § 326 Abs. 1 S. 1. Gleichwohl hat B nach der Differenzmethode keinen Schaden erlitten, wenn er das Glas nicht bekommt und den Krug behält, da beide den gleichen Wert haben und auch ein entgangener Gewinn oder sonstiger Nachteil nicht ersichtlich ist. Die Höhe seines Gesamtvermögens hätte sich durch die Transaktion nicht verändert.

Zu klären bleibt die Frage, ob B hier zur Schadensberechnung im Wege der Differenzmethode gezwungen ist oder ob er im Wege der (sog.) Surrogationsmethode vorgehen und Schadensersatz für das Weinglas Zug-um-Zug gegen Übereignung und Übergabe des Krugs verlangen darf. Denn der Wegfall des Gegenleistungsanspruchs des T nach § 326 Abs. 1 S. 1 hat für B die missliche Konsequenz, wiederum von T nicht mehr nach den §§ 480, 433 Abs. 2 Abnahme des Kruges verlangen zu können (oben Rn. 26). Diese Möglichkeit war schon zur früheren Rechtslage anerkannt (sog. eingeschränkte Differenztheorie)[22] und die für sie sprechende Interessenlage hat sich durch die Schuldrechtsreform nicht geändert. Deshalb geht man überwiegend davon aus, dass sie weiterhin zulässig ist.

Ganz zweifelsfrei ist das aber nicht: Denn nach § 275 führt die Leistungsbefreiung des Schuldners regelmäßig ohne weiteres zur Leistungsbefreiung des Gläubigers nach

---

[22] Vgl. etwa *Medicus/Petersen*, Rn. 241; Palandt/*Grüneberg*, § 281 Rn. 19.

§ 326 Abs. 1 S. 1; T verliert also seinen Anspruch aus § 480 ebenfalls. Deshalb könnte das Vorgehen nach der Surrogationsmethode jetzt unzulässig sein.[23] Dafür spricht auch, dass der BGH die Surrogationsmethode im Rahmen des § 326 Abs. 1 a. F. zuletzt nicht mehr zugelassen hat und dies ausgerechnet mit dem Erlöschen des Leistungsanspruchs nach S. 2 dieser Vorschrift begründete.[24] Überträgt man diese Begründung auf die jetzige Rechtslage mit den §§ 281 Abs. 4 und 326 Abs. 1 S. 1, müsste man die Surrogationsmethode jetzt stets ausschließen.[25] Weniger gewichtig ist, dass der Gläubiger die bereits erbrachte Gegenleistung gem. § 326 Abs. 4 zurückverlangen kann, denn dass er dies kann, bedeutet nicht, dass er es auch muss. Der Gläubiger kann seine erbrachte Leistung ebenso dem Schuldner belassen und Schadensersatz gem. § 281 Abs. 1 verlangen.

33 Indes ersetzt § 281 de facto § 326 a. F., und sein Absatz 4 gilt beim Schadensersatz statt der Leistung wegen vom Schuldner zu vertretender Leistungsbefreiung nach § 283 S. 2 gerade nicht. Daher muss es weiterhin möglich sein, dass der Gläubiger die von ihm geschuldete Leistung im Rahmen seines Schadensersatzanspruchs statt der Leistung anbietet und den Wert der unmöglich gewordenen Leistung fordert:[26] Wenn B im Wege des Schadensersatzes verlangen kann, so gestellt zu werden, wie er bei ordnungsgemäßer Leistungserbringung durch T stehen würde, hätte er diesem seinen Bierkrug übereignet; diese Möglichkeit muss er also auch jetzt noch haben. Dafür spricht auch, dass der Ausschluss des Leistungsanspruchs in den Fällen des § 326 a. F. bzw. § 281 Abs. 4 auf einer Entscheidung des Gläubigers beruht, den Vertrag nicht mehr durchführen und dementsprechend selbst nicht mehr leisten zu wollen, zu der er sich in Widerspruch setzt, wenn er anschließend seine Leistung doch noch erbringen will. Das kann man im Falle des Ausschlusses des Gegenleistungsanspruchs nach § 326 Abs. 1 S. 1 und des Schadensersatzes nach § 283 nicht sagen.

3. Ergebnis

34 B kann von T gem. §§ 280 Abs. 1, 3, 283 Schadensersatz statt der Leistung i. H. v. 150 € Zug-um-Zug gegen Übereignung und Übergabe des Bierkrugs verlangen (a. A. vertretbar).

Abwandlung 2

Schadensersatzanspruch des B gegen T gem. § 311a Abs. 2 S. 1 i. H. v. 30 €

35 B könnte gegen T einen Anspruch auf Schadensersatz statt der Leistung in Höhe von 30 € nach § 311a Abs. 2 S. 1 haben. Voraussetzung ist nach § 311a Abs. 1 ein geschlossener Vertrag, bei dem ein Leistungshindernis bereits vor Vertragsschluss vorlag, das zu einer Leistungsbefreiung nach § 275 Abs. 1 bis 3 führte.

1. Wirksamer Vertrag

36 Gem. § 311a Abs. 1 und Abs. 2 S. 2 gilt die Vorschrift nur für Verträge. Hier haben B und T einen Kaufvertrag abgeschlossen (s. o. Rn. 2). Der Umstand, dass hier mögli-

---

[23] So näher *Wilhelm*, JZ 2001, 861, 868.
[24] BGH NJW 1994, 3351; 1999, 3115, 3116 f.
[25] So *S. Lorenz*, in: Schulze/Schulte-Nöltke, Die Schuldrechtsreform vor dem Hintergrund des Gemeinschaftsrechts, 2001, S. 329, 338 f.; anders aber mittlerweile und eingehend *Lorenz/Riehm*, Rn. 208 ff., 211 ff.
[26] Zutreffend *Kaiser*, NJW 2001, 2425, 2431.

cherweise bereits bei Vertragsschluss ein Leistungshindernis bestand, das den T gem. § 275 von seiner Leistungspflicht befreite, steht gem. § 311a Abs. 1 der Wirksamkeit nicht entgegen.

Hinweis: Den Hinweis auf § 311a Abs. 1 mag man angesichts der klarstellenden Natur der Norm für entbehrlich halten; er erklärt sich – wie die Norm selbst – aus § 306 a.F., der einen auf eine objektiv unmögliche Leistung gerichteten Vertrag für nichtig erklärte. Da der Vertrag heute auf jeden Fall wirksam ist, muss man die Anfänglichkeit des Leistungshindernisses hier noch nicht klären, könnte dies aber tun. 37

2. Befreiung von der Leistungspflicht

T müsste gem. § 275 von seiner Leistungspflicht befreit sein. Die Zerstörung des Glases macht dessen Übereignung und Übergabe jedermann i.S.v. § 275 Abs. 1 unmöglich, so dass die Leistungsbefreiung eingreift. 38

3. Leistungshindernis vor Vertragsschluss

Da die Unmöglichkeit bereits um 16.50 Uhr eintrat, lag das Leistungshindernis bei Vertragsschluss um 17 Uhr bereits vor. 39

4. Wahlrecht

B als Gläubiger des Leistungsanspruches steht gem. § 311a Abs. 2 S. 1 nach seiner Wahl Schadensersatz oder Ersatz seiner Aufwendungen in Verbindung mit § 284 zu; er hat sich hier für ersteres entschieden. 40

5. Anspruchsumfang

Nach § 311a Abs. 2 ist Schadensersatz statt der Leistung zu gewähren, d.h. das sog. positive Interesse zu ersetzen. Damit ist B so zu stellen, wie er bei ordnungsgemäßer Erfüllung stände. Dann hätte B aus dem Weiterverkauf des Glases einen Gewinn von 30 € erzielt; diesen entgangenen Gewinn kann er gem. § 252 ersetzt verlangen.[27] 41

Hinweis: Die Rechtsfolgenanordnung des § 311a Abs. 2 ist rechtspolitisch umstritten. Es wird eingewandt, die Norm regele eigentlich einen Fall der Verletzung vorvertraglicher Pflichten. Gäbe es die Norm nicht, ließe sich ein Anspruch aus §§ 280 Abs. 1, 311 Abs. 2, 241 Abs. 2 konstruieren, der aber nur auf Ersatz des Vertrauensschadens gerichtet wäre. Denn wäre die vorvertragliche Pflicht erfüllt worden, wäre der Vertragsschluss unterblieben. Von daher sei die Rechtsfolgenanordnung dogmatisch inkonsequent.[28] – Für die Falllösung ist all das unerheblich, da die Norm nun einmal existiert. Sie verdrängt nach h.M. den tatsächlich meist auch bestehenden Anspruch aus c.i.c. bzw. nimmt ihn in sich auf.[29] 42

B kann von T gem. § 311a Abs. 2 Schadensersatz statt der Leistung in Höhe von 30 € verlangen. 43

6. Ausschluss des Anspruchs

Gemäß § 311a Abs. 2 S. 2 sind die Ansprüche auf Schadensersatz und Aufwendungsersatz ausgeschlossen, wenn der Schuldner das Leistungshindernis bei Vertragsschluss nicht kannte und seine Unkenntnis auch nicht zu vertreten hat. 44

---

[27] Nach der Vorgängerregelung (§ 307 Abs. 1 S. 1 a.F.) war nur der Vertrauensschaden ersatzfähig, wie er im Ausgangsfall entstanden ist, nicht aber der Erfüllungsschaden.
[28] Vgl. Palandt/*Grüneberg*, § 311a Rn. 7 m.w.N.
[29] Jauernig/*Stadler*, § 311a Rn. 11; Palandt/*Grüneberg*, § 311a Rn. 14.

45 **Hinweis:** Für den Fall, dass der Ausschluss greift, hat *Canaris* vorgeschlagen, dem Gläubiger analog § 122 Abs. 1 den Vertrauensschaden verschuldensunabhängig zu ersetzen, um Wertungswidersprüche zum Anfechtungsrecht zu vermeiden.[30] Der Vorschlag ist fast einhellig auf Ablehnung gestoßen, weil sich der Gesetzgeber in § 311 a Abs. 2 für das Verschuldensprinzip entschieden habe[31] und das Problem bekannt gewesen sei. Gleichwohl sollte man in der Falllösung anschließend einen Anspruch analog § 122 Abs. 1 prüfen und das Problem kurz diskutieren, wenn der Ausschluss im konkreten Fall eingreift.

46 T hat nicht bemerkt, dass sein kleiner Sohn mit dem Glas gespielt und es dabei zerbrochen hat; er kannte also das Leistungshindernis nicht. Es kommt folglich darauf an, ob er „seine Unkenntnis zu vertreten hat". Da es ein vorsätzliches (also wissentliches) Unwissen nicht gibt, ist der Gesetzestext als Kennenmüssen i.S.d. Legaldefinition § 122 Abs. 2 zu interpretieren,[32] mithin als fahrlässige Unkenntnis. Es kommt somit darauf an, ob T die im Verkehr erforderliche Sorgfalt nicht beachtet hat, als er sich der Unversehrtheit des Glases vor dem Vertragsschluss mit B nicht vergewissert hat. Im Grundsatz stellt sich damit die Frage, ob derjenige, der ein Angebot zum Verkauf einer in seiner unmittelbaren Nähe befindlichen Sache abgegeben und sich insofern nach § 145 gebunden hat, verpflichtet ist, sich ohne konkreten Anlass stets des Fortbestandes seiner Leistungsfähigkeit zu vergewissern. Da T ein Klirren gehört hatte, bestand hier allerdings ein Anlass für ihn, sich zu vergewissern. Seine Unkenntnis beruhte daher auf Fahrlässigkeit, der Anspruchsausschluss greift nicht ein.

47 **Hinweis:** Im Rahmen des § 311 a Abs. 2 stellt sich die Frage der Zurechnung des Wissens von Hilfspersonen in besonderer Weise.[33] Das Wissen von Vertretern und ähnlichen Personen („Wissensvertretern") ist dem Schuldner nicht etwa über § 278, sondern über § 166 zuzurechnen. Allerdings darf der Schuldner gem. § 311 a Abs. 2 S. 2 zusätzlich seine Unkenntnis „nicht zu vertreten" haben. Insofern kann dem Schuldner ein Verschulden seiner Erfüllungsgehilfen durchaus nach § 278 zuzurechnen sein. Am Rande sei darauf hingewiesen, dass der Leistungsgegenstand – vgl. die hiesige Sachverhaltskonstellation – untergehen kann, nachdem der Sachleistungsschuldner sich bereits durch einen Vertragsantrag i.S.v. § 145 gebunden hat und der Vertragsschluss nur noch vom Zugang der Annahmeerklärung abhängt. Erfährt der Antragende vom Eintritt des Leistungshindernisses, haftet er gem. § 311 a Abs. 2, obwohl er den Vertragsschluss nicht mehr verhindern kann. Das ist misslich, weil der Antragsempfänger den Vertrag immer noch „böswillig" zustande bringen kann. Man kann dem Antragenden in diesem Fällen aber über die Schadensminderungspflicht helfen, deren Verletzung nach § 254 Abs. 2 den Schadensersatzanspruch des Angebotsempfängers einschränken kann: Weiß der Empfänger vom Leistungshindernis und verkauft er die Sache danach z.B. noch weiter, wodurch er sich seinerseits Schadensersatzansprüchen seines Abnehmers aussetzt, kann er deren Ersatz vom Anbietenden nicht mehr verlangen.

7. Ergebnis

48 B hat gegen T einen Schadensersatzanspruch gem. § 311 a Abs. 2 S. 1 i.H. v. 30 €.

---

[30] *Canaris*, JZ 2001, 499, 507 f. (bereits vor Inkrafttreten); zustimmend Hk/*Schulze*, § 311 a Rn. 9.

[31] *Ehmann/Sutschet*, § 4 V 7 c, S. 126; *Huber/Faust*, Kap. 4 Rn. 38 m.N.; Jauernig/*Stadler*, § 311 a Rn. 12; MünchKomm/*Ernst*, § 311 a Rn. 41 m.w.N.

[32] So auch die Begr. zum RegE, BT-Drs. 14/6049, S. 166. – Man hätte einfach den üblichen Wortlaut „nicht kannte und nicht kennen musste" wählen sollen.

[33] Vgl. auch MünchKomm/*Ernst*, § 311 a Rn. 58 ff.

Fall 5. Unterversicherung

Sachverhalt

Victoria (V) verkauft Kornelius (K) einen gebrauchten Fernseher für 150 €. Ehe Kornelius ihn abholen kann, versucht sich Victoria in ihrer Küche in der Kunst des Flambierens. Dabei geht sie so ungeschickt vor, dass in Sekundenschnelle die Küche in Brand gerät. Das Feuer greift auf die ganze Wohnung über und zerstört auch den verkauften Fernseher. Victoria hat zwar eine Hausratversicherung, die aber wegen Unterversicherung nur 80% des Wertes aller Einrichtungsgegenstände ersetzt. Der Wert des Fernsehers liegt bei 200 €.
Welche Ansprüche bestehen zwischen Victoria und Kornelius?

Vorüberlegungen

Wie bereits im Fall zuvor, geht es auch hier um absolute Standardprobleme im Zusammenhang der Befreiung von der Leistungspflicht nach § 275 Abs. 1, die man „im Schlaf" beherrschen muss. Ist die Leistungsbefreiung relativ offensichtlich gegeben, wird nach der Anfangsphase des Studiums in der Regel nicht mehr erwartet, dass man den ausgeschlossenen Leistungsanspruch überhaupt noch prüft. Man darf dann gleich die Folgeansprüche untersuchen und kann dabei die Leistungsbefreiung als Voraussetzung prüfen.

An die Leistungsbefreiungen nach § 275 knüpft § 285 Abs. 1 einen verschuldensunabhängigen Anspruch eigener Art, der kein Schadensersatzanspruch ist (arg. § 285 Abs. 2). Er ist auf Herausgabe eines Ersatzes bzw. Abtretung eines Ersatzanspruchs gerichtet, den der Schuldner infolge des zur Leistungsbefreiung führenden Umstandes gegen einen Dritten (v.a. Schädiger oder Versicherung) erwirbt. Das herauszugebende Surrogat nennt man das stellvertretende commodum.

Macht der Gläubiger den Anspruch nach § 285 Abs. 1 geltend, wirkt sich dies auf seine Gegenleistungspflicht aus: Sie wäre typischerweise eigentlich gem. § 326 Abs. 1 S. 1 erloschen, bleibt nun aber gem. § 326 Abs. 3 bestehen;[1] nach anderer und vorzugswürdiger Ansicht lebt die Gegenleistungspflicht eigentlich wieder auf.[2] Sofern der Wert des Surrogats hinter dem des Leistungsgegenstandes zurückbleibt, wird die vom Gläubiger zu zahlende Gegenleistung nach § 326 Abs. 3 S. 2 gemindert.

Die Geltendmachung des Anspruchs auf das stellvertretende commodum mindert regelmäßig den Schaden, den der Gläubiger durch die Nichtleistung des Schuldners erleidet. Deshalb ordnet § 285 Abs. 2 an, dass der Wert des Surrogats auf den Anspruch auf Schadensersatz statt der Leistung nach §§ 280, 283 anzurechnen ist.

Aus den geschilderten Zusammenhängen ergibt sich die Prüfungsreihenfolge: Zweckmäßigerweise beginnt man mit dem Anspruch aus § 285 Abs. 1 und prüft anschließend – soweit danach gefragt ist – den Gegenleistungsanspruch gem. §§ 433

---
[1] Ganz h.M., Palandt/*Grüneberg*, § 326 Rn. 16.
[2] Ebenso *Huber/Faust,* Kap. 6 Rn. 8.

Abs. 2, 326 Abs. 3. Dann kann man bei der abschließenden Untersuchung des Anspruchs auf Schadensersatz statt der Leistung auf die Anrechnung des commodums bzw. der Gegenleistung eingehen. – Hier ist es also zweckmäßig, ggf. von dem Grundsatz abzuweichen, dass man möglichst immer alle Ansprüche eines Beteiligten gegen einen anderen Beteiligten prüft.

Gliederung

	Rn.
I. Anspruch des K gegen V auf Abtretung des Anspruchs gegen die Versicherung gem. § 285 Abs. 1	1
1. Leistungsanspruch und Leistungsbefreiung gem. § 275 Abs. 1–3	2
2. Erlangung eines Ersatzes/Ersatzanspruchs durch V	3
3. Infolge des zur Leistungsbefreiung führenden Umstandes	4
4. Identität von geschuldetem und ersetztem Gegenstand	5
5. Ergebnis	6
II. Anspruch der V gegen K auf Kaufpreiszahlung	7
1. Anspruch entstanden	8
2. Erlöschen gem. § 326 Abs. 1 S. 1	9
3. Bestehenbleiben gem. § 326 Abs. 3 S. 1	10
4. Minderung gem. §§ 326 Abs. 3 S. 2, 441 Abs. 3	11
5. Ergebnis	12
III. Schadensersatzanspruch des K gegen V aus §§ 280 Abs. 1 und 3, 283	13
1. Wirksames Schuldverhältnis	14
2. Nachträgliche Befreiung von der Leistungspflicht nach § 275 Abs. 1–3	15
3. Pflichtverletzung	16
4. Vertretenmüssen	17
5. Umfang des Schadensersatzes statt der Leistung	18
6. Ergebnis	22

Lösung

I. Anspruch des K gegen V auf Abtretung des Anspruchs gegen die Versicherung gem. § 285 Abs. 1

1   K könnte gegen V gem. § 285 Abs. 1 einen Anspruch auf Abtretung des Anspruchs gegen ihre Versicherung haben.

1. Leistungsanspruch und Leistungsbefreiung gem. § 275 Abs. 1–3

2   Ursprünglich hatte K gem. § 433 Abs. 1 S. 1 einen Leistungsanspruch auf den Fernseher, der nach dessen Zerstörung von niemandem mehr geleistet werden kann, so dass V gem. § 275 Abs. 1 von ihrer Leistungspflicht befreit ist.

2. Erlangung eines Ersatzes/Ersatzanspruchs durch V

3   V hat für den geschuldeten Fernseher zwar noch keinen Ersatz, wohl aber einen Ersatzanspruch gegen ihre Hausratversicherung erlangt.

3. Infolge des zur Leistungsbefreiung führenden Umstandes

V müsste den Ersatzanspruch gerade infolge des Umstandes erlangt haben, der zur Leistungsbefreiung führte. Zur Leistungsbefreiung führte hier die Zerstörung des Fernsehers bei dem Brand, der adäquat-kausal den Versicherungsanspruch entstehen ließ. Somit liegt diese Voraussetzung vor.

4. Identität von geschuldetem und ersetztem Gegenstand

Es muss sich um einen Ersatz gerade für den geschuldeten Gegenstand handeln; dies ist beim Sachversicherungsanspruch der Fall.

5. Ergebnis

K kann von V gem. § 285 Abs. 1 Abtretung des Versicherungsanspruchs verlangen.

II. Anspruch der V gegen K auf Kaufpreiszahlung

V könnte gegen K gem. § 433 Abs. 2 einen Anspruch auf Zahlung des vereinbarten Kaufpreises von 150 € haben.

1. Anspruch entstanden

Der Anspruch ist mit Abschluss des Kaufvertrags entstanden.

2. Erlöschen gem. § 326 Abs. 1 S. 1

Der Kaufpreisanspruch ist grundsätzlich gem. § 326 Abs. 1 S. 1 entfallen, da der Kaufvertrag ein gegenseitiger Vertrag und V gem. § 275 Abs. 1 von ihrer Leistungspflicht nach § 433 Abs. 1 befreit ist (s.o. Rn. 2).

3. Bestehenbleiben gem. § 326 Abs. 3 S. 1

Wenn K tatsächlich Abtretung des Anspruchs gegen die Versicherung nach § 285 Abs. 1 verlangt, behält V gem. § 326 Abs. 3 S. 1 den Kaufpreisanspruch.

4. Minderung gem. §§ 326 Abs. 3 S. 2, 441 Abs. 3

Jedoch mindert sich der Kaufpreisanspruch gem. § 326 Abs. 3 S. 2 nach Maßgabe des § 441 Abs. 3, soweit der Wert (besser: die Höhe) des Ersatzanspruchs hinter dem Wert des ursprünglich geschuldeten Fernsehers zurückbleibt. Da im vorliegenden Fall die Versicherung nur 80% des Wertes ersetzt, ist hier der Kaufpreis entsprechend § 441 Abs. 3 S. 1 zu mindern. Der vereinbarte Kaufpreis von 150 € ist also in dem Verhältnis herabzusetzen, in dem der Wert des Ersatzanspruchs zum Wert des Fernsehers (200 €) steht. Da die Versicherung lediglich 80% des Wertes ersetzt, muss K also auch nur 80% des vereinbarten Kaufpreises zahlen, mithin 120 €.

5. Ergebnis

V kann von K gem. §§ 433 Abs. 2, 326 Abs. 3 S. 2, 441 Abs. 3 nur 120 € verlangen.

III. Schadensersatzanspruch des K gegen V aus §§ 280 Abs. 1 und 3, 283

K könnte gegen V weiter einen Schadensersatzanspruch in Höhe von 10 € aus §§ 280 Abs. 1, 3, 283, 285 Abs. 2 haben.

Fall 5. Unterversicherung

1. Wirksames Schuldverhältnis

14 Mit dem Kaufvertrag liegt ein wirksames Schuldverhältnis zwischen V und K vor.

2. Nachträgliche Befreiung von der Leistungspflicht nach § 275 Abs. 1–3

15 Wie bereits festgestellt (oben Rn. 2), ist V gem. § 275 Abs. 1 von ihrer Pflicht zur Übereignung und Übergabe des Fernsehers befreit; die Leistungsbefreiung ist nach Vertragsschluss eingetreten.

3. Pflichtverletzung

16 Die Leistungsbefreiung muss gem. §§ 280, 283 auf einer Pflichtverletzung der V beruhen. V war gehalten, ihre Leistungsfähigkeit zu erhalten; dagegen hat sie mit der Verursachung des Brandes, der zur Unmöglichkeit führte, verstoßen.

4. Vertretenmüssen

17 V müsste die Pflichtverletzung gem. § 280 Abs. 1 zu vertreten haben. Gem. § 280 Abs. 1 S. 2 wird das Vertretenmüssen vermutet, solange sich der Schuldner nicht entlastet. Da V den Brand fahrlässig i.S.v. § 276 Abs. 2 herbeigeführt hat, wird ihr dies nicht gelingen.

5. Umfang des Schadensersatzes statt der Leistung

18 Der Schadensersatzanspruch statt der Leistung ist auf das Erfüllungsinteresse gerichtet, d.h. der Gläubiger ist gem. § 249 Abs. 1 so zu stellen, wie er bei ordnungsgemäßer Erfüllung stehen würde. Ohne die Pflichtverletzung der V hätte K einen Fernseher im Wert von 200 € gegen Zahlung von 150 € Kaufpreis erhalten. Damit kann er grundsätzlich 50 € Schadensersatz von V verlangen.

19 Jedoch ist gem. § 285 Abs. 2 der Schadensersatzanspruch um den Wert des Ersatzanspruchs nach § 285 Abs. 1 zu mindern, wenn K diesen geltend macht. Verlangt er den Versicherungsanspruch im Wert von 160 €, muss er der V gem. § 326 Abs. 3 einen geminderten Kaufpreis von 120 € bezahlen (vgl. Rn. 11). Dann erlangt K aus dem Ersatzvorgang nach § 285 Abs. 1 also einen Vermögensvorteil von 40 € (160 €–120 €), den man nach § 285 Abs. 2 im Wege der gesetzlich angeordneten Vorteilsausgleichung auf den Anspruch aus §§ 280 Abs. 1 und 3, 283 anrechnen muss.[3] Der Schadensersatzanspruch ist also kraft Gesetzes entsprechend gemindert[4] und beträgt somit nur noch 10 €.

20 **Hinweise:** Nach ganz h.M. entfällt die Anrechung nach § 285 Abs. 2, wenn sich ein Ersatz*anspruch* nach seiner Abtretung an den Gläubiger als nicht durchsetzbar bzw. wertlos erweist; mit anderen Worten kommt es auf den tatsächlichen Wert des Ersatzanspruchs an und nicht auf seinen Nennwert.[5]

21 Unklar ist immer noch, ob K als Gläubiger auch *im Rahmen des Schadensersatzanspruchs* nach §§ 280, 283 den Anspruch nach § 285 Abs. 1 geltend machen könnte. Diese Konstruktion war zu § 325 Abs. 1 S. 1 a.F. unter Hinweis auf § 281 Abs. 2 a.F. (jetzt § 285 Abs. 2) anerkannt und hatte insbesondere zur Folge, dass der Gläubiger das Surrogat fordern konnte, ohne den Kaufpreis zahlen zu müssen, wie es bei einem Vorgehen nach §§ 285 Abs. 1, 326 Abs. 3 der Fall ist.[6] Sofern man dies fortführt, könnte K den Versicherungsanspruch in Höhe von 160 € gem. §§ 280, 283 fordern, ohne deshalb die

---

[3] Vgl. Hk/*Schulze*, § 285 Rn. 11.
[4] *Brox/Walker*, AS, § 22 Rn. 28; MünchKomm/*Emmerich*, § 285 Rn. 32.
[5] Hk/*Schulze*, § 285 Rn. 11; MünchKomm/*Emmerich*, § 285 Rn. 33 m.w.N.; a.A. Soergel/*Wiedemann*, § 281 a.F. Rn. 42.
[6] Zum früheren Recht grundlegend RGZ 108, 184, 186; s.a. Jauernig/*Stadler*, 9. Aufl., 2007, § 325 Rn. 11; Palandt/*Heinrichs*, 61. Aufl., 2002, § 325 a.F. Rn. 29.

(geminderte) Gegenleistung erbringen zu müssen. Allerdings müsste er sich den Wert des Erlangten nach Erhalt gem. § 285 Abs. 2 (früher § 281 Abs. 2 a. F.) auf den Schadensersatzanspruch anrechnen lassen, um eine Bereicherung des Gläubigers zu verhindern. Diese Anrechnung von 160 € auf den Anspruch des K i. H. v. 50 € liefe darauf hinaus, dass K an V 110 € auskehren müsste. Der Vorteil eines solchen Vorgehens mag bei Schuldnern im Vorinsolvenzstadium darin liegen, dass der Gläubiger auf diese Weise sicherer zu seinem Geld gelangt.

6. Ergebnis

K kann von V gem. §§ 280 Abs. 1, 3, 283 grundsätzlich Schadensersatz statt der Leistung i. H. v. 50 € verlangen. Soweit er von V nach § 285 Abs. 1 die Abtretung des Anspruchs gegen die Versicherung verlangt, beläuft sich sein Schadensersatzanspruch nur auf 10 €.

Fall 6. Übermächtige Versuchung

Sachverhalt

Student V ist Hobbymaler; seine Bilder erzielen Preise zwischen 100 und 300 €, und es ist angesichts seiner geringen Begabung nicht damit zu rechnen, dass sie wesentlich an Wert gewinnen werden. Eines Tages verkauft V seiner Kommilitonin K ein selbst gemaltes Bild für 200 €. K bezahlt sogleich und will das Bild etwas später mit dem Auto abholen, um es ihrer Großmutter zum Geburtstag zu schenken. In der Zwischenzeit erscheint überraschend der Filmproduzent F und bietet 1000 € für das Bild. Er benötigt ein Bild mit einem solchen Motiv, das in seiner neuesten Produktion in Flammen aufgehen soll. Wegen des hohen Preises verkauft, übergibt und übereignet V ihm das Bild sofort. Anschließend kehrt K zurück und verlangt das Bild. V müsse es von F zurückkaufen. F ist zu einem Rückverkauf für 20 000 € bereit, die V – wie er K auch mitteilt – weder zahlen kann noch will.

K möchte von Ihnen wissen, ob V dennoch zur Leistung verpflichtet ist. Sie interessiert auch, ob sie hilfsweise einen Anspruch auf die von F gezahlten 1000 € und die von ihr gezahlten 200 € hat.

Vorüberlegungen

Die Fragestellung zielt auf die Anwaltsperspektive ab, die einzunehmen man bereits im Studium erlernen sollte. Man sollte erkennen, dass dem Anspruchsteller alternative Ansprüche zur Verfügung stehen, und an passender Stelle im Gutachten kurz auf die Frage eingehen, welches Vorgehen für den Anspruchsteller (Mandanten) zweckmäßiger ist.

K möchte in erster Linie Erfüllung. Da V nicht leisten kann, ist wieder § 275 Abs. 1 zu prüfen. Da F leisten könnte, kann allenfalls eine subjektive Unmöglichkeit vorliegen, die gegenüber der Unzumutbarkeit der Leistung wegen Leistungserschwerung nach § 275 Abs. 2 abzugrenzen ist. Entscheidend ist, ob das Leistungshindernis überwindbar wäre.

Bei § 275 Abs. 2 handelt es sich nicht um eine Einwendung (wie § 275 Abs. 1), sondern um eine Einrede. Denn der Schuldner soll selbst entscheiden können, ob er die Leistung trotz ihrer Erschwerung erbringen will. Die Prüfung der Norm läuft wie folgt ab: Zunächst ist die geschuldete Leistung festzustellen, die man in der Falllösung typischerweise zuvor im Anspruchstatbestand geprüft hat. Sodann sind als Voraussetzungen des § 275 Abs. 2 zu prüfen: (1) das Leistungsinteresse des Gläubigers, also der Nutzen, den er von der Leistung hat; typischerweise muss man diesen in einen Geldwert umrechnen, also den im Falle der Nichtleistung zu zahlenden Schadensersatz statt der Leistung; (2) den Aufwand des Schuldners für die Leistungserbringung und (3) das grobe Missverhältnis von beidem.

Entscheidend ist der dritte Punkt, für den die Umrechnung des Leistungsinteresses in Geld notwendig ist. Hier stellt sich die Frage nach verallgemeinerbaren Kriterien, um das grobe Missverhältnis im Einzelfall zu ermitteln. Das Gesetz erwähnt zwar in

Abs. 2 S. 2 das Vertretenmüssen des Leistungshindernisses, und auch das Vorliegen einer Beschaffungspflicht erhöhte das Maß zumutbarer Anstrengungen. Im Übrigen ist aber Vorsicht und große Strenge geboten, da der Schuldner nur ausnahmsweise von der Leistungspflicht befreit sein soll, weshalb sich für das grobe Missverhältnis auch keine starren Prozentzahlen festlegen lassen.[1]

Hilfsweise ist nach dem Anspruch auf den Verkaufserlös des V und Rückzahlung des von K gezahlten Preises gefragt. Diese Art der Fragestellung erinnert an die Eventualklagenhäufung im Prozess, bei der der Kläger neben dem Haupt- einen Hilfsanspruch stellt; im Prozess ist über den Hilfsanspruch nur zu befinden, wenn die Klage im Hauptanspruch unbegründet ist (echte Eventualklagehäufung). Im Gutachten ist die hilfsweise Geltendmachung von Ansprüchen ein Indiz dafür, dass der Hauptanspruch nicht besteht; es kann aber auch anders sein.

Für die Herausgabe des von V erzielten Kaufpreises gibt es nicht nur die bereits bekannte vertragliche Anspruchsgrundlage. Ob man die konkurrierenden gesetzlichen Anspruchsgrundlagen kennen und prüfen muss, ist Frage des individuellen Ausbildungsstandes.

Schließlich sollte man die Kaufpreisrückzahlung und mögliche Schadensersatzansprüche nicht vergessen. Es ist zweckmäßiger (aber nicht zwingend), Schadensersatz erst nach den Herausgabeansprüchen zu prüfen.

Gliederung

	Rn.
I. Anspruch der K gegen V gem. § 433 Abs. 1 S. 1	1
1. Anspruch entstanden	2
2. Anspruch gem. § 275 Abs. 1 erloschen?	3
3. Leistungsverweigerungsrecht des V gem. § 275 Abs. 2?	4
a) Ermittlung des Aufwandes des V	5
b) Leistungsinteresse der K	6
c) Grobes Missverhältnis	7
d) Einredeerhebung	8
4. Ergebnis	9
II. Anspruch der K gegen V auf Zahlung von 1000 € nach § 285 Abs. 1	10
1. Anspruch auf Leistung des Gegenstandes	11
2. Befreiung von der Pflicht zur Leistung des geschuldeten Gegenstandes	13
3. Erlangung eines Ersatzes oder Ersatzanspruchs	14
4. Infolge des Untergangs (Kausalität)	15
5. Identität zwischen geschuldetem und ersetztem Gegenstand	19
6. Ergebnis	21
III. Anspruch der K gegen V auf Zahlung von 1000 € nach §§ 687 Abs. 2, 681 S. 2, 667	23
IV. Anspruch der K gegen V auf Herausgabe der 1000 € nach § 816 Abs. 1 S. 1	24
V. Anspruch der K gegen V auf Rückzahlung des gezahlten Kaufpreises nach §§ 346 Abs. 1, 326 Abs. 4	25
1. Befreiung von der Leistungspflicht nach § 326 Abs. 1 S. 1	27
2. Fortdauer der Leistungspflicht nach § 326 Abs. 3	28
3. Ergebnis	29

---

[1] Dafür aber *Huber/Faust*, § 2 Rn. 67 ff.

Rn.
VI. Anspruch der K gegen V auf Rückzahlung des Kaufpreises nach §§ 346
Abs. 1, 326 Abs. 5 30
   1. Gesetzlicher Rücktrittsgrund 32
   2. Rücktrittserklärung, § 349 33
   3. Ergebnis 34
VII. Schadensersatzanspruch der K aus §§ 280 Abs. 1 und 3, 283 35
   1. Wirksames Schuldverhältnis 36
   2. Nachträgliche Befreiung von der Leistungspflicht nach § 275 Abs. 1–3 37
   3. Pflichtverletzung 38
   4. Vertretenmüssen 39
   5. Umfang des Schadensersatzes statt der Leistung 40
   6. Ergebnis 41

Lösung

I. Anspruch der K gegen V gem. § 433 Abs. 1 S. 1

1   K könnte gegen V einen Anspruch auf Übereignung und Übergabe des Bildes gem. § 433 Abs. 1 S. 1 haben.

1. Anspruch entstanden

2   Der Anspruch ist durch Abschluss des Kaufvertrags entstanden.

2. Anspruch gem. § 275 Abs. 1 erloschen?

3   V wäre von seiner Leistungspflicht nach § 275 Abs. 1 befreit, wenn ihm die Erbringung der geschuldeten Leistung unmöglich geworden ist. Dies könnte man annehmen, weil er infolge der Übereignung des Bildes an F der K kein Eigentum mehr daran verschaffen konnte. Diese Unmöglichkeit beträfe allerdings nur den V als Schuldner (und nicht jedermann), da F zur Übereignung in der Lage wäre. Deshalb ist näher zu prüfen, ob die Veräußerung des geschuldeten Bildes an F wirklich zur subjektiven Unmöglichkeit i.S.v. § 275 Abs. 1 führt. Denn die gegenüber K bestehende Leistungspflicht kann V dazu verpflichten, das Bild gegebenenfalls von F zurück zu erwerben. Subjektive Unmöglichkeit liegt daher bei der Übereignung der geschuldeten Sache an einen Dritten nicht vor, wenn der Dritte bereit ist, die Sache zurück zu übereignen oder den Eigentumserwerb durch den Käufer in sonstiger Weise zu ermöglichen.[2] Da F grundsätzlich zum Rückverkauf bereit ist, liegt hier keine subjektive Unmöglichkeit i.S.v. § 275 Abs. 1 vor.

3. Leistungsverweigerungsrecht des V gem. § 275 Abs. 2?

4   Fraglich ist, ob V berechtigt ist, seine Leistung gegenüber K gem. § 275 Abs. 2 zu verweigern. Dazu müsste das Leistungsinteresse der K in einem groben Missverhältnis zu dem Aufwand stehen, den V betreiben müsste, um ihr das Bild zu liefern, und V sich auf diesen Umstand berufen.

---

[2] Palandt/*Grüneberg*, § 275 Rn. 25 m.w.N.

Fall 6. Übermächtige Versuchung 53

Hinweis: § 275 Abs. 2 kodifiziert die früher missverständlich sog. „praktische Unmöglichkeit": Der Schuldner soll eine Leistung nicht erbringen müssen, wenn sie jeglichem sinnvollen Kosten-Nutzen-Verhältnis zuwiderläuft.[3] Schulbeispiel ist der berühmte von Heck[4] gebildete Schulfall eines Rings, der nach seinem Verkauf ins Meer fällt. Man könnte ihn theoretisch bergen, der Aufwand wäre aber unvernünftig hoch.[5] Die Norm hat aber einen weiteren Anwendungsbereich.[6] Denn da § 275 Abs. 2 nun einmal existiert, sollte man der Norm auch einen Anwendungsbereich über den besagten Schulfall hinaus zubilligen.[7] Die Fälle der sog. wirtschaftlichen Unmöglichkeit darf man § 275 Abs. 2 aber nicht zuordnen.[8]

a) Ermittlung des Aufwandes des V

Bevor das Verhältnis zwischen Aufwand des Schuldners und Leistungsinteresse des Gläubigers beurteilt werden kann, ist zunächst die Höhe der beiden Vergleichskomponenten festzustellen. Der Aufwand umfasst sowohl Aufwendungen in Geld als auch persönliche Anstrengungen, die der Schuldner unternehmen muss, um die geschuldete Leistung erbringen zu können.[9] V kann seine Lieferpflicht aus § 433 Abs. 1 S. 1 nur erfüllen, wenn er das Bild von F für 20 000 € zurückkauft. Sein Aufwand ist somit rein finanzieller Natur und mit 20 000 € zu beziffern. 5

b) Leistungsinteresse der K

Fraglich ist, wie hoch das Leistungsinteresse der Gläubigerin K anzusetzen ist. Das Interesse des Gläubigers ergibt sich aus dem Vertragsinhalt, dem darin vereinbarten oder vorausgesetzten Leistungszweck sowie immateriellen Motiven.[10] Ausgangspunkt ist der für das Bild vereinbarte Kaufpreis von 200 € als Mindestinteresse. Dieses Interesse könnte nach oben zu korrigieren sein, wenn der Wert des Leistungsgegenstandes in Wirklichkeit deutlich höher ist oder besondere – auch immaterielle – Interessen des Gläubigers hinzu treten. Der Wert des Bildes ist nach den Angaben im Sachverhalt mutmaßlich nicht oder nur unwesentlich höher als die vereinbarten 200 €. K hat es gekauft, um es ihrer Großmutter zum Geburtstag zu schenken. Besondere immaterielle Interessen sind also nicht berührt, sie könnte auch ein anderes Bild oder sonstiges Geschenk für die Oma finden. Das Leistungsinteresse der K beträgt also nur 200 €. 6

c) Grobes Missverhältnis

Es kommt darauf an, ob der Aufwand des V i.H.v. 20 000 € im Vergleich zum Leistungsinteresse der K i.H.v. 200 € in einem groben Missverhältnis steht. Dies ist dann der Fall, wenn die schuldnerischen Bemühungen, den Leistungsgegenstand zu beschaffen, verglichen mit dem Nutzen für den Gläubiger ein völlig überzogenes und unträgbares Ausmaß erreichen, so dass unter Berücksichtigung von Treu und Glauben kein vernünftiger Gläubiger Erfüllung verlangen würde.[11] Dabei sind alle Umstände des Einzelfalls, insbesondere ein Verschulden oder ein verschärfter Haftungsmaßstab des 7

---

[3] Vgl. MünchKomm/*Ernst*, § 275 Rn. 69 ff.
[4] *Heck*, Grundriss des Schuldrechts, 1929, § 28.
[5] Vgl. näher Begr. zum RegE., BT-Drs. 14/6040, 129 f.
[6] Vgl. außerdem Fall 33. Weitere Fälle aus der Rechtsprechung, die jetzt § 275 Abs. 2 zuzuordnen wären: *BGH* NJW 1988, 699 (Unzumutbarkeit der Herausgabe nach § 667); *BGH* NJW 1994, 514 (Beschaffungsrisiko bei der Gattungsschuld, Porsche 959).
[7] Ebenso i. E. Hk/*Schulze*, § 275 Rn. 19; *Dauner-Lieb/Thiessen*, DStR 2002, 809, 814.
[8] Vgl. dazu Fall 18 und auch Fall 33.
[9] Hk/*Schulze*, § 275 Rn. 21; Begr. zum RegE., BT-Drs. 14/6040, 130.
[10] AnwK/*Dauner-Lieb*, § 275 Rn. 15; Jauernig/*Stadler*, § 275 Rn. 25; *Huber/Faust*, Rn. 2/27 ff.
[11] Vgl. *Canaris*, JZ 2001, 499, 501.

Schuldners zu berücksichtigen. Gem. § 275 Abs. 2 S. 2 ist insbesondere zu berücksichtigen, dass V hier vorsätzlich gehandelt hat. Als Ausprägung des Grundsatzes von Treu und Glauben greift § 275 Abs. 2 aber ein, wenn die Leistungserbringung unter Berücksichtigung des Verhältnisses von Kosten und Nutzen wirtschaftlich völlig unsinnig und in jeder Hinsicht unvernünftig wäre. Deshalb lassen sich die zu § 251 Abs. 1 und ähnlichen Vorschriften entwickelten Prozentsätze hier nicht heranziehen, die Maßstäbe eher zu den geringeren Anforderungen der §§ 439 Abs. 3, 634 Abs. 3 passen; eventuelle Prozentzahlen des Leistungsinteresses können nur als vager Anhaltspunkt dienen und müssen deutlich höher liegen.[12] Im vorliegenden Fall übersteigt der von V zu betreibende Aufwand das Leistungsinteresse der K um das 100-fache, so dass ein grobes Missverhältnis i. S. v. § 275 Abs. 2 S. 1 auf jeden Fall zu bejahen ist.

d) Einredeerhebung

8   V hat sich zumindest sinngemäß auf das grobe Missverhältnis berufen und dadurch die Leistung gem. § 275 Abs. 2 verweigert.

4. Ergebnis

9   Der Anspruch der K aus § 433 Abs. 1 S. 1 ist daher gemäß § 275 Abs. 2 nicht durchsetzbar.

II. Anspruch der K gegen V auf Zahlung von 1000 € nach § 285 Abs. 1

10   K könnte gegen V einen Anspruch auf Herausgabe der von F erlangten 1000 € gem. § 285 Abs. 1 haben.

1. Anspruch auf Leistung eines Gegenstandes

11   K hatte gegen V einen Anspruch auf Leistung des von diesem gemalten Bildes (s. o. Rn. 2).

12   **Hinweis:** Da § 285 Abs. 1 voraussetzt, dass der Schuldner von der Pflicht zur Leistung *eines (konkreten) Gegenstandes* nach § 275 Abs. 1–3 befreit ist, ist § 285 Abs. 1 bei einer **Gattungsschuld** nur anwendbar, wenn diese durch Konkretisierung gem. §§ 243 Abs. 2, 300 Abs. 2 zur Stückschuld geworden ist oder wenn das Leistungshindernis den gesamten Vorrat betrifft, aus dem der Schuldner leisten musste (Vorratsschuld).[13]

2. Befreiung von der Pflicht zur Leistung des geschuldeten Gegenstandes

13   Von dieser Pflicht ist V gem. § 275 Abs. 2 befreit (s. o. Rn. 7).

3. Erlangung eines Ersatzes oder Ersatzanspruchs

14   V hat für das Bild von F 1000 € erhalten.

4. Infolge des Untergangs (Kausalität)

15   V müsste gerade infolge des Umstands, der zur Leistungsbefreiung hinsichtlich des Bildes geführt hat, den Ersatz in Gestalt der 1000 € erlangt haben. An der notwendigen adäquaten Kausalität[14] könnte man zweifeln, da V die Kaufpreiszahlung des F i. H. v.

---

[12] Ebenso MünchKomm/*Ernst*, § 275 Rn. 70; ähnlich Palandt/*Grüneberg*, § 275 Rn. 27. A. A. Huber/*Faust*, § 2 Rn. 68, 70 ff.; ihnen folgend Jauernig/*Stadler*, § 275 Rn. 26 f.
[13] Palandt/*Grüneberg*, § 285 Rn. 5.
[14] Jauernig/*Stadler*, § 285 Rn. 8; Palandt/*Grüneberg*, § 285 Rn. 7.

1000 € aufgrund des Kaufvertrags erlangt hat, während seine Leistungsbefreiung erst durch die Berufung auf § 275 Abs. 2 eingetreten ist. Der Kausalverlauf ist also relativ locker.

Ein ähnliches Problem stellt sich, wenn bei einem Doppelverkauf der Dritterwerber (F) zur Rückveräußerung der Sache unter keinen Umständen bereit ist. In diesen Fällen ist man sich einig, dass nicht der Abschluss des kausalen Verpflichtungsgeschäfts zur Unmöglichkeit der Übereignung (i.S.v. § 275 Abs. 1) führt, sondern erst die anschließende Übereignung.[15] Bei exakt juristischer Betrachtung stellt der Kaufpreis in diesem Fall also keinen Ersatz für den geschuldeten Leistungsgegenstand (commodum ex re) dar, und man kann auch zweifeln, ob es gerechtfertigt ist, dem Gläubiger auf diesem Wege unter Umständen mehr als den Marktwert des Leistungsgegenstandes zuzugestehen.[16]

Dennoch plädiert die ganz überwiegende Ansicht[17] seit jeher für eine wirtschaftliche Betrachtungsweise. Sie sieht auch das commodum ex negotiatione cum re als herausgabepflichtigen Ersatz i.S.d. § 285 Abs. 1 an, wenn der leistungsbefreiende und der ersatzanspruchbegründende Umstand zwar nicht identisch sind, aber zumindest wirtschaftlich eine Einheit bilden. Dafür sprechen Sinn und Zweck des § 285 Abs. 1, dem Gläubiger das zuzuwenden, was wirtschaftlich an die Stelle des geschuldeten Gegenstandes getreten ist, um so eine Bereicherung des Schuldners aufgrund des leistungsbefreienden Umstands zu verhindern. Dem ist zu folgen, da der Schuldner sich seiner Leistungspflicht sonst in Fällen, in denen dem Gläubiger kein Vermögensschaden entsteht, zu leicht entziehen könnte.

Dann kann es aber auch nicht darauf ankommen, ob im Falle des Doppelverkaufs der Zweiterwerber zum Rückverkauf bereit ist oder nicht und ob die Leistungsbefreiung des Verkäufers aus § 275 Abs. 1 oder Abs. 2 folgt. Denn die im Verhältnis zu K vertragswidrige Veräußerung an F ist in beiden Fällen für die spätere Leistungsbefreiung ursächlich. Damit liegt bei der gebotenen wirtschaftlichen Betrachtungsweise die notwendige Kausalität auch hier vor (a.A. vertretbar).

5. Identität zwischen geschuldetem und ersetztem Gegenstand

Der Kaufpreis wurde gerade für das geschuldete Bild erlangt.

Hinweis: Dieser Prüfungspunkt spielt eine Rolle, wenn z.B. die untergegangene (etc.) Sache nur vermietet war. Dann war nur Besitzverschaffung geschuldet, der Vermieter bekommt aber Ersatz für das Eigentum.

6. Ergebnis

K kann von V den von F erlangten Kaufpreis i.H.v. 1000 € nach § 285 Abs. 1 verlangen.

Hinweis: Das führt dazu, dass sie gem. § 326 Abs. 3 S. 1 zur Zahlung des Kaufpreises von 200 € verpflichtet bleibt (dazu Rn. 28). Insofern kann sie aber gem. § 387 mit der Rechtsfolge des § 389 aufrechnen (vgl. dazu Fall 23 Rn. 9 ff.).

III. Anspruch der K gegen V auf Zahlung von 1000 € nach §§ 687 Abs. 2, 681 S. 2, 667

K könnte gegen V einen Anspruch auf Herausgabe des von F erlangten Kaufpreises i.H.v. 1000 € haben, wenn die Veräußerung an F für V ein objektiv fremdes Geschäft

---

[15] MünchKomm/*Emmerich*, § 281 a.F. Rn. 19 f. m.w.N.
[16] Medicus/Lorenz I, Rn. 432.
[17] RGZ 138, 45, 47 f.; *Larenz* I, § 21 Abs. 1 b, S. 309 m.w.N. (zum inhaltsgleichen § 281 a.F.).

darstellen würde. Dazu müsste die Veräußerung des Bildes an F in den Rechts- bzw. Interessenkreis der K fallen. Im Zeitpunkt der Veräußerung an F war V noch Eigentümer des Bildes, so dass kein objektiv fremdes Geschäft vorlag. Ein Anspruch der K gegen V auf Herausgabe des Kaufpreises nach §§ 687 Abs. 2, 681 S. 2, 667 besteht daher nicht.

IV. Anspruch der K gegen V auf Herausgabe der 1000 € nach § 816 Abs. 1 S. 1

24 Ein Herausgabeanspruch der K gegen V nach § 816 Abs. 1 S. 1 würde voraussetzen, dass V das Bild als Nichtberechtigter veräußert hat. Er hat aber als Berechtigter verfügt (s. o. Rn. 23), so dass der Anspruch nicht besteht.

V. Anspruch der K gegen V auf Rückzahlung des gezahlten Kaufpreises nach §§ 346 Abs. 1, 326 Abs. 4

25 K könnte ihre erbrachte Gegenleistung von V nach §§ 346 Abs. 1, 326 Abs. 4 zurückfordern, wenn sie zur Zahlung des Kaufpreises nicht verpflichtet war.

26 **Hinweis:** § 326 Abs. 4 enthält kein gesetzliches Rücktrittsrecht, sondern eine Anspruchsgrundlage mit Verweisung auf die *Rechtsfolgen* des Rücktritts.

1. Befreiung von der Leistungspflicht nach § 326 Abs. 1 S. 1

27 K war aufgrund des Kaufvertrags dem V gemäß § 433 Abs. 2 zur Zahlung des vereinbarten Kaufpreises verpflichtet. Allerdings könnte diese Pflicht gem. § 326 Abs. 1 S. 1 entfallen sein, wenn der Schuldner V seinerseits von einer ihm aus einem gegenseitigen Vertrag obliegenden Hauptleistungspflicht nach § 275 Abs. 1 bis 3 befreit worden ist. Dies ist, wie oben dargelegt, der Fall.

2. Fortdauer der Leistungspflicht nach § 326 Abs. 3

28 Die Pflicht der K, den Kaufpreis für das Bild zu bezahlen, bleibt jedoch gemäß § 326 Abs. 3 S. 1 bestehen, wenn K von V nach § 285 Abs. 1 zu Recht Herausgabe des stellvertretenden commodums verlangt. Das ist folgerichtig, weil in diesem Fall der Leistungsaustausch mit einem Ersatzgegenstand durchgeführt wird. Damit kann K also nur entweder die 1000 € oder die als Kaufpreis gezahlten 200 € von V verlangen und muss sich für eines entscheiden. Wirtschaftlich günstiger ist es, von V den Veräußerungserlös zu verlangen.

3. Ergebnis

29 K kann von V nicht Rückzahlung der von ihr erbrachten Gegenleistung gemäß §§ 346 Abs. 1, 326 Abs. 4 verlangen, wenn sie das für sie wirtschaftlich günstigere commodum verlangt.

VI. Anspruch der K gegen V auf Rückzahlung des Kaufpreises nach §§ 346 Abs. 1, 326 Abs. 5

30 K könnte gegen V einen Anspruch auf Rückzahlung des empfangenen Kaufpreises nach §§ 346 Abs. 1, 326 Abs. 5 haben, wenn K ein gesetzliches Rücktrittsrecht nach § 326 Abs. 5 zusteht, der Rücktritt nicht gemäß §§ 326 Abs. 5 HS. 2, 323 Abs. 6 ausgeschlossen ist und K den Rücktritt gemäß § 349 gegenüber V erklärt hat.

Hinweis: Die Anspruchsvoraussetzungen sollte man in dieser Form nur aufzählen, wenn man viel Zeit 31 hat; sie ergeben sich ohnehin aus dem Prüfungsablauf. – Man kann sich fragen, ob man den Anspruch aus erklärtem Rücktritt neben dem für den Gläubiger viel einfacheren Anspruch aus § 326 Abs. 4 wirklich noch prüfen muss. Im Gutachten muss man grundsätzlich alles prüfen, aber hier kann man sich wirklich kurz fassen. An sich ist das Rücktrittsrecht nach § 326 Abs. 5 für die Fälle des § 326 Abs. 1 S. 2 gedacht, in denen die §§ 326 Abs. 1 S. 1, Abs. 4 nicht eingreifen.

1. Gesetzlicher Rücktrittsgrund

V ist gemäß § 275 Abs. 1 von seiner synallagmatischen Hauptleistungspflicht nach 32 § 433 Abs. 1 S. 1, der K das Bild zu übergeben und zu übereignen frei geworden, so dass die Voraussetzung des § 326 Abs. 5 HS. 1 erfüllt ist. Ausschlussgründe gem. §§ 326 Abs. 5 Hs. 2, 323 Abs. 6 liegen nicht vor.

2. Rücktrittserklärung, § 349

K müsste gem. § 349 gegenüber V den Rücktritt erklärt haben. Dies hat sie bislang 33 nicht getan, und es ist ihr auch nicht zu raten, da sie im Falle des Rücktritts den Veräußerungserlös nicht mehr von V verlangen könnte.

3. Ergebnis

K kann von V nicht Rückzahlung des Kaufpreises nach §§ 346 Abs. 1, 326 Abs. 5 34 verlangen.

VII. Schadensersatzanspruch der K aus §§ 280 Abs. 1 und 3, 283

K könnte gegen V einen Schadensersatzanspruch aus §§ 280 Abs. 1, 3, 283, 285 35 Abs. 2 haben.

1. Wirksames Schuldverhältnis

Mit dem Kaufvertrag liegt ein wirksames Schuldverhältnis zwischen V und K vor. 36

2. Nachträgliche Befreiung von der Leistungspflicht nach § 275 Abs. 1–3

V ist gem. § 275 Abs. 2 von seiner Pflicht nach § 433 Abs. 1 befreit; die Leistungsbefreiung 37 ist nach Vertragsschluss eingetreten.

3. Pflichtverletzung

Die Leistungsbefreiung muss gem. §§ 280, 283 auf einer Pflichtverletzung der V beruhen. 38 V war gehalten, sich ihre Leistung möglich zu erhalten; dagegen hat er mit der Veräußerung an F verstoßen.

4. Vertretenmüssen

Gem. § 280 Abs. 1 S. 2 wird das Vertretenmüssen des V vermutet, und er wird sich 39 wegen seines vorsätzlichen Handelns auch nicht entlasten können.

5. Umfang des Schadensersatzes statt der Leistung

Der Schadensersatzanspruch statt der Leistung ist auf das Erfüllungsinteresse gerichtet, 40 d.h. K ist so zu stellen, wie sie bei ordnungsgemäßer Erfüllung stehen würde. Nach § 249 Abs. 1 S. 1 ist der Zustand herzustellen, der ohne die Pflichtverletzung bestehen würde, es ist also eine Differenzberechnung anzustellen. Ohne die Unzumutbarkeit der Leistung des V hätte K ein Bild im Wert von 200 € zu einem Kaufpreis von 200 € erhalten. Jetzt hat sie das Bild nicht erhalten, so dass sie den Kaufpreis zurückverlangen kann. Zwar könnte man erwägen, ob das Bild nicht einen Marktwert von 1000 € hat, weil F so viel dafür bezahlt hat, so dass K zusätzlich ein Gewinn von 800 € entgangen ist. Dagegen spricht aber, dass K das Bild ihrer Oma schenken wollte und F auch nur deshalb so viel Geld bezahlt hat, weil er ein solches Bild dringend benötigt, um es zerstören zu können; niemand sonst hätte so viel für dieses Bild gezahlt. Der Wert des Bildes liegt also nur bei 200 €. Der Schaden der K beläuft sich somit nur auf den von ihr gezahlten Kaufpreis.

6. Ergebnis

41 K kann von V gem. §§ 280 Abs. 1, 3, 283 Schadensersatz statt der Leistung i. H. v. 200 € verlangen, muss sich darauf aber gem. § 285 Abs. 2 die 1000 € anrechnen lassen, falls sie diese gem. § 285 Abs. 1 von V verlangt. Damit entfällt der Anspruch gegebenenfalls.

Fall 7. Arbeiten oder dienen?

Nach BAGE 41, 229 = NJW 1983, 2782.

Sachverhalt

X ist Staatsangehöriger eines Nicht-EU-Staates und seit vier Jahren als Arbeitnehmer bei A in Augsburg tätig. Im Januar erhält er einen Einberufungsbefehl in die Streitkräfte seines Heimatstaates zur Ableistung eines verkürzten Grundwehrdienstes für im Ausland arbeitende Staatsbürger. X informiert daraufhin den A über seinen vom 1. 3.–30. 4. abzuleistenden Wehrdienst. Der überzeugte Pazifist A erklärt, er lehne den Wehrdienst insgesamt und deshalb auch eine Freistellung des X ab. Außerdem verweist er darauf, dass § 1 des Gesetzes über den Schutz des Arbeitsplatzes bei Einberufung zum Wehrdienst (Arbeitsplatzschutzgesetz – ArbPlSchG) auf den Wehrdienst im Ausland nicht anwendbar sei, und er könne auch so kurzfristig innerbetrieblich keinen Ersatz beschaffen. X weist darauf hin, dass ihm nach dem Recht seines Heimatstaates eine Freiheitsstrafe nicht unter einem Jahr sowie der Verlust der Staatsbürgerschaft drohen, wenn er der Einberufung nicht Folge leistet.

1. Kann A von X die weitere Erfüllung des Arbeitsvertrages verlangen?
2. Welche weiteren Rechtsfolgen hätte eine Leistungsbefreiung des X?

§ 1 Abs. 1 ArbPlSchG lautet: „Wird ein Arbeitnehmer zum Grundwehrdienst oder zu einer Wehrübung einberufen, so ruht das Arbeitsverhältnis während des Wehrdienstes."

Vorüberlegungen

Pflichtenkollision bei Leistungen, die der Schuldner persönlich zu erbringen hat, hat man früher mit Hilfe einer Interessenabwägung über § 242 bewältigt, weil in den fraglichen Fällen aus §§ 273, 320 kein Leistungsverweigerungsrecht herzuleiten ist.[1] Heute gilt für diese Fälle § 275 Abs. 3. Schulbeispiel ist die zu einem Auftritt verpflichtete Opernsängerin, deren Kind lebensgefährlich erkrankt ist.[2] Praktische Bedeutung erlangt die Vorschrift im Dienst- und Arbeitsvertragsrecht sowie gelegentlich bei Geschäftsbesorgungen und Werkverträgen.[3] Bei Frage 1 sind der Anspruch auf Arbeitsleistung nach § 611 Abs. 1 und das Leistungsverweigerungsrecht des § 275 Abs. 3 zu prüfen. Bei der zweiten Frage ist ein Anspruchsaufbau ganz ausnahmsweise nicht notwendig, da abstrakt nach weiteren Rechtsfolgen gefragt ist. Die Auswirkungen der Leistungsverweigerung auf die Gegenleistungspflicht sind dem Gesetz (§ 326 Abs. 1)

---

[1] BAGE 41, 229, 241 = NJW 1983, 2782.
[2] Vgl. BT-Drs. 14/6040, 130.
[3] Vgl. näher *Joussen*, NZA 2001, 745, 747 (zum RegE); *Löwisch*, NZA 2001, 465f. Die dort jeweils vorgetragenen Bedenken sollten durch die Überführung des ursprünglich geplanten § 275 Abs. 2 S. 2 in einen eigenständigen Absatz ausgeräumt werden.

zu entnehmen,[4] sofern es um einen verkürzten Wehrdienst geht und bei X die Regelung des § 1 Abs. 1 ArbPlSchG nicht eingreift, die nur für Deutsche und Unionsbürger vorgesehen ist.[5]

Gliederung

	Rn.
I. Anspruch des A gegen X auf Arbeitsleistung gem. § 611 Abs. 1 Alt. 1	1
1. Anspruch entstanden, § 611 Abs. 1	2
2. Ruhen des Arbeitsverhältnisses	3
3. Anspruch untergegangen, § 275 Abs. 1	5
4. Leistungsverweigerungsrecht gem. § 275 Abs. 3	7
5. Ergebnis	10
II. Weitere Rechtsfolgen einer Leistungsbefreiung des X	11
1. Wegfall des Lohnanspruchs des X gem. § 326 Abs. 1 S. 1	11
2. Rücktritt bzw. Kündigung gem. § 326 Abs. 5 oder § 626 Abs. 1?	13
3. Schadensersatz statt der Leistung, §§ 280 Abs. 1 und 3, 283?	15

Lösung

I. Anspruch des A gegen X auf Arbeitsleistung gem. § 611 Abs. 1 Alt. 1

1 A könnte gegen X einen Anspruch auf Arbeitsleistung gem. § 611 Abs. 1 Alt. 1 haben.

1. Anspruch entstanden, § 611 Abs. 1

2 Der Anspruch ist mit Abschluss des Arbeitsvertrags zwischen X und A entstanden.

2. Ruhen des Arbeitsverhältnisses

3 Dem Arbeitsanspruch könnte ein Ruhen des gesamten Arbeitsverhältnisses nach § 1 Abs. 1 ArbPlSchG[6] entgegenstehen. Nach dieser Vorschrift ruht das Arbeitsverhältnis, wenn ein Arbeitnehmer zum Grundwehrdienst oder zu einer Wehrübung einberufen wird, während der Dauer des Wehrdienstes. Voraussetzung ist zunächst ein Arbeitsverhältnis im Geltungsbereich des Gesetzes, das hier vorliegt. Allerdings meint die Vorschrift nur den Wehrdienst in der Bundeswehr, nicht den in ausländischen Streitkräften.[7] Sie ist zwar wegen der Arbeitnehmerfreizügigkeit nach Art. 45 AEUV auch auf Unionsbürger anzuwenden, die in ihren Heimatstreitkräften zum Wehrdienst einberufen werden,[8] doch zählt X nicht zu diesem Personenkreis. Damit steht dem Arbeitsanspruch des A eine Suspendierung des Arbeitsverhältnisses des X nach § 1 Abs. 1 ArbPlSchG nicht entgegen.

---

[4] Vgl. zur früheren Lösung BAGE 41, 229, 244 = NJW 1983, 2782.
[5] BAGE 41, 229, 240 = NJW 1983, 2782; BAGE 59, 32, 40 = NJW 1989, 1694.
[6] Gesetz über den Schutz des Arbeitsplatzes bei Einberufung zum Wehrdienst – Arbeitsplatzschutzgesetz (ArbPlSchG), i. d. F. der Bekanntmachung v. 16. 7. 2009 (BGBl. I S. 2055).
[7] BAGE 41, 229, 240 = NJW 1983, 2782; BAGE 59, 32, 40 = NJW 1989, 1694.
[8] EuGHE 1969, 363, Rs. 15/69 = AP Nr. 2 zu Art. 177 EWG-Vertrag; BAGE 22, 232, 234 = NJW 1970, 1014.

Hinweis: Dass eine Lösung über das ArbPlSchG ausscheidet, stellt der Sachverhalt über die Äußerung des A klar; man muss lernen, solche Hinweise im Sachverhalt bei der Lösung zu verarbeiten. – Nach § 1 Abs. 1 ArbPlSchG ruht das gesamte Arbeitsverhältnis. Diese Rechtsfolge reicht weiter als die Beschränkung einzelner Ansprüche nach §§ 275 Abs. 3, 326 Abs. 1 S. 1; daher wird sie hier vorab angeprüft.

3. Anspruch untergegangen, § 275 Abs. 1

A könnte die Arbeitsleistung des X nicht verlangen, wenn dieser von seiner Leistungspflicht gem. § 275 Abs. 1 befreit wäre. Dazu müsste ihre Erbringung jedermann oder zumindest dem X unmöglich geworden sein. Grundsätzlich ist X in der Lage, die Arbeitsleistung weiterhin zu erbringen, so dass eine Unmöglichkeit i.S.v. § 275 Abs. 1 hier jedenfalls vor Ableistung des Wehrdienstes ausscheidet.

Hinweis: Man sollte zuerst § 275 Abs. 1 anprüfen, der etwa bei Unerreichbarkeit des Arbeitsplatzes infolge extremer Eisglätte eingreift.[9] Für den **Krankheitsfall** ist es umstritten, ob § 275 Abs. 1 stets[10] oder nur dann eingreift,[11] wenn die Erkrankung die Leistung schlechthin unmöglich macht (sonst Abs. 3).[12] Gegen die differenzierende Lösung sprechen Abgrenzungsschwierigkeiten und Wertungen des Entgeltfortzahlungsgesetzes.

4. Leistungsverweigerungsrecht gem. § 275 Abs. 3

Zu prüfen bleibt, ob X die Arbeitsleistung gem. § 275 Abs. 3 für die Dauer seines Wehrdienstes verweigern kann. Nach dieser Vorschrift ist jeder Schuldner einer persönlich zu erbringenden Leistung zur Leistungsverweigerung berechtigt, wenn sie ihm unter Abwägung des seiner Leistung entgegenstehenden Hindernisses mit dem Leistungsinteresse des Gläubigers nicht zugemutet werden kann. Da X seine Arbeitsleistung gem. § 613 persönlich erbringen muss, ist § 275 Abs. 3 hier anwendbar.

Da es um höchstpersönliche Pflichten geht, können der Leistung im Rahmen des § 275 Abs. 3 – anders als bei Abs. 1 und 2 – subjektive Leistungshindernisse oder -erschwerungen entgegenstehen. Wenn X seine Arbeitsleistung wie geschuldet erbringt, drohen ihm Haft und der Verlust der Staatsbürgerschaft, also schwerwiegende persönliche Nachteile. Diese Nachteile berechtigen ihn nach § 275 Abs. 3 zur Leistungsverweigerung, wenn das Leistungsinteresse des A ihnen gegenüber nicht überwiegt. Zwar verweist A auf seinen Bedarf an der Arbeitskraft des X, doch ist nicht ersichtlich, dass dieser das bei jedem Arbeitsverhältnis normale Maß übersteigen würde. Sicherlich wird der Betriebsablauf durch die zweimonatige Abwesenheit des X gestört, doch wäre dies im Krankheitsfall nicht anders. Weil nur das Leistungsinteresse des Gläubigers in die Abwägung einzustellen ist, bleibt die rein persönliche Abneigung des A gegen den Wehrdienst unerheblich. Da hier mit der Freiheit und der Staatsangehörigkeit höchstpersönliche und absolute Rechtsgüter des X betroffen sind, kommt dem normalen Interesse des A an der Leistung kein Vorrang zu.

Dementsprechend kann der X sich auf das (für jedermann geltende) Leistungsverweigerungsrecht nach § 275 Abs. 3 berufen.

5. Ergebnis

X kann die Arbeitsleistung gem. § 275 Abs. 3 vom 1. 3. bis 30. 4. verweigern.

---

[9] Vgl. BAGE 41, 123 = AP Nr 58 zu § 616 *BGB* = BB 1983, 314.
[10] *Canaris*, JZ 2001, 499, 501 Fn. 33, 504 Fn. 54; *Däubler*, NZA 2001, 1329, 1332; Jauernig/*Stadler* § 275 Rn. 30; MünchKomm/*Ernst*, § 275 Rn. 55, 108; Palandt/*Grüneberg*, § 275 Rn. 30.
[11] Vgl. BAGE 41, 123 = AP Nr 58 zu § 616 *BGB* = BB 1983, 314.
[12] *Gotthardt/Greiner*, DB 2002, 2106ff. m.w.N.; *Henssler/Muthers*, ZGS 2002, 219, 223; Hk/*Schulze*, § 275 Rn. 15; *Richardi*, NZA 2002, 1004, 1007.

II. Weitere Rechtsfolgen einer Leistungsbefreiung des X

1. Wegfall des Lohnanspruchs des X gem. § 326 Abs. 1 S. 1

11   Wenn X gem. § 275 Abs. 3 für die Dauer seines Wehrdienstes die Arbeitsleistung verweigert, entfällt gem. § 326 Abs. 1 S. 1 sein Lohnanspruch. Das entspricht dem Grundsatz „Ohne Arbeit kein Lohn". Auch § 616 ermöglicht im vorliegenden Fall kein anderes Ergebnis, da ein Zeitraum von zwei Monaten nicht mehr unerheblich i. S. dieser Norm ist.[13]

12   **Hinweis:** Soweit X die Arbeitsleistung tatsächlich nicht erbringt, entfällt der Lohnanspruch auch gem. § 326 Abs. 1 S. 1 i. V. m. § 275 Abs. 1. Denn für die regelmäßige Arbeit ist ein typisches Arbeitsverhältnis grundsätzlich[14] ein absolutes Fixgeschäft, bei dem die Leistungserbringung zu einem späteren Zeitpunkt kein Bewirken der geschuldeten Leistung i. S. v. § 362 Abs. 1 mehr darstellt (dazu Fall 14). Die Nichtleistung zur regulären Arbeitszeit führt daher zur Unmöglichkeit, auch wenn X zur Leistungsverweigerung berechtigt ist.

2. Rücktritt bzw. Kündigung gem. § 326 Abs. 5 oder § 626 Abs. 1?

13   Grundsätzlich kann der Gläubiger bei Erhebung der Einrede nach § 275 Abs. 3 gem. § 326 Abs. 5 zurücktreten. Bei in Vollzug gesetzten Dauerschuldverhältnissen wie dem vorliegenden Arbeitsvertrag wird der Rücktritt als Instrument zur Vertragsbeendigung aber durch die Kündigung ersetzt, vgl. § 313 Abs. 3 S. 2 für die Geschäftsgrundlagenstörung und § 314 Abs. 2 für die Kündigung aus wichtigem Grund wegen Pflichtverletzungen. Für Dienst- und Arbeitsverhältnisse gilt die speziellere Regelung des § 626 Abs. 1. Der für § 626 erforderliche wichtige Grund kann nicht in der Erhebung des Leistungsverweigerungsrechts liegen, da § 275 Abs. 3 auch mit Blick auf Arbeitsverhältnisse konzipiert wurde und eine Pflichtverletzung ausschließt. Der wichtige Grund muss sich also aus den Folgen ergeben, die die Leistungsverweigerung für den Betrieb hat. Sind diese besonders gravierend, sind aber die Voraussetzungen des § 275 Abs. 3 nicht erfüllt, weil dann das Leistungsinteresse des Arbeitgebers überwiegt.

14   Es bleibt A die Möglichkeit der ordentlichen Kündigung, bei der die Vorschriften des KSchG zu beachten sind. Die Einrede nach § 275 Abs. 3 schließt eine verhaltensbedingte Kündigung aus, da die Leistungsverweigerung nicht als Pflichtverletzung angesehen werden kann. Einer personenbedingten Kündigung steht § 275 Abs. 3 aber kaum entgegen.[15]

3. Schadensersatz statt der Leistung, §§ 280 Abs. 1 und 3, 283?

15   Da § 275 Abs. 3 die Leistungsverweigerung ermöglicht, verletzt der Schuldner seine Pflichten aus dem Dienst- oder Arbeitsverhältnis nicht, wenn er seine Leistung anschließend nicht erbringt. Daher kann der Arbeitgeber nicht Schadensersatz wegen Pflichtverletzung (§§ 280, 283) verlangen. Anders verhält es sich, wenn eine Pflichtverletzung hinzukommt, die etwa in der Herbeiführung einer Situation liegen mag, welche die Rechtsfolgen des § 275 Abs. 3 auslöst.

---

[13] Ebenso *Henssler/Muthers*, ZGS 2002, 219, 223.
[14] Anders etwa bei Arbeitsverträgen mit Arbeitszeitkonten o. ä. und nicht termingebundenen höchstpersönlichen Dienstleistungen.
[15] Vgl. die durch § 275 Abs. 3 nicht beeinträchtigten Erwägungen in BAGE 41, 229, 245 = NJW 1983, 2782 und BAGE 59, 32, 43 ff. = NJW 1989, 1694.

Fall 8. Umleitung

Sachverhalt

Weinliebhaber Lohse (L) aus Hof bestellt beim Weinhändler Hutter (H) in München eine Kiste à 12 Flaschen „Meerendaal Sauvignon Blanc" aus Südafrika, Jahrgang 1997, zum Preis von 5 € pro Flasche. Hutter bietet bei Vorauszahlung die kostenfreie Lieferung des Weins auf Gefahr des Käufers an. Lohse entscheidet sich für diese Variante und überweist den Kaufpreis auf Hutters Girokonto. Nach der Gutschrift übergibt Hutter die Kiste Wein der Transportfirma TransEx (T) zur Lieferung nach Hof. Kurz darauf ruft sein Freund Finkeldey (F) an, der bei einer Party am selben Abend seine neue Flamme mit dem besagten Sauvignon Blanc beeindrucken will. Ein Blick in den Computer verrät Hutter, dass weder er noch sein Lieferant diesen Wein vorrätig haben. Er teilt Finkeldey mit, er habe die letzte Kiste leider soeben in die Auslieferung gegeben. Finkeldey bietet ihm daraufhin für die letzte Kiste 10 € pro Flasche. Auch wegen seiner Freundschaft zu Finkeldey kann Hutter diesem Angebot nicht widerstehen und leitet den Transport telefonisch nach Starnberg zu Finkeldey um. Bei der Party am Abend werden alle Flaschen geleert.

Als Lohse davon erfährt, ist er über Hutters Verhalten empört und besteht auf Lieferung dieses ebenso guten wie günstigen Weins. Hutter stellt fest, dass der Wein beim Erzeuger in Südafrika und in Europa nicht mehr vorrätig ist. Vorräte gibt es nur noch in Australien. Dort verlangt der günstigste Anbieter 20 € pro Flasche; der Transport kostet insgesamt 600 €. Hutter verweigert unter Hinweis auf diese Kosten eine Lieferung an Lohse und bietet ihm ersatzweise ohne Aufpreis den qualitativ höherwertigen südafrikanischen „Thelema Sauvignon Blanc", Jahrgang 2001, an, für den er pro Flasche normalerweise 14 € verlangt.

Muss Hutter den „Meerendaal Sauvignon Blanc" liefern?

Vorüberlegungen

In diesem Fall geht es um eine Gattungsschuld (vgl. § 243), die ebenfalls zum Standardprogramm von Anfängerübungen zählt. Bei der Gattungsschuld ist der Leistungsgegenstand nicht individuell, sondern nur nach allgemeinen Merkmalen bestimmt. Der Schuldner kann daher mit einem beliebigen Gegenstand aus der vereinbarten Gattung erfüllen, der nur i. S. v. § 243 Abs. 1 von mittlerer Art und Güte ist. Zugleich trifft den Gattungsschuldner eine **Beschaffungspflicht**, die sich aus dem „Wesen" der Gattungsschuld ergibt und vom Gesetz vorausgesetzt wird. Die Beschaffungspflicht des Gattungsschuldners ist grundsätzlich unbeschränkt, bezieht sich also auf den Weltmarkt; die Parteien können sie aber durch Vereinbarung auf bestimmte Bestände beschränken (sog. begrenzte Gattungs- oder Vorratsschuld). Mit der Beschaffungspflicht korrespondiert das in § 276 Abs. 1 S. 1 erwähnte *Beschaffungsrisiko*, das kraft Vertrages übernommen werden muss. Dies ist auch bei einer Stückschuld möglich, bedarf dort aber besonderer Abrede.[1]

---

[1] Vgl. MünchKomm/*Grundmann*, § 276 Rn. 177ff.; Palandt/*Grüneberg*, § 276 Rn. 30.

Folge der Beschaffungspflicht ist, dass die Leistungspflicht des Gattungsschuldners nicht gem. § 275 Abs. 1 erlischt, solange noch Gegenstände mittlerer Art und Güte (§ 243 Abs. 1) aus der Gattung (bzw. dem Vorrat) existieren. Unmöglichkeit der Leistung tritt bei der Gattungsschuld grundsätzlich erst dann ein, wenn die ganze Gattung (bzw. der Vorrat) untergegangen oder verbraucht ist. Der Untergang eines einzelnen Gegenstandes, mit dem der Schuldner erfüllen wollte, führt dagegen erst nach der sog. *Konkretisierung* der Gattungsschuld (§ 243 Abs. 2) zur Unmöglichkeit. Im vorliegenden Fall stellt sich die Frage, ob der Schuldner an die Konkretisierung gebunden ist oder sie rückgängig machen kann; dies wird auf Hausarbeitsniveau erörtert.

Im Übrigen sollte sich bei der Lektüre des Falls als weitere Anspruchsgrundlage § 285 aufdrängen,[2] der aber von der Fragestellung nicht umfasst und demzufolge nicht zu prüfen und auch nicht zu erwähnen ist. Überflüssige Ausführungen können nicht nur negativ gewertet werden, sondern kosten insbesondere wertvolle Arbeitszeit.

Gliederung

	Rn.
Anspruch des L gegen H auf Übergabe und Übereignung einer Kiste Wein aus § 433 Abs. 1 S. 1	1
1. Anspruch aus § 433 Abs. 1 S. 1 entstanden	1
2. Anspruch erloschen nach § 275 Abs. 1	2
a) Stückschuld/Gattungsschuld	3
b) Unmöglichkeit bei der Gattungsschuld	5
c) Konkretisierung, § 243 Abs. 2	6
d) Entkonkretisierung	13
e) Zwischenergebnis	21
3. Anspruch erloschen gem. § 275 Abs. 2	22
4. Ergebnis	30

Lösung

Anspruch des L gegen H auf Übergabe und Übereignung einer Kiste Wein aus § 433 Abs. 1 S. 1

1. Anspruch aus § 433 Abs. 1 S. 1 entstanden

1   L und H haben einen Kaufvertrag über eine Kiste Wein „Meerendaal Sauvignon Blanc" aus Südafrika, Jahrgang 1997, zum Preis von 5 € je Flasche geschlossen. Damit ist der Anspruch des L auf Übereignung und Übergabe des Weins nach § 433 Abs. 1 S. 1 entstanden.

2. Anspruch erloschen nach § 275 Abs. 1

2   Der Anspruch des L gegen H aus § 433 Abs. 1 ist gemäß § 275 Abs. 1 erloschen, wenn die Leistungserbringung für jedermann oder für den Schuldner H dauerhaft

---

[2] Dazu Fall 5 und 6; zu seiner **Anwendung auf Gattungsschulden** beachte Fall 6 Rn. 12.

unmöglich geworden ist. Dafür spricht, dass H den zunächst für L bestimmten Wein dem F übergeben und übereignet hat und der Wein bei F verbraucht wurde.

a) Stückschuld/Gattungsschuld

Die Zerstörung der zur Leistung vorgesehenen Gegenstände führt zwar bei einer Stückschuld ohne weiteres zur Unmöglichkeit i.S.v. § 275 Abs. 1, nicht aber bei einer Gattungsschuld. Denn das Charakteristikum der Gattungsschuld liegt darin, dass der Leistungsgegenstand nicht individuell, sondern nur nach allgemeinen Merkmalen gekennzeichnet ist. H wäre also weiterhin zur Leistung verpflichtet, wenn der Kaufvertrag mit L eine Gattungsschuld zum Inhalt hätte.[3] Hier haben sich H und L auf die Lieferung von Wein der Sorte „Meerendaal Sauvignon Blanc" aus Südafrika, Jahrgang 1997, geeinigt. Damit haben sie den Kaufgegenstand nur anhand allgemeiner Gattungsmerkmale (Sorte und Jahrgang) bestimmt. Es liegt somit eine Gattungsschuld vor mit der Folge, dass der Verbrauch der einen Kiste Wein den H nicht ohne weiteres nach § 275 Abs. 1 von seiner Leistungspflicht befreit.

Hinweis: Aus § 275 Abs. 1 ergibt sich, dass der Gläubiger grundsätzlich die Leistungsgefahr trägt (dazu näher die Vorüberlegungen bei Fall 9).[4]

b) Unmöglichkeit bei der Gattungsschuld

Zu prüfen ist, ob der Verbrauch des an F umgeleiteten Weins dennoch zur Unmöglichkeit führt: Dies wäre zum einen der Fall, wenn damit die gesamte Gattung untergegangen oder erschöpft wäre. Da man den Wein in Australien noch kaufen kann, ist das nicht der Fall. Unmöglichkeit läge zum anderen auch vor, wenn H nach dem Vertrag nur aus seinem vorhandenen Vorrat hätte liefern müssen. Ob dem so ist, ist im Wege der Auslegung der Vereinbarung nach §§ 133, 157 zu ermitteln. Anzunehmen ist eine solche Vorratsschuld insbesondere beim Kauf von einem Erzeuger und Direktvermarkter.[5] H ist aber Weinhändler, so dass es besonderer Anhaltspunkte für die Vereinbarung einer Vorratsschuld („solange der Vorrat reicht") bedürfte, die hier nicht ersichtlich sind. Insbesondere reicht auch die Exklusivität des Weines allein nicht aus. Daher liegt hier eine unbeschränkte Gattungsschuld vor, so dass H dem L den Wein grundsätzlich auch aus Australien beschaffen muss.

c) Konkretisierung, § 243 Abs. 2

Die Beschaffungspflicht des H wäre jedoch entfallen, wenn die Gattungsschuld nach § 243 Abs. 2 zur Stückschuld konkretisiert worden wäre.[6] Dazu müsste der Schuldner H zur Erfüllung seiner Leistungspflicht das seinerseits Erforderliche getan haben. Was in diesem Sinne erforderlich ist, hängt von den vereinbarten Leistungsmodalitäten ab. Daher ist per Auslegung zu klären, ob die Parteien eine Hol-, Bring- oder Schickschuld vereinbart haben.

---

[3] So etwa Palandt/*Grüneberg*, § 243 Rn. 1. – Die Formulierung, der Leistungsgegenstand sei bei der Gattungsschuld nur bestimmbar, ist von der Stückschuld her gedacht und erinnert an sachenrechtliche Erwägungen. An sich ist der Leistungsgegenstand bei der Gattungsschuld seiner Art nach durchaus bestimmt; offen ist nur, welche Stücke aus der Gattung an den Gläubiger geleistet werden.
[4] Palandt/*Grüneberg*, § 275 Rn. 33.
[5] Hk/*Schulze*, § 243 Rn. 6; *Medicus/Petersen*, BR, Rn. 256; MünchKomm/*Emmerich*, § 243 Rn. 11 ff.; Palandt/*Grüneberg*, § 243 Rn. 3; z.B. *OLG München* OLGZ 1973, 454 (Bier aus einer bestimmten Brauerei); *OLG Karlsruhe* JZ 1972, 120 (Kohle aus einer bestimmten Zeche).
[6] *Medicus/Lorenz* I, Rn. 206.

Fall 8. Umleitung

7 **Unentbehrliches Wissen:** Liegen Leistungs- und Erfolgsort am Wohnsitz des Schuldners, liegt eine Holschuld vor. Liegen beide Orte am Sitz des Gläubigers, handelt es sich um eine Bringschuld. Fallen beide Orte auseinander (Leistungsort beim Schuldner, Erfolgsort beim Gläubiger), ist eine Schickschuld gegeben.

8 Gemäß § 269 Abs. 1 und 2 liegt der Leistungsort im Zweifel am Wohnsitz bzw. am Sitz der gewerblichen Niederlassung des Schuldners, sofern sich nicht aus einer Parteivereinbarung oder der Natur des Schuldverhältnisses etwas anderes ergibt. Grundsätzlich ist also von einer Hol- oder Schickschuld auszugehen. Doch sollte H nach der Vereinbarung der Parteien den Wein an den Wohnsitz des L transportieren. Damit könnten sie eine Bringschuld gewollt haben. Ob sie tatsächlich eine Bestimmung über den Leistungsort oder nur über den Erfolgsort treffen wollten, ist nach den allgemeinen Auslegungsregeln der §§ 133, 157 zu klären.

9 Der Leistungsort ist der Ort, an dem der Schuldner seine Leistungshandlung vorzunehmen hat, während der Erfolgsort der Ort ist, an dem der Leistungserfolg, beim Kaufvertrag also die Übergabe und Übereignung der Ware, eintreten soll.[7] Da H ausdrücklich erklärt hat, der Transport erfolge auf Gefahr des L, war eine Verlagerung des Leistungsortes nicht gewollt. Fallen somit Erfolgs- und Leistungsort auseinander, liegt eine Schickschuld vor.

10 **Hinweise:** Bei unklarem Parteiwillen muss man anhand von Indizien argumentieren: Soll die Ware übersendet werden, weil die vereinbarte Menge oder Gewicht bzw. Größe oder sonstige Eigenschaften der Ware einer Abholung durch den Gläubiger entgegen stehen, wollen die Parteien im Zweifel den Wohnsitz des Gläubigers als Leistungs- und Erfolgsort vereinbaren. Ebenso verhält es sich, wenn die Lieferung Teil eines Gesamtangebots des Verkäufers ist. Erklärt sich der Schuldner dagegen erst nach Vertragsabschluss zur Versendung der Ware bereit, oder soll die Versendungsvereinbarung dem Käufer lediglich einen langen Anfahrtsweg ersparen, wollen die Parteien im Zweifel lediglich den Erfolgsort an den Wohnsitz des Gläubigers verlegen, während der Leistungsort weiterhin gem. § 269 Abs. 1 und 2 der Ort der gewerblichen Niederlassung des Schuldners ist.[8] – Übrigens ergibt sich für den Verbrauchsgüterkauf *insofern* aus § 474 Abs. 2 nichts anderes. Denn der danach nicht anwendbare § 447 regelt nicht den Leistungsort.[9]

11 Zu prüfen ist daher, welche Leistungshandlung der Schuldner im Fall einer Schickschuld zu erbringen hat. Nach h.M. hat der Schuldner bei einer Schickschuld das seinerseits Erforderliche getan, wenn er der vereinbarten Gattung nach bestimmte Ware mittlerer Art und Güte (§ 243 Abs. 1) aussondert und einer zuverlässigen Transportperson übergibt. H hat der Transportfirma T eine Kiste Wein der gewünschten Sorte mit dem Auftrag übergeben, diese an den Wohnsitz des L zu transportieren; mangels gegenteiliger Angaben war der Wein von mittlerer Art und Güte (§ 243 Abs. 1). Damit hat H das seinerseits Erforderliche getan, so dass nach § 243 Abs. 2 Konkretisierung der Gattungsschuld auf die eine Kiste Wein eingetreten ist.

12 Durch die Übereignung des Weines an F ist H außerstande, die geschuldete Übereignung an L vorzunehmen. Damit wäre er grundsätzlich aber noch nicht ohne weiteres gem. § 275 Abs. 1 von seiner Leistungspflicht nach § 433 Abs. 1 befreit, da sich aus § 275 Abs. 2 ergibt, dass der Schuldner verpflichtet sein kann, insbesondere selbst verursachte Leistungshindernisse zu überwinden. H müsste sich also grundsätzlich um einen Rückerwerb des Weins bemühen. Da F den gelieferten Wein aber bereits getrunken hat, kann diesen niemand mehr leisten. Damit wäre die Leistungspflicht des H gem. § 275 Abs. 1 erloschen.

---

[7] Hk/*Schulze*, § 269 Rn. 1, 2; Palandt/*Grüneberg*, § 269 Rn. 1.
[8] MünchKomm/*Krüger*, § 269 Rn. 15.
[9] Vgl. *BGH* NJW 2003, 3341, 3342; dazu *Emmerich*, JuS 2004, 77 f.

d) Entkonkretisierung

Zu prüfen bleibt, ob die nachträgliche Umleitung des Weins zu F Auswirkungen auf die Konkretisierung hat. Denn es ist umstritten, ob der Schuldner eine einmal eingetretene Konkretisierung wieder rückgängig machen kann mit der Folge, dass wieder eine nicht konkretisierte Gattungsschuld vorliegt.[10]

aa) Nach den Gesetzesmaterialien soll die Konkretisierung für den Schuldner bindend sein.[11] Der Gläubiger erwerbe ein unwiderrufliches Recht auf Erwerb der Sache, denn es bestehe das Verkehrsbedürfnis, über die individuell bestimmte Sache Verfügungen treffen zu können. Ein Recht des Schuldners auf „Entkonkretisierung" würde ihm ungerechtfertigte Spekulationen auf Kosten des Gläubigers ermöglichen.[12] Dieser Ansicht zufolge wäre die Erbringung der von H geschuldeten Leistung gem. § 275 Abs. 1 unmöglich geworden. Der Erfüllungsanspruch des L nach § 433 Abs. 1 S. 1 wäre erloschen.

bb) Nach der Gegenansicht kann der Schuldner die Konkretisierung bis zum Erfolgseintritt beliebig oft rückgängig machen: Da sie allein seinem Schutz diene, stünden einem einseitigen Verzicht keine anderweitigen Interessen des Gläubigers entgegen.[13] Ein schützenswertes Interesse des Gläubigers, genau die konkretisierten Stücke aus der Gattung zu erhalten, bestehe nicht, da eine Verfügung über die Sache ohnehin erst nach Eigentumserwerb möglich sei.[14] Das Interesse des Gläubigers an einer pünktlichen Lieferung sei jedenfalls über die Verzugsregeln nach §§ 280 Abs. 1 und 2, 286 ausreichend geschützt.[15] Dieser Meinung zufolge hätte die Umleitung zu F eine Entkonkretisierung des Weins zur Folge, so dass mangels Untergangs der gesamten Gattung und mangels Vereinbarung einer Vorratsschuld Unmöglichkeit zumindest nicht nach § 275 Abs. 1 eingetreten ist.

cc) Nach der wohl h.M. soll die Konkretisierung für den Schuldner grundsätzlich bindend sein,[16] da § 243 Abs. 2 nicht ausschließlich den Schuldner, sondern auch den Gläubiger schützen soll. Allerdings ist die Bindung des Schuldners nicht absolut: Nimmt der Schuldner die gem. § 243 Abs. 2 zur Konkretisierung führenden Leistungshandlungen zurück, soll sich der Gläubiger wegen des Verbots des venire contra factum proprium nach § 242 nicht auf die Bindung des Schuldners berufen können, wenn dieser ihm die Lieferung von Ersatzware anbietet und er sich hiermit zunächst einverstanden erklärt.[17] Gleiches soll für den Fall gelten, dass der Gläubiger die angebotene Ware ungerechtfertigt als mangelhaft zurückweist. Ebenso soll dem Schuldner gegen die Berufung des Gläubigers auf die Konkretisierung die Einrede der exceptio doli zustehen, wenn der Gläubiger kein besonderes Interesse am Erhalt gerade der konkretisierten Ware nachweisen kann.[18] Ob L hier ein besonderes Interesse am Erhalt der konkretisierten Ware nachweisen könnte, kann dahinstehen. Denn L verlangt primär Lieferung gem. § 433 Abs. 1 S. 1 und beruft sich somit gar nicht auf Konkretisierung. Auch nach der h.M. ist der Lieferanspruch zumindest nicht nach § 275 Abs. 1 untergegangen.

---

[10] MünchKomm/*Emmerich,* § 243 Rn. 38 f.
[11] *Mugdan,* Materialien zum BGB, Bd. 2, 1899, 7 (Motive).
[12] *Mugdan,* Materialien zum BGB, Bd. 2, 1899, 505 ff., 506 (Protokolle).
[13] Soergel/*Teichmann,* § 243 Rn. 12; Jauernig/*Mansel,* § 243 Rn. 11 m. w. N.
[14] *Medicus,* JuS 1966, 297, 301.
[15] *Medicus/Lorenz* I, Rn. 207; (näher) *Medicus/Petersen,* Rn. 262 m. w. N.
[16] *Mugdan,* Materialien zum BGB, Bd. 2, 1899, 7 (Motive); 505 ff. (Protokolle).
[17] MünchKomm/*Emmerich,* § 243 Rn. 33 ff.; *BGH* WM 1964, 1023, 1024 f.
[18] RGZ 91, 112 f.; MünchKomm/*Emmerich,* § 243 Rn. 35; vgl. auch *Medicus,* JuS 1966, 297, 299 m. w. N.

17 Hinweis: Die Erwägungen der h. M. sind aus mehreren Gründen bedenklich. Die Frage, ob die Erfüllung nach § 275 Abs. 1 unmöglich geworden ist, kann nach dem Wortlaut der Norm nicht davon abhängen, ob sich der Gläubiger auf Konkretisierung „beruft". Denn wäre dies erforderlich, bestünde der Erfüllungsanspruch hier fort, weil sich L nicht auf die Konkretisierung beruft. – Darüber hinaus ist nicht klar, warum der Gläubiger ein besonderes Interesse an der Lieferung der konkretisierten Sache nachzuweisen hat, wenn er sich auf die Konkretisierung berufen will. Bei der Stückschuld würde niemand ein besonderes Lieferinteresse verlangen;[19] die konkretisierte Gattungsschuld ist aber nach h. M. wegen § 243 Abs. 2 eine Stückschuld.[20] Daher muss der Gläubiger auch, ohne treuwidrig zu handeln, bei Untergang der konkretisierten Gattungssache statt Ersatzlieferung Schadensersatzansprüche nach §§ 280 Abs. 1, Abs. 3, 283 geltend machen können. Schließlich wird der Gläubiger nur sehr selten ein besonderes Interesse an der Lieferung gerade der konkretisierenden Sache nachweisen können, am ehesten noch beim Weiterverkauf unter Vereinbarung einer Speziesschuld, da der Gläubiger dann im Fall des Austauschs der konkretisierten Ware durch den Schuldner dem Dritten gegenüber Schadensersatzansprüchen ausgesetzt wäre.[21] Damit ist die Berufung auf die Konkretisierung aber im Regelfall treuwidrig. Entgegen der üblichen Darstellung ist die Entkonkretisierung folglich auch nach h. M. im Regelfall zulässig.

18 dd) Wegen der unterschiedlichen Ergebnisse bedarf es einer Entscheidung der Kontroverse. Die Argumente für eine absolute Bindungswirkung der Konkretisierung sind nicht überzeugend: Zum einen ist der Gläubiger vor der Übergabe der Sache zu Verfügungen (im Rechtssinne) nicht berechtigt, da ihm jeglicher, auch nur mittelbarer Besitz fehlt und die Konkretisierung keine Einwilligung in eine Veräußerung nach § 185 Abs. 1 bedeutet. Auch die befürchtete Spekulationsgefahr rechtfertigt keine absolute Bindungswirkung der Konkretisierung: Erfüllt der spekulierende Schuldner gegenüber dem Gläubiger noch rechtzeitig, entsteht dem Gläubiger kein Schaden. Leistet er verspätet oder gar nicht, steht dem Gläubiger der Anspruch aus §§ 280 Abs. 1 und 2, 286 bzw. aus §§ 280 Abs. 1 und 3, 281 oder 283 zu, und dies unabhängig von einer Konkretisierung nach § 243 Abs. 2.[22] Daher ist die Konkretisierung also nicht völlig bindend. Dafür spricht auch, dass H sich widersprüchlich verhält, wenn er durch sein vertragswidriges Verhalten nach der Konkretisierung den Leistungsaustausch in Frage stellt und sich gleichzeitig auf die ihm günstige Rechtsfolge des § 243 Abs. 2 beruft.

19 Hinweis: Die Treuwidrigkeit wird seltsamerweise kaum erwähnt. Das rein vermögensmäßige Argument, den Interessen des Gläubigers würden die besagten Schadensersatzansprüche Rechnung tragen, ist aber allein nur begrenzt tragfähig: Die Sekundärleistung ist nicht das, was der Gläubiger eigentlich will. Zudem können bei Gläubigern, die die Sache – vielleicht erst nach Versandmitteilung – weiterveräußern, Imageverluste eintreten, die zu nicht bezifferbaren Schäden führen.

20 Da die beiden anderen Ansichten hier zum gleichen Ergebnis gelangen, kann offen bleiben, welcher zu folgen ist. Durch die Umleitung ist die Konkretisierung wieder aufgehoben worden, so dass wieder eine Gattungsschuld besteht und H zur vereinbarten Lieferung verpflichtet bleibt.

e) Zwischenergebnis

21 Der Lieferanspruch des L ist nicht nach § 275 Abs. 1 erloschen.

3. Anspruch erloschen gemäß § 275 Abs. 2

22 L könnte von seiner Lieferpflicht gegenüber H aber gemäß § 275 Abs. 2 befreit sein. Dazu müsste der Aufwand, den H betreiben müsste, um einen Wein der Sorte

---

[19] *van Venrooy*, WM 1981, 890, 892.
[20] Palandt/*Grüneberg*, § 243 Rn. 7.
[21] A. A. *van Venrooy*, WM 1981, 890, 895.
[22] *Medicus*, JuS 1966, 297, 301.

"Meerendaal" an L zu liefern, in einem groben Missverhältnis zu dessen Leistungsinteresse stehen, und H deshalb die Leistung verweigert haben.

Bevor das Verhältnis zwischen Aufwand des Schuldners und Leistungsinteresse des Gläubigers beurteilt werden kann, ist zunächst die Höhe der beiden Vergleichskomponenten festzustellen. Der Aufwand umfasst sowohl Aufwendungen in Geld als auch persönliche Anstrengungen, die der Schuldner unternehmen muss, um die geschuldete Leistung erbringen zu können.[23] H kann seine Lieferpflicht aus § 433 Abs. 1 S. 1 nur erfüllen, wenn er den Wein in Australien besorgt; das kostet ihn 240 € für den Wein und 600 € für den Transport. 23

Fraglich ist, wie hoch das Leistungsinteresse des Gläubigers L anzusetzen ist. Das Interesse des Gläubigers ergibt sich aus dem Vertragsinhalt, dem darin vereinbarten oder vorausgesetzten Leistungszweck sowie immateriellen Motiven.[24] Zu berücksichtigen ist daher die Höhe der für den Wein vereinbarten Gegenleistung von insgesamt 60 € als Mindestinteresse. Besondere immaterielle Interessen des L sind nicht berührt, da L den Wein offenbar trinken, nicht aber sammeln will. Auch eine Erhöhung des Interesses wegen einer knappheitsbedingten Erhöhung des Marktpreises liegt, da der Wein in Australien noch vorrätig ist, nicht vor. 24

Hinweis: Das Leistungsinteresse kann also die Höhe der Gegenleistung übersteigen. Das ist zum einen der Fall, wenn immaterielle Interessen berührt werden, beispielsweise der Liebhaberwert oder ein bestimmtes Affektionsinteresse des Gläubigers an der gekauften Sache.[25] Zum anderen ist das der Fall, wenn der Gläubiger durch die Weiterveräußerung des Leistungsgegenstands hätte Gewinn erzielen können oder sich der Marktwert des Leistungsgegenstands nach Vertragsschluss plötzlich erhöht. In letzterem Fall ist aber gegen § 313 abzugrenzen (vgl. dazu auch Vorüberlegungen bei Fall 18). – Vorsicht: § 275 Abs. 2 ist nicht anwendbar in Fällen der sog. Äquivalenzstörung: Eine Äquivalenzstörung liegt vor, wenn das krasse Missverhältnis zwischen Leistung und Gegenleistung auf einer unvorhersehbaren Leistungserschwerung beruht, und stellt eine gem. § 313 zu regelnde Störung der Geschäftsgrundlage dar. Beispielsfall ist, dass nach Vertragsschluss der Ölpreis aufgrund einer plötzlichen Krise im Nahen Osten um 100% steigt. § 275 Abs. 2 befreit den Schuldner nicht von seiner Lieferpflicht, da sich mit der Ölpreissteigerung nicht nur sein Aufwand um 100% erhöht, sondern auch das Leistungsinteresse des Gläubigers, mit der Folge, dass ein grobes Missverhältnis zwischen den beiden zu vergleichenden Größen nicht auftreten kann. 25

Zu prüfen ist, ob der Aufwand des H i.H.v. 840 € im Vergleich zum Leistungsinteresse des L i.H.v. 60 € in einem groben Missverhältnis steht. Dies wäre dann der Fall, wenn das erforderliche Ausmaß der schuldnerischen Bemühungen, den Leistungsgegenstand zu beschaffen, ein im Vergleich zum Nutzen für den Gläubiger völlig überzogenes und untragbares Ausmaß erreicht, so dass unter Berücksichtigung von Treu und Glauben kein vernünftiger Gläubiger Erfüllung verlangen würde.[26] Dabei sind alle Umstände des Einzelfalls zu berücksichtigen, insbesondere ein Verschulden oder ein verschärfter Haftungsmaßstab des Schuldners. Von Bedeutung ist insofern, dass H dem L die Lieferung einer Gattungssache versprochen hat und somit gem. § 276 Abs. 1 S. 1 das Beschaffungsrisiko trägt, sodass er für die Folgen nicht rechtzeitiger Leistung verschuldensunabhängig einzustehen hat und eine Befreiung von der Leistungspflicht nach § 275 Abs. 2 nur in Extremfällen in Betracht kommt.[27] Überdies hat H sich seiner Leistungsfähigkeit vorsätzlich begeben, indem er den Transporteur anwies, den Wein zu F umzuleiten, obwohl er wusste, dass er und seine Lieferanten keinen derartigen Wein mehr vorrätig hatten. Schließlich ist der absolute Betrag, um den es für H geht, auch relativ gering. 26

---

[23] Hk/*Schulze*, § 275 Rn. 21; BT-Drs. 14/6040, 130.
[24] AnwK/*Dauner-Lieb*, § 275 Rn. 15; Jauernig/*Stadler*, § 275 Rn. 25; *Huber/Faust*, Rn. 2/27 ff.
[25] AnwK/*Dauner-Lieb*, § 275 Rn. 15; Jauernig/*Stadler*, § 275 Rn. 25; *Huber/Faust*, Rn. 2/27 ff.
[26] Vgl. *Canaris*, JZ 2001, 499, 501.
[27] Hk/*Schulze*, § 275 Rn. 21; *Canaris*, JZ 2001, 499, 502.

27 Andererseits muss § 275 Abs. 2 als Ausprägung des Grundsatzes von Treu und Glauben auch dem Gattungsschuldner zur Seite stehen, wenn die Leistungserbringung unter Berücksichtigung des Verhältnisses von Kosten und Nutzen wirtschaftlich unsinnig und in jeder Hinsicht unvernünftig wäre. In diesem Fall liegt der von H zu betreibende Aufwand beim 14-fachen Leistungsinteresse des L, und der geschuldete Wein besitzt weder einen besonderen Wert noch eine überragende Qualität noch sonstige außergewöhnliche Eigenschaften. Hinzu kommt, dass die Bedürfnisse des L auch mit einem ähnlichen Wein genauso bzw. mit dem von H ersatzweise angebotenen, höherwertigen Wein sogar eher noch besser befriedigt werden könnten. Insgesamt hat L also kein schützenswertes Interesse an der Lieferung gerade eines Weines dieser Sorte. Damit steht der von H zu betreibende Aufwand in einem groben Missverhältnis zum Leistungsinteresse des L.

28 Da sich H darauf auch berufen hat, ist der Anspruch des L aus § 433 Abs. 1 S. 1 gemäß § 275 Abs. 2 untergegangen.

29 **Hinweis:** Der Schuldner wird von seiner Leistungspflicht nur befreit, wenn er sich auf § 275 Abs. 2 beruft.[28] Ihm soll es unbenommen bleiben, freiwillig überobligatorische Anstrengungen zu unternehmen, um gegenüber seinem Gläubiger zu erfüllen.

4. Ergebnis

30 L hat gegen H keinen Anspruch auf Lieferung des vereinbarten Weins gem. § 433 Abs. 1 S. 1.

31 **Hinweis:** Hätte L den von H angebotenen Ersatzwein angenommen, wäre sein Anspruch gem. § 364 Abs. 1 erloschen (vgl. dazu Fall 3 Rn. 9).

---

[28] Jauernig/*Stadler*, § 275 Rn. 32.

Fall 9. Untergang eines sperrigen Gegenstands

Sachverhalt

Professor Paul (P) hat einen Ruf an die Universität Regensburg angenommen und nach längerer Suche ein älteres Haus gefunden, bei dem einige Modernisierungsmaßnahmen notwendig sind. Da die vorhandene Garage baufällig ist, kauft er beim Garagenhersteller Gerhard (G) eine Betonfertiggarage des Typs „de luxe 18" zum Preis von 12 000 €. Gerhard soll die Garage am 1. 6. zwischen 10 und 13 Uhr von einem Mitarbeiter anliefern und auf ein vorhandenes Fundament stellen lassen, dies gegen Zahlung des Kaufpreises. Am 1.6. erscheint gegen 12 Uhr der Mitarbeiter Manfred (M) mit dem Tieflader an Pauls Grundstück. Paul ist aber nicht da, weil er noch an seinem früheren Arbeitsort wohnt und im ICE sitzt, der infolge eines „Personenschadens" eine riesige Verspätung eingefahren hat. Paul kann Gerhard auch nicht informieren, da der „Personenschaden" in einem Funkloch eingetreten ist. Der seit Jahrzehnten stets zuverlässige und vorsichtige Manfred macht erst einmal eine Brotzeit und sich schließlich um 13.30 Uhr auf den Rückweg zu Gerhards Firmensitz. Auf diesem Weg verursacht er leicht fahrlässig einen Unfall, bei dem die Garage vollständig zerstört wird.

Gerhard verlangt von Paul Zahlung der 12 000 € für die Garage. Dieser will nur zahlen, wenn er auch eine Garage erhält, und erklärt für den Fall des Ausbleibens der Leistung vorsorglich den Rücktritt. Wie ist die Rechtslage?

Abwandlung: Wie wäre es, wenn Paul am Abend des 31. 5. bei Gerhard angerufen und erklärt hätte, die Garage nicht annehmen zu wollen, und die zu dieser Zeit schon aufgeladene Garage beim Abladen vom Tieflader infolge leichter Fahrlässigkeit des Manfred zerstört worden wäre?

Vorüberlegungen

Der Fall dreht sich um *die Standardprobleme* beim Zusammentreffen von Unmöglichkeit der Leistung und Annahmeverzug (Gläubigerverzug). Den Aufhänger für die meisten Aspekte des Falls bildet der Wegfall des Kaufpreisanspruchs nach § 326 Abs. 1 S. 1 Hs. 1, doch spielen auch die weiteren Absätze des § 326 für die Lösung eine Rolle. Man muss in diesem Kontext eine Vielzahl von Prüfungspunkten abarbeiten. Die Lösung behandelt auch Streitfragen, die in einer Klausur nicht unbedingt verlangt werden, wohl aber in einer Hausarbeit.

Im Umfeld der Vorschriften über die Leistungsbefreiung, insbesondere wegen Unmöglichkeit, spielt der Begriff der **Gefahrtragung** eine erhebliche Rolle. Wer „die Gefahr" zu tragen hat, regeln die §§ 275, 326 und weitere Vorschriften, oft ohne dies klar zu sagen. Der Begriff der „Gefahr" taucht insbesondere in §§ 270 Abs. 1 und 3, 300 Abs. 2, 446, 447, 644 auf. Er bedeutet aber nicht stets dasselbe. Deshalb soll der Begriff hier erläutert werden:

Unter **Gefahr** ist im Rahmen eines Schuldverhältnisses das Risiko zu verstehen, dass der vom Schuldner zu leistende – oder zumindest für die Erfüllung vorgesehene – Gegenstand durch Zufall untergeht, verschlechtert wird oder aus einem anderen Grund vom Schuldner nicht mehr geleistet werden kann (vgl. deutlich §§ 446, 582a, 644); Zufall bedeutet dabei ein weder vom Schuldner noch vom Gläubiger zu vertretendes Ereignis.[1] Allgemein meint Gefahrtragung also die Überbürdung des Zufallsrisikos auf eine Person.[2] Sie ergibt sich aus den sog. Gefahrtragungsregelungen.[3] Man unterscheidet verschiedene Arten der Gefahr, nämlich die Sachgefahr, die Leistungsgefahr und die Gegenleistungsgefahr.[4]

Die **Sachgefahr** trägt grundsätzlich der Eigentümer der Sache (casum sentit dominus).[5] Den Eigentümer trifft also das Risiko, durch zufällige Ereignisse Vermögenseinbußen zu erleiden.

Ist der Schuldner wegen eines zufälligen Leistungshindernisses nicht in der Lage, die geschuldete Leistung zu erbringen, stellt sich die Frage nach der **Leistungsgefahr**. Der Begriff knüpft an die Bestimmung des § 241 Abs. 1 an. Leistungsgefahr ist das Risiko des Schuldners, für den verlorenen Gegenstand Ersatz beschaffen zu müssen, also bei zufälliger Verschlechterung oder zufälligem Untergang seine Leistungsanstrengungen so lange wiederholen zu müssen, bis der Erfolg (Erfüllung) eintritt.[6] Aus der Sicht des Gläubigers handelt es sich um das Risiko, die Leistung nicht zu erhalten.[7] Das Risiko besteht nur vor der Erfüllung bzw. nur innerhalb des Erfüllungszeitraums.[8]

Das Gesetz regelt die Frage, wer die Leistungsgefahr trägt, in verschiedenen Vorschriften unterschiedlich. Als Grundsatz folgt aus § 275 Abs. 1, dass der **Gläubiger die Leistungsgefahr** trägt,[9] also während des Erfüllungszeitraums das Risiko, die geschuldete Leistung nicht zu erhalten. Dies gilt uneingeschränkt aber nur für **Stückschulden ohne Beschaffungspflicht** des Schuldners.[10] Insbesondere für die Gattungsschuld gilt diese Gefahrtragungsregel nur, wenn die gesamte Gattung untergeht.

Trifft den Schuldner eine **Beschaffungspflicht**, wie dies insbesondere gem. § 243 Abs. 1 bei der Gattungsschuld der Fall ist, liegt die die **Leistungsgefahr beim Schuldner**. Das ergibt sich aus dem Grundgedanken der Übernahme eines Beschaffungsrisikos, das der Gesetzgeber auch in § 276 Abs. 1 S. 1 erwähnt.[11] Der Schuldner trägt die Leistungsgefahr bei der Gattungsschuld allerdings nur bis zum Eintritt der Konkretisierung nach § 243 Abs. 2. Wenn der Schuldner das seinerseits Erforderliche getan hat, geht die Leistungsgefahr auf den Gläubiger über.[12]

---

[1] Soergel/*Huber*, vor § 446 Rn. 2.
[2] Vgl. *BGH* NJW 1985, 320, 323, wo die auf Sachen bezogene Definition des Gefahrbegriffs einfach auf die Leistungs- und Gegenleistungsgefahr übertragen wird.
[3] Soergel/*Huber*, vor § 446 Rn. 4.
[4] Vielfach auch als Preis- oder Vergütungsgefahr bezeichnet, Palandt/*Grüneberg*, § 326 Rn. 2.
[5] *Pallasch*, JA 1994, 504, 505. Die Terminologie ist nicht einheitlich. Häufig wird der Begriff der Sachgefahr nur als Synonym für Leistungsgefahr verwendet, Soergel/*Huber*, vor § 446 Rn. 6. *Medicus/Petersen*, Rn. 271 sieht in § 644 Abs. 1 S. 3 einen Fall der Sachgefahr und darin eine konkrete Ausprägung der allgemeinen Regel casum sentit dominus.
[6] *Medicus/Petersen*, Rn. 271; Soergel/*Huber*, vor § 446 Rn. 6.
[7] Soergel/*Huber*, vor § 446 Rn. 6.
[8] *Pallasch*, JA 1994, 504, 506.
[9] Palandt/*Grüneberg*, § 275 Rn. 33.
[10] Nach a. A. kann die Leistungsgefahr nur dann relevant werden, wenn der vom Schuldner zu leistende Gegenstand bei der Begründung des Schuldverhältnisses noch nicht eindeutig festgelegt war, so vor allem bei der Gattungsschuld, bei der Geldschuld und bei der Verpflichtung des Werkunternehmers zur Herstellung des versprochenen Werks. Bei der Speziesschuld kann sich nach dieser Auffassung das Problem nicht stellen, weil sich hier bereits aus dem Inhalt des Schuldverhältnisses ergibt, dass der Schuldner nur den einen Gegenstand leisten muss und im Fall des Verlustes zur Ersatzbeschaffung nicht verpflichtet ist, Soergel/*Huber*, vor § 446 Rn. 6.
[11] BT-Drs. 14/6040, S. 132.
[12] Palandt/*Grüneberg*, § 243 Rn. 7.

Spezielle Bestimmungen zur Leistungsgefahr enthalten § 270 Abs. 1 für die Geldschuld[13] und § 300 Abs. 2 für den Fall des Annahmeverzugs des Gläubigers.[14]

Die **Preis- oder Gegenleistungsgefahr**, die nur bei gegenseitigen Verträgen relevant wird, betrifft die Frage, ob der Schuldner trotz des Untergangs des Leistungsgegenstandes (bzw. des sonstigen Leistungshindernisses) die vom Gläubiger versprochene Gegenleistung verlangen kann.[15] Preisgefahr ist also das Risiko des Schuldners, die Gegenleistung nicht zu erhalten. Aus der Gläubigersicht stellt sie sich als das Risiko dar, die Gegenleistung aufbringen zu müssen, ohne die Leistung des Schuldners zu erhalten.[16] Die **Gegenleistungsgefahr** trägt gemäß § 326 Abs. 1 S. 1 grundsätzlich der **Schuldner.**[17] Abweichende Regelungen der Gegenleistungsgefahr enthalten insbesondere die §§ 326 Abs. 2; 446; 447; 615; 616; 644 Abs. 1 S. 1 und 2.

Auch über das **Verhältnis von Leistungs- und Gegenleistungsgefahr** muss man im Bilde sein: Beide Gefahrkategorien sind streng voneinander zu trennen. Gleichwohl können beide gleichzeitig übergehen, so insbesondere dann, wenn die Voraussetzungen für den Gefahrübergang weitgehend übereinstimmen, vgl. § 300 Abs. 2 einerseits und § 326 Abs. 2 S. 1 Alt. 2 bzw. § 446 S. 3 mit S. 1 andererseits.[18] Die Leistungsgefahr kann auch vor der Gegenleistungsgefahr übergehen.[19] Dagegen ist der umgekehrte Fall ausgeschlossen, weil der Übergang der Preisgefahr bedeutet, dass der Käufer den Kaufpreis bezahlen muss, ohne die Leistung zu erhalten. Der Übergang der Preisgefahr setzt somit den Übergang der Leistungsgefahr voraus.

Gliederung

	Rn.
I. Anspruch des G gegen P gem. § 433 Abs. 2 Hs. 1	1
1. Anspruch entstanden?	2
2. Anspruch gem. § 326 Abs. 1 S. 1 Hs. 1 erloschen?	3
a) Gegenseitiger Vertrag	4
b) Befreiung von Hauptleistungspflicht im Synallagma nach § 275 Abs. 1–3	6
aa) Stück- oder Gattungsschuld	7
bb) Unmöglichkeit bei der beschränkten Gattungsschuld	10
cc) Konkretisierung, § 243 Abs. 2	11
c) Zwischenergebnis	19
3. Ausnahme nach § 326 Abs. 2 S. 1 Alt. 1	20
4. Übergang der Gegenleistungsgefahr gem. § 446 S. 3	22
5. Anspruchserhaltung nach § 326 Abs. 2 S. 1 Alt. 2	24
a) Annahmeverzug im Zeitpunkt der Leistungsbefreiung	25
aa) Erfüllbarkeit	26

---

[13] Die Geldschuld ist danach eine Schickschuld mit der Besonderheit, dass der Schuldner die Gefahr der Übermittlung trägt (qualifizierte Schickschuld), h.M., Erman/*Ebert*, § 270 Rn. 1; a. A. Palandt/*Grüneberg*, § 270 Rn. 1: Bringschuld mit der Besonderheit, dass sich wegen § 270 Abs. 4 nur der Gerichtsstand am Wohnsitz des Schuldners befindet (§ 29 ZPO).

[14] So die h.M., Medicus/Petersen, Rn. 261; Palandt/*Grüneberg*, § 300 Rn. 4; Soergel/*Huber*, vor § 446 Rn. 6 m.w.N. Meist geht die Leistungsgefahr nach § 243 Abs. 2 früher auf den Gläubiger über; daher wird § 300 Abs. 2 v.a. bei der Geldschuld relevant, bei der § 243 Abs. 2 wegen § 270 Abs. 1 weitgehend nicht gilt, Medicus/Petersen, Rn. 261 mit einem weiteren Beispiel.

[15] Soergel/*Huber*, vor § 446 Rn. 4.

[16] Medicus/Petersen, Rn. 272; Soergel/*Huber*, vor § 446 Rn. 4.

[17] Palandt/*Grüneberg*, § 326 Rn. 2.

[18] Soergel/*Huber*, vor § 446 Rn. 7.

[19] Soergel/*Huber*, vor § 446 Rn. 8.

	Rn.
bb) Ordnungsgemäßes Angebot, §§ 294 ff.	27
cc) Leistungsbereitschaft und -fähigkeit, § 297	28
dd) Nichtabnahme der Leistung durch P	29
ee) Zwischenergebnis	31
b) Kein Vertretenmüssen des Schuldners G	33
aa) Eigenverschulden des G	34
bb) Zurechnung von Fremdverschulden des M	35
c) Zwischenergebnis	37
6. Erlöschen des Anspruchs durch Rücktritt nach § 346 Abs. 1	38
7. Ergebnis	41
II. Abwandlung: Anspruch des G gegen P gem. § 433 Abs. 2 Hs. 1	42
1. Anspruch entstanden	42
2. Anspruchswegfall nach § 326 Abs. 1 S. 1 Hs. 1	43
a) Gegenseitiger Vertrag	44
b) Befreiung von Hauptleistungspflicht im Synallagma nach § 275 Abs. 1–3	45
aa) Konkretisierung, § 243 Abs. 2	46
bb) Gefahrübergang nach § 300 Abs. 2 („Quasi-Konkretisierung")	49
(1) Annahmeverzug des P	51
(a) Tatsächliches Angebot, § 294	52
(b) Wörtliches Angebot, § 295	53
(2) Aussonderung	61
(3) Zwischenergebnis zum Gefahrübergang	63
c) Zwischenergebnis zu § 326	64
3. Keine Ausnahme gem. § 326 Abs. 2 S. 1 Alt. 2	65
4. Erlöschen des Anspruchs durch Rücktritt nach § 346 Abs. 1	68
5. Ergebnis	69

Lösung

I. Anspruch des G gegen P gem. § 433 Abs. 2 Hs. 1

1 G könnte gegen P einen Anspruch aus § 433 Abs. 2 Hs. 1 auf Bezahlung von 12 000 € für die Garage haben.

1. Anspruch entstanden?

2 G hat sich mit P über den Kauf einer Garage des Typs „de luxe 18" sowie deren Lieferung und Aufstellen auf dem Grundstück des P zum Preis von 12 000 € geeinigt. Durch diesen Vertragsschluss ist der Anspruch des G als Verkäufer auf Kaufpreiszahlung entstanden.

2. Anspruch gem. § 326 Abs. 1 S. 1 Hs. 1 erloschen?

3 Der Kaufpreisanspruch des G wäre gem. § 326 Abs. 1 S. 1 Hs. 1 erloschen, wenn G von seiner im Gegenseitigkeitsverhältnis stehenden vertraglichen Hauptleistungspflicht gem. § 275 Abs. 1–3 befreit wäre.

a) Gegenseitiger Vertrag

4 Erforderlich ist zunächst ein gegenseitiger Vertrag, also ein Vertrag, bei dem sich jede Partei zu einer Hauptleistung verpflichtet, um die Hauptleistung des anderen als

Fall 9. Untergang eines sperrigen Gegenstands

Gegenleistung zu erhalten. Angesichts der Pflichten nach § 433 Abs. 1 und Abs. 2 ist der von G und P geschlossene Kaufvertrag ein solcher Vertrag und der Anwendungsbereich des § 326 eröffnet.

Hinweis: Das ist eigentlich „selbstverständlich". Hier erfolgte exemplarisch eine genauere Prüfung, wie sie von Studienanfängern oft verlangt wird. Ansonsten ist eine solche Prüfung nur bei atypischen Vertrag notwendig. 5

b) Befreiung von Hauptleistungspflicht im Synallagma nach § 275 Abs. 1–3

G müsste von seiner im Gegenseitigkeitsverhältnis stehenden Hauptleistungspflicht aus § 433 Abs. 1 S. 1 gem. § 275 Abs. 1–3 befreit sein. Die Erfüllung seiner Pflicht zur Verschaffung von Eigentum und Besitz könnte ihm oder jedermann i. S. v. § 275 Abs. 1 dadurch unmöglich geworden sein, dass die für die Leistung an P vorgesehene Garage bei dem Unfall auf der Rückfahrt zerstört worden ist. Die Zerstörung des Leistungsgegenstands führt grundsätzlich nur bei einer Stückschuld ohne weiteres zur Unmöglichkeit (vgl. Fall 4 Rn. 5). 6

aa) Stück- oder Gattungsschuld

Daher ist zunächst zu klären, ob G eine individualisierte Sache oder eine Gattungssache schuldete. P hatte bei G eine Garage des Typs „de luxe 18" bestellt. Gegenstand des Kaufvertrags war also nicht eine bestimmte, sondern irgendeine Garage dieses Typs. Damit haben die Parteien eine Gattungsschuld vereinbart. 7

Da G Garagenhersteller ist, sollte die zu liefernde Garage aus seiner Produktion bzw. seinem Vorrat stammen. Damit ist die Schuld des G auf seine Produktion bzw. seinen Vorrat beschränkt (beschränkte Gattungs- oder Vorratsschuld). 8

Hinweis: Ebenso wäre es vertretbar, eine unbeschränkte Gattungsschuld anzunehmen. Es ist dem Sachverhalt nicht zu entnehmen, dass nur G die Garagen des geschuldeten Typs herstellt. Im Ergebnis kann die Beantwortung dieser Frage offen bleiben, denn solange G noch Garagen des geschuldeten Typs auf Lager hat (siehe nächster Prüfungspunkt), unterscheidet sich die Vorratsschuld nicht von der unbeschränkten Gattungsschuld. Man sollte sich nur mit einem Argument für die eine oder andere Richtung entscheiden. 9

bb) Unmöglichkeit bei der beschränkten Gattungsschuld

Unmöglichkeit wäre bei der beschränkten Gattungsschuld jedenfalls dann eingetreten, wenn die zerstörte Garage die letzte aus dem Vorrat des G gewesen wäre. Dafür gibt es aber keine Anhaltspunkte; insbesondere kann G weitere Garagen des Typs „de luxe 18" herstellen. Damit scheidet eine Unmöglichkeit unter diesem Gesichtspunkt aus. 10

cc) Konkretisierung, § 243 Abs. 2

G wäre seine Leistung auch dann unmöglich, wenn sich seine Vorratsschuld vor dem Unfall des M zur Stückschuld konkretisiert hätte. Voraussetzung dafür ist gem. § 243 Abs. 2, dass G als Schuldner gem. § 243 Abs. 2 das seinerseits zur Leistung einer Garage mittlerer Art und Güte (§ 243 Abs. 1) Erforderliche getan hat.[20] 11

(1) Was von Seiten des G erforderlich war, hängt von den mit P vereinbarten Leistungsmodalitäten ab. Die Parteien hatten eine Anlieferung und Aufstellung der Garage vereinbart, was angesichts der sperrigen Kaufsache auch notwendig war. Die Parteien haben somit eine von § 269 Abs. 1 abweichende Regelung des Leistungsorts getroffen und eine Bringschuld vereinbart. 12

---

[20] Palandt/*Grüneberg*, § 243 Rn. 5–7.

13 (2) Zu prüfen ist daher, ob G das seinerseits bei der Bringschuld zur Leistung Erforderliche getan hat. Über die für die Konkretisierung stets notwendige Aussonderung der Ware muss der Schuldner bei der Bringschuld den Leistungsgegenstand zum richtigen Zeitpunkt am vereinbarten Lieferort tatsächlich anbieten; dies entspricht im Ergebnis einem tatsächlichen Angebot i. S. d. § 294.

14 **Hinweis:** Die Konkretisierung setzt nicht etwa einen Annahmeverzug i. S. v. § 293 voraus. Die Anforderungen an das „seinerseits Erforderliche" decken sich bei der Bringschuld aber (zufällig) mit dem tatsächlichen Angebot i. S. v. § 294. Die Voraussetzungen der Konkretisierung fallen in der Regel – aber keineswegs immer – mit denen des Annahmeverzugs zusammen.[21]

15 Fraglich könnte sein, ob M die Leistung in Abwesenheit des P überhaupt tatsächlich anbieten konnte. Doch ist das Leistungsangebot – wie bei § 294 – keine Willenserklärung, sondern ein bloßer Realakt. Da somit die Vorschriften über den Zugang von Willenserklärungen (§ 130) nicht zur Anwendung kommen, liegt ein Leistungsangebot bereits dann vor, wenn der leistungsbereite Schuldner den geschuldeten Gegenstand in Abwesenheit des Gläubigers in dessen Machtbereich zu verbringen versucht. M wollte um 12 Uhr für den G eine Garage des vereinbarten Typs und von mittlerer Art und Güte (§ 243 Abs. 1) bei P wie vereinbart abliefern. G hat also das seinerseits Erforderliche getan, um seine Leistung zu erbringen.

16 **Hinweis:** Hier ist die Garage mangels anderer Angaben „von mittlerer Art und Güte" i. S. v. § 243 Abs. 1. Man sollte das knapp erwähnen. Denn bietet der Gattungsschuldner eine Gattungssache an, die diesem Qualitätsstandard nicht entspricht, insbesondere ein mangelhaftes Exemplar, scheidet die Konkretisierung aus.

17 (3) Das Schuldverhältnis hat sich somit gem. § 243 Abs. 2 auf die zerstörte Garage beschränkt, die (beschränkte) Gattungsschuld sich zur Stückschuld konkretisiert. Daher kommt es auf die Frage, ob die Leistungsgefahr auch gem. § 300 Abs. 2 im Wege der sog. „Quasi-Konkretisierung" auf den Gläubiger übergegangen ist, nicht mehr an.

18 **Hinweis:** Die Quasi-Konkretisierung ist wichtig, wenn die Voraussetzungen des § 243 Abs. 2 noch nicht erfüllt sind. Sie führt nach § 300 Abs. 2 zum Übergang der Leistungsgefahr auf den Gläubiger. Da man vor der Niederschrift der Lösung bereits weiß, dass der Annahmeverzug an späterer Stelle der Lösung noch eingehend zu untersuchen sein wird, kann man es hier bei dem Hinweis belassen.

c) Zwischenergebnis

19 Die Schuld des G war auf den konkreten Gegenstand begrenzt. Dessen Verschaffung ist gemäß § 275 Abs. 1 wegen seiner Zerstörung objektiv unmöglich. Damit ist G gem. § 326 Abs. 1 S. 1 Hs. 1 von der Leistungspflicht gem. § 433 Abs. 1 S. 1 befreit.

3. Ausnahme nach § 326 Abs. 2 S. 1 Alt. 1

20 Zu prüfen ist, ob der Kaufpreisanspruch des G gem. § 326 Abs. 2 S. 1 Alt. 1 bestehen bleibt. Dazu müsste P für den Untergang der Garage als den Umstand, der zum Wegfall der Leistungspflicht des G führte, allein oder weit überwiegend verantwortlich sein. Welche Maßstäbe für die Verantwortlichkeit des Gläubigers gelten, ist in Ermangelung einer gesetzlicher Regelung umstritten. Dies kann hier aber dahinstehen, da sich aus der Systematik des § 326 Abs. 2 ergibt, dass der Gläubigerverzug allein für eine überwiegende oder alleinige Verantwortlichkeit des P nicht ausreichen kann.[22] Denn andernfalls

---

[21] MünchKomm/*Emmerich*, § 243 Rn. 26 m. w. N.
[22] Möglicherweise anders MünchKomm/*Ernst*, § 326 Rn. 55.

Fall 9. Untergang eines sperrigen Gegenstands 77

wäre die Regelung für den Annahmeverzug in § 326 Abs. 2 S. 1 Alt. 2[23] überflüssig. Folglich ist P für den Untergang der Garage nicht überwiegend verantwortlich.

Hinweise: Die Beweislast für die Verantwortlichkeit des Gläubigers nach § 326 Abs. 2 S. 1 Alt. 1 trägt 21
der Schuldner.[24] – Beide Alternativen des § 326 Abs. 2 können auch zugleich erfüllt sein, namentlich bei absoluten Fixgeschäften, bei denen die Nichtannahme zur Unmöglichkeit führt.[25] Sie regeln die Preisgefahr abweichend.

4. Übergang der Gegenleistungsgefahr gem. § 446 S. 3

Der Kaufpreisanspruch des G bliebe auch dann bestehen, wenn gem. § 446 S. 3 die 22
(Preis- oder) Gegenleistungsgefahr bereits auf A übergegangen wäre. Dazu müsste A im Verzug der Annahme gewesen sein und die Kaufsache zufällig untergegangen sein. Diese Regelung deckt sich mit § 326 Abs. 2 S. 1 Alt. 2, ist aufgrund ihrer Stellung im Kaufrecht aber spezieller und deshalb an sich vorrangig anzuwenden. Die Anwendung des § 446 S. 3 auf die Gegenleistungsgefahr, die vom Wortlaut gedeckt wäre, zur Folge, dass im Kaufrecht die Anrechnungsanordnung des § 326 Abs. 2 S. 2 nicht gelten würde, Dies legt die Frage nahe, ob der Gesetzgeber diese Konsequenz bedacht oder gar beabsichtigt hat. Nach den Gesetzesmaterialien soll § 446 S. 3 klarstellender Natur sein und verhindern, dass der Käufer die Sache nicht annimmt und anschließend Rechte nach § 437 wegen Verschlechterungen usw. geltend macht, die während seines Annahmeverzugs eingetreten sind. Die Gleichstellung von Annahmeverzug und Übergabe in § 446 S. 3 erfolgt also nur im Hinblick auf die Leistungs- und Sachgefahr,[26] während die Gegenleistungsgefahr nur zufällig erfasst wird, weil der Gesetzgeber die mögliche Reichweite der Norm nicht bedacht hat. Daher ist § 446 S. 3 aufgrund einer teleologischen Reduktion nicht auf die Preisgefahr anzuwenden, die von § 326 Abs. 2 S. 1 Alt. 2 sachgerechter und für alle gegenseitigen Verträge einheitlich geregelt wird. Ein Übergang der Gegenleistungsgefahr nach § 446 S. 3 scheidet somit aus.

Hinweis: Die teleologische Reduktion ist ein Mittel der Rechtsfortbildung, das den Anwendungsbe- 23
reich einer tatbestandlich zu weit gefassten Norm auf die Konstellationen begrenzt, die sie ihrem Zweck nach erfassen soll. Auf diese Weise nimmt man Sachverhalte, die unter den Wortlaut fallen, in denen aber der Normzweck nicht einschlägig ist, aus ihrem Anwendungsbereich heraus. Man muss diese methodologische Figur kennen.

5. Anspruchserhaltung nach § 326 Abs. 2 S. 1 Alt. 2

Der Kaufpreisanspruch bliebe gem. § 326 Abs. 2 S. 1 Alt. 2 bestehen, wenn der zur 24
Leistungsbefreiung führende Umstand von G nicht zu vertreten und zu einer Zeit eingetreten wäre, zu der sich P im Annahmeverzug befand.

a) Annahmeverzug im Zeitpunkt der Leistungsbefreiung

P müsste sich im Zeitpunkt der Leistungsbefreiung des G, d.h. also im Augenblick 25
der Zerstörung der Garage, in Annahmeverzug befunden haben. Annahmeverzug tritt gem. § 293 ein, wenn der Gläubiger die ihm angebotene Leistung nicht annimmt.

---

[23] Nach ganz überwiegender Auffassung hat § 326 Abs. 2 S. 1 zwei Alternativen, nämlich die vom Gläubiger allein oder weit überwiegend zu verantwortende Leistungsbefreiung und die Leistungsbefreiung während des Annahmeverzugs (vgl. etwa Huber/*Faust*, Kap. 5 Rn. 52; Jauernig/*Stadler*, § 326 Rn. 14 ff.; Palandt/*Grüneberg*, § 326 Rn. 8 ff.). MünchKomm/*Ernst*, § 326 Rn. 39 kommt wegen der Unterscheidung „allein oder weit überwiegend" auf drei Alternativen.
[24] So BGHZ 116, 278 Ls. 3, 288 = NJW 1992, 683 zu § 324 a.F.; MünchKomm/*Ernst*, § 326 Rn 120 ff. – A. A. die h. L.: § 280 Abs. 1 S. 2 analog, etwa Palandt/*Grüneberg*, § 326 Rn. 14 m. w. N.
[25] Vgl. MünchKomm/*Ernst*, § 326 Rn. 74 m. w. N.
[26] Palandt/*Weidenkaff*, § 446 Rn. 17. Vgl. auch *Jansen*, ZIP 2002, 807 ff.

aa) Erfüllbarkeit

26 Annahmeverzug kommt nur in Betracht, wenn der Anspruch des Gläubigers erfüllbar, der Schuldner also zur Leistungserbringung bereits berechtigt ist. Wann dies der Fall ist, ist durch Auslegung zu ermitteln. Treffen die Parteien hierüber keine Vereinbarung, darf der Schuldner die Leistung nach § 271 Abs. 2 im Zweifel sofort – auch vor einem evtl. vereinbarten Fälligkeitstermin – erbringen. G sollte die Garage am 1. 6. ab 10.00 Uhr anliefern. Deshalb war die Leistung des G – anders als nach der Zweifelsregelung des § 271 Abs. 2 – auch erst zur vereinbarten Leistungszeit erfüllbar. Da G dem P seine Leistung erst während der vereinbarten Leistungszeit anbot, war sein Angebot unter diesem Gesichtspunkt ordnungsgemäß.

bb) Ordnungsgemäßes Angebot, §§ 294 ff.

27 Gemäß § 294 muss die Leistung dem Gläubiger grundsätzlich tatsächlich angeboten werden, d. h. so wie sie zu bewirken ist, am richtigen Ort, zur richtigen Zeit und in der richtigen Art und Weise. Bei der vereinbarten Bringschuld musste G die Übergabe und Aufstellung am vereinbarten Leistungsort (Fundament auf dem Grundstück des P) anbieten. Dies ist geschehen. Da das Leistungsangebot ein Realakt ist und auf Realakte die Regeln über Willenserklärungen, insbesondere § 130 Abs. 1 S. 1, keine Anwendung finden, steht die Abwesenheit des P einem Leistungsangebot des G durch M nicht entgegen. Wie bereits geprüft, hat M nach Anlieferung der Garage am Grundstück des P versucht, diesem die Garage zu übereignen und zu übergeben.

cc) Leistungsbereitschaft und -fähigkeit, § 297

28 Nach § 297 muss G leistungsbereit und leistungsfähig gewesen sein, d. h. den Willen und die Möglichkeit zur Leistung gehabt haben. Der Leistungswille des G zeigt sich im Angebot des M an P bei seinem Lieferversuch. An seiner Fähigkeit zur Leistung könnte man zweifeln, da P nicht anwesend war. Doch würde dies verallgemeinernd bedeuten, dass § 297 bei Ausbleiben einer notwendigen Mitwirkungshandlung des Gläubigers stets den Eintritt des Annahmeverzugs verhindern würde. Da dies dem Sinn und Regelungszusammenhang der §§ 293 ff. widerspräche, ist diese Form des Unvermögens nicht von § 297 erfasst. Es reicht daher aus, dass der Schuldner leisten könnte, sobald der Gläubiger zur Annahme oder sonstigen Mitwirkung bereit ist.[27]

dd) Nichtabnahme der Leistung durch P

29 Fraglich ist, ob P die Leistung nicht angenommen hat. Hieran könnte man zweifeln, da G die Garage theoretisch einfach auf dem Grundstück hätte abstellen können. Die Leistung sollte aber Zug-um-Zug gegen Kaufpreiszahlung erfolgen. Da P seinerseits den Kaufpreis nicht i. S. v. § 294 angeboten hat, kommt er jedenfalls gem. § 298 in Annahmeverzug.

30 **Hinweis:** Da ein tatsächliches Leistungsangebot vorliegt, braucht man § 296 nicht anzuwenden. – § 299 ist aufgrund der vereinbarten Leistungszeit nicht einschlägig.

ee) Zwischenergebnis

31 P befand sich im Annahmeverzug. Der Umstand, dass P die Annahme der angebotenen Leistung nur aufgrund von ihm nicht zu verantwortender Umstände unmöglich

---

[27] *Gursky*, AcP 173 (1977), 450, 454 f.

war (Zugverspätung wegen Personenschäden), spielt keine Rolle, da der Annahmeverzug – anders als der Schuldnerverzug – kein Vertretenmüssen voraussetzt.

Hinweis: Deshalb braucht man dies in der Lösung an sich nicht eigens anzusprechen; ein ganz kurzer Hinweis ist aber im Zweifel unschädlich. – Der Gläubiger verletzt durch Nichtannahme der Leistung i.d.R. keine „Pflicht" i.S.d. § 241, sondern nur eine Obliegenheit. Deshalb löst der Annahmeverzug – anders als der Schuldnerverzug gem. §§ 280 Abs. 1 und 2, 286 – keine Schadensersatzansprüche aus, sondern lässt nur die Leistungs- (§ 300 Abs. 2) und Gegenleistungsgefahr (§ 326 Abs. 2 S. 1 Alt. 2) auf den Gläubiger übergehen. Beim Kaufvertrag ist es aber anders, weil § 433 Abs. 2 eine Abnahmepflicht vorsieht. Insofern käme ein Anspruch gem. §§ 280 Abs. 1 und 3, 283 in Betracht, der hier jedoch am fehlenden Vertretenmüssen scheitert.

b) Kein Vertretenmüssen des Schuldners G

Schließlich dürfte G gem. § 326 Abs. 2 S. 1 Alt. 2 seine Leistungsbefreiung nicht zu 33 vertreten haben. Grundsätzlich hat der Schuldner gem. § 276 Abs. 1 S. 1 Vorsatz und Fahrlässigkeit zu vertreten.

aa) Eigenverschulden des G

Da G selbst die Garage nicht zerstört und den M sorgsam ausgewählt hat, ihn also 34 für die Aufgabe einsetzen durfte, hat er selbst nicht schuldhaft gehandelt.

bb) Zurechnung von Fremdverschulden des M

G könnte jedoch ein Verschulden des M nach § 278 zuzurechnen sein. Dazu müsste 35 M als Erfüllungsgehilfe die Zerstörung der Garage bei Erfüllung einer ihm übertragenen Pflicht des G zu vertreten haben. Erfüllungsgehilfe ist, wer mit Wissen und Wollen des Schuldners in dessen Pflichtenkreis tätig wird. G hat M mit der Lieferung der Garage beauftragt und ihm damit zugleich die Pflicht übertragen, den Leistungsgegenstand sorgfältig zu behandeln, um die Leistung möglich zu erhalten. Diese Schutzpflicht i.S.d. § 241 Abs. 2 hat M verletzt, als er auf der Rückfahrt einen Unfall verursachte, bei dem die Fertiggarage zerstört wurde.

M müsste die Verletzung der Schutzpflicht auch zu vertreten haben. Gem. § 276 36 Abs. 1 S. 1 hat der Schuldner grundsätzlich Vorsatz und Fahrlässigkeit zu vertreten, soweit kein anderer Haftungsmaßstab bestimmt ist. M verursachte den Unfall leicht fahrlässig. Allerdings wäre der Haftungsmaßstab des G gem. § 300 Abs. 1 auf Vorsatz und grobe Fahrlässigkeit beschränkt, wenn P sich zum Zeitpunkt des Unfalls im Annahmeverzug befunden hat. Dies ist, wie schon oben dargelegt, der Fall. Da M die Zerstörung nur infolge leichter Fahrlässigkeit verursachte, hat G die Pflichtverletzung gem. §§ 278 S. 1, 300 Abs. 1 nicht zu vertreten.

c) Zwischenergebnis

Der Kaufpreisanspruch des G besteht nach § 326 Abs. 2 S. 1 Alt. 2 fort. Eine An- 37 spruchsminderung nach § 326 Abs. 2 S. 2 scheidet aus, da G die Lieferung versucht hat.

6. Erlöschen des Anspruchs durch Rücktritt nach § 346 Abs. 1

Zu prüfen ist, ob P wirksam vom Vertrag zurückgetreten ist und den Kaufpreisan- 38 spruch des G so zum Erlöschen gebracht hat, arg § 346 Abs. 1. Dazu müsste P ein Rücktrittsrecht zugestanden haben. Ein vertragliches Rücktrittsrecht des P wurde nicht vereinbart.

Möglicherweise stand P jedoch ein gesetzliches Rücktrittsrecht nach § 326 Abs. 5 39 zu. Aufgrund der Leistungsbefreiung des G nach § 275 Abs. 1 wäre P grundsätzlich gem. § 326 Abs. 5 zum Rücktritt berechtigt, den er rein vorsorglich i.S.v. § 349 erklärt hat. Der Rücktritt ist jedoch gem. § 326 Abs. 5 Hs. 2 i. V. m. § 323 Abs. 6 unter denselben Voraussetzungen ausgeschlossen, die nach § 326 Abs. 2 S. 1 zum Fortbestand des Gegenleistungsanspruchs führen. Wie bereits festgestellt (Rn. 36), hat G den Umstand, der ihn während des Annahmeverzugs des P (Rn. 31) nach § 275 Abs. 1 von der Leistung befreite, nicht zu vertreten. Damit ist der Rücktritt ausgeschlossen.

40 **Hinweis:** Man kann die „vorsorgliche" Rücktrittserklärung zuerst ansprechen, ebenso gut aber auch das Rücktrittsrecht. Bei einem „vorsorglichen" oder „hilfsweisen" Rücktritt sind grundsätzlich ein paar Worte zur Zulässigkeit einer solchen Erklärung veranlasst. Der Rücktritt ist – wie die Anfechtung und die Kündigung – ein Gestaltungsrecht, das unmittelbar auf das bestehende Rechtsverhältnis „Vertrag" einwirkt. Daher ist die Rücktrittserklärung bedingungsfeindlich, darf also nicht von einem künftigen ungewissen Ereignis, d. h. einer echten Bedingung i. S. v. § 158 abhängig gemacht werden. Anders verhält es sich bei unechten Bedingungen, deren Eintritt nur vom Willen der anderen Partei abhängt, oder bei sog. Rechtsbedingungen, also einem Abweichen der tatsächlichen Rechtslage von der Rechtsansicht des Erklärenden. Denn hier besteht keine für den anderen Teil unzumutbare Unklarheit über den Fortbestand des Vertrags.

7. Ergebnis

41 G hat gegen P einen Anspruch auf Zahlung der 12 000 € gem. § 433 Abs. 2.

II. Abwandlung: Anspruch des G gegen P gem. § 433 Abs. 2 Hs. 1

1. Anspruch entstanden

42 Der Anspruch des G gegen P aus § 433 Abs. 2 ist entstanden.

2. Anspruchswegfall nach § 326 Abs. 1 S. 1 Hs. 1

43 Der Kaufpreisanspruch des G wäre gem. § 326 Abs. 1 S. 1 Hs. 1 erloschen, wenn G von seiner im Gegenseitigkeitsverhältnis stehenden vertraglichen Hauptleistungspflicht gem. § 275 Abs. 1–3 befreit wäre.

a) Gegenseitiger Vertrag

44 Der Kaufvertrag ist, wie oben bereits erläutert, ein gegenseitiger Vertrag.

b) Befreiung von Hauptleistungspflicht im Synallagma nach § 275 Abs. 1–3

45 G müsste von seiner im Gegenseitigkeitsverhältnis stehenden Hauptleistungspflicht aus § 433 Abs. 1 S. 1 gem. § 275 Abs. 1–3 befreit sein. Ihre Erfüllung könnte ihm oder jedermann i. S. v. § 275 Abs. 1 nun dadurch unmöglich geworden sein, dass die für die Leistung vorgesehene Garage beim Abladen vom Tieflader zerstört worden ist. Allerdings war hier eine Gattungs- oder Vorratsschuld vereinbart. G hat noch mehrere Garagen des geschuldeten Typs auf Lager und könnte noch ein anderes Exemplar an P liefern.

aa) Konkretisierung, § 243 Abs. 2

46 G wäre seine Leistung dann unmöglich, wenn sich seine Vorratsschuld vor der Zerstörung der Garage beim Abladen zur Stückschuld konkretisiert hätte. Voraussetzung dafür ist gem. § 243 Abs. 2, dass G als Schuldner gem. § 243 Abs. 2 das seinerseits zur Leistung einer Garage mittlerer Art und Güte (§ 243 Abs. 1) Erforderliche getan hat.

47 Bei einer Bringschuld muss der Schuldner die Leistung ordnungsgemäß am Wohnort des Gläubigers tatsächlich anbieten. Dies hat G jedoch nicht getan, sondern die Fertiggarage vom Transporter abladen lassen, nachdem P dem G mitgeteilt hatte, die

Fall 9. Untergang eines sperrigen Gegenstands 81

Garage nicht abnehmen zu wollen. Zu einem Leistungsangebot kam es deshalb nicht. Eine Konkretisierung gem. § 243 Abs. 2 ist daher nicht eingetreten.

Hinweis: Prüfen könnte man noch, ob Konkretisierung schon infolge der vom Gläubiger angekündigten Annahmeverweigerung eingetreten ist. Hierfür spricht die Überlegung, dass in einem solchen Fall ein tatsächliches Angebot sinnlos und somit entbehrlich sein könnte. Doch findet eine solche Annahme im Wortlaut des § 243 Abs. 2 keinen Anhaltspunkt. Außerdem sind im Fall der angekündigten Annahmeverweigerung die Schuldnerinteressen durch § 300 Abs. 2 ausreichend geschützt. Eine ausdehnende Anwendung des § 243 Abs. 2 würde § 300 Abs. 2 seine ohnehin geringe eigenständige Bedeutung völlig entzogen. 48

bb) Gefahrübergang nach § 300 Abs. 2 („Quasi-Konkretisierung")

G wäre auch dann gemäß § 275 Abs. 1 von seiner Leistungspflicht befreit, wenn die Leistungsgefahr nach § 300 Abs. 2 auf P übergegangen wäre. Dazu müsste sich P im Zeitpunkt der Zerstörung der Garage gem. § 293 im Annahmeverzug befunden und G nach h. M. die betreffende Sache ausgesondert haben. 49

Hinweise: Der Übergang der Leistungsgefahr auf den Gläubiger erfolgt bei der Gattungsschuld entweder gemäß §§ 243 Abs. 2, 275, wenn sich die Gattungsschuld zu einer Stückschuld konkretisiert hat, oder unter den Voraussetzungen des § 300 Abs. 2. Obwohl § 300 Abs. 2 die Leistungsbefreiung des Schuldners im Fall des Sachuntergangs an sich unmittelbare Folge des Gefahrübergangs ist, wird diese Rechtsfolge dennoch ganz überwiegend § 275 Abs. 1 entnommen.[28] Da dieser von einer Stückschuld ausgeht, stellt sich die Frage, ob auch § 300 Abs. 2 zu einer „Konkretisierung" der Gattungsschuld führt, was teils vertreten wird.[29] Andere meinen, dass die Norm lediglich „der Sache nach die Folgen einer Konkretisierung nach sich zieht" („Quasi-Konkretisierung").[30] Eine dritte Meinung bezieht die Formulierung „Konkretisierung" zutreffend nur auf die Beschränkung des Schuldverhältnisses i. S. d. § 243 Abs. 2.[31] Jedenfalls greift § 300 Abs. 2 nach h. M. nur in Fällen der §§ 295, 296 und bei der Geldschuld, bei der eine Konkretisierung ausscheidet.[32] 50

(1) Annahmeverzug des P. Fraglich ist, ob sich P zum Zeitpunkt der Zerstörung der Garage in Annahmeverzug befand. Dies setzt voraus, dass er die ihm ordnungsgemäß angebotene Leistung des G nicht angenommen hat. Die Leistung des G war ab 1. 6., 10.00 Uhr, erfüllbar. 51

(a) Tatsächliches Angebot, § 294. Bei einer Bringschuld ist grundsätzlich ein tatsächliches Angebot am Wohnsitz des Gläubigers erforderlich (§ 294). Dies ist hier nicht erfolgt; der Tieflader hat das Betriebsgelände des G nicht verlassen. 52

(b) Wörtliches Angebot, § 295. Jedoch genügt gem. § 295 S. 1 ein wörtliches Angebot, wenn der Gläubiger erklärt hat, die Annahme der Ware zu verweigern, oder wenn zur Bewirkung der Leistung eine Mitwirkungshandlung des Gläubigers erforderlich ist. P hat am 31.5. bei G angerufen und ihm mitgeteilt, dass er die Fertiggarage nicht abnehmen werde. Daher wäre ein wörtliches Angebot des G gem. § 295 S. 1 ausreichend gewesen. G lud jedoch die Fertiggarage vom Tieflader ab, ohne P am nächsten Tag zwischen 10 und 13 Uhr die Ware noch einmal wörtlich anzubieten. 53

Zwar könnte man für die Entbehrlichkeit § 296 anwenden, doch würde dies zu einem Annahmeverzug erst ab 1. 6. mittags führen. Daher ist zu prüfen, ob die telefonische Abnahmeverweigerung als ernsthafte Annahmeverweigerung selbst ein wörtliches Angebot entbehrlich machte, weil ein solches dem Schuldner G als ganz und gar sinnlos erscheinen müsste. 54

---

[28] *Brox/Walker*, AS, § 26 Rn. 13; *Larenz*, Schuldrecht AT, Band I, § 25 II, S. 395; Palandt/*Grüneberg*, § 300 Rn. 3. – Ohne solch klaren Bezug Hk/*Schulze*, § 300 Rn. 3.
[29] Staudinger/*Otto*, § 326 Rn. C23.
[30] *Emmerich*, Das Recht der Leistungsstörungen, § 26 III, S. 396 f.
[31] Jauernig/*Stadler*, § 300 Rn. 4.
[32] Vgl. *Brox/Walker*, AS, § 26 Rn. 14; Palandt/*Grüneberg*, § 300 Rn. 6 f.

55 *(aa)* Nach der *Mindermeinung* fordert der Wortlaut des § 295 S. 1 für den Fall der Annahmeverweigerung gerade ein wörtliches Angebot. Denn die Fälle der Entbehrlichkeit eines Angebots sind in § 296 ausdrücklich geregelt, und die endgültige Annahmeverweigerung ist dort nicht genannt.[33] Dieser Ansicht zufolge wäre G nicht von seiner Leistungspflicht befreit.

56 *(bb)* Nach *h.M.* ist dem Schuldner ein sinnloses wörtliches Angebot gem. § 242 nicht zuzumuten.[34] Dies gilt insbesondere, wenn der Gläubiger erkennen lässt, die Leistung unter gar keinen Umständen annehmen zu wollen,[35] sodass sich das Erfordernis eines wörtlichen Angebots als reine Förmelei darstellen würde.[36] Ähnlich wie beim Schuldnerverzug, der gem. § 286 Abs. 2 Nr. 3 unabhängig von einer Mahnung eintritt, wenn der Schuldner die Leistung ernsthaft und endgültig verweigert, muss auch der Annahmeverzug ohne ein wörtliches Angebot eintreten, wenn dessen Zwecklosigkeit deutlich erkennbar wird.

57 Im vorliegenden Fall hat P am Vorabend des 1.6. erklärt, die Leistung am nächsten Tag nicht annehmen zu wollen. Aufgrund des knappen zeitlichen Zusammenhangs zwischen dieser Ankündigung der Annahmeverweigerung und der Fälligkeit der Leistung am nächsten Tag durfte G davon ausgehen, dass P sich seine Entscheidung nicht noch einmal anders überlegt. Ein wörtliches Angebot stellte sich somit für ihn als völlig sinnlos dar. Vor diesem Hintergrund gebietet es der Grundsatz von Treu und Glauben (§ 242), mit der h.M. ein wörtliches Angebot für überflüssig zu halten.

58 **Hinweis:** Auch im Falle des § 298 reicht ein wörtliches Angebot des Schuldners.[37]

59 Die Voraussetzungen des § 295 sind mithin erfüllt; ein ordnungsgemäßes Angebot des G liegt vor.

60 *(c)* Da G auch leistungsbereit und -fähig war (§ 297), befand sich P bereits seit der Ankündigung der Annahmeverweigerung in Annahmeverzug.

61 *(2) Aussonderung.* Dem Wortlaut des § 300 Abs. 2 nach wären somit alle Voraussetzungen für den Gefahrübergang erfüllt. Doch wäre damit bei der hier vorliegenden (beschränkten) Gattungsschuld noch nicht klar, an welchem Stück aus der Gattung die Gefahr übergehen soll. Deshalb verlangt die ganz h.M. für den Gefahrübergang bei Gattungsschulden als zusätzliches ungeschriebenes Merkmal des § 300 Abs. 2, dass der Schuldner eine Sache mittlerer Art und Güte (§ 243 Abs. 1) ausgesondert hat.[38] Dies hat G spätestens in dem Augenblick getan, als er eine Garage des geschuldeten Typs auf den Tieflader aufgeladen hat. Es ist nicht ersichtlich, dass diese Garage nicht von mittlerer Art und Güte war.

62 **Hinweis:** In der Klausur braucht man nicht auf eine absolute Mindermeinung einzugehen, die das Erfordernis der Aussonderung ablehnt und eine generelle Leistungsbefreiung im Gläubigerverzug auch dann annimmt, wenn im Lager des Schuldners befindliche Ware mittlerer Art und Güte untergehe und sicher sei, dass der Schuldner mit der untergegangenen Ware erfüllt hätte.[39] Gegen diese Ansicht spricht, dass es dem Schuldner freisteht, seine Haftung durch eine entsprechende Vereinbarung auf seinen Lagervorrat zu beschränken.

---

[33] Staudinger/*Löwisch*, § 295 Rn. 2.
[34] Palandt/*Grüneberg*, § 295 Rn. 4.
[35] BGH NJW 2001, 287, 288.
[36] MünchKomm/*Ernst*, § 295 Rn. 6.
[37] Vgl. *BGH* NJW 1997, 581.
[38] Hk/*Schulze*, § 300 Rn. 5; Palandt/*Grüneberg*, § 300 Rn. 4; *Hönn*, AcP 177 (1977), 385, 390; *BGH* WM 1975, 917, 920; Staudinger/*Löwisch*/*Feldmann*, § 300 Rn. 19.
[39] *Schröder*, MDR 1973, 466, 467.

Fall 9. Untergang eines sperrigen Gegenstands 83

(3) Zwischenergebnis zum Gefahrübergang. P ist in Annahmeverzug geraten, als er 63
die Annahme der Leistung des G am Telefon ablehnte. Mit der Aussonderung der einen Garage durch G ist gem. § 300 Abs. 2 die (Leistungs-)Gefahr auf P übergegangen.

c) Zwischenergebnis zu § 326

Damit hat G zugleich seinen Kaufpreisanspruch nach § 326 Abs. 1 S. 1 Hs. 1 verloren. 64

3. Keine Ausnahme gem. § 326 Abs. 2 S. 1 Alt. 2

Fraglich ist, ob die Gegenleistungsgefahr gem. § 326 Abs. 2 S. 1 Alt. 2 auf den 65
Schuldner übergegangen ist. Der hierfür erforderliche Annahmeverzug des P liegt vor.

Zu prüfen bleibt, ob G den Untergang der Garage zu vertreten hat. Zwar hat der 66
Schuldner gem. § 276 Abs. 1, 278 jede Form der Fahrlässigkeit seines Erfüllungsgehilfen zu vertreten. Doch ist der Verschuldensmaßstab während des Annahmeverzugs gem. § 300 Abs. 1 auf Vorsatz und grobe Fahrlässigkeit beschränkt. M hat als Erfüllungsgehilfe des G die Zerstörung der Fertiggarage beim Abladen vom Tieflader nur mit leichter Fahrlässigkeit verursacht. Daher hat G den Untergang der Garage gem. §§ 276 Abs. 1, 300 Abs. 1 nicht zu vertreten. Gem. § 326 Abs. 2 S. 1 Alt. 2 bleibt sein Gegenleistungsanspruch bestehen.

Hinweis: An der Anwendbarkeit der Norm auf den konkreten Fall könnte man zweifeln, weil im 67
Schrifttum überwiegend zu lesen ist, § 326 Abs. 2 S. 1 Alt. 2 (§ 324 Abs. 2 a. F.) sei zwar grundsätzlich auf Gattungsschulden anwendbar, doch setze dies zwingend eine Konkretisierung der Schuld gem. § 243 Abs. 2 voraus.[40] Nimmt man das ernst, würde der bloße Übergang der Leistungsgefahr nach § 300 Abs. 2 – sofern man ihn nicht als echte Konkretisierung ansieht (s. o.) – nicht ausreichen.[41] Dann bliebe es bei den Rechtsfolgen der §§ 275 Abs. 1, 326 Abs. 1 S. 1. Dies ist aber wohl nicht gewollt. Die fragliche Aussage beruht offenbar auf einem verkürzten Zitat aus einem BGH-Urteil, demzufolge § 326 Abs. 2 S. 1 Alt. 2 (bzw. § 324 Abs. 2 a. F.) außer dem Gläubigerverzug noch eine – so wörtlich – „Konkretisierung (Aussonderung)" der Gattungsware erfordert.[42] Der BGH verlangt damit entgegen der Darstellung in der Literatur[43] gerade keine echte Konkretisierung i. S. d. § 243 Abs. 2, sondern lässt auch die für den Gefahrübergang nach § 300 Abs. 2 erforderliche Aussonderung genügen. Im Anspruchsgutachten stellt sich die Frage im Zusammenhang des § 326 Abs. 2 so ohnehin nicht, weil die Aussonderung bereits für die Leistungsbefreiung nach §§ 300 Abs. 2, 275 Abs. 1 notwendig ist und daher zwangsläufig bereits geprüft ist. Man sieht: Manche Fragen stellen sich nur bei einer abstrakter Betrachtung, nicht aber bei der konkreten Normanwendung.

4. Erlöschen des Anspruchs durch Rücktritt nach § 346 Abs. 1

Zu prüfen ist, ob P wirksam vom Vertrag zurückgetreten ist und den Kaufpreisanspruch des G so zum Erlöschen gebracht hat, arg § 346 Abs. 1. Dazu müsste P ein 68
Rücktrittsrecht zugestanden haben. Ein vertragliches Rücktrittsrecht des P wurde nicht vereinbart.

5. Ergebnis

G kann weiterhin von P Zahlung des Kaufpreises gem. § 433 Abs. 2 verlangen. 69

---

[40] Hk/*Schulze*, § 326 Rn. 13; Jauernig/*Stadler*, § 326 Rn. 17; Palandt/*Grüneberg*, § 326 Rn. 11. – Ebenso bereits zum inhaltsgleichen § 324 a. F. *BGH* WM 1975, 917, 920; *Hönn*, AcP 177 (1977), 385, 394 f. m. w. N.
[41] Zweifelnd MünchKomm/*Ernst*, § 326 Rn. 71.
[42] *BGH* WM 1975, 917, 920.
[43] Vgl. insbesondere *Hönn*, AcP 177 (1977), 385, 394.

Fall 10. Ottokars Glück und Ende

Sachverhalt

Beim Frühschoppen im Gasthaus „Zum Löwen" treffen sich der Viehhändler Max Mooshuber (M) aus Miesbach und der Landwirt Leopold Lettenbichler (L) aus Lenggries. Lettenbichler erzählt dem Mooshuber, dass er mit seinem Zuchtstier Ottokar (O) bei der letzten Bullenschau eine Goldmedaille errungen habe. Darauf bietet ihm Mooshuber 20 000 € für den Stier, den er mit einem guten Gewinn weiterverkaufen zu können glaubt. Die beiden werden handelseinig. Da Mooshubers Viehwagen defekt ist, bittet er den Lettenbichler beim Abschied, er möge so freundlich sein und ihm den Stier zu seinem Hof in Miesbach bringen lassen. Lettenbichler meint, es sei zwar üblich, dass die Viehhändler ihr Vieh abholten, erklärt sich aber einverstanden.

Zuhause beauftragt Lettenbichler seinen seit Jahrzehnten zuverlässigen Knecht Zangerl (Z) mit dem Transport. Zangerl schafft den Ottokar in einen Viehanhänger, setzt sich an das Steuer des Traktors und fährt mit Ottokar in Richtung Miesbach. Als der Weg an einem Gasthaus vorbeiführt, spürt Zangerl, dass seine Kehle trocken ist. Nach der zweiten Maß schmerzt ihn das Schicksal des Ottokar.

Um ihm zum Abschied noch eine Wohltat zu erweisen, lässt er Ottokar im Saufkübel drei Maß kredenzen, die diesem sichtlich bekommen. Als Zangerl nach einer halben Stunde bei Mooshuber ankommt, hat der Alkohol bei Ottokar seine Wirkung getan; er bricht aus und randaliert. Da sich Ottokar nicht einfangen lässt und Gefahr für Leib und Leben des Mooshuber und seiner Angestellten droht, erlegt ihn der eilends von Mooshuber herbeigeholte Förster Jennerwein (J) mit einem Blattschuss.

Kann Lettenbichler von Mooshuber 20 000 € verlangen?

Abwandlung: Ottokar verrichtet gerade auf dem Hof von Edmund Euber (E) in Erding seine Dienste. Auf Bitte Mooshubers erklärt sich Lettenbichler bereit, den Stier von Erding aus direkt auf dessen Kosten zu Mooshuber bringen zu lassen. Während des Transports durch eine Spedition verstirbt Ottokar überraschend.

Vorüberlegungen

Hier geht es nochmals um den Untergang des Leistungsgegenstands, der zum Erlöschen von Leistungs- und Gegenleistungsanspruch führt. Der Sachverhalt legt einen Versendungskauf i.S.v. § 447 nahe. Die bislang noch nicht behandelte Vorschrift ist nicht kompliziert, aber Sitz alt hergebrachter Kontroversen, die im Ausgangsfall und der Abwandlung eine Rolle spielen.

Wichtig für die richtige Einordnung der Problematik ist ein genaues Verständnis der Gefahrtragungsregelungen des BGB und der einschlägigen Begrifflichkeiten voraus. Diese sollte man bei Bedarf nochmals in den Vorüberlegungen bei Fall 9 nachlesen.

Gliederung

	Rn.
I. Ausgangsfall: Anspruch des L gegen M aus § 433 Abs. 2	1
1. Anspruch entstanden	2
2. Erlöschen des Anspruchs gem. § 326 Abs. 1 S. 1	3
a) Gegenseitiger Vertrag	4
b) Leistungsbefreiung von einer im Synallagma stehenden Pflicht	5
c) Keine vorherige Erfüllung seitens L	6
d) Zwischenergebnis	9
3. Erhaltung des Anspruchs gem. § 326 Abs. 2 S. 1 Alt. 1	10
a) Verantwortlichkeit des Gläubigers M	11
b) Objektiv rechts- und pflichtwidriges Verhalten als Voraussetzung der Verantwortlichkeit	12
c) Ergebnis	13
4. Bestehenbleiben des Anspruchs gem. § 447 Abs. 1	14
a) Versendungskauf	15
aa) Holschuld	16
bb) Bringschuld	17
cc) Schickschuld	18
b) Übergabe an Transportperson	19
c) Anwendbarkeit des § 447 Abs. 1 auf Transport durch eigene Leute	20
aa) Argumente dagegen	21
bb) Argumente dafür	22
cc) Differenzierende Auffassung	23
dd) Stellungnahme	24
d) Zufälligkeit der Schadensverlagerung	25
aa) Eigenes Verschulden des L.	26
bb) Zurechung des Verschuldens des Z, § 278	27
(1) Anwendbarkeit des § 278 bei Schickschuld und Eigentransport	28
(2) Verschulden des Erfüllungsgehilfen	30
(3) Gemilderter Haftungsmaßstab	31
cc) Zwischenergebnis	32
5. Ergebnis	33
II. Abwandlung: Anspruch des L gegen M aus § 433 Abs. 2	34
1. Anspruch entstanden	35
2. Erlöschen des Anspruchs gem. § 326 Abs. 1 S. 1	36
3. Erhaltung des Anspruchs gem. § 326 Abs. 2 S. 1 Alt. 1	39
4. Bestehenbleiben des Anspruchs gem. § 447 Abs. 1	40
a) Versendungskauf	41
b) Anwendbarkeit des § 447 bei Versand von einem dritten Ort	42
aa) Wortlaut des § 447 Abs. 1	43
bb) Differenzierende Auffassung	44
c) Übergabe an Transportperson	47
d) Zufälliger Untergang	48
e) Zwischenergebnis	49
5. Ergebnis	50

Lösung

I. Ausgangsfall: Anspruch des L gegen M aus § 433 Abs. 2

1 L könnte gegen M gem. § 433 Abs. 2 einen Anspruch auf Zahlung des Kaufpreises für Ottokar (O) in Höhe von 20 000 € haben.

1. Anspruch entstanden

2 Laut Sachverhalt haben sich L und M über den Abschluss eines Kaufvertrages gem. §§ 145, 147, 433 über den Zuchtstier Ottokar als Kaufsache (§ 90 a S. 3) zu einem Kaufpreis von 20 000 € geeinigt. Damit ist der Kaufpreisanspruch gem. § 433 Abs. 2 entstanden und gem. § 271 Abs. 1 sofort fällig geworden.

2. Erlöschen des Anspruchs gem. § 326 Abs. 1 S. 1

3 Der Anspruch könnte gem. § 326 Abs. 1 S. 1 wieder erloschen sein.

a) Gegenseitiger Vertrag

4 Ein gegenseitiger Vertrag liegt mit dem Kauf vor.

b) Leistungsbefreiung von einer im Synallagma stehenden Pflicht

5 Es muss zu einer Leistungsbefreiung nach § 275 bzgl. einer im Gegenseitigkeitsverhältnis stehenden Hauptleistungspflicht (synallagmatische Pflicht) gekommen sein. Da O von J erschossen wurde und somit von niemandem mehr als das geschuldete lebende Tier geleistet werden kann, ist L von seiner Verpflichtung zur Übereignung und Übergabe des O infolge objektiver Unmöglichkeit i. S. v. § 275 Abs. 1 befreit.

c) Keine vorherige Erfüllung seitens L

6 Dies setzt freilich voraus, dass L seine Verpflichtung gem. § 433 Abs. 1 S. 1 nicht bereits zuvor gem. § 362 Abs. 1 erfüllt hat, da dann kein Raum mehr für eine Leistungsbefreiung nach § 275 wäre und die Sachgefahr den M träfe. So könnten sich M und L unmittelbar nach Abschluss des Kaufvertrages konkludent über eine Übereignung gem. §§ 929, 931 geeinigt haben.

7 **Hinweis:** In § 931 sind Ansprüche auf Herausgabe gemeint, die aus einem Besitzmittlungsverhältnis nach § 868 resultieren oder solche aus Gesetz wie §§ 812, 823. Nicht erfasst ist dagegen der Vindikationsanspruch aus § 985, da dieser nach ganz h. M.[1] nicht abtretbar ist.

8 Denkbar wäre eine Übereignung gem. § 929 S. 1 auf dem Hof des M. Z ist aufgrund Weisung im Rahmen seines Arbeitsverhältnisses durch konkludente Vollmachtserteilung Stellvertreter des L (§§ 164 Abs. 1, 167) und zugleich sein Besitzdiener (§ 855) geworden. Er hat den Stier, der am Erfüllungsort ausgebrochen ist, aber nicht im Sinne von § 854 Abs. 1 willentlich an M oder dessen Gesellen (§ 855) übergeben, auch ist es zu keiner Einigung gekommen.[2] Es liegt somit keine Erfüllung gem. § 362 Abs. 1 vor.

---

[1] Vgl. *Medicus/Petersen*, Rn. 445.
[2] Eine Übergabe im Sinne des § 929 S. 1 liegt auch dann vor, wenn für eine oder beide Parteien Besitzdiener handeln, Palandt/*Bassenge*, § 929 Rn. 15.

d) Zwischenergebnis

Damit ist L als Schuldner gem. § 275 Abs. 1 von seiner Leistungspflicht befreit, so 9
dass zugleich die Voraussetzungen des § 326 Abs. 1 erfüllt sind und M den Kaufpreis
grundsätzlich nicht zu bezahlen braucht.

3. Erhaltung des Anspruchs gem. § 326 Abs. 2 S. 1 Alt. 1

Der Kaufpreisanspruch des L bliebe jedoch gem. § 326 Abs. 2 S. 1 Alt. 1 bestehen, 10
wenn M für den Umstand, der zur Leistungsbefreiung des L geführt hat, allein oder
weit überwiegend verantwortlich wäre.

a) Verantwortlichkeit des Gläubigers M

Eine Verantwortlichkeit des M für das Leistungshindernis könnte sich daraus 11
ergeben, dass M den J herbeigerufen hat, der den O dann weisungsgemäß zur Strecke
gebracht hat. Unabhängig von der Frage, nach welchen Bestimmungen sich die Verantwortlichkeit des Gläubigers richtet,[3] kommt hier grundsätzlich nur vorsätzliches
Handeln in Bezug auf die zur Leistungsbefreiung führenden Umstände in Betracht,
so dass die Verantwortlichkeit auch nach der strengsten Auffassung, die eine analoge
Anwendung der §§ 276 ff. verlangt,[4] gegeben ist. Insofern spielt es keine entscheidende
Rolle, ob man hier auf das Erschießen durch J abstellt und dieses analog § 278 dem M
zurechnet, oder ob man gleich auf das dafür ursächliche Herbeiholen (= Beauftragen)
des J durch M abstellt.

b) Objektiv rechts- und pflichtwidriges Verhalten als Voraussetzung der Verantwortlichkeit

Jedoch setzt eine Verantwortlichkeit analog § 276 stets ein objektiv rechts- oder 12
pflichtwidriges Verhalten voraus.[5] Somit ist zu fragen, ob M ein solches verwirklicht
hat. Zweifel bestehen deshalb, weil die eigentliche Ursache für die Unmöglichkeit die
„Alkoholisierung" des Stieres durch den im Lager des L stehenden Z ist, aus der sich
ein Gefährdungspotenzial entwickelte, das ohne den Schuss zu körperlichen sowie
sachlichen Schäden hätte führen können. Der Schuss war also zur Abwendung der
Gefahr erforderlich, und der durch die Tötung des O entstehende Schaden stand auch
nicht außer Verhältnis zum höherrangigen Rechtsgut der Gesundheit anderer. Damit
lag eine Notstandssituation i.S.d. § 228 vor, die dem Schuss die Rechtswidrigkeit
nahm. Mangels Rechtswidrigkeit der Tötung des O (bzw. Pflichtwidrigkeit im Verhältnis der Vertragsparteien M und L) kommt eine Verantwortlichkeit des M nicht in
Betracht.[6]

---

[3] Vgl. insoweit ausführlich Fall 9 und 11.
[4] Vgl. Jauernig/*Stadler*, § 326 Rn. 14 m.w.N.; *Larenz*, § 25 III.
[5] Hk/*Schulze*, § 276 Rn. 3; Palandt/*Grüneberg*, § 276 Rn. 10; Soergel/*Wolf*, § 276 Rn. 41, 51. Erst wenn die Rechtswidrigkeit gegeben ist, der Handelnde aber kein Bewusstsein der Rechtswidrigkeit hat, stellt sich die weitergehende Frage, ob das Unrechtsbewusstsein notwendiger Bestandteil des Vorsatzes ist, so dass dieser entfällt, wenn der Handelnde meint, gerechtfertigt zu handeln, *so die Vorsatztheorie*, Palandt/*Grüneberg*, § 276 Rn. 11 m.w.N. auch zur Rechtsprechung. Demgegenüber sieht die Schuldtheorie das Unrechtsbewusstsein als selbstständiges Schuldmerkmal außerhalb und neben dem Vorsatz, so dass bei fehlendem Unrechtsbewusstsein der Vorsatz unberührt bleibt und nur bei Unvermeidbarkeit die Schuld entfällt, vgl. ausführlich zu diesem Streit MünchKomm/*Grundmann*, § 276 Rn. 158 ff. sowie Soergel/*Wolf*, § 276 Rn. 55 jeweils mit vielen Nachweisen zu den verschiedenen Ansichten.
[6] Nicht mehr einzugehen war daher auf die Frage der überwiegenden Verantwortlichkeit, siehe hierzu Fall 11.

c) Ergebnis

13 M ist für die Leistungsbefreiung des L nicht verantwortlich.

4. Bestehenbleiben des Anspruchs gem. § 447 Abs. 1

14 Der Kaufpreisanspruch bliebe gleichwohl bestehen, wenn im Zeitpunkt der Leistungsbefreiung die Preisgefahr in Abweichung von § 326 Abs. 1 S. 1 bereits gemäß § 447 Abs. 1 auf den M übergegangen wäre. Einer Anwendung dieser Norm steht § 474 Abs. 2 nicht entgegen, da der Verkauf des O zur gewerblichen bzw. selbständigen beruflichen Tätigkeit sowohl des L als auch des M zählt, so dass beide als Unternehmer i. S. v. § 14 Abs. 1 handeln. Somit liegt kein Verbrauchsgüterkauf i. S. v. § 474 Abs. 1 vor.

a) Versendungskauf

15 Die Vorschrift setzt zunächst einen Versendungskauf voraus, dessen Vorliegen vom Inhalt der Verpflichtung des L abhängt. Beim Versendungskauf übernimmt der Verkäufer zwar nicht den Transport, aber immerhin die Versendung der Ware an einen anderen Ort als den Erfüllungsort als Nebenpflicht.[7] Ob die Parteien hier eine solche Schickschuld vereinbart haben, ist durch Auslegung ihres Willens zu ermitteln. Bei der Auslegung eines Vertrages hinsichtlich der Wahl des Erfüllungsortes ist zu berücksichtigen, dass die Wahl durch die Gefahrtragungsregelung, die man anstrebt, mitbestimmt wird.[8]

aa) Holschuld

16 Gemäß § 269 Abs. 1, 3 ist im Zweifel eine Holschuld anzunehmen. Eine solche hat auch zunächst vorgelegen, doch hat sich L nach Vertragsschluss – was ohne weiteres möglich ist (§ 311 Abs. 1) – zum Transport bereit erklärt. Daher liegt keine Holschuld (mehr) vor.

bb) Bringschuld

17 Hiergegen spricht, dass lt. Sachverhalt üblicherweise das Vieh vom Viehhändler selbst abgeholt wird. Außerdem hat sich L nur gefälligkeitshalber zum Transport bereit erklärt, um den M ihn nach Vertragsschluss gebeten hatte. L wollte sich also sicherlich nicht der Gefahr aussetzen, bei zufälligem Untergang des Stieres beim Transport gemäß § 326 Abs. 1 S. 1 seines Kaufpreisanspruchs verlustig zu gehen. Eine Bringschuld scheidet daher aus.

cc) Schickschuld

18 Somit liegt eine Schickschuld und damit ein Versendungskauf nahe. L hat sich weder im Rahmen einer kaufvertraglichen Nebenpflicht noch im Rahmen eines gesonderten Auftragsverhältnisses zum Transport verpflichtet,[9] sondern den Transport nur gefälligkeitshalber übernommen. Dass dies erst nach Abschluss des eigentlichen Kaufvertrages geschehen ist, so dass zunächst gemäß der gesetzlichen Regel des § 269 Abs. 1 eine Holschuld vorlag, ist unschädlich; M konnte als Käufer sein Versendungsverlangen auch noch nach Vertragsschluss stellen[10] (ggf. Änderungsvertrag nach § 311 Abs. 1). Somit liegt hier eine Schickschuld vor.

---

[7] Palandt/*Weidenkaff*, § 447 Rn. 6.
[8] *Esser/Weyers*, § 8 III 3 a.
[9] *Larenz*, § 42 II c a. E.
[10] Palandt/*Weidenkaff*, § 447 Rn. 9.

b) Übergabe an Transportperson

Grundsätzlich müsste L die Haupt- oder Nebenpflicht übernommen haben, den Stier zum Transport zu bringen (Bahn, Frachtführer, Spedition).[11] Die Gefahr geht dann mit der Übergabe an die Transportperson über. L hat den Stier seinem Knecht Z zum Transport zu M übergeben. Damit ist diese Voraussetzung im Grundsatz erfüllt. 19

c) Anwendbarkeit des § 447 Abs. 1 auf Transport durch eigene Leute

L hat den Stier aber nicht von einem Dritten transportieren lassen, sondern den Transport gefälligkeitshalber[12] selbst bzw. durch eigene Leute übernehmen. Ob § 447 auf den Transport durch eigene Leute anzuwenden ist, bildet den Gegenstand einer Kontroverse mit folgenden Ansichten: 20

aa) Argumente dagegen

Nach einer früher häufig vertretenen Meinung[13] ist § 447 Abs. 1 auf den „Selbsttransport" nicht anwendbar. Begründet wird dies mit dem Wortlaut des § 447 Abs. 1, der für das Erfordernis eines Transports durch einen unabhängigen Unternehmer spreche. Grundgedanke der Regelung sei, dass die Kaufsache mit Übergabe an die Transportperson den Herrschaftsbereich des Verkäufers verlasse. Eine selbstständige Transportperson unterliege in der Regel einer strengen Haftung und überwache den Beförderungsvorgang. Dies sei beim Transport durch eigene Leute des Verkäufers nicht der Fall, weil die Sache in der Verkäufersphäre verbleibe. Außerdem sei die Norm als Ausnahme zu § 326 eng auszulegen. Hinzu treten Argumente der Gesetzesgeschichte, insbesondere aus Vorgängerregelungen. Folgt man dieser Meinung, ist § 447 nicht anwendbar. Es bleibt bei der Rechtsfolge des § 326 Abs. 1 S. 1, so dass L keinen Kaufpreisanspruch mehr hat. 21

bb) Argumente dafür

Dagegen hält eine – kaum noch vertretene – Meinung[14] eine analoge Anwendung des § 447 Abs. 1 auf den Eigentransport für möglich. Die Transportperson sei kein Erfüllungsgehilfe i.S.v. § 278,[15] so dass auch beim Transport durch eigene Leute eine Anwendung von §§ 280, 283 (bzw. § 325 a. F.) ausscheide.[16] Der Wortlaut des § 447 zeige lediglich, dass der Gesetzgeber nur den einen Fall bedacht habe. Der Grundgedanke des § 447 Abs. 1 liege darin, dass es unbillig sei, wenn der Verkäufer die Gefahr nur deshalb länger tragen müsste, weil er eine ihm eigentlich nicht obliegende Leistung erbringe. Er passe auch auf den Eigentransport, der an der Schickschuld nichts ändere.[17] Außerdem wähle der Verkäufer in der Regel auch die selbstständige Transportperson aus. Nach der Übergabe an jedwede Transportperson fehle eine Obhutspflicht, die eine Verschuldenshaftung begründen könne. Folgt man dieser Meinung, ist § 447 Abs. 1 hier (zumindest analog) anwendbar mit der Folge, dass die Preisgefahr überge- 22

---

[11] Palandt/*Weidenkaff*, § 433 Rn. 36.
[12] Trotz dieser Verpflichtung wollte L aber nicht das Risiko des zufälligen Untergangs während des Transports übernehmen. Daher stellt sich gerade die umstrittene Frage, ob § 447 auch auf den Transport durch eigene Leute anwendbar ist.
[13] *KG* OLGRspr. 20, 174; G. *Hager*, Die Gefahrtragung beim Kauf, 1982, S. 82; Jauernig/*Berger*, § 447 Rn. 12; *Medicus/Petersen*, Rn. 275; *Medicus/Lorenz* II, Rn. 57; Soergel/*Huber*, § 447 Rn. 35 ff.
[14] *Enneccerus/Lehmann*, § 103 II 3 b, c, S. 418; *Oertmann*, § 447 Anm. 4 b; Planck/*Knoke*, § 447 Anm. 2 c γ. Vgl. auch RGZ 96, 258 = JW 1919, 992 f. m. Anm. *Hachenburg*; *Faust*, DB 1991, 1556.
[15] Vgl. zu § 278 unten Rn. 44 ff.
[16] *Faust*, DB 1991, 1561; *Enneccerus/Lehmann*, § 103 II 3 b, c, S. 418.
[17] *Faust*, DB 1991, 1558.

gangen ist, da L den Ottokar der Transportperson Z übergeben hat. Demzufolge bleibt der Kaufpreisanspruch bestehen.

cc) Differenzierende Auffassung

23 Die herrschende Meinung[18] wendet § 447 grundsätzlich auf den Eigentransport an, jedoch entsprechend seiner Natur als Gefahrtragungsregel nur, wenn der Verkäufer den Untergang oder die Verschlechterung der Kaufsache nicht zu vertreten hat, also beim zufälligen Untergang.[19] Beim Transport durch eigene Leute gelangt diese Auffassung – anders als beim Transport durch selbstständige Transporteure – zur Anwendung des § 278. Auch wenn der Versendungsverkäufer zum Transport nicht verpflichtet ist, begründet die tatsächliche Übernahme des Transports eine Verpflichtung zur sorgfältigen Ausführung bzw. wegen der Einwirkungsmöglichkeit eine Obhutspflicht i.S.v. § 241 Abs. 2; dafür spricht auch eine Parallele zu § 664 Abs. 1 S. 3. Letztlich soll keine Partei durch den Eigentransport besser oder schlechter gestellt werden als beim Transport durch einen selbstständigen Transporteur. Gegen diesen hätte der Käufer einen zumindest im Wege der Drittschadensliquidation[20] durchsetzbaren Schadensersatzanspruch bzw. einen Anspruch gem. § 421 HGB. Daher muss im Verschuldensfalle ein Anspruch gegen den Verkäufer möglich bleiben. Nach h.M. hängt die Anwendung des § 447 Abs. 1 also davon ab, ob O zufällig untergegangen ist oder nicht.

dd) Stellungnahme

24 Die oben dargelegten Meinungen erklären sich zu einem guten Teil aus der Systematik des bis Ende 2001 gültigen allgemeinen Leistungsstörungsrechts.[21] Im heutigen Schuldrecht entfällt der Gegenleistungsanspruch gem. § 326 Abs. 1 S. 1 stets, wenn der Schuldner nach § 275 befreit ist. Ob der Schuldner seine Leistungsbefreiung zu vertreten hat, ist irrelevant. Dies spielt erst bei § 447 als negative Tatbestandsvoraussetzung und beim Schadensersatz nach §§ 280, 283 eine Rolle. Insofern hat die Schuldrechtsreform an der Kontroverse nichts geändert, sie aber § 447 zugeordnet (und zwar im nächsten Prüfungspunkt). Ihre Entscheidung hängt davon ab, was § 447 Abs. 1 regeln soll. Trotz des Wortlauts knüpft die Norm an Transportgefahren an, sodass es auf die wirtschaftliche Stellung der Transportperson nicht ankommt. Entgegen der ersten Meinung findet § 447 Abs. 1 hier also grundsätzlich Anwendung.

d) Zufälligkeit der Schadensverlagerung

25 Da § 447 Abs. 1 von der Gefahr spricht, setzt er die Zufälligkeit der Schadensverlagerung voraus und regelt nur deren Folgen.[22] Die Bestimmung setzt somit als negatives Erfordernis voraus, dass L den Untergang der Kaufsache nicht zu vertreten hat.

---

[18] *OLG Nürnberg* DB 1968, 478; *Brox/Walker*, BS, § 3 Rn. 29; *Emmerich*, BGB – Schuldrecht Besonderer Teil, 12. Aufl., 2009, § 3 Rn. 28; Erman/*Grunewald*, § 447 Rn. 8; *Esser/Weyers*, § 8 III 3 c; *Fikentscher*, Rn. 825; *Hüffer*, JuS 1988, 123, 130; *Larenz* II/1, § 42 II c, S. 103; MünchKomm/*Westermann*, § 447 Rn. 14 ff.; RGRK/*Mezger*, § 447 Rn. 9; *Schlechtriem*, Schuldrecht – Besonderer Teil, 6. Aufl., 2003, Rn. 122 f.; Staudinger/*Beckmann*, § 447 Rn. 14, 30; a. A. Palandt/*Weidenkaff*, § 447 Rn. 4 n. 12.
[19] MünchKomm/*Westermann*, § 447, Rn. 16.
[20] Vgl. Palandt/*Grüneberg*, vor § 249 Rn. 105 ff.
[21] Der Anspruch auf die Gegenleistung erlosch gem. § 323 Abs. 1 a. F., wenn weder der Gläubiger noch der Schuldner den Eintritt der Unmöglichkeit zu vertreten hatte. Nur für diesen Fall machte § 447 Abs. 1 eine Ausnahme. Denn sonst landete man bei § 325 a. F., sofern man nicht aus § 447 – der dazu aber nichts sagte – dessen Unanwendbarkeit folgern wollte. Der eigentliche Streit betraf trotz seiner Verortung bei § 447 die Frage, ob im Falle des Versendungskaufs § 278 beim Transport durch eigene Leute eingriff oder nicht.
[22] Palandt/*Weidenkaff*, § 447 Rn. 15.

aa) Eigenes Verschulden des L

Ein Eigenverschulden (§ 276 Abs. 1 S. 1) des L scheidet aus, da dieser den Transport nicht selbst vorgenommen und mit dem jahrzehntelang zuverlässigen Z eine geeignete Transportperson ausgewählt hat.

bb) Zurechung des Verschuldens des Z, § 278

Jedoch haftet L gem. § 278 für ein Verschulden des Z, falls dieser sein Erfüllungsgehilfe ist, d.h. mit Wissen und Wollen des L bei der Erfüllung einer diesem gegenüber M obliegenden Verbindlichkeit eingesetzt wird.[23] Das hängt davon ab, ob der Transport des Stiers O nach Miesbach eine Verbindlichkeit des L darstellt. Wie bereits festgestellt, liegt hier eine Schickschuld vor, so dass L den Transport als solchen nicht schuldete, sondern nur seine Beauftragung.

(1) Anwendbarkeit des § 278 bei Schickschuld und Eigentransport. Auch wenn der Transport keine Verpflichtung des L darstellt, da er nur gefälligkeitshalber übernommen wurde, ist nach h.M. zu berücksichtigen, dass der Stier im Machtbereich des L verbleibt und sein Ableben auf Ursachen in dieser Risikosphäre zurückzuführen ist. Dafür spricht zum einen, dass dem Versendungskäufer sonst Ansprüche verloren gingen, die er beim Transport durch Dritte im Wege der Drittschadensliquidation oder nach § 421 HGB n.F. geltend machen könnte. Zum anderen ähnelt die Situation der beim Annahmeverzug des Käufers bei einer (normalen) Holschuld. Die Kaufsache verbleibt ebenfalls länger als bei der normalen Vertragsdurchführung im Machtbereich des Verkäufers. Da der Verkäufer aber selbst im Annahmeverzug des Käufers verpflichtet bleibt, die Kaufsache sorgfältig mit der Begrenzung durch § 300 Abs. 1 aufzubewahren, obwohl er keinerlei Einfluss auf die Abholung durch den Käufer hat, ist es auch beim Versendungskauf angemessen, eine Obhutspflicht des Verkäufers gegenüber dem K hinsichtlich der noch nicht übereigneten Kaufsache anzunehmen.[24] Dass § 447 Abs. 1 eine solche Pflicht i.S.v. § 241 Abs. 2 ausschließen soll, wie die zweite Meinung annimmt, ist der Norm und ihrem Charakter als Gefahrtragungsregel nicht zu entnehmen. Somit ist der h.M. zu folgen.

Im vorliegenden Fall übernimmt L dadurch, dass er seinen Angestellten Z mit dem Transport des O beauftragt, eine Sorgfaltspflicht.[25] Die Wahrnehmung dieser kaufvertraglichen Nebenpflicht hat er dem Z übertragen. Z ist damit Erfüllungsgehilfe des L. Durch die Alkoholisierung des O hat Z gegen die Obhuts- bzw. eine bei der Erfüllung bestehende Sorgfaltspflicht i.S.v. § 241 Abs. 2 verstoßen.

(2) Verschulden des Erfüllungsgehilfen. Abschließend ist zu prüfen, ob Z die Sorgfaltspflicht schuldhaft verletzt hat, indem er den Stier „im betrunkenen Zustand" bei M abgeliefert hat. Da Z damit rechnen musste, dass O durch den ungewohnten Alkoholgenuss aggressiv werden und randalieren würde, und er selbst nicht so stark angetrunken war, dass er zu dieser Erkenntnis nicht mehr fähig gewesen wäre, hat er die bei der Auslieferung eines Stieres erforderliche Sorgfalt außer Acht gelassen und die Sorgfaltspflicht des L analog § 276 Abs. 2 fahrlässig verletzt.

(3) Gemilderter Haftungsmaßstab? Zu erwägen ist, L abweichend von § 276 nur für die diligentia quam in suis (§ 277) haften zu lassen, da seine Sorgfaltspflicht nur aus einer Gefälligkeit und nicht aus einer Rechtspflicht heraus entstanden ist und O zu-

---

[23] Palandt/*Grüneberg*, § 278 Rn. 7 m.w.N.
[24] Nach anderer Auffassung ist wie beim Transport durch einen selbständigen Transportunternehmer § 278 nicht anwendbar, *Faust*, DB 1991, 6, 1558 ff.
[25] H.M.; Bamberger/Roth/*Unberath*, § 278 Rn. 28 m.w.N.

dem während des Transports noch in seinem Eigentum steht.[26] Dann würde L nur haften, wenn Z gegen die eigenübliche Sorgfalt des L verstoßen hätte. Da die Verabreichung derartiger Mengen Bieres an einen erfahrungsgemäß wenig trinkfesten Zuchtstier die Pflichten eines Tiertransporteurs in erheblichem Maße verletzt, liegt auf Seiten des Z grobe Fahrlässigkeit[27] vor, für die L gem. § 277 bei eigenem Handeln ebenfalls einzustehen hätte. Damit ist das Verschulden des Z dem L auf jeden Fall gem. § 278 zuzurechnen, und es kann im Ergebnis dahinstehen, ob man den Haftungsmaßstab bei Gefälligkeiten stets in diesem Sinne mildern sollte.

cc) Zwischenergebnis

32 Es fehlt die für § 447 Abs. 1 notwendige Zufälligkeit der Schadensverlagerung.

5. Ergebnis

33 Ein Anspruch aus § 433 Abs. 2 scheidet somit gem. § 326 Abs. 1 S. 1 aus. – Andere Anspruchsgrundlagen sind im Verhältnis von L und M nicht ersichtlich.

II. Abwandlung: Anspruch des L gegen M aus § 433 Abs. 2

34 L könnte gegen M wiederum gem. § 433 Abs. 2 einen Anspruch auf Zahlung des Kaufpreises für Ottokar (O) in Höhe von 20.000 € haben.

1. Anspruch entstanden

35 Der Anspruch ist durch Abschluss des Kaufvertrags entstanden (s. o. Rn. 2).

2. Erlöschen des Anspruchs gem. § 326 Abs. 1 S. 1

36 Der Anspruch könnte gem. § 326 Abs. 1 S. 1 wieder erloschen sein. Auch insofern ergeben sich grundsätzlich keine Unterschiede zum Ausgangsfall.
37 Allein ist zu erwägen, ob die Unmöglichkeit an der vorherigen Erfüllung der Verpflichtung aus § 433 Abs. 1 S. 1 deshalb scheitert, weil L den O gem. § 931 an M übereignet hat. Eine Übereignung nach § 931 setzt einen abtretbaren Herausgabeanspruch des bisherigen Eigentümers L gegen einen Dritten voraus. Diesen Anspruch könnte man aus einem zwischen L und E geschlossenen Verwahrungsvertrag (§ 695 S. 1) herleiten. Doch ist ein Wille der Parteien M und L zur sofortigen Übereignung dem Sachverhalt nicht zu entnehmen.
38 Damit verbleibt es bei der Unmöglichkeit und der Befreiung nach § 326 Abs. 1 S. 1.

3. Erhaltung des Anspruchs gem. § 326 Abs. 2 S. 1 Alt. 1

39 Wie im Ausgangsfall ist der Tatbestand nicht erfüllt (s. o. Rn. 10ff.).

4. Bestehenbleiben des Anspruchs gem. § 447 Abs. 1

40 Der Kaufpreisanspruch des L bliebe bestehen, wenn im Zeitpunkt der Leistungsbefreiung die Preisgefahr in Abweichung von § 326 Abs. 1 S. 1 bereits nach § 447 Abs. 1 auf den M übergegangen wäre. Da kein Verbrauchsgüterkauf i. S. v. § 474 Abs. 1 vorliegt, steht § 474 Abs. 2 der Anwendung der Norm nicht entgegen.

---

[26] Vgl. *Kuchinke*, FS H. Lange, 1992, S. 259, 272; a. A. Staudinger/*Beckmann*, § 447 Rn. 30.
[27] Daher kann dahinstehen, ob die Haftung unter dem Aspekt der Gefälligkeit nur für leichteste oder für jede Form leichter Fahrlässigkeit ausgeschlossen wäre.

a) Versendungskauf

Wie im Ausgangsfall dargelegt, haben die Parteien keine Bringschuld vereinbart; L hat sich nicht zum Transport verpflichtet, sondern sich lediglich bereit erklärt, für den Transport zu M zu sorgen.

41

b) Anwendbarkeit des § 447 bei Versand von einem dritten Ort

Nach seinem Wortlaut gilt § 447 Abs. 1 für den Fall, dass der Verkäufer die Kaufsache auf Verlangen des Käufers an einen anderen Ort als dem Erfüllungsort (= Leistungsort) versendet. Ein Versand liegt vor, doch befindet sich der zu liefernde Stier nicht am Leistungsort Lenggries (§ 269 Abs. 1 und 2), sondern in Erding. Damit stellt sich die Frage, ob § 447 Abs. 1 auch den Versand von einem dritten Ort aus erfasst, der nicht Erfüllungsort ist. Da sich der Wortlaut insofern als wenig eindeutig erweist, ist dies umstritten.

42

aa) Wortlaut des § 447 Abs. 1

Eine Auffassung[28] verweist darauf, nach dem Wortlaut des § 447 Abs. 1 habe der Gefahrübergang nur eine einzige Voraussetzung, nämlich die Versendung der Sache auf Verlangen des Käufers an einen Bestimmungsort, der nicht Erfüllungsort ist. Der Gefahrübergang sei nur dann ausgeschlossen, wenn der Käufer mit dieser Versendung schlechterdings nicht rechnen musste und sie zu einer beträchtlichen Erweiterung des Transportrisikos führte. Folgt man dieser Ansicht, so ist es gleichgültig, ob sich O in Erding oder in Lenggries befindet. M war als Käufer mit dieser Versendung einverstanden, weil er den O so schnell wie möglich haben wollte. § 447 Abs. 1 wäre damit grundsätzlich anwendbar.

43

bb) Differenzierende Auffassung

Nach h.M.[29] findet § 447 Abs. 1 in Fällen des Versands von einem dritten Ort aus grundsätzlich keine Anwendung. Die Norm umfasse nur die vom Erfüllungs-, also Leistungsort (§ 269 Abs. 1) ausgehende Versendung. Werde die Kaufsache von einem dritten Ort über den Leistungsort transportiert, so gelte § 447 Abs. 1 erst ab dem Leistungsort.[30] Außerdem komme es zum Gefahrübergang, wenn der Gläubiger mit der Versendung von einem dritten Ort aus einverstanden war.[31] Hier wurde O nicht von Erding über Lenggries nach Miesbach transportiert, doch war M, weil er den O sofort haben wollte, mit einem Transport von Erding aus einverstanden. Es gibt also keinen Grund, § 447 Abs. 1 hier nicht anzuwenden.

44

Da beide Auffassungen zum gleichen Ergebnis gelangen, braucht die Kontroverse nicht entschieden zu werden. § 447 Abs. 1 ist im vorliegenden Fall anwendbar.

45

Hinweis: Sollte man diesen Streit dennoch einmal entscheiden müssen, etwa weil der Gläubiger nichts von einem von einem dritten Ort ausgehenden Versand wusste, so spricht für die h.M., dass § 447 Abs. 1 seinem Zweck nach dem Schuldner nur das im Vergleich zur Holschuld bestehende Transportrisiko abnehmen soll und der Gläubiger deshalb nur das Risiko des Transports zwischen Leistungs- und Erfüllungsort zu tragen hat. Sofern der Schuldner sich die Kaufsache erst noch bei einem Dritten beschaffen muss und diese von dort aus an den Gläubiger geliefert werden soll, entsteht zumindest teil-

46

---

[28] *LG Köln* NJW-RR 1989, 1457f.; Soergel/*Huber*, § 447 Rn. 20f.; *Pallasch*, BB 1996, 1121; *Wertenbruch*, JuS 2003, 625, 627.
[29] *BGH* NJW 1991, 915, Palandt/*Weidenkaff*, § 447 Rn. 13; Staudinger/*Beckmann*, § 447 Rn. 8.
[30] *OLG Koblenz* NJW 1948, 477, 479; Staudinger/*Beckmann*, § 447 Rn. 8.
[31] RGZ 111, 23; BGHZ 113, 106; *BGH* NJW 1965, 1324; 1991, 915f.; MünchKomm/*Westermann*, § 447 Rn. 5; Palandt/*Weidenkaff*, § 447 Rn. 13.

weise ein erhöhtes Transportrisiko, das von der ratio legis des § 447 Abs. 1 nicht umfasst ist. Da der Gläubiger regelmäßig keinen Einfluss darauf hat, woher sich der Schuldner den Leistungsgegenstand beschafft, wäre es unbillig, ihm auch dieses (innerbetriebliche) Risiko des Schuldners aufzubürden. Anders sieht es freilich ab dem Zeitpunkt aus, an dem die Kaufsache den Erfüllungsort „passiert" hat, denn dann unterscheidet sich der Fall nicht mehr von einem Versand, der direkt vom Erfüllungsort seinen Ausgang nimmt. Ist der Gläubiger, wie hier, von Anfang an über die Einzelheiten des Versandes in Kenntnis gesetzt und mit allem einverstanden, fehlt es an einer besonderen Schutzwürdigkeit, sodass man § 447 Abs. 1 gleich eingreifen lassen kann. Ein derartiges Einverständnis ist beispielsweise auch dann anzunehmen, wenn Klauseln wie „Versendung ab Werk" oder „Versendung ab Lager" verwendet werden.[32]

c) Übergabe an Transportperson

47 L hat den Stier von einem Dritten, einer Spedition, transportieren lassen; O wurde an die Spedition übergeben.

d) Zufälliger Untergang

48 Da § 447 Abs. 1 den „Gefahrübergang" regelt, kommt es darauf an, ob der Stier auf dem Transport zufällig untergegangen ist. Der Tod des O erfolgte überraschend, also infolge einer natürlichen Ursache und nicht infolge eines (möglicherweise verschuldeten) Unfalls.

e) Zwischenergebnis

49 Nach § 447 Abs. 1 war die (Preis-)Gefahr mit Übergabe an die Spedition auf den M übergegangen.

5. Ergebnis

50 L kann deshalb nach § 433 Abs. 2 weiterhin Kaufpreiszahlung von M verlangen.

---

[32] *OLG Hamburg* MDR 1947, 62; 1948, 15; *LG Bremen* MDR 1947, 61; Jauernig/*Berger*, § 447 Rn. 8; Staudinger/*Beckmann*, § 447 Rn. 7 f.

Fall 11. Vergebliche Versuche

Nach BGH NJW 2000, 2342; BGHZ 163, 381.

Sachverhalt

Die Ärztin Änne (Ä) mietet die Kneipe des Kasimir (K) an, um dort am Rosenmontag ihren 44. Geburtstag zu feiern. In der Nacht davor brennt die Kneipe aus, weil Kasimir vergessen hat, den Herd auszuschalten. Ersatzräume sind nicht zu bekommen. Daher sagt Änne die Party und der dafür engagierte Band Bandidos (B) ab. Sie fragt sich, ob sie den Bandidos die vereinbarten 5 000 € zahlen muss und den Betrag ggf. von Kasimir ersetzt verlangen kann. Alle Bandmitglieder wohnen um die Ecke und finden für den Abend kein anderes Engagement mehr. Während sie noch überlegt, wird sie wegen des Verdachts des illegalen Handels mit Betäubungsmitteln in Untersuchungshaft genommen.

Nachdem sich ihre Unschuld herausgestellt hat und sie wieder in Freiheit ist, mietet Änne von Valentin (V) in einem älteren Gebäude Räume zum Betrieb ihrer Praxis, für die sie mehr Platz benötigt als bisher. Der Mietvertrag hat eine Laufzeit von 10 Jahren ab 1. 4. mit Verlängerungsoption. Die Miete beträgt 1000 € monatlich, ist aber in den ersten fünf Jahren auf 500 € reduziert, weil Änne Kosten i. H. v. 75 000 € für die Renovierung der Räume übernimmt. Änne lässt Briefbögen. Visitenkarten und Rezeptformulare mit der Praxisanschrift drucken. Am 25. 3. besichtigt sie das Ergebnis der von Valentin vor Mietbeginn zugelassenen Renovierung und bringt ihr Praxisschild an. Die Schlüssel bekommt sie aber noch nicht.

Am 31. 3. mauert Valentin die Zugänge zum Gebäude zu und wirft das bereits angebrachte Praxisschild in die Mülltonne. Als Änne abends den Schlüssel abholen will, teilt Valentin ihr mit, er habe das Grundstück überraschend für einen Traumpreis an einen Investor verkaufen können und sich zur Räumung verpflichtet. Daher werde sie die Schlüssel nicht erhalten und er die Zumauerung nicht entfernen. Ä fordert ihn auf, die Zumauerung binnen vier Tagen zu entfernen und ihr den Schlüssel zu überlassen, was er ablehnt Da ihn auch ein Fax von Ännes Anwalt vom 1. 4. mit identischem Inhalt nicht beeindruckt, wendet sich Änne am 2. 4. an den Makler Marco (M), der ihr überraschend noch zum 10. 4. andere Räume für 1 100 € Monatsmiete vermittelt.

Änne fordert von Valentin: die Differenz zwischen der mit ihm vereinbarten und der für die Ersatzräume zu zahlenden Miete für die Dauer von zehn Jahren; die Kosten für die Renovierung der Räume und ein neues Praxisschild; außerdem den Maklerlohn für die Ersatzräume sowie die Kosten für die Briefbögen usw. und den Umzug der Praxis. Ä weist vorsorglich darauf hin, dass die Kosten, die ihr im Zusammenhang mit den von V gemieteten Räumen entstanden sind, höher sind als die Kosten für die Vorbereitung der Nutzung der neuen Räume einschließlich der Mietdifferenz. V wendet ein, Ä hätte selbst Ersatzräume finden können und den Umzug ohnehin zahlen müssen.

Haben die Bandidos (B) einen Anspruch gegen Änne (Ä)?
Welche Ansprüche hat Änne (Ä) gegen Kasimir (K) und Valentin (V)?

Vorüberlegungen

Dass Ä Schadensersatzansprüche gegen K bzw. V haben dürfte, erscheint relativ unproblematisch: Sie hat jeweils einen Mietvertrag abgeschlossen, der vom Partner schuldhaft von Anfang an nicht erfüllt wird.

Die eigentlichen Probleme des Falles liegen im Schadensrecht (§§ 249 ff.): Ersatzfähig sind nur Schäden, die adäquat kausal auf der Pflichtverletzung beruhen, arg § 249 Abs. 1. Dies führt zu Problemen beim Ersatz von Kosten der Vertragsdurchführung (z.B. Kosten für Makler, Finanzierung, Notar und Grundbuch, Montage und ähnliches), die bei ordnungsgemäßer Erfüllung in gleicher Weise anfallen; diese Kosten beruhen nicht auf der Nichterfüllung, sondern stellen, wenn sie sich infolge Ausbleibens der Leistung als sinnlos erweisen, eigentlich einen Vertrauensschaden dar.[1] Die schadensrechtliche Lösung des Problems (sog. Rentabilitätsvermutung) weist Lücken auf, die der 2002 ins Gesetz eingefügte § 284 schließen soll. Wichtig ist auch, dass jeder Schadensposten nur einmal ersetzt werden muss; es gibt keine doppelte Kompensation.[2]

Gliederung

Partykomplex Rn.
I. Anspruch der B gegen Ä auf Zahlung von 5000 € gem. §§ 631 Abs. 1, 649 S. 2 1
   1. Werkvertrag 2
   2. Leistungserbringung 3
   3. Kündigung 4
   4. Ergebnis 5
II. Anspruch der Ä gegen K gem. §§ 280 Abs. 1, 3, 283 6
   1. Schuldverhältnis 7
   2. Leistungsbefreiung nach § 275 9
   3. Pflichtverletzung 10
   4. Vertretenmüssen 11
   5. Schadensersatz statt der Leistung 12
      a) Schaden als Leistungsersatz; haftungsausfüllende Kausalität 13
      b) Rentabilitätsvermutung? 14
   6. Ergebnis 15
III. Anspruch auf Aufwendungsersatz gem. § 284 16
   1. Bestehen eines Schadensersatzanspruchs i.S.v. § 280 Abs. 1, 3 ... 18
   2. Aufwendungen 19
   3. Im Vertrauen auf den Erhalt der Leistung 20
   4. Zweckverfehlung nur infolge Pflichtverletzung 21
   5. Ergebnis 22

Praxiskomplex
I. Anspruch der Ä gegen V auf Schadensersatz statt der Leistung gem. §§ 280 Abs. 1 und 3, 281 Abs. 1 23

---

[1] Vgl. BGHZ 99, 182, 198 f. m. w. N.
[2] BGHZ 163, 381, 386 f. = NJW 2005, 2848 = JuS 2005, 1036.

	Rn.
1. Schuldverhältnis	24
2. Pflichtverletzung	25
a) Fällige, durchsetzbare Leistungspflicht	26
b) Keine Leistungsbefreiung nach § 275 Abs. 1–3	27
c) Nichterfüllung als Pflichtverletzung	29
d) Fristsetzung und ergebnisloser Ablauf	30
e) Entbehrlichkeit der Fristsetzung gem. § 281 Abs. 2	32
3. Vertretenmüssen	33
4. Schadensersatz	34
a) Haftungsausfüllende Kausalität	35
b) Rentabilitätsvermutung und § 284	37
c) Anspruchsminderung gem. § 254 Abs. 2 S. 1	41
5. Ergebnis	42
II. Anspruch auf Aufwendungsersatz gem. § 284	43
1. Voraussetzungen für Schadensersatz statt der Leistung	44
2. Aufwendungen	45
3. Im Vertrauen auf den Erhalt der Leistung	46
4. Zweckverfehlung nur infolge Pflichtverletzung, § 284 Hs. 2	47
5. Teleologische Reduktion des § 284	49
6. Ergebnis	50
III. Anspruch der Ä gegen V auf Schadensersatz gem. § 280 Abs. 1 für das Praxisschild	52
IV. Deliktische Ansprüche	53

Lösung

Partykomplex

I. Anspruch der B gegen Ä auf Zahlung von 5000 € gem. §§ 631 Abs. 1, 649 S. 2

Die B könnten gegen Ä einen Anspruch auf Zahlung von 5000 € gem. §§ 631 Abs. 1, 649 S. 2 haben.

1. Werkvertrag

Dazu müssten die Parteien einen Werkvertrag i.S.v. § 631 Abs. 1 geschlossen haben. Da die B einen Auftritt als individuelle Leistung und somit einen Erfolg i.S.v. § 631 Abs. 2 schuldeten, liegt ein Werkvertrag vor.

2. Leistungserbringung

Der Vergütungsanspruch setzt grundsätzlich, vgl. §§ 641 Abs. 1, 646, die Leistungserbringung durch den Unternehmer voraus. Die B haben ihre Leistung aber nicht erbracht.

3. Kündigung

4 Da Ä den Vertrag mit den B nach § 649 S. 1 gekündigt hat, können diese gem. § 649 S. 2 gleichwohl die vereinbarte Vergütung von 5000 € verlangen. Ersparte Aufwendungen, die sie sich nach § 649 S. 2 Hs. 2 anrechnen lassen müssten, sind ebenso wenig ersichtlich wie ein anderweitiger oder böswillig unterlassener Verdienst.

4. Ergebnis

5 Die B können von Ä gem. §§ 631 Abs. 1, 649 S. 2 die vereinbarten 5000 € verlangen.

II. Anspruch der Ä gegen K gem. §§ 280 Abs. 1, 3, 283

6 Ä könnte einen Anspruch auf Schadensersatz statt der Leistung gem. §§ 280 Abs. 1 und 3, 283 i. H. v. 5000 € gegen K haben.

1. Schuldverhältnis

7 Ä und K haben einen Vertrag geschlossen. Ob es sich dabei um einen reinen Mietvertrag über die Räumlichkeiten oder einen gemischt-typischen Vertrag mit Bewirtungselementen handelt, ist dem Sachverhalt nicht eindeutig zu entnehmen. Da mit seiner Durchführung nicht begonnen wurde, kann die Rechtsnatur dahinstehen. Ein Schuldverhältnis liegt jedenfalls vor.

8 **Hinweis:** Der „Bewirtungsvertrag" ist im BGB als solcher nicht geregelt. Es handelt sich um einen „gemischt-typischen" Vertrag mit Elementen des Werkvertrags (Zubereitung von Speisen), des Kaufs (Ausschank von Getränken, Überlassung von Papierservietten), der Dienstleistung (Servieren) und der Miete (Räume nebst Einrichtung, Gläser, Teller, Besteck).

2. Leistungsbefreiung nach § 275

9 K müsste gem. § 275 Abs. 1–3 von seiner Leistungspflicht befreit sein. Er war zur Überlassung *gerade seiner Kneipe* für einen bestimmten Abend, eventuell nebst Erbringung kneipentypischer Dienst- und Werkleistungen, verpflichtet. Infolge des Brandes war niemand mehr zur Erbringung *dieser* Leistungen im Stande. Damit ist K gem. § 275 Abs. 1 infolge Unmöglichkeit von seinen Leistungspflichten befreit.

3. Pflichtverletzung

10 K hat die Leistungsbefreiung durch den selbst verursachten Brand herbeigeführt und sich so die Erfüllung seiner Leistungspflichten unmöglich gemacht.

4. Vertretenmüssen

11 K hat den Brand fahrlässig herbeigeführt und seine Pflichtverletzung damit gem. §§ 280 Abs. 1 S. 2, 276 Abs. 1 S. 1 zu vertreten.

5. Schadensersatz statt der Leistung

12 In der Belastung der Ä mit der Zahlungspflicht gegenüber den B liegt eine Vermögenseinbuße, also ein Schaden. Da sie dessen Ersatz wegen des Ausbleibens der Leistung des K verlangt, macht sie Schadensersatz statt der Leistung geltend.

a) Schaden als Leistungsersatz; haftungsausfüllende Kausalität

13 Zu prüfen ist, ob der Schaden der Ä ersatzfähig ist. Zu ersetzen sind gem. §§ 280, 283, 249 Abs. 1 lediglich Schäden, die adäquat-kausal auf der Nichtleistung beruhen.

Da Ä die Band auch hätte bezahlen müssen, wenn K ordnungsgemäß erfüllt und die Band hätte spielen können, ist dies nicht der Fall. Die Verpflichtung der Ä bestand bereits vor der Pflichtverletzung des K und hat sich durch die Kündigung nicht geändert, vgl. § 649 S. 2. Die Nichtleistung des K hat lediglich dazu geführt, dass die Aufwendungen der Ä für die Band nutzlos geworden sind. In vergeblichen Aufwendungen liegt aber nach ganz h. M. kein Schaden.

b) Rentabilitätsvermutung?

Möglicherweise kann sich Ä aber auf die sog. Rentabilitätsvermutung berufen: Diese beruht auf der Annahme, dass die Parteien Leistung und Gegenleistung als gleichwertig einschätzen, so dass Aufwendungen einer Partei für die Vertragsdurchführung und die Verwendung der Leistung der anderen Partei durch den Vorteil der erwarteten Gegenleistung ausgeglichen würden.[3] Bleibt die Leistung des Schuldners aus, so hat der Gläubiger deshalb grundsätzlich einen Schaden in Höhe ihrer Aufwendungen, die sich nicht mehr amortisieren können. Der Schuldner kann die Rentabilitätsvermutung durch den Nachweis widerlegen, dass den Aufwendungen auch im Falle ordnungsgemäßer Erfüllung kein Gegenwert entsprochen hätte.[4] Außerdem setzt die Rentabilitätsvermutung ein Geschäft zu erwerbswirtschaftlichen Zwecken voraus, weil nur dann davon ausgegangen werden kann, dass sich die Kosten für den Gläubiger letztlich amortisiert hätten. Folglich scheidet eine Erstattung vergeblicher Aufwendungen immer aus, wenn der Vertrag ideellen oder privaten Zielen dient.[5] Da die Ä den Vertrag mit K zur Durchführung ihrer Geburtstagsfeier, mithin zu rein privaten Zwecken geschlossen hat, kann sie von V nicht die Erstattung des Entgelts der Bandidos verlangen.

6. Ergebnis

Ein Anspruch gem. §§ 280 Abs. 1 und 3, 283 besteht mangels ersatzfähigen Schadens nicht.

III. Anspruch auf Aufwendungsersatz gem. § 284

Ä könnte jedoch einen Aufwendungsersatzanspruch gem. § 284 gegen K haben.

Hinweis: Überwiegend wird § 284 als Anspruchsgrundlage,[6] von der Mindermeinung dagegen als bloße Haftungsausfüllungsnorm angesehen, die den Ersatz eines Nichtvermögensschadens ermöglicht.[7] In der Fallbearbeitung sollte man das nicht diskutieren, sondern sich für das eine oder andere entscheiden. Die Gesetzesmaterialien sind widersprüchlich,[8] der Wortlaut der Norm ist eher unergiebig, ihre Ausgestaltung in mancherlei Hinsicht misslungen.[9] Klar ist, dass die Norm das Bestehen

---

[3] St. Rspr., etwa BGHZ 71, 234, 238 (Kauf); 99, 182, 197 (Miete); 114, 193, 197; *BGH* NJW 2000, 2342 (Miete). – Zur Rentabilitätsvermutung auch *Mediucs/Lorenz* I, Rn. 455 a; Palandt/*Grüneberg*, § 281 Rn. 23 f.

[4] BGHZ 143, 42, 46 ff.

[5] BGHZ 99, 182, 198.

[6] Dafür *Brox/Walker*, AS, § 22 Rn. 72; Jauernig/*Stadler*, § 284 Rn. 1; Palandt/*Grüneberg*, § 284 Rn. 1, 4; wohl auch *Medicus/Lorenz* I, Rn. 455 a und 455 g.

[7] So wohl *Canaris*, JZ 2001, 499, 517; Hk/*Schulze*, § 284 Rn. 1 ff.; vgl. MünchKomm/*Ernst*, § 284 Rn. 8, der zwischen Aufwendungen zu Zwecken der Gewinnerzielung und Aufwendungen zu anderen Zwecken unterscheidet und nur bei letzteren § 284 als Anspruchsgrundlage sieht.

[8] Begr. zum RegE, BT-Drs. 14/6040, 144 (zu § 284) spricht davon, die Norm gewähre dem Gläubiger die Möglichkeit, Aufwendungsersatz zu verlangen; andererseits heißt es auf S. 135 zu § 280, die Norm sei neben § 311a Abs. 2 die einzige Anspruchsgrundlage des Leistungsstörungsrechts.

[9] Vgl. weiter MünchKomm/*Ernst*, § 284 Rn. 6 ff.

eines Schadensersatzanspruchs nach §§ 280 Abs. 1 und 3 i.V.m. 281–283 oder nach § 311a Abs. 2 voraussetzt, mit Ausnahme des Erfordernisses des adäquat-kausal verursachten Schadens.[10] Insofern steht der Anspruch dem Ersatz eines immateriellen Schadens nahe.[11] Übrigens soll § 284 trotz seines Wortlauts auch für die Schlechtleistung gelten.[12]

1. Bestehen eines Schadensersatzanspruchs i.S.v. § 280 Abs. 1, 3

18   Da der Anspruch nur „anstelle des Schadensersatzes statt der Leistung" besteht, muss ein entsprechender Anspruch bestehen;[13] dies ist grundsätzlich der Fall (oben Rn. 6 ff.).

2. Aufwendungen

19   Aufwendungen, also freiwillige Vermögensopfer, liegen in den 5000 €, die Ä aufgrund ihrer vertraglichen Vereinbarung an die B zahlen muss. Das Vorliegen einer Zahlungspflicht steht der Freiwilligkeit nicht entgegen, solange diese aufgrund eines freien Entschlusses der Ä entstanden ist, wie es hier der Fall ist.

3. Im Vertrauen auf den Erhalt der Leistung

20   Aufwendungsersatz wird gem. § 284 gewährt, wenn Ä die Aufwendungen im Vertrauen auf den Erhalt der Leistung gemacht hat und billigerweise machen durfte. Die Verpflichtung der Band geschah im Hinblick auf die geplante Party, für die Ä die Kneipe des K „gemietet" hatte, und somit im Vertrauen auf die Zurverfügungstellung der Räumlichkeiten. Ä durfte die Band auch billigerweise engagieren.

4. Zweckverfehlung nur infolge Pflichtverletzung

21   Schließlich müssen die Aufwendungen allein durch die Pflichtverletzung des K vorzeitig entwertet worden sein, denn der Anspruch wäre nach § 284 a.E. ausgeschlossen, wenn sie ihren Zweck auch bei ordnungsgemäßer Vertragsdurchführung nicht erreicht hätten. Das wäre etwa der Fall, wenn Ä die Party aus anderen Gründen ohnehin nicht hätte stattfinden können; das gilt auch Aufwendungen zu rein konsumtiven oder ideellen Zwecken, deren Ersatz § 284 ermöglichen soll.[14] Im Ergebnis hätte Ä aufgrund ihrer Verhaftung die Party ohnehin absagen müssen. Selbst wenn die Kneipe nicht ausgebrannt wäre und K sie vereinbarungsgemäß am Rosenmontag an Ä überlassen hätte, hätte diese wegen ihrer Verhaftung keine Party veranstalten können. Ä hätte auch in diesem Fall das vereinbarte Honorar an die B zahlen müssen. Damit fehlt es an der Kausalität der Pflichtverletzung des K für die Vergeblichkeit der Aufwendungen der Ä.

5. Ergebnis

22   Auch nach § 284 kann Ä nicht Ersatz der an die B gezahlten Vergütung von K fordern.

---

[10] So schon AnwK/*Dauner-Lieb*, § 284 Rn. 6.
[11] *Canaris*, DB 2001, 1815, 1820; soweit es um den Ersatz fehlgeschlagener Aufwendungen im Wege des Schadensersatzes geht, spricht dies wegen § 253 Abs. 1 nach BGHZ 99, 182, 202 entscheidend gegen einen Ersatz.
[12] Vgl. AnwK/*Dauner-Lieb*, § 284 Rn. 3, 6 f.; MünchKomm/*Ernst*, § 284 Rn. 10.
[13] Vgl. BGHZ 177, 224, 236.
[14] Palandt/*Grüneberg*, § 284 Rn. 7.

Praxiskomplex

I. Anspruch der Ä gegen V auf Schadensersatz statt der Leistung gem. §§ 280 Abs. 1 und 3, 281 Abs. 1

Ein Anspruch der Ä auf Schadensersatz statt der Leistung gegen V könnte aus §§ 280 Abs. 1 und 3, 281 Abs. 1 folgen. Da V der Ä die Miteträume noch nicht überlassen hatte, scheidet ein Vorrang der §§ 536 ff. aus.[15]

1. Schuldverhältnis

Das von § 280 Abs. 1 verlangte Schuldverhältnis liegt mit dem zwischen Ä und V geschlossenen Mietvertrag (§ 535) vor.

2. Pflichtverletzung

V müsste eine Pflicht aus dem Mietvertrag verletzt haben.

a) Fällige, durchsetzbare Leistungspflicht

Als Vermieter war V gem. § 535 Abs. 1 verpflichtet, der Ä den Gebrauch des Hauses in vertragsgemäßem Zustand ab 1. 4. für die zehnjährige Mietdauer zu gewähren. Der Anspruch ist ab 1. 4. fällig. Einreden des V sind nicht ersichtlich.

b) Keine Leistungsbefreiung nach § 275 Abs. 1–3

Wäre die Leistungspflicht des V nachträglich nach § 275 Abs. 1 bis 3 entfallen und seine Leistung auch nicht nachholbar, wären die Voraussetzungen des § 281 Abs. 1 S. 1 nicht mehr erfüllt (vgl. auch § 283). Daher ist zu prüfen, ob die Verpflichtung des V zur Überlassung der Räume ab 29. 3. i. S. v. § 275 Abs. 1 unmöglich geworden und damit entfallen ist.

Dafür spricht, dass die Gebrauchsüberlassung nach § 535 Abs. 1 als echte Dauerverpflichtung fortlaufend zu erfüllen ist. Unterbleibt sie für einen bestimmten Zeitraum, ist sie wegen des Zeitablaufs nicht mehr nachholbar; für den Zeitraum der Nichtleistung tritt also vorübergehende[16] bzw. zeitweise Unmöglichkeit ein. Für die Zukunft gilt das aber nicht ohne weiteres, da echte Dauerleistungen wie die von V geschuldete Überlassung der Miteträume für die Zukunft wieder erfolgen könnten; dies gilt hier trotz der Veräußerung an den Investor, auf den das Mietverhältnis gem. §§ 578 Abs. 2 und 1, 566 mit Eigentumserwerb übergeht. Im Ergebnis ist die zeitweise Unmöglichkeit von der Interessenlage her wie eine teilweise Unmöglichkeit zu behandeln, für die gem. § 283 S. 2 die Vorschriften in § 281 Abs. 1 S. 2 und 3 sowie Abs. 5 entsprechend gelten. Ä kann also grundsätzlich gem. §§ 280, 283 nur für den Zeitraum der Nichtleistung Schadensersatz statt der Leistung verlangen. Schadensersatz statt der ganzen Leistung kann sie wegen der zeitweisen Nichtleistung nur verlangen, wenn diese zu einem Interessewegfall hinsichtlich der zukünftigen Überlassung der Miteträume führt. Da das Gebäude noch steht und V nur die Barriere beseitigen müsste, wie Ä es auch von ihm verlangt, ist ein Interessewegfall hier nicht ersichtlich. Ä kann daher nicht nach § 283, sondern nur nach § 281 Abs. 1 Schadensersatz statt der ganzen Leistung verlangen.

---

[15] Palandt/*Weidenkaff,* § 536 Rn. 6.
[16] Der Begriff ist hier misslich, da mit vorübergehender Unmöglichkeit normalerweise etwas anderes gemeint ist, vgl. dazu Fall 30 Rn. 5, 14 ff.

c) Nichterfüllung als Pflichtverletzung

29 V ist seiner Pflicht zur Überlassung der Räume ab 1. 4. nicht nachgekommen und hat durch diese Nichterfüllung seine Pflichten aus dem Mietvertrag verletzt.

d) Fristsetzung und ergebnisloser Ablauf

30 Gem. § 281 Abs. 1 S. 1 erfordert der Schadensersatz statt der Leistung grundsätzlich eine Fristsetzung. Ä hat V eine Frist von vier Tagen zur Herstellung des vertragsgemäßen Zustandes gesetzt, die ergebnislos verstrichen ist. Zu prüfen bleibt, ob die gesetzte Frist angemessen war. Dazu müsste sie dem Schuldner eine letztmalige Gelegenheit geben, eine bereits begonnene Leistung zu vollenden;[17] ihre Dauer hängt somit von den Umständen des jeweiligen Einzelfalls ab. Da V nur die Zumauerung beseitigen lassen müsste, ist die von Ä gesetzte Frist von vier Tagen ausreichend und damit angemessen. Diese Frist ist ergebnislos verstrichen.

31 **Hinweis:** Im Übrigen setzt die Bestimmung einer zu kurzen Frist eine angemessene in Gang.[18]

e) Entbehrlichkeit der Fristsetzung gem. § 281 Abs. 2

32 Zwar hat Ä dem V wirksam eine angemessene Frist gesetzt. V hat aber bereits am die Fristsetzung am 31. 3. erklärt, er habe das Haus verkauft und müsse es räumen. Damit hat er die Erfüllung seiner vertraglichen Pflichten endgültig und ernsthaft verweigert, was die Fristsetzung gem. § 281 Abs. 2 Alt. 1 entbehrlich werden ließ. Fraglich ist, ob es eine Rolle spielt, dass die Erfüllungsverweigerung bereits vor Fälligkeit am 1. 4. erfolgte. Nach dem Wortlaut des § 281 Abs. 1 S. 1 wären damit die Voraussetzungen für den Schadensersatz an sich nicht erfüllt. Jedoch ist die Erfüllungsverweigerung vor Fälligkeit in der Parallelregelung zum Rücktritt in § 32 Abs. 4 dahingehend geregelt, dass der Rücktritt auch schon vor Fälligkeit zulässig ist, wenn offensichtlich ist, dass seine Voraussetzungen eintreten werden. Ohne dass dafür ein Grund ersichtlich wäre, fehlt eine solche Sonderregelung in § 281. Da für eine unterschiedliche Regelung kein sachlicher Grund ersichtlich ist und vor der Schuldrechtsreform von 2002 anerkannt war, dass auch die Erfüllungsverweigerung vor Fälligkeit zum Schadensersatz wegen Nichterfüllung führt, der Gesetzgeber daran schließlich nichts ändern wollte, ist von einer unbeabsichtigten Regelungslücke auszugehen. Wegen der Vergleichbarkeit der Interessenlage ist § 323 Abs. 4 im Rahmen von § 281 analog anwendbar.[19] Ä kann daher nicht erst ab Fristablauf bzw. Fälligkeit, sondern bereits ab 31. 3. Schadensersatz statt der Leistung fordern, was wegen des Maklerauftrags vom 2. 4. vor Fristablauf von Bedeutung ist.

3. Vertretenmüssen

33 Gem. § 280 Abs. 1 S. 2 ist Schadensersatz nicht geschuldet, wenn der Schuldner die Pflichtverletzung nicht i. S. v. § 276 Abs. 1 zu vertreten hat. Der Schuldner muss sich also bei Vorliegen einer objektiven Pflichtverletzung entlasten. Da V den Zugang zu den an Ä vermieteten Räumen zugemauert und damit vorsätzlich nicht mehr erfüllt hat, scheidet eine Entlastung aus. V hat die Nichtleistung folglich zu vertreten.

---

[17] *BGH* NJW 1982, 1279, 1280; 1992, 235.
[18] Begr. zum RegE, BT-Drs. 14/6040, 138; vgl. zum früheren Recht *BGH* NJW 1985, 2640 m. w. N.
[19] H. M., *Looschelders*, Rn. 619, 707; Palandt/*Grüneberg*, § 281 Rn. 8a m. w. N.; a. A. *Medicus/Lorenz* I, Rn. 494: Vertragsaufsage als Verletzung der Leistungstreuepflicht (§ 241 Abs. 2) mit der Folge des § 282. Dagegen spricht, dass § 282 Fälle betrifft, in denen der Schuldner leistungsbereit ist.

4. Schadensersatz

Damit kann Ä von V gem. §§ 280, 281 Ersatz der Vermögenseinbußen verlangen, die ihr durch das Ausbleiben der Leistung ab 22. 3. entstanden sind. 34

a) Haftungsausfüllende Kausalität

Gem. §§ 280 Abs. 1 und 3, 281 Abs. 1 i. V. m. § 249 Abs. 1 sind nur Schäden ersatzfähig, für welche die konkrete Pflichtverletzung adäquat kausal war, hier also die Nichtüberlassung der Mieträume. Hätte V ordnungsgemäß erfüllt und Ä die Räume überlassen, hätte diese keine neuen Räume suchen müssen. Sie hätte dann den M nicht beauftragen und bezahlen und nicht in die neuen Räume umziehen müssen; ebenso wenig wären nochmals Kosten für das Drucken von Briefbögen usw. entstanden. Schließlich hätte sie für die Dauer von zehn Jahren nur die mit V vereinbarte Miete und nicht die höhere Miete zahlen müssen. Denn wegen der Befristung des Mietverhältnisses war eine ordentliche Kündigung durch V vor Ablauf der Mietzeit ausgeschlossen, arg § 542 Abs. 2, so dass ein rechtmäßiges Alternativverhalten ausscheidet. Damit sind die genannten Schadensposten ohne weiteres ersatzfähig. 35

Fraglich ist aber, ob das Gleiche für die Kosten der Renovierung der von V gemieteten Räume und den Umzug gilt. Denn die Kosten hätten sie genauso getroffen, wenn V ordnungsgemäß erfüllt hätte; sie beruhen also nicht auf seiner Pflichtverletzung. Ähnlich verhält es sich mit dem Praxisschild, dessen Verlust nicht auf der Nichterfüllung des Mietvertrags, sondern auf seiner Entfernung und der Entsorgung in die Mülltonne beruht. 36

b) Rentabilitätsvermutung und § 284

Fraglich ist, ob auch die Kosten der Renovierung unter dem Gesichtspunkt der Rentabilitätsvermutung (oben Rn. 14) ersatzfähig sind. Da Ä die renovierten Räume zehn Jahre hätte nutzen können und obendrein fünf Jahre lang weniger Miete gezahlt hätte, wäre dies hier grundsätzlich zu bejahen. Fraglich ist jedoch, ob man die Rentabilitätsvermutung im Rahmen des Schadensersatzes statt der Leistung i. S. v. § 280 Abs. 3 noch anwenden kann, da der Gesetzgeber den Ersatz frustrierter Aufwendungen nun in § 284 „anstelle des Schadensersatzes statt der Leistung" vorgesehen hat. Dieses Alternativitätsverhältnis legt nahe, dass derartige Aufwendungen nicht mehr über die Rentabilitätsvermutung unter den Schadensersatz statt der Leistung fallen sollen.[20] Damit wollte der Gesetzgeber den Ersatz vergeblicher Aufwendungen unabhängig von der Rentabilitätsvermutung ermöglichen.[21] Die Alternativität von § 281 und § 284 ist Folge der beibehaltenen Unterscheidung zwischen Vertrauensschaden und positivem Interesse.[22] Ä kann also entweder Schadensersatz statt der Leistung oder nach § 284 Ersatz ihrer frustrierten Aufwendungen verlangen. 37

Dagegen hält die h. M. die Anwendung der Rentabilitätsvermutung im Rahmen des Schadensersatzes statt der Leistung für weiterhin möglich, da die Schaffung des § 284 nur Methodenunehrlichkeiten vorbeugen und die Schutzlücke bei Aufwendungen zu ideellen Zwecken schließen sollte.[23] Die Rentabilitätsvermutung gilt ohnehin nur, so- 38

---

[20] AnwK/*Dauner-Lieb*, § 284 Rn. 5; *v. Wilmowski*, JuS 2002 Beilage 1, 10, 15.
[21] Begr. zum RegE, BT-Drs. 14/6040, 143.
[22] *Canaris*, JZ 2001, 499, 517; zu den Grenzen der Alternativität *Gsell*, NJW 2006, 125 f.
[23] *Canaris*, JZ 2001, 499, 517; Bamberger/Roth/*Unberath*, § 281 Rn. 46, § 284 Rn. 4 m. w. N.; Medicus/*Lorenz* I, Rn. 455 a; MünchKomm/*Ernst*, § 284 Rn. 35.

fern der Gläubiger lediglich entgangene Amortisationsmöglichkeiten geltend machte, nicht aber bei der Forderung nach sonstigem Schadensersatz.[24] Soweit der Gläubiger – etwa bei der Rückabwicklung von Kaufverträgen – Schadensersatz statt der ganzen Leistung (§ 281 Abs. 1 S. 2 und 3, Abs. 4) fordert, bleibt nichts anderes übrig, als die Rentabilitätsvermutung im Rahmen der §§ 281 bis 283 weiterhin anzuwenden, wofür die überwiegende Ansicht insofern zu Recht auch plädiert.[25] Denn das Gesetz sieht diese wegen § 325 an sich überflüssige Möglichkeit vor. Im Grundsatz könnte Ä die Kosten der Erstrenovierung über die Rentabilitätsvermutung also erstattet verlangen, da sich diese Kosten für sie während der zehnjährigen Mietdauer – insbesondere durch die Mietreduzierung für fünf Jahre – amortisiert hätten. Die Kosten für den noch nicht erfolgten Umzug in die Räume des V kann sie dagegen nicht ersetzt verlangen.

39 Doch ist zu beachten, dass der Schadensersatz statt der Leistung den Gläubiger so stellen soll, als habe er die ordnungsgemäße Leistung des Schuldners erhalten. Verlangt er also Ersatz für Deckungsmaßnahmen (hier: Anmietung von Ersatzräumen etc.) oder seinen entgangenen Gewinn, muss er die frustrierten Aufwendungen ohne weiteres tragen, weil er sonst besser stünde als bei ordnungsgemäßer Erfüllung. Im vorliegenden Fall ist es angesichts der weiteren Entwicklung – Anmietung von Ersatzräumen – zur Kompensation der von Ä erlittenen Nachteile ausreichend, dass sie die Mietdifferenz und die erneuten Druckkosten ersetzt bekommt, die adäquat-kausal auf der Nichterfüllung beruhen. Somit bleibt es dabei, dass Ä hinsichtlich der Erstrenovierung keinen ersatzfähigen Schaden erlitten hat, da die Aufwendungen nicht kausal durch die Pflichtverletzung in Gestalt der Nichtleistung entstanden sind; eine doppelte Kompensation scheidet aus.[26] Soweit die frustrierten Aufwendungen höher sind als die Zusatzkosten für die Ersatzräume, könnte Ä auf den Anspruch gem. § 284 ausweichen, um ein für sie wirtschaftlich möglichst vorteilhaftes Ergebnis zu erreichen.

40 **Hinweis:** Daher kann dahinstehen, ob man die gesetzlich angeordnete Alternativität zwischen Schadens- und Aufwendungsersatz in Extremfällen durch eine teleologische Reduktion aufheben könnte.[27] – Unklar ist auch, ob § 284 bei erwerbswirtschaftlich motivierten Zwecken nur dann einen Anspruch gibt, wenn die Rentabilitätsvermutung im Rahmen des § 280 Abs. 3 eingreift. Anders ausgedrückt ist umstritten, ob die Aufwendungen ihren Zweck i.S.v. § 284 Hs. 2 auch dann verfehlt haben, wenn das Geschäft für den Gläubiger wirtschaftlich nachteilig gewesen wäre. Die wohl überwiegende Auffassung bejaht dies unter Heranziehung des Gedankenguts der Rentabilitätsvermutung;[28] ihre Vertreter stellen abstrakt auf den erwerbswirtschaftlichen Zweck ab, der zum Abschluss des Vertrags führte. Hätte der Gläubiger mit dem Vertrag nur Verluste gemacht, soll er auch nach § 284 keinen Aufwendungsersatz verlangen können. Ob das richtig ist, kann man anzweifeln, denn § 284 sollte eine zusätzliche Ersatzmöglichkeit schaffen, die über den Schadensersatz im eigentlichen Sinn hinausgeht. Man könnte auch auf den konkreten Verwendungszweck abstellen, dem die Aufwendungen im Rahmen der erwerbswirtschaftlichen Tätigkeit dienten, innerhalb derer der Vertrag geschlossen wurde.[29] Kauft sich ein Unternehmer etwa einen Wachhund, der vor Übergabe infolge eines Verschuldens des Verkäufers verstirbt, kann es für die Ersatzfähigkeit der Kosten einer Hundehütte kaum darauf ankommen, ob der Unternehmer generell Gewinn macht oder nicht. Einen konkreten Gewinn bzw. eine Amortisation der Kosten der Hütte (bzw. des Kaufs des Hundes) wird man kaum feststellen können, denn dieser hinge letztlich davon ab, ob der Hund seine Aufgabe erfüllt hätte. Bei einem ausgebildeten Wachhund wird man davon ausgehen müssen, bei Einsatz eines Schoß- und Zierhundes nicht.

---

[24] *BGH* NJW 1999, 3625, 3626.
[25] MünchKomm/*Emmerich*, Vor § 281 Rn. 38 ff.; MünchKomm/*Ernst*, § 284 Rn. 35; Palandt/*Grüneberg*, § 281 Rn. 23 f.
[26] BGHZ 163, 381, 386 f. = NJW 2005, 2848 = JuS 2005, 1036.
[27] So *Canaris*, JZ 2001, 499, 517.
[28] MünchKomm/*Ernst*, § 284 Rn. 25; Palandt/*Grüneberg*, § 284 Rn. 7.
[29] Ebenso Hk/*Schulze*, § 284 Rn. 2.

c) Anspruchsminderung gem. § 254 Abs. 2 S. 1

Zu prüfen bleibt, ob der Schadensersatzanspruch der Ä hinsichtlich der Maklerkosten wegen Verletzung der Schadensminderungspflicht nach § 254 Abs. 2 S. 1 zu mindern ist, wie V sinngemäß geltend macht. Theoretisch hätte Ä sicherlich selbst Ersatzräume finden können, doch war hier wegen der gebotenen Eile – es drohte ohne Praxisräume insbesondere ein längerer Verdienstausfall – die Einschaltung von Maklern als Personen mit Marktüberblick geradezu geboten. Der Anspruch ist nicht gem. § 254 zu mindern. 41

5. Ergebnis

Ä hat gegen V einen Anspruch auf Schadensersatz statt der Leistung gem. §§ 280 Abs. 1 und 3, 281 Abs. 1; sie kann so die Mietdifferenz für zehn Jahre i.H.v. 36 000 € und die Druckkosten für die Briefbögen usw. für die Ersatzräume ersetzt verlangen. 42

II. Anspruch auf Aufwendungsersatz gem. § 284

Ä könnte von V alternativ auch Aufwendungsersatz gem. § 284 verlangen. 43

1. Voraussetzungen für Schadensersatz statt der Leistung

Da § 284 den Ersatz von infolge der Pflichtverletzung frustrierter Aufwendungen als Alternative zum Schadensersatz statt der Leistung gewährt, müssen die Voraussetzungen dafür grundsätzlich vorliegen. Wie soeben dargelegt, ist dies hier der Fall. 44

2. Aufwendungen

Ä müsste Aufwendungen gemacht haben, also freiwillige Vermögensopfer erbracht haben. Sie hat Renovierungs- und Druckleistungen gezahlt und Makler- und Umzugskosten gehabt. 45

3. Im Vertrauen auf den Erhalt der Leistung

Ä muss die Aufwendungen im Vertrauen auf den Erhalt der Leistung gemacht haben und billigerweise haben machen dürfen. Das ist nur für die Renovierungs- und Druckkosten im Zusammenhang mit den von V angemieteten Räumen zu bejahen, dagegen hat sie sämtliche Kosten für die neuen Räume nicht im Vertrauen auf den Erhalt der Leistung des V gemacht. Somit kann Ä grundsätzlich gem. § 284 Ersatz sämtlicher Aufwendungen verlangen, die sie im Vertrauen auf die dauerhafte Nutzung der von V gemieteten Räume gemacht hat. Da der Sachverhalt nichts Gegenteiliges mitteilt, durfte Ä billigerweise auch erwarten, dass sich diese Aufwendungen lohnen würden.[30] Die Kosten für die Ersatzräume und die Mietdifferenz fallen dagegen nicht unter § 284. 46

4. Zweckverfehlung nur infolge Pflichtverletzung, § 284 Hs. 2

Schließlich müssen die Aufwendungen allein durch die Pflichtverletzungen des V vorfristig entwertet worden sein, denn der Anspruch wäre gem. § 284 Hs. 2 ausge- 47

---

[30] Wenn der Zusatz der Billigkeit überhaupt eine Bedeutung hat und hier nicht einfach der Gedanke von § 254 wiederholt wird. So *Canaris*, JZ 2001, 499, 517.

schlossen, wenn die Aufwendungen ihren Zweck auch sonst nicht erreicht hätten, sich also insbesondere auch bei ordnungsgemäßer Vertragsdurchführung aufgrund der Nachteiligkeit des ersten Mietvertrags nicht hätten amortisieren können. Das wäre etwa bei unvernünftig hohen Umgestaltungsaufwendungen oder dergleichen der Fall,[31] die hier aber nicht ersichtlich sind. Im Gegenteil sollten die Renovierungskosten durch die vereinbarte niedrigere Miete in den ersten fünf Jahren kompensiert werden. Damit haben die Aufwendungen nur infolge der Pflichtverletzung des V ihren Zweck verfehlt.[32]

48 **Hinweis:** Dagegen ist es hier irrelevant, ob sich die Aufwendungen „rentiert" hätten, ob sie also insgesamt zu einem Gewinn der Ä geführt hätten.[33]

5. Teleologische Reduktion des § 284

49   Fraglich ist, ob § 284 aufgrund einer teleologischen Reduktion auf erwerbswirtschaftlich motivierte Aufwendungen nicht anzuwenden ist, weil der Gesetzgeber mit der Norm vor allem eine Schutzlücke bei ideellen Motiven des Gläubigers schließen wollte. Dazu müsste der Wortlaut des § 284 Fälle erfassen, die von seinem Regelungszwecke nicht erfasst sind, und dies zu vom Gesetzgeber nicht gewünschten Ergebnissen führen. Zwar ist eine Anwendung des § 284 nicht notwendig, wenn man mit der oben (Rn. 38) vertretenen Auffassung die Rentabilitätsvermutung im Rahmen des § 280 Abs. 3 weiterleben lässt. Doch führt eine Anwendung der Norm auf erwerbswirtschaftliche Verträge nicht zu fragwürdigen Ergebnissen, da es zum einen im Belieben des Gläubigers steht, sich für Aufwendungs- oder Schadensersatz zu entscheiden, und § 284 darüber hinaus in Fällen, in denen die Rentabilitätsvermutung nicht eingreift, wegen seiner Einschränkung am Ende nicht ohne weiteres immer einen Anspruch gewährt.[34] Vor allem aber ist den Gesetzesmaterialien nicht zu entnehmen, dass § 284 bei erwerbswirtschaftlich motivierten Verträgen nicht gelten soll; im Gegenteil soll der Gläubiger einen von einer Rentabilitätsvermutung unabhängigen Anspruch erhalten, der wegen der Möglichkeit der Kombination von Rücktritt und Schadens- bzw. Aufwendungsersatz (§ 325) eine größere Bedeutung erlangen und Fragwürdigkeiten der Rentabilitätsvermutung ausräumen soll.[35] Damit scheidet eine teleologische Reduktion aus.

6. Ergebnis

50   Gem. § 284 könnte Ä nach ihrer Wahl anstelle des Schadensersatzes statt der Leistung Ersatz sämtlicher Aufwendungen verlangen, die sie für die von V gemieteten Räume hatte, also die Renovierungskosten von 75 000 € und die Druckkosten für Geschäftspapiere mit der Adresse der von V gemieteten Räume. Dies wäre günstiger.

51 **Hinweis:** Die Wahlmöglichkeit ist § 284 immanent. Man mag sie rechtspolitisch für fragwürdig halten, doch ist das irrelevant. Die Fragwürdigkeit ergibt sich ohnehin nur aus dem Blickwinkel der Rentabilitätsvermutung, die letztlich nur als Notbehelf entwickelt wurde.

---

[31] Vgl. *Altmeppen*, DB 2001, 1399, 1404: nicht erfüllter Kaufvertrag über einen Hund und Bau einer Hütte; näher *Fischinger/Wabnitz*, ZGS 2007, 139, 141 ff.; *Gsell*, NJW 2006, 125, 126.
[32] Vgl. zu Zulassungskosten eines Kfz BGHZ 163, 381, 388 f. = NJW 2005, 2848 = JuS 2005, 1036; zu Einbaukosten mangelhafter Parkettstäbe BGHZ 177, 224, 236 = NJW 2008, 2837.
[33] Begr. zum RegE, BT-Drs. 14/6040, 142 f. – A. A. MünchKomm/*Ernst*, § 284 Rn. 25.
[34] BGHZ 163, 381 = NJW 2005, 2848 = JuS 2005, 1036; MünchKomm/*Ernst*, § 284 Rn. 22 ff., 25; Palandt/*Grüneberg*, § 284 Rn. 3 und 7 m. w. N.
[35] Begr. zum RegE, BT-Drs. 14/6040, 142 f.

III. Anspruch der Ä gegen V auf Schadensersatz gem. § 280 Abs. 1 für das Praxisschild

Wegen des Verlusts des Praxisschildes kommt ein Anspruch der Ä gegen V gem. § 280 Abs. 1 in Betracht.[36] Mit dem Mietvertrag lag zwischen den Parteien ein Schuldverhältnis vor, das jede Partei i.S.v. § 241 Abs. 2 zur Rücksichtnahme auf die Rechte usw. der anderen verpflichtete. Mit dem Entfernen und Wegwerfen des Praxisschildes hat V diese Pflicht verletzt und diese vorsätzliche Pflichtverletzung gem. § 276 Abs. 1 S. 1 zu vertreten. Ä kann also, da das Schild verloren ist und Naturalrestitution somit ausscheidet, gem. §§ 280 Abs. 1, 251 Abs. 1 Wertersatz für das Praxisschild verlangen, und zwar unabhängig davon, welchen Weg sie im Übrigen einschlägt. 52

IV. Deliktische Ansprüche

Wertersatz für das Praxisschild kann Ä, da V ihr Eigentum durch eine eigene Handlung zumindest fahrlässig verletzt hat, gem. § 823 Abs. 1 i.V.m. § 251 Abs. 1 ersetzt verlangen. 53

Wegen der Vereitelung des Zugangs zu den gemieteten Räumen kommt ein Anspruch nach § 823 Abs. 1 wegen Verletzung des Besitzes in Betracht. Nach h.M. ist nur der berechtigte Besitz als sonstiges Recht i.S.v. § 823 Abs. 1 anerkannt, so dass der Anspruch letztlich eine Verletzung des Besitzrechts voraussetzt.[37] Da Ä im Verhältnis zu V zum Besitz an den gemieteten Räumen und zu ihrer Nutzung berechtigt war, ist eine tatbestandsmäßige Verletzung des berechtigten Besitzes zu bejahen. Die Verletzung beruht auf einer Handlung des V, die rechtswidrig war und vorsätzlich vorgenommen wurde. Ersatzfähig ist der sog. Verwendungsschaden, der aus der Beeinträchtigung der Nutzungsmöglichkeit folgt; da diese nachträglich nicht mehr zu gewähren ist, kommt gem. § 251 Abs. 1 nur Wertersatz in Betracht. 54

Nach h.M. ist § 858 Abs. 1 zudem Schutzgesetz i.S.v. § 823 Abs. 2 zugunsten des Besitzers;[38] da V gegenüber der Ä verbotene Eigenmacht verübt hat, besteht also ein entsprechender Anspruch auch aus § 823 Abs. 2. – An einer Geltendmachung der Ansprüche gem. §§ 861, 862 ist Ä nach Beendigung des Mietverhältnisses nicht mehr interessiert. 55

---

[36] Es handelt sich hier um einen „einfachen" Schaden i.S.v. § 280 Abs. 1 BGB (früher: „pFV").
[37] Vgl. BGHZ 137, 89, 97f.; Palandt/*Sprau*, § 823 Rn. 13 m.w.N.
[38] BGHZ 114, 305, 311f. m.w.N.

Fall 12. Platter Roller

Sachverhalt

V verkauft dem K einen gebrauchten Motorroller für 1000 € und erklärt sich bereit, das Fahrzeug am nächsten Tag um 18 Uhr bei K abzuliefern. Dementsprechend macht er sich am nächsten Tag mit dem Roller auf den Weg zu K. Unterwegs kommt unvermittelt aus einer unübersichtlichen Einfahrt ein anderes Fahrzeug geschossen und nimmt dem mit angepasster Geschwindigkeit und aufmerksam fahrenden V die Vorfahrt. Die Kollision lässt sich nur noch durch ein Ausweichmanöver vermeiden, bei dem V stürzt, ohne Blessuren davon zu tragen. Der Motorroller rutscht jedoch auf die Gegenfahrbahn und wird von einem Lkw überrollt. Es stellt sich heraus, dass K derjenige war, der die Vorfahrt des V missachtet hatte und, ohne an irgendwelche Gefahren zu denken, möglichst schnell nach Hause wollte. K meint, das sei ja dumm gelaufen, aber angesichts der Ereignisse fühle er sich an den Vertrag nicht mehr gebunden.
Kann V von K Zahlung des Kaufpreises verlangen?

Abwandlung: V war unaufmerksam und hätte grundsätzlich noch anhalten können. Der Roller hat einen Marktwert von 1200 €. – Welche Ansprüche haben V und K gegeneinander?

Vorüberlegungen

Wieder sind die Leistungsbefreiungstatbestände der §§ 275 Abs. 1 bzw. 326 Abs. 1 erfüllt. Im Ausgangsfall ist zu prüfen, ob V gem. § 326 Abs. 2 S. 1 Alt. 1 seinen Kaufpreisanspruch (Gegenleistungsanspruch) behält, weil K für den zur Leistungsbefreiung nach § 275 Abs. 1 führenden Umstand verantwortlich ist. Da das Gesetz die Verantwortlichkeit des Gläubigers nicht regelt, ist seit jeher umstritten, wonach sie zu ermitteln ist. Dieses traditionelle Standardproblem und die verschiedenen Ansätze zu seiner Lösung muss man kennen. Seine Darstellung in der Lösung hat aus didaktischen Gründen Hausarbeitsumfang.

Der Schwerpunkt des Falles liegt aber in der Abwandlung. Sie beschäftigt sich mit einem anderen „Klassiker", nämlich der von beiden Parteien zu vertretenden Unmöglichkeit. Ihre Behandlung ist seit jeher[1] höchst umstritten. Meinungsstand und Lösungsvorschläge sind kompliziert, weshalb die Ausführungen unten in der Falllösung wieder eher auf Hausarbeitsniveau liegen. In einer Klausur muss man das Problem erkennen und die vorhandenen Lösungswege zumindest grob schildern:

Seit der Schuldrechtsreform von 2001 ist die beiderseits zu vertretende Unmöglichkeit zumindest teilweise in § 326 Abs. 2 S. 1 Alt. 1 geregelt. Die Norm regelt u.a. den Fall, dass der Gläubiger für den zur Leistungsbefreiung des Schuldners führenden

---

[1] Zu den Lösungsvorschlägen nach altem Recht vgl. jeweils m.w.N.: *OLG Frankfurt a.M.* NJW-RR 1995, 435, 436f. (dazu krit. *Looschelders,* JuS 1999, 949); *Faust,* Von beiden Teilen zu vertretende Unmöglichkeit, JuS 2001, 133 ff.; MünchKomm/*Emmerich,* § 324 a.F. Rn. 19 ff.

Fall 12. Platter Roller

Umstand *weit überwiegend verantwortlich* ist. Das wirft die Frage auf, was für die anderen Fälle beiderseitiger Verantwortlichkeit für die Leistungsbefreiung gilt.

Lösungsvorschlag 1 geht dahin, die Lösungsvorschläge zum bis Ende 2001 geltenden Recht zu übernehmen. Allerdings gab es dazu im Wesentlichen zwei Vorschläge.[2] Gegen eine unbesehene Übernahme dieser Lösungen spricht aber,[3] dass sie in erheblichem Maße durch die frühere gesetzliche Regelung beeinflusst waren und die Schuldrechtsreform die Leistungsstörungstatbestände stark umgestaltet hat.

Nach Lösungsvorschlag 2 scheidet dies aus, weil die beiderseits zu vertretende Unmöglichkeit heute in §§ 326 Abs. 2 S. 1 Alt. 1 **und** 323 Abs. 6 zumindest für das Schicksal der Gegenleistung und die Frage des Rücktritts geregelt ist. Insofern könnte man von einer abschließenden Regelung ausgehen.[4] Den Interessen des Gläubigers trägt der – gem. § 325 vom Rücktritt unberührte – Anspruch auf Schadensersatz statt der Leistung gem. §§ 280 Abs. 1 und 3, 283 Rechnung, der gem. § 254 um seinen Verursachungsanteil zu kürzen ist. Bei weit überwiegender Verantwortlichkeit des Gläubigers führt dies zu einer Kürzung auf Null, die sich mit der Wertung des §§ 326 Abs. 2 S. 1 Alt. 1, 323 Abs. 6 Alt. 1 deckt; deshalb kann es nie zu einer Aufrechnung von Gegenleistungsanspruch des Schuldners und Schadensersatzanspruch des Gläubigers kommen. Im Übrigen besteht der Schadensersatzanspruch, und seine Höhe hängt von den beiderseitigen Verursachungsanteilen ab. Das Schadensersatzbegehren des Gläubigers nach § 283 führt nicht zum Erlöschen seiner Gegenleistungspflicht, da die Norm nicht auf § 281 Abs. 4 verweist (und auch nicht verweisen darf, weil der Verweis entweder wegen § 326 Abs. 1 S. 1 entbehrlich ist oder § 326 Abs. 2 zunichte machen würde).

Nun bleibt ein Problem: Bei ungefähr gleichgewichtiger Verursachung behält der Gläubiger seinen gekürzten Schadensersatzanspruch gem. §§ 280, 283, 254. Der Schuldner verliert aber gem. § 326 Abs. 1 S. 1 und Abs. 2 S. 1 seinen Gegenleistungsanspruch vollständig. Zur Lösung dieses Dilemmas gibt es zwei Möglichkeiten:

Die eine besteht darin, in Fortführung der Lösung zum alten Recht dem Gläubiger die Berechnung des Schadensersatzes nur nach der Surrogationsmethode zu gestatten. Er muss also *im Rahmen des Schadensersatzes* seine Gegenleistung erbringen und kann dann seine Schäden liquidieren, gekürzt um seinen Mitverursachungsanteil. Dann ist wieder umstritten, ob er seine Gegenleistung analog § 254 um den Verursachungsanteil des Schuldners kürzen darf oder nicht. Die Ergebnisse sind unterschiedlich. Gegen die Kürzung spricht heute die Wertung in § 326 Abs. 2.

Die andere konstruiert einen Schadensersatzanspruch des Schuldners nach § 280 Abs. 1. Dieser Lösung standen bis Ende 2001 Bedenken entgegen, die sich aus der Subsidiarität der positiven Forderungsverletzung gegenüber den § 324 a. F. ergaben,[5] die nun aber entfallen sind. Die verletzte Pflicht ist die seit langem anerkannte Leistungstreuepflicht (§ 241 Abs. 2).[6] Überwiegend belässt man es bei diesem Anspruch aus §§ 280 Abs. 1, 241 Abs. 2.[7]

Denkt man an die Kategorien des § 280 Abs. 3 und daran, dass es um einen Ersatz für die weggefallene Gegenleistung geht, dürfte der Anspruch des Schuldners eher aus

---

[2] Vgl. *Lorenz/Riehm*, Rn. 351 i. V. m. Rn. 350; *Meier*, Jura 2002, 118, 128; *Rauscher*, ZGS 2002, 333, 334 f. m. w. N.
[3] Zutreffend *Rauscher*, ZGS 2002, 333, 335 f.
[4] So Palandt/*Grüneberg*, § 326 Rn. 15; *Gruber*, JuS 2002, 1066, 1067.
[5] Vgl. *Rauscher*, ZGS 2002, 333, 336 mit Fn. 18.
[6] Näher MünchKomm/*Ernst*, § 280 Rn. 91 f. m. w. N.
[7] Meier, Jura 2002, 118, 128; Jauernig/*Stadler*, § 326 Rn. 22; wohl auch *Ehmann/Sutschet* § 5 I 4 b (S. 132).

§§ 280 Abs. 1 und 3, 283 folgen.[8] Dabei handelt es sich um eine analoge Anwendung des § 283, weil die (Gegen-)Leistung nicht nach § 275, sondern nach § 326 erlischt. Dagegen kann man den Schadensersatz statt der Gegenleistung nicht hilfsweise auf § 281 Abs. 1 stützen und die Fristsetzung nach Abs. 2 Alt. 2 für entbehrlich erklären,[9] weil es hier wegen § 326 Abs. 1 S. 1 an der für § 281 notwendigen fälligen Leistungspflicht fehlt.

Die entscheidende Frage bleibt, ob der Schuldner hier Schadensersatz statt der Gegenleistung verlangt. Dagegen spricht nicht, dass der Gläubiger eine Pflicht i.S.v. § 241 Abs. 2 verletzt, für die § 280 Abs. 3 nicht gilt.[10] Denn § 280 Abs. 3 stellt nicht darauf ab, welche Pflicht verletzt worden ist, sondern darauf, ob der Anspruchsteller Schadensersatz statt der Leistung verlangt. Die h.M. sieht die Pflichtverletzung bei § 283 trotz der Leistungsbefreiung nach § 275 allein in der Nichtleistung. Dann müsste für sie bei analoger Anwendung des § 283 die Pflichtverletzung in der Nichterbringung der Gegenleistung liegen. Freilich stellen die Befürworter des Gegenschadensersatzanspruchs des Schuldners eher darauf ab, dass der Gläubiger den Wegfall seiner Gegenleistungspflicht verursacht hat, was der hier favorisierten Unterscheidung von Leistungsbefreiung und Pflichtverletzung entspricht (vgl. Fall 4 Rn. 18f.).

Die genaue Festlegung der Pflichtverletzung kann sich übrigens bei der haftungsausfüllenden Kausalität auswirken: Liegt die Pflichtverletzung in der Vereitelung der Gegenleistungspflicht bzw. der Verletzung der Leistungstreuepflicht, liegt der Schaden im Ausbleiben der Gegenleistung und beträgt somit hier 1000 €. Geht es um Schadensersatz für die Zerstörung des Rollers, beträgt der Schaden aber 1200 €. Jedoch würde man dann wieder, wie es von der Drittschadensliquidation her bekannt ist, den hypothetischen Kausalverlauf einbeziehen, also darauf abstellen, dass ohne die Zerstörung V den Roller an K hätte übereignen müssen, wofür er nur 1000 € bekommen hätte. Schlussendlich ist der Anspruch um den Verursachungsanteil des V zu kürzen.

Gliederung

	Rn.
Ausgangsfall	
Anspruch des V gegen K auf Kaufpreiszahlung, § 433 Abs. 2	1
1. Anspruchstatbestand	2
2. Befreiung von der Gegenleistungspflicht, § 326 Abs. 1 S. 1	3
3. Fortbestand des Kaufpreisanspruchs gem. § 326 Abs. 2 S. 1 Alt. 1	6
a) Verantwortlichkeit des Gläubigers	7
aa) Analoge Anwendung der §§ 276 ff.?	8
bb) Berücksichtigung der vertraglichen Risikoverteilung?	9
cc) Vorrang der vertraglichen Risikoverteilung	10

---

[8] So *Rauscher*, ZGS 2002, 333, 336.
[9] *Rauscher*, ZGS 2002, 333, 336.
[10] So aber zunächst *Rauscher*, ZGS 2002, 333, 336, der zu §§ 281, 283 nur noch gelangt, weil ein (unterstellter) Schadensersatzanspruch (§ 280 Abs. 1) „nach § 249 BGB auf ... Entschädigung für die wegen § 326 Abs. 1 *BGB* entgangene *Gegenleistung* gerichtet" sei. – Entscheidend ist nicht, dass § 249 Abs. 1 hier unmittelbar zu einem Zahlungsanspruch führt, weil ohne die Pflichtverletzung des Gläubigers der Gegenleistungsanspruch bestehen würde. Vielmehr greift § 280 Abs. 3, weil der Schuldner Ersatz für die weggefallene Gegenleistung verlangt.

	Rn.
dd) Sphärentheorie?	12
ee) Rechtsprechung	13
ff) Stellungnahme	14
b) Ausschließlich oder weit überwiegend	15
c) Zwischenergebnis	16
4. Wegfall des Kaufpreisanspruchs durch Rücktritt, §§ 346 Abs. 1, 326 Abs. 5	17
5. Ergebnis	20
Abwandlung	
I. Anspruch des V gegen K auf Kaufpreiszahlung gem. § 433 Abs. 2	21
1. Anspruchsvoraussetzungen	22
2. Wegfall gem. § 326 Abs. 1 S. 1	23
3. Fortbestand gem. § 326 Abs. 2 S. 1 Alt. 1	24
a) Verantwortlichkeit des Gläubigers K	25
b) Allein oder weit überwiegend	26
c) Abweichung von § 326 Abs. 2 S. 1 Alt. 1?	29
aa) Fortführung der h.M. zu §§ 323ff. a.F.	30
bb) Lösung auf der Grundlage des geltenden Rechts	34
cc) Stellungnahme	36
dd) Zwischenergebnis	38
4. Ergebnis	39
II. Anspruch des V gegen K gem. § 280 Abs. 1	40
1. Schuldverhältnis	41
2. Pflichtverletzung	42
3. Vertretenmüssen	45
4. Schaden	47
5. Ergebnis	48
III. Anspruch des K gegen V aus §§ 280 Abs. 1 und 3, 283	49
1. Schuldverhältnis	50
2. Leistungsbefreiung aufgrund Pflichtverletzung, § 275 Abs. 1–3	51
3. Vertretenmüssen, § 280 Abs. 1 S. 2	52
4. Schaden	53
5. Ergebnis	54
IV. Gesamtergebnis	55

Lösung

Ausgangsfall

Anspruch des V gegen K auf Kaufpreiszahlung, § 433 Abs. 2

V könnte gegen K einen Anspruch auf Kaufpreiszahlung gem. § 433 Abs. 2 haben.   1

1. Anspruchstatbestand

Die Parteien haben einen Kaufvertrag über den Motorroller geschlossen. Damit   2
kann V von K grundsätzlich gem. § 433 Abs. 2 Kaufpreiszahlung verlangen.

2. Befreiung von der Gegenleistungspflicht, § 326 Abs. 1 S. 1

3 Zu prüfen ist jedoch, ob der Kaufpreisanspruch gem. § 326 Abs. 1 S. 1 erloschen ist. Der Kaufvertrag ist ausweislich § 433 Abs. 1 und 2 ein gegenseitiger Vertrag.

4 V müsste von seiner im Gegenseitigkeitsverhältnis stehenden Leistungspflicht nach § 433 Abs. 1 S. 1 gem. § 275 Abs. 1–3 befreit sein. Da sein gebrauchter Motorroller bei dem Unfall zerstört worden ist, kann dieser von niemandem mehr geleistet werden, so dass V gem. § 275 Abs. 1 von seiner Leistungspflicht befreit ist.

5 Damit ist K gem. § 326 Abs. 1 S. 1 von der Verpflichtung zur Kaufpreiszahlung befreit.

3. Fortbestand des Kaufpreisanspruchs gem. § 326 Abs. 2 S. 1 Alt. 1

6 Unter den Voraussetzungen des § 326 Abs. 2 S. 1 Alt. 1 bliebe der Kaufpreisanspruch des V jedoch bestehen. In Betracht kommt hier, dass K für den Umstand, der zur Leistungsbefreiung bei V geführt hat, allein oder weit überwiegend verantwortlich ist.

a) Verantwortlichkeit des Gläubigers

7 Fraglich ist zunächst, wofür der Gläubiger im Sinne von § 326 Abs. 2 S. 1 Alt. 1 verantwortlich ist. Eine gesetzliche Regelung dazu gibt es nicht, da § 276 seinem eindeutigen Wortlaut nach unmittelbar nur auf den Schuldner anwendbar ist.

aa) Analoge Anwendung der §§ 276 ff.?

8 Da § 276 mit der „Verantwortlichkeit des Schuldners" ein paralleles Problem regelt und eine andere geeignete Vorschrift nicht existiert, ist eine analoge Anwendung des § 276 Abs. 1 S. 1 (bzw. allgemein der §§ 276 ff.) zu erwägen.[11] Unstreitig ist eine analoge Anwendung des § 278 (und des § 279 a.F.) auf den Gläubiger möglich,[12] so dass auch die Analogie zu § 276 naheliegt. Demnach käme es darauf an, ob K zumindest fahrlässig i.S.v. § 276 Abs. 2 gehandelt hat. Davon ist angesichts des Vorfahrtsverstoßes auszugehen.

bb) Berücksichtigung der vertraglichen Risikoverteilung?

9 Die wohl h.L.[13] teilt die Analogie zu §§ 276 ff. und will, wenn sich so eine Verantwortlichkeit nicht konstruieren lässt, zusätzlich an die vertraglich vereinbarte Risikoverteilung anknüpfen. Demnach ist zu fragen, ob nach den vertraglichen Vereinbarungen der Gläubiger (ggf. konkludent) das Risiko der fraglichen Leistungsstörung übernommen oder hilfsweise eine Pflicht verletzt hat, die ihm gegenüber dem Schuldner obliegt, insbesondere eine Mitwirkungspflicht oder einen ähnlichen Beitrag. Grundsätzlich reicht aber jeder Verursachungsbeitrag des Gläubigers aus, insbesondere eine unerlaubte Handlung.[14] Da K fahrlässig gehandelt hat, kommt diese Meinung aber zu keinem abweichenden Ergebnis.

---

[11] Dafür etwa Jauernig/*Stadler*, § 326 Rn. 14 m.w.N.; *Larenz* I, § 25 III; wohl auch Hk/*Schulze*, § 326 Rn. 10, der aber ergänzend auch den Sphärengedanken heranzieht.

[12] Vgl. *Emmerich*, Leistungsstörungen, § 13 II 2a; Jauernig/*Stadler*, § 326 Rn. 14; MünchKomm/*Ernst*, § 326 Rn. 48 ff., 13.

[13] *Emmerich*, Das Recht der Leistungsstörungen, 6. Aufl., 2005, § 13 II 3, III; MünchKomm/*Ernst*, § 326 Rn. 63 ff. mit Beispielen; Palandt/*Grüneberg*, § 326 Rn. 9.

[14] Hk/*Schulze*, § 326 Rn. 11; Jauernig/*Stadler*, § 326 Rn. 15; *Rauscher*, ZGS 2002, 333, 336.

cc) Vorrang der vertraglichen Risikoverteilung

Eine Mindermeinung will dagegen nur solche Verursachungsbeiträge ausreichen lassen, die einen Bezug zum Pflichtenprogramm des jeweiligen Vertrags haben.[15] Im konkreten Fall fehlt dieser Bezug, da es sich um einen Unfall im allgemeinen Straßenverkehr handelt, der nur ganz zufällig die Kaufsache betrifft, so dass die Verantwortlichkeit des K als Gläubiger zu verneinen wäre.[16]

Hinweis: Den Interessen des V würden zumindest die Schadensersatzansprüche gem. §§ 823 Abs. 1 BGB, 7, 18 StVG Rechnung tragen. Bei den vertraglichen Schadensersatzansprüchen würde es nahe liegen, die Argumentation zur Verantwortlichkeit des Gläubigers K im Rahmen von § 326 Abs. 2 S. 1 zu übertragen. Dann wäre ein Anspruch des V gem. §§ 280 Abs. 1, 241 Abs. 2 wegen des fehlenden Bezugs des Unfalls zum Pflichtenprogramm des Kaufvertrags konsequenterweise abzulehnen. Schwierig sind die Auswirkungen auf den Anspruch des K gem. §§ 280, 283, der gem. § 254 grundsätzlich um seinen Verursachungsanteil zu kürzen wäre. Insofern soll aber § 276 Anwendung finden und nicht der für § 326 Abs. 2 zu konstruierende abweichende Maßstab, was zu Wertungswidersprüchen führen dürfte.[17]

dd) Sphärentheorie?

Andere wollen der Sache nach über die Analogie zu den §§ 276 ff. hinausgehen und eine Art von Sphärentheorie anwenden, derzufolge der Gläubiger für alle Leistungserschwerungen auf Schuldnerseite haftet, die aus seiner Risikosphäre herrühren.[18] Da man hier bereits mit § 276 zu klaren Ergebnissen gelangt, ergeben sich keine Unterschiede.

ee) Rechtsprechung

Die Rechtsprechung lehnt eine Übernahme des Sphärengedankens ab, da sich keine handhabbaren Kriterien für die Ermittlung der Risikosphäre finden ließen und das BGB eine verschuldensunabhängige Sphärenhaftung nur in besonders geregelten Ausnahmefällen kenne, wie z.B. in §§ 615, 645 und 537. Daher geht die Rechtsprechung im Grundsatz von § 276 aus, berücksichtigt darüber hinaus aber ebenfalls das vertragliche Pflichtenprogramm.[19]

ff) Stellungnahme

Grundsätzlich ist vom vertraglichen Pflichtenprogramm auszugehen und in diesem Rahmen § 276 Abs. 1 S. 1 analog heranzuziehen. Der Gläubiger haftet also grundsätzlich für Verschulden, es sei denn, er hätte ein Risiko übernommen.[20] Da K hier grob schuldhaft gehandelt hat, ist er bereits analog § 276 Abs. 1 S. 1 für die Leistungsbefreiung des V verantwortlich. Insbesondere ist § 326 Abs. 2 S. 1 Alt. 1 auch nicht zu entnehmen, dass die Norm bei Unfällen im allgemeinen Straßenverkehr nicht eingreifen soll. Damit ist mit der überwiegenden Meinung davon auszugehen, dass K für das Leistungshindernis verantwortlich ist.

---

[15] MünchKomm/*Ernst*, § 326 Rn. 55 ff., der sich zwar in Rn. 62 gegen alle geschilderten Ansichten abgrenzt, Unterschiede aber nur zur Sphärentheorie (und zur analogen Anwendung der §§ 276 ff.) verdeutlichen kann.
[16] MünchKomm/*Ernst*, § 326 Rn. 61.
[17] Ebenso *Rauscher*, ZGS 2002, 333, 226.
[18] *Beuthien*, Zweckerreichung und Zweckstörung im Schuldverhältnis, 1969, S. 76, 210 f.; *OLG Frankfurt a. M.* JZ 1972, 245 und NJW-RR 1991, 676 zu § 87a III HGB; *Kronke*, JuS 1984, 758, 760 ff.; im Einzelfall auch Hk/*Schulze*, § 326 Rn. 10.
[19] *BGH* NJW 2002, 595 m.w.N.; *OLG Hamm* NJW-RR 1997, 272.
[20] So auch *Rauscher*, ZGS 2002, 333, 337.

b) Ausschließlich oder weit überwiegend

15 Des Weiteren müsste die Verantwortlichkeit des K ausschließlich sein oder doch weit überwiegen. Dazu muss sein Verursachungsbeitrag den des V im Rahmen von § 254 völlig zurücktreten lassen,[21] er muss mit anderen Worten bei mindestens 80 bis 90% liegen.[22] Dem Sachverhalt zufolge beruht die Zerstörung des Rollers auf einem grob verkehrswidrigen Verhalten des K, während sich V völlig korrekt verhalten hat und keine Möglichkeit zu einer anderen Reaktion hatte. Damit ist – unabhängig von der Frage, ob im Rahmen des § 326 Abs. 2 S. 1 eventuell die Betriebsgefahr eines Kfz von Bedeutung sein kann – von einer zumindest weit überwiegenden Verantwortlichkeit des K auszugehen.

c) Zwischenergebnis

16 Der Anspruch des V auf Kaufpreiszahlung bleibt demnach gem. § 326 Abs. 2 S. 1 Alt. 1 erhalten (a. A. vertretbar).

4. Wegfall des Kaufpreisanspruchs durch Rücktritt, §§ 346 Abs. 1, 326 Abs. 5

17 Der Kaufpreisanspruch könnte noch durch einen Rücktritt des K gem. §§ 326 Abs. 5, 323 entfallen sein (arg § 346 Abs. 1).

18 Dazu bedarf es neben der vorliegenden Rücktrittserklärung (§ 349) des K eines Rücktrittsrechts, das sich mangels vertraglicher Vereinbarung nur aus dem Gesetz ergeben kann. Hier kommt § 326 Abs. 5 Hs. 1 in Betracht, der die hier vorliegende (vgl. oben Rn. 4) Leistungsbefreiung nach § 275 voraussetzt.

19 Da auf den Rücktritt gem. § 326 Abs. 5 nach dessen Hs. 2 § 323 bis auf das Erfordernis der Fristsetzung entsprechende Anwendung findet, ist zu prüfen, ob der Rücktritt gem. § 323 Abs. 6 ausgeschlossen ist. Diese Norm schließt den Rücktritt tatbestandlich in den gleichen Fällen aus, in denen § 326 Abs. 2 S. 1 die Gegenleistungspflicht aufrechterhält. Da die Voraussetzungen dieser Norm hier vorliegen (vgl. oben Rn. 6 ff.), ist der Rücktritt des V gem. § 323 Abs. 6 Alt. 1 ausgeschlossen und unwirksam.

5. Ergebnis

20 V kann von K gem. § 433 Abs. 2 Kaufpreiszahlung in Höhe von 1000 € verlangen.

Abwandlung

I. Anspruch des V gegen K auf Kaufpreiszahlung gem. § 433 Abs. 2

21 V könnte gegen K einen Anspruch auf Kaufpreiszahlung gem. § 433 Abs. 2 haben.

1. Anspruchsvoraussetzungen

22 Ein solcher Anspruch ist durch Abschluss des Kaufvertrags entstanden.

2. Wegfall gem. § 326 Abs. 1 S. 1

23 Der Kaufpreisanspruch ist grundsätzlich gem. § 326 Abs. 1 S. 1 entfallen (s. o. Rn. 5).

---

[21] Begr. zum RegE, BT-Drs. 14/6040, 187.
[22] Palandt/*Grüneberg*, § 326 Rn. 9.

3. Fortbestand gem. § 326 Abs. 2 S. 1 Alt. 1

Der Gegenleistungsanspruch des V bliebe gem. § 326 Abs. 2 S. 1 Alt. 1 dennoch erhalten, wenn K für den gem. § 275 Abs. 1 zur Leistungsbefreiung führenden Unfall entweder allein oder weit überwiegend verantwortlich wäre. 24

a) Verantwortlichkeit des Gläubigers K

Wie oben festgestellt (Rn. 6 ff.), ist K grundsätzlich analog § 276 Abs. 1 S. 1 für das Leistungshindernis verantwortlich. 25

b) Allein oder weit überwiegend

Eine alleinige Verantwortlichkeit des K scheidet aus, da V mit der notwendigen Aufmerksamkeit den Unfall hätte vermeiden können. Daher ist zu prüfen, ob K hinsichtlich des Unfalls eine weit überwiegende Verantwortlichkeit i. S. d. § 326 Abs. 2 S. 1 Alt. 1 trifft. 26

Eine Verantwortlichkeit wird als „weit überwiegend" angesehen, wenn ein daneben bestehendes Fremdverschulden im Rahmen eines Schadensersatzanspruchs aufgrund seiner Geringfügigkeit nach § 254 Abs. 1 nicht berücksichtigt würde.[23] Erforderlich wäre hierfür wohl ein Verantwortungsanteil des Gläubigers von mindestens 80%,[24] wenn nicht 90%.[25] Zwar war für den Unfall primär der Verstoß des K gegen die Vorfahrtsregelung ursächlich. Allerdings ist der Unfall auch darauf zurückzuführen, dass V seinerseits an der unübersichtlichen Einfahrt unaufmerksam war. Aufgrund dieser Sachlage dürfte V ein Verantwortungsanteil von (mindestens) 25% und K von (höchstens) 75% zugerechnet werden, sofern man im Rahmen des § 326 Abs. 2 überhaupt ein Verhalten im allgemeinen Straßenverkehr ohne Bezug zum vertraglichen Pflichtenprogramm berücksichtigen will. Eine „weit überwiegende Verantwortlichkeit" des K i. S. d. § 326 Abs. 2 S. 1 Alt. 1 ist daher nicht gegeben. 27

Demnach wäre der Anspruch des V auf die Gegenleistung nach § 326 Abs. 1 S. 1 entfallen. 28

c) Abweichung von § 326 Abs. 2 S. 1 Alt. 1?

Umstritten ist, ob § 326 Abs. 2 S. 1 Alt. 1 auf alle Fälle der beiderseitig zu vertretenden Unmöglichkeit Anwendung findet und mit welchem Inhalt. 29

aa) Fortführung der h. M. zu §§ 323 ff. a. F.

Eine Gruppe von Autoren sieht für die beiderseitig zu vertretende Unmöglichkeit in § 326 Abs. 2 S. 1 Alt. 1 keine abschließende Regelung,[26] sondern nur für die ausdrücklich erwähnte weit überwiegende Verantwortlichkeit des Gläubigers,[27] die bei einem Verursachungsgrad von mindestens 80%, eher 90% beginnt. Für Fälle unterhalb dieser Schwelle fehle eine Regelung, wobei freilich die näheren Konsequenzen teils offen bleiben.[28] Begründet wird diese These mit der Entstehungsgeschichte: In § 323 Abs. 3 Nr. 3 des Diskussionsentwurfs war zunächst vorgesehen, dass schon eine bloße 30

---

[23] Palandt/*Grüneberg*, § 326 Rn. 9; BT-Drs. 14/6040 S. 187; *Canaris,* JZ 2001, 499, 511; *Teichmann,* BB 2001, 1485, 1488.
[24] Palandt/*Grüneberg*, § 326 Rn. 9.
[25] *Meier,* Jura 2002, 118, 128.
[26] *Lorenz/Riehm,* Rn. 351; MünchKomm/*Ernst,* § 326 Rn. 79.
[27] Etwa MünchKomm/*Ernst,* § 326 Rn. 79; auch *Lorenz/Riehm,* Rn. 351.
[28] *Canaris,* JZ 2001, 499, 511; MünchKomm/*Ernst,* § 326 Rn. 79.

„überwiegende" Verantwortlichkeit des Gläubigers dessen Rücktrittsrecht ausschließen sollte. Durch die Hinzufügung des Erfordernisses einer „weit überwiegenden" Verantwortlichkeit des Gläubigers habe der Gesetzgeber gezeigt, dass er das Problem der beiderseitig zu vertretenden Unmöglichkeit nicht vollständig regeln wolle. Vielmehr sollte die rechtliche Behandlung von Fällen, in denen die Gläubigerverantwortlichkeit die Schwelle des § 326 Abs. 2 S. 1 Alt. 1 nicht erreicht, bewusst der Rechtsprechung und Lehre vorbehalten bleiben.[29]

31 Zur Ausfüllung dieser bewussten Regelungslücke sollen die Grundsätze heranzuziehen sein, welche die h. L. und Rechtsprechung schon zum früheren Recht entwickelt hatten.[30] Überwiegend plädiert man daher dafür,[31] unter Anwendung des Rechtsgedankens des § 254 Abs. 1 den Gegenleistungsanspruch des Schuldners V (1000 €) um dessen Mitverschuldensanteil (25%) zu kürzen (75% von 1000 € = 750 €). Gleichzeitig wird nach der Differenzmethode der (wegen der Mitverursachung durch den Schuldner bestehende) Schadensersatzanspruch des Gläubigers nach §§ 280, 283 berechnet (1200 € ./. 1000 € = 200 €) und um seinen Mitverantwortungsanteil (75%) gekürzt (25% von 200 € = 50 €). Schließlich werden beide Ansprüche gegeneinander verrechnet (750 € ./. 50 € = 700 €). Nach dieser Ansicht kann V von K also 700 € verlangen.

32 Andere wollen die Gegenleistung ungekürzt lassen und den Gläubiger auf eine Berechnung des Schadensersatzes statt der Leistung nach der Surrogationsmethode verweisen.[32] Das führt im vorliegenden Fall zu keinem anderen Ergebnis: Der Gegenleistungsanspruch des V gem. § 433 Abs. 2 bleibt in voller Höhe von 1000 € bestehen. K hat gem. §§ 280 Abs. 1, 3, 283 einen Schadensersatzanspruch, den man nach der Surrogationsmethode berechnet (= 1200 €) und um den Mitverschuldensanteil des K (75%) kürzt (also 25% von 1200 € = 300 €). Nach Aufrechnung (1000 € ./. 300 €) könnte V von K noch 700 € verlangen (§ 389). Liegt der Wert der Kaufsache dagegen unter dem Kaufpreis (z. B. bei 900 €), ist diese Methode für den Käufer nachteilig (Ergebnis: Anspruch des V von 775 € gegenüber 750 € nach der ersten Methode).

33 Einen anderen Lösungsweg wählte ursprünglich die Rechtsprechung,[33] die danach differenzierte, wer die Unmöglichkeit überwiegend zu vertreten hat. Überwog der Verschuldensanteil des Schuldners, bestand nur ein um den eigenen Verursachungsbeitrag gekürzter Schadensersatzanspruch des Gläubigers (§§ 325, 254 a. F.) Überwog der Verschuldensanteil des Gläubigers, konnte der Schuldner die um den eigenen Verschuldensanteil gekürzte Gegenleistung (§§ 324 Abs. 1, 254 Abs. 1 a. F.) geltend machen. Danach hätte V von K 75% der Gegenleistung, also 750 €, verlangen können. Ein Schadensersatzanspruch des K gegen V wegen Nichterfüllung (§ 325 Abs. 1 a. F. bzw. jetzt §§ 280 Abs. 1, 3, 283) hätte nicht bestanden. Dieser Lösungsweg wurde aber später nicht mehr verfolgt und wäre mit dem geltenden Recht auch nicht mehr zu vereinbaren.

bb) Lösung auf der Grundlage des geltenden Rechts

34 Nach der Gegenauffassung gibt es in § 326 Abs. 2 S. 1 keine Regelungslücke, weil der Gesetzgeber das Problem gesehen und geregelt hat, wenn auch abweichend vom ursprünglichen Vorschlag. Demnach regelt § 326 Abs. 2 S. 1 Alt. 1 die von beiden

---

[29] *Canaris*, JZ 2001, 499, 511; *Teichmann*, BB 2001, 1485, 1488.
[30] Dazu *Looschelders*, JuS 1999, 949, 951 m. w. N.
[31] *Becker* Rn. 235; *Lorenz/Riehm*, Rn. 350f.; AnwK/*Dauner-Lieb*, § 326 Rn. 10; *Huber/Faust*, S. 222; *Medicus/Lorenz* I, Rn. 449; *Teichmann*, BB 2001, 1485, 1488.
[32] *Lorenz/Riehm*, Rn. 351f.
[33] RGZ 71, 187, 192; RGZ 94, 140, 141f.; vgl. auch die umfassende Darstellung bei *Faust*, JuS 2001, 133, 134f.

Seiten zu vertretende Unmöglichkeit *hinsichtlich der Gegenleistungsgefahr* (und parallel über § 323 Abs. 6 für den Rücktritt) abschließend: Hat der Gläubiger den zur Leistungsbefreiung führenden Umstand nicht weit überwiegend zu verantworten, so verbleibt es beim Grundsatz des § 326 Abs. 1 S. 1, dass der selbst leistungsbefreite Schuldner vom Gläubiger auch keine Gegenleistung verlangen kann. Der Gläubiger kann dann auch nach § 326 Abs. 5 zurücktreten.[34]

Für den Schadensersatz ist § 326 Abs. 2 dagegen nichts zu entnehmen, so dass die Lösung der „traditionellen Auffassungen" insofern richtig ist: Der Gläubiger kann vom Schuldner gem. §§ 280 Abs. 1, 3, 283 einen um den eigenen Verschuldensanteil gekürzten Schadensersatz statt der Leistung fordern.[35] Da der Gläubiger die Gegenleistung wegen § 326 Abs. 1 S. 1 nicht mehr zu erbringen braucht, erfolgt die Berechnung seines Schadensersatzes nach der Differenzmethode. Diese Ansicht würde zu dem Ergebnis führen, dass K gegen V einen Anspruch aus §§ 280 Abs. 1, 3, 283 i. H. v. 50 € geltend machen kann (25% von 200 €). Die drohende Unbilligkeit dahingehend, dass der Schuldner nichts erhält, wird vermieden, indem er seinerseits einen Gegen-Schadensersatzanspruch nach § 280 Abs. 1 erhält (näher Rn. 40 ff.). 35

cc) Stellungnahme

Die zuletzt genannte Ansicht verdient Zustimmung. Da § 326 Abs. 2 Satz 1 Alt. 1 seinem Wortlaut nach jede Form der von beiden Seiten zu vertretenden Unmöglichkeit erfasst, setzt ein Rückgriff auf die Grundsätze der früheren h. L. bzw. Rechtsprechung eine teleologische Reduktion des § 326 Abs. 1 und 2 S. 1 Alt. 1 voraus. Dazu müsste der Wortlaut des Abs. 2 S. 1 Alt. 1 vom Willen des Gesetzgebers abweichend zu weit geraten sein.[36] Dafür spricht wenig: § 326 Abs. 2 S. 1 Alt. 1 erhält den Gegenleistungsanspruch des Schuldners bei alleiniger und bei weit überwiegender Verantwortlichkeit des Gläubigers für die Befreiung des Schuldners von seiner Leistungspflicht; parallel ist nach § 326 Abs. 5 i. V. m. § 323 Abs. 6 Alt. 1 ein Rücktritt ausgeschlossen. Die parallele Regelung spricht für ein Gesamtkonzept des Gesetzgebers, das eine untergeordnete Verantwortlichkeit des Gläubigers für unbeachtlich erklärt. Gegen eine teleologische Reduktion und für einen Regelungswillen des Gesetzgebers sprechen die Hinzufügung des Passus „oder weit überwiegend" im Laufe des Gesetzgebungsverfahrens und letztlich auch die Gesetzesmaterialien.[37] Eine teleologische Reduktion des § 323 Abs. 6 könnte zudem zur Konsequenz haben, dass auch das Rücktrittsrecht des Gläubigers gemäß § 323 Abs. 1 bereits dann nach § 323 Abs. 6 ausgeschlossen wäre, wenn der Gläubiger für die nicht vertragsgemäße Leistungserbringung auch nur in irgendeiner Weise verantwortlich ist.[38] Dies widerspräche dem Willen des Gesetzgebers, der einen Verantwortungsbeitrag des Gläubigers in diesem Fall über eine Kürzung des ihm zustehenden Schadensersatzanspruchs nach § 254 berücksichtigt wissen wollte.[39] Die Systematik des § 326 spricht also gegen die teleologische Reduktion. 36

Die teleologische Reduktion des § 326 Abs. 2 S. 1 Alt. 1 ist auch nicht notwendig, um unsachgemäße Ergebnisse zu vermeiden. Zwar verliert der Schuldner bei „bloß" überwiegender Gläubigerverantwortlichkeit seinen gesamten Gegenleistungsanspruch und schuldet dem Gläubiger Schadensersatz gem. §§ 280 Abs. 1 und 3, 283 (gekürzt 37

---

[34] Jauernig/*Stadler*, § 326 Rn. 22.
[35] *Gruber*, JuS 2002, 1066, 1067.
[36] *Larenz*, Methodenlehre der Rechtswissenschaft, 6. Aufl., 1991, S. 391.
[37] Näher *Gruber*, JuS 2002, 1066, 1070.
[38] So jedenfalls *Gruber*, JuS 2002, 1066, 1068 f.; allerdings ist die teleologische Reduktion nur in Fällen des § 326 Abs. 5 geboten, nicht auch bei § 323 Abs. 1.
[39] BT-Drs. 14/6040, S. 187.

nach § 254).⁴⁰ Dieses Ergebnis lässt sich auch nicht mit dem Hinweis auf die grundsätzlich vom Schuldner zu tragende Gegenleistungsgefahr rechtfertigen.⁴¹ Doch kann man das Dilemma lösen, indem man dem Gläubiger für diesen Fall die Schadensberechnung nach der Differenzmethode verweigert und ihn auf die Surrogationsmethode verweist. Oder man gewährt dem Schuldner wegen des Verlusts seines Gegenleistungsanspruchs einen eigenen Schadensersatzanspruch gem. § 280 Abs. 1, der ebenfalls um seinen eigenen Mitverursachungsanteil zu kürzen ist. Dazu leitet man aus § 241 Abs. 2 die – auch früher grundsätzlich anerkannte – Nebenpflicht des Gläubigers ab, die Leistungserbringung des Schuldners nicht unmöglich zu machen;⁴² die Einzelheiten bedürfen an dieser Stelle keiner Diskussion. So gelangt man auf der Grundlage des jetzigen Leistungsstörungsrechts zu einer methodisch ordnungsgemäßen Lösung, deren Ergebnisse mit denen der früher h. L. übereinstimmen.

dd) Zwischenergebnis

38   Die Gegenleistungsgefahr als solche ist in § 326 Abs. 2 für die dort angesprochenen Fälle abschließend geregelt.

4. Ergebnis

39   Da die Voraussetzungen des § 326 Abs. 2 S. 1 Alt. 1 nicht vorliegen, ist der Gegenleistungsanspruch des V gem. § 326 Abs. 1 vollständig untergegangen. V hat gegen K keinen Kaufpreisanspruch gem. § 433 Abs. 2 mehr.

II. Anspruch des V gegen K gem. § 280 Abs. 1

40   V könnte von K gem. § 280 Abs. 1 Schadensersatz verlangen, wenn K schuldhaft eine Pflicht aus einem zwischen ihm und V bestehenden Schuldverhältnis verletzt hat.⁴³

1. Schuldverhältnis

41   Der zwischen V und K geschlossene Kaufvertrag begründet das für den Anspruch nach § 280 Abs. 1 erforderliche Schuldverhältnis.

2. Pflichtverletzung

42   Zu prüfen ist, ob K eine ihm gegenüber V obliegende Pflicht verletzt hat. K könnte durch sein verkehrswidriges Verhalten, das zur Zerstörung des Leistungsgegenstandes des V geführt hat, gegenüber diesem eine Nebenpflicht nach § 241 Abs. 2 verletzt haben. Zu diesen sich aus jedem Schuldverhältnis für beide Beteiligten ergebenden Schutz-, Aufklärungs- und ähnliche Nebenpflichten zählt bei Verträgen auch die sog. Leistungstreuepflicht, die jeden Vertragspartner verpflichtet, die vom anderen Teil geschuldete Leistung nicht unmöglich zu machen.⁴⁴ Durch sein Verhalten hat K zur

---

⁴⁰ Vgl. hierzu auch *Meier*, Jura 2002, 118, 128.
⁴¹ A. A. *Gruber*, JuS 2002, 1066, 1071.
⁴² *Gruber*, JuS 2002, 1066, 1070; *Rauscher*, ZGS 2002, 333, 336; *Meier*, Jura 2002, 118, 128; insofern unklar *Ehmann/Sutschet* § 5 I 4 b (S. 132). – Allgemein zur Leistungstreuepflicht Palandt/*Grüneberg*, § 242 Rn. 27, § 280 Rn. 25 ff.
⁴³ Dies war nach dem früheren Schuldrecht nicht möglich, weil es einen allgemeinen Schadensersatzanspruch nicht gab und das Rechtsinstitut der pVV gegenüber den Unmöglichkeitsnormen subsidiär war, vgl. *Rauscher*, ZGS 2002, 333, 336 mit Fn. 18.
⁴⁴ *Meier*, Jura 2002, 118, 128; MünchKomm/*Roth*, § 241 Rn. 67 ff.; MünchKomm/*Ernst*, § 280 Rn. 91 f. m. w. N.; Palandt/*Grüneberg*, § 242 Rn. 27.

Zerstörung des Motorrollers beigetragen und somit seine Leistungstreuepflicht gem. § 241 Abs. 2 verletzt.

Freilich kann man sich fragen, ob hier nicht gem. § 280 Abs. 3 zusätzlich die Voraussetzungen analog § 283 vorliegen müssen.[45] Denn die Pflichtverletzung des K hat dazu beigetragen, dass seine eigene (Gegen-)Leistungspflicht zwar nicht gem. § 275, wohl aber über § 326 Abs. 1 entfallen ist. Und der Schaden, den V ersetzt haben möchte, besteht gerade im Wegfall der Gegenleistung, so dass man durchaus von einem Schadenersatz statt der (Gegen-)Leistung sprechen kann. Da die zusätzlichen Voraussetzungen analog § 283 allerdings ohne weiteres vorliegen, ergeben sich keine Unterschiede, so dass die Frage hier dahinstehen kann, da der Anspruch – zumindest bei nachträglichen Leistungsbefreiungen – grundsätzlich immer aus § 280 Abs. 1 folgt. 43

Hinweis: Bei einer beiderseits vor Vertragsschluss verursachten Leistungsbefreiung müsste man sich aber zwischen § 280 und § 311 a Abs. 2 entscheiden. 44

3. Vertretenmüssen

Da K beim Herausfahren aus dem Grundstück nicht auf den fließenden Verkehr geachtet hat und zu schnell gefahren ist, hat er fahrlässig i.S.v. § 276 Abs. 2 gehandelt und seine Pflichtverletzung somit zu vertreten. 45

Hinweis: Grundsätzlich wäre es lege artis auch hier erforderlich, zunächst den Obersatz zu formulieren: „K müsste ... zu vertreten haben." In Fällen eines so offensichtlichen Verschuldens darf man darauf aber verzichten und sich kürzer fassen. Dabei sollte man aber alles Wesentliche erwähnen. 46

4. Schaden

Fraglich ist, ob die Pflichtverletzung kausal zu einem Schaden geführt hat. Dies könnte insoweit zweifelhaft sein, als V nach der Zerstörung des geschuldeten Motorrollers gem. § 275 Abs. 1 nicht mehr zur Leistungserbringung verpflichtet war und er diesen ohnehin dem K hätte überlassen müssen. Allerdings büßt V aufgrund der Leistungsbefreiung auch gem. § 326 Abs. 1 S. 1 seinen Gegenleistungsanspruch ein. Nach der Differenzhypothese (§ 249 Abs. 1) ist K daher so zu stellen, wie er stehen würde, wenn das zum Schadensersatz verpflichtende Ereignis nicht eingetreten wäre. Ohne das zur Zerstörung des Motorrollers führende Verhalten des K stünde V ein Gegenleistungsanspruch i.H.v. 1000 € zu, so dass K dem V grundsätzlich zur Zahlung eines Schadensersatzanspruchs i.H.v. 1000 € verpflichtet wäre. Der Schadensersatzanspruch ist jedoch gem. § 254 Abs. 1 um den Mitverschuldensanteil des V zu kürzen. Wie oben festgestellt, hat V die Zerstörung des Rollers selbst zu 25 % zu verantworten. 47

5. Ergebnis

V kann daher von K nach § 280 Abs. 1 Schadensersatz in Höhe von 750 € verlangen. 48

III. Anspruch des K gegen V aus §§ 280 Abs. 1 und 3, 283

K könnte von V Schadensersatz statt der Leistung gem. § 280 Abs. 1, 3, 283 fordern, wenn eine dem V aus dem Schuldverhältnis mit K obliegende Leistungspflicht aufgrund eines von ihm verschuldeten, rechtswidrigen Verhaltens gem. § 275 Abs. 1–3 erloschen ist. 49

---

[45] Dafür *Rauscher*, ZGS 2002, 333, 336.

1. Schuldverhältnis

50 Der zwischen V und K geschlossene Kaufvertrag begründet das für den Anspruch nach § 280 Abs. 1 erforderliche Schuldverhältnis.

2. Leistungsbefreiung aufgrund Pflichtverletzung, § 275 Abs. 1–3

51 V müsste durch eine Pflichtverletzung das nachträgliche Erlöschen der ihm obliegenden Leistungspflicht gem. § 275 Abs. 1–3 bewirkt haben. V führte den zur Zerstörung des Rollers führenden Unfall durch seine Unachtsamkeit herbei; ohne sie hätte er den Unfall vermeiden können. Da er gehalten war, den an K zu übereignenden Roller vor Zerstörung zu bewahren, hat er seine Pflichten aus dem Kaufvertrag verletzt. Durch dieses rechtswidrige und schuldhafte Verhalten wurde der Roller zerstört, mit der Folge, dass die Pflicht des V zur Übereignung und Übergabe gem. § 275 Abs. 1 erloschen ist.

3. Vertretenmüssen, § 280 Abs. 1 S. 2

52 Da V unachtsam war und somit fahrlässig i. S. v. § 276 Abs. 2 gehandelt hat, wird er sich nicht gem. § 280 Abs. 1 S. 2 von der Vermutung des Vertretenmüssens entlasten können.

4. Schaden

53 Fraglich ist, ob durch den Untergang der Leistungspflicht dem K ein Schaden entstanden ist. Nach der Differenzhypothese liegt ein Schaden vor, wenn das tatsächliche Vermögen des K geringer ist, als es hypothetisch wäre, wenn das zum Schadensersatz verpflichtende Ereignis nicht eingetreten wäre. Ohne Unfall hätte K gegen Zahlung eines Kaufpreises von 1000 € einen Motorroller mit einem Verkehrswert von 1200 € erhalten, so dass der nach der Differenzmethode zu berechnende Schaden 200 € beträgt. Der Anspruch ist jedoch gemäß § 254 Abs. 1 in dem Maße zu kürzen, in dem K den Schadenseintritt selbst zu verantworten hat. K hat den Unfall zu 75% zu verantworten, so dass K nur 25% seines Gesamtschadens von V verlangen kann, also 50 €.

5. Ergebnis

54 K hat gegen V einen Schadensersatzanspruch i. H. v. 50 €.

IV. Gesamtergebnis

55 Aufgrund des Wegfalls seiner Leistungspflicht nach § 275 Abs. 1 ist der Gegenleistungsanspruch des V aus § 433 Abs. 2 gem. § 326 Abs. 1 untergegangen. Allerdings steht V nach § 280 Abs. 1 gegen K ein Schadensersatzanspruch in Höhe 750 € zu. Gegen diesen Anspruch kann K gem. § 387 mit einem Schadensersatzanspruch gegen V nach §§ 280 Abs. 1, 3, 283 i. H. v. 50 € aufrechnen.[46] Damit erlischt der Anspruch des V gem. § 389 in entsprechender Höhe, so dass er noch 700 € von K fordern kann.

---

[46] Zur Aufrechnung näher Fall 23.

Fall 13. Verplappert

Nach BGHZ 166, 84 = NJW 2006, 830.

Sachverhalt

Die B-Bank soll für den in ganz Deutschland bekannten Unternehmer U ein großes Aktienpaket möglichst teuer innerhalb von maximal sechs Monaten verkaufen. Die Parteien haben bei Aufnahme ihrer Geschäftsbeziehung die Geltung der AGB-Banken vereinbart. Nach deren Ziffer 2.1 ist die Bank „zur Verschwiegenheit über alle kundenbezogenen Tatsachen und Wertungen verpflichtet, von denen sie Kenntnis erlangt (Bankgeheimnis)". Die Medien beurteilen die finanzielle Situation des U seit längerer Zeit als kritisch. Deshalb wird der Vorstandsvorsitzende V der B-Bank in einem Fernsehinterview gefragt, ob U mit weiterer Unterstützung seitens der Kreditwirtschaft rechnen könne. Daraufhin antwortet V: „Das halte ich für relativ fraglich. Nach allem, was man darüber lesen und hören kann, ist ja der Finanzsektor nicht bereit, auf unveränderter Basis noch weitere Fremd- oder gar Eigenmittel zur Verfügung zu stellen. Es können also nur Dritte sein, die sich gegebenenfalls für eine Stützung interessieren." Diesem Interview entnehmen die Medien das Bevorstehen einer Insolvenz des U, der darauf hin keine weiteren Bankkredite mehr erhält. Auch für ein Aktienpaket, das U verkaufen will, wird nur noch deutlich weniger geboten.

Der verärgerte U sieht die Grundlage der Geschäftsbeziehung zur B-Bank zerstört und entzieht ihr den Aktienverkauf, den er der X-Bank überträgt. Er verlangt Ersatz der dadurch entstehenden Kosten in Höhe von 1 Mio. € und die Herausgabe der Aktien.

Die B-Bank meint, die Äußerungen des V seien durch die Meinungsfreiheit (Art. 5 Abs. 1 GG) und das Informationsbedürfnis der Allgemeinheit gedeckt und hätten nur allgemein bekannte Tatsachen betroffen und keine speziellen Kenntnisse der B-Bank.

Kann U auf vertraglicher Grundlage Schadensersatz verlangen? Kann er die der B zum Verkauf überlassenen Aktien herausverlangen?

Vorüberlegungen

U verlangt 1 Mio. € Schadensersatz wegen Verletzung der Geheimhaltungspflicht der Bank („Bankgeheimnis") genannt, die aus dem Geschäftsbesorgungscharakter (§ 675 Abs. 1) der Rechtsbeziehung zwischen der Bank und ihren Kunden folgt. Der vertragliche (Fragestellung!) Schadensersatz kann aus § 280 Abs. 1 allein oder i.V.m. § 281 oder § 282 folgen, je nachdem, es um Schadensersatz statt der Leistung oder neben der Leistung geht. Das für § 280 Abs. 1 erforderliche Schuldverhältnis liegt hier in einer Verkaufskommission i.S.v. § 383 Abs. 1 HGB. Inhaltlich geht es aber um Fragen des Leistungsstörungsrechts des BGB.

Hinweis: In Klausuren bilden für Studierende entfernte Rechtsgebiete bzw. exotische Vertragstypen in aller Regel nur den Aufhänger für Probleme aus dem altbekannten Pflichtfachstoff. Sollte es tatsächlich einmal auf die „exotischen" Normen ankommen, sollte man diese einfach anhand des Gesetzeswortlauts prüfen; das Prüfen unbekannter Normen gehört ebenfalls zu den Fähigkeiten, die man im Jurastudium erlernt.

Die korrekte Anspruchsgrundlage hängt, wie immer, davon ab, welche Art von Schaden U ersetzt verlangt: Es geht ihm nicht um die Wertminderung seines Aktienpakets oder sonstige Vermögensschäden (wie im zugrundeliegenden Urteil), sondern um die Kosten seines Wechsels zur X-Bank, weil er die Leistung der B nicht mehr will. Das muss man nun den §§ 280 bis 283 zutreffend zuordnen, was mit etwas Nachdenken gelingen sollte. Allerdings lässt sich diese Konstellation nicht unter § 281 (oder § 283) subsumieren. Für Fälle der vorliegenden Art wurde vielmehr – in Anlehnung an eine vorher existierende Rechtsprechung und Lehre – § 282 geschaffen. Wie bei der korrespondierenden Rücktrittsvorschrift (§ 324) ist eine besonders schwerwiegende Verletzung einer nichtleistungsbezogenen Pflicht notwendig.[1] Schulbeispiele für die §§ 282, 324 sind bei ihren Auftraggebern kettenrauchende Handwerker. Bei der Prüfung der Anspruchsvoraussetzungen für den Schadensersatz ist auf die von den Beteiligten vorgebrachten Argumente einzugehen.

Das Herausgabeverlangen des U bzgl. der Aktien – man mag spontan an § 985 denken – kann nur Erfolg haben, wenn der Vertrag mit B „beendet" ist (vgl. § 986 Abs. 1). Dazu bedürfte es aber eines Rücktritts. Ein Rücktrittsrecht aus § 323 Abs. 1 oder § 326 Abs. 5 scheidet „offensichtlich" aus, da die Leistung erbringbar und B auch leistungsbereit ist. Damit bleibt nur § 324, wenn B eine nicht leistungsbezogene Pflicht i.S.d. § 241 Abs. 2 so verletzt hat, dass U ein Festhalten am Vertrag nicht mehr zuzumuten ist. Wegen des Dauercharakters der Verpflichtung der B wird der Rücktritt nach § 324 jedoch durch eine Kündigung nach § 314 verdrängt. Deshalb gilt für die Herausgabe § 667 und nicht § 346.

Gliederung

	Rn.
I. Anspruch des U gegen B auf Schadensersatz in Höhe von 1 Mio. € aus §§ 280 Abs. 1 und 3, 282	1
1. Schuldverhältnis	2
2. Pflichtverletzung	3
3. Rechtswidrigkeit	9
4. Vertretenmüssen	16
5. Unzumutbarkeit der Leistungserbringung infolge Pflichtverletzung	17
6. Schaden, haftungsausfüllende Kausalität, Ersatz gemäß §§ 249 ff.	21
a) Schaden	22
b) Haftungsausfüllende Kausalität	23
c) Konkreter Schadensersatz, § 249	24
7. Ergebnis	25
II. Anspruch des U gegen B auf Herausgabe der Aktien	29
1. Anspruch auf Herausgabe der Aktien aus §§ 667, 675 Abs. 1	29
a) Auftrag bzw. Geschäftsbesorgung	30
b) Zur Ausführung erlangt	31

---

[1] *Huber/Faust*, § 5 Rn. 13.

	Rn.
c) Herausgabeanspruch	32
d) Rücktritts- oder Kündigungsrecht	33
aa) Dauerschuldverhältnis	34
bb) Wichtiger Grund	35
cc) Abmahnung, § 314 Abs. 2 S. 1	36
dd) Kündigungserklärung	37
e) Ergebnis	38
2. Anspruch auf Rückgabe der Aktien aus § 985	39
3. Anspruch gem. § 812 Abs. 1 S. 2 Alt. 1	41

Lösung

I. Anspruch des U gegen B auf Schadensersatz in Höhe von 1 Mio. € aus §§ 280 Abs. 1 und 3, 282

U könnte gegen B einen Anspruch auf Zahlung von Schadensersatz in Höhe von 1 Mio. € aus §§ 280 Abs. 1, 3, 282 haben.

1. Schuldverhältnis

Zunächst muss gem. § 280 Abs. 1 ein Schuldverhältnis vorliegen. Dies ergibt sich hier aus dem „Auftrag" zum Verkauf des Aktienpakets; dabei handelt es sich um ein Kommissionsgeschäft nach §§ 383 HGB, 675 BGB.

2. Pflichtverletzung

Nach dem Wortlaut des § 280 Abs. 1 müsste B eine Pflicht verletzt haben. Die Beweislast für die Pflichtverletzung als anspruchsbegründende Tatsache liegt bei U.[2] In Betracht käme die Verletzung der Verschwiegenheitspflicht, also einer Schutzpflicht im Sinne des § 241 Abs. 2, durch die B die Kreditwürdigkeit des U in Frage gestellt hat. Zwar kann B als Aktiengesellschaft und juristische Person selbst gegen keine Pflicht verstoßen. Doch wird ihr das Verhalten ihrer Organe und somit auch des Vorstandsvorsitzenden V nach § 31 analog als eigenes zugerechnet.[3] Denn B handelt gleichsam durch ihre Organe. § 31 gilt nicht nur für den Verein, sondern analog für sämtliche juristischen Personen.[4]

Der Umfang der Rücksichtnahmepflichten nach § 241 Abs. 2 hängt vom jeweiligen Vertrag und von Treu und Glauben (§ 242) ab. Die Beziehung zwischen der B-Bank und ihrem Kunden U ist durch ein erhebliches Geschäftsbesorgungselement i. S. v. § 675 gekennzeichnet, das sich hinsichtlich des Verkaufs der Aktien auch aus § 384 Abs. 1 Hs. 2 HGB ergibt und das die B in starkem Maße zur Wahrung der Interessen ihres Kunden U verpflichtet. Die B musste also ohnehin alles unterlassen, was die Interessen des U verletzen konnte.

---

[2] Palandt/*Grüneberg*, § 280 Rn. 35.
[3] § 31 ist somit Ausdruck der Organtheorie, BGHZ 98, 148, 151.
[4] BGHZ 166, 84, 93 = NJW 2006, 830. Nach einer Mindermeinung soll jedenfalls innerhalb einer Sonderverbindung ausschließlich § 278 zur Anwendung kommen und § 31 nur außerhalb, weil die Organperson innerhalb z. B. einer Vertragsbeziehung nicht persönlich haftet, so dass bei ihr auch keine „zum Schadensersatz verpflichtende Handlung" vorliegt, vgl. *Medicus/Petersen*, Rn. 779 und *Medicus*, AT, Rn. 1135. Dies führt nach h. M. zu einer unnötigen Aufspaltung, MünchKomm/*Reuter*, § 31 Rn. 32 m. w. N.

5   Fraglich ist also, ob die Aussage des V im Rahmen des Fernsehinterviews als Verstoß gegen das für Bankverträge typische[5] und überdies in Nr. 2 Abs. 1 AGB-Banken vereinbarte Bankgeheimnis und somit als Pflichtverletzung im Sinne des § 280 Abs. 1 zu werten ist. Dazu müsste er Informationen preisgegeben haben, die ihm nur aus der Geschäftsbeziehung zwischen B und U bekannt und zugänglich waren. Da dem Bankgeheimnis als vertraglicher Verschwiegenheitspflicht nach dem klaren Wortlaut der AGB sowohl Tatsachen als auch Werturteile unterfallen,[6] spielt diese im Rahmen des § 824 wichtige Abgrenzung für die vertragliche Haftung keine Rolle. Hat das Kreditinstitut Tatsachen, die einer Bewertung zugrunde liegen, aufgrund des Vertrauensverhältnisses erfahren, und muss es sie deshalb geheim halten, so wird zwangsläufig auch ein Urteil über ihre Bedeutung von der Geheimhaltungspflicht erfasst und darf nicht an Dritte weitergegeben werden.[7] Die Kreditwürdigkeit des U ist ein Umstand, über den die B durch ihre Geschäftsbeziehung zu U Kenntnisse erlangt hat. Daher durften die B und ihre Repräsentanten über die Kreditwürdigkeit des U keine Angaben gegenüber Dritten machen, und zwar unabhängig davon, ob es um Tatsachen oder Werturteile geht und ob eventuelle Tatsachenbehauptungen zutreffend waren.[8] Vielmehr waren die B und ihre Repräsentanten verpflichtet, Äußerungen zur Kreditwürdigkeit des U gänzlich zu unterlassen. Die gleichwohl erfolgten skeptischen Äußerungen des V stellen daher eine Pflichtverletzung dar.

6   Eine Pflichtverletzung könnte allenfalls dann zu verneinen sein, wenn V lediglich allgemein bekannte Tatsachen preisgegeben hätte, also Tatsachen, die einer beliebig großen Anzahl von Personen entweder privat bekannt oder für sie ohne Weiteres, also ohne besondere Spezialkenntnisse, wahrnehmbar waren.[9] Dafür spricht, dass die Medien schon länger über eine finanzielle Schieflage des U berichtet haben. Doch war der Öffentlichkeit bewusst, dass V als Vertreter der B zwangsläufig eine genauere Kenntnis der finanziellen Situation des Kunden U hat. Deshalb kommt aus ihrer Sicht den Äußerungen des V ein besonderes Gewicht zu, weil es nahe liegt, dass er aufgrund der Geschäftsverbindung Einblick in die Verhältnisse des U besitzt und so die für eine Urteilsbildung erforderlichen Tatsachen erfahren hat. Da er überdies aufgrund seiner hervorgehobenen Stellung in der B zudem deren Entscheidungen maßgeblich beeinflussen kann, kann die Öffentlichkeit hierin eine Bestätigung der Medienberichte und sehen, was ihnen eine über das zuvor bekannte hinausgehende besondere Qualität gibt.[10] Dafür spricht auch die Preisentwicklung des Aktienpakets nach dem Interview.

7   Selbst bei Annahme einer offenkundigen Tatsache folgt eine Pflichtverletzung also daraus, dass eine Geheimhaltungspflicht bestand und Dritte durch die Äußerung eine Bestätigung der Medienberichte erlangen.[11] Angesichts der Medienberichte war die B als Kreditgeberin und Bank des U schon gem. § 241 Abs. 2 verpflichtet, die allgemeinen Gerüchte über die finanzielle Situation des U nicht zu kommentieren und damit indirekt zu bestätigen, so dass es auf das Bankgeheimnis aus den AGB-Banken gar nicht mehr ankommt.

8   B hat also ihre Verschwiegenheitspflicht verletzt.

---

[5] Vgl. BGHZ 166, 84, 93 = NJW 2006, 830.
[6] *Canaris*, in: Staub, HGB, Bankvertragsrecht, Bd. 1, 3. Aufl., 1988, Rn. 49 m.w.N.
[7] *Canaris*, in: Staub, HGB, Bankvertragsrecht, Bd. 1, 3. Aufl., 1988, Rn. 49; *Sichtermann/Feuerborn/Kirchherr/Terdenge-Kirchherr*, Bankgeheimnis und Bankauskunft, 3. Aufl., 1984, S. 131.
[8] BGHZ 166, 84, 93f. = NJW 2006, 830.
[9] *Reichhold*, in: Thomas/Putzo, ZPO, 31. Aufl., 2010, § 291 Rn. 1.
[10] Ähnlich BGHZ 166, 84, 94f. = NJW 2006, 830.
[11] S.a. *OLG München* NJW 2004, 224, 226.

3. Rechtswidrigkeit

Die Pflichtverletzung müsste rechtswidrig sein. Das ist sie, wenn keine besonderen 9
Rechtfertigungsgründe gegeben sind.

Hinweise: (1) Das Rechtswidrigkeitserfordernis ergibt sich zwar nicht unmittelbar aus dem Gesetz, 10
folgt aber daraus, dass ohne Rechtswidrigkeit ein Verschulden im Zivilrecht nicht denkbar ist. Das
Verschulden bildet aber den Regelfall des Vertretenmüssens i.S.v. § 276 Abs. 1 S. 1, das nach § 280
Abs. 1 S. 2 Voraussetzung des Schadensersatzanspruchs ist.[12] (2) Im Rahmen des Pflichtverletzungstatbestands spricht man die Rechtswidrigkeit für gewöhnlich nicht an, weil sie sich aus der objektiven
Pflichtwidrigkeit ergibt. In Ausnahmefällen kann sie aber entfallen, wie gerade der Verteidigungseinwand der B belegt.

Es stellt sich die Frage, ob der Verstoß gegen die Verschwiegenheitspflicht im Hin- 11
blick auf die Meinungs(äußerungs)freiheit des V (Art. 5 Abs. 1 GG) gerechtfertigt sein
könnte. Allerdings greift Art. 5 Abs. 1 Satz 1 GG tatbestandlich nicht ein, soweit es
um die unmittelbare Erfüllung vertraglicher Pflichten geht.[13] V muss sich deshalb an
der vereinbarten Verschwiegenheitspflicht festhalten lassen und kann sich ihr gegenüber nicht wegen der mittelbaren Drittwirkung von Grundrechten auf seine Meinungsfreiheit berufen. Seine Meinungsfreiheit ist vielmehr aufgrund des vereinbarten
Bankgeheimnisses sowie der Interessenwahrungspflicht nach den §§ 241 Abs. 2, 675
BGB, 384 Abs. 1 HGB privatautonom beschränkt. Das Bankgeheimnis darf allenfalls
gebrochen werden, wenn ein überwiegendes Eigeninteresse der B vorliegt,[14] das hier
nicht ersichtlich ist.

Damit stellt sich die Frage, ob die Äußerung unter dem Gesichtspunkt der Wahr- 12
nehmung berechtigter Interessen gerechtfertigt ist. Einen solchen Rechtfertigungsgrund enthält § 193 StGB für die Beleidigungsdelikte. Berechtigte Interessen im Sinne
dieser Vorschrift können neben Individualinteressen auch Informationsinteressen der
Öffentlichkeit sein. Deshalb können insbesondere Presseveröffentlichungen unter
diesen Rechtfertigungsgrund fallen.[15] Da V möglicherweise mit seiner Äußerung ein
öffentliches Interesse verfolgt hat – was im Falle der Kreditwürdigkeit eines deutschlandweit tätigen und bekannten Unternehmens nicht von vornherein auszuschließen
ist – stellt sich die Frage, ob die Wahrnehmung berechtigter Interessen als Rechtfertigungsgrund auch im Zivilrecht anzuerkennen ist.

Hinweis: Dies ist sehr umstritten. Die überwiegende Literatur beschränkt die Wahrnehmung berech- 13
tigter Interessen auf § 193 StGB sowie § 824 Abs. 2, mithin auf Ehrverletzungen.[16] Demgegenüber hat
der BGH den Rechtsgedanken des § 193 StGB zur Anerkennung eines berechtigten Interesses der
Kreditinstitute an der Funktionsfähigkeit übergeordneter Kreditsicherungssysteme (SCHUFA) auch
gegenüber dem allgemeinen Persönlichkeitsrecht herangezogen.[17] Gegen eine Ausdehnung auf das
Bankgeheimnis spricht, dass die daraus folgenden Geheimhaltungsverpflichtungen dann von einer
Interessenabwägung im Einzelfall abhängig wären. Das Bankgeheimnis als Ausfluss des besonderen
Vertrauensverhältnisses zwischen Bank und Kunden wäre somit in seinem Kern in Frage gestellt.[18]
Daher ist eine Wahrnehmung berechtigter Interessen in diesem Zusammenhang eher abzulehnen.[19] –

---

[12] Palandt/*Grüneberg*, § 276 Rn. 5.
[13] BGHZ 166, 84, 109f. m.w.N. = NJW 2006, 830.
[14] Vgl. *Baumbach/Hopt* HGB, 34. Aufl., 2010, Bankgeschäfte, Rn. A/10, *Canaris*, in: Staub, HGB, Bankvertragsrecht, Bd. 1, 3. Aufl., 1988, Rn. 65.
[15] *Lenckner*, in: Schönke/Schröder, StGB, 27. Aufl., 2006, § 193 Rn. 15ff.
[16] *Lenckner*, in: Schönke/Schröder, StGB, 27. Aufl., 2006, § 193 Rn. 2f.; Soergel/*Spickhoff*, § 823 Rn. 127ff.
[17] *BGH* NJW 1978, 2151, 2152.
[18] Vgl. ausführlich *Hellner/Steuer*, BuB 1, Rn. 1/55; *Bruchner/Krepold*, in: Schimansky/Bunte/Lwowski, Bankrechts-Handbuch, Bd. 1, 3. Aufl., 2007, § 39 Rn. 93ff.
[19] Andernfalls hätte die Bank gegenüber ihrem Kunden unter Berücksichtigung der Grundsätze von Treu und Glauben einen Anspruch auf Entbindung von der Geheimhaltungspflicht, so etwa wenn die

Auch für diese Aspekte gilt wieder einmal: Man muss auf sie eingehen, weil der Sachverhalt eigens darauf hinweist. Gleichwohl würde in einer Klausur jedes halbwegs brauchbare Argument positiv gewertet. Nur in einer Hausarbeit würde mehr verlangt.

14   Diese umstrittene Frage kann jedoch dahin stehen. Für die Wahrnehmung berechtigter Interessen i. S. v. § 193 StGB reicht die Existenz eines schutzwürdigen Interesses allein nicht aus. Zusätzlich bedarf er nach der Wechselwirkungslehre des BVerfG einer Interessenabwägung zwischen der Meinungsfreiheit und dem Recht auf Ehre bzw. hier dem Anspruch auf Verschwiegenheit.[20] Hier ist die Meinungsfreiheit der B aber vertraglich eingeschränkt, und überdies vermag die Wahrnehmung berechtigter Interessen eine Verletzung vertraglicher Interessenwahrungspflichten nicht zu rechtfertigen.[21]

15   Damit bleibt die Verletzung der Verschwiegenheitspflicht rechtswidrig.

4. Vertretenmüssen

16   V bzw. B (§ 31) müsste die Pflichtverletzung zu vertreten haben, § 280 Abs. 1 S. 2 i. V. m. § 276. Die Beweislast für das Gegenteil liegt bei B, da § 280 Abs. 1 S. 2 von einem vermuteten Verschulden ausgeht.[22] Der Beweis des Gegenteils wird B jedenfalls dann misslingen, wenn sie die Pflichtverletzung zu vertreten hat. Grundsätzlich hat der Schuldner nach § 276 Abs. 1 S. 1 Vorsatz und Fahrlässigkeit zu vertreten. Gegen eine bewusste Pflichtverletzung spricht der Versuch des V, seinen Äußerungen durch die Formulierung „man" und den Verweis auf Medienberichte den Bezug zu seiner Bank zu nehmen. Der Sorgfaltsmaßstab für die Beurteilung der Fahrlässigkeit nach § 276 Abs. 2 wird hier durch §§ 3 Abs. 1 AktG, 6 Abs. 1, 347 Abs. 1 HGB ergänzt. Als Vorstandsvorsitzender einer Bank war dem V die Geheimhaltungspflicht bekannt. Er hätte sich daher vorher bei U um eine Entbindung vom Bankgeheimnis bemühen müssen, was er nicht getan hat. Er konnte sich auch nicht darauf verlassen, berechtigte Interessen wahrzunehmen, da er diese Rechtsfrage zumindest vor dem Interview hätte prüfen lassen müssen, so dass ein eventueller Rechtsirrtum seinerseits schuldhaft erfolgt wäre. Erst recht kann er sich nicht auf die Interviewsituation als solche berufen. V hat somit die im Verkehr erforderliche Sorgfalt außer Acht gelassen, mithin fahrlässig im Sinne des § 276 Abs. 2 gehandelt.

5. Unzumutbarkeit der Leistungserbringung infolge Pflichtverletzung

17   Weiter verlangt § 282, dass infolge der Verletzung von Pflichten i. S. d. § 241 Abs. 2 dem Gläubiger U die Leistungserbringung durch die Schuldnerin B unzumutbar ist. Entscheidend ist also die Zumutbarkeit der zukünftigen Vertragsdurchführung, für die dem vergangenen Verstoß gegen die Verschwiegenheitspflicht nur Indizwirkung beizumessen ist.[23] Erforderlich ist eine Abwägung der beiderseitigen Parteiinteressen. Dabei kann man im Ausgangspunkt arbeitsrechtliche Grundsätze heranziehen, wie sie vor allem für die verhaltensbedingte Kündigung entwickelt wurden. Demnach ist

---

Bank durch vertragswidriges Verhalten seitens des Kunden einen Schaden erlitten hat. Dieser kann die Verschwiegenheitspflicht dann nur noch rechtsmissbräuchlich einfordern, *Hellner/Steuer*, BuB 1, Rn. 1/55; *Bruchner/Krepold*, in: Schimansky/Bunte/Lwowski, Bankrechtshandbuch I, 3. Aufl., 2007, § 39 Rn. 96.
[20] *Lenckner*, in: Schönke/Schröder, StGB, 27. Aufl., 2006, § 193 Rn. 15; vgl. zur Wechselwirkungstheorie BVerfGE 42, 150, 169.
[21] BGHZ 166, 84, 95 = NJW 2006, 830.
[22] Vgl. zu dieser Umkehr der Beweislast – grundsätzlich liegt sie für anspruchsbegründende Tatsachen beim Anspruchsteller – ausführlich Fall 4 Rn. 23 ff.
[23] *Huber/Faust*, § 3 Rn. 172; *Münch*, Jura 2002, 361, 371.

grundsätzlich eine einmalige Pflichtverletzung nicht ausreichend, doch berechtigt sie den Gläubiger zu einer Abmahnung bzw. verpflichtet ihn im Sinne einer Obliegenheit dazu (vgl. auch § 281 Abs. 3); Unzumutbarkeit ist dann erst bei weiteren Verstößen gegeben.[24]

Doch bedarf es einer solchen Abmahnung nicht, wenn der Vertrauensbereich tangiert ist, also wenn eine einmalige Pflichtverletzung so schwerwiegend ist, dass sie die Vertrauensgrundlage zwischen den Parteien zerstört.[25] Im vorliegenden Fall geht es um einen Verstoß gegen das Bankgeheimnis und die Interessenwahrungspflicht von erheblichem Gewicht, denn die von B geschuldete Leistung bestand gerade darin, für das Aktienpaket des U einen möglichst hohen Preis zu erzielen. Der zu erzielende Preis wurde aber durch die Äußerung von Zweifeln an der Kreditwürdigkeit des Gläubigers U stark negativ beeinflusst. Damit war die Vertrauensbasis zerstört und U die weitere Durchführung des Vertrages ohne Weiteres nicht mehr zuzumuten. 18

Schließlich muss die Unzumutbarkeit ursächlich auf der Pflichtverletzung beruhen;[26] dies ist hier der Fall, weil gerade der Verstoß gegen § 241 Abs. 2 die Vertrauensbasis zerstört. 19

Hinweis: Teils wird die Unzumutbarkeit gleich nach der Pflichtverletzung geprüft.[27] Das impliziert, das Vertretenmüssen müsse sich auch auf die Unzumutbarkeit beziehen. Dagegen spricht zum einen der Wortlaut des § 282, der die Zumutbarkeit nicht dem Vertretenmüssen unterwirft. Zum anderen ergibt sich die Unzumutbarkeit aus einer Interessenabwägung, in deren Rahmen es eine Rolle spielen kann, ob und in welcher Weise der Schuldner die Pflichtverletzung zu vertreten hat (vgl. in anderem Zusammenhang § 275 Abs. 2 S. 2). Da sich das Vertretenmüssen also nicht auf die Unzumutbarkeit bezieht, sollte man die Unzumutbarkeit erst nach dem Vertretenmüssen prüfen.[28] 20

6. Schaden, haftungsausfüllende Kausalität, Ersatz gemäß §§ 249 ff.

U macht hier Mehraufwendungen in Höhe von 1 Mio. € geltend, die ihm infolge des durch die Äußerung des V provozierten Bankwechsels entstanden sind, also Schadensersatz statt der Leistung.[29] Zu prüfen ist die Ersatzfähigkeit dieses Schadens. 21

a) Schaden

Ersatzfähig sind gem. § 253 Abs. 1 grundsätzlich nur Vermögensschäden, die man nach der Differenzhypothese ermittelt: Demnach ist ein Vermögensschaden dann gegeben, wenn der jetzige tatsächliche Wert des Vermögens des Geschädigten geringer ist als der Wert, den das Vermögen ohne das die Ersatzpflicht auslösende Ereignis haben würde.[30] Ohne die Verschwiegenheitspflichtverletzung hätte U das Aktienpaket von B verkaufen lassen; dann wären die zusätzlichen Kosten von 1 Mio. € nicht entstanden, so dass ein Schaden in dieser Höhe vorliegt. 22

b) Haftungsausfüllende Kausalität

Zwischen der Pflichtverletzung und dem Schaden müsste ein Kausalzusammenhang bestehen, die sog. haftungsausfüllende Kausalität.[31] Hätte V die Äußerung nicht von 23

---

[24] AnwK/*Dauner-Lieb*, § 282 Rn. 7; *Huber/Faust*, § 3 Rn. 175; Palandt/*Grüneberg*, § 282 Rn. 4; kritisch zum Erfordernis der Abmahnung dagegen *Ehmann/Sutschet*, S. 119.
[25] *Huber/Faust*, § 3 Rn. 172.
[26] Begr. RegE, BT-Drs. 14/6040, S. 142.
[27] Etwa bei MünchKomm/*Ernst*, § 282 Rn. 4 ff.; Jauernig/*Stadler*, § 282 Rn. 4 ff.; Palandt/*Grüneberg*, § 282 Rn. 3 f.
[28] Zust. wohl Jauernig/*Stadler*, § 282 Rn. 6.
[29] Vgl. *Senne*, Jura 2002, 424, 430.
[30] Palandt/*Grüneberg*, Vorb v § 249 Rn. 10 m. w. N.
[31] Palandt/*Grüneberg*, § 280 Rn. 38.

sich gegeben, wäre es nicht zu dem Bankwechsel gekommen. Damit ist eine äquivalente Kausalität gegeben. Zwar sind die Mehraufwendungen letztlich erst durch den (vorsätzlichen) Entschluss des U ausgelöst worden, die Bank zu wechseln. Doch war U dazu gem. § 282 berechtigt. Dass der Gläubiger nach einer so schwerwiegenden Pflichtverletzung die Geschäftsbeziehungen zum Schuldner abbrechen möchte, liegt noch im Rahmen der Lebenserfahrung, so dass man auch die adäquate Kausalität bejahen kann.[32]

c) Konkreter Schadensersatz, § 249

24 B hat daher den U so zu stellen, wie er ohne das zum Ersatz verpflichtende Ereignis stehen würde, § 249 Abs. 1. Sie hat ihm somit die 1 Mio. € als Schaden zu ersetzen.

7. Ergebnis

25 U kann von B Schadensersatz statt der Leistung in Höhe von 1 Mio. € aus §§ 280 Abs. 1 und 3, 282 verlangen.

26 **Hinweise zu den ausgeklammerten Anspruchsgrundlagen:** In Betracht kommen daneben deliktische Schadensersatzansprüche. Bei § 823 Abs. 1 fehlt es an einer Verletzung des Eigentums, so dass ein Eingriff in den eingerichteten und ausgeübten Gewerbebetrieb des U zu prüfen ist, den man letztlich bejahen könnte. Dann ist näher auf die Frage der haftungsausfüllenden Kausalität einzugehen, da der Schaden auf dem Entschluss des U zur Beendigung des Vertrags mit der B beruht. Freilich ist an eine Parallele zu den Herausforderungsfällen zu denken.

27 Ein Anspruch aus § 824 setzt das Verbreiten unwahrer Tatsachen voraus; dazu müsste V dem Wahrheitsbeweis zugängliche Behauptungen über die tatsächliche Situation gemacht und nicht nur eine subjektive Einschätzung abgegeben haben. Auch bei Annahme einer Tatsachenbehauptung (vgl. oben Rn. 7) fehlen aber Anhaltspunkte dafür, dass die Behauptungen objektiv unrichtig sind bzw. ihrem Aussagegehalt nicht falsch verstanden werden könnten. Damit greift § 824 nicht ein.

28 Ein Anspruch aus § 826 setzt neben der Schadenszufügung, die angesichts der Ereignisse zu bejahen ist (oben Rn. 21 ff.), zunächst deren Sittenwidrigkeit voraus; dazu bedarf es eines Verhaltens, das dem Anstandsgefühl aller billig und gerecht Denkenden zuwiderläuft.[33] Die Sittenwidrigkeit kann sich aus dem mit der Handlung verfolgten Ziel, dem zur Durchsetzung verwendeten Mittel, der dabei gezeigten Gesinnung oder den entstandenen Folgen ergeben.[34] Da hier die preisgegebenen Informationen zumindest grundsätzlich bereits einem weiten Teil der Bevölkerung bekannt waren, ist der Vorwurf der Sittenwidrigkeit kaum begründbar. Im Übrigen ist dem Sachverhalt kein Schädigungsvorsatz des V zu entnehmen. Damit besteht kein Anspruch gem. § 826.

II. Ansprüche des U gegen B auf Herausgabe der Aktien

1. Anspruch auf Herausgabe der Aktien aus §§ 667, 675 Abs. 1

29 U könnte gegen B einen Anspruch auf Rückgabe der Aktien aus §§ 667 i. V. m. § 675 Abs. 1 haben.

a) Auftrag bzw. Geschäftsbesorgung

30 Ein entsprechendes Schuldverhältnis liegt vor (vgl. oben Rn. 2).

b) Zur Ausführung erlangt

31 B hat die Aktien zur Ausführung des Kommissionsgeschäfts erlangt.

---

[32] Vgl. zu diesen Kausalitätstheorien Palandt/*Grüneberg*, Vorb. v § 249 Rn. 25 ff.
[33] Motive II, 727; Staudinger/*Oechsler*, § 826 Rn. 24; krit. MünchKomm/*Wagner* § 826 Rn. 7 ff.
[34] *Larenz/Canaris*, § 78 II. 2. b); Palandt/*Sprau*, § 826 Rn. 4 ff; zur Kritik an diesen Kriterien Staudinger/*Oechsler*, § 826 Rn. 47 ff.

c) Herausgabeanspruch

Bei einer entgeltlichen Geschäftsbesorgung wird der gem. §§ 675 Abs. 1, 667 bestehende Herausgabeanspruch in der Regel erst mit deren Beendigung i.S.v. § 271 Abs. 1 fällig. Damit ist die Beendigung der Kommission durch U zu prüfen, deren Modalitäten davon abhängen, ob sie ein Bemühen der B-Bank (§ 611) oder einen Verkaufserfolg (§ 631) zum Gegenstand hat. Hier ist lt. Sachverhalt das Letztere der Fall. Grundsätzlich kann U somit gem. § 649 S. 1 jederzeit kündigen, bleibt dann aber zur Vergütung verpflichtet. Daher wäre für ihn ein Rücktritt günstiger. 32

d) Rücktritts- oder Kündigungsrecht

Da ein vertragliches Rücktrittsrecht nicht vereinbart wurde, kommt ein Rücktritt nur dann in Betracht, wenn dem U ein gesetzliches Rücktrittsrecht zusteht. Ein solches könnte sich hier aus § 324 ergeben, da die B eine Pflicht i.S.d. § 241 Abs. 2 verletzt hat (s.o. Rn. 3ff.). Jedoch hat die vorliegende Kommission eine längere Laufzeit und somit Dauerschuldcharakter, so dass der Rücktritt durch eine Kündigung ersetzt wird.[35] Zu prüfen ist daher § 314 Abs. 1.[36] 33

aa) Dauerschuldverhältnis

Ein solches liegt vor. 34

bb) Wichtiger Grund

Die Verletzung einer Pflicht i.S.d. § 241 Abs. 2 liegt vor (s.o. Rn. 3ff.), doch erfordert der wichtige Grund gem. § 314 Abs. 1 S. 2 zusätzlich, dass U ein Festhalten am Vertrag infolge der Pflichtverletzung unzumutbar ist. Da sich insofern keine Unterschiede zu § 282[37] ergeben (s.o. Rn. 17ff.), ist auch dieses Erfordernis gegeben. 35

cc) Abmahnung, § 314 Abs. 2 S. 1

Die grundsätzlich notwendige Abmahnung ist angesichts der besonderen Schwere der Pflichtverletzung gem. §§ 314 Abs. 2 S. 2, 323 Abs. 2 Nr. 3 entbehrlich. 36

dd) Kündigungserklärung

U hat die Kündigung konkludent durch sein Herausgabeverlangen erklärt. 37

e) Ergebnis

U kann von B Herausgabe der Aktien nach §§ 675 Abs. 1, 667 verlangen. 38

2. Anspruch auf Rückgabe der Aktien aus § 985

Daneben kommt ein Anspruch des U gegen B auf Herausgabe der Aktien aus § 985 in Betracht. Ursprünglicher Eigentümer der Aktien war U. Er könnte sein Eigentum nach § 929 S. 1 durch Übereignung an die B verloren haben. Jedoch soll ein Verkaufskommissionär nicht Eigentümer der Kommissionsware werden, sondern nur 39

---

[35] Palandt/*Grüneberg*, § 323 Rn. 4.
[36] Bei Annahme eines Dienstvertrags wegen der laufenden Geschäftsbeziehungen, vgl. *Baumbach/Hopt*, HGB, 32. Aufl., 2006, § 383 Rn. 6, könnte U gem. §§ 675, 627 kündigen.
[37] *Huber/Faust*, § 5 Rn. 47; *Knoche/Höller*, ZGS 2003, 26, 32.

gem. § 185 Abs. 1 zur Verfügung über sie ermächtigt werden.[38] U ist also noch Eigentümer und B unmittelbare Besitzerin. Mit der Kündigung des U verliert B ihr Recht zum Besitz im Sinne des § 986 Abs. 1 S. 1 und muss die Aktien folglich herausgeben.

40 **Hinweis:** Der Herausgabeanspruch besteht unabhängig davon, ob es sich um Namensaktien oder Inhaberaktien handelt, vgl. § 10 Abs. 1 AktG. Inhaberaktien werden allein nach sachenrechtlichen Grundsätzen, also §§ 929 ff. übertragen, während Namensaktien als sog. geborene Orderpapiere zusätzlich zu diesem Begebungsvertrag[39] zur Übertragung ein Indossament erfordern, § 68 Abs. 1 AktG.[40] All dies gilt nur, sofern die Aktien wirklich noch als Urkunden vorliegen.

3. Anspruch gem. § 812 Abs. 1 S. 2 Alt. 1

41 B hat zwar den Besitz an den Aktien aufgrund einer Leistung des U erlangt, doch ist der Vertrag als rechtlicher Grund dafür durch die Kündigung nicht entfallen. Die §§ 812 ff. sind neben den §§ 346 ff. nicht anwendbar.[41]

---

[38] *Baumbach/Hopt*, HGB, 34. Aufl., 2010, § 383 Rn. 22.
[39] Palandt/*Sprau*, § 793 Rn. 8.
[40] Vgl. *Brox/Henssler*, Handelsrecht, 20. Aufl., 2009, Rn. 527 f.; *Eisenhardt*, Gesellschaftsrecht, 14. Aufl., 2009, Rn. 527; Palandt/*Sprau*, Einf v § 793 Rn. 2 f.
[41] Palandt/*Sprau*, § 812 Rn. 78.

Fall 14. Erdbeeren am Montag

Sachverhalt

Der Inhaber des Ausflugscafés „Nepp im Walde", Kristian Kirsch (K), bestellt beim Obstgroßhändler Bruno Birne (B) für Samstag, den 22. 6., 30 kg Erdbeeren mehr als sonst. In der Bestellung weist er darauf hin, dass er die zusätzlichen 30 kg Erdbeeren unbedingt am 22. 6. benötige, weil er am 23. 6. ein großes Erdbeerkuchen-Wettessen veranstalten wolle, das er bereits in Zeitungsanzeigen angekündigt habe. Die Lieferung genau an diesem Tag sei auch deswegen ungemein wichtig, weil das Café ab 24. 6. eine Woche lang umgebaut und dabei die Stromversorgung unterbrochen werde. Birne bestätigt die Bestellung, vergisst sie dann aber und erscheint erst am Montag, dem 24. 6., mit 30 kg Erdbeeren. Kirsch ist wenig angetan.

Für das Erdbeerkuchen-Wettessen kauft Kirsch bei Veit Vielfrucht (V) am 15. 6. zum Preis von 2000 € einige Stühle, die Vielfrucht ihm auch gleich überlässt. Kirsch zahlt 100 € an, die er gerade dabei hat; den restlichen Kaufpreis soll er am 24. 6. im Laden des Vielfrucht zahlen. Am 24. 6. und 25. 6. erscheint Kirsch nicht, weil er mit dem Umbau beschäftigt und durch den Ärger mit Birne abgelenkt ist. Als Vielfrucht den Kirsch am 1. 7. aufsucht, hat dieser kein Geld in der Kasse. Vielfrucht erklärt ihm deshalb, dass er die Stühle zurückhaben wolle, wenn die restlichen 1900 € nicht bis 4. 7. gezahlt würden. Kirsch zahlt nicht und ist am 4. 7. auch nicht im Café. Als Vielfrucht ihn am 5. 7. endlich trifft, meint er, er würde ja gern zahlen, könne aber nicht, da er knapp bei Kasse sei. Vielfrucht meint, seine Geduld sei nun erschöpft, er trete hiermit vom Vertrag zurück und wollte die Stühle von Kirsch Zug-um-Zug gegen Rückzahlung der Anzahlung von 100 € zurück.

1. Muss Kirsch die Erdbeeren von Birne abnehmen und bezahlen?
2. Muss Kirsch die Stühle gegen Rückzahlung der 100 € zurückgewähren?

Vorüberlegungen

Bei den Erdbeeren liegt an sich eine verspätete Leistung vor, doch hat K bei seiner Bestellung verdeutlicht, wie extrem wichtig ihm die Einhaltung der Leistungszeit ist. Daher könnten die Parteien ein sog. absolutes Fixgeschäft vereinbart haben, bei dem die Nichteinhaltung der Leistungszeit so wichtig ist, dass jede Verspätung zur Unmöglichkeit der Leistung i.S.v. § 275 Abs. 1 führt, eine verspätete Erfüllung i.S.v. § 362 Abs. 1 also ausscheidet. Im Zweifel ist aber „nur" von einem relativen Fixgeschäft auszugehen,[1] bei dem die Einhaltung der Leistungszeit zwar ebenfalls von besonderer, aber doch etwas geringerer Bedeutung ist. Deshalb ermöglicht das relative Fixgeschäft nach § 323 Abs. 2 Nr. 2 dem Gläubiger lediglich einen Rücktritt vom Vertrag ohne Nachfristsetzung. Ist ein Kaufmann beteiligt, gilt allerdings die Spezialregelung des § 376 HGB mit komplizierteren Voraussetzungen und strengeren Rechtsfolgen. Insbe-

---
[1] *BGH* NJW 2003, 1600 m.w.N.

sondere kann der Gläubiger gem. § 376 Abs. 1 S. 2 HGB Erfüllung stets nur noch verlangen, wenn er sofort nach Fristablauf anzeigt, dass er auf Erfüllung besteht. Andernfalls erlischt der Anspruch. Da man bei der Schuldrechtsreform vergessen hat, § 376 Abs. 1 HGB an § 325 BGB anzupassen und ein Widerspruch zu dieser jüngeren Vorschrift zu vermeiden ist, sind auch im Falle des § 376 HGB entgegen seinem Wortlaut Schadensersatz und Rücktritt nebeneinander möglich; das „oder" ist also als „und" zu lesen.[2]

In der Abwandlung macht V Ansprüche nach einem Rücktritt vom Vertrag geltend. Der sog. Rückgewähranspruch ist in § 346 Abs. 1 zu finden und *kann* mit Ansprüchen aus §§ 985, 1007 und 812 konkurrieren. Er setzt eine Rücktrittserklärung und ein gesetzliches oder vertragliches Rücktrittsrecht voraus; die Prüfungsreihenfolge ist insofern beliebig.

Das Rücktrittsrecht kann hier, da K nicht erfüllt hat, aber erfüllen könnte, aus § 323 Abs. 1 folgen. Seine Voraussetzungen kann man anhand des Gesetzeswortlauts prüfen. Aus dem Erfordernis der „fälligen Leistung" in § 323 Abs. 1 folgt, dass die Leistung noch möglich sein muss (sonst § 326 Abs. 5). Soweit der Fall Anlass dazu bietet, kann man an dieser Stelle auf § 275 Abs. 1–3 eingehen.[3] Das ist präziser, als einen eigenen Prüfungspunkt „Nachholbarkeit der Leistung" zu bilden oder § 326 Abs. 5 für entbehrlich zu erklären, wie es leider teils geschieht.[4] Die notwendige Fristsetzung stellt zugleich eine verzugsbegründende Mahnung i.S.v. § 286 Abs. 1 dar,[5] ohne dass es für das Rücktrittsrecht darauf ankäme.[6] Der Schuldner muss also jede Fristsetzung zur Leistungserbringung sehr ernst nehmen. Dies gilt umso mehr, als das Setzen einer zu kurzen Frist nicht etwa unwirksam ist, sondern nach ganz h.M. jedenfalls eine angemessene Frist in Gang setzt.[7]

Gliederung

	Rn.
I. Anspruch des B gegen K auf Abnahme und Bezahlung der Erdbeeren, § 433 Abs. 2	1
1. Wirksamer Kaufvertrag	2
2. Erlöschen des Anspruchs gem. § 326 Abs. 1 S. 1	4
a) Gegenseitiger Vertrag	5
b) Ausschluss der Hauptleistungspflicht gem. § 275 Abs. 1	6
c) Zwischenergebnis	12
3. Ergebnis	14
II. Ansprüche des V gegen K auf Herausgabe der Stühle	15
1. Rückgewähranspruch des V gegen K gem. § 346 Abs. 1, 348 S. 1	15
a) Rücktrittsrecht	16

---

[2] *Baumbach/Hopt*, HGB, 34. Aufl., 2010, § 376 HGB Rn. 11; *Oetker*, Handelsrecht, 5. Aufl., 2007, § 8 Rn. 20 m.w.N.; *Jung*, Handelsrecht, 7. Aufl., 2008, Kapitel 10 Rn. 7.

[3] Ähnlich etwa *Brox/Walker*, AS, § 23 Rn. 59; Hk/*Schulze*, § 323 Rn. 4; MünchKomm/*Ernst*, § 323 Rn. 47.

[4] Etwa bei *Hirsch*, Rn. 610.

[5] Vgl. Begr. zum RegE, BT-Drs. 14/6040, 184 und 138 (zu § 281).

[6] Anders § 326 a.F., der in der Praxis zahlreiche Probleme bereitete, vgl. Begr. zum RegE, BT-Drs. 14/6040, 184; Stellungnahme des Rechtsausschusses, BT-Drs. 14/7052, 185.

[7] Vgl. Begr. zum RegE, BT-Drs. 14/6040, 138 (zu § 281). Die Dauer der Frist ist ggf. unter Heranziehung der von der Rspr. entwickelten Kriterien (dazu etwa Palandt/*Grüneberg*, § 323 Rn. 14 und Begr. zum RegE a.a.O.) festzulegen.

		Rn.
aa) Vertragliches Rücktrittsrecht		17
bb) Gesetzliches Rücktrittsrecht gem. § 323 Abs. 1 und 5		18
(1) Gegenseitiger Vertrag		19
(2) Fällige und durchsetzbare Leistungspflicht		20
(3) Nichtleistung oder nicht vertragsgemäße Leistung		24
(4) Angemessene Frist		25
(5) Erfolgloses Verstreichen der Frist		26
(6) Teilverzögerung		28
(7) Kein Ausschluss des Rücktritts		29
cc) Zwischenergebnis		31
b) Rücktrittserklärung, § 349		32
c) Ergebnis		34
2. Weitere Anspruchsgrundlagen		35
a) § 985		35
b) § 1007		37
c) § 812 Abs. 1 S. 1 Alt. 1		38

Lösung

I. Anspruch des B gegen K auf Abnahme und Bezahlung der Erdbeeren, § 433 Abs. 2

K muss die Lieferung abnehmen und bezahlen, wenn B dies aufgrund eines Anspruchs nach § 433 Abs. 2 von ihm verlangen kann. **1**

1. Wirksamer Kaufvertrag

Dazu müsste zunächst ein wirksamer Kaufvertrag vorliegen. Ein Vertrag kommt durch zwei übereinstimmende Willenserklärungen i.S.d. §§ 145ff., Angebot und Annahme, zustande. Der Antrag i.S.v. § 145 liegt in der Bestellung des K, die Annahme in deren Bestätigung durch B. Damit ist ein Kaufvertrag geschlossen und der Anspruch gem. § 433 Abs. 2 entstanden. **2**

Hinweis: Die Einigung zwischen K und B sollte man knapp abhandeln, da der Sachverhalt insoweit eindeutig ist. Das Vorliegen eines Fixgeschäfts ist an dieser Stelle irrelevant, also ist dazu noch nichts auszuführen. – Generell sollte man Fragen, die vom Inhalt der vertraglichen Einigung abhängig sind, in aller Regel erst dort ansprechen, wo sie Auswirkungen haben. Anders ist es nur bei einem möglichen Dissens (§§ 154f.). **3**

2. Erlöschen des Anspruchs gem. § 326 Abs. 1 S. 1

Der Anspruch könnte gem. § 326 Abs. 1 S. 1 wieder erloschen sein. **4**

a) Gegenseitiger Vertrag

Ein gegenseitiger Vertrag liegt mit dem Kaufvertrag vor. **5**

b) Ausschluss der Hauptleistungspflicht gem. § 275 Abs. 1

Es müsste eine im Gegenseitigkeitsverhältnis stehende Leistungspflicht nach § 275 Abs. 1 ausgeschlossen sein. Dies wäre der Fall, wenn die Leistung für den Schuldner B **6** (subjektive Unmöglichkeit) oder für jedermann (objektive Unmöglichkeit) unmöglich geworden ist, sie also nicht mehr erbracht werden kann. Im vorliegenden Fall ist zweifelhaft, ob die Leistung dem B unmöglich ist, da er die Erdbeeren zwar nicht wie vereinbart am 22. 6., jedoch immerhin zwei Tage später am 24. 6. geliefert hat.

7 Dennoch käme Unmöglichkeit in Betracht, wenn der zwischen K und B abgeschlossene Kaufvertrag ein sog. absolutes Fixgeschäft darstellen würde. Ein absolutes Fixgeschäft liegt vor, wenn nach dem bestehenden Vertrag und der gegebenen Interessenlage die Einhaltung der Leistungszeit für einen Teil so wesentlich ist, dass eine verspätete Leistung nicht mehr als Erfüllung angesehen werden kann, weil das Geschäft mit der rechtzeitigen Leistung stehen oder fallen soll,[8] weil eine spätere Erfüllung bei ihm „keinen Sinn" mehr macht, z.B. beim Taxi zum Bahnhof, um einen bestimmten Zug zu erreichen.[9] Ob dies der Fall ist, muss im Wege der Auslegung der Vereinbarung gem. §§ 133, 157 ermittelt werden.

8 Für ein absolutes Fixgeschäft spricht zunächst die Vereinbarung eines bestimmten Liefertermins, die aber allein keinesfalls ausreicht. Denn insoweit könnte auch ein sog. relatives Fixgeschäft vorliegen, bei dem die Einhaltung des Zeitpunkts ebenfalls wichtiger als im Normalfall ist, das aber lediglich ein Rücktrittsrecht ohne Nachfristsetzung zur Folge hat (geregelt in § 323 Abs. 1, 2 Nr. 2 bzw. § 376 HGB). Die Abgrenzung zwischen den beiden Erscheinungsformen des Fixgeschäfts ist in Ermangelung klarer Kriterien dafür umstritten. Die Rechtsprechung verwendet in beiden Fällen sehr ähnliche Formulierungen: Auch das relative Fixgeschäft „soll mit der Einhaltung der Leistungszeit stehen und fallen";[10] diese Formel passt besser auf das absolute Fixgeschäft, weil es tatsächlich mit der rechtzeitigen Leistung steht oder fällt,[11]

9 Im vorliegenden Fall sprechen neben den Hinweisen des B auf die Bedeutung der Leistungszeit weitere Anhaltspunkte für ein absolutes Fixgeschäft: Zum einen war die Lieferung am 22. 6. für ein bestimmtes Ereignis, nämlich das Erdbeerkuchen-Wettessen, bestimmt. Zum anderen handelt es sich bei den Erdbeeren um leicht verderbliche Ware, die lediglich kurze Zeit nach Lieferung zum Verzehr geeignet ist. Ein Verbraucht im normalen Geschäftsbetrieb des Cafés war nicht möglich, da es in der Woche nach dem 22. 6. wegen der Umbauarbeiten geschlossen war. Eine Lieferung ab 22. 6. machte aus Sicht des K keinen Sinn mehr, weil er die Erdebeeren nicht verwerten und wegen der Unterbrechung der Stromversorgung auch nicht einfrieren konnte.

10 Dem B waren all diese Umstände infolge der Erläuterungen des K bekannt, so dass die alles entscheidende Bedeutung der Einhaltung der Leistungszeit Vertragsinhalt geworden ist. Demzufolge liegt ein absolutes Fixgeschäft vor mit der Folge, dass dem B seine Leistung spätestens mit Ablauf des 23. 6. unmöglich geworden ist. Damit ist er gem. § 275 Abs. 1 von seiner Leistungspflicht befreit.

11 **Hinweis:** Die Unmöglichkeit ist hier (wohl) schon am Abend des 22. 6. eingetreten, so dass auch eine Lieferung am 23. 6. keine Erfüllung mehr dargestellt hätte, da K die Kuchen noch backen musste. Dies kann hier aber dahinstehen, weil ein Lieferversuch am 23. 6. nicht stattgefunden hat.

c) Zwischenergebnis

12 Damit ist der Gegenleistungsanspruch des B gem. § 326 Abs. 1 S. 1 entfallen.

---

[8] *Brox/Walker*, AS, § 22 Rn. 6; Palandt/*Grüneberg*, § 271 Rn. 17, § 275 Rn. 11.
[9] Vgl. *Brox/Walker*, AS, § 22 Rn. 6.
[10] So oder ähnlich st. Rspr. und h.L., RGZ 51, 347, 348; BGHZ 110, 88, 96 m.w.N.; *Baumbach/Hopt*, AGB, 34. Aufl., 2010, § 376 Rn. 1; *Koller/Roth/Morck*, HGB, 6. Aufl., 2007, § 376 Rn. 5; umfassende Nachweise bei *Gernhuber*, Die Erfüllung und ihre Surrogate, 2. Aufl., 1994, § 4, 4 Fn. 17.
[11] Zutreffend *Gernhuber*, Die Erfüllung und ihre Surrogate, 2. Aufl., 1994, § 4, 4; zustimmend *Larenz* I, § 21 I Fn. 3 a.

Fall 14. Erdbeeren am Montag 135

Hinweis: Für ein Bestehenbleiben des Gegenleistungsanspruchs gem. § 326 Abs. 2 und 3 spricht hier 13
nichts, also sollte man diese Normen auch nicht erwähnen. Vor der Niederschrift, bei der Erstellung
der Lösungsskizze, muss man sie aber gedanklich durchprüfen.

3. Ergebnis

B hat keinen Anspruch aus § 433 Abs. 2 auf Abnahme und Bezahlung der Lieferung. 14

II. Ansprüche des V gegen K auf Herausgabe der Stühle

1. Rückgewähranspruch des V gegen K gem. §§ 346 Abs. 1, 348 S. 1

V kann von K die Rückgewähr der Stühle gem. §§ 346 Abs. 1, 348 S. 1 Zug um Zug 15
gegen Rückzahlung der 100 € verlangen, wenn er wirksam vom Vertrag zurückgetreten ist.

a) Rücktrittsrecht

Der Rücktritt als Gestaltungsrecht setzt zunächst ein Rücktrittsrecht voraus, das 16
gem. § 346 Abs. 1 entweder vertraglich vereinbart sein oder aufgrund gesetzlicher Vorschriften bestehen muss.

aa) Vertragliches Rücktrittsrecht

Ein vertragliches Rücktrittsrecht wurde weder ausdrücklich noch konkludent vereinbart. 17

bb) Gesetzliches Rücktrittsrecht gem. § 323 Abs. 1 und 5

V könnte gem. § 323 Abs. 1 und 5 aufgrund der Nichtleistung des K zum Rücktritt 18
berechtigt sein.

(1) Gegenseitiger Vertrag. Für die Anwendung des § 323 Abs. 1 müsste ein gegenseitiger Vertrag vorliegen. In dem Kaufvertrag, den V und K geschlossen haben, sind die 19
Hauptleistungspflichten untrennbar aufeinander bezogen, er ist damit ein gegenseitiger Vertrag.

(2) Fällige und durchsetzbare Leistungspflicht. Es müsste weiterhin eine fällige und 20
durchsetzbare Leistungspflicht bestehen, die nicht unbedingt im Synallagma stehen muss.[12] Hier besteht die Hauptleistungspflicht des K in der Zahlung des Kaufpreises in Höhe von 200 € gem. § 433 Abs. 2. Da K am 15. 6. auf die Kaufpreisschuld 100 € gezahlt und V die Annahme dieser Teilleistung nicht gem. § 266 verweigert hat, ist der Kaufpreisanspruch gem. § 362 Abs. 1 in Höhe von 100 € erloschen, besteht aber weiter in Höhe der restlichen 100 €.

Dieser Restkaufpreisanspruch müsste auch fällig sein. Fälligkeit tritt in dem Zeitpunkt ein, ab dem der Gläubiger die Leistung verlangen kann. Grundsätzlich ist ein 21
Anspruch gem. § 271 Abs. 1 sofort mit seinem Entstehen fällig; dies wäre hier am 15. 6. mit Kaufvertragsschluss. Allerdings haben K und V vereinbart, dass der Restkaufpreis von 100 € erst am 24. 6. zu zahlen ist, und damit eine Zeit für die Leistung bestimmt. Deshalb kann V die Leistung im Zweifel nicht vor dieser Zeit verlangen, § 271 Abs. 2. Der Restkaufpreis war also am 24. 6. fällig.

Ferner muss der Anspruch durchsetzbar sein.[13] Einreden gegen den Kaufpreisanspruch sind nicht ersichtlich; da V bereits erfüllt hat, kommt hier insbesondere die 22

---
[12] Vgl. Begr. zum RegE, BT-Drs. 14/6040, 183. Insofern anders §§ 325, 326 a.F.
[13] H.M., etwa AnwK/*Dauner-Lieb*, § 323 Rn. 8; *Brox/Walker*, AS, § 23 Rn. 60.

Einrede des nichterfüllten Vertrags nach § 320 Abs. 1 nicht in Betracht. Denkbar wäre auch, dass dem K die Zahlung unmöglich ist (§ 275 Abs. 1), weil er „knapp bei Kasse" ist und nicht zahlen kann. Jedoch kann die Erfüllung einer Geldschuld grundsätzlich nicht unmöglich werden, da der Schuldner, solange es Geld gibt, verpflichtet bleibt und die Leistung somit nachholbar ist.

23 **Hinweis:** Unmöglichkeit kann bei der Geldschuld nur eintreten, wenn der Geldgläubiger in Annahmeverzug (§ 293) gerät und es dadurch zur „Quasikonkretisierung" nach § 300 Abs. 2 auf eine bestimmte Menge Bargeldes kommt.[14] Das sollte man nur erwähnen, wenn der Sachverhalt dafür Anhaltspunkte bietet.

24 *(3) Nichtleistung oder nicht vertragsgemäße Leistung.* K hat den geschuldeten Restkaufpreis von 100 € am Fälligkeitstermin (24. 6.) nicht gezahlt und somit i. S. v. § 323 Abs. 1 nicht geleistet, obwohl er gekonnt hätte.

25 *(4) Angemessene Frist.* V müsste dem K nach Fälligkeit eine angemessene Frist zur Leistung oder Nacherfüllung gesetzt haben. Er erklärte dem K am 1. 7., dass dieser bis 4. 7. die restlichen 100 € zahlen solle, und hat somit eine Frist für die Restleistung bestimmt. Da die Fristsetzung dem K nur die Möglichkeit eröffnen muss, eine bereits begonnene Leistung zu vollenden, ist die Frist von drei Tagen für die Zahlung eines Geldbetrages in Höhe von 100 € angemessen.

26 *(5) Erfolgloses Verstreichen der Frist.* Da K bis zum 4. 7. die noch ausstehende Leistung weder bewirkt noch in einer Weise angeboten hat, welche den Gläubiger V in Annahmeverzug gesetzt hätte, ist die Frist erfolglos verstrichen.

27 **Hinweis:** Im Rahmen der §§ 281 Abs. 1 S. 1, 323 Abs. 1 ist die Fristsetzung „erfolglos" geblieben, wenn die Leistung weder bewirkt noch i. S. d. §§ 294 ff. angeboten wird bzw. die Leistungspflicht gem. § 275 oder aus sonstigen Gründen entfällt (Aufhebungs- oder Erlassvertrag, Rücktritt). In all diesen Fällen endet auch der Schuldnerverzug.

28 *(6) Teilverzögerung.* Da es hier um die Verzögerung einer Teilleistung geht, setzt der Rücktritt vom gesamten Vertrag gem. § 323 Abs. 5 S. 1 zusätzlich voraus, dass V an der Teilleistung kein Interesse hat. Ein Interesse des V an einer Teilleistung käme dann in Betracht, wenn sowohl die Leistung als auch die Gegenleistung teilbar wären und damit ein teilweiser Leistungsaustausch sinnvoll möglich wäre. Da sich der Tisch nicht teilweise verkaufen lässt, ist das hier nicht der Fall. Damit hat V an einer Teilleistung kein Interesse. Er kann also gem. § 323 Abs. 5 S. 1 vom ganzen Vertrag zurücktreten.

29 *(7) Kein Ausschluss des Rücktritts.* Für einen Ausschluss des Rücktritts gem. § 323 Abs. 6 bietet der Sachverhalt keine Anhaltspunkte.

30 **Hinweis:** Der Prüfungspunkt ist hier an sich entbehrlich, aber zur Sicherheit erlaubt.

cc) Zwischenergebnis

31 Mit dem fruchtlosen Verstreichen der Nachfrist entsteht zugunsten des V das gesetzliche Rücktrittsrecht hinsichtlich des ganzen Kaufvertrags aus § 323 Abs. 1 und 5.

b) Rücktrittserklärung, § 349

32 Der Rücktritt muss gem. § 349 gegenüber dem anderen Vertragspartner erklärt werden; dies hat V am 5. 7. durch Erklärung gegenüber K getan.

33 **Hinweis:** Sofern der Fall dazu Anlass bietet, ist noch zu prüfen, ob der Rücktritt gem. § 218 Abs. 1 S. 1 unwirksam ist. Dafür gibt es hier aber keinen Anhaltspunkt, sodass es beim „Abhaken" dieses Aspekts in den Überlegungen vor der Niederschrift der Lösung verbleibt.

---

[14] Vgl. Palandt/*Grüneberg*, § 300 Rn. 7.

c) Ergebnis

V hat ein ihm wegen der Leistungsverzögerung des K zustehendes Rücktrittsrecht 34 wirksam ausgeübt. Folglich kann er von K gem. §§ 346 Abs. 1, 348 S. 1 Herausgabe und Rückübereignung des Tisches Zug um Zug gegen Herausgabe der 100 € verlangen.

2. Weitere Anspruchsgrundlagen

a) § 985

Der Anspruch aus § 985 setzt Eigentum des V voraus, das dieser jedoch gem. § 929 35 S. 1 an K übertragen hat. Daran ändert der Rücktritt nichts.

Hinweis: Das ergibt sich aus dem Abstraktionsprinzip, das man schon im ersten Semester kennen 36 lernt. Dennoch wird selbst in Examensklausuren immer wieder fälschlich angenommen, mit dem Rücktritt falle ohne Weiteres das Eigentum an den Verkäufer zurück.

b) § 1007

§ 1007 Abs. 1 greift nicht ein, da K bei Besitzerwerb im guten Glauben war und im 37 Übrigen Eigentum erworben hat. Deshalb scheidet auch § 1007 Abs. 2 aus.

c) § 812 Abs. 1 S. 1 Alt. 1

Zwar hat K Eigentum und Besitz am Tisch in Erfüllung des Kaufvertrags, also 38 bewusst und zweckgerichtet, von V erhalten. Doch lässt der Rücktritt vom Vertrag diesen als rechtlichen Grund für den vorherigen Leistungsaustausch nicht entfallen, sondern gestaltet den ursprünglichen Vertrag lediglich in ein „Rückgewährschuldverhältnis" um. Ein Anspruch aus § 812 Abs. 1 S. 1 Alt. 1 besteht daher nicht.

Fall 15. Gebrauchter Palandt

Sachverhalt

Vera (V) verkauft am 15. 1. an Kurt (K) zum Preis von 49 € einen gebrauchten Palandt, Vorauflage. Kurt zahlt 5 € an; den restlichen Kaufpreis soll er am 21. 1. nach der Vorlesung Allgemeines Verwaltungsrecht an Vera zahlen. Vera übergibt ihm den Palandt sogleich, behält sich aber wegen der ausstehenden Restzahlung das Eigentum daran vor, wofür Kurt Verständnis äußert. Am 21. 1. und 22. 1. hält Vera vergeblich nach Kurt Ausschau, was sie mehr und mehr in Rage bringt. Als Kurt am 23. 1. endlich samt der noch geschuldeten 44 € auftaucht, ist Vera so wütend, dass sie die angebotene Zahlung wegen der zweitägigen Verspätung ablehnt. Sie verlangt unter Hinweis auf den Eigentumsvorbehalt die Herausgabe des Palandts gegen Rückzahlung der 5 €.
Mit Erfolg?

Vorüberlegungen

Der Sachverhalt ist bewusst eng an den des letzten Falls angelehnt, doch hat V sich das Eigentum am Palandt vorbehalten, dem K keine Frist gesetzt und nicht explizit den Rücktritt erklärt. Gleichwohl macht sie wieder Ansprüche geltend, die einen Rücktritt vom Vertrag voraussetzen. Damit stellt sich die Frage, ob die Setzung einer angemessenen Frist zur Leistungserbringung nach § 323 Abs. 2 oder aus anderen Gründen entbehrlich ist.

**Ausnahmen vom Fristsetzungserfordernis
bei Rücktritt wegen Nichtleistung nach § 323 Abs. 1**

1. Der Schuldner hat nach oder vor (§ 323 Abs. 4) Fälligkeit seine Leistung ernsthaft und endgültig unberechtigt verweigert, § 323 Abs. 2 Nr. 1.
2. Eine einfache (relative) Fixschuld war vereinbart, § 323 Abs. 2 Nr. 2.
3. Besondere Umstände rechtfertigen einen sofortigen Rücktritt, § 323 Abs. 2 Nr. 3.

Unterscheide davon das Rücktrittsrecht nach § 326 V (ohne Fristsetzung): Die Leistung ist i. S. v. § 275 Abs. 1 unmöglich oder kann gem. § 275 Abs. 2 und 3 verweigert werden: Damit fehlt es an der „fälligen Leistung" i. S. v. § 323 Abs. 1.

Liegt keiner dieser Fälle vor, ist noch an ein vertraglich vereinbartes Rücktrittsrecht zu denken. Dieses ließe sich allenfalls konkludent aus der Vereinbarung eines

Eigentumsvorbehalts (§ 449 Abs. 1) konstruieren, wofür der Sachverhalt aber keine Anhaltspunkte liefert. Auch § 449 enthält keine Vermutung für ein solches Rücktrittsrecht, wie sie die Vorgängernorm (§ 455 a.F.) für den Fall des Schuldnerverzugs des Vorbehaltskäufers noch kannte.

Da V nicht explizit den Rücktritt erklärt, ist noch zu prüfen, ob V das gewünschte Ergebnis auf anderem Wege, nämlich über den Schadensersatz statt der ganzen Leistung erreichen kann. Dieser ist in § 281 Abs. 1 S. 2 bzw. S. 3 für die Teil- und die Schlechterfüllung und über § 283 auch im Falle der teilweisen Leistungsbefreiung nach § 275 möglich. Macht ihn der Gläubiger geltend, ist der Schuldner gem. § 281 Abs. 5 zur Rückforderung seiner Teil- oder Schlechtleistung berechtigt. Der Schadensersatz „statt der ganzen Leistung" kombiniert also die Rechtsfolgen von Rücktritt und Schadensersatz, die gemäß § 325 auch nebeneinander möglich sind. Erklären lässt sich dies historisch: Nach den §§ 325, 326, 463, 635 a.F. standen Schadensersatz und Rücktritt im Alternativverhältnis, was für Laien sehr gefährlich war. Deshalb ließ die Rechtsprechung einen sog. „großen Schadensersatz" zu, der die Rücktrittsfolgen umfasste.

Da der Schadensersatz statt der ganzen Leistung also Rücktritt und Schadensersatz de facto kombiniert, decken sich Voraussetzungen und Ausschlussgründe der §§ 281, 323 weitgehend. Auch § 281 Abs. 1 S. 1 verlangt eine Fristsetzung, die in folgenden Fällen entbehrlich ist:

Ausnahmen vom Fristsetzungserfordernis für den Schadensersatz statt der Leistung (§ 281 Abs. 1) wegen Nichtleistung

1. Der Schuldner hat nach oder vor Fälligkeit seine Leistung ernsthaft und endgültig unberechtigt verweigert, § 281 Abs. 2 Alt. 1 (vor Fälligkeit: analog § 323 Abs. 4).[1]
2. Besondere Umstände rechtfertigen sofortigen Schadensersatz statt der Leistung, § 281 Abs. 2 Alt. 2.

Unterscheide davon den Fall des § 283 (ohne Fristsetzung): Die Leistung ist i.S.v. § 275 Abs. 1 unmöglich oder kann gem. § 275 Abs. 2 und 3 verweigert werden: Damit fehlt es an der „fälligen Leistung" i.S.v. § 281 Abs. 1.

Auch für den Anspruch auf Schadensersatz statt der Leistung gem. §§ 280 Abs. 1 und 3, 281 Abs. 1 S. 1 stellt sich die Frage nach dem Prüfungsaufbau. Wie in den Hinweisen im 1. Teil des Buches näher erläutert (Rn. 29ff.), sollte man die §§ 280, 281 zu einer einheitlichen Anspruchsgrundlage für den Schadensersatz statt der Leistung zusammenziehen und § 281 nicht erst bei der Ersatzfähigkeit des Schadens im Rahmen eines Anspruchs auf Schadensersatz wegen Pflichtverletzung prüfen. Denn § 281 gibt dem Schuldner eine „zweite Chance" zu vertragsgemäßem Verhalten, so dass es Schadensersatz erst gibt, wenn der Schuldner trotz Fristsetzung nicht (oder nur schlecht) leistet und dies gem. § 280 Abs. 1 zu vertreten hat.[2]

---

[1] Im Ergebnis wohl unstr., da dies nach altem Recht anerkannt war und eine Änderungsabsicht des Gesetzgebers nicht ersichtlich ist. Für die Analogie zu § 323 Abs. 4 AnwK/*Dauner-Lieb*, § 281 Rn. 20. Dagegen für eine Analogie zu § 281 Abs. 1 (und 2): *Huber/Faust*, Kap. 3 Rn. 138, 152; Jauernig/*Stadler*, § 281 Rn. 9. Schließlich für eine Lösung über § 282: *Lorenz/Riehm*, Rn. 361. Für eine der beiden letztgenannten Lösungen MünchKomm/*Ernst*, § 281 Rn. 62.
[2] Begr. zum RegE, BT-Drs. 14/6060, 139; *Kropholler*, § 281 Rn. 1 und 3.

Gliederung

	Rn.
I. Anspruch des V gegen K gem. §§ 346 Abs. 1, 348 S. 1 auf Rückgewähr des Palandt	1
1. Rücktrittsrecht	2
a) Vertragliche Vereinbarung	3
b) Gesetzliches Rücktrittsrecht gem. § 323 Abs. 1 und 5	6
aa) Gegenseitiger Vertrag	6
bb) Fällige und durchsetzbare Leistungspflicht	7
cc) Bestimmung einer angemessenen Frist	10
dd) Entbehrlichkeit der Fristsetzung	11
c) Zwischenergebnis	15
2. Ergebnis	16
II. Anspruch der V gegen K auf Schadensersatz statt der ganzen Leistung, §§ 280 Abs. 1 und 3, 281 Abs. 1	17
1. Bestehendes Schuldverhältnis	18
2. Pflichtverletzung des K	19
a) Fällige Leistungspflicht, Nichterbringung	20
b) Fristsetzung, § 281 Abs. 1 S. 1	21
c) Entbehrlichkeit der Fristbestimmung, § 281 Abs. 2	22
3. Ergebnis	24
III. Weitere Anspruchsgrundlagen	25
1. Anspruch der V gegen K aus § 985	25
2. Anspruch gem. § 812 Abs. 1 S. 1 Alt. 1	27

Lösung

I. Anspruch des V gegen K gem. §§ 346 Abs. 1, 348 S. 1 auf Rückgewähr des Palandt

1 V hat gegen K gem. § 346 Abs. 1 einen Anspruch auf Rückgewähr des Palandt Zug um Zug gegen Rückzahlung der 5 € (§ 348), wenn sie wirksam vom Kaufvertrag zurückgetreten ist.

1. Rücktrittsrecht

2 Dazu muss V ein vertraglich vereinbartes oder gesetzliches Rücktrittsrecht zustehen.

a) Vertragliche Vereinbarung

3 Ausdrücklich haben die Parteien bei Vertragsschluss ein vertragliches Rücktrittsrecht der V nicht vereinbart. Daher ist zu prüfen, ob sie konkludent ein Rücktrittsrecht vereinbart haben, weil V sich am 15. 1. wegen der noch ausstehenden Zahlung das Eigentum an dem Palandt vorbehalten hat. Nach der Legaldefinition des Eigentumsvorbehalts in § 449 Abs. 1 hat sie mit anderen Worten K im Zweifel das Eigentum am Palandt gem. §§ 929 S. 1, 158 Abs. 1 unter der aufschiebenden Bedingung vollständiger Kaufpreiszahlung übertragen.

Eine solche Vereinbarung haben die Parteien bei Abschluss des Kaufvertrags noch 4 nicht geschlossen. Vielmehr hat V erst später erklärt, sich das Eigentum vorzubehalten. Da K dagegen aber keine Einwände erhoben und den Palandt angenommen hat, haben die Parteien den Kaufvertrag insofern durch Vertrag geändert (§ 311 Abs. 1). Ein Eigentumsvorbehalt ist somit vereinbart.

Damit ist aber noch nicht gesagt, dass darin auch die konkludente Vereinbarung 5 eines vertraglichen Rücktrittsrechts zugunsten der V liegt. In diese Richtung hat die V nichts angedeutet. Der V eine jederzeitige, willkürliche Möglichkeit der Lösung vom Vertrag einzuräumen, widerspricht den Interessen des K auch, wenn er mit dem Eigentumsvorbehalt einverstanden ist. Für einen Vorbehaltskäufer wäre allenfalls noch die Vereinbarung eines Rücktrittsrechts für den Fall seines Zahlungsverzugs akzeptabel, doch ist hier auch für einen dahingehenden Parteiwillen überhaupt nichts ersichtlich. Damit kann man allenfalls noch erwägen, eine tatsächliche Vermutung eines solchen Willens zu konstruieren, die von K zu widerlegen wäre. Da aber die Vorgängerregelung zu § 449 – § 455 a. F. – eine entsprechende Auslegungsregel für ein vertragliches Rücktrittsrecht bei Zahlungsverzug des Käufers enthielt, die in § 449 bewusst nicht übernommen wurde, ist dies nicht möglich. Ein Rücktrittsrecht wurde von den Parteien also auch nicht konkludent vereinbart.

b) Gesetzliches Rücktrittsrecht gem. § 323 Abs. 1 und 5

aa) Gegenseitiger Vertrag

Der von den Parteien geschlossene Kaufvertrag ist ein gegenseitiger Vertrag. 6

bb) Fällige und durchsetzbare Leistungspflicht

V müsste weiterhin einen fälligen und durchsetzbaren Leistungsanspruch haben, der 7 nicht unbedingt im Synallagma stehen muss.[3] Hier besteht die Hauptleistungspflicht des K in der Zahlung des Kaufpreises in Höhe von 49 € gem. § 433 Abs. 2. Da K am 15. 1. auf die Kaufpreisschuld 5 € gezahlt und V die Annahme dieser Teilleistung nicht gem. § 266 verweigert hat, ist der Kaufpreisanspruch gem. § 362 Abs. 1 in Höhe von 5 € erloschen, besteht aber weiter in Höhe von 44 €.

Dieser Restkaufpreisanspruch müsste auch fällig sein. Fälligkeit ist der Zeitpunkt, in 8 dem der Gläubiger die Leistung verlangen kann. Grundsätzlich ist ein Anspruch gem. § 271 Abs. 1 sofort mit seiner Entstehung fällig, hier also ab Vertragsschluss am 15. 1. Jedoch haben K und V vereinbart, dass der Restkaufpreis von 44 € erst am 21. 1. zu zahlen ist, und damit eine Zeit für die Leistung bestimmt. Deshalb kann V die Leistung im Zweifel nicht vor dieser Zeit verlangen, § 271 Abs. 2. Der Restkaufpreis war aber am 21. 1. fällig.

Ferner muss der Anspruch durchsetzbar sein.[4] Als Einrede gegen den Kaufpreisan- 9 spruch käme allenfalls die Einrede des nichterfüllten Vertrags nach § 320 Abs. 1 in Betracht, der aber entgegensteht, dass K wegen des Eigentumvorbehalts partiell vorleistungspflichtig war. Damit ist der Anspruch fällig und durchsetzbar.

cc) Bestimmung einer angemessenen Frist

V müsste dem K eine angemessene Frist zur Leistung oder Nacherfüllung gesetzt 10 haben. Hier erklärt V dem K, als dieser am 23. 1. den Restbetrag von 44 € zahlen will,

---
[3] Vgl. Begr. zum RegE, BT-Drs. 14/6040, 183. Anders §§ 325, 326 a. F.
[4] H.M., etwa AnwK/*Dauner-Lieb*, § 323 Rn. 8; *Brox/Walker*, AS, § 23 Rn. 60.

sogleich, dass sie vom Vertrage aufgrund der Verspätung zurücktritt. V hat dem K also keine Frist gesetzt. Fehlt eine Fristsetzung gänzlich, wird auch keine angemessene Frist in Gang gesetzt; dies kommt nur bei der Bestimmung einer unangemessen kurzen Frist in Betracht.

dd) Entbehrlichkeit der Fristsetzung

11 Somit ist zu prüfen, ob die Bestimmung einer angemessenen Frist gem. § 323 Abs. 2 entbehrlich ist. Eine Entbehrlichkeit nach § 323 Abs. 2 Nr. 1 wegen ernsthafter und endgültiger Erfüllungsverweigerung seitens K kommt nicht in Betracht, da K 5 € angezahlt hat, den Vertrag weiterhin erfüllen möchte und auch nie etwas anderes erklärt hat.

12 § 323 Abs. 2 Nr. 2 regelt den Fall des relativen Fixgeschäfts (§ 361 a. F.) und erklärt eine Fristsetzung für entbehrlich, wenn der Gläubiger den Fortbestand seines Leistungsinteresses an die Rechtzeitigkeit der Leistung derart gebunden hat, dass der Vertrag auf Grund der Terminvereinbarung mit der Einhaltung des Leistungstermins „stehen oder fallen" soll. Eine entsprechende vertragliche Vereinbarung haben V und K hier aber nicht getroffen, und es ist auch sonst kein für K erkennbarer Grund vorhanden, warum der Kaufpreis zwingend am 21. 1. gezahlt werden müsste.

13 Schließlich ist die Fristsetzung nach § 323 Abs. 2 Nr. 3 unter besonderen Umständen und beiderseitiger Interessenabwägung entbehrlich. An diese rechtfertigenden Umstände sind hohe Anforderungen zu stellen; insbesondere kann die bloße Nichtleistung auch bei Vereinbarung eines festen Leistungstermins – selbst in Verbindung mit einem Eigentumsvorbehalt – nicht ausreichen, arg. §§ 323 Abs. 1, Abs. 2 Nr. 1 und 2, 449.

14 Die Fristbestimmung ist im vorliegenden Fall mithin nicht entbehrlich. Sie ist zudem bei der Nichtzahlung einer Geldschuld ohne Weiteres möglich und wird daher auch nicht gem. § 323 Abs. 3 durch eine – ebenfalls fehlende – Abmahnung ersetzt.[5]

c) Zwischenergebnis

15 Mangels Fristsetzung und Entbehrlichkeit der Fristsetzung sind die Voraussetzungen für einen Rücktritt der V gem. § 323 Abs. 1 nicht gegeben. Da ihr auch kein vertragliches Rücktrittsrecht zusteht, ist der Rücktritt unwirksam.

2. Ergebnis

16 V hat gegen K keinen Anspruch aus § 346 Abs. 1 auf Rückgewähr des Palandt.

II. Anspruch der V gegen K auf Schadensersatz statt der ganzen Leistung, §§ 280 Abs. 1 und 3, 281 Abs. 1

17 In Betracht kommt weiter ein Anspruch der V gegen K auf Schadensersatz statt der ganzen Leistung gem. §§ 280 Abs. 1 und 3, 281 Abs. 1.

1. Bestehendes Schuldverhältnis

18 Mit dem Kaufvertrag liegt ein Schuldverhältnis zwischen den Parteien vor.

---

[5] § 323 Abs. 3 zielt vor allem auf die Nichterfüllung von Unterlassungsansprüchen ab, vgl. Stellungnahme des Rechtsausschusses, BT-Drs. 14/7052, 192.

2. Pflichtverletzung des K

K müsste eine Pflicht aus dem Kaufvertrag verletzt haben, konkreter seine Zahlungspflicht aus § 433 Abs. 2 nicht erfüllt haben. 19

a) Fällige Leistungspflicht, Nichterbringung

K hat seine fällige (und fortbestehende) Verpflichtung zur Zahlung des Restkaufpreises zum Fälligkeitstermin nicht erfüllt (näher s.o. Rn. 7ff.). 20

b) Fristsetzung, § 281 Abs. 1 S. 1

Schadensersatz statt der Leistung setzt weiterhin eine Fristsetzung des Gläubigers voraus, an der es bislang fehlt (s.o. Rn. 11). 21

c) Entbehrlichkeit der Fristbestimmung, § 281 Abs. 2

Die Fristbestimmung ist gem. § 281 Abs. 2 entbehrlich, wenn K seine Leistung endgültig und ernsthaft verweigert hat oder besondere Umstände die sofortige Geltendmachung des Schadensersatzes statt der Leistung unter Abwägung der beiderseitigen Interessen geboten erscheinen lassen. Dass beides nicht der Fall ist, wurde bereits (s.o. Rn. 12 und 13) zu § 323 Abs. 2 Nr. 2 und 3 dargelegt. Damit fehlt die von § 281 Abs. 1 S. 1 verlangte Fristsetzung durch V. 22

Hinweis: Sofern man doch lieber erst den Tatbestand des § 280 Abs. 1 durchprüft und erst bei der Frage der Ersatzfähigkeit des Schadens auf §§ 280 Abs. 3, 281 eingeht, stellt sich die Frage, ob man Pflichtverletzung und Vertretenmüssen bejahen kann. Im Grundsatz könnte man dies wohl tun, wenn man mit der Gesetzesbegründung für § 280 Abs. 1 jeden objektiven Verstoß gegen das Pflichtenprogramm des Schuldverhältnisses genügen lässt und die Vermutung des § 280 Abs. 1 S. 2 anwendet. 23

3. Ergebnis

V kann von K nicht gem. §§ 280 Abs. 1 und 3, 281 Abs. 1 Schadensersatz statt der ganzen Leistung verlangen. 24

III. Weitere Anspruchsgrundlagen

1. Anspruch der V gegen K aus § 985

Zwar ist V aufgrund des Eigentumsvorbehaltes und der noch ausstehenden vollständigen Kaufpreiszahlung noch Eigentümerin des Palandt und K unmittelbarer Besitzer. Allerdings könnte es im Verhältnis der Parteien gem. § 162 Abs. 1 anders sein: Danach gilt die Bedingung als eingetreten, wenn ihr Eintritt von der Partei treuwidrig verhindert wird, der er zum Nachteil gereichen würde. Der Bedingungseintritt – Kaufpreiszahlung – würde zum Eigentumserwerb des K führen[6] und somit zum Eigentumsverlust der V, die den Palandt dann nicht mehr verlangen könnte. Entscheidend ist, ob sie die vollständige Kaufpreiszahlung treuwidrig verhindert hat. Da K ihr den Restkaufpreis angeboten hat, könnte man dies grundsätzlich annehmen. Zu erwägen wäre allenfalls, ob K von sich aus neben dem Restkaufpreis auch den Ersatz eines eventuellen (wenn auch hier nicht ersichtlichen) Verzögerungsschadens hätte anbieten müssen. Das ist zwar nicht unvertretbar, doch ist zu berücksichtigen, dass V dem K dazu gar keine Chance gelassen hat, indem sie sogleich den (unwirksamen) 25

---

[6] Palandt/*Ellenberger*, § 162 Rn. 4; vgl. auch BGHZ 75, 221, 228.

Rücktritt erklärt hat. Von daher kann man das Verhalten der V als treuwidrig ansehen (a. A. vertretbar). Damit besteht kein Herausgabeanspruch der V gem. § 985.

26 **Hinweise:** (1) Umstritten ist, ob § 162 eine schuldhafte[7] oder als besondere Ausprägung von § 242 nur eine kausale objektive Treuwidrigkeit[8] voraussetzt. Das kann aber dahinstehen, da V sich schuldhaft verhalten hat. Denn sein Rechtsirrtum bzgl. des Bestehens eines Rücktrittsrechts war angesichts der eindeutigen Rechtslage vermeidbar und begründet somit einen Fahrlässigkeitsvorwurf.[9] – (2) Wenn man § 162 Abs. 1 nicht sieht, bleibt V Eigentümerin. Prüft man § 985, so ist K Besitzer des Palandts, aber nach § 986 Abs. 1 weiterhin zum Besitz berechtigt, da der Kaufvertrag als solcher fortbesteht und nicht in ein Rückgewährschuldverhältnis i. S. d. §§ 346 ff. umgewandelt worden ist.

2. Anspruch gem. § 812 Abs. 1 S. 1 Alt. 1

27 Einem Herausgabeanspruch gem. § 812 Abs. 1 S. 1 Alt. 1 steht entgegen, dass K Eigentum und Besitz am Palandt zwar durch eine Leistung der V erlangt hat, jedoch mit dem fortbestehenden Rechtsgrund „Kaufvertrag".

---

[7] So *BGH* NJW-RR 1989, 802 f.
[8] H. L., *Jauernig*, § 162 Rn. 4; Palandt/*Ellenberger*, § 162 Rn. 3.
[9] Vgl. allgemein Palandt/*Grüneberg*, § 276 Rn. 22 f. m. w. N.; s. a. MünchKomm/*Grundmann*, § 276 Rn. 73 ff.

Fall 16. Verspätetes Zweirad

Sachverhalt

Motorradliebhaber Krammer (K) möchte in seinem nächsten Urlaub eine schöne Alpentour machen. Da ihm sein japanisches Modell nicht mehr gefällt, hält er nach einer gebrauchten BMW R 1100 GS Ausschau und entdeckt in der Tageszeitung eine Anzeige des Veigl (V). Er besichtigt die Maschine; die beiden werden handelseinig. Sie vereinbaren in einem schriftlichen Kaufvertrag u. a., dass die Übergabe von Maschine und Kaufpreis am 14. 6. um 16 Uhr stattfinden soll. Krammer will nämlich, wie er Veigl erzählt hat, am 15. 6. aufbrechen. Am 14. 6. ist Veigl aber nicht zu Hause, da er noch eine Abschiedstour mit der Maschine gemacht hat und wegen einer massiven Geschwindigkeitsübertretung in der Schweiz verhaftet wurde. Krammer klingelt mit dem Kaufpreis in der Tasche vergeblich. Da er Veigl den ganzen Tag nicht erreicht, mietet Krammer für seinen Urlaub enttäuscht für 800 € eine entsprechende Maschine bei der Motorradvermietung des Moosbrunner (M).
Nach seiner Rückkehr verlangt Krammer von Veigl Übereignung des Motorrads und Ersatz der Kosten für die Anmietung der Ersatzmaschine. Zu Recht?

Abwandlung: Als Veigl am 18. 6. von der Schweiz nach Hause fährt und auf einem Parkplatz rastet, überfährt ein übermüdeter Lkw-Fahrer das Motorrad, das völlig zerstört wird. Kann Krammer von Veigl 200 € verlangen, weil der Wert des Motorrads um diesen Betrag über dem vereinbarten Kaufpreis lag?

Vorüberlegungen

Die Anspruchsgrundlage für den **Ersatz von Verzögerungsschäden** bildet § 280 Abs. 1 und 2 in Verbindung mit § 286. Für die Fallbearbeitung stellt sich wieder die Frage, wie man diese Normen im Anspruchsaufbau miteinander kombiniert (vgl. die Hinweise zur Fallbearbeitung im 1. Teil des Buches, Rn. 29 ff.). Man könnte zunächst die Voraussetzungen des § 280 Abs. 1 prüfen und bei der Pflichtverletzung nur auf die Leistungsverzögerung abstellen, um erst bei der Frage der Ersatzfähigkeit des Schadens auf die nach § 280 Abs. 2 zu erfüllenden zusätzlichen Voraussetzungen des § 286 eingehen.[1]

Gegen eine solche Prüfungsreihenfolge sprechen aber verschiedene Gefahren. So gilt während des Verzugs gem. § 287 ein strengerer Haftungsmaßstab, der ggf. beim Vertretenmüssen nach § 280 Abs. 1 S. 2 zu berücksichtigen ist. Außerdem kann es bei der haftungsausfüllenden Kausalität Probleme geben, wenn man bei der Pflichtverletzung nur die Verzögerung und nicht den Verzug geprüft hat. Deshalb empfiehlt es sich, die §§ 280 Abs. 1 und 2, 286 wieder zu einer einheitlichen Anspruchsgrundlage zusammenzuziehen und den Schuldnerverzug bereits im Rahmen der Pflichtverletzung nach § 280 Abs. 1 zu untersuchen.[2]

---

[1] Dafür inzident Palandt/*Grüneberg*, § 286 Rn. 40.
[2] So die Vorgehensweise bei *Becker*, Rn. 341 ff.; *Schwab/Witt*, S. 95; wohl auch *Huber/Faust*, § 3 Rn. 32. Ebenso Jauernig/*Stadler*, § 280 Rn. 32 ff.

Die Voraussetzungen des Schuldnerverzugs gem. § 286 Abs. 1 S. 1 muss man „im Schlaf" beherrschen. Sie sind einfach und leicht zu merken und bei Bedarf noch weiter aufzuteilen:

(1) Fälliger und durchsetzbarer Leistungsanspruch
(2) Mahnung, § 286 Abs. 1 S. 1 (bzw. Klage, Mahnbescheidszustellung, Abs. 1 S. 2, hilfsweise ihre Entbehrlichkeit nach § 286 Abs. 2 bzw. bei Entgeltforderungen ein Verzugseintritt nach § 286 Abs. 3)
(3) Nichtleistung trotz (1) und (2)
(4) Kein Nicht-Vertretenmüssen der Nichtleistung, § 286 Abs. 4.

Beim Ersatz des Verzögerungsschadens kommt das Vertretenmüssen im Prüfungsablauf sowohl bei § 286 Abs. 4 als auch bei § 280 Abs. 1 S. 2 vor. Beim Ersatz des Verzögerungsschadens wird § 286 Abs. 4 wegen § 280 Abs. 1 S. 2 oft als entbehrlich angesehen.[3] Dennoch ist die Norm als Verzugsvoraussetzung notwendig, weil der Verzug gem. §§ 287 ff. noch weitere Rechtsfolgen hat. Im Anspruchsgutachten sollte man beim Ersatz des Verzögerungsschadens das Vertretenmüssen – auch wenn das „unschön" ist – bei § 286 Abs. 4 und bei § 280 Abs. 1 S. 2 ansprechen, um zu verdeutlichen, dass man die Voraussetzungen beider **Normen** beherrscht. Bei § 280 Abs. 1 S. 2 kann man einfach nach oben verweisen.

Hinweis: Anders ist es nach einer Mindermeinung, welche die Pflichtverletzung i.S.v. § 280 Abs. 1 S. 1 in der Nichtleistung bei Fälligkeit sieht und das Vertretenmüssen in § 280 Abs. 1 S. 2 darauf bezieht, während für § 286 Abs. 4 der Zeitpunkt entscheidend sein soll, in welchem alle Verzugsvoraussetzungen vorliegen.[4] Dem wird entgegengehalten, es komme einheitlich auf den Zeitpunkt an, in welchem der Schuldner zu leisten habe.[5] Richtigerweise wird man sagen müssen: Ersatz des Verzögerungsschadens erhält der Gläubiger gem. §§ 280, 286 nur, wenn er eine fällige durchsetzbare Leistungspflicht trotz Mahnung (bzw. deren Entbehrlichkeit) in zu vertretender Weise nicht erbringt. Ob die Nichtleistung auch ohne den Verzug eine Pflichtverletzung darstellt, ist für den Ersatz gerade dieses Schadens unerheblich. Daher ist das Vertretenmüssen einheitlich auf den Verzugszeitpunkt zu beziehen.

In der Abwandlung wird das Motorrad endgültig nicht geliefert; gefragt ist nicht nach einem Verzögerungsschaden, sondern nach einer anderen Art von Schaden. Gleichwohl spielt der Verzug auch dort wegen seiner weiteren Rechtsfolgen eine entscheidende Rolle.

Gliederung

Ausgangsfall Rn.
I. Anspruch des K gegen V auf Übereignung des Motorrads aus § 433 Abs. 1 S. 1 1
   1. Anspruch aus § 433 Abs. 1 S. 1 entstanden 1
   2. Anspruch untergegangen 2
   3. Anspruch durchsetzbar 3
   4. Ergebnis 5

---

[3] So im Anschluss an Begr. zum RegE, BT-Drs. 14/6040, 148 etwa AnwK/*Schulte-Nölke*, § 286 Rn. 72; Hk/*Schulze*, § 286 Rn. 25; MünchKomm/*Ernst*, § 286 Rn. 102.

[4] So Palandt/*Grüneberg*, § 286 Rn. 32; Jauernig/*Stadler*, § 286 Rn. 40, anders wohl § 280 Rn. 39 f., wo § 286 Abs. 4 nicht geprüft wird, sondern nur § 280 Abs. 1 S. 2.

[5] Von MünchKomm/*Ernst*, § 286 Rn. 102. Weniger eindeutig Hk/*Schulze*, § 286 Rn. 25.

Fall 16. Verspätetes Zweirad 147

Rn.
II. Anspruch des K gegen V auf Ersatz der Mietkosten nach §§ 280 Abs. 1 und 2
   i.V.m. § 286 6
   1. Schuldverhältnis 7
   2. Pflichtverletzung in Gestalt des Schuldnerverzugs, §§ 280, 286 8
      a) Fälliger Anspruch des K 10
      b) Durchsetzbarkeit des Anspruchs 12
      c) Mahnung bzw. deren Entbehrlichkeit 19
      d) Nichtleistung 20
      e) Vertretenmüssen der Nichtleistung, § 286 Abs. 4 21
   3. Vertretenmüssen, §§ 280 Abs. 1 S. 2, 276 Abs. 1 S. 1 23
   4. Schaden 24
   5. Ergebnis 27

Abwandlung
I. Anspruch des K gegen V auf Schadensersatz gem. §§ 280 Abs. 1 und 3, 283 –
   entsprechend h.M. 28
   1. Bestehendes Schuldverhältnis 29
   2. Pflichtverletzung 30
   3. Vertretenmüssen 31
   4. Schaden und Ersatz 33
   5. Ergebnis 34
II. Anspruch des K gegen V auf Schadensersatz gem. §§ 280 Abs. 1 und 3, 283 –
    bei Trennung von Leistungsbefreiung und Pflichtverletzung 35
   1. Bestehendes Schuldverhältnis 36
   2. Nachträgliche Leistungsbefreiung nach § 275 37
   3. Pflichtverletzung 38
   4. Vertretenmüssen 39
   5. Schaden und Ersatz 41
   6. Ergebnis 42

Lösung

Ausgangsfall

I. Anspruch des K gegen V auf Übereignung des Motorrads aus § 433 Abs. 1 S. 1

1. Anspruch aus § 433 Abs. 1 S. 1 entstanden

Ein Anspruch des K gegen V auf Übereignung des Motorrads aus § 433 Abs. 1 S. 1 1
würde einen wirksamen Kaufvertrag voraussetzen. K und V wurden sich hinsichtlich
des Kaufs einer gebrauchten BMW R 1100 GS handelseinig. Der Anspruch aus § 433
Abs. 1 S. 1 ist somit entstanden.

2. Anspruch untergegangen

Anhaltspunkte für den Untergang des Übereignungsanspruchs sind nicht ersicht- 2
lich; insbesondere scheiden eine Leistungsbefreiung nach § 281 Abs. 4 sowie ein Rücktritt nach § 323 Abs. 1 S. 1 schon deshalb aus, da K weiterhin von V Leistung verlangt.

3. Anspruch durchsetzbar

3   Der Anspruch aus § 433 Abs. 1 S. 1 wäre nicht durchsetzbar, wenn die Einrede des § 320 Abs. 1 S. 1 entgegenstehen würde. Zwar ist der Leistungsanspruch des nicht zur Vorleistung verpflichteten Schuldners aus einem gegenseitigen Vertrag bis zur Bewirkung der Gegenleistung nicht durchsetzbar. Allerdings hat sich in vorliegendem Fall der Schuldner V nicht darauf berufen, so dass hier § 320 Abs. 1 S. 1 nicht eingreift.

4   **Hinweis:** Während rechtshindernde sowie rechtsvernichtende Einwendungen stets von Amts wegen zu beachten sind, wirken rechtshemmende Einreden nur dann, wenn sie vom Berechtigten erhoben wurden (Merke: Bei Einreden muss man reden!). § 320 Abs. 1 hemmt die Durchsetzbarkeit grundsätzlich **bis zur Bewirkung** der Gegenleistung (vgl. § 362 Abs. 1). Die Geltendmachung dieser Einrede im Prozess bewirkt nach § 322 Abs. 1 nur, dass der Schuldner zur Leistungserbringung Zug um Zug gegen Zahlung der Gegenleistung verurteilt wird. Damit der Schuldner aber die Vollstreckung aus einem solchen Titel nicht durch die bloße Nichtannahme der Gegenleistung verhindern kann, bestimmen §§ 322 Abs. 3, 274 Abs. 2, dass der Gläubiger mittels eines „Zug-um-Zug-Urteils" dennoch die Vollstreckung betreiben kann, wenn sich der Schuldner (gem. § 756 Abs. 1 ZPO durch öffentliche Urkunde nachweisbar) im Annahmeverzug gem. §§ 293 ff. befindet.

4. Ergebnis

5   K kann von V Übereignung und Übergabe des Motorrads verlangen.

II. Anspruch des K gegen V auf Ersatz der Mietkosten nach §§ 280 Abs. 1 und 2 i. V. m. § 286

6   K könnte gegen V einen Anspruch auf Ersatz der Mietkosten nach §§ 280 Abs. 1 und 2 i. V. m. § 286 haben, wenn die Mietwagenkosten Folge einer rechtswidrigen, verschuldeten und verzugsbegründenden Leistungsverzögerung des V waren.

1. Schuldverhältnis

7   Zunächst müsste zwischen V und K ein Schuldverhältnis bestanden haben. Ein Schuldverhältnis ist eine pflichtenbegründende Sonderverbindung zwischen mindestens zwei Personen, die durch Rechtsgeschäft oder kraft Gesetzes begründet wird, vgl. §§ 241, 311 Abs. 1. V und K haben einen Kaufvertrag über ein Motorrad geschlossen, so dass ein Schuldverhältnis begründet wurde.

2. Pflichtverletzung in Gestalt des Schuldnerverzugs, §§ 280, 286

8   Des Weiteren müsste V eine Pflicht aus dem Kaufvertrag verletzt haben. K und V vereinbarten, dass die Übergabe der Maschine und Zahlung des Kaufpreises am 14. 6. um 16.00 Uhr stattfinden sollte. V war zu diesem Zeitpunkt jedoch nicht zu Hause und konnte somit das Motorrad dem K nicht übereignen. Eine Vertragspflichtverletzung liegt somit vor.

9   Dies allein reicht aber nicht aus, da nach § 280 Abs. 2 Schadensersatz wegen Leistungsverzögerung zusätzlich Schuldnerverzug i. S. v. § 286 erfordert.[6] Zu prüfen ist daher, ob sich V mit der Erfüllung seiner Vertragspflichten im Verzug befindet. Verzug ist die verschuldete Nichtleistung trotz Fälligkeit, Durchsetzbarkeit und Mahnung.[7]

---

[6] Zu den Voraussetzungen des Schuldnerverzugs: *Schimmel/Buhlmann*, MDR 2002, 609 ff.; *Timme*, JA 2002, 656 ff.
[7] Hk/*Schulze*, § 286 Rn. 4 ff.

Fall 16. Verspätetes Zweirad

a) Fälliger Anspruch des K

Der Anspruch des K gemäß § 433 Abs. 1 S. 1 gegen V auf Übergabe und Übereignung des Motorrads müsste fällig gewesen sein. Insofern gilt grundsätzlich, dass der Gläubiger gem. § 271 Abs. 1 sofort mit der Anspruchsentstehung Erfüllung verlangen kann, wenn eine Leistungszeit weder bestimmt noch aus den Umständen zu entnehmen ist. Hier haben K und V als Leistungszeit den 14. 6. um 16.00 Uhr vereinbart, so dass die geschuldete Leistung zu diesem Zeitpunkt fällig wurde.

Hinweis: Oftmals liest man den Hinweis, die Leistung müsse auch möglich sein. Das ist richtig, denn im Falle der Unmöglichkeit usw. ist der Schuldner gem. § 275 von seiner Leistungspflicht befreit, oder mit anderen Worten: Der Gläubiger hat dann keinen Anspruch (mehr). Diesen Aspekt sollte man daher, so der Fall dazu Anlass gibt, beim Vorliegen eines (fälligen und vollwirksamen) Anspruchs des Gläubigers prüfen.

b) Durchsetzbarkeit des Anspruchs

Der Anspruch des K muss des Weiteren durchsetzbar sein. Dem könnte hier § 320 Abs. 1 S. 1 entgegenstehen: Mit dem Kauf liegt ein gegenseitiger Vertrag vor, und K hat seine Gegenleistung für die im Gegenseitigkeitsverhältnis stehende Hauptleistung des V nach § 433 Abs. 1 noch nicht erbracht, also den Kaufpreis noch nicht gezahlt. Eine Vorleistungspflicht des V wurde nicht vereinbart. Somit liegen grundsätzlich die Voraussetzungen des § 320 Abs. 1 S. 1 vor. Da regelmäßig bereits das bloße Bestehen einer Einrede den Verzugseintritt hindert,[8] wäre ein Verzug des V ausgeschlossen, obwohl V die Einrede des nicht erfüllten Vertrags bislang nicht erhoben hat.

Hinweise: Dies muss man zum Prüfungspunkt der „Durchsetzbarkeit" (oder Einredefreiheit) des Leistungsanspruchs *wissen*! Nach ganz h.M. schließt bereits **das Vorliegen der Voraussetzungen eines Einredetatbestands** gegen den Leistungsanspruch **den Verzug materiell-rechtlich aus**, auch wenn der Schuldner die Einrede (§§ 214 Abs. 1, 320 Abs. 1, 438 Abs. 4, 519 Abs. 1, 634a Abs. 4 S. 2, 768, 770 f., 821, 853, 2014 f.) noch nicht erhoben hat. In der Fallbearbeitung muss man meist nur die Voraussetzungen der Einrede prüfen. Es gibt aber zwei Ausnahmen: Zum einen verhält es sich im Falle des **§ 273 Abs. 1 anders**: Das Zurückbehaltungsrecht hindert den Verzug erst ab dem Zeitpunkt seiner Geltendmachung. Eine „Rückwirkung" der Geltendmachung gibt es hier nicht, weil der Gläubiger die Möglichkeit haben muss, von seinem Abwendungsrecht nach § 273 Abs. 3 Gebrauch zu machen.[9] Zum anderen muss man die Einredeerhebung dann prüfen, wenn bereits Klage erhoben ist und man im Fall deren Erfolgsaussichten prüfen soll: Im Prozess entfalten Einreden nur dann Wirkungen, wenn der Schuldner sie tatsächlich geltend gemacht hat. Der Zeitpunkt der Einredeerhebung ist unerheblich, da sie auf den Zeitpunkt zurückwirkt, in dem die Einredevoraussetzungen erstmals vorlagen. So wird insbesondere der Verzug ggf. rückwirkend beseitigt. Denn andernfalls käme es bei einer Klage auf Leistung *und* Ersatz des Verzögerungsschadens zu widersprüchlichen Ergebnissen: Der Klage wäre hinsichtlich der Leistung stattzugeben, wenn sich der Beklagte nicht auf die Einrede berufen hat, während sie hinsichtlich des Verzögerungsschadens abzuweisen wäre.
All dies gilt auch für die besonders klausurrelevanten **Einrede des nicht erfüllten Vertrags** nach § 320 Abs. 1 S. 1. Gleichwohl muss es dem Gläubiger auch bei gegenseitigen Verträgen ohne Vorleistungspflicht möglich sein, den Schuldner in Verzug zu setzen. Dies kann er dadurch bewerkstelligen, dass er dem Schuldner die Gegenleistung in einer den Annahmeverzug (§ 293) begründenden Weise anbietet.

Die Einrede des nicht erfüllten Vertrages würde den Verzugseintritt jedoch dann nicht hindern, wenn K die Gegenleistung dem V in einer den Annahmeverzug (§ 293) begründenden Weise angeboten hätte.[10] Dies setzt nach § 294 voraus, dass der Schuldner dem Gläubiger die Leistung so anbietet, wie sie tatsächlich zu erfüllen ist. Dazu muss der Schuldner alle ihm obliegenden Leistungshandlungen so weit erbracht haben,

---

[8] *Brox/Walker,* AS, § 13 Rn. 20; Palandt/*Grüneberg,* § 320 Rn. 12.
[9] *Medicus/Lorenz* I, Rn. 243; Palandt/*Grüneberg,* § 286 Rn. 11.
[10] Allgemein zu Schuldner- und Annahmeverzug: *Wirth,* JuS 2002, 764 ff.

dass die Herbeiführung der Erfüllung nur von der Annahme durch den Gläubiger abhängt.[11] Mit anderen Worten muss K die richtige Leistung am richtigen Ort zur richtigen Zeit angeboten haben. Welche Leistungen der Schuldner zu erbringen hat, richtet sich danach, ob eine Hol-, Bring- oder Schickschuld vorliegt. K und V haben vereinbart, dass Kaufpreis und Motorrad am Wohnsitz des V übergeben werden sollen. Hinsichtlich der Gegenleistung liegt somit eine Bringschuld des K vor.

16 **Hinweis:** Geldschulden stellen ohne weitere Vereinbarung der Parteien gemäß §§ 269 Abs. 1, 270 Abs. 1 und 4 qualifizierte Schickschulden dar: Gemäß §§ 270 Abs. 4, 269 Abs. 1 liegt der Leistungsort grundsätzlich am Wohnort des Schuldners. Dieser ist aber gem. § 270 Abs. 1 im Zweifel zur Übermittlung des Geldes an den Wohnsitz des Gläubigers auf seine Kosten und seine Gefahr verpflichtet. Geht das Geld also auf dem Weg zum Gläubiger verloren, muss der Schuldner noch einmal leisten. Die Leistungsgefahr liegt damit beim Schuldner (vgl. § 270 Abs. 1). Der Geldschuldner trägt aber nur das Verlust-, nicht jedoch das Verzögerungsrisiko[12]. Denn kommt das Geld verspätet beim Gläubiger an, gerät der Schuldner dadurch nicht in Verzug, da er mit dem Absenden des Geldes am Leistungsort das seinerseits zur Leistung Erforderliche getan hat (§§ 270 Abs. 4, 269 Abs. 1).

17 K müsste also dem V am 14. 6. um 16.00 Uhr den richtigen Geldbetrag an dessen Wohnsitz tatsächlich angeboten haben. K versuchte zum vereinbarten Zeitpunkt, dem V den geschuldeten Geldbetrag bei dessen Wohnung zu übergeben. Da V allerdings nicht zu Hause war, stellt sich die Frage, ob der bloße Versuch, die Gegenleistung zu erbringen, ein tatsächliches Angebot darstellt, oder ob ein Angebot i. S. d. § 294 einen Zugang beim Gläubiger erfordert. Allgemeiner Ansicht nach ist das tatsächliche Angebot i. S. d. § 294 keine Willenserklärung, sondern ein Realakt.[13] Damit finden die Vorschriften über Willenserklärungen, insbesondere § 130, keine Anwendung, und auch eine analoge Anwendung ist nicht geboten. Es ist also nicht erforderlich, dass der Gläubiger vom tatsächlichen Angebot Kenntnis erlangt. Ist für die Leistungserbringung ein konkreter Termin vereinbart, liegt ein tatsächliches Leistungsangebot selbst dann vor, wenn der Gläubiger am Leistungsort nicht erscheint.[14] Damit liegt hier ein annahmeverzugsbegründendes tatsächliches Angebot des leistungsbereiten (§ 297) Geldschuldners K i. S. v. § 294 vor.

18 Damit steht die Einrede des nichterfüllten Vertrages nach § 320 Abs. 1 S. 1 dem Verzugseintritt nicht entgegen. Der Anspruch des K gegen V auf Übergabe und Übereignung des Motorrads ist also durchsetzbar.

c) Mahnung bzw. deren Entbehrlichkeit

19 K müsste V gem. § 286 Abs. 1 S. 1 zur Leistung gemahnt haben. Eine Mahnung ist die an den Schuldner gerichtete eindeutige und bestimmte Aufforderung, die geschuldete Leistung zu erbringen.[15] Eine solche Mahnung liegt hier nicht vor. Möglicherweise war jedoch eine Mahnung nach § 286 Abs. 2 Nr. 1 entbehrlich, wenn für die Leistung eine Zeit nach dem Kalender bestimmt war. K und V vereinbarten, dass das Motorrad am 14. 6. um 16.00 Uhr übergeben werden sollte. Somit war die Leistungszeit kalendarisch bestimmt und eine Mahnung entbehrlich.

d) Nichtleistung

20 V hat die geschuldete Leistung zum vereinbarten Zeitpunkt nicht erbracht.

---

[11] *Brox/Walker*, AS, § 26 Rn. 5.
[12] *Brox/Walker*, AS, § 12 Rn. 17.
[13] Larenz I, § 25 I a, S. 390 f.; MünchKomm/*Ernst*, § 294 Rn. 2.
[14] Zum Gläubigerverzug vgl. auch *Wertheimer*, JuS 1993, 646 ff.
[15] BGH NJW 1998, 2132, 2133.

e) Vertretenmüssen der Nichtleistung, § 286 Abs. 4

V müsste die Nichtvornahme der geschuldeten Leistungshandlung zur vereinbarten Zeit zu vertreten haben, § 286 Abs. 4. V befand sich am 14. 6. in der Schweiz in Haft und konnte daher dem K das Motorrad nicht übergeben. Fraglich ist, ob die Nichtleistung schuldhaft war. Nach § 276 Abs. 1 S. 1 hat der Schuldner Vorsatz und Fahrlässigkeit zu vertreten. V wurde gegen seinen Willen in der Schweiz festgehalten, so dass die Nichtleistung nicht vorsätzlich war. V wäre jedoch der Fahrlässigkeitsvorwurf gem. § 276 Abs. 2 zu machen, wenn er den Grund der Inhaftierung in sorgfaltswidriger Weise selbst verursacht hätte. Da V hätte vorhersehen können, dass massive Geschwindigkeitsüberschreitungen zur Inhaftierung führen und somit die rechtzeitige Übergabe gefährden können, hat er bei der Durchführung seiner Reise die im Hinblick auf seine Verpflichtung gegenüber K gebotene Sorgfalt (§ 276 Abs. 2) außer Acht gelassen und somit fahrlässig gehandelt. Daher hat er den Inhaftierungsgrund und somit auch die nicht rechtzeitige Leistung i.S.v. § 286 Abs. 4 zu vertreten. 21

Hinweis: Wegen der doppelt negativen Formulierung in § 286 Abs. 4 wird vermutet, dass der Schuldner die Nichtleistung zu vertreten hat. Solange daher der Sachverhalt keine Hinweise enthält, die auf fehlendes Verschulden hindeuten, ist vom Vertretenmüssen auszugehen. Im Gutachten ist daher – wie bei § 280 Abs. 1 S. 2 – zu klären, ob der Schuldner sich entlasten kann, weil er die Nichtleistung nicht i. S. v. §§ 276 ff. zu vertreten hat. Gibt es dafür keine Anhaltspunkte, sollte man dies erwähnen. 22

3. Vertretenmüssen, §§ 280 Abs. 1 S. 2, 276 Abs. 1 S. 1

V wird die Vermutung des § 280 Abs. 1 S. 2, dass er die Pflichtverletzung zu vertreten hat, nicht widerlegen können, wie bereits bei § 286 Abs. 4 festgestellt wurde. 23

4. Schaden

Dem K müsste durch die verschuldete Pflichtverletzung ein Schaden entstanden sein. Ein Schaden ist zunächst jede Einbuße von Rechtsgütern,[16] doch sind gem. § 253 Abs. 1 grundsätzlich nur Vermögensschäden ersatzfähig. Nach der Differenzhypothese liegt ein Schaden dann vor, wenn die gegenwärtige Vermögenslage geringer ist als sie (hypothetisch) wäre, wenn das zum Ersatz verpflichtende Ereignis nicht eingetreten wäre. Bei vereinbarungsgemäßer Übergabe des Motorrads am 14. 6. hätte K zur Durchführung seiner geplanten Alpentour kein Ersatzfahrzeug anmieten müssen, sondern das von V geschuldete Motorrad nutzen können. Damit sind die Mietkosten i. H. v. 800 € kausale Folge der verzugsbegründenden Pflichtverletzung. 24

Davon muss sich K allerdings im Wege der Vorteilsausgleichung die ersparten Eigenaufwendungen abziehen lassen, also die Betriebskosten, die bei Nutzung der eigenen Maschine entstanden wären.[17] 25

Hinweis: Der Schaden liegt hier also nicht (nur) in einer entgangenen Nutzungsmöglichkeit infolge der nicht rechtzeitigen Übergabe der Maschine, die nach h.M. gem. § 249 Abs. 1[18] ersatzfähig wäre. Die entgangene Nutzungsmöglichkeit muss man nur dann problematisieren, wenn kein „sonstiger" Vermögensschaden – wie hier die Mietkosten – entstanden ist. 26

---

[16] Natürlicher oder realer Schadensbegriff, vgl. Jauernig/*Teichmann*, Vor §§ 249–253 Rn. 4.

[17] Die Einzelheiten hierzu sind sehr kompliziert und umstritten (vgl. Palandt/*Grüneberg*, § 249 Rn. 36 ff. m. w. N.); ohne weitere Angaben wird man darauf in Klausuren kaum eingehen müssen.

[18] So jedenfalls die h. M., BGHZ 98, 212, 220 – Nach a. A. ist der Entgang einer Nutzungsmöglichkeit einer Naturalrestitution i. S. v. § 249 Abs. 1 nicht zugänglich, da sie nicht nachholbar ist, so dass sich der Anspruch auf Ersatz in Geld aus § 251 Abs. 1 Alt. 1 ergibt.

5. Ergebnis

27   K kann von V gem. §§ 280 Abs. 1 und 2, 286 Schadensersatz in Höhe der Mietkosten von 800 € verlangen.

Abwandlung

I. Anspruch des K gegen V auf Schadensersatz gem. §§ 280 Abs. 1 und 3, 283 – entsprechend h. M.

28   K könnte gegen V einen Anspruch gem. §§ 280 Abs. 1 und 3, 283 auf Schadensersatz statt der Leistung in Höhe von 200 € haben.

1. Bestehendes Schuldverhältnis

29   Die Parteien haben einen Kaufvertrag (§ 433) abgeschlossen.

2. Pflichtverletzung

30   Gem. §§ 280 Abs. 1, 283 müsste V eine Leistungspflicht verletzt haben. Er war gem. § 433 Abs. 1 S. 1 zur Übereignung und Übergabe des Motorrads verpflichtet. Nach dessen Zerstörung ist diese Leistung niemandem mehr möglich, so dass V gem. § 275 Abs. 1 von seiner Leistungspflicht befreit ist, und zwar erst nach Vertragsschluss. Nach ganz h. M. hat V damit, wie § 283 klarstellt, eine Pflichtverletzung i. S. v. § 280 Abs. 1 S. 1 begangen.

3. Vertretenmüssen

31   Zu prüfen ist, ob V die Vermutung des § 280 Abs. 1 S. 2, dass er die Pflichtverletzung zu vertreten hat, widerlegen kann. Dazu dürfte er sie gerade nicht zu vertreten haben. Grundsätzlich hat der Schuldner gem. § 276 Abs. 1 S. 1 Vorsatz und Fahrlässigkeit zu vertreten. Da der Unfall allein auf das Verhalten und Verschulden des Lkw-Fahrers zurückzuführen ist, scheidet hier beides aus, und für eine abweichende Haftungsvereinbarung ist nichts ersichtlich.

32   Jedoch ist zu berücksichtigen, dass sich V – wie bereits geprüft (s. o. Rn. 11 ff.) – im Schuldnerverzug befand und damit gem. § 287 S. 2 wegen der Leistung auch für Zufall haftet. Damit wird ihm der Entlastungsbeweis nach § 280 Abs. 1 S. 2 nicht gelingen.

4. Schaden und Ersatz

33   Nach der Differenzhypothese ergibt sich der Vermögensschaden des K aus einer Gegenüberstellung seines jetzigen mit dem Vermögenszustand, der bei ordnungsgemäßer Leistung des V bestünde. Hätte V ordnungsgemäß erfüllt, hätte K gegen Zahlung des vereinbarten Kaufpreises ein Motorrad mit einem Wert erhalten, der um 200 € über dem Kaufpreis gelegen hätte. Damit kann er, vgl. auch § 252, diesen Betrag von V als Schadensersatz statt der Leistung verlangen.

5. Ergebnis

34   K kann von V gem. §§ 280, 283 Schadensersatz statt der Leistung i. H. v. 200 € verlangen.

II. Anspruch des K gegen V auf Schadensersatz gem. §§ 280 Abs. 1 und 3, 283 – bei Trennung von Leistungsbefreiung und Pflichtverletzung

K könnte gegen V einen Anspruch gem. §§ 280 Abs. 1 und 3, 283 auf Schadensersatz statt der Leistung in Höhe von 200 € haben. **35**

1. Bestehendes Schuldverhältnis

Die Parteien haben einen Kaufvertrag (§ 433) abgeschlossen. **36**

2. Nachträgliche Leistungsbefreiung nach § 275

V müsste gem. § 275 Abs. 1–3 von einer Leistungspflicht befreit sein. Die Zerstörung des Motorrads hat dazu geführt, dass die von V gem. § 433 Abs. 1 S. 1 geschuldete Übereignung und Übergabe des Motorrads niemandem mehr möglich ist, so dass V gem. § 275 Abs. 1 von seiner zuvor begründeten Leistungspflicht befreit ist. **37**

3. Pflichtverletzung

Gem. §§ 280 Abs. 1 und 3, 283 muss die Leistungsbefreiung auf einer Pflichtverletzung des V beruhen. Zwar hat V das Motorrad nicht durch eigenes Verhalten zerstört. Er hätte die Maschine aber nach dem Kaufvertrag bereits am 14. 6. übereignen und übergeben müssen, was er nicht getan hat. Hätte er dies getan, wäre es nicht zu dem Unfall in der Schweiz am 18. 6. gekommen. Damit liegt eine Pflichtverletzung des V i. S. v. § 280 Abs. 1 S. 1 vor, die die Leistungsbefreiung verursacht hat. **38**

4. Vertretenmüssen

Zu prüfen ist, ob V die Vermutung des § 280 Abs. 1 S. 2, dass er die Pflichtverletzung zu vertreten hat, widerlegen kann. Dazu dürfte er sie gerade nicht zu vertreten haben. Grundsätzlich hat der Schuldner gem. § 276 Abs. 1 S. 1 Vorsatz und Fahrlässigkeit zu vertreten. Wie bereits dargelegt (s. o. Rn. 21, 23), hat er die nicht rechtzeitige Leistung zu vertreten. **39**

Hinweis: Damit kommt man hier in Übereinstimmung mit den Darlegungen der Kommentarliteratur in der Tat ohne § 287 S. 2 aus. **40**

5. Schaden und Ersatz

Nach der Differenzhypothese ergibt sich der Vermögensschaden des K aus einer Gegenüberstellung seines jetzigen mit dem Vermögenszustand, der bei ordnungsgemäßer Leistung des V bestünde. Hätte V erfüllt, hätte K gegen Zahlung des vereinbarten Kaufpreises ein Motorrad mit einem Wert erhalten, der um 200 € über dem Kaufpreis gelegen hätte. Damit kann er, vgl. § 252, diesen Betrag von V als Schadensersatz statt der Leistung verlangen. **41**

6. Ergebnis

K kann von V gem. §§ 280, 283 Schadensersatz statt der Leistung i. H. v. 200 € verlangen. **42**

Fall 17. Verspätete Zweiräder

Sachverhalt

Moosbrunner (M) betreibt erst seit kurzem seine Motorradvermietung (vgl. Fall 16). Er bezieht die Maschinen von seinem Lieferanten Landau (L). Da Moosbrunner zunächst nicht absehen konnte, wie sich sein Geschäft entwickeln würde, hat er mit Landau vereinbart, dass dieser ihm weitere Maschinen bestimmter Typen auf Abruf binnen sieben Tagen liefern wird. Mit Schreiben vom 29. 4., zugegangen am 30. 4., fordert er insgesamt sechs weitere Maschinen an, die Landau erst am 10. 5. liefert. Dadurch entgeht Moosbrunner ein Gewinn von 1200 €, weil er nicht genug Maschinen zur Vermietung bereit hatte. Am 31. 5. erhält Moosbrunner von Landau die Rechnung für die sechs gelieferten Motorräder in Höhe von 55 000 €, die er aus anhaltender Verärgerung erst am 1. 10. bezahlt.

1. Kann Moosbrunner von Landau 1200 € verlangen?
2. Kann Landau von Moosbrunner Zinsen in Höhe von 11% für den Zeitraum vom 1. 6. bis 30. 9. verlangen, wenn der Basiszinssatz bei 1,97% liegt?
3. Kann Landau von Moosbrunner 42 € für zwei Mahnschreiben verlangen, die er diesem am 3.7. und am 1.8. gefaxt hat, wenn seine wirksam in den Vertrag einbezogenen AGB die folgende Klausel enthalten: „Der Käufer schuldet für jedes Mahnschreiben nach Verzugseintritt mindestens 12 €."? Moosbrunner hält dies für „zu hoch".
4. Kann Landau seine Gegenansprüche ggf. dem Anspruch des Moosbrunner entgegensetzen?

Vorüberlegungen

Da man in der Klausur selbst erkennen muss, worum es geht, wird dieses Mal nur wenig verraten: Frage 1 erfordert eine Auseinandersetzung mit dem Schuldverhältnis und den Verzugsvoraussetzungen. Für den Zinsanspruch in Frage 2 gibt es auch eine spezielle Anspruchsgrundlage, die man vor dem Schadensersatz prüfen sollte. Dem Schaden muss man bei Frage 2 und 3 nähere Aufmerksamkeit widmen. Frage 4 richtet sich eher an Fortgeschrittene – man muss das Problem vermutlich kennen, um es zu finden. Aber Nachdenken ist nicht verboten.

Gliederung

	Rn.
Frage 1: Anspruch des M gegen L auf Schadensersatz i. H. v. 1200 € aus §§ 280 Abs. 1 und 2, 286	1
1. Schuldverhältnis	2
2. Pflichtverletzung in Form des Verzugs, §§ 280 Abs. 2, 286	3

	Rn.
a) Fälliger Anspruch des M	4
b) Durchsetzbarkeit des Anspruchs	6
c) Mahnung	7
d) Entbehrlichkeit der Mahnung, § 286 Abs. 2	8
e) Schuldhafte Nichtleistung	10
3. Vertretenmüssen	13
4. Schaden	15
5. Ergebnis	16
Frage 2: Ansprüche des L gegen M auf Zinszahlung	17
I. Anspruch des L gegen M gem. § 288 Abs. 1 S. 1	17
1. Geldschuld	18
2. Verzug, § 286	19
a) Fällige, durchsetzbare Leistungspflicht?	19
b) Mahnung, § 286 Abs. 1 S. 1	20
c) Entbehrlichkeit der Mahnung?	21
d) Verzugseintritt gem. § 286 Abs. 3 S. 1	22
e) Vertretenmüssen, § 286 Abs. 4	24
f) Ergebnis	25
3. Höhe der Verzugszinsen	27
4. Ergebnis	29
II. Anspruch gem. §§ 280 Abs. 1 und 2, 286	30
1. Voraussetzungen	31
2. Schaden?	32
3. Ergebnis	33
Frage 3: Anspruch gem. §§ 280 Abs. 1 und 2, 286	34
Frage 4: Kann L seinen Anspruch dem des M entgegenhalten?	37
1. Einredeerhebung	38
2. Gegenanspruch aus § 288 Abs. 1 S. 2	39
3. Wechselseitigkeit von Haupt- und Gegenanspruch	40
4. Fälligkeit des Gegenanspruchs	42
5. Konnexität	43
6. Ausschluss des Zurückbehaltungsrechts durch § 387?	44

Lösung

Frage 1: Anspruch des M gegen L auf Schadensersatz i.H.v. 1200 € aus §§ 280 Abs. 1 und 2, 286

M könnte gegen L einen Anspruch auf Schadensersatz i.H.v. 1200 € aus §§ 280 Abs. 1 und 2, 286 haben, wenn eine rechtswidrige, verschuldete und verzugsbegründende Leistungsverzögerung des L Grund für eine Gewinneinbuße in Höhe von 1200 € war. 1

1. Schuldverhältnis

Zwischen M und L müsste ein Schuldverhältnis bestanden haben. Ein Schuldverhältnis ist eine pflichtenbegründenden Sonderverbindung zwischen mindestens zwei Perso- 2 nen, die durch Rechtsgeschäft oder kraft Gesetzes begründet wird, vgl. §§ 241, 311 Abs. 1. In Betracht kommt hier ein Kaufvertrag i. S. d. § 433 über sechs Motorräder, der durch zwei übereinstimmende Willenserklärungen – Antrag und Annahme – zustande kommt. Problematisch ist insofern, dass M am 29. 4. zwar insgesamt 6 Motorräder bei L bestellte, M dieses gem. § 130 Abs. 1 S. 1 am 30. 4. wirksam gewordene Vertragsangebot jedoch nicht ausdrücklich angenommen hat. Doch hatten M und L zuvor eine Vereinbarung getroffen, wonach L verpflichtet sein sollte, dem M nach Abruf innerhalb von 7 Tagen Motorräder verschiedener Typen zu liefern. Diese Vereinbarung gab M das Recht, durch einseitige Erklärung einen Kaufvertrag bzgl. der Motorräder zustande zu bringen, und stellt somit einen Optionsvertrag in Form des Ankaufsrechts dar.[1] Dabei enthält der Optionsvertrag dogmatisch ein Vertragsangebot des L, so dass die Ausübung des Optionsrecht durch M als Vertragsannahme auszulegen ist.[2] Durch die Bestellung der Motorräder hat M am 29. 4. von seinem Optionsrecht Gebrauch gemacht, so dass ein Kaufvertrag zwischen M und L zustande gekommen ist.

2. Pflichtverletzung in Form des Verzugs, §§ 280 Abs. 2, 286

3 L müsste eine Pflicht aus diesem Kaufvertrag dadurch verletzt haben, dass er mit der Erfüllung einer sich aus dem Vertrag ergebenden Pflicht in Verzug geraten ist. L könnte mit der Lieferpflicht bzgl. der Motorräder aus § 433 Abs. 1 in Verzug geraten sein.

a) Fälliger Anspruch des M

4 Fraglich ist, wann der Anspruch des M auf Lieferung der Motorräder aus § 433 Abs. 1 fällig geworden ist. Fällig ist ein Anspruch, wenn der Gläubiger Erfüllung verlangen kann. Nach § 271 Abs. 1 ist ein Anspruch im Zweifel sofort fällig. Vorliegend haben M und L vereinbart, dass Fälligkeit erst 7 Tage nach Abruf eintreten soll. Die Berechnung des Fälligkeitszeitpunkts richtet sich nach den §§ 187–193.[3] Der Zugang der Abruferklärung am 30. 4. stellt ein Ereignis i. S. d. § 187 Abs. 1 dar, so dass die 7-tägige Lieferfrist am 1. 5. beginnt. Nach § 188 Abs. 1 endigt eine nach Tagen bestimmte Frist mit dem Ablauf des letzten Tages der Frist, also mit dem Ablauf des 7. 5. Die Fälligkeit des Lieferanspruchs trat daher am 7. 5. um 24.00 Uhr ein.

5 **Hinweis:** Hätten L und M statt einer 7-Tages-Frist eine Wochenfrist vereinbart, hätte sich das Fristende nach § 188 Abs. 2 beurteilt. Dann hätte festgestellt werden müssen, auf welchen Wochentag der 30. 4. (Ereignis) gefallen ist. Die Frist endet dann mit Ablauf des entsprechenden Wochentages. Bsp.: Trifft der 30. 4. beispielsweise auf einen Dienstag, endet die Wochenfrist mit Ablauf des darauffolgenden Dienstags (24.00 Uhr). Für das Fristende ist ggf. § 193 zu beachten.

b) Durchsetzbarkeit des Anspruchs

6 Der Durchsetzbarkeit des Lieferanspruchs könnte die Einrede des nichterfüllten Vertrages gem. § 320 Abs. 1 S. 1 entgegenstehen, da M seinerseits noch nicht bezahlt hat. Die Einrede wäre allerdings ausgeschlossen, wenn L nach dem Vertrag zur Vorleistung verpflichtet gewesen wäre, was beim Kaufvertrag stets einer Vereinbarung bedarf. Da L und M vereinbart haben, dass M nach Ablauf einer Woche die Leistung des L erhalten sollte, ohne eine zeitliche Regelung hinsichtlich der Erbringung der Gegenleistung zu treffen, und sich L überdies zur Lieferung der Ware verpflichtet hat,[4] haben sie konkludent eine Vorleistungspflicht des L vereinbart.

---

[1] *Weber*, JuS 1990, 249, 250.
[2] *Weber*, JuS 1990, 249, 253.
[3] Palandt/*Grüneberg*, § 271 Rn. 4.
[4] Vgl. BGHZ 74, 142 zur Versendungspflicht.

c) Mahnung

Gem. § 286 Abs. 1 gerät der Schuldner erst durch Mahnung in Verzug. Eine Mahnung ist die ernstgemeinte Aufforderung des Gläubigers an den Schuldner, die Leistung zu erbringen. Eine Mahnung des M liegt jedoch nicht vor.

d) Entbehrlichkeit der Mahnung, § 286 Abs. 2

L wäre gleichwohl mit der Erfüllung der Lieferpflicht in Verzug geraten, wenn eine Mahnung gem. § 286 Abs. 2 entbehrlich war. Zu prüfen ist, ob die Parteien i.S.v. Nr. 1 für die Lieferung der Motorräder eine nach dem Kalender bestimmte Zeit vereinbart haben. Dies wäre dann der Fall, wenn der Leistungszeitpunkt entweder selbst kalendarisch fest bestimmt oder jedenfalls schon bei Vertragsschluss kalendarisch bestimmbar war.[5] Da L und M in der Optionsvereinbarung als Leistungszeit sieben Tage nach Abruf vereinbart haben und nicht feststand, wann M die Ware abrufen würde, sind diese Voraussetzungen des § 286 Abs. 2 Nr. 1 nicht erfüllt.

Eine Mahnung wäre jedoch nach § 286 Abs. 2 Nr. 2 entbehrlich, wenn sich der Leistungszeitpunkt aufgrund eines der Leistung vorauszugehenden Ereignisses bestimmen ließe, und dem Schuldner zur Leistungserbringung eine angemessene Frist verbliebe. L sollte seine Leistung sieben Tage nach Abruf erbringen. Der Abruf stellt ein Ereignis dar, das der Leistung vorauszugehen hat und nach dem die Leistungsfrist kalendarisch berechenbar ist. Eine Lieferfrist von sieben Tagen dürfte für einen Motorradhändler auch ausreichend sein, um die Leistungshandlung vorzunehmen, so dass die vereinbarte Frist auch als angemessen einzustufen ist. Damit konnte gem. § 286 Abs. 2 Nr. 2 ohne Mahnung Verzug eintreten.

e) Schuldhafte Nichtleistung

L darf zum Fälligkeitszeitpunkt die Leistungshandlung nicht vorgenommen haben. L lieferte die Motorräder erst am 10. 5. statt wie vereinbart spätestens am 7. 5. an.

Fraglich ist, ob diese Leistungsverzögerung von L nach §§ 286 Abs. 4, 276 Abs. 1 zu vertreten ist. Der Schuldner hat nach § 276 Abs. 1 S. 1 grundsätzlich Vorsatz und Fahrlässigkeit zu vertreten. Dem Sachverhalt sind jedoch keine Anhaltspunkte für eine Sorgfaltspflichtverletzung des L zu entnehmen. Allerdings unterliegt L einer strengeren Haftung insbesondere dann, wenn sich aus der Art der vereinbarten Schuld die Übernahme eines Beschaffungsrisikos ergibt, § 276 Abs. 1 S. 1 Hs. 2. Dies ist insbesondere bei der Gattungsschuld i.S.v. § 243 der Fall. Da im Zeitpunkt des Vertragsschlusses die zu liefernden Motorräder nur nach allgemeinen gattungstypischen Merkmalen bestimmt waren, lag eine solche Schuld vor mit der Folge, dass L für die Nichtleistung verschuldensunabhängig einzustehen hat. Eine Pflichtverletzung in Form des Verzugs liegt daher vor.

Hinweis: Selbst wenn ein bestimmtes Motorrad geschuldet gewesen wäre, oder die ursprüngliche Gattungsschuld nach § 243 Abs. 2 oder § 300 Abs. 2 zur Stückschuld konkretisiert worden wäre, hätte L für die Nichtleistung schon deshalb einzustehen, weil er für ein fehlendes Verschulden nichts vorgetragen hat. Die doppelt negative Formulierung des § 286 Abs. 4 macht deutlich, dass der Gesetzgeber grundsätzlich das Verschulden des Schuldners vermutet und ihm die Darlegungs- und Beweislast für das Gegenteil auferlegt.

3. Vertretenmüssen

L hat die Leistungsverzögerung gem. § 280 Abs. 1 S. 2 zu vertreten.

---

[5] *Huber/Faust*, Kap. 3 Rn. 48.

14 **Hinweis:** Das Vertretenmüssen ist zwar schon bei § 286 Abs. 4 geprüft. Dennoch sollte man es im Rahmen des § 280 Abs. 1 S. 2 nicht weglassen, sich aber kurz fassen.

4. Schaden

15 Fraglich ist, ob und in welcher Höhe dem M durch die Pflichtverletzung ein Schaden entstanden ist. Nach der Differenzhypothese liegt ein Schaden dann vor, wenn das gegenwärtige Vermögen des Schuldners geringer ist, als es wäre, wenn das zum Ersatz verpflichtende Ereignis nicht eingetreten wäre. Ohne die Pflichtverletzung in Form des Verzugs hätte L pünktlich, also bis spätestens 7. 5. geliefert und M einen Gewinn i. H. v. 1200 € gemacht. Der Schaden liegt also im Gewinnentgang. M kann ihn gem. §§ 249 Abs. 1, 252 ersetzt verlangen.

5. Ergebnis

16 M kann von L gem. §§ 280 Abs. 1 und 2, 286 Schadensersatz i. H. v. 1200 € verlangen.

Frage 2: Ansprüche des L gegen M auf Zinszahlung

I. Anspruch des L gegen M gem. § 288 Abs. 1 S. 1

17 L könnte gegen M einen Anspruch auf Zahlung von Verzugszins gem. § 288 Abs. 1 S. 1 haben.

1. Geldschuld

18 Die Kaufpreisverpflichtung des M hat eine Geldschuld zum Gegenstand.

2. Verzug, § 286

a) Fällige, durchsetzbare Leistungspflicht?

19 Der Kaufpreisanspruch des L aus § 433 Abs. 2 war gem. § 271 Abs. 1 fällig. Zu prüfen ist, ob er auch durchsetzbar ist. Da L vor dem 1. 6. geliefert hat, steht § 320 seinem Anspruch nicht entgegen. Der oben festgestellte Schadensersatzanspruch des M steht nicht im Synallagma. Doch kommt das allgemeine Zurückbehaltungsrecht des § 273 Abs. 1 in Betracht, das den Verzugseintritt aber nur hindert, wenn diese Einrede erhoben wird. Aber auch dann vermag sie den zuvor eingetretenen Verzug nicht mehr zu beseitigen. Da dem Sachverhalt nicht zu entnehmen ist, dass M sein Zurückbehaltungsrecht geltend gemacht hätte, war der Kaufpreisanspruch des L durchsetzbar.

b) Mahnung, § 286 Abs. 1 S. 1

20 Eine Mahnung seitens des L liegt nicht vor.

c) Entbehrlichkeit der Mahnung?

21 Damit ist zu prüfen, ob die Mahnung nach § 286 Abs. 2 entbehrlich ist, doch sind seine verschiedenen Varianten allesamt nicht einschlägig.

d) Verzugseintritt gem. § 286 Abs. 3 S. 1

22 Dennoch könnte Verzug gem. § 286 Abs. 3 S. 1 eingetreten sein. Nach dieser Norm kommt der Schuldner einer Entgeltforderung spätestens mit dem Ablauf des 30. Tages nach Fälligkeit und Zugang einer Rechnung oder gleichwertigen Zahlungsaufforde-

rung in Verzug. Da hier ein früherer Verzugseintritt nicht vorliegt, ist dies zu prüfen: Im vorliegenden Fall war die Kaufpreisforderung des L gem. § 271 Abs. 1 seit Kaufvertragsschluss fällig. Danach ist M am 31. 5. eine Rechnung des L zugegangen, so dass M aufgrund seiner Nichtzahlung gem. §§ 187 Abs. 1, 188 Abs. 1 ab 1. 7. in Verzug geriet.

Da der Kauf der Motorräder gewerblichen Zwecken diente, M also kein Verbraucher war (§ 13), war ein Hinweis auf den Verzugseintritt i.S.d. § 286 Abs. 3 S. 1 Hs. 2 entbehrlich.

e) Vertretenmüssen, § 286 Abs. 4

Gem. § 286 Abs. 4 ist grundsätzlich davon auszugehen, dass M die Nichtleistung trotz Fälligkeit zu vertreten hat. Der Nachweis des Gegenteils wird ihm hier nicht gelingen, obwohl sich das Vertretenmüssen gem. § 276 Abs. 1 S. 1 grundsätzlich nur aus einem Verschulden ergibt, das man dem Sachverhalt so nicht entnehmen kann. Für echte Geld(summen)schulden gilt das Verschuldenserfordernis aber ihrer Natur nach nicht[6] („Geld muss man haben"). Daher ist Zahlungsverzug immer zu vertreten.

f) Ergebnis

Somit befand sich M ab 1. 7. in Verzug. Der Verzug endete am 1. 10. durch die Erfüllung der Kaufpreisforderung.

Hinweis: Man muss das Verzugsende nicht unbedingt an dieser Stelle feststellen, man kann das auch beim Umfang (bzw. der Dauer) der Zinszahlungspflicht tun. Wichtig ist aber, stets daran zu denken, *dass* der Verzug beendet werden kann. Hinschreiben sollte man das aber nur, wenn es für die Lösung des Falles irgendwie von Bedeutung ist.

3. Höhe der Verzugszinsen

Damit ist M gem. § 288 Abs. 1 S. 1 i.V.m. Abs. 2 verpflichtet, den Kaufpreis mit acht Prozentpunkten über dem Basiszinssatz nach § 247 zu verzinsen, und zwar für die gesamte Verzugsdauer. Der Basiszinssatz i.S.d. § 247 Abs. 1 S. 1 liegt laut Sachverhalt bei 1,97%, so dass L lediglich 9,97% Verzugszins verlangen kann. Denn weder ist M ein Verbraucher (s.o. Rn. 23), für den der niedrigere Zinssatz des § 288 Abs. 2 gelten würde, noch haben die Parteien gem. § 288 Abs. 3 einen höheren Verzugszins vereinbart.

Hinweis: Der Basiszinssatz ist gem. § 247 Abs. 1 S. 2 variabel und hängt von den Beschlüssen der Europäischen Zentralbank ab. Deshalb ist seine Höhe in der Fragestellung vorgegeben; man findet sie im Schönfelder in einer Fußnote zu § 247. Die im Gesetz genannten 3,62% hat er seit dem 1. 1. 2002 noch nie erreicht. Man sollte sie der Berechnung deshalb möglichst nicht – bzw. nicht ohne Klarstellung – zugrunde legen.

4. Ergebnis

L kann von M gem. § 288 Abs. 1 S. 1 für den Zeitraum vom 1. 7.–30. 9. Verzugszinsen in Höhe von 8% über dem Basiszinssatz verlangen.

II. Anspruch gem. §§ 280 Abs. 1 und 2, 286

Zu prüfen ist ein Zinsanspruch des L gegen M in Höhe von 11% gem. §§ 280 Abs. 1 und 2, 286.

---

[6] Jauernig/*Mansel*, §§ 244, 245 Rn. 10.

1. Voraussetzungen

31 Mit dem Kaufvertrag besteht ein Schuldverhältnis zwischen den Parteien. M hat seine Pflichten aus dem Kaufvertrag verletzt, weil er den Kaufpreis nicht bezahlt hat und sich vom 1. 7. bis 30. 9. gem. § 286 in Verzug befand (s. o. Rn. 25). Diese Pflichtverletzung hat er gem. §§ 280 Abs. 1 S. 2, 276 Abs. 1 S. 1, da es um eine Geldschuld geht, unabhängig von einem Verschulden zu vertreten (s. o. Rn. 24). Der Anspruch nach § 288 Abs. 1 S. 1 steht der Geltendmachung eines weiteren Schadens gem. Abs. 4 nicht entgegen.

2. Schaden?

32 Voraussetzung des Anspruchs ist ein Vermögensnachteil, der durch die Leistungsverzögerung adäquat-kausal verursacht wurde. Ein Zinsschaden kann sich daraus ergeben, dass L seinerseits Zinsen für eine Bankkredit zahlen musste oder dass ihm eine Möglichkeit zur Anlage des geschuldeten Kaufpreises entgangen ist. Beides teilt der Sachverhalt nicht mit, und bei einem Basiszinssatz von 1,97% spricht auch die Lebenserfahrung nicht für eine entsprechend hohe Verzinsung. Damit ist ein Verzögerungsschaden des L nicht ersichtlich.

3. Ergebnis

33 Auch aus den §§ 280 Abs. 1 und 2, 286 kann L keine 11% Zinsen verlangen.

Frage 3: Anspruch gem. §§ 280 Abs. 1 und 2, 286

34 Grundlage eines Anspruchs des L gegen M auf Ersatz von Mahnkosten in Höhe von je 12 € könnten §§ 280 Abs. 1 und 2, 286 sein, deren Voraussetzungen vorliegen (Rn. 31). Dazu müssten die 24 € einen Verzögerungsschaden darstellen und auf dem Verzug des M beruhen. Die Mahnschreiben, die L nach Verzugseintritt gefaxt hat, wären bei rechtzeitiger Zahlung des M nicht notwendig gewesen. Fraglich ist allein, ob L tatsächlich ein Schaden in Höhe von 24 € entstanden ist. Dazu schweigt der Sachverhalt.

35 Der Ersatz der 12 € wäre aber aufgrund der laut Sachverhalt wirksam in den Vertrag einbezogenen Klausel über die Mahnkosten geschuldet, sofern diese Klausel nicht nach den § 307 Abs. 1 S. 1f. unwirksam ist. Damit die Inhaltskontrolle nach den §§ 307ff. eröffnet ist, muss die Klausel gem. § 307 Abs. 3 von Rechtsvorschriften abweichen oder diese ergänzen. Da das Gesetz eine Mahnkostenpauschale nicht kennt, ist dies zu bejahen. Die Klausel ermöglicht im Ergebnis die Forderung nach Schadensersatz ohne Nachweis eines Schadens, sie pauschaliert also den Ersatz von Verzögerungsschäden. Damit könnte sie am Maßstab des § 309 Nr. 5 zu messen sein, doch sind beide Parteien Unternehmer i. S. v. § 14 Abs. 1, sodass die §§ 308, 309 nach § 310 Abs. 1 S. 1 keine Anwendung finden. Somit bleibt an sich nur die Kontrolle nach der Generalklausel des § 307 Abs. 1 und 2. Jedoch geht die Rspr. davon aus, dass die Wertung des § 309 Nr. 5 auch im unternehmerischen Verkehr über die Generalklausel Anwendung findet.[7] Dass die Pauschale i. S. v. lit. a) den in den geregelten Fällen nach dem gewöhnlichen Lauf der Dinge zu erwartenden Schaden übersteigt, erscheint zweifelhaft. Jedoch gestattet sie entgegen lit. b) dem Käufer als anderem Vertragsteil nicht ausdrücklich den Nachweis, ein Schaden sei überhaupt nicht oder wesentlich niedriger entstanden als die pauschal festgesetzten 6 €.[8] Im unternehmerischen Verkehr soll es nach Ansicht der Rspr. aber ausreichen, wenn der Nachweis eines geringeren Schadens

---

[7] *BGH* NJW 1994, 1060, 1068 m. w. N. (insoweit in BGHZ 124, 351 nicht abgedruckt).
[8] Vgl. zu einer solchen Klausel im Verkehr mit Verbrauchern *BGH* NJW 2006, 1056, 1059.

tatsächlich zugelassen, der Nachweis des geringeren Schadens also nicht pauschal ausgeschlossen wird.⁹ Da der Käufer nach der Klausel des L aber „mindestens 12 € schuldet, kann auch ein geschäftliche erfahrender Unternehmer wie M sie nur dahingehend verstehen, dass der Nachweis eines geringeren Schadens auf jeden Fall ausgeschlossen ist. Damit verstößt die Klausel über die Kosten weiterer Mahnungen gegen § 307 Abs. 1 S. 1 i. V.m. der Wertung des § 309 Nr. 5 lit.b) und ist auch im Geschäftsverkehr zwischen den Unternehmern L und M unwirksam, was gem. § 306 Abs. 1 die Wirksamkeit des Vertrags im Übrigen nicht berührt.

L kann von M nicht gem. §§ 280, 286 Zahlung von 12 € Mahnkosten verlangen. **36**

Frage 4: Kann L seinen Anspruch dem des M entgegenhalten?

Grundsätzlich kann man einem Anspruch einen Gegenanspruch im Wege des allgemeinen Zurückbehaltungsrechts nach § 273 Abs. 1 entgegenhalten. Dies gilt auch hier, da der Schadensersatzanspruch des M gem. §§ 280 Abs. 1 und 2, 286 und die Gegenansprüche des L gem. § 288 Abs. 1 S. 1 nicht in einem Gegenseitigkeitsverhältnis i.S.d. § 320 stehen. **37**

1. Einredeerhebung

L muss sein Gegenrecht geltend machen, arg. § 273 Abs. 1. **38**

2. Gegenanspruch aus § 288 Abs. 1 S. 2

L hat einen Anspruch gegen den M aus § 288 (s. o. Rn. 29). **39**

3. Wechselseitigkeit von Haupt- und Gegenanspruch

Der Verzugszinsanspruch des L und der Anspruch des M auf Ersatz des Verzögerungsschadens sind wechselseitige Ansprüche, da die Parteien jeweils Schuldner des einen und Gläubiger des anderen Anspruchs sind. **40**

Hinweis: Üblich ist der Begriff der „*Gegenseitigkeit*" der Ansprüche.¹⁰ Um Verwechslungen mit dem gleichnamigen Erfordernis in §§ 320 ff. zu vermeiden, wird hier der Begriff der Wechselseitigkeit bevorzugt.¹¹ **41**

4. Fälligkeit des Gegenanspruchs

Der Schadensersatzanspruch des M gem. §§ 280, 286 ist gem. § 271 Abs. 1 fällig. **42**

5. Konnexität

Beide Ansprüche beruhen schließlich auf dem von den Parteien geschlossenen Kaufvertrag und somit auf einem einheitlichen Lebensverhältnis (Konnexität). Damit kann L seinen Zinsanspruch dem Schadensersatzanspruch des M gem. § 273 Abs. 1 entgegenhalten. **43**

6. Ausschluss des Zurückbehaltungsrechts durch § 387?

Zu prüfen ist, ob die Einrede des Zurückbehaltungsrechts hier ausgeschlossen ist, weil L eine Aufrechnung möglich wäre. **44**

---

⁹ *BGH* NJW 1994, 1060, 1068 (insoweit in BGHZ 124, 351 nicht abgedruckt).
¹⁰ Vgl. nur *Brox/Walker*, AS, § 13 Rn. 3; Hk/*Schulze*, § 273 Rn. 6; MünchKomm/*Krüger*, § 273 Rn. 8.
¹¹ Ebenso *Medicus/Lorenz* I, Rn. 233, 305.

45 Die Rechtsprechung lehnt ein Zurückbehaltungsrecht i.S.d. § 273 Abs. 1 ab, wenn der Schuldner den gegen ihn gerichteten Anspruch durch Aufrechnung zum Erlöschen bringen könnte.[12] Daraus entnehmen Teile der Literatur als weitere **ungeschriebene Voraussetzung des Zurückbehaltungsrecht** die Ungleichartigkeit der wechselseitigen Leistungen.[13] Dahinter steht die Erwägung, dass eine Verurteilung zum Leistungsaustausch Zug-um-Zug sinnlos und überflüssig ist, wenn sich der Schuldner durch Aufrechnung von seiner Leistungspflicht befreien kann.[14] Deshalb wird die Weigerung des Schuldners, die Leistung zu erbringen, als Aufrechnungserklärung interpretiert.[15] Dem Schuldner geschehe dadurch kein Unrecht, da er durch die Geltendmachung des Zurückbehaltungsrechts gerade zum Ausdruck bringt, zwar leisten zu wollen, allerdings nur unter der Voraussetzung, dass auch sein Gläubiger die ihm zustehende Forderung erbringt.[16]

46 Hinweis: Das Reichsgericht hat in einer Grundsatzentscheidung[17] die Zurückbehaltung vermutlich deshalb in eine Aufrechnungserklärung umgedeutet, weil der Schuldner seine Leistung nur wegen der drohenden Insolvenz des Gläubigers zurückhielt. Ist dem Schuldner bewusst, dass seine Forderung nur im Wege der Aufrechnung beigetrieben werden kann, liege eine solche in seinem Interesse. Dies spricht dafür, dass der Zurückhaltende unter bestimmten Umständen ein schutzwürdiges Interesse an der Zurückhaltung der geschuldeten Leistung unter Bewahrung des ihm zustehenden Anspruchs haben kann, so z.B., wenn er die Abtretung seines Anspruchs an Dritte beabsichtigt.[18] Dafür bietet der vorliegende Fall allerdings keinen Anhaltspunkt.

47 Gegen diese Auffassung mag man einwenden, dass das Gesetz eine Beschränkung des Zurückbehaltungsrechts auf nicht gleichartige Forderungen nicht kennt und im Einzelfall Interessen des Berechtigten bestehen können, die gegen die Aufrechnung sprechen. Das spricht gegen die Anerkennung einer ungeschriebenen Tatbestandsvoraussetzung, schließt aber die Möglichkeit eines Ausschlusses der Zurückbehaltung nach § 242 nicht aus, um Interessen des Berechtigten Rechnung tragen zu können. Insgesamt entsteht dadurch aber zunächst einmal ein Schwebezustand, der einer „Umdeutung" der unter Umständen unzulässigen Zurückbehaltung entgegensteht.

48 Daher ist ein Vorrang der Aufrechnung gegenüber dem Zurückbehaltungsrecht abzulehnen (a.A. vertretbar).

49 Hinweis: Wenn man der überwiegenden Auffassung folgt, muss man die Aufrechnungslage prüfen, um festzustellen, ob die bloße Zurückbehaltung hier unzulässig bzw. die Einredeerhebung in eine Aufrechnungserklärung „umzudeuten" ist. Nach der Feststellung der Aufrechnungslage müsste man eigentlich noch § 140 anwenden. Dazu müsste das nichtige Rechtsgeschäft (Einrederhebung) das Ersatzgeschäft (Aufrechnungserklärung) als Minus mit umfassen. Die Aufrechnung vernichtet aber die Forderungen nach § 389 und ist somit kein „Minus" zur bloßen Zurückbehaltung. Damit sind die Voraussetzungen des § 140 nicht erfüllt, und man müsste eine analoge Anwendung erwägen oder gleich von einer Uminterpretation sprechen.

50 L kann seinen Gegenanspruch (auch) im Wege der Zurückbehaltung gem. § 273 Abs. 1 erheben.

---

[12] Vgl. *BGH* NJW 2000, 278, 279.
[13] *Medicus/Lorenz* I, Rn. 214, 238; *Hirsch*, Rn. 143; *Looschelders*, SAT, Rn. 336; vgl. auch *Brox/Walker*, AS, § 16 Rn. 5.
[14] *Gernhuber*, Das Schuldverhältnis, 1989, § 30 IV 2.
[15] RGZ 83, 138, 140; *BGH* NJW 2000, 278, 279; Staudinger/*Bittner*, § 273 Rn. 97; Staudinger/*Gursky*, § 388 Rn. 14; Soergel/*Wolf*, § 273 Rn. 54; kritisch hierzu *Gernhuber*, Das Schuldverhältnis, 1989, § 30 IV 2.
[16] Erman/*Kuckuk*, § 273 Rn. 6.
[17] RGZ 83, 138, 140.
[18] Staudinger/*Bittner*, § 273 Rn. 98; vgl. hierzu auch *Gernhuber*, Das Schuldverhältnis, 1989, § 30 IV 2, der zwar anerkennt, dass dem aufrechnungsberechtigten Schuldner mangels Sicherungsbedürfnis kein Zurückbehaltungsrecht zusteht, was allerdings jedoch nicht bedeuten könne, dass ein gleichwohl erklärtes Zurückbehaltungsrecht in eine Aufrechnungserklärung umgedeutet werden dürfe.

Fall 18. Preisentwicklungen auf dem Chip-Markt

Sachverhalt

Der Computerteilehändler V bietet per Zeitungsannonce und Internet unter anderem Speicherbausteine für PCs an. Daraufhin bestellt Student K am 1. 2. für sich und einige Kommilitonen zehn Doppelpackungen 2 GB DDR2-RAM-Speichermodule zum Preis von je 75 €; V schickt ihm noch am selben Tag eine Auftragsbestätigung. Am 4. 2. informiert V den K per Telefax, seine Lagerhalle sei mit sämtlichen Warenvorräten aus ungeklärten Gründen abgebrannt. Die Lieferung verzögere sich daher um etwa zehn Tage. Zwischen dem 5. 2. und dem 8. 2. erhöhen alle Hersteller von Speicherbausteinen ihre Verkaufspreise für 2 GB-Module von 30 € auf 70 €. Am 12. 2. weist V den K mit einem weiteren Fax auf diese Preiserhöhungen hin und erklärt, deshalb nur noch für 155 € pro Doppelpackung liefern zu können, eine kostenlose Stornierung der Bestellung sei aber möglich.

K fragt sich, ob er von V noch Lieferung zu den vereinbarten Konditionen verlangen kann.

Vorüberlegungen

Da V hier Waren „per Zeitungsannonce und Internet" anbietet, sollte man in den routinemäßigen Vorüberlegungen an die Stichworte „Fernabsatz" und „E-Commerce" und die zugehörigen Normen denken; da K die Lieferung noch haben will, gibt es aber keinen Anlass, einen Widerruf seinerseits zu prüfen. Außerdem liegt der Gedanke an eine Unmöglichkeit der Leistung i. S. v. § 275 Abs. 1 nahe, weil die Warenvorräte, mit denen V den Kaufvertrag hätte erfüllen wollen, untergegangen sind. Man muss sich aber bei der Fallbearbeitung immer zwingen, gerade auch die „offensichtlich" erscheinenden Aspekte eines Sachverhalts gedanklich zu prüfen.

Im vorliegenden Fall ist die Leistungserbringung dem V an sich möglich, jedoch wegen der Preissteigerung mit finanziellen Verlusten für ihn verbunden. Die Behandlung solcher Fälle einer „wirtschaftlichen Unmöglichkeit"[1] war früher schwankend und umstritten.[2] Nach heute herrschender Auffassung handelt es sich um eine sog. Äquivalenzstörung, der über den Wegfall der Geschäftsgrundlage (§ 313) zu lösen ist.[3] Den Begriff der „Geschäftsgrundlage" setzt § 313 Abs. 1 voraus, der nicht eine Anpassung des Vertrags kraft Gesetzes,[4] sondern einen Anspruch auf Vertragsanpassung vorsieht. Ist die Anpassung nicht möglich oder nicht zumutbar, kommt es zur Vertragsauflösung, § 313 Abs. 3.

---

[1] Eigentlich hätte man zumindest früher vom wirtschaftlichen Unvermögen (vgl. § 275 Abs. 2) sprechen müssen, da die Leistung allenfalls dem Schuldner unmöglich ist.
[2] Vgl. MünchKomm/*Emmerich*, 2. Aufl., 1985, § 275 Rn. 19; MünchKomm/*Roth*, § 313 Rn. 152 ff.
[3] Vgl. Hk/*Schulze*, § 313 Rn. 23; *Larenz* I, § 21 I e; Paland/*Grüneberg*, § 313 Rn. 25.
[4] So die st. Rspr. vor der Kodifikation, etwa BGHZ 133, 281, 296 = NJW 1997, 320 – Klimbim.

Der Anspruch auf Vertragsanpassung wegen Geschäftsgrundlagenstörung kann auf unterschiedliche Weise erhoben werden:[5] Der anpassungsberechtigte Vertragsteil muss ihn nach h. M. trotz des Gesetzeswortlauts nicht isoliert einklagen, weil es übertrieben formalistisch erschiene, ihn zweimal klagen zu lassen.[6] Im Ergebnis wird der Anpassungsberechtigte vorprozessual eine Zustimmung zur Vertragsänderung bzw. Annahme des Änderungsangebots verlangen müssen. Lehnt der andere Teil dies ab, kann unmittelbar auf Erfüllung zu den geänderten Konditionen geklagt werden. Im vorliegenden Fall verlangt K allerdings Erfüllung des geschlossenen Vertrages. Dann kann der anpassungsberechtigte V seinen Anpassungsanspruch im Wege einer Einrede nach § 242 i. V. m. § 313 – zutreffender wohl einfach gem. § 273 Abs. 1[7] – entgegenhalten. Die benachteiligte Partei muss die Geschäftsgrundlagenstörung also stets in den Prozess einführen.[8]

Gliederung

	Rn.
Anspruch des K gegen V auf Lieferung zu den vereinbarten Konditionen, § 433 Abs. 1 S. 1	1
1. Anspruch entstanden	2
2. Anspruchsausschluss gem. § 275 Abs. 1	3
3. Leistungsverweigerungsrecht des V gem. § 275 Abs. 2 wegen der Preissteigerung?	6
a) Leistungsaufwand des Schuldners	7
b) Leistungsinteresse des Gläubigers	8
c) Grobes Missverhältnis	9
d) Zwischenergebnis	10
4. Zurückbehaltungsrecht des V gem. § 273 Abs. 1 wegen Anspruchs auf Vertragsanpassung gem. § 313 Abs. 1	11
a) Einredeerhebung und Anpassungsbegehren	13
b) Gegenanspruch aus § 313 Abs. 2	14
aa) Umstände, die zur Geschäftsgrundlage gehören	15
bb) Schwerwiegende Änderung dieser Umstände	16
cc) Anderer Vertragsinhalt bei Voraussicht der Änderung	17
dd) Unzumutbarkeit des Festhaltens am Vertrag	18
c) Zwischenergebnis	20
5. Ergebnis	21

Lösung

Anspruch des K gegen V auf Lieferung zu den vereinbarten Konditionen, § 433 Abs. 1 S. 1

1 K könnte gegen V einen Anspruch auf Lieferung von zehn Doppelpackungen 2 GB-Speichermodule zu einem Preis von je 75 € gem. § 433 Abs. 1 S. 1 haben.

---

[5] Dazu eingehend *Schmidt-Kessel/Baldus*, NJW 2002, 2076 ff.
[6] Für eine Übertragung der Ergebnisse zum „Vollzug der Wandelung" nach § 465 a. F., bei dem das Problem früher bestand, Begr. zum RegE, BT-Drs. 14/6040, 176.
[7] AnwK/*Krebs*, § 313 Rn. 54; *Schmidt-Kessel/Baldus*, NJW 2002, 2076, 2077 mit Fn. 19.
[8] Vgl. auch Jauernig/*Stadler*, § 313 Rn. 30.

1. Anspruch entstanden

Der Anspruch setzt einen entsprechenden Kaufvertrag voraus. Das Angebot des K aus der Bestellung vom 1. 2. hat V durch die Auftragsbestätigung angenommen. Der Anspruch ist damit entstanden.

2. Anspruchsausschluss gem. § 275 Abs. 1

Der Anspruch ist gem. § 275 Abs. 1 ausgeschlossen, wenn die Leistung dem V unmöglich ist. Die Leistung ist dem Schuldner unmöglich, wenn er den geschuldeten Leistungserfolg nicht herbeiführen kann. Ob dies aufgrund des Verlusts seiner sämtlichen Warenvorräte der Fall ist, hängt vom Inhalt seiner Leistungspflicht ab.

Da der Kaufvertrag zehn Doppelpackungen von 2 GB-Speichermodulen zum Gegenstand hat, ist die Leistung des V nur nach Gattungsmerkmalen bestimmt. V schuldet keine konkreten Speichermodule, und auch eine Beschränkung auf seinen Lagervorrat ist nicht vereinbart. Die somit zunächst vorliegende Gattungsschuld i.S.d. § 243 Abs. 1 hätte sich gem. § 243 Abs. 2 zur Stückschuld konkretisiert, wenn V alles seinerseits zur Leistungserbringung Erforderliche getan hätte. Unabhängig von den vereinbarten Leistungsmodalitäten bedurfte es dazu zumindest der Aussonderung von zwanzig entsprechenden Modulen mittlerer Art und Güte (§ 243 Abs. 1), die hier nicht ersichtlich ist. Somit machte der Untergang der eigenen Warenvorräte dem V die Lieferung von zehn Doppelpackungen Speichermodule nicht unmöglich, da V eine Beschaffungspflicht trifft (vgl. auch § 276 Abs. 1 S. 1 Hs. 2) und nicht die gesamte Gattung untergegangen ist.

Hinweis: Man braucht hier nicht zu klären, ob eine Bring- oder eine Schickschuld vorliegt, weil V nicht einmal das bei der Holschuld Erforderliche getan hat.

3. Leistungsverweigerungsrecht des V gem. § 275 Abs. 2 wegen der Preissteigerung?

Möglicherweise kann V die Lieferung gem. § 275 Abs. 2 S. 1 verweigern, weil sie einen Aufwand erfordert, der unter Beachtung des Inhalts des Kaufvertrags nach Treu und Glauben in einem groben Missverhältnis zum Leistungsinteresse des Gläubigers K steht.

a) Leistungsaufwand des Schuldners

Unter Aufwand in diesem Sinne sind sowohl der Einsatz von Geld als auch von Tätigkeiten und sonstigen persönlichen Anstrengungen zu sehen. Hier besteht der (Mehr-)Aufwand des V darin, dass er einen wesentlich höheren Einkaufspreis zu zahlen hat, als er seinem Vertragsangebot zugrunde gelegt hat. Der für die Leistungserbringung notwendige Aufwand beläuft sich auf 10 × 2 × 70 €, also 2800 €, zuzüglich Transportkosten vom Hersteller und zum Kunden, also insgesamt schätzungsweise ca. 2900 €.

b) Leistungsinteresse des Gläubigers

Das Leistungsinteresse des K besteht darin, die von V versprochene Leistung möglichst in natura zu erhalten, da er die Speicherbausteine weiterhin benötigt. In Geld ausgedrückt, orientiert sich sein Leistungsinteresse also am Wert der geschuldeten Leistung. Hinzu kommen eventuelle bei Nichterfüllung drohende sonstige Schäden und immaterielle Interessen.[9] Da immaterielle Interessen und Folgeschäden nicht ersichtlich sind, deckt sich das Leistungsinteresse des K mit dem drohenden Nichterfüllungsschaden, also den Kosten, die er aufwenden müsste, um die Speicherbausteine bei einem anderen Lieferanten zu beziehen. Da die Händlereinkaufspreise für Speicherbausteine generell angestiegen sind, könnte sich K die Speicherbausteine bei anderen Händlern auch nur zu dem erhöhten Preis beschaffen, den V jetzt von ihm verlangt. Sein Leistungsinteresse beläuft sich also auf 20 × 155 €, mithin 3100 € zuzüglich eventueller Mehrkosten für eine neue Marktrecherche und Bestellung.

c) Grobes Missverhältnis

9   Schließlich muss der Aufwand des V in einem „groben Missverhältnis zu dem Leistungsinteresse des Gläubigers" K stehen. Dabei ist der Inhalt des Schuldverhältnisses zu berücksichtigen; hier liegt eine Gattungsschuld vor, V hat also eine Beschaffungspflicht und damit das Risiko von Preissteigerungen übernommen. Schon deshalb liegt der erhebliche Preisanstieg nicht so weit außerhalb des allgemeinen wirtschaftlichen Risikos eines Händlers, dass die Leistungspflicht des V in einem groben Missverhältnis zum Leistungsinteresse des K stünde.[10] Im Übrigen sind der Leistungsaufwand des V und das Leistungsinteresse des K letztlich gleich hoch, so dass ein grobes Missverhältnis schon deshalb ausscheidet.

d) Zwischenergebnis

10 Damit steht dem Anspruch des K kein Leistungsverweigerungsrecht des V gem. § 275 Abs. 2 entgegen.

4. Zurückbehaltungsrecht des V gem. § 273 Abs. 1 wegen Anspruchs auf Vertragsanpassung gem. § 313 Abs. 1

11 Weiter ist zu prüfen, ob V dem Lieferungsanspruch im Wege der Zurückbehaltung nach § 273 Abs. 1 einen Anspruch auf Vertragsanpassung gem. § 313 Abs. 1 wegen Wegfalls der Geschäftsgrundlage entgegenhalten kann.

12 **Hinweise:** Für eine Anwendung des § 273 Abs. 1 spricht die Ausgestaltung des § 313 als Anspruchsgrundlage.[11] Vor seiner Einführung trat die Anpassung ipso iure ein,[12] so dass ein Rückgriff auf § 273 nicht notwendig war. – Die ergänzende Vertragsauslegung kann ebenfalls zu einem Vertragsanpassungsanspruch führen. Sie hat grundsätzlich Vorrang vor § 313, kommt allerdings nur bei konkret vorhersehbaren Äquivalenzstörungen in Betracht[13] und daher im vorliegenden Fall nicht.

a) Einredeerhebung und Anpassungsbegehren

13 Dass V in seinem Fax vom 12. 2. die Lieferung von einer Preisanpassung abhängig macht, ist gem. §§ 133, 157 als Verlangen nach einer Vertragsanpassung gem. § 313 Abs. 1 und 2 auszulegen. Damit hat er die Einrede des § 273 Abs. 1 erhoben.

b) Gegenanspruch aus § 313 Abs. 2

14 Das Zurückbehaltungsrecht besteht, falls V gegen K einen Anspruch auf Vertragsanpassung gem. § 313 Abs. 2 i.V.m. Abs. 1 wegen Wegfalls der Geschäftsgrundlage hat.

---

[9] MünchKomm/*Ernst*, § 275 Rn. 78 ff.
[10] Anders müsste man urteilen, wenn nicht nur die Lagerhalle, sondern der gesamte Geschäftsbetrieb des V abgebrannt wäre.
[11] Ebenso AnwK/*Krebs*, § 313 Rn. 54; *Schmidt-Kessel/Baldus*, NJW 2002, 2076, 2077.
[12] Vgl. eingehend *Larenz* I, § 21 II (S. 320 ff.); Palandt/*Heinrichs*, 61. Aufl., 2001, § 242 Rn. 130 ff.
[13] Vgl. BGHZ 90, 69, 74 f. m. w. N.

aa) Umstände, die zur Geschäftsgrundlage gehören

§ 313 setzt den Begriff der Geschäftsgrundlage voraus, ohne ihn zu definieren. Nach 15 traditioneller *Definition*[14] besteht die *Geschäftsgrundlage* aus den nicht zum Vertragsinhalt erhobenen, aber bei Vertragsschluss vorhandenen gemeinsamen Vorstellungen der Vertragsparteien vom Vorhandensein oder dem künftigen Eintritt bestimmter Umstände, auf denen der Geschäftswille der Parteien aufbaut; gleichgestellt sind einseitige Vorstellungen einer Vertragspartei, die für den anderen Teil erkennbar waren und von ihm nicht beanstandet wurden.[15] Hier sind die Parteien bei Vertragsschluss stillschweigend davon ausgegangen, dass V die Speicherbausteine zum in der Werbung angebotenen Preis liefern könne. Bei gegenseitigen Verträgen ist die Vorstellung von der Gleichwertigkeit von Leistung und Gegenleistung in der Regel Geschäftsgrundlage.[16]

bb) Schwerwiegende Änderung dieser Umstände

Die Zerstörung des Vorrats des V und der drastische Anstieg der Marktpreise haben 16 die übereinstimmende Erwartung der Parteien nachträglich unzutreffend gemacht. Ein Preisanstieg um mehr als 100% zerstört die Äquivalenz von Leistung und Gegenleistung vollständig und bedeutet eine schwerwiegende Veränderung der Umstände i.S.v. § 313 Abs. 1.

cc) Anderer Vertragsinhalt bei Voraussicht der Änderung

Weiter ist gem. § 313 Abs. 1 erforderlich, dass die Parteien den Vertrag bei Voraus- 17 sicht der Entwicklung nicht oder mit anderem Inhalt geschlossen hätten. Es ist naheliegend, dass sie dann zumindest eine Preisanpassungsklausel vereinbart hätten, auch wenn dies angesichts des kurzen Zeitraums zwischen Vertragsschluss und Änderung der Umstände wegen § 309 Nr. 1 eine Individualvereinbarung erfordert hätte.

dd) Unzumutbarkeit des Festhaltens am Vertrag

Ferner muss dem V das Festhalten am geschlossenen Vertrag unter Berücksichti- 18 gung aller Umstände des Falles, insbesondere der vertraglichen oder gesetzlichen Risikoverteilung, unzumutbar sein.

Bei Durchführung des geschlossenen Vertrags muss V zu einem Preis leisten, der 19 ihm einen erheblichen Verlust beschert. Dieses Risiko ist allerdings jeder Vertragspartei grundsätzlich zugewiesen. Die h.M. geht zwar davon aus, dass bei erheblichen Beschaffungshindernissen ein Festhalten am vereinbarten Preis für den Schuldner unzumutbar sein kann, doch gilt dies uneingeschränkt nur in allgemeinen Extremsituationen wie Krieg, Ölkrise oder dergleichen mehr (sog. „große Geschäftsgrundlage" im Gegensatz zur „kleinen")[17] und selbst dann nur, wenn die Störung für den Schuldner nicht als möglich vorhersehbar war und er deshalb ihren wirtschaftlichen Folgen – z.B. durch rechtzeitige Bevorratung – nicht einmal teilweise hätte entgegenwirken können. Solche Umstände liegen hier nicht vor. Da der vereinbarte Kaufgegenstand zudem erfahrungsgemäß häufig starken Preisschwankungen unterliegt, bleibt es bei dem Grundsatz, dass das Risiko allgemeiner Preiserhöhungen, unerwarteter Kosten

---

[14] Die Gesetzesbegründung zitiert diese Definition, vgl. BT-Drs. 14/6040, 174.
[15] St. Rspr., etwa BGHZ 133, 281, 293; 135, 333, 338; *BGH* NJW 2001, 1204 m.w.N.
[16] *BGH* LM Nr. 91 zu § 242 (Bb) BGB = BB 1978, 1033 mit Bespr. *Braun*, JuS 1979, 692; MünchKomm/*Roth*, § 313 Rn. 54ff.
[17] MünchKomm/*Roth*, § 313 Rn. 194ff. m.w.N.

und Schäden den Schuldner trifft.[18] Deshalb hätte aus Sicht des V die Vereinbarung einer Preisanpassungsklausel nahe gelegen, auch wenn diese in concreto gem. § 309 Nr. 1 in Allgemeinen Geschäftsbedingungen unzulässig gewesen wäre. Der Preisanstieg fällt also in die Risikosphäre des V.

c) Zwischenergebnis

20 V kann nicht Anpassung des Vertrags gem. § 313 Abs. 1 verlangen und hat somit auch kein Zurückbehaltungsrecht nach § 273 Abs. 1.

5. Ergebnis

21 K kann von V gem. § 433 Abs. 1 S. 1 Lieferung zum vereinbarten Preis verlangen.

---

[18] *OLG Hamburg* BauR 2006, 280 zu Stahlpreisen; Hk/*Schulze*, § 313 Rn. 16, 23; MünchKomm/*Roth*, § 242 Rn. 632 m. w. N.

Fall 19. Pharao springt nicht mehr

Sachverhalt

Der Turnierreiter Hoppel (H) möchte ein neues Pferd kaufen, um an Turnieren teilnehmen zu können. Er schildert dem Pferdezüchter Zaster (Z) seine Wünsche, der ihm darauf am 14. 1. das ausgebildete und talentierte Springreitpferd „Pharao" für 10 000 € verkauft. H bezahlt in bar und nimmt das Tier mit. In den folgenden Wochen erleidet Pharao bei Trainingsritten einige schwerere Stürze und Verletzungen. Ein Tierarzt stellt am 12. 3. eine erbliche, nicht therapierbare Anomalie der Hinterbeine fest. Daher ist Pharao trotz seiner Ausbildung nicht zum Springreiten einsetzbar. Aufgrund seiner Erkrankung hat das Pferd lediglich einen Marktwert von 2000 €, während es in gesundem Zustand objektiv 8000 € wert gewesen wäre.

In der Nacht vom 12. auf den 13. 3. entkommt Pharao aus seinem Stall. Der sonst stets sorgfältige H hat am Vorabend vergessen, das Gatter zur Box des Pharao zu schließen. Auf seiner Flucht wird Pharao noch in der gleichen Nacht von einem Lkw erfasst und getötet.

Am 13. 3. meldet sich H bei Z und erzählt ihm von dem tierärztlichen Befund sowie den Ereignissen der vergangenen Nacht. Er erklärt, er wolle nun „alles rückgängig" machen und verlange die gezahlten 10 000 € sowie Zinsen seit 14. 1. hieraus zurück. Außerdem müsse ihm Z die Kosten für die Fütterung des Tieres in Höhe von 150 € sowie für eine weiterführende Springausbildung für Pharao in Höhe von 500 € ersetzen. Z erklärt wahrheitsgemäß, er habe von der Anomalie der Hinterbeine nichts gewusst. Sollte er dennoch verpflichtet sein, die 10 000 € an H zurückzuzahlen, stünde ihm doch wohl eine „Entschädigung" für das getötete Tier zu. Schließlich sei H für den Tod des Tieres verantwortlich. Das von H erhaltene Bargeld hat Z als „Notgroschen" unter seiner Matratze aufbewahrt.

Welche Ansprüche haben die Beteiligten gegeneinander?

Hinweis: Es ist von einem durchschnittlichen Zinssatz von 1,5% per annum für jederzeit kündbare Sparkonten und von 3% für jederzeit verfügbare Tagesgeldkonten auszugehen.

Vorüberlegungen

Die Beteiligten machen Ansprüche aus der Rückabwicklung eines Kaufvertrags geltend (§§ 346 ff.), die man im wesentlichen genau durchprüfen muss; der Rückgewähranspruch nach § 346 Abs. 1 ist schon aus Fall 14 bekannt. Für die Prüfungsreihenfolge bietet es sich an, zunächst Ansprüche des Z zu prüfen, weil deren Erfüllung Voraussetzung für einige (Gegen-)Ansprüche des H ist. Eine abweichende Reihenfolge (erst Rückgewähransprüche einschließlich Wertersatz, dann sonstige Ansprüche) wäre aber auch nicht zu beanstanden.

Der Untergang des empfangenen und zurückzugewährenden Gegenstandes spielt für den Wertersatzanspruch nach § 346 Abs. 2 S. 1 Nr. 3 eine Rolle. Insofern hat sich allerdings eine Diskussion entwickelt, ob die gesetzliche Risikoverteilung angemessen ist.[1] Die Kontroverse betrifft zwei Konstellationen, in denen der Wegfall der Wertersatzpflicht nach § 346 Abs. 3 S. 1 Nr. 3 angeblich unangemessen ist. Diese Kontroverse muss man kennen, da das für den Fall relevante Problem sonst nur schwer erkennbar ist. Neben dem Aspekt, um den es im vorliegenden Fall geht, streitet man übrigens noch darüber, ob der Ausschluss auch gilt, wenn die Entstehung des Rücktrittsrechts nicht auf einer Pflichtverletzung (bzw. einem Vertretenmüssen) des Gegners beruht, also im Falle des § 313 Abs. 3.[2]

Gliederung

	Rn.
I. Ansprüche des Z gegen H	1
1. Wertersatzanspruch für Pharao gem. § 346 Abs. 2 S. 1 Nr. 3	1
a) Rückgewähranspruch gem. § 346 Abs. 1	3
aa) Rücktrittsrecht	4
(1) Kaufvertrag	5
(2) Mangel des Pferdes	6
(3) Frist zur Nacherfüllung	8
(4) Unmöglichkeit der Nacherfüllung	9
(5) Ausschluss des Rücktritts gem. § 323 Abs. 5	12
bb) Rücktrittserklärung, § 349	13
cc) Unwirksamkeit des Rücktritts gem. §§ 218 Abs. 1, 438 Abs. 4 S. 1	15
dd) Zwischenergebnis	17
b) Untergang des empfangenen Gegenstandes	18
c) Kein Untergang infolge bestimmungsgemäßer Ingebrauchnahme	19
d) Anspruchsumfang	20
aa) Grundsatz: objektiver Wert	21
bb) Zugrundelegung der Gegenleistung	22
cc) Berücksichtigung des Mangels bei der Gegenleistung	23
e) Kein Wegfall der Wertersatzpflicht gem. § 346 Abs. 3 S. 1 Nr. 2	25
f) Kein Wegfall der Wertersatzpflicht nach § 346 Abs. 3 S. 1 Nr. 3	26
aa) Maßgeblicher Sorgfaltsmaßstab	27
bb) Beobachtung der eigenüblichen Sorgfalt	30
g) Ergebnis	31
2. Schadensersatzanspruch gem. §§ 280 Abs. 1 und 3, 283, 346 Abs. 4	32
a) Anwendbarkeit der §§ 280 ff.	33
b) Bestehendes Schuldverhältnis	34
c) Pflichtverletzung	35
d) Ergebnis	37
3. Schadensersatzanspruch gem. §§ 346 Abs. 4, 280 Abs. 1	38
a) Schuldverhältnis	39
b) Pflichtverletzung	40
c) Vertretenmüssen	43
d) Schaden und Ersatz	45
e) Ergebnis	46

---

[1] Vgl. näher *Kamanabrou*, NJW 2003, 30 f. m. w. N. zum Meinungsstand.
[2] Dazu m. w. N. *Kamanabrou*, NJW 2003, 30 f.; *Schulze/Ebers*, JuS 2004, 366, 370.

	Rn.
4. Anspruch auf Schadensersatz gem. § 823 Abs. 1	47
5. Anspruch auf Wertersatz für gezogene Nutzungen, § 346 Abs. 2 Nr. 1	49
a) Anspruchsvoraussetzungen	50
b) Anspruchsumfang	51
c) Ergebnis	52
II. Ansprüche des H gegen Z	53
1. Rückzahlung des Kaufpreises gem. § 346 Abs. 1	53
2. Zahlung von Zinsen aus 10 000 € seit 14. 1. gem. § 346 Abs. 1	55
3. Zinsen als Wertersatzanspruch gem. § 347 Abs. 1	56
a) Wirksamer Rücktritt	57
b) Möglichkeit der Ziehung von Nutzungen	58
c) Unterlassen entgegen den Regeln einer ordnungsgemäßen Wirtschaft	59
d) Haftungsbeschränkung gem. § 347 Abs. 1 S. 2?	60
aa) Gesetzliches Rücktrittsrecht	61
bb) Z als Berechtigter	62
e) Anspruchsumfang und -dauer	63
f) Ergebnis	66
4. Anspruch des H gegen Z auf Erstattung der Fütterungskosten i. H. v. 150 €	67
a) Wirksamer Rücktritt	68
b) Verwendungen	69
c) Notwendigkeit der Verwendungen	70
d) Rückgabe oder Wertersatz, Ausschluss der Wertersatzpflicht	71
e) Ergebnis	72
5. Erstattung der Kosten der weiterführenden Springausbildung in Höhe von 500 €	73
a) Anspruch gem. § 347 Abs. 2 S. 1	73
b) Anspruch gem. § 347 Abs. 2 S. 2	74
c) Ergebnis	76

Lösung

I. Ansprüche des Z gegen H

1. Wertersatzanspruch für Pharao gem. § 346 Abs. 2 S. 1 Nr. 3

Z könnte hinsichtlich des getöteten Pferdes einen Wertersatzanspruch nach § 346 Abs. 2 S. 1 Nr. 3 gegen H „statt der Rückgewähr" haben.

Hinweis: Wegen dieser Formulierung sind zunächst die Voraussetzungen des § 346 Abs. 1 zu prüfen. – Im Übrigen enthält § 346 Abs. 2 S. 1 drei Tatbestände. Im Gutachten sollte man gleich die passende Ziffer prüfen: Nr. 1 betrifft insbesondere Dienstleistungen. Nr. 2 den Verbrauch, die Veräußerung, Belastung, Verarbeitung oder Umgestaltung des empfangenen Gegenstandes; insofern ist Nr. 2 gegenüber Nr. 3 speziell, was diese Fälle des „Untergangs" angeht. Auf den vorliegenden Sachverhalt passt nur Nr. 3.

a) Rückgewähranspruch gem. § 346 Abs. 1

Erforderlich ist zunächst ein wirksamer Rücktritt, der normalerweise zu einem Rückgewähranspruch des Z gem. § 346 Abs. 1 geführt hätte.

aa) Rücktrittsrecht

4 Erforderlich ist zunächst das Bestehen eines Rücktrittsrechts, das sich für H aus § 437 Nr. 2 i.V.m. §§ 440, 323, 326 Abs. 5 ergeben könnte. Das setzt eine mangelhafte Leistung bei einem Kaufvertrag voraus.

5 *(1) Kaufvertrag.* H und Z haben am 14. 1. einen Kaufvertrag über das Pferd „Pharao" geschlossen. Zwar ist ein Tier keine Sache im Sinne der Vorschrift, § 90a S. 1, doch sind die für Sachen geltenden Vorschriften grundsätzlich auf Tiere entsprechend anzuwenden, § 90a S. 3. Ein wirksamer Kaufvertrag liegt somit vor.

6 *(2) Mangel des Pferdes.* Weiter müsste das verkaufte Pferd gemäß § 437 Nr. 2 mangelhaft gewesen sein. Dies bestimmt sich nach §§ 434, 435; hier kommt ein Sachmangel in Betracht. Gemäß § 434 Abs. 1 S. 1 ist in erster Linie die vereinbarte Beschaffenheit der Kaufsache maßgeblich. Da Z dem H erklärt hat, dass er ein Springpferd benötigt, haben die beiden eine entsprechende Eignung des Pharao i.S.v. § 434 Abs. 1 S. 1 vereinbart. Nach der tierärztlichen Untersuchung vom 12. 3. steht fest, dass Pharao aufgrund der erblichen Anomalie der Hinterbeine zumindest für die Zukunft nicht mehr zum Springreiten geeignet war. Darin liegt ein Mangel im Sinne von § 434 Abs. 1 S. 1, der seiner Art nach auch bereits bei Gefahrübergang (§ 446) gegeben war.

7 **Hinweis:** Zumindest stellt die Eignung als Springpferd eine nach dem Vertrag vorausgesetzte Verwendung i.S.v. § 434 Abs. 1 S. 2 Nr. 1 dar. Die Abgrenzung der beiden Tatbestände voneinander ist nicht ganz einfach.

8 *(3) Frist zur Nacherfüllung.* Wegen des Verweises in §§ 437 Nr. 2, 440 ist ein Rücktritt vom Kaufvertrag gem. § 323 Abs. 1 grundsätzlich erst nach Ablauf einer Frist zur Nacherfüllung i.S.v. § 439 möglich ist, es sei denn, die Fristsetzung wäre ausnahmsweise entbehrlich (§ 323 Abs. 2, 4) oder die Nacherfüllung verweigert, fehlgeschlagen oder unzumutbar (§ 440). H hat dem Z bislang keine Frist zur Nacherfüllung gesetzt, und eine solche ist hier auch nicht fehlgeschlagen oder unzumutbar.

9 *(4) Unmöglichkeit der Nacherfüllung.* H könnte jedoch gem. §§ 437 Nr. 2, 326 Abs. 5 auch ohne Fristsetzung zurücktreten, wenn Z gem. § 275 Abs. 1–3 von seiner Pflicht zur Lieferung eines mangelfreien Pferdes (§ 433 Abs. 1 S. 2) bzw. zur Nacherfüllung nach § 439 Abs. 1 befreit wäre.

10 **Hinweis:** Bisweilen liest man, § 326 Abs. 5 enthalte ein eigentlich wegen § 326 Abs. 1 überflüssiges Rücktrittsrecht,[3] da die Norm nicht gäbe, würde sich das gleiche Ergebnis aus § 323 Abs. 2 Nr. 3 herleiten lassen.[4] Beides ist nicht richtig: Zum einen ist § 326 Abs. 5 für die Fälle des § 326 Abs. 1 S. 2 und der Teilunmöglichkeit notwendig. Zum anderen ist in den Fällen des § 326 Abs. 5 der von § 323 Abs. 1 verlangte fällige, vollwirksame Anspruch nach § 275 entfallen.

11 § 326 Abs. 5 Hs. 1 setzt *erstens* einen gegenseitigen Vertrag voraus, der mit dem Kaufvertrag vorliegt. *Zweitens* muss der Schuldner – hier Verkäufer Z – von einer im Gegenseitigkeitsverhältnis stehenden Leistungspflicht gemäß § 275 Abs. 1 bis 3 frei geworden sein. In Betracht kommt hier eine Leistungsbefreiung gem. § 275 Abs. 1 wegen Unmöglichkeit, ein mangelfreies Pferd zu liefern (sog. qualitative Unmöglichkeit):[5] Da man die anatomische Anomalie des Pferdes nicht therapieren kann, ist die Beseitigung des Mangels des Tieres jedermann unmöglich. Da das Tier zudem als individualisierter Gegenstand (Stückschuld) verkauft wurde,[6] kommt die Lieferung eines anderen gesunden Pferdes als Nacherfüllung nicht in Betracht. Damit ist Z gemäß § 275 Abs. 1 von seiner Pflicht zur Lieferung eines mangelfreien Pferdes befreit. Ge-

---

[3] So etwa S. Lorenz, NJW 2002, 2497, 2498.
[4] So Palandt/*Grüneberg*, § 323 Rn. 7.
[5] Vgl. S. Lorenz, NJW 2002, 2497 f.
[6] Und nicht vertretbar i.S.v. § 91 ist, vgl. Fall 24 Rn. 19.

mäß § 326 Abs. 5 Hs. 1 besteht daher grundsätzlich ein Recht des H, vom Kaufvertrag zurückzutreten.

(5) *Ausschluss des Rücktritts gem. § 323 Abs. 5.* Für das Rücktrittsrecht gilt gem. § 326 Abs. 5 Hs. 2 die Vorschrift des § 323 mit der Maßgabe, dass die Fristsetzung nach § 323 Abs. 1 entbehrlich ist. Der Verweis bezieht sich mit anderen Worten auf § 323 Abs. 4–6. Hier könnte der Rücktritt gem. § 323 Abs. 5 S. 2 ausgeschlossen sein, wenn die Pflichtverletzung des V unerheblich wäre. Da der Mangel zur Folge hat, dass Pharao die vereinbarte Beschaffenheit eines Springpferdes fehlt, ist er jedoch erheblich. Damit hat H ein Rücktrittsrecht gem. §§ 437 Nr. 2, 326 Abs. 5.

bb) Rücktrittserklärung, § 349

Der Rückgewähranspruch setzt außerdem die Erklärung des Rücktritts nach § 349 („im Falle des Rücktritts", § 346 Abs. 1) voraus. Die Äußerung des H gegenüber Z am 13. 3., nun „alles rückgängig" machen zu wollen, kann gemäß §§ 133, 157 als Rücktrittserklärung ausgelegt werden. Sie erfolgte in der Person des Z auch gegenüber dem richtigen Adressaten im Sinne des § 349.

Zwar ließe sich die Äußerung grundsätzlich auch als Anfechtungserklärung gem. § 143 Abs. 1 auslegen. Doch begründet das Fehlen der verkehrswesentlichen Eigenschaft einer „Eignung als Turnierspringpferd" zugleich einen Sachmangel i. S. v. § 434 Abs. 1. Wie schon zum früheren Recht anerkannt,[7] ist die Anfechtung nach § 119 Abs. 2 in diesem Falle zumindest ab Gefahrübergang[8] wegen Vorrangs des Sachmängelgewährleistungsrechts ausgeschlossen.[9] Daran ändert sich durch die Neuregelung des Kaufrechts nichts; allenfalls spricht die Neuregelung in § 433 Abs. 1 S. 2 dafür, bereits ab Vertragsschluss einen Vorrang des Gewährleistungsrechts anzunehmen. Da H seine Erklärung nicht ausdrücklich als Anfechtung formuliert hat, ist sie als wirksame Rücktrittserklärung i. S. v. § 349 zu deuten.

cc) Unwirksamkeit des Rücktritts gem. §§ 218 Abs. 1, 438 Abs. 4 S. 1

Eine Unwirksamkeit des Rücktritts gem. § 218 Abs. 1 wegen Verjährung des Nacherfüllungsanspruchs (vgl. auch § 438 Abs. 4 S. 1) scheidet angesichts der zeitlichen Umstände des Falls aus.

Hinweis: Man kann den Prüfungspunkt auch weglassen. Die kompliziert geratene Regelung des § 218 ist zur zeitlichen Begrenzung des Rücktrittsrechts notwendig, weil gem. § 194 Abs. 1 nur Ansprüche der Verjährung unterliegen, nicht aber Gestaltungs- und andere Rechte. Freilich hätte man sie oder zumindest § 438 Abs. 4 und 5 wohl auch einfacher formulieren können.

dd) Zwischenergebnis

H ist wirksam vom Kaufvertrag zurückgetreten und hat damit grundsätzlich Rückgewähransprüche gem. § 346 Abs. 1 zur Entstehung gebracht.

b) Untergang des empfangenen Gegenstandes

Das von H empfangene Pferd Pharao müsste gem. § 346 Abs. 2 S. 1 Nr. 3 Hs. 1 verschlechtert worden oder untergegangen sein. Durch seinen Unfalltod ist Pharao „untergegangen".

---

[7] Vgl. näher MünchKomm/*Westermann*, 3. Aufl., 1995, § 459 Rn. 83 ff. m. w. N.
[8] So BGHZ 34, 32, 37.
[9] *Brox/Walker*, BS, § 4 Rn. 135 ff.; Palandt/*Weidenkaff*, § 437 Rn. 53. Eingehend *Oetker/Maultzsch*, § 2 E II 5 a aa, S. 130 ff.

c) Kein Untergang infolge bestimmungsgemäßer Ingebrauchnahme

19 Der Wertersatzanspruch setzt gemäß § 346 Abs. 2 S. 1 Nr. 3 Hs. 2 weiter voraus, dass die Verschlechterung des empfangenen Gegenstandes nicht durch die bestimmungsgemäße Ingebrauchnahme entstanden ist. Das nächtliche unkontrollierte Herumlaufen eines Reitpferdes auf einer Landstraße gehört nicht zu dessen bestimmungsgemäßer Ingebrauchnahme. Somit besteht dem Grunde nach ein Wertersatzanspruch des Z gegen H nach § 346 Abs. 2 S. 1 Nr. 3.

d) Anspruchsumfang

20 Zu klären bleibt, in welcher Höhe H dem Z Wertersatz für das getötete Tier leisten muss.

aa) Grundsatz: objektiver Wert

21 Grundsätzlich ist für den Wertersatz nach § 346 Abs. 2 S. 1 der objektive Wert der empfangenen Leistung maßgeblich. Dieser beläuft sich auf 2000 €.

bb) Zugrundelegung der Gegenleistung

22 Jedoch ist nach § 346 Abs. 2 S. 2 dann, wenn eine Gegenleistung im Vertrag bestimmt ist, diese bei der Berechnung des Wertersatzes zugrunde zu legen.[10] Vorliegend wurde im Vertrag eine Gegenleistung des H für die Übereignung des Pferdes, nämlich ein Kaufpreis in Höhe von 10 000 €, bestimmt. Dieser wäre also nach § 346 Abs. 2 S. 2 bei der Berechnung des Wertersatzes „zugrunde zu legen". Fraglich ist aber, was die Formulierung „zugrunde zu legen" genau meint. Würde dies bedeuten, dass die vereinbarte Gegenleistung für den Wertersatzanspruch allein maßgeblich ist, müsste H den Kaufpreis, dessen Rückzahlung er gem. § 346 Abs. 1 von Z verlangen kann, im Wege des Wertersatzes an diesen zurückzahlen. Wäre nicht gerade ein Mangel des Kaufgegenstandes der Rücktrittsgrund, wäre dagegen nichts einzuwenden.[11]

cc) Berücksichtigung des Mangels bei der Gegenleistung

23 Im vorliegenden Fall erfolgt der Rücktritt wegen eines Mangels, der die Verwendbarkeit und den Wert des Pferdes erheblich gemindert hat. Müsste H dennoch den vereinbarten Kaufpreis als Wertersatz leisten, läge der Einwand nahe, dass durch die Gleichsetzung von Sachwert und Gegenleistung „das Äquivalenzgefüge des Vertrages zerrissen werde".[12] Daher ist bei Zerstörung eines mangelhaften Leistungsgegenstandes die Gegenleistung für den Wertersatz entsprechend der Regelung für die Minderungsberechnung im Kaufrecht (§ 441 Abs. 3) herabzusetzen.[13] Der Wortlaut des § 346 Abs. 2 S. 2 steht dem nicht entgegen, da eine etwaige vertraglich vereinbarte Gegenleistung „bei der Berechnung des Wertersatzes" lediglich „zugrunde zu legen" ist. Daher ist der Wertersatzpflicht für eine mangelhafte Leistung stets die analog § 441 Abs. 3 geminderte Gegenleistung zugrunde zu legen[14] (und nicht der tatsächliche Wert, der hier noch geringer wäre).

---

[10] Kritisch *Hager*, in: Ernst/Zimmermann, Zivilrechtswissenschaft und Schuldrechtsreform, 2001, S. 429, 450f.
[11] Also etwa beim vertraglich vereinbarten Rücktrittsrecht, krit. *Brox/Walker*, AS, § 18 Rn. 29.
[12] *Kaiser*, JZ 2001, 1057, 1059; vgl. auch *Hager*, in: Ernst/Zimmermann, Zivilrechtswissenschaft und Schuldrechtsreform, 2001, S. 429, 450f., zu § 346 Abs. 2 S. 2 DE.
[13] Ganz h.M., *Brox/Walker*, AS, § 18 Rn. 30; *Kaiser*, JZ 2001, 1057, 1059 m.w.N. (auch zu entsprechenden Problemen im alten Schuldrecht); Palandt/*Grüneberg*, § 346 Rn. 10 m.w.N.
[14] *Kaiser*, JZ 2001, 1057, 1059.

Setzt man daher zur Berechnung des von H zu leistenden Wertersatzes die vertraglich bestimmte Gegenleistung von 10 000 € analog § 441 Abs. 3 herab, ist das Verhältnis des tatsächlichen Wertes des Pferdes (2000 €) zu seinem Wert in gesundem Zustand (8000 €) maßgeblich. Aufgrund dieser Wertrelation von 1 : 4 hat H entsprechend § 441 Abs. 3 nur ein Viertel der vereinbarten Gegenleistung als Wertersatz zu zahlen, also 2500 €. 24

e) Kein Wegfall der Wertersatzpflicht gem. § 346 Abs. 3 S. 1 Nr. 2

Die Wertersatzpflicht wäre gem. § 346 Abs. 3 S. 1 Nr. 2 Alt. 1 ausgeschlossen, wenn der Gläubiger Z den Untergang des Pferdes zu vertreten hätte. Der Begriff des Vertretenmüssens ist hier nicht nach § 276, sondern weit i. S. einer zurechenbaren Veranlassung zu verstehen. Daher ist die 1. Alternative insbesondere dann erfüllt, wenn ein Mangel des Leistungsgegenstandes seinen Untergang auslöst.[15] Da Pharao aber nicht wegen seiner angeborenen Anomalie, sondern infolge seines Ausbruchs zu Schaden gekommen ist, greift die 1. Alternative hier nicht ein. Dass es zu einem solchen Ausbruch bei Z gleichfalls gekommen wäre (2. Alternative), ist nicht anzunehmen. Damit steht § 346 Abs. 3 S. 1 Nr. 2 der Wertersatzpflicht nicht entgegen. 25

f) Kein Wegfall der Wertersatzpflicht nach § 346 Abs. 3 S. 1 Nr. 3

Zu prüfen bleibt, ob § 346 Abs. 3 S. 1 Nr. 3 die Wertersatzpflicht ausschließt. Vorliegend bestand ein gesetzliches Rücktrittsrecht, und der Untergang des Leistungsgegenstandes ist beim Rücktrittsberechtigten H eingetreten. Entscheidend ist, ob dieser beim Umgang mit Pharao diejenige Sorgfalt beobachtet hat, die er in eigenen Angelegenheiten anzuwenden pflegt. 26

aa) Maßgeblicher Sorgfaltsmaßstab

Welcher Sorgfaltsmaßstab hier genau zu gelten hat, ist sehr umstritten: Teils wird – entsprechend der früheren Rechtslage – danach differenziert, ob der Rücktrittsberechtigte bereits von seinem Rücktrittsrecht weiß oder noch nicht. Man teilt den zeitlichen Ablauf beim Rücktritt für den Berechtigten in drei Phasen ein, nämlich die Phase vor der Kenntnis der Rücktrittsvoraussetzungen, die Phase danach und die Phase nach der Rücktrittserklärung. 27

Vor Kenntnis der Rücktrittsvoraussetzungen kann es auf ein Verschulden im technischen Sinne nach dem Maßstab des § 277 nicht ankommen, da der Rücktrittsberechtigte davon ausgeht, die Leistung dauerhaft in seinem Vermögen zu behalten; daher kann hier nur ein Verschulden gegen sich selbst relevant sein, wie es auch bei § 254 gilt, jedoch wegen des Hinweises auf die Eigenüblichkeit mit subjektiver Komponente.[16] Nach Kenntnis vom Rücktrittsrecht soll dagegen – wohl unstreitig[17] – ein Verschulden im technischen Sinne des § 277 gemeint sein. H kannte den Mangel und damit jedenfalls die Tatsachen, die sein Rücktrittsrecht begründeten. 28

Nach anderer Auffassung ist ab Kenntnis des Berechtigten vom Rücktrittsgrund der Ausschluss der Wertersatzpflicht unangemessen und von einem Vorrang des § 346 Abs. 4 i. V. m. §§ 280 ff. auszugehen. Dann bedarf es einer teleologischen Reduktion des 29

---

[15] Jauernig/*Stadler*, § 346 Rn. 7 a. E.; *Kaiser*, JZ 2001, 1057, 1060; MünchKomm/*Gaier*, § 346 Rn. 51; Palandt/*Grüneberg*, § 346 Rn. 12.
[16] MünchKomm/*Gaier*, § 346 Rn. 58 m. w. N.
[17] Vgl. MünchKomm/*Gaier*, § 346 Rn. 57 m. w. N.; Palandt/*Grüneberg*, § 346 Rn. 13 b; ähnlich Jauernig/*Stadler*, § 346 Rn. 8.

Abs. 3 Nr. 3 und einer Anwendung des normalen Sorgfaltsmaßstabs.[18] Gegen diese teleologische Reduktion spricht allerdings, dass der Gesetzgeber § 346 Abs. 3 Nr. 3 bewusst in der jetzigen Form ausgestaltet hat, um von den §§ 346 ff. a. F. her bekannte Probleme zu lösen und das vertragswidrige Verhalten des anderen Teils zu sanktionieren. Zudem sind gem. § 346 Abs. 4 Schadensersatzansprüche nach den §§ 280 ff. wegen Verletzung einer Pflicht aus § 346 Abs. 1 möglich, und dies zwangsläufig unabhängig von der Wertersatzpflicht. Daher ist die teleogische Reduktion hier unzulässig.[19] Eine andere Frage ist, ob man den in Nr. 3 enthaltenen Haftungsmaßstab auch beim Schadensersatzanspruch anwendet.[20]

bb) Beobachtung der eigenüblichen Sorgfalt

30 Da § 346 Abs. 3 S. 1 Nr. 3 somit entsprechend seinem Wortlaut auch nach Kenntnis vom Rücktrittsrecht gilt, haftet H nur für die eigenübliche Sorgfalt des § 277. Das ist allerdings kein Freibrief,[21] denn der Rückgewährschuldner haftet demnach nur dann nicht, wenn er nachweist, dass er immer in gleicher Weise nachlässig ist. H beging aber eine Nachlässigkeit, die von seinen üblichen Gepflogenheiten abwich und somit nicht seiner eigenüblichen Sorgfalt entsprach. Damit haftet H dafür. Zu keinem anderen Ergebnis würde man angesichts seiner Nachlässigkeit bei einer Anwendung von § 276 Abs. 1 S. 1 gelangen.

g) Ergebnis

31 Z hat somit nach § 346 Abs. 2 S. 1 Nr. 3, S. 2 einen Anspruch gegen H auf Zahlung von 2500 € als Wertersatz für das getötete Tier.

2. Schadensersatzanspruch gem. §§ 280 Abs. 1 und 3, 283, 346 Abs. 4

32 Z könnte gegen H außerdem einen Schadensersatzanspruch gem. §§ 280 Abs. 1 und 3, 283, 346 Abs. 4 haben.

a) Anwendbarkeit der §§ 280 ff.

33 Aus der Klarstellung in § 346 Abs. 4 ergibt sich, dass die §§ 280–283 auch auf Verletzungen der Rückgewährpflichten gem. § 346 Abs. 1 anwendbar sind.

b) Bestehendes Schuldverhältnis

34 Als bestehendes Schuldverhältnis i. S. v. § 280 Abs. 1 kommt hier in erster Linie das Rückgewährschuldverhältnis in Betracht. Dieses entsteht allerdings erst mit dem Wirksamwerden der Rücktrittserklärung und damit im vorliegenden Fall erst nach dem Tod des Pharao. Daher ist die Einheitlichkeit des Schuldverhältnisses zu berücksichtigen, um dessen Rückabwicklung es geht: Der Kaufvertrag, den die Parteien geschlossen hatten, besteht auch nach Abwicklung des Leistungsaustauschs durch die Parteien fort und kann somit weiterhin pflichtenbegründend wirken. Dies zeigt sich insbesondere daran, dass er die Grundlage von Gewährleistungsansprüchen bilden kann und durch den späteren Rücktritt nicht beendet, sondern lediglich seinem Inhalt nach umgestaltet wird. Ein Schuldverhältnis liegt somit vor.

---

[18] MünchKomm/*Gaier*, § 346 Rn. 57; *Schulze/Ebers*, JuS 2004, 366, 370 m. w. N.
[19] Ebenso u. a. *Kamanabrou*, NJW 2003, 30 f. m. w. N.
[20] Ebenso *Brox/Walker*, AS, § 18 Rn. 27; Palandt/*Grüneberg*, § 346 Rn. 13 i. V. m. 18.
[21] Palandt/*Grüneberg*, § 346 Rn. 18 i. V. m. 13.

c) Pflichtverletzung

Aus diesem Schuldverhältnis müsste H gem. §§ 280 Abs. 1, 283 eine Leistungspflicht verletzt haben. Hier ist zunächst an die Rückgewährverpflichtung gem. § 346 Abs. 1 zu denken, die – wie auch der Verweis in § 346 Abs. 4 auf §§ 280 bis 283 nahe legt – eine Leistungspflicht darstellt und die von H nach Pharaos Tod nicht mehr erfüllt werden kann. Insofern kann man erwägen, die bloße Nichtleistung stelle eine Pflichtverletzung dar.[22] 35

Freilich entsteht eine Pflicht nach § 346 Abs. 1 erst mit der Rücktrittserklärung. Da H den Rücktritt erst am 13.3. erklärt hat, bestand im Zeitpunkt des Todes des Pferdes noch keine Rückgewährpflicht, die H hätte verletzen können. Zwar kann auch die Begründung von Pflichten, die von Anfang an nicht erfüllbar sind, gem. § 311a Abs. 2 zum Schadensersatz verpflichten, doch verweist § 346 Abs. 4 auf diese Norm gerade nicht. 36

d) Ergebnis

Ein Schadensersatzanspruch des Z gegen H gem. §§ 280 Abs. 1, 283, 346 Abs. 4 besteht nicht. 37

3. Schadensersatzanspruch gem. §§ 346 Abs. 4, 280 Abs. 1

Zu prüfen bleibt ein Schadensersatzanspruch gem. §§ 346 Abs. 4, 280 Abs. 1 wegen Verletzung einer sonstigen Pflicht aus dem Kaufvertrag. 38

a) Schuldverhältnis

Ein Schuldverhältnis besteht fort (s.o. Rn. 34). 39

b) Pflichtverletzung

Fraglich ist, welche Pflicht H verletzt haben könnte. Da eine Rückgewährpflicht nach § 346 Abs. 1 noch nicht entstanden war, ist an eine Pflicht i.S.v. § 241 Abs. 2 zu denken. Allerdings kann man bei einem Kauf eine Pflicht des späteren Rücktrittsberechtigten zum sorgsamen Umgang mit dem Leistungsgegenstand nicht ohne Weiteres annehmen. Denn der Käufer darf davon ausgehen, die Sache endgültig zu behalten und damit nach Belieben verfahren zu dürfen, § 903 S. 1. Damit wäre eine Pflicht gegenüber dem Verkäufer, mit der Sache für den nie auszuschließenden Fall eines mangelbedingten Rücktritts sorgsam umzugehen, nicht zu vereinbaren. Anders verhielt es sich insofern bei Vereinbarung eines vertraglichen Rücktrittsrechts.[23] 40

Eine Zäsur tritt in Rücktrittsfällen jedoch mit dem Zeitpunkt ein, in welchem der Berechtigte von den das Rücktrittsrecht begründenden Tatsachen erfährt: Da er jetzt zumindest damit rechnen muss, die Sache nach einem Rücktritt zurückgewähren zu müssen, ist er nun zum sorgsamen Umgang mit der Sache verpflichtet.[24] Dabei ist es eine andere Frage, welcher Sorgfaltsmaßstab insofern gilt.[25] 41

---

[22] So MünchKomm/*Gaier*, § 346 Rn. 66 unter Hinweis auf *Canaris*, JZ 2001, 499, 512.
[23] So ausdrücklich Begr. zum RegE, BT-Drs. 14/6040, 195f.; Hk/*Schulze*, § 346 Rn. 18. – Dann stellt sich die Frage des Verschuldensmaßstabs. Für den Schadensersatzanspruch nach § 280 Abs. 1 wegen Verletzung der Pflicht zum sorgsamen Umgang mit dem unter Rücktrittsvorbehalt empfangenen Leistungsgegenstand gilt § 276 Abs. 1 S. 1, so inzident auch die Begr. zum RegE (a.a.O.) – Auch § 280 Abs. 1 S. 2 ist anzuwenden.
[24] Hk/*Schulze*, § 346 Rn. 18; *Kropholler*, § 346 Rn. 12.
[25] Insofern undeutlich MünchKomm/*Gaier*, § 346 Rn. 66.

42 Im vorliegenden Fall ist Pharaos Tod während dieser „zweiten Phase" (s. o. Rn. 27) eingetreten, also nachdem H von den zum Rücktrittsrecht führenden Umständen erfahren hatte, aber bevor er den Rücktritt erklärte. Damit bestand bereits eine Sorgfaltspflicht i. S. v. § 241 Abs. 2 beim Umgang mit dem Pferd. Diese Pflicht hat H dadurch, dass er den Stall nicht abgeschlossen hat, verletzt.

c) Vertretenmüssen

43 H wäre nicht zum Schadensersatz verpflichtet, wenn er nachweist, dass er die Pflichtverletzung nicht zu vertreten hat, § 280 Abs. 1 S. 2. Grundsätzlich hat er als Schuldner der Pflicht aus § 241 Abs. 2 gem. § 276 Abs. 1 S. 1 Vorsatz und Fahrlässigkeit zu vertreten; da er vergessen hat, die Box zu schließen, hat er fahrlässig i. S. v. § 276 Abs. 2 gehandelt.

44 Allerdings könnte der Haftungsmaßstab analog § 346 Abs. 3 S. 1 Nr. 3 zu modifizieren sein, so dass H nur für die eigenübliche Sorgfalt einzustehen hätte. Dafür spricht, dass andernfalls die Wertung des § 346 Abs. 3 S. 1 Nr. 3 über Abs. 4 i. V. m. § 280 Abs. 1 S. 2 ausgehebelt würde.[26] Indes kann die Frage hier dahinstehen, da H seine eigenübliche Sorgfalt verletzt hat (s. o. Rn. 30). H hat die Pflichtverletzung also auf jeden Fall zu vertreten.

d) Schaden und Ersatz

45 Durch die Pflichtverletzung ist es zum Tod Pharaos gekommen, den Z andernfalls von H zurückbekommen hätte. Andere Schäden aus der Pflichtverletzung sind nicht ersichtlich. Z ist somit ein Schaden in Höhe des tatsächlichen Wertes des zurückzugewährenden Pferdes entstanden. H muss also gem. § 251 Abs. 1 an Z 2000 € zahlen.

e) Ergebnis

46 Z kann von H gem. §§ 346 Abs. 4, 280 Abs. 1 Schadensersatz in Höhe von 2000 € verlangen.

4. Anspruch auf Schadensersatz gem. § 823 Abs. 1

47 Ein Anspruch des Z gegen H aus § 823 Abs. 1 wegen Eigentumsverletzung scheidet aus, da das Pferd Pharao im Zeitpunkt seines Todes im Eigentum des H stand.

48 **Hinweis:** Das folgt aus dem Abstraktionsprinzip, das leider in der Hektik einer Klausur gerne übersehen wird: § 346 Abs. 1 verpflichtet H zur Rückgewähr, also zur Rückübereignung, bewirkt diese aber nicht.

5. Anspruch auf Wertersatz für gezogene Nutzungen, § 346 Abs. 2 Nr. 1

49 Schließlich kommt ein Anspruch des Z gegen H auf Wertersatz für gezogene Nutzungen gem. § 346 Abs. 2 S. 1 Nr. 1 in Betracht:

a) Anspruchsvoraussetzungen

50 Aufgrund des wirksamen Rücktritts des H vom Kaufvertrag (s. o. Rn. 20) hätte Z grundsätzlich einen Anspruch nach § 346 Abs. 1 Alt. 2 auf Nutzungsherausgabe. Die einzigen Nutzungen i. S. v. § 100, die H ersichtlich gezogen hat, bestehen allerdings im

---

[26] *Brox/Walker*, AS, § 18 Rn. 27; Palandt/*Grüneberg*, § 346 Rn. 13 i. V. m. 18.

Gebrauch des Pferdes anlässlich der Ritte. Diese Gebrauchsvorteile sind ihrer Natur nach nicht herausgabefähig, so dass H gem. § 346 Abs. 2 S. 1 Nr. 1 zum Wertersatz verpflichtet ist.

b) Anspruchsumfang

Der Anspruch auf Wertersatz für herauszugebende Nutzungen richtet sich nach dem sog. Wertverzehr,[27] also nach der in der Nutzungsdauer eingetretenen linearen Wertminderung. Man berechnet diese anhand der voraussichtlichen Gesamtnutzungsdauer.[28] Dabei wird man hier berücksichtigen müssen, dass das Pferd nur für eine gewisse Dauer als Springpferd einsetzbar, im Übrigen aber länger nutzbar ist. Entsprechende Angaben fehlen aber. 51

c) Ergebnis

Im Ergebnis kann Z von H Nutzungsersatz gem. § 346 Abs. 2 S. 1 Nr. 1 verlangen. 52

II. Ansprüche des H gegen Z

1. Rückzahlung des Kaufpreises gem. § 346 Abs. 1

Ein Anspruch des H gegen Z auf Kaufpreisrückzahlung ergibt sich nach seinem wirksamen Rücktritt (oben Rn. 17) aus § 346 Abs. 1 Alt. 1; er kann also Rückgewähr der an Z gezahlten 10 000 € verlangen. 53

Hinweis: Auch wenn die bar gezahlten 10 000 € nicht mehr in natura bei Z vorhanden wären, ergäbe sich der Rückgewähranspruch aus § 346 Abs. 1. Denn die Rückgewähr von Geld ist eine Geldwertschuld, eine Anwendung von § 346 Abs. 2 daher unzutreffend. 54

2. Zahlung von Zinsen aus 10 000 € seit 14. 1. gem. § 346 Abs. 1

Ein Anspruch auf Zahlung von Zinsen auf den Kaufpreis von 10 000 € könnte sich aus § 346 Abs. 1 Alt. 2 ergeben, der den Z auch zur Herausgabe gezogener Nutzungen verpflichtet. Ein Rückgewähranspruch gem. § 346 Abs. 1 besteht (s.o. Rn. 53). Nutzungen sind nach § 100 BGB die Früchte oder die Gebrauchsvorteile einer Sache oder eines Rechts. Bei einem überlassenen Geldbetrag stellen die erzielten Zinsen Nutzungen im Sinne des § 100 BGB dar.[29] Allerdings hat nach dem Sachverhalt Z mit dem von H erhaltenen Bargeld keine Zinsen erwirtschaftet, denn er hat das Geld in bar aufbewahrt und keine Nutzungen gezogen. Ein Anspruch nach § 346 Abs. 1 auf Herausgabe tatsächlich gezogener Nutzungen besteht demnach nicht. 55

3. Zinsen als Wertersatzanspruch gem. § 347 Abs. 1

Ein Anspruch auf Wertersatz für die von Z nicht gezogenen Nutzungen könnte sich aus § 347 Abs. 1 ergeben. 56

a) Wirksamer Rücktritt

Ein wirksamer Rücktritt liegt vor (s.o. Rn. 17). 57

---

[27] Dazu BGHZ 115, 47, 54f. m.w.N.; *BGH* NJW 1996, 250, 252; Palandt/*Grüneberg*, § 346 Rn. 10.
[28] Vgl. Begr. zum RegE, BT-Drs. 14/6040, 193; Stellungnahme des Bundesrates, BT-Drs. 14/6857, 21.
[29] Vgl. Palandt/*Ellenberger*, § 100 Rn. 1; § 99 Rn. 3.

b) Möglichkeit der Ziehung von Nutzungen

58 Gemäß § 347 Abs. 1 S. 1 müsste Z Nutzungen nicht gezogen haben, obwohl ihm dies möglich gewesen wäre. Z hätte das aufbewahrte Bargeld zum Beispiel einer Bank gegen eine gewisse Verzinsung als Spareinlage (unregelmäßige Verwahrung i. S. v. § 700 Abs. 1 S. 1, auf die §§ 488 ff. Anwendung finden) überlassen und auf diese Weise Nutzungen erzielen können. Auf diese Möglichkeit hat er jedoch verzichtet, so dass die erste Voraussetzung des § 347 Abs. 1 S. 1 erfüllt ist.

c) Unterlassen entgegen den Regeln einer ordnungsgemäßen Wirtschaft

59 Weiter verlangt § 347 Abs. 1 S. 1, dass das Unterlassen der dem Schuldner möglichen Nutzungsziehung den Regeln einer objektiv ordnungsgemäßen Wirtschaft widerspricht. Die Regeln einer ordnungsgemäßen Wirtschaft verlangen, dass zumindest solche Anlagemöglichkeiten für Vermögensgüter genutzt werden, die ohne ernsthaftes Verlustrisiko eine positive Rendite ermöglichen. Dies gilt jedenfalls dann, wenn keine deflationären Tendenzen herrschen. Da Z das Geld wochenlang unter seiner Matratze aufbewahrte, benötigte er den Geldbetrag offenbar nicht für laufende Transaktionen. Daher kam insbesondere die Überlassung der 10 000 € an eine Bank etwa als jederzeit kündbare Spareinlage oder im Rahmen eines Tagesgeldkontos in Betracht. In beiden Fällen hätte Z wegen der Einlagensicherung[30] praktisch ohne Risiko eine positive Rendite erzielen können. Die erfolgte Bargeldhaltung mag zwar subjektiv dem Sicherheitsgefühl des Z entsprochen haben; sie widersprach jedoch den Regeln einer ordnungsgemäßen Wirtschaft (a. A. noch vertretbar). Auf ein Vertretenmüssen kommt es im Rahmen des § 347 Abs. 1 S. 1 nicht an.[31] Damit sind seine Voraussetzungen für einen Anspruch auf Wertersatz für die nicht gezogenen Nutzungen erfüllt.

d) Haftungsbeschränkung gem. § 347 Abs. 1 S. 2?

60 Zu prüfen ist aber, ob Z gem. § 347 Abs. 1 S. 2 hinsichtlich der nicht gezogenen Nutzungen lediglich für die „diligentia quam in suis" haftet und deshalb möglicherweise doch nicht zum Wertersatz für die nicht erzielten Zinsen verpflichtet ist.

aa) Gesetzliches Rücktrittsrecht

61 Im vorliegenden Fall erfolgte der Rücktritt aufgrund des gesetzlichen Rücktrittsrechts gem. §§ 437 Nr. 2, 326 Abs. 5.

bb) Z als Berechtigter

62 Nach dem Wortlaut des § 347 Abs. 1 S. 2 gilt die Haftungsmilderung für nicht gezogene Nutzungen nur für den Berechtigten. Gemeint ist mit dem „Berechtigten" – wie auch in § 346 Abs. 3 Nr. 3 – der Rücktrittsberechtigte, dessen Haftung durch diese Privilegierungen gemildert werden soll. Zum Rücktritt berechtigt war jedoch hier aufgrund des Mangels des verkauften Tieres nur der Käufer H und nicht der Verkäufer Z. Dem Rücktrittsgegner Z kommt die Privilegierung des § 347 Abs. 1 S. 2 nicht zugute, so dass er zum Ersatz für nicht gezogene Nutzungen verpflichtet bleibt.

---

[30] Nach dem Einlagensicherungs- und Anlegerentschädigungsgesetz (Art. 1 des Gesetzes zur Umsetzung der EG-Einlagensicherungsrichtlinie und der EG-Anlegerentschädigungsrichtlinie) (BGBl. I 1998 S. 1842).
[31] Vgl. Begr. zum RegE, BT-Drs. 14/6040, S. 197.

e) Anspruchsumfang und -dauer

Zu klären bleibt, in welcher Höhe Z Zinsen auf die 10 000 € zu zahlen hat. Nach dem Gedanken des § 347 Abs. 1 S. 1 sind Maßstab der Wertersatzpflicht die Nutzungen, welche möglich gewesen wären.[32] Insofern kommt es auf den für Z bei jederzeit verfügbaren Anlagen erzielbaren Zins an. Nach dem Bearbeitervermerk beträgt dieser Zinssatz 1,5 % für jederzeit kündbare Spareinlagen (also klassische „Sparbücher") und 3 % bei jederzeit verfügbaren Guthaben auf Tagesgeldkonten, so dass sich die Frage stellt, ob er sich mit der „einfachen", jedermann bekannten Variante hätte begnügen können, oder ob er sich nach ertragreicheren Möglichkeiten hätte erkundigen müssen. Da Tagesgeldkonten noch nicht allgemein bekannt sind, wird man eine solche Anlage nicht verlangen können.

Hinweis: Der Bearbeitervermerk enthält also ein weiteres Problem, das sicherlich in dieser Form nicht oft abgefragt werden dürfte. Man muss hier argumentieren und sich für eine der beiden Lösungsmöglichkeiten entscheiden.

Weiterhin ist zu fragen, ab welchem Zeitpunkt Z zur Zinszahlung verpflichtet ist. Er erhielt die 10 000 € am 14. 1. Spätestens am nächsten Tag hätte er diesen Betrag auf ein Sparkonto einzahlen können, so dass er ab dem 15. 1. bis zur Rückgewähr Wertersatz schuldet. Auch wenn man angesichts der Überschrift des § 347 („Nutzungen und Verwendungen nach Rücktritt") auf den ersten Blick zweifeln mag, regelt die Norm den Ersatz von Nutzungen (und Verwendungen) ab dem Empfang der Leistung bis zur endgültigen Rückabwicklung.[33]

f) Ergebnis

Z ist somit gem. § 347 Abs. 1 ab 15. 1. bis zur Rückzahlung der 10 000 € zur Zahlung von 1,5 % Zinsen hieraus verpflichtet.

4. Anspruch des H gegen Z auf Erstattung der Fütterungskosten i. H. v. 150 €

H könnte gegen Z einen Anspruch auf Ersatz der Fütterungskosten gem. § 347 Abs. 2 S. 1 haben.

a) Wirksamer Rücktritt

H ist wirksam vom Vertrag mit Z zurückgetreten (s. o. Rn. 17).

b) Verwendungen

Die Fütterungskosten müssten Verwendungen darstellen. Verwendungen sind nach ständiger Rechtsprechung Vermögensaufwendungen, die zumindest auch der Sache zugute kommen, indem sie diese wiederherstellen, erhalten oder verbessern.[34] Die Fütterung eines Tieres dient dessen Erhaltung, und ihre Kosten stellen somit eine Verwendung dar.

c) Notwendigkeit der Verwendungen

Weiter müsste diese Verwendung notwendig gewesen sein. Notwendig ist eine Verwendung, wenn sie zur Erhaltung oder ordnungsgemäßen Bewirtschaftung der Sache

---

[32] Nach § 347 S. 3 a. F. war der gesetzliche Zins des § 246 zu entrichten. Daran hat man nicht festgehalten, da dieser Zinssatz heute vom Schuldner bei kleinen Beträgen und kurzer Laufzeit oft nicht zu erzielen ist, Begr. zum RegE, BT-Drs. 14/6040, 197.
[33] Palandt/*Grüneberg*, § 347 Rn. 1/2; vgl. auch RegE, BT-Drs. 14/6040, S. 197.
[34] S. etwa BGHZ 131, 220, 222 f. m. w. N.

nach objektivem Maßstab zur Zeit der Vornahme erforderlich[35] ist. Die Fütterung eines Pferdes ist bei Fehlen anderer Ernährungsmöglichkeiten für dieses objektiv erforderlich, um dessen Überleben zu gewährleisten. Die Fütterungskosten für Pharao stellen somit notwendige Verwendungen dar.

d) Rückgabe oder Wertersatz, Ausschluss der Wertersatzpflicht

71 Der Ersatz notwendiger Verwendungen ist schließlich nur dann geschuldet, wenn H als Rückgewährschuldner das Pferd zurück gibt bzw. Wertersatz dafür leistet oder wenn der Wertersatzanspruch gem. § 346 Abs. 3 Nr. 1, 2 ausgeschlossen ist. Hier besteht eine Wertersatzpflicht des H (s. o. Rn. 31).

e) Ergebnis

72 Gemäß § 347 Abs. 2 S. 1 ist Z somit zur Erstattung der Fütterungskosten in Höhe von 150 € verpflichtet, sobald H seiner Wertersatzpflicht nach § 346 Abs. 2 Nr. 3 nachkommt.

5. Erstattung der Kosten der weiterführenden Springausbildung in Höhe von 500 €

a) Anspruch gem. § 347 Abs. 2 S. 1

73 Ein Anspruch des H gegen Z auf Erstattung der Kosten der weiterführenden Springausbildung könnte sich ebenfalls aus § 347 Abs. 2 S. 1 ergeben. Die Kosten dieser Ausbildung für Pharao sind Verwendungen im Sinne der obigen Definition (Rn. 69), da sie die Qualifikation des Tieres als Springreitpferd erhöhen, dieses somit gewissermaßen verbessern und ihm damit zugute kommen. Da eine spezielle Ausbildung des Pferdes zu seiner Erhaltung aber nicht erforderlich war, handelt es sich bei diesen Kosten nicht um notwendige Verwendungen. Ein Erstattungsanspruch nach § 347 Abs. 2 S. 1 wegen der Ausbildungskosten scheidet somit aus.

b) Anspruch gem. § 347 Abs. 2 S. 2

74 Ein Anspruch auf Erstattung der Ausbildungskosten könnte sich jedoch aus § 347 Abs. 2 S. 2 ergeben. Dann müsste der Wertersatzgläubiger Z durch die Aufwendungen für die Ausbildung des Pharao bereichert werden. Dies könnte man annehmen, wenn die Aufwendungen bereits zu einer Erhöhung des Wertes des Gegenstandes und damit auch zu einer Erhöhung des Wertersatzes geführt haben sollten. Doch ist aus dem Sachverhalt nicht ersichtlich, dass die angelaufene Weiterbildung des Pharao bereits zu einer Erhöhung seines Wertes geführt hätte. Zumindest wird Z durch die Ausbildung nach dem Tod des Pharao nicht mehr bereichert. Ein Anspruch auf Ersatz der Ausbildungskosten besteht somit auch nach § 347 Abs. 2 S. 2 nicht.

75 **Hinweis:** Man kann Aufwendungen, deren Ersatz nach § 347 Abs. 2 geschuldet ist, auch beim Wertersatz nach § 346 Abs. 2 in Abzug bringen; sie dürfen aber natürlich insgesamt nur einmal berücksichtigt werden.[36]

c) Ergebnis

76 H kann von Z nicht Ersatz der Ausbildungskosten verlangen.

---

[35] BGHZ 131, 220, 223; Palandt/*Bassenge,* § 994 Rn. 5.
[36] Vgl. Jauernig/*Stadler,* § 347 Rn. 2; MünchKomm/*Gaier,* § 347 Rn. 15; Palandt/*Grüneberg,* § 347 Rn. 4.

Fall 20. Das Heimfahrrad

Sachverhalt

Bei der zur Korpulenz neigenden Frühpensionistin Josefine Groß (G) klingelt eines Morgens unverhofft ein äußerst gut gelaunter junger Mann an der Tür. Er stellt sich als Vertreter der „Fit & Funny"-GmbH (F) vor und meint schelmisch lächelnd, die Groß sei ja offenbar „gut über den Winter gekommen." Nun sei aber Frühling und Zeit für mehr Aktivität. Er verkauft ihr zum Preis von 350 € gegen Barzahlung ein Heimfahrrad, das noch am gleichen Tag geliefert wird. Außer einer Rechnung erhält die Groß keine schriftlichen Unterlagen. Als sie nach sechs Monaten redlichen Strampelns immer noch keine Gewichtsreduktion feststellen kann, wird sie der Sache überdrüssig. Sie bringt das Rad in den Keller des Mietshauses. Obwohl ihr Kellerabteil ordnungsgemäß abgeschlossen ist, wird das Rad von unbekannten Dieben entwendet. Sie klagt dem ihr bekannten Juristen Julius Junktim (J) ihr Leid, zwar nicht ihre Pfunde, wohl aber das schöne Geld und das nutzlose Heimfahrrad verloren zu haben.

Welchen Rat kann er ihr geben?

Abwandlung: Die Groß knallt dem Vertreter nach seiner einleitenden Bemerkung die Tür vor der Nase zu und bestellt das Heimfahrrad für 299 € telefonisch beim Sportgeschäft Sepp Salto (S). Salto hatte entsprechend in der Zeitung inseriert, und die Groß zur Vermeidung unnötiger Bewegung seine in der Anzeige nicht angegebene Telefonnummer aus dem Telefonbuch herausgesucht. Was wird ihr der Jurist bei ansonsten gleichem Verlauf sagen?

Vorüberlegungen

Die Fragestellung zielt auf die Beratungsperspektive ab und ist zielgerichtet zu konkretisieren. Da in einem zivilrechtlichen Fall Hinweise zur Strafverfolgung kaum gefragt und Ansprüche gegen unbekannte Diebe nicht durchsetzbar nicht, geht es um Ansprüche der G gegen die F und eine Lösung vom Vertrag, der beiderseits ordnungsgemäß erfüllt ist. Bei der Lösung vom Vertrag muss man, wenn ein Verbraucher involviert ist, ein Widerrufsrecht erwägen. Ob man ggf. nur das Widerrufsrecht oder auch Ansprüche nach einem Widerruf prüfen muss, hängt von der Aufgabenstellung ab (vgl. Hinweise zur Fallbearbeitung im 1. Teil des Buches, Rn. 9ff.). Die Rückabwicklung des Vertrages nach erfolgtem Widerruf richtet sich nach den Rücktrittsvorschriften (§§ 357 Abs. 1 Satz 1, 346ff.). Im Falle des Wertersatzes gilt grundsätzlich § 346 Abs. 2 und 3, doch kann sich aus § 357 Abs. 3 etwas anderes ergeben. Gegenansprüche der F lassen sich über § 348 in die Fallbearbeitung einbauen.

Der Fall ist – auch das gibt es – bei gründlicher Lektüre des Gesetzestextes und Subsumtion des Sachverhalts leicht zu lösen. Man muss wissen, dass die §§ 355ff. kein Widerrufsrecht anordnen, sondern es voraussetzen und nur die Durchführung und die Rechtsfolgen des Widerrufs regeln; außerdem sind sie mit Wirkung am Juni 2010 geändert worden. Das „passende" Widerrufsrecht hängt von den Umständen ab, die der Sachverhalt schildert; es sollte leicht zu finden sein. Jedes Widerrufsrecht setzt einen Vertrag zwischen einem Unternehmer (§ 14) und einem Verbraucher (§ 13) voraus. Aus dem Wortlaut der §§ 13, 14 ergibt sich, dass die entsprechende Eigenschaft nicht abstrakt, sondern konkret für den Abschluss des jeweiligen Vertrags festzustellen ist.

Das Widerrufsrecht muss nach § 355 Abs. 1 Satz 1 und 2 form- und fristgerecht ausgeübt werden. Dabei läuft die Widerrufsfrist nach § 355 Abs. 3 nur, wenn eine ordnungsgemäße Widerrufsbelehrung vorliegt. Die Anforderungen an diese Belehrung finden sich grundsätzlich in § 360, doch muss man in jeder Fallbearbeitung in der Norm, die das Widerrufsrecht anordnet, nachsehen, ob dort nicht zusätzliche Anforderungen geregelt sind (vgl. Fall 21). Die Verbraucherschutzvorschriften sind trotz ihres Zwecks nicht gerade übersichtlich.

Hinweis: Die verbraucherschutzrechtlichen Vorschriften des BGB, insbesondere die §§ 312 ff., 355 ff. sowie 491 ff., wurden durch das Gesetz zur Umsetzung der Verbraucherkreditrichtlinie, des zivilrechtlichen Teils der Zahlungsdiensterichtlinie sowie zur Neuordnung der Vorschriften über das Widerrufs- und Rückgaberecht vom 29. 7. 2009 (BGBl. I S. 2355)[1] m. W. v. 11. 6. 2010 größtenteils neu gefasst. Es ist daher unerlässlich, zur Lösung dieses Falles einen aktuellen Gesetzestext zu verwenden. Ziel des Gesetzes ist es unter anderem, den durch das Verbraucherschutzrecht betroffenen Wirtschaftskreisen (Kreditinstitute, Versandhändler usw.) mehr Rechtssicherheit zu geben, denn bisher waren viele Informationspflichten, von deren Einhaltung der zeitliche Bestand eines Widerrufsrechts abhing, in der BGB-InfoV geregelt. Diese hatte Verordnungscharakter und konnte von den Gerichten als den Vorgaben des BGB bzw. EGBGB widersprechend angesehen werden.[2] Die BGB-InfoV wird allerdings – und das verwundert etwas – nicht vollständig aufgehoben, sondern bleibt für Teilzeit-Wohnrechteverträge und Reiseverträge noch bedeutsam. Daneben soll insbesondere der zentrale § 355 durch eine Neustrukturierung übersichtlicher werden.[3] Ob diese Ziele durch die Neufassung erreicht werden konnten, mag allerdings bezweifelt werden. Für den Verbraucher – und an diesen wendet sich das Verbraucherschutzrecht in erster Linie – ist dieses Rechtsgebiet heute wie früher sehr unübersichtlich und unverständlich. Anforderungen an die Widerrufs- und Rückgabebelehrung sind künftig in einem neuen § 360 zentral zusammengefasst. Dies hat zumindest den Vorteil, dass in anderen Vorschriften nur noch auf § 360 verwiesen werden muss (z. B. in § 355 Abs. 2 und 3), ohne dass jedes Mal die Anforderungen an die Belehrung neu aufgezählt werden müssten.[4]

Gliederung

Ausgangsfall   Rn.
I. Anspruch der G gegen F auf Kaufpreisrückzahlung aus §§ 346 Abs. 1, 357
   Abs. 1 S. 1, 355 Abs. 1 S. 1, 312 Abs. 1 1
   1. Rücktrittsrecht 2
   2. Widerruf gem. § 355 Abs. 1 S. 1 4
      a) Widerrufsrecht 5
      b) Fristgemäßer Widerruf 7
      c) Formgerechter Widerruf 11

---

[1] Verbraucherkreditrichtlinie: Richtlinie 2008/48/EG des Europäischen Parlaments und des Rates vom 23. April 2008 über Verbraucherkreditverträge und zur Aufhebung der Richtlinie 87/102/EWG des Rates (ABl. EU Nr. L 133 S. 66); Zahlungsdiensterichtlinie: Richtlinie 2007/64/EG des Europäischen Parlaments und des Rates vom 13. November 2007 über Zahlungsdienste im Binnenmarkt, zur Änderung der Richtlinien 97/7/EG, 2002/65/EG, 2005/60/EG und 2006/48/EG sowie zur Aufhebung der Richtlinie 97/5/EG (ABl. EU Nr. L 319 S. 1).
[2] RegE BT-Drs. 16/11 643, S. 66.
[3] RegE BT-Drs. 16/11 643, S. 70.
[4] Vgl. RegE BT-Drs. 16/11 643, S. 73 f.

Fall 20. Das Heimfahrrad 185

Rn.
    d) Rechtsfolgen des Widerrufs, § 355 Abs. 1 S. 1 12
    e) Zwischenergebnis 13
  3. Gegenanspruch der F, §§ 348, 320 Abs. 1 S. 1 14
    a) Gegenseitigkeitsverhältnis 15
    b) Fällige vollwirksame Gegenforderung der F 16
  4. Ergebnis 20
II. Anspruch gem. § 812 Abs. 1 S. 1 Alt. 1 auf Herausgabe des Kaufpreises 21

Abwandlung
Anspruch der G gegen S auf Kaufpreisrückzahlung aus §§ 346 Abs. 1, 357 Abs. 1
S. 1, 355 Abs. 1 S. 1, 312d Abs. 1 22
  1. Rücktrittsrecht 23
  2. Widerruf gem. § 355 Abs. 1 S. 1 24
  3. Ergebnis 27

Lösung

Ausgangsfall

I. Anspruch der G gegen F auf Kaufpreisrückzahlung aus §§ 346 Abs. 1, 357 Abs. 1 S. 1, 355 Abs. 1 S. 1, 312 Abs. 1

G könnte gegen F einen Anspruch auf Kaufpreisrückzahlung gem. § 346 Abs. 1 **1**
haben. Dazu müsste sie vom Kaufvertrag wirksam zurückgetreten sein oder ihre auf
einen Abschluss gerichtete Willenserklärung wirksam widerrufen haben. Die F kann
gem. § 13 Abs. 1 GmbHG Vertragspartei sein.

1. Rücktrittsrecht

Ein Rücktrittsrecht könnte sich aus §§ 437 Nr. 2 i.V.m. § 323 Abs. 1 oder § 326 **2**
Abs. 5 ergeben, wenn die Kaufsache mangelhaft ist. Ein Sachmangel (§ 434 Abs. 1) ist
hier allerdings nicht ersichtlich, da das Fahrrad funktioniert und Abweichungen von
Beschaffenheitsvereinbarungen nicht ersichtlich sind. Dass die G damit keine Gewichtsreduktion erzielt, fällt in ihren Risikobereich.

Hinweis: Ebenso kann man an eine Anfechtung wegen Eigenschaftsirrtums nach § 119 Abs. 2 oder **3**
einen Rücktritt nach § 313 Abs. 3 wegen Störung der Geschäftsgrundlage denken. Da für beides nichts
ersichtlich ist, sollte man sich Ausführungen dazu sparen. Auch auf die knappe Prüfung des Mangels
muss man nicht niederschreiben.

2. Widerruf gem. § 355 Abs. 1 S. 1

In Betracht kommt eine Lösung vom Kaufvertrag durch *Widerruf* nach § 355 Abs. 1 **4**
S. 1. Dazu müsste G ein *Widerrufsrecht* zustehen.

a) Widerrufsrecht

Ein Widerrufsrecht kann sich hier aus § 312 Abs. 1 S. 1 ergeben. Dazu müsste ein **5**
Haustürgeschäft vorliegen. Dies erfordert zunächst einen Vertrag zwischen einem Unternehmer und einem Verbraucher, der eine entgeltliche Leistung zum Gegenstand hat.
Der Kaufvertrag ist ein entgeltlicher Vertrag. F schließt ihn als Handelsgesellschaft zu

Zwecken ihrer gewerblichen Tätigkeit, mithin als Unternehmer i.S.d. § 14 Abs. 1 ab, während der Vertragsschluss auf Seiten der G keiner gewerblichen usw. Tätigkeit zuzuordnen ist, so dass sie als Verbraucherin i.S.d. § 13 handelt. Ferner müsste G zum Abschluss dieses Vertrages in einer bestimmten Situation veranlasst worden sein. Dazu gehört nach § 312 Abs. 1 S. 1 Nr. 1 der Fall, dass der Verbraucher zum Abschluss des Vertrages „durch mündliche Verhandlungen an seinem Arbeitsplatz oder im Bereich einer Privatwohnung" bestimmt worden ist. Da der Vertragsschluss in der Wohnung der G stattgefunden hat, sind die Voraussetzungen des § 312 Abs. 1 S. 1 hier erfüllt. Da auch keiner der Ausnahmetatbestände des § 312 Abs. 3 eingreift, steht der G ein Widerrufsrecht zu.

6   **Hinweis:** Für die §§ 13, 14 kommt es immer auf den Zweck an, zu dem das Geschäft objektiv vorgenommen wird. Hätte etwa ein Anwalt ein Geburtstagsgeschenk für eine Angestellte oder einen Geschäftspartner gekauft, wäre seine Verbrauchereigenschaft schon wieder fraglich.

b) Fristgemäßer Widerruf

7   Nach § 355 Abs. 1 S. 1 entfällt die Bindung an den Kaufvertrag nur, wenn G ihre Vertragserklärung *fristgerecht* widerruft. Der Widerruf braucht zwar gem. § 355 Abs. 1 S. 2 keine Begründung zu enthalten, muss aber innerhalb der Widerrufsfrist gegenüber dem Unternehmer erklärt werden.

8   Die Widerrufsfrist beträgt gem. § 355 Abs. 2 S. 1 grundsätzlich 14 Tage. Diese zwei Wochen sind hier seit dem Vertragsschluss bereits verstrichen. Allerdings beginnt die Zweiwochenfrist gem. § 355 Abs. 3 S. 1 erst mit dem Zeitpunkt, in welchem dem Verbraucher eine den Anforderungen des § 360 Abs. 1 entsprechende Belehrung über sein Widerrufsrecht in Textform mitgeteilt worden ist. Da hier gar keine Widerrufsbelehrung erfolgt ist, hat die Zweiwochenfrist auch noch nicht begonnen; gleiches gilt für die Monatsfrist nach § 355 Abs. 2 S. 3.

9   Grundsätzlich erlischt das Widerrufsrecht damit gem. § 355 Abs. 4 S. 1 spätestens sechs Monate nach Vertragsschluss bzw. (S. 2) Eingang der Ware beim Empfänger. Auch diese Frist ist hier verstrichen. Jedoch erlischt das Widerrufsrecht gem. § 355 Abs. 4 S. 3 abweichend von S. 1 gar nicht, wenn der Verbraucher nicht ordnungsgemäß über sein Widerrufsrecht belehrt worden ist. Da hier keine Belehrung erfolgt ist, besteht das Widerrufsrecht der G fort.

10 **Hinweise:** Hier zeigt sich der Einfluss des Gemeinschaftsprivatrechts. Der für alle Widerrufsrechte geltende § 355 Abs. 4 S. 3 geht auf die *Heininger*-Entscheidung des EuGH[5] zurück, die nur das Widerrufsrecht nach der sog. Haustürwiderrufs-Richtlinie[6] zum Gegenstand hatte. Die EU-Kommission plant Änderungen und Vereinheitlichungen der Widerrufsrechte.

c) Formgerechter Widerruf

11 G kann also noch von ihrem Widerrufsrecht Gebrauch machen. Sie muss dies gem. § 355 Abs. 1 S. 2 entweder durch Erklärung in Textform (§ 126 b) oder durch Rücksendung des Fahrrads tun, wobei Letzteres hier ausscheidet.

d) Rechtsfolgen des Widerrufs, § 355 Abs. 1 S. 1

12 Macht G von ihrem Widerrufsrecht Gebrauch, so ist sie nach § 355 Abs. 1 S. 1 an ihre Vertragserklärung nicht mehr gebunden. Der Sache nach stellt das Widerrufsrecht

---

[5] *EuGH* NJW 2002, 281; dazu u. a. *Staudinger*, NJW 2002, 653 und JuS 2002, 953 (auch zum Haustürgeschäftewiderruf bei Krediten mit Realsicherheiten).
[6] Richtig: RL 85/577/EWG des Rates vom 20. Dezember 1985 betreffend den Verbraucherschutz im Falle von außerhalb von Geschäftsräumen geschlossenen Verträgen (ABl. EG Nr. L 372 S. 31).

daher ein Rücktrittsrecht dar. Dementsprechend sieht § 357 Abs. 1 S. 1 vor, dass die Vorschriften über das gesetzliche Rücktrittsrecht (§§ 346 ff.) entsprechende Anwendung finden, soweit nicht ein anderes bestimmt ist. Dabei wäre G gem. § 357 Abs. 2 S. 1 – als Folge des Widerrufs – grundsätzlich verpflichtet, bei Ausübung des Widerrufsrechts zur Rücksendung an die F auf deren Kosten verpflichtet (S. 2); da ein Fahrrad aber nicht durch Paket versandt werden kann, trifft G diese Pflicht nicht.

e) Zwischenergebnis

Nach §§ 357 Abs. 1 S. 1, 346 Abs. 1 kann G nach Abgabe einer Widerrufserklärung den Kaufpreis von der F zurückverlangen. 13

3. Gegenanspruch der F, §§ 348, 320 Abs. 1 S. 1

Gemäß § 348 sind die sich aus dem Rücktritt bzw. Widerruf ergebenden Pflichten nach §§ 346 ff. Zug-um-Zug zu erfüllen; die §§ 320, 322 finden entsprechende Anwendung, so dass F die Rückzahlung des Kaufpreises gem. § 320 Abs. 1 S. 1 verweigern könnte, wenn sie infolge des Widerrufs einen Gegenanspruch hätte. 14

a) Gegenseitigkeitsverhältnis

Die Rückgewähransprüche der G und der F stehen gem. § 348 in einem Gegenseitigkeitsverhältnis. 15

b) Fällige vollwirksame Gegenforderung der F

Infolge des Widerrufs der G erlangt F gem. §§ 357 Abs. 1 S. 1, 346 Abs. 1 grundsätzlich einen Anspruch auf Rückgewähr des Fahrrads, der gem. § 271 Abs. 1 sofort fällig ist. Da G infolge des Diebstahls des Fahrrads nicht zur Rückgewähr in der Lage ist und auch nicht ersichtlich ist, wie sie dies ändern könnte, ist sie von der Pflicht gem. § 346 Abs. 1 nach § 275 Abs. 1 befreit. 16

Der Gegenanspruch der F entfällt aber nicht ersatzlos, denn gem. § 346 Abs. 2 Nr. 3 tritt an seine Stelle ein Anspruch auf *Wertersatz*. Zwar spricht die Norm nur von der Verschlechterung und dem Untergang des empfangenen Gegenstands, doch sind nach allgemeiner Auffassung der Diebstahl oder ein sonstiges Abhandenkommen dem Untergang gleichzustellen. Denn der Rückgewährpflichtige trägt gem. § 346 Abs. 2 grundsätzlich die Sachgefahr, und die jetzige Fassung der Nr. 3 beruht darauf, dass das Leistungsstörungsrecht im Laufe der Schuldrechtsmodernisierung von 2001 mehrfach umkonzipiert wurde.[7] 17

Allerdings entfällt nach § 346 Abs. 3 S. 1 Nr. 3 die Wertersatzpflicht, wenn im Fall eines gesetzlichen Rücktrittsrechts der Untergang beim Berechtigten eingetreten ist, obwohl dieser diejenige Sorgfalt beobachtet hat, die er in eigenen Angelegenheiten anzuwenden pflegt. Dies gilt gem. § 357 Abs. 1 S. 1 auch für das Widerrufsrecht. Hier ist der Diebstahl bei der widerrufsberechtigten G eingetreten, die das Fahrrad ordnungsgemäß in ihrem Keller aufbewahrt hatte und damit die eigenübliche Sorgfalt beachtet hatte. Somit wäre G von der Wertersatzpflicht befreit. 18

Jedoch findet gem. § 357 Abs. 3 S. 3 die Vorschrift des § 346 Abs. 3 S. 1 Nr. 3 keine Anwendung, wenn der Verbraucher über sein Widerrufsrecht ordnungsgemäß belehrt worden ist oder hiervon anderweitig Kenntnis erlangt hat. Da dies hier nicht der Fall 19

---

[7] Vgl. nur m.w.N. *Looschelders*, SAT, Rn. 841 f.; MünchKomm/*Gaier*, § 346 Rn. 15.

ist, bleibt es bei der Rechtsfolge der §§ 346 Abs. 3 S. 1 Nr. 3 Hs. 1, 357 Abs. 1 S. 1. Damit hat F keine Gegenforderung gegen G.

4. Ergebnis

20 G kann ihre Kauferklärung widerrufen und anschließend gem. § 346 Abs. 1 Rückzahlung des Kaufpreises verlangen, ohne Wertersatz für das Rad leisten zu müssen und diesbezüglich der Einrede des § 320 ausgesetzt zu sein.

II. Anspruch gem. § 812 Abs. 1 S. 1 Alt. 1 auf Herausgabe des Kaufpreises

21 Bereicherungsrechtliche Normen werden durch den Vorrang der §§ 346 ff. verdrängt; man kann dies auch damit begründen, dass der Widerruf gem. §§ 357 Abs. 1 S. 1, 346 Abs. 1 nicht zum Wegfall des Rechtsgrundes, sondern zur Umgestaltung des Kaufvertrags führt.[8]

Abwandlung

Anspruch der G gegen S auf Kaufpreisrückzahlung aus §§ 346 Abs. 1, 357 Abs. 1 S. 1, 355 Abs. 1 S. 1, 312 d Abs. 1

22 G könnte gegen S einen Anspruch auf Kaufpreisrückzahlung gem. § 346 Abs. 1 haben. Dazu müsste sie vom Kaufvertrag wirksam zurückgetreten sein oder ihre auf einen Abschluss gerichtete Willenserklärung wirksam widerrufen haben.

1. Rücktrittsrecht

23 Ein Rücktrittsrecht ist nicht ersichtlich (vgl. oben Rn. 2 f.).

2. Widerruf gem. § 355 Abs. 1 S. 1

24 In Betracht kommt eine Lösung vom Kaufvertrag durch *Widerruf* nach § 355 Abs. 1 S. 1. Dazu müsste G ein *Widerrufsrecht* zustehen.

25 In Betracht kommt hier ein Widerrufsrecht gem. § 312 d Abs. 1 S. 1, wenn zwischen den Parteien ein *Fernabsatzgeschäft* i. S. d. § 312 b Abs. 1 vorliegt. Als solches nennt die Norm u. a. einen Warenlieferungsvertrag, den ein Unternehmer (§ 14) mit einem Verbraucher (§ 13) schließt. G hat einen Kaufvertrag über ein Heimfahrrad geschlossen und somit außerhalb einer gewerblichen oder selbständigen beruflichen Tätigkeit gehandelt, wohingegen S das Gerät im Rahmen seines Handelsgewerbes verkaufte. Somit stehen sich die Vertragsparteien G und S als Verbraucherin i. S. v. § 13 und Unternehmer i. S. v. § 14 gegenüber. Sie haben den Vertrag telefonisch, also ausschließlich unter Verwendung eines Fernkommunikationsmittels i. S. v. § 312 b Abs. 2, geschlossen.

26 Dennoch läge kein Fernabsatzgeschäft vor, wenn der Vertragsschluss nicht im Rahmen eines für den Fernabsatz organisierten Vertriebssystems erfolgt ist, § 312 b Abs. 1 a. E. Die Anforderungen an ein Fernabsatzsystem sind unklar.[9] Überwiegend verlangt man, der Unternehmer müsse in seinem Betrieb alle Voraussetzungen geschaffen haben, um regelmäßig Fernabsatzgeschäfte abzuwickeln; die gelegentliche Entgegennahme von Bestellungen am Telefon und die gelegentliche Versendung von Waren soll dafür nicht ausreichen. Da hier besondere Vorkehrungen des S für einen Fernabsatz

---
[8] Vgl. *Brox/Walker*, AS, § 18 Rn. 2.
[9] Eingehend MünchKomm/*Wendehorst*, § 312 b Rn. 56 ff. m. w. N.

nicht ersichtlich sind und G die Telefonnummer sogar dem Telefonbuch entnehmen musste, fehlt es an einem Fernabsatzsystem. Ließe man dafür einen bloßen Telefonbucheintrag ausreichen, würde jeder Unternehmer ein Fernabsatzsystem betreiben, der gelegentlich Verträge am Telefon abschließt, z.B. Bestellungen aufnimmt, die der Kunde dann selbst abholt. Um den §§ 312b ff. zu entgehen, müssten Unternehmer auf einen Eintrag in Telefonbüchern verzichten. Da dies unzumutbar wäre,[10] sind die Voraussetzungen des § 312b Abs. 1 nicht erfüllt, und G hat kein Widerrufsrecht gem. § 312d Abs. 1. Ein Widerruf nach § 355 Abs. 1 S. 1 ist also nicht möglich (a.A. vertretbar, zum weiteren Verlauf vgl. dann Fall 21).

3. Ergebnis

Die G hat keine Möglichkeit mehr, sich vom Kauf des Heimfahrrades zu lösen, und somit auch keinen Anspruch auf Kaufpreisrückzahlung gem. §§ 357 Abs. 1, 346 Abs. 1. Der Jurist kann ihr also allenfalls raten, den Schaden der Polizei und ihrer Hausratsversicherung zu melden, falls sie eine solche hat. **27**

---

[10] Palandt/*Grüneberg*, § 312b Rn. 11; MünchKomm/*Wendehorst*, § 312b Rn. 59.

Fall 21. www.netzladen.de

Sachverhalt

Udo (U) betreibt einen Webshop. Unter „www.netzladen.de" bietet er Waren mit folgender Anleitung zum Einkauf an: Man kann unter mehreren Sprachen wählen und im Online-Katalog die Waren anschauen; dort sind alle Produkteigenschaften, der Preis und der mögliche Liefertermin abrufbar. Zur Bestellung wählt man Waren im Katalog aus und sendet sie an den Warenkorb. Ist man damit fertig, muss man im Warenkorb noch Name, Anschrift, E-Mail-Adresse und Kreditkartennummer angeben. Danach werden alle Bestelldaten und -kosten nochmals angezeigt; jetzt kann man Eingabefehler durch einen Klick auf „Korrigieren" beheben. Außerdem wird man über Udos Allgemeine Geschäftsbedingungen, ein Widerrufsrecht, die Modalitäten seiner Ausübung, die Anschrift des U und über die Möglichkeit der Speicherung von AGB und Vertragsunterlagen informiert. Sendet man die Daten aus dem Warenkorb mit „Jetzt bestellen" ab, soll dadurch der Vertrag zustande kommen. Informationen zu einschlägigen „Verhaltenskodizes", denen sich Udo unterworfen hat, gibt die Webseite indes nicht.

Veronika (V) bestellt im „Netzladen" auf die beschriebene Weise verschiedene Kleidungsstücke, die sie für ihr bevorstehendes Auslandssemester in Sydney haben möchte. Sie bekommt den Eingang der Bestellung sofort bestätigt. Die Lieferung erfolgt erst vier Wochen später, als Veronika gerade nach Sydney abgeflogen ist. Gleichzeitig wird ihre Kreditkarte mit dem Kaufpreis von 500 € belastet. Dem Paket sind ausschließlich die Informationen von der Webseite einschließlich AGB und Vertragsunterlagen beigefügt. Als Veronika nach fünf Monaten aus Sydney zurückkehrt, hat sie an der Kleidung kein Interesse mehr. Sie schickt alles an Udo zurück und will ihr Geld zurück. Zu Recht?

Abwandlung: Udo bietet auf seiner Webseite zusätzlich mit allen vorgeschriebenen Angaben ein „günstiges Finanzierungsangebot in Kooperation mit der Kauf-auf-Pump AG" (K-AG) an. Seine Kunden können von dieser ein Darlehen zu einem Zinssatz von 10% erhalten. Veronika kreuzt bei ihrer Bestellung diese Option an. Udo schickt ihr sofort ein Darlehensformular der K-AG mit allen vorgeschriebenen Informationen, das Veronika unterschrieben zurücksendet. Die K-AG zahlt den Darlehensbetrag von 500 € unmittelbar an Udo aus. Kann sie von Veronika die Zahlung von Zinsen oder die Darlehensrückzahlung verlangen?

Vorüberlegungen

Neben den Voraussetzungen eines Widerrufsrechts für Verbraucher ist vor allem zu prüfen, ob die V von ihrem Widerrufsrecht form- und fristgerecht Gebrauch gemacht hat. Hier wird § 355 Abs. 3 durch § 312d Abs. 2 und 3 modifiziert. Es kommt auf die

Erfüllung von Informationspflichten an, die in den langen Katalogen des Art. 246 § 2 i.V.m. § 1 Abs. 1 und 2 EGBGB geregelt sind, die man finden und prüfen muss. Um den Sachverhalt halbwegs übersichtlich zu halten, weist der Fall relativ deutlich darauf hin, welche der diversen Informationen gegeben wurden bzw. nicht gegeben wurden. Für den echten Verbraucher kaum durchschaubar, werden die Fernabsatzvorschriften beim Vertragsschluss im elektronischen Geschäftsverkehr noch von § 312e überlagert, der weitere Informationspflichten enthält und auf Art. 246 § 3 EGBGB verweist (§ 312e Abs. 1 S. 1 Nr. 2).

In der Abwandlung kommt noch ein Verbraucherdarlehen i.S.v. § 491 hinzu. Auch das ist mit Informationspflichten verbunden, die im BGB selbst geregelt sind (§§ 491a ff.), aber laut Sachverhalt erfüllt wurden. Der Verbraucherdarlehensvertrag ist hier ein verbundenes Geschäft i.S.v. § 358 Abs. 3, bei dem der Widerruf eines Geschäfts das andere mit erfasst. Das für den vorliegenden Sachverhalt passende Widerrufsrecht kann man durch Gesetzeslektüre ermitteln. Die Rechtsfolgen des Widerrufs ergeben sich aus § 358 Abs. 4, der dem Verbraucher die Rückabwicklung erleichtern soll. Darüber muss seltsamerweise nicht informiert werden, vgl. § 358 Abs. 5. Das kann dazu führen, dass der Verbraucher die Sache dann an den falschen Vertragspartner zurückschickt. Welche Folgen dies hat, scheint eher unklar zu sein.

Gliederung

	Rn.
Ausgangsfall: Anspruch der V gegen U auf Kaufpreisrückzahlung gem. §§ 346 Abs. 1, 357 Abs. 1 S. 1, 355 Abs. 1 S. 1, 312d Abs. 1	
1. Widerrufsrecht, § 312d Abs. 1 S. 1	2
2. Formgerechter Widerruf	5
3. Fristgemäßer Widerruf	6
a) Fristbeginn nach § 355 Abs. 2	7
b) Modifikation nach § 312d Abs. 2	8
c) Modifikation durch § 312e Abs. 3	13
d) Erlöschen des Widerrufsrechts nach § 355 Abs. 4 S. 1	15
4. Ergebnis	16
Abwandlung: Zinsanspruch der K-AG gegen V gem. § 488 Abs. 1 S. 2	
1. Darlehensvertrag, § 488 Abs. 1	18
2. Wirksamer Widerruf der V, § 355 Abs. 1 S. 1	19
a) Widerrufsrecht nach § 495 Abs. 1	20
aa) Verbraucherdarlehensvertrag, § 491 Abs. 1	21
bb) Kein Ausschlusstatbestand, §§ 491 Abs. 2 und 3, 495 Abs. 3	22
cc) Zwischenergebnis	23
b) Ausschluss des Widerrufsrechts nach § 358 Abs. 2 S. 2	24
c) Zwischenergebnis	28
3. Widerrufsdurchgriff nach § 358 Abs. 1	29
4. Rechtsfolgen	31
5. Ergebnis	33

Lösung

Ausgangsfall: Anspruch der V gegen U auf Kaufpreisrückzahlung gem. §§ 346 Abs. 1, 357 Abs. 1 S. 1, 355 Abs. 1 S. 1, 312d Abs. 1

1 V könnte gegen U einen Anspruch auf Kaufpreisrückzahlung gem. § 346 Abs. 1 haben. Da ein Grund für einen Rücktritt vom Kaufvertrag nicht ersichtlich ist, kann der Anspruch nur bestehen, wenn V ihre auf den Vertragsschluss gerichtete Willenserklärung gem. § 355 Abs. 1 S. 1 wirksam widerrufen hat. Dazu müsste ihr ein *Widerrufsrecht* zustehen.

1. Widerrufsrecht, § 312d Abs. 1 S. 1

2 In Betracht kommt ein Widerrufsrecht gem. § 312d Abs. 1 S. 1, wenn zwischen den Parteien ein *Fernabsatzgeschäft* i.S.d. § 312b Abs. 1 vorliegt. Als solches nennt die Norm u.a. einen Warenlieferungsvertrag, den ein Unternehmer (§ 14) mit einem Verbraucher (§ 13) schließt. V hat einen Kaufvertrag über mehrere Kleidungsstücke geschlossen und somit außerhalb einer gewerblichen oder selbstständigen beruflichen Tätigkeit gehandelt, wohingegen U im Rahmen seines Handelsgewerbes gehandelt hat. Somit stehen sich die Vertragsparteien V und U als Verbraucherin i.S.v. § 13 und Unternehmer i.S.v. § 14 Abs. 1 gegenüber. Sie haben den Vertrag über einen Webshop im Internet, also über einen elektronischen Informations- und Kommunikationsdienst i.S.v. § 1 Abs. 1 TMG abgeschlossen und somit ausschließlich unter Verwendung eines Fernkommunikationsmittels i.S.v. § 312b Abs. 2.

3 Der Webshop des U stellt zudem ein für den Fernabsatz organisiertes Vertriebssystem dar. Damit liegt ein Fernabsatzvertrag i.S.v. § 312b Abs. 1 vor, so dass V grundsätzlich ein Widerrufsrecht nach § 312d Abs. 1 S. 1 zusteht.

4 Anders wäre es, wenn die Vorschriften über Fernabsatzverträge gem. § 312b Abs. 3 nicht anwendbar wären oder ein Widerrufsrecht gem. § 312d Abs. 4 nicht bestünde. Der Verkauf der Kleidungsstücke lässt sich aber unter keinen der in diesen Normen aufgeführten Tatbestände subsumieren.

2. Formgerechter Widerruf

5 V muss den Widerruf gem. § 355 Abs. 1 S. 2 entweder durch Erklärung in Textform (§ 126b) oder durch Rücksendung der Kleidungsstücke erklären, ohne dass eine Begründung notwendig wäre; sie hat hier von der letztgenannten Möglichkeit Gebrauch gemacht.

3. Fristgemäßer Widerruf

6 Nach § 355 Abs. 1 S. 1 entfällt die Bindung an den Kaufvertrag nur, wenn V ihre Vertragserklärung *fristgerecht* widerruft. Der Widerruf muss gem. § 355 Abs. 2 S. 1 innerhalb von zwei Wochen gegenüber dem Unternehmer erklärt werden. V hat den Widerruf jedoch erst nach fünf Monaten erklärt.

a) Fristbeginn nach § 355 Abs. 2

7 Allerdings beginnt die Zweiwochenfrist gem. § 355 Abs. 3 S. 1 erst mit dem Zeitpunkt, in welchem dem Verbraucher eine dem § 360 Abs. 1 entsprechende Belehrung über sein Widerrufsrecht in Textform mitgeteilt worden ist. § 360 Abs. 1 verlangt,

dass die Widerrufsbelehrung deutlich gestaltet ist und dem Verbraucher entsprechend den Erfordernissen des eingesetzten Kommunikationsmittels seine Rechte deutlich macht. Die Belehrung muss auch Namen und Anschrift des Widerrufsempfängers und einen Hinweis auf den Fristbeginn und die Regelung des § 355 Abs. 1 S. 2 enthalten (vgl. § 360 Abs. 1 S. 2). Laut Sachverhalt liegt eine ordnungsgemäße Belehrung über das Widerrufsrecht vor, so dass die Frist in Gang gesetzt wäre.

b) Modifikation nach § 312d Abs. 2

Bei Fernabsatzgeschäften hängt der Lauf der Widerrufsfrist gem. § 312d Abs. 2 noch von zusätzlichen Erfordernissen ab: Es müssen die Informationspflichten gem. Art. 246 § 2 i.V.m. § 1 Abs. 1 und 2 EGBGB erfüllt sein, und bei der Lieferung von Waren müssen diese beim Empfänger eingegangen sein. Daher ist zunächst zu prüfen, ob U auch die nach § 312d Abs. 2 ebenfalls zu erfüllenden Informationspflichten nach Art. 246 § 2 i.V.m. § 1 Abs. 1 EGBGB erfüllt hatte. Dies ist bei einer realitätsnahen Auslegung der Sachverhaltsangaben der Fall.

Hinweis: Früher waren diese Pflichten in § 1 BGB-InfoV aufgeführt. Diese Vorschrift wurde aufgehoben. – Art. 246 § 1 Abs. 2 EGBGB betrifft nur Finanzdienstleistungen.

Auch hinsichtlich der Pflichten aus Art. 246 § 2 Abs. 1 S. 1 Nr. 2 i.V.m. S. 2 Nr. 1, 2 und 4 EGBGB bestehen keine Bedenken, insbesondere wurden AGB und Vertragsunterlagen ordnungsgemäß mitgeteilt.

Hinweis: Hier besteht ein entscheidender Unterschied zur früheren Rechtslage. § 1 Abs. 4 S. 1 BGB-InfoV forderte die Mitteilung von AGB und Vertragsunterlagen noch nicht.

Damit hat U seine Informationspflichten aus dem Fernabsatzrecht erfüllt. Die Widerrufsfrist begann somit mit der Lieferung der Waren und endete zwei Wochen später. Demnach wäre der Widerruf der V verfristet.

c) Modifikation durch § 312e Abs. 3

Zu prüfen bleibt, ob die Widerrufsfrist hier gem. § 312e Abs. 3 S. 2 noch später zu laufen begonnen hat. Dies könnte der Fall sein, wenn ein Vertrag im elektronischen Geschäftsverkehr i.S.v. § 312e Abs. 1 S. 1 vorliegt. Da U Unternehmer ist, Verträge über die Lieferung von Waren abschließt und sich zum Vertragsschluss eines Teledienstes bedient, liegt ein Vertrag im elektronischen Geschäftsverkehr vor.

Da V ein Widerrufsrecht nach § 312d Abs. 1 zusteht, begann die Widerrufsfrist somit abweichend von § 355 Abs. 3 S. 1 nach § 312e Abs. 3 S. 2 nicht vor Erfüllung der Pflichten, die § 312e Abs. 1 S. 1 dem V auferlegt. Den Pflichten nach Nr. 1, 3 und 4 ist U lt. Sachverhalt nachgekommen. Gleiches gilt für die Pflichten nach Nr. 2 i.V.m. Art. 246 § 3 Nr. 1–4 EGBGB. Da Informationen zu einschlägigen „Verhaltenskodizes" lt. Sachverhalt auf der Webseite nicht gegeben werden, fehlt es allerdings an einer Erfüllung der Pflichten nach Art. 246 § 3 Nr. 5 EGBGB. Bei der Lieferung wurden diese Kodizes ebenso wenig mitgeteilt. Damit begann die Widerrufsfrist gem. § 312e Abs. 3 S. 2 nicht mit der Warenlieferung zu laufen.

d) Erlöschen des Widerrufsrechts nach § 355 Abs. 4 S. 1

Zu prüfen bleibt, ob das Widerrufsrecht nach § 355 Abs. 4 S. 1 erloschen ist. S. 3 schließt hier das Erlöschen nicht aus, da V über ihr Widerrufsrecht entsprechend den Vorgaben des § 360 Abs. 1 ordnungsgemäß belehrt wurde. Damit erlischt das Widerrufsrecht spätestens sechs Monate nach Vertragsschluss bzw. Warenlieferung (S. 2). Da diese Frist noch nicht abgelaufen ist, bestand das Widerrufsrecht der V im Zeitpunkt der Rücksendung noch.

4. Ergebnis

16 Da V ihre Willenserklärung also gem. § 355 Abs. 1 S. 1 wirksam widerrufen hat, ist sie nach § 355 Abs. 1 S. 1 daran nicht mehr gebunden. Gem. § 357 Abs. 1 S. 1 i. V. m. § 346 Abs. 1 kann sie somit, da sie die Ware bereits zurückgeschickt hat, ohne Weiteres Rückzahlung des Kaufpreises von 500 € verlangen.

Abwandlung: Zinsanspruch der K-AG gegen V gem. § 488 Abs. 1 S. 2

17 Die K-AG könnte gegen V einen Anspruch auf Zinszahlung gem. § 488 Abs. 1 S. 2 und auf Darlehensrückzahlung zum vereinbarten Termin haben.

1. Darlehensvertrag, § 488 Abs. 1

18 V hat ein Darlehensformular der K-AG ausgefüllt und an diese geschickt und damit einen Antrag auf Abschluss eines Darlehensvertrags über einen Betrag von 500 € zu einem Zinssatz von jährlich 10% abgegeben. Die K-AG, die gem. § 1 Abs. 1 S. 1 AktG rechtsfähig ist, hat diesen Antrag zumindest durch die Auszahlung des Betrags an U angenommen. Damit ist ein Darlehensvertrag i. S. v. § 488 zustande gekommen.

2. Wirksamer Widerruf der V, § 355 Abs. 1 S. 1

19 V müsste keine Zinsen mehr zahlen, wenn sie ihre auf den Abschluss des Darlehensvertrags gerichtete Willenserklärung nach § 355 Abs. 1 S. 1 wirksam widerrufen hätte und deshalb nicht mehr an sie gebunden wäre.

a) Widerrufsrecht nach § 495 Abs. 1

20 V könnte gem. § 495 Abs. 1 ein Widerrufsrecht nach § 355 haben.

aa) Verbraucherdarlehensvertrag, § 491 Abs. 1

21 Dazu müsste ein Verbraucherdarlehensvertrag i. S. v. § 491 Abs. 1 vorliegen. V müsste Verbraucherin i. S. v. § 13 sein. Da sie mit dem Darlehen den Kauf von Kleidung für einen Studienaufenthalt in Sydney finanzieren will, schließt sie den Vertrag nicht zu einem Zweck ab, der einer gewerblichen oder selbstständigen Tätigkeit zuzurechnen ist. Die K-AG ist gem. § 3 Abs. 1 AktG Formkaufmann. Sie gewährt gewerblich Kredite und handelt somit als Unternehmerin i. S. v. § 14 Abs. 1. Da V Zinsen zahlen muss, liegt zwischen ihnen ein entgeltlicher Darlehensvertrag vor, der gem. § 491 Abs. 1 ein Verbraucherdarlehensvertrag ist.

bb) Kein Ausschlusstatbestand, §§ 491 Abs. 2 und 3, 495 Abs. 3

22 Für einen Ausschluss der Anwendbarkeit des § 495 durch § 491 Abs. 2 und 3 ist nichts ersichtlich; insbesondere liegt der Nettodarlehensbetrag (vgl. Art. 247 § 3 Abs. 2 EGBGB) über 200 €, § 491 Abs. 2 Nr. 1. Ein Fall des § 495 Abs. 3 ist ebenfalls nicht ersichtlich.

cc) Zwischenergebnis

23 Damit hat V grundsätzlich ein Widerrufsrecht nach § 495.

b) Ausschluss des Widerrufsrechts nach § 358 Abs. 2 S. 2

Das Widerrufsrecht der V aus § 495 Abs. 1 könnte gem. § 358 Abs. 2 S. 2 ausgeschlossen sein.

Hinweis: Bevor man bei Verbraucherdarlehensverträgen auf die §§ 355 ff. zu sprechen kommt, muss man immer einen Blick in § 495 Abs. 2 werden, der diese Vorschriften leicht modifiziert. § 358 bleibt aber unberührt.

Dazu müsste ein **verbundenes Geschäft** i.S.v. § 358 Abs. 3 S. 1 vorliegen. Dies wäre der Fall, wenn das Verbraucherdarlehen ganz oder teilweise der Finanzierung eines Vertrags über die Lieferung einer Ware dient und beide Verträge eine wirtschaftliche Einheit bilden. Das Darlehen dient hier der Finanzierung des Kleidungskaufs bei V. Fraglich ist, ob beide Verträge eine wirtschaftliche Einheit bilden. Gem. 358 Abs. 3 S. 2 ist dies insbesondere anzunehmen, wenn der Darlehensgeber sich bei der Vorbereitung oder dem Abschluss des Verbraucherdarlehensvertrags der Mitwirkung des Unternehmers bedient. Wie bereits festgestellt, ist U Unternehmer, und er hat auf seiner Internetseite die Finanzierung durch die K-AG „angeboten" und der V deren Unterlagen für den Abschluss des Darlehensvertrags übermittelt. Dies reicht für die Annahme einer wirtschaftlichen Einheit zwischen Kauf- und Verbraucherdarlehensvertrag aus.

Somit liegt ein verbundenes Geschäft i.S.v. § 358 Abs. 3 vor, und das Widerrufsrecht der V nach § 495 ist gem. § 358 Abs. 2 S. 2 ausgeschlossen.

c) Zwischenergebnis

V war nicht zum Widerruf nach § 495 berechtigt.

3. Widerrufsdurchgriff nach § 358 Abs. 1

Da ein verbundenes Geschäft vorliegt, ist V nach ihrem wirksamen Widerruf des Kaufs bei U (s.o. Rn. 16) gem. § 358 Abs. 1 auch an ihre auf den Abschluss des Verbraucherdarlehensvertrags gerichtete Willenserklärung gegenüber der K-AG nicht mehr gebunden.

Hinweis: Auf die Informationspflichten beim Verbraucherdarlehensvertrag (vgl. jetzt § 491a vor Vertragsschluss, § 492 für den Vertragsinhalt und § 493 für Pflichten während des Vertragsverhältnisses) und beim verbundenen Geschäft (§ 358 Abs. 5) braucht man in der Lösung nicht einzugehen, da der Widerruf ohnehin wirksam ist.

4. Rechtsfolgen

Da V an ihre Willenserklärung gem. § 358 Abs. 1 nicht mehr gebunden ist, muss sie keine Zinsen zahlen. Eine Verpflichtung zur Darlehensrückzahlung ergibt sich zwar nicht aus § 488, wohl aber aus § 346 Abs. 1, der gem. § 358 Abs. 4 S. 1 i.V.m. § 357 Abs. 1 S. 1 infolge des Widerrufs zur Anwendung kommt. Jedoch tritt gem. § 358 Abs. 4 S. 3 die K-AG im Verhältnis zu V für die Rückabwicklung an die Stelle des U, weil diesem im Zeitpunkt des Wirksamwerdens der Widerrufserklärung der Darlehensbetrag (als Kaufpreis) bereits zugeflossen war. Dies hat zur Konsequenz, dass zwar an sich die K-AG gegen V einen Anspruch auf Darlehensrückzahlung hätte; da V ihrerseits von der K-AG aber gem. § 358 Abs. 4 S. 3 die Rückzahlung des an U gezahlten Kaufpreises verlangen kann (§§ 357 Abs. 1 S. 1, 346 Abs. 1), werden die beiden Ansprüche nach h.M. kraft Gesetzes saldiert,[1] so dass der Rückzahlungsanspruch wegen der Identität der geschuldeten Beträge vollständig erlischt.

---

[1] MünchKomm/*Habersack*, § 358 Rn. 84 ff. m.w.N.

32 **Hinweise:** Wenn man von der gesetzlichen Saldierung nichts weiß, kommt man über eine Aufrechnung zum gleichen Ergebnis. Weitere Ausführungen verlangt die Aufgabenstellung nicht, denn es geht nur um die Frage der Zins- und der Darlehensrückzahlung. Gegenansprüche der K-AG sind nicht gefragt. – Bei diesen könnte man übrigens auf Probleme stoßen: Da hier ein Fall des § 358 Abs. 2 S. 2 vorliegt, musste der Widerruf gegenüber U erfolgen,[2] wie es auch geschehen ist. Ist aber in der Widerrufsbelehrung angegeben, dass der Widerruf durch Rücksendung an den U erfolgen kann (vgl. § 355 Abs. 1 S. 2), und sendet V die Ware dementsprechend an U zurück, kann sie ihrer Rückgewährpflicht nach § 358 Abs. 4 nicht mehr nachkommen. Nach dessen S. 3 tritt die darlehensgebende K-AG für die Rückabwicklung an die Stelle des U. Damit kann sie gem. §§ 346 Abs. 1, 357 Abs. 1, 358 Abs. 4 S. 3 von V die Rückgabe der gekauften Waren verlangen! Das ist in der vorliegenden Konstellation wenig sinnvoll,[3] denn V durfte ja durch Rücksendung an U widerrufen und kann nun nicht an die K-AG herausgeben. Sie müsste sich die Sachen theoretisch von V nach § 812 zurückholen, um eine Wertersatzpflicht analog § 346 Abs. 2 Nr. 3 zu vermeiden, falls man diese im Hinblick auf den Inhalt der Widerrufsbelehrung nicht analog § 346 Abs. 3 Nr. 3 als ausgeschlossen ansehen will. Nach dem Rückerhalt der Sache müsste V die Sachen an die K-AG zurückgewähren. Dann könnte sich U die Sachen von dieser zurückholen, wobei die rechtliche Grundlage bei Fehlen einer vertraglichen Abrede sehr umstritten ist (§ 812 oder § 358 Abs. 4 S. 3 analog).[4] Der Normzweck des § 358 Abs. 4 – Schutz des Verbrauchers bei der Rückabwicklung verbundener Geschäfte – dürfte es allerdings gebieten, diese Umständlichkeit zu vermeiden.

5. Ergebnis

33 V ist der K-AG nicht nach § 488 Abs. 1 S. 2 verpflichtet.

---

[2] Vgl. MünchKomm/*Habersack*, § 358 Rn. 65 f.
[3] Generell krit. auch MünchKomm/*Habersack*, § 358 Rn. 87 ff
[4] MünchKomm/*Habersack*, § 358 Rn. 88 f. m. w. N.; vgl. Palandt/*Grüneberg*, § 358 Rn. 21.

Fall 22. Tino Tiefkühl

Sachverhalt

Tino Tiefkühl (T) kauft bei Rosa Räum (R) für 200 € einen Gefrierschrank, den Rosa noch am selben Tag liefern soll. Am nächsten Tag tritt Rosa ihre Forderung „gegen Timo Tiefkühl aus dem Kaufvertrag über einen Gefrierschrank" an Gernot Geldhai (G) ab, dem sie Geld schuldet. Gernot verlangt sofort von Tino Zahlung. Tino weist darauf hin, dass Rosa den Gefrierschrank noch nicht geliefert habe.
Hat Gernot einen Anspruch gegen Tino und auch noch gegen Rosa?

Abwandlung: Der Gefrierschrank wird geliefert. Danach tritt Rosa die Forderung an Gernot ab, ohne Tino davon in Kenntnis zu setzen. Deshalb überweist Tino den Kaufpreis, wie bei Vertragsschluss vereinbart, auf Rosas Konto bei der B-Bank.

Vorüberlegungen

Die Abtretung lässt gem. § 398 S. 2 eine Forderung auf einen neuen Gläubiger übergehen. Der Abtretungsvertrag nach § 398 S. 1 ist also ein Verfügungsgeschäft, das im allgemeinen Schuldrecht steht, weil es eine Forderung i. S. v. § 241 Abs. 1 zum Gegenstand hat.

Anders als die Eigentumsübertragung (vgl. §§ 929 ff., insbesondere § 929 S. 1, bzw. §§ 873 Abs. 1, 925) erfordert die Übertragung der Forderung lediglich eine formlose Einigung. Ein zusätzlicher Realakt wie die Übergabe oder ein Verwaltungshandeln wie die Grundbucheintragung oder auch nur die Mitteilung an den Schuldner ist nicht erforderlich. Damit fehlt bei der Abtretung jeglicher Rechtsscheinsträger. Das hat zwei Konsequenzen: Zum einen ist ein gutgläubiger Erwerb nicht möglich (Ausnahme: § 405). Zum anderen bestehen für den Schuldner erhebliche Gefahren, da die Abtretung seine Mitwirkung nicht erfordert und er von der Abtretung vielleicht gar nichts erfährt. Seine Interessen sind also in erheblichem Umfang betroffen, und deshalb bedarf er des Schutzes.

Diesen Schutz gewährleisten die §§ 404 ff. dem Schuldner. Durch § 404 behält er die ihm gegen den bisherigen Gläubiger im Abtretungszeitpunkt zustehenden Einwendungen, z. B. die aus § 320. Dem Erhalt von Aufrechnungsmöglichkeiten widmet sich § 406 (vgl. dazu Fall 23). Mit Erfüllungsversuchen des von der Abtretung nichts wissenden Schuldners beschäftigt sich § 407, der in der Abwandlung Bedeutung erlangt.

Gliederung

	Rn.
Ausgangsfall	
I. Anspruch des G gegen T gem. §§ 433 Abs. 2, 398 S. 2	1
1. Wirksame Abtretung gem. § 398 S. 1	2
a) Abtretungsvertrag	3

	Rn.
b) Bestehen der abgetretenen Forderung	4
c) Bestimmtheitsgrundsatz	7
d) Abtretbarkeit der Forderung	9
e) Zwischenergebnis	11
2. Einwendung des T gem. §§ 404, 320 Abs. 1 S. 1	12
a) Gegenseitiger Vertrag	14
b) Fälligkeit der Gegenforderung	15
c) Nichterfüllung des Vertrages durch R	16
d) Keine Vorleistungspflicht des T	17
e) Bestehen der Einwendung im Zeitpunkt der Abtretung	19
3. Ergebnis	20
II. Anspruch des G gegen R?	21

Abwandlung

I. Anspruch G gegen T gem. §§ 433 Abs. 2, 398 S. 2	22
1. Wirksame Abtretung der Kaufpreisforderung	22
2. Erlöschen des Anspruchs gem. § 362 Abs. 1 oder 2	23
3. Erlöschen des Anspruchs gem. §§ 407 Abs. 1, 362 Abs. 1	25
a) Bewirkung einer Leistung	26
b) Leistung nach Abtretung	27
c) Leistung an den bisherigen Gläubiger	28
d) In Unkenntnis der Abtretung	29
4. Ergebnis	30
II. Anspruch G gegen R gem. § 816 II	31

Lösung

Ausgangsfall

I. Anspruch des G gegen T gem. §§ 433 Abs. 2, 398 S. 2

1   G könnte gegen T einen Anspruch auf Kaufpreiszahlung gem. §§ 433 Abs. 2, 398 S. 2 aus abgetretenem Recht haben.

1. Wirksame Abtretung gem. § 398 S. 1

2   Erste Voraussetzung für den Übergang des Anspruchs auf G ist eine wirksame Abtretung.

a) Abtretungsvertrag

3   Erforderlich ist hierfür der Abschluss eines Abtretungsvertrages zwischen dem Altgläubiger (hier R) und Neugläubiger (hier G). R und G haben sich über den Übergang der Forderung gegen T aus dem Kaufvertrag geeinigt, so dass ein Abtretungsvertrag vorliegt. Mangels entgegenstehender Anhaltspunkte ist dieser auch wirksam.

b) Bestehen der abgetretenen Forderung

4   Des Weiteren muss die abgetretene Forderung bestanden haben, d. h. der Altgläubiger (R) muss Inhaber des zu übertragenden Anspruchs gewesen sein.

Hinweis: Wie erwähnt, können Forderungen grundsätzlich nicht kraft guten Glaubens erworben werden. Hiervon macht lediglich § 405 eine eng begrenzte Ausnahme die Abtretung unter Vorlage einer Schuldurkunde. Wäre R aus irgendeinem Grund (z.B. § 105 Abs. 1) nicht Inhaberin der Kaufpreisforderung geworden, wäre die Abtretung deshalb unwirksam.

Vorliegend haben T und R einen Kaufvertrag i.S.d. § 433 geschlossen. Da Gründe für dessen Unwirksamkeit nicht ersichtlich sind, hat R einen Anspruch auf Kaufpreiszahlung gem. § 433 Abs. 2 erworben.

c) Bestimmtheitsgrundsatz

Weiterhin muss die abgetretene Forderung bestimmt oder zumindest bestimmbar sein. Es muss erkennbar sein, welche Forderungen von der Abtretung erfasst sein sollen.[1] R hat dem G ihre Forderung gegen T aus dem Kaufvertrag über einen Gefrierschrank abgetreten; damit ist die abgetretene Forderung eindeutig identifiziert.

Hinweis: Der Bestimmtheitsgrundsatz spielt hauptsächlich im Sachenrecht eine Rolle und besagt zunächst, dass sich dingliche Rechte stets auf bestimmte individualisierte Sachen beziehen müssen.[2] Verfügungen, also auch die Abtretung, müssen daher stets eindeutig erkennen lassen, welchen Gegenstand sie betreffen.

d) Abtretbarkeit der Forderung

Weiterhin darf die Abtretung nicht ausgeschlossen sein. Gem. § 399 ist dies der Fall bei Veränderung des Leistungsinhalts bzw. bei Vereinbarung zwischen Schuldner und Altgläubiger. Da T und R keine entsprechende Vereinbarung getroffen haben und sich durch die Abtretung am Inhalt der Kaufpreisforderung als Anspruch auf Zahlung einer Geldsumme auch nichts ändert, ist die Abtretung nicht nach § 399 ausgeschlossen.

Hinweis: Die Abtretung ist des Weiteren gem. § 400 für unpfändbare Forderungen ausgeschlossen. Auch § 242 kann einer Abtretung unter dem Gesichtspunkt der unzulässigen Rechtsausübung entgegenstehen, wenn sie zu einer unzumutbaren Erschwerung für den Schuldner führt.[3]

e) Zwischenergebnis

Somit ist die Abtretung wirksam, G folglich gem. § 398 S. 2 Inhaber der Kaufpreisforderung i.S.d. § 433 Abs. 2 gegen T geworden.

2. Einwendung des T gem. §§ 404, 320 Abs. 1 S. 1

Jedoch ist fraglich, ob T nicht gegenüber R zum Zeitpunkt der Abtretung Einwendungen hatte, die er G gem. § 404 entgegenhalten kann. In Betracht kommt die Einrede des nicht erfüllten Vertrages gem. § 320 Abs. 1 S. 1.

Hinweis: Soweit es bei einem gegenseitigen Vertrag um die Zurückbehaltung von Leistung und Gegenleistung geht, greift die gegenüber § 273 speziellere Norm des § 320 ein.

a) Gegenseitiger Vertrag

Zunächst erfordert § 320 das Vorliegen eines gegenseitigen Vertrages. Da sich beim Kaufvertrag die Pflicht des Verkäufers zur Übereignung des Kaufgegenstandes (§ 433 Abs. 1 S. 1) und die Pflicht des Käufers zur Kaufpreiszahlung (§ 433 Abs. 2) im Gegenseitigkeitsverhältnis gegenüberstehen, ist dies der Fall.

---
[1] *Medicus/Lorenz* I, § 63 Rn. 755.
[2] Vgl. nur *Baur/Stürner*, Sachenrecht, 18. Aufl., 2009, § 4 Rn. 17.
[3] Vgl. hierzu Palandt/*Grüneberg*, § 399 Rn. 2.

b) Fälligkeit der Gegenforderung

15 Weiterhin müsste die Gegenleistung fällig sein, vgl. § 271. Da T und R die Lieferung des Gefrierschrankes bereits am Tag des Vertragsschlusses vereinbart hatten, war der Anspruch auf Übereignung zum Zeitpunkt der Zahlungsaufforderung des G bereits fällig.

c) Nichterfüllung des Vertrages durch R

16 Eine Lieferung durch R ist noch nicht erfolgt, so dass R den Vertrag mangels Übereignung an T noch nicht erfüllt hat, vgl. § 362 Abs. 1.

d) Keine Vorleistungspflicht des T

17 Es dürfte des Weiteren keine Vorleistungspflicht des T vereinbart worden sein. Eine solche ist allerdings nicht ersichtlich.

18 Damit sind die Voraussetzungen des § 320 Abs. 1 S. 1 gegeben mit der Folge, dass gem. § 322 Abs. 1 der Schuldner die Leistung Zug-um-Zug gegen Erfüllung der ihm selbst gebührenden Gegenleistung zu erbringen hat.

e) Bestehen der Einwendung im Zeitpunkt der Abtretung

19 Die Einrede des nichterfüllten Vertrags entstand bereits mit Abschluss des Kaufvertrags zwischen R und T und lag somit auch im Abtretungszeitpunkt vor, was gem. § 404 ausreichend ist.

3. Ergebnis

20 G kann den Kaufpreis von 200 € gem. §§ 433 Abs. 2, 320 Abs. 1 S. 1, 322 Abs. 1 von T nur Zug-um-Zug gegen Übereignung und Übergabe des Gefrierschranks durch R verlangen.

II. Anspruch des G gegen R?

21 Gegen R hat G einen Anspruch auf Geldzahlung, der durch die Abtretung der Forderung gegen T durch R erloschen sein könnte. Da R Geld schuldete, hat sie mit der Abtretung nicht i. S. v. § 362 Abs. 1 die geschuldete Leitung bewirkt. Da G nicht sicher sein kann, von T Zahlung zu erhalten, ist in der Annahme der Abtretung nicht die Annahme einer Leistung an Erfüllungs statt (§ 364 Abs. 1) zu sehen, sondern nur eine Leistung erfüllungshalber (vgl. Fall 3). Damit besteht die ursprüngliche Forderung des G gegen R fort, bis T die von R abgetretene Forderung gegenüber G erfüllt.

Abwandlung

I. Anspruch G gegen T gem. §§ 433 Abs. 2, 398 S. 2

1. Wirksame Abtretung der Kaufpreisforderung

22 Eine wirksame Abtretung der Kaufpreisforderung durch R an G liegt vor (s. o. Rn. 11).

2. Erlöschen des Anspruchs gem. § 362 Abs. 1 oder 2

23 Die Kaufpreisforderung könnte mit der Zahlung des T an R gem. § 362 Abs. 1 durch Erfüllung erloschen sein. Ein Erlöschen der Forderung i. S. v. § 362 Abs. 1 erfor-

dert die Bewirkung der geschuldeten Leistung *an den Gläubiger.* Nach der Abtretung der Kaufpreisforderung an G ist R nicht mehr Gläubigerin, so dass die Überweisung an sie kein Bewirken der geschuldeten Leistung bedeutet.

Die Leistung des T an R wäre G gegenüber gem. §§ 362 Abs. 1, 185 wirksam, falls er R zur Entgegennahme der Zahlung gem. § 185 Abs. 1 ermächtigt bzw. den Empfang der Leistung gem. § 185 Abs. 2 genehmigt hätte. Beides ist hier nicht geschehen. 24

3. Erlöschen des Anspruchs gem. §§ 407 Abs. 1, 362 Abs. 1

Zu prüfen bleibt, ob der G die Überweisung des T auf das Konto der R gem. § 407 Abs. 1 gegen sich gelten lassen muss. 25

a) Bewirkung einer Leistung

Dazu müsste Schuldner T eine Leistung an die bisherige Gläubigerin R bewirkt haben. Damit greift § 407 Abs. 1 die Formulierung in § 362 Abs. 1 auf, so dass es darauf ankommt, ob T die geschuldete Leistung erbracht hat. T war zur Zahlung des Kaufpreises verpflichtet, und er hat den geschuldeten Betrag auf das Konto der R bei der B-Bank überwiesen; R und T hatten auch gerade diese Form der Zahlung vereinbart. Darin liegt grundsätzlich ein Bewirken der geschuldeten Leistung i.S.d. § 362 Abs. 1. 26

b) Leistung nach Abtretung

Die Überweisung erfolgte des Weiteren nach der Abtretung der Kaufpreisforderung an G. 27

c) Leistung an den bisherigen Gläubiger

Die Bewirkung der Leistung müsste an den bisherigen Gläubiger erfolgt sein. R war vor der Abtretung Gläubigerin des T, so dass durch die Überweisung an sie eine Leistung an den bisherigen Gläubiger gegeben ist. 28

d) In Unkenntnis der Abtretung

Die Schutzvorschrift des § 407 zugunsten des Schuldners greift allerdings nicht ein, wenn er die Abtretung im Zeitpunkt der Leistung bzw. bei Vornahme des Rechtsgeschäfts gekannt hat. Hierfür ist positive Kenntnis erforderlich, Kennenmüssen ist nicht ausreichend.[4] Da R die Forderung an G abgetreten hat, ohne T hiervon in Kenntnis zu setzen, leistete T in Unkenntnis von der Abtretung. 29

4. Ergebnis

Da die Voraussetzungen des § 407 Abs. 1 erfüllt sind, hat G keinen Anspruch gegen T auf Kaufpreiszahlung aus §§ 433 Abs. 2, 398 S. 2. 30

II. Anspruch G gegen R gem. § 816 II

G könnte gegen R Anspruch auf Herausgabe der 200 € gem. § 816 Abs. 2 haben. Da T an die nichtberechtigte R eine Leistung bewirkt (s. o. Rn. 26), die gegenüber dem wahren Berechtigten G gem. § 407 Abs. 1 wirksam ist (s. o. Rn. 28 ff.), sind die Voraussetzungen dafür erfüllt. Damit ist R dem G gem. § 816 Abs. 2 zur Herausgabe des Geleisteten, also des Betrags von 200 €, verpflichtet. 31

---

[4] Palandt/*Grüneberg,* § 407 Rn. 6.

Fall 23. Der Aufrechner

BGH NJW 2003, 1182.

Sachverhalt

Althauser (A) hat gegen Schmidt (S) eine Rückzahlungsforderung aus einem Darlehen in Höhe von 5000 €, die am 7. 1. fällig ist. Am 20. 12. tritt er die Forderung an seinen Gläubiger Neumann (N) ab. Schmidt erfährt am 13. 1. von der Abtretung. Am 20. 1. verlangt Neumann von Schmidt Zahlung der 5000 €. Dieser erklärt gegenüber Neumann die Aufrechnung mit folgenden Forderungen:
(1) Am 10. 12. hat Schmidt gegen Althauser eine Mietforderung in Höhe von 1000 € erworben, die am 8. 1. fällig geworden ist.
(2) Ebenfalls am 10. 12. hat er gegen Althauser eine Kaufpreisforderung in Höhe von 1500 € erworben, die am 15. 1. fällig geworden ist.
(3) Am 30. 12. hat er gegen Althauser eine Werklohnforderung in Höhe von 2000 € erworben, die am 2. 1. fällig geworden ist.
(4) Am 14. 1. hat er gegen Althauser eine Schadensersatzforderung in Höhe von 500 € erworben, die darauf beruht, dass Althauser seinen Freund Müller (M) 37 Monate zuvor verprügelt hatte.
Kann Neumann von Schmidt die Zahlung der 5000 € verlangen?

Zusatzfrage: Schmidt hat eine Forderung in Höhe von 100 € gegen Althauser, die er seiner Bank zur Sicherheit abgetreten hat. Am 14. 1. erhält er die Forderung von der Bank zurück abgetreten. Kann Schmidt auch mit dieser Forderung aufrechnen?

Vorbemerkung

Für den Schuldnerschutz nach einer Abtretung reichen die aus dem letzten Fall bekannten §§ 404 und 407 nicht immer aus. Deshalb erhält der Schuldner Aufrechnungsmöglichkeiten gegen den Altgläubiger, soweit er auf deren Bestehen er gewissermaßen berechtigt vertrauen darf. Dafür kommt es gem. § 406 Hs. 2 auf bestimmte Reihenfolgen von Fälligkeit und Forderungserwerb an, auf die man penibel achten muss.

Deshalb bietet sich die Anfertigung einer Zeittabelle an (s. unten in der Gliederung).

Der „Aufhänger" für die Aufrechnung in der Falllösung ist das Erlöschen einer Forderung gem. § 389. Dieses erfordert eine *Aufrechnungserklärung* nach § 388 und eine *Aufrechungslage* gem. § 387, die folgende Voraussetzungen hat:
(1) „Gegenseitigkeit" (besser: Wechselseitigkeit) der Forderungen (bzw. § 406)
(2) Gleichartigkeit der Forderungen
(3) Fälligkeit und Durchsetzbarkeit der Gegenforderung des Schuldners
(4) Erfüllbarkeit der Hauptforderung des Gläubigers
(5) Kein Ausschluss der Aufrechung gem. §§ 392 ff.

Bei der Schadensersatzforderung kann man an § 393 denken, sollte aber beachten, dass Aufrechnungsausschlüsse erst ganz am Ende zu prüfen sind.

Die Zusatzfrage geht über das Anfängerniveau hinaus. Sie betrifft die Sicherungsabtretung, ein Mittel der Kreditsicherung. Der Sicherungszessionar ist materiell-rechtlich Inhaber der Forderung, im Innenverhältnis zum Sicherungszedenten aber Bindungen aus der Sicherungsabrede unterworfen. Entfällt der Sicherungszweck, muss die Forderung zurück abgetreten werden. Dann stellt sich die Frage, ob der Rückerwerb unter § 406 Hs. 2 fällt.

Wie häufig bei Zusatzfragen, ist auch hier kein vollständiges Gutachten erforderlich. Man kann weitgehend auf die vorherigen Ausführungen verweisen und sich auf den Einzelaspekt beschränken, um den es geht.

Gliederung

Zeittabelle
10. 12.: Erwerb von Mietforderung und Kaufpreisforderung gegen A durch S.
20. 12.: Abtretung der Darlehensforderung (5000 €) gegen S durch A an N.
30. 12.: Erwerb der Werklohnforderung gegen A durch S.
2. 1.: Fälligkeit der Werklohnforderung gegen A.
7. 1.: Fälligkeit der Darlehensforderung gegen S.
8. 1.: Fälligkeit der Mietforderung gegen A.
13. 1.: Kenntniserlangung des S von der Abtretung der Darlehensforderung.
14. 1.: Erwerb der Schadensersatzforderung gegen A durch S (Fälligkeit 37 Monate vorher).
15. 1.: Fälligkeit der Kaufpreisforderung gegen A.
20. 1.: Zahlungsbegehren des N und Aufrechnungserklärung des S.

	Rn.
Anspruch des N gegen S gem. §§ 488 Abs. 1 S. 2, 398 S. 2	1
1. Wirksame Abtretung, § 398	2
a) Abtretungsvertrag	3
b) Bestehen der Forderung des A	4
c) Abtretbarkeit der Forderung	6
d) Bestimmtheitsgrundsatz	7
e) Rechtshindernde Einwendungen bzgl. Abtretungsvertrag	8
2. Anspruch untergegangen gem. § 389 i.V.m. § 406?	9
a) Aufrechnungserklärung, § 388 S. 1	10
b) Aufrechnungslage für die Mietforderung i.H.v. 1000 €, § 387	12
aa) Wechselseitigkeit („Gegenseitigkeit"), § 387	13
bb) Erhalt der Aufrechnungsmöglichkeit durch § 406	14
cc) Gleichartigkeit	15
dd) Durchsetzbarkeit der Gegenforderung	16
ee) Erfüllbarkeit der Hauptforderung	18
ff) Ausschluss gem. § 406 Hs. 2	19
gg) Zwischenergebnis	22
c) Aufrechnungslage für die Kaufpreisforderung i.H.v. 1500 €, § 387	23
aa) „Gegenseitigkeit", § 387	23
bb) Erhalt der Aufrechnungsmöglichkeit durch § 406	24
cc) Gleichartigkeit	25
dd) Durchsetzbarkeit der Gegenforderung	26
ee) Erfüllbarkeit der Hauptforderung	27

		Rn.
ff) Ausschluss gem. § 406 Hs. 2		28
gg) Zwischenergebnis		30
d) Aufrechnungslage für die Werklohnforderung i. H. v. 2000 €, § 387		31
aa) „Wechselseitigkeit" (Gegenseitigkeit), § 387		31
bb) Erhalt der Aufrechnungsmöglichkeit durch § 406		32
cc) Gleichartigkeit		33
dd) Durchsetzbarkeit der Gegenforderung		34
ee) Erfüllbarkeit der Hauptforderung		35
ff) Ausschluss gem. § 406 Hs. 2		36
gg) Zwischenergebnis		39
e) Aufrechnungslage für die Schadensersatzforderung i. H. v. 500 €, § 387		40
aa) „Gegenseitigkeit", § 387		40
bb) Erhalt der Aufrechnungsmöglichkeit durch § 406		41
cc) Gleichartigkeit		42
dd) Durchsetzbarkeit der Gegenforderung		43
ee) Zwischenergebnis		46
f) Ergebnis zur Aufrechnung		48
3. Ergebnis		49
Zusatzfrage		50

Lösung

Anspruch des N gegen S gem. §§ 488 Abs. 1 S. 2, 398 S. 2

1 N könnte gegen S einen Anspruch auf Zahlung von 5000 € aus abgetretenem Recht haben, §§ 488 Abs. 1 S. 2, 398 S. 2.

1. Wirksame Abtretung, § 398

2 Hierfür ist erforderlich, dass N Inhaber der Forderung gegen S geworden ist.

a) Abtretungsvertrag

3 Dies setzt zunächst gem. § 398 S. 1 einen Abtretungsvertrag zwischen dem bisherigen und dem neuen Gläubiger voraus. Laut Sachverhalt hat A seine Forderung gegen S am 20. 12. an N abgetreten. Damit liegt ein Abtretungsvertrag i. S. v. § 398 S. 1 vor.

b) Bestehen der Forderung des A

4 Des Weiteren müsste die Forderung bestanden haben. Hier besteht eine Darlehensrückzahlungsforderung des A gem. § 488 Abs. 1 S. 2 in Höhe von 5000 €.

5 **Hinweis:** An dieser Stelle ist ggf. auf Fragen der Entstehung oder des Erlöschens der Forderung einzugehen.

c) Abtretbarkeit der Forderung

6 Ein Ausschluss der Abtretbarkeit der Forderung (vgl. §§ 399f.) ist nicht ersichtlich.

d) Bestimmtheitsgrundsatz

Da die abgetretene Forderung der Höhe nach beziffert ist, ist die Abtretungsvereinbarung hinreichend bestimmt. 7

e) Rechtshindernde Einwendungen bzgl. Abtretungsvertrag

Rechtshindernde Einwendungen bezüglich des Abtretungsvertrages, die den Forderungserwerb durch N hindern könnten, liegen nicht vor. 8

2. Anspruch untergegangen gem. § 389 i. V. m. § 406?

Der Anspruch des N könnte infolge Aufrechnung durch S gem. §§ 389, 406 erloschen sein. 9

a) Aufrechnungserklärung, § 388 S. 1

S hat am 20. 1. die Aufrechnung mit insgesamt vier Gegenforderungen gegen A i. H. v. 5000 € erklärt. 10

Hinweis: Wegen der einheitlichen Aufrechnungserklärung mit vier Gegenforderungen kann man sich die stete Wiederholung zur Aufrechnungserklärung hier sparen. Bei isolierten Aufrechnungserklärungen an verschiedenen Terminen sollte man das nicht tun. 11

b) Aufrechnungslage für die Mietforderung i. H. v. 1000 €, § 387

Zunächst muss eine sog. Aufrechnungslage i. S. d. § 387 gegeben sein. Diese erfordert gegenseitige, gleichartige Forderungen, wobei die Gegenforderung, mit der aufgerechnet werden soll, vollwirksam und fällig, die Hauptforderung dagegen nur erfüllbar sein muss. 12

aa) Wechselseitigkeit („Gegenseitigkeit"), § 387

Fraglich ist allerdings, ob die Forderungen wechselseitig sind, ob also der Aufrechnende Gläubiger der Gegenforderung und Schuldner der Hauptforderung, der Aufrechnungsgegner dagegen Schuldner der Gegenforderung und Gläubiger der Hauptforderung ist.[1] Da N die Hauptforderung i. H. v. 5000 € gegenüber S geltend macht, während die Gegenforderung des S i. H. v. 1000 € auf Mietzahlung sich gegen A richtete, ist die Gegenseitigkeit der beiden Forderungen zu verneinen. 13

bb) Erhalt der Aufrechnungsmöglichkeit durch § 406

Trotz fehlender Gegenseitigkeit könnte hier eine Aufrechnung unter den Voraussetzungen des § 406 zulässig sein. Die Norm ermöglicht die Aufrechnung mit einer gegen den Altgläubiger bestehenden Forderung gegenüber dem Neugläubiger. Da A die Hauptforderung an N abgetreten hat und die Gegenforderung des S sich gegen A richtet, wäre eine Aufrechnung nach § 406 grundsätzlich möglich. 14

cc) Gleichartigkeit

Weiter müssten die Forderungen gleichartig sein, also den gleichen Gegenstand haben.[2] Da hier jeweils Geldforderungen vorliegen, ist Gleichartigkeit gegeben. 15

---

[1] Palandt/*Grüneberg*, § 387 Rn. 4; *Medicus/Lorenz* I, Rn. 305.
[2] *Medicus/Lorenz I*, Rn. 306.

Fall 23. Der Aufrechner

dd) Durchsetzbarkeit der Gegenforderung

16 Weitere Voraussetzung für die Aufrechnung ist gem. §§ 387, 390 die Durchsetzbarkeit der Gegenforderung. Diese muss also fällig (§ 271 Abs. 1) und vollwirksam sein. Letzteres ist der Fall, wenn ihr keine Einreden entgegen stehen, § 390.[3] Hier war die Gegenforderung des S i. H. v. 1000 € am 8. 1. fällig geworden. Also liegt zum Zeitpunkt der Erklärung der Aufrechnung durch S am 20. 1. eine durchsetzbare Gegenforderung vor.

17 **Hinweis:** Das Erfordernis der Durchsetzbarkeit wird von der überwiegenden Auffassung[4] bereits § 387 entnommen, die § 390 als bloße „Bestätigung" sieht, obwohl die Wendung in § 387 „fordern kann" derjenigen in § 271 Abs. 1 entspricht und somit wohl bloß Fälligkeit verlangt. In der Falllösung sollte man § 390 also lieber erwähnen.

ee) Erfüllbarkeit der Hauptforderung

18 Hingegen reicht für die Hauptforderung Erfüllbarkeit aus, d. h. dass der Schuldner die Forderung bewirken darf (vgl. § 271 Abs. 2). Nicht erforderlich hierfür ist, dass sie durchsetzbar, also vollwirksam und fällig ist. Die Hauptforderung des ursprünglichen Gläubigers A war erfüllbar, da sie sogar bereits seit 7. 1. fällig war.

ff) Ausschluss gem. § 406 Hs. 2

19 Zu prüfen bleibt, ob die Aufrechnung nach § 406 Hs. 2 ausgeschlossen ist. Dies wäre der Fall, wenn entweder der Erwerb der Gegenforderung nach Kenntnis der Abtretung erfolgt ist oder die Gegenforderung nach Erlangung der Kenntnis und später als die abgetretene Forderung fällig geworden ist.

20 Zum einen hat S die Gegenforderung i. H. v. 1000 € am 10. 12. erworben, bevor er am 13. 1. Kenntnis von der Abtretung erlangte.

21 Zum anderen wurde die Gegenforderung am 8. 1. und somit vor Erlangung der Kenntnis (13. 1.) fällig. Damit greift der Ausschlusstatbestand des § 406 Hs. 2 nicht ein. Die Aufrechnung des S mit seiner Gegenforderung i. H. v. 1000 € war daher möglich.

gg) Zwischenergebnis

22 Da die Aufrechnungslage besteht, ist die Forderung des N gem. § 389 i. H. v. 1000 € erloschen und besteht nur noch i. H. von 4000 €.

c) Aufrechnungslage für die Kaufpreisforderung i. H. v. 1500 €, § 387

aa) „Gegenseitigkeit", § 387

23 Da N die Hauptforderung gegenüber S geltend macht, während die Gegenforderung des S i. H. v. 1500 € sich gegen A richtet, fehlt es an der Gegenseitigkeit der beiden Forderungen.

bb) Erhalt der Aufrechnungsmöglichkeit durch § 406

24 Jedoch ist die Aufrechnung gem. § 406 grundsätzlich möglich (analog Rn. 14).

---

[3] Palandt/*Grüneberg*, § 387 Rn. 11.
[4] Vgl. MünchKomm/*Schlüter*, § 390 Rn. 1; Palandt/*Grüneberg*, § 390 Rn. 1; wohl auch Jauernig/*Stürner*, § 387 Rn. 7. – Differenzierter Hk/*Schulze*, § 387 Rn. 9, § 390 Rn. 1 („präzisiert die Voraussetzung").

cc) Gleichartigkeit

Da jeweils Geldforderungen vorliegen, ist Gleichartigkeit gegeben. 25

dd) Durchsetzbarkeit der Gegenforderung

Weitere Voraussetzung ist Wirksamkeit und Fälligkeit der Gegenforderung. Hier 26 war die Gegenforderung des S i.H.v. 1500 € am 15. 1. fällig geworden; Einreden sind nicht ersichtlich. Als S am 20. 1. die Aufrechnung erklärte, war die Gegenforderung durchsetzbar.

ee) Erfüllbarkeit der Hauptforderung

Die Hauptforderung des ursprünglichen Gläubigers A war erfüllbar, da sie sogar 27 bereits seit 7. 1. fällig war.

ff) Ausschluss gem. § 406 Hs. 2

Zu prüfen bleibt ein Ausschluss der Aufrechnung nach § 406 Hs. 2. Dazu käme es 28 zum einen beim Erwerb der Gegenforderung nach Kenntnis der Abtretung. S hat die Gegenforderung i.H.v. 1500 € jedoch am 10. 12., also vor Kenntniserlangung am 13. 1. erworben.

Zum anderen ist die Aufrechnung nicht möglich, wenn die Gegenforderung nach 29 Kenntnis der Abtretung und später als die Hauptforderung fällig geworden ist. Fällig war die Gegenforderung vom 10. 12. i.H.v. 1500 € am 15. 1., also nachdem S am 13. 1. Kenntnis von der Abtretung erlangt hatte. Auch war die Hauptforderung bereits am 7. 1., also vor der Gegenforderung fällig. Somit ist die Aufrechnung des S gegenüber N nach § 406 Hs. 2 ausgeschlossen.

gg) Zwischenergebnis

Die Aufrechnung des S mit der Kaufpreisforderung i.H.v. 1500 € ist unwirksam. 30

d) Aufrechnungslage für die Werklohnforderung i.H.v. 2000 €, § 387

aa) „Wechselseitigkeit" (Gegenseitigkeit), § 387

Da die Hauptforderung des N sich gegen S, die Gegenforderung des S i.H.v. 2000 € 31 sich jedoch gegen A richtet, ist die Wechselseitigkeit der beiden Forderungen zu verneinen.

bb) Erhalt der Aufrechnungsmöglichkeit durch § 406

Jedoch ist die Aufrechnung gem. § 406 grundsätzlich möglich (analog Rn. 14). 32

cc) Gleichartigkeit

Da jeweils Geldforderungen vorliegen, ist Gleichartigkeit gegeben. 33

dd) Durchsetzbarkeit der Gegenforderung

Die Gegenforderung muss vollwirksam und fällig sein. Die Werklohnforderung des 34 S i.H.v. 2000 € war am 2. 1. fällig; Einreden sind nicht ersichtlich. Damit lag im Zeitpunkt der Aufrechnungserklärung des S am 20. 1. eine durchsetzbare Gegenforderung vor.

ee) Erfüllbarkeit der Hauptforderung

35 Die Hauptforderung des ursprünglichen Gläubigers A war erfüllbar, da sie bereits seit 7. 1. fällig war.

ff) Ausschluss gem. § 406 Hs. 2

36 Zu prüfen bleibt der Ausschluss der Aufrechnung nach § 406 Hs. 2, der zum einen dann eintritt, wenn der Erwerb der Gegenforderung nach Kenntnis der Abtretung erfolgt ist. S hat die Werklohnforderung i. H. v. 2000 € aber bereits am 30. 12. und damit vor Kenntniserlangung am 13. 1. erworben.

37 Zum anderen ist die Aufrechnung nicht möglich, wenn die Gegenforderung nach Kenntnis der Abtretung und später als die Hauptforderung fällig geworden ist. Die Werklohnforderung war am 2. 1. fällig, also sowohl vor Kenntnis der Abtretung am 13. 1. als auch vor Fälligkeit der Hauptforderung am 7. 1. Die Aufrechnung ist somit nicht gem. § 406 Hs. 2 ausgeschlossen.

38 **Hinweis:** Es ist also unerheblich, dass die Gegenforderung erst nach Abtretung erworben wurde.

gg) Zwischenergebnis

39 Da die Aufrechnungslage für die Kaufpreisforderung i. H. v. 2000 € vorliegt, ist die Forderung gem. § 389 in dieser Höhe erloschen.

e) Aufrechnungslage für die Schadensersatzforderung i. H. v. 500 €, § 387

aa) „Gegenseitigkeit", § 387

40 Da sich die Hauptforderung des N gegen S richtet und die Gegenforderung des S i. H. v. 500 € gegen A richtet, ist die Gegenseitigkeit der beiden Forderungen zu verneinen.

bb) Erhalt der Aufrechnungsmöglichkeit durch § 406

41 Die Aufrechnung ermöglicht jedoch § 406 (vgl. Rn. 14 analog).

cc) Gleichartigkeit

42 Da jeweils Geldforderungen vorliegen, ist Gleichartigkeit gegeben.

dd) Durchsetzbarkeit der Gegenforderung

43 Die Gegenforderung muss vollwirksam und fällig sein. Die Gegenforderung des S war seit dem 14. 12. vor drei Jahren fällig, § 271 Abs. 1. Sie müsste des Weiteren auch durchsetzbar sein, § 390. Insofern ist die Einrede der Verjährung gem. § 214 Abs. 1 zu prüfen, deren bloßes Bestehen die Aufrechnung gem. § 390 hindern würde:[5] Die Forderung verjährt gem. § 195 in drei Jahren. Die Verjährungsfrist begann gem. § 199 Abs. 1 nach der Fälligkeit der Forderung und der Kenntnis Müllers von Schaden und Schädiger mit Ablauf des 31. 12. des Jahres, in dem A den M verprügelt hatte, und endete gem. § 188 Abs. 2 also am (jetzigen) 31. 12., so dass Verjährung eingetreten ist.

44 Gemäß § 215 hindert die Verjährung der Gegenforderung allerdings die Aufrechnung nicht, sofern die Gegenforderung in dem Zeitpunkt, in dem die Aufrechnung

---

[5] *BGH* NJW 2001, 287, 288; *Looschelders,* SAT, Rn. 417; Palandt/*Grüneberg,* § 390 Rn. 1.

erstmals möglich war, noch nicht verjährt war. Da S die Forderung erst am 14. 1. erworben hat und sich die Forderungen vor diesem Zeitpunkt nicht als aufrechenbar gegenüberstanden, sind die Voraussetzungen des § 215 aber nicht erfüllt.

Mangels Durchsetzbarkeit der Gegenforderung des S ist die Aufrechnung gem. § 390 ausgeschlossen. 45

ee) Zwischenergebnis

Eine Aufrechnungslage für die Gegenforderung des S i. H. v. 500 € liegt nicht vor. 46

Hinweis: Wenn die Voraussetzungen des § 387 vorlägen, würde § 393 der Aufrechnung nicht entgegenstehen. Die Norm verbietet nur die Aufrechnung *gegen* eine Forderung aus vorsätzlicher unerlaubter Handlung, hier soll aber *mit* einer solchen Forderung aufgerechnet werden. – Im Gutachten sollte man das allenfalls ganz kurz, eher aber gar nicht erwähnen, weil man nicht unnötig Wissen präsentieren soll. 47

f) Ergebnis zur Aufrechnung

Die ursprüngliche Forderung des N gegen S i. H. v. 5000 € ist gem. § 389 durch Aufrechnung mit den Forderungen i. H. v. 1000 € und i. H. v. 2000 € insgesamt in Höhe eines Betrags von 3000 € erloschen. 48

3. Ergebnis

N kann von S gem. §§ 488 Abs. 1 S. 2, 398 S. 2 noch Zahlung von 2000 € verlangen. 49

Zusatzfrage

Der Aufrechung könnte wiederum § 406 Hs. 2 Alt. 1 entgegenstehen. Es stellt sich aber die Frage, ob der Rückerwerb nach einer Sicherungsabtretung als „Erwerb" i. S. dieser Vorschrift anzusehen ist. Zwar erwirbt auch bei der Sicherungsabtretung der Zessionar die Forderung nach § 398 S. 2, so dass sie *rechtlich* aus dem Vermögen des Zedenten ausscheidet. Damit müsste an sich bei der Rückabtretung § 406 Hs. 2 Alt. 1 eingreifen. Das ist aber unzweckmäßig, weil der Zessionar durch die Sicherungsabrede treuhänderisch gebunden ist und die Forderung deshalb bis zur Verwertung *wirtschaftlich* Teil des Vermögens des Zedenten bleibt. Daher ist der Rückerwerb nach Wegfall des Sicherungszwecks aufgrund einer teleologischen Reduktion nicht als „Erwerb" i. S. v. § 406 Hs. 2 anzusehen.[6] 50

Hinweis: Das gilt auch nach Anzeige der Sicherungsabtretung gegenüber dem Schuldner und Eintritt der Verwertungsreife, weil beides die treuhänderische Bindung des Sicherungszessionars nichts aufhebt. Zieht dieser also einen Teil der Forderung ein und tritt er die Restforderung dann an den Sicherungszedenten zurück ab, bleibt es bei der teleologischen Reduktion des § 406 Hs. 2 Alt. 1. – Zur teleologischen Reduktion vgl. Fall 9 Rn. 22 f. 51

---

[6] *BGH* NJW 2003, 1182, 1183 m. w. N.; MünchKomm/*Roth*, § 406 Rn. 16.

Fall 24. Defekte Bremse

Sachverhalt

Förster Faulstich will seinen gebrauchten Opel Astra (Wert: 9000 €) verkaufen. Kaum hat er ihn geputzt, poliert und mit einem Verkaufsschild versehen, klingelt auch schon der Waldarbeiter Würmlich. Dieser möchte gerade diesen Astra kaufen, weil er für dieses Modell diverses Zubehör hat, das er verwenden möchte, und ihm die selten anzutreffende Farbe gut gefällt. Würmlich besichtigt den Wagen und dreht eine Proberunde um dem Block. Da dort eine 30 km/h-Zone ist, fällt ihm nicht auf, dass der Wagen bei starkem Bremsen aus der Spur zieht.

Für den Vertragsschluss benutzt Faulstich ein Formular, das er beim Verkauf seiner gebrauchten Pkw stets verwendet und das u. a. die vorgedruckte Klausel enthält: „Gekauft wie besichtigt und unter Ausschluss jeder Gewährleistung". Verhandlungen über den Inhalt des Formulars hat Faulstich abgelehnt. Mit intakter Bremse wäre der Wagen 9500 € wert. Die Reparatur der Bremse kostet 650 €.

Würmlich (W) muss auf dem Heimweg sehr scharf bremsen, wobei ihm der Bremsdefekt nicht verborgen bleibt. Er fragt sich, ob er von Faulstich (F) sofort mit Erfolg die Reparatur der Bremsen verlangen kann, ob auch noch andere Rechte in Betracht kommen und was er dabei bedenken sollte. Faulstich verweist auf die Klausel im Vertrag und darauf, dass er das Fahrzeug nicht selbst reparieren könne und ihm eine teure Reparatur in einer Fachwerkstatt nicht zumutbar sei.

Vorüberlegungen

Der Fall ist einfach und dient dem Einstieg ins Kaufgewährleistungsrecht. Der Zusatz, was W bei der Geltendmachung seiner Rechte bedenken sollte, sollte nicht irritieren: Man soll versuchen, sich die Anwaltsperspektive frühzeitig anzueignen.

Die Rechte des Käufers wegen Mängeln sind übersichtlich und abschließend in § 437 aufgezählt. In der Fallbearbeitung bzw. bei den gedanklichen Vorüberlegungen (und Notizen!) geht man die Rechte am besten der Reihe nach durch. Nach den Vorstellungen des Gesetzgebers ist § 437 nur eine klarstellende „Wegweiser-Vorschrift"[1] und enthält selbst keine Ansprüche oder Rechte, sondern verweist nur auf allgemeine und besondere Vorschriften, aus denen sich die Käuferrechte ohnehin ergeben. Dennoch sollte man § 437 als Teil einer Anspruchsgrundlagenkette mitzitieren.[2] Insbesondere § 439 und § 441 enthalten für sich gesehen keine Anspruchsgrundlage, denn ihnen fehlt ein klarer Tatbestand. So setzt § 439 den Nacherfüllungsanspruch voraus und behandelt lediglich Detailfragen.[3]

Alle Gewährleistungsansprüche setzen nach dem Einleitungssatz des § 437 einen Mangel voraus (Sach- oder Rechtsmangel). Damit konkretisieren die §§ 434 ff. die

---

[1] Vgl. Begr. zum RegE, BT-Drs. 14/6040, 219 f.
[2] Ebenso Hk/*Saenger*, § 439 Rn. 1; wohl auch Palandt/*Weidenkaff*, § 439 Rn. 4.
[3] Jauernig/*Berger*, § 439 Rn. 1.

nicht ordnungsgemäße Leistung i.S.d. §§ 281 und 323. In den Rechtsfolgen werden Sach- und Rechtsmängel grundsätzlich gleich behandelt (beachte aber § 438 Abs. 1).

Der Nacherfüllungsanspruch nach §§ 437 Nr. 1, 439 hat grundsätzlich Vorrang vor den anderen Sachmängelrechten, die grundsätzlich eine Fristsetzung erfordern, was sich aus §§ 323 Abs. 1, 281 Abs. 1 ergibt, auf die § 437 Nr. 2 und 3 verweist. Die Normaufzählung in diesen Vorschriften ist übrigens unglücklich, weil die Voranstellung des § 440 eine Bedeutung suggeriert, die er nicht hat. § 440 enthält nur zusätzliche Ausnahmen vom Fristsetzungserfordernis.

Trotz des Verweises auf die §§ 281, 323 in § 440 S. 1 sollte man die Entbehrlichkeit der Fristsetzung nach § 440 S. 1 zuerst prüfen. Dafür spricht neben dem lex-specialis-Grundsatz, dass § 440 S. 1 u. a. an die *berechtigte* Verweigerung der Nacherfüllung nach § 439 Abs. 3 anknüpft. Diese kann man hier also besonders sachnah unterbringen. Insgesamt ergibt sich also für die Prüfung der Entbehrlichkeit der Fristsetzung folgende Reihenfolge:

Ausnahmen vom Fristsetzungserfordernis beim Rücktritt vom Kaufvertrag wegen Mängeln (Schlechtleistung)

1. Die Nacherfüllung wird in der vom Käufer gewählten Art **berechtigt** insgesamt verweigert, § 440 S. 1 i.V.m. § 439 Abs. 3.
2. Die Nacherfüllung ist fehlgeschlagen, § 440 S. 1 und 2.
3. Die Nacherfüllung ist dem Käufer nicht zuzumuten, § 440 S. 1.
4. Die Nacherfüllung wurde **unberechtigt** verweigert, § 323 Abs. 2 Nr. 1.
5. Ein relatives Fixgeschäft war vereinbart, § 323 Abs. 2 Nr. 2.
6. Besondere Umstände rechtfertigen den sofortigen Rücktritt, § 323 Abs. 2 Nr. 3.

Ist die Nacherfüllung insgesamt nach § 275 Abs. 1–3 ausgeschlossen, sind die Voraussetzungen des § 323 Abs. 1 nicht erfüllt. Dann ergibt sich das Rücktrittsrecht aus § 326 Abs. 5, der ebenfalls keine Fristsetzung erfordert.

Ausnahmen vom Fristsetzungserfordernis für den Schadensersatz statt der Leistung (§ 281 Abs. 1) beim Kauf wegen Mängeln

1. Die Nacherfüllung ist unmöglich (§ 275 Abs. 1) oder kann nach § 275 Abs. 2 und 3 verweigert werden: Sonderregelung in § 283 S. 1 (unechte Ausnahme).
2. Der Verkäufer verweigert gem. § 439 Abs. 3 **berechtigt** beide Arten der Nacherfüllung, § 440 S. 1 (bzw. die dem Käufer allein zustehende).
3. Die Nacherfüllung ist fehlgeschlagen, § 440 S. 1 und 2.
4. Die Nacherfüllung ist dem Verkäufer nicht zuzumuten, § 440 S. 1.
5. Der Verkäufer verweigert die Nacherfüllung endgültig und ernsthaft (unberechtigt), § 281 Abs. 2 Alt. 1.
6. Besondere Umstände rechtfertigen die sofortige Geltendmachung des Schadensersatzes, § 281 Abs. 2 Alt. 2.

Ist die Nacherfüllung insgesamt nach § 275 Abs. 1–3 ausgeschlossen, sind die Voraussetzungen des § 281 Abs. 1 nicht erfüllt. Dann ist § 283 Grundlage für den Schadensersatz statt der Leitung und eine Fristsetzung ebenfalls nicht erforderlich.

Gliederung

Ansprüche des W gegen F   Rn.
I. Anspruch auf Nacherfüllung, §§ 437 Nr. 1, 439 Abs. 1   1
    1. Kaufvertrag, § 433   3
    2. Mangel, § 437 Nr. 1   4
        a) Sachmangel   5
        b) Bei Gefahrübergang, §§ 434 Abs. 1 S. 1, 446   9
    3. Wahlrecht des Käufers   11
    4. Vertraglicher Ausschluss des Anspruchs   12
        a) Vereinbarung über den Gewährleistungsausschluss   13
        b) Unwirksamkeit gem. §§ 307 ff.   15
            aa) Anwendbarkeit der §§ 305 ff.   16
            bb) Allgemeine Geschäftsbedingungen   18
            cc) Einbeziehung   20
            dd) Inhaltskontrolle   21
            ee) Rechtsfolgen der Unwirksamkeit   25
        c) Kenntnis des Mangels   27
    5. Anspruchsausschluss wegen Unmöglichkeit, § 275 Abs. 1   28
    6. Durchsetzbarkeit   29
        a) Unzumutbarkeit der Nacherfüllung nach § 439 Abs. 3 ...   30
        b) Verweigerung der Nacherfüllung gem. § 275 Abs. 2, 3 ..   32
    7. Ergebnis   34
II. Rücktrittsrecht gem. §§ 437 Nr. 2, 323 Abs. 1   35
    1. Fälliger Leistungsanspruch aus einem gegenseitigen Vertrag, § 323 Abs. 1   36
    2. Nicht vertragsgemäße Leistung   37
    3. Erfolglose Fristsetzung zur Nacherfüllung   38
    4. Entbehrlichkeit der Fristsetzung   39
    5. Ergebnis   44
III. Minderungsrecht gem. §§ 437 Nr. 2, 441 Abs. 1 S. 1   45
IV. Anspruch auf Schadensersatz statt der Leistung gem. §§ 437 Nr. 3, 280 Abs. 1 und 3, 281 Abs. 1 S. 1, 440   46
    1. Kaufvertrag, § 433   47
    2. Qualifizierte Pflichtverletzung, §§ 437 Nr. 3, 280, 281 Abs. 1 ...   48
    3. Ergebnis   50
V. Anspruch auf Schadensersatz statt der Leistung, §§ 280 Abs. 1 und 3, 282   51
VI. Schadensersatzanspruch gem. §§ 280 Abs. 1, 311 Abs. 2 Nr. 1, 241 Abs. 2 auf Vertragsauflösung   52
VII. Anfechtungsrecht gem. § 123 Abs. 1 und § 119 Abs. 2   53
VIII. Ergebnis und Empfehlung für W   54

Lösung

Ansprüche des W gegen F

I. Anspruch auf Nacherfüllung, §§ 437 Nr. 1, 439 Abs. 1

W könnte gegen F einen Anspruch auf Nacherfüllung gem. §§ 437 Nr. 1, 439 Abs. 1 haben.

Hinweise: Nach h.M. enthält § 439 Abs. 1 für den Verkäufer ein sog. „Recht zur zweiten Andienung",[4] d.h. ein Recht zur Nacherfüllung als zweiter Erfüllungsversuch. Dies folgt aber nicht aus § 439, sondern aus dem Fristsetzungserfordernis der §§ 281 Abs. 1, 323 Abs. 1.[5] Daher sollte man das sog. „Recht zur zweiten Andienung" nicht als eigene Voraussetzung des Nacherfüllungsanspruchs prüfen.

1. Kaufvertrag, § 433

W und F haben einen wirksamen Kaufvertrag (§ 433) geschlossen.

2. Mangel, § 437 Nr. 1

Der Pkw müsste einen Mangel aufweisen, § 437. In Betracht kommt hier ein Sachmangel i.S.v. § 434.

a) Sachmangel

Gemäß § 434 Abs. 1 liegt ein Sachmangel vor, wenn der Kaufgegenstand bei Gefahrübergang nicht die vereinbarte Beschaffenheit hat oder sich nicht für die vertraglich vorausgesetzte oder übliche Verwendung eignet.

Hinweis: Damit enthält das Gesetz den schon früher herrschenden subjektiv-objektiven Fehlerbegriff. Sachmangel ist jede Abweichung der tatsächlichen Beschaffenheit des gelieferten Gegenstandes von der vertraglich vereinbarten bzw. objektiv zu erwartenden Beschaffenheit, kurz: jede Abweichung der Ist- von der Soll-Beschaffenheit.

Eine Beschaffenheitsvereinbarung i.S.v. § 434 Abs. 1 S. 1 haben die Parteien nicht getroffen. Damit kommt es zunächst nach § 434 Abs. 1 S. 2 Nr. 1 darauf an, ob sich der Astra für die vertraglich vorausgesetzte Verwendung eignet. Das Verhältnis dieses Tatbestandes zu S. 1 und zu S. 2 Nr. 2, der auf die gewöhnliche Verwendung abstellt, ist unklar. Man kann davon ausgehen, dass beim Verkauf eines Pkw grundsätzlich dessen gefahrlose Verwendbarkeit im Straßenverkehr vertraglich vorausgesetzt ist. Anders wäre es nur, wenn der Pkw „zum Ausschlachten" verkauft wird. Geht man deshalb davon aus, dass die Parteien im Vertrag die sichere Verwendbarkeit des Astra im Straßenverkehr vorausgesetzt haben, liegt ein Mangel i.S.v. § 434 Abs. 1 S. 2 Nr. 1 vor.

Soweit man für einen vertraglich vorausgesetzten Gebrauch mehr verlangt, ist § 434 Abs. 1 S. 2 Nr. 2 heranzuziehen: Ein wenige Jahre alter Pkw eignet sich üblicherweise für den sicheren Einsatz im Straßenverkehr. Ist er nicht betriebssicher, so stellt seine Lieferung auch ohne ausdrückliche keine vertragsgemäße Leistung dar, vgl. § 434 Abs. 1 S. 2 Nr. 2. Ein Mangel i.S.v. § 434 Abs. 1 liegt also vor.

---

[4] Jauernig/*Berger*, § 439 Rn. 3 a.E.
[5] So wohl auch Hk/*Saenger*, § 439 Rn. 1.

Fall 24. Defekte Bremse

b) Bei Gefahrübergang, §§ 434 Abs. 1 S. 1, 446

9 Der Mangel müsste bereits zur Zeit des Gefahrübergangs vorgelegen haben, vgl. §§ 434 Abs. 1 S. 1. Dieser erfolgt nach § 446 S. 1 regelmäßig mit der Übergabe der Sache. Da W den Bremsdefekt unmittelbar nach der Übergabe bemerkt hat, war nach der Lebenserfahrung der Mangel des Pkw bereits bei der Übergabe vorhanden.

10 **Hinweis:** Es gibt hier keinen Anlass, auf § 476 einzugehen, der bei einem Verbrauchsgüterkauf i. S. v. § 474 Abs. 1 zwischen einem Verbraucher (§ 13) und einem Unternehmer (§ 14) die Mangelhaftigkeit im Zeitpunkt der Übergabe innerhalb von sechs Monaten ab Gefahrübergang vermutet. – Gemäß § 446 S. 3 führt übrigens auch der Annahmeverzug des Käufers zum Gefahrübergang.

3. Wahlrecht des Käufers

11 Gem. § 439 Abs. 1 kann W als Käufer die Art der Nacherfüllung wählen, nämlich Mängelbeseitigung oder Lieferung einer mangelfreien Sache. Hier hat sich W für die Mängelbeseitigung entschieden.

4. Vertraglicher Ausschluss des Anspruchs

12 Der Nacherfüllungsanspruch könnte vertraglich ausgeschlossen sein. Ein vertraglicher Gewährleistungsausschluss ist möglich, arg. § 444. Ein Verbrauchsgüterkauf i.S.v. § 474, bei dem ein Gewährleistungsausschluss gem. § 475 Abs. 2 unzulässig wäre, liegt beim Verkauf zwischen zwei nicht gewerblich handelnden Privatpersonen (§ 13) nicht vor.

a) Vereinbarung über den Gewährleistungsausschluss

13 Der Kaufvertrag sieht einen Ausschluss jeglicher Gewährleistung vor. Damit können Ansprüche, die aus dem Mangel hergeleitet werden könnten, grundsätzlich nicht entstehen.

14 **Hinweis:** Man muss das angesichts der Eindeutigkeit der vorliegenden Klausel nicht unbedingt als eigenen Gliederungsunterpunkt prüfen. Dies ist aber aus Trainingsgründen dennoch zweckmäßig, damit man es in anderen Fällen nicht vergisst: Hat eine Vereinbarung oder AGB-Klausel keinen so klaren Inhalt, muss man ihren Inhalt erst einmal durch Auslegung gem. §§ 133, 157 (ggf. unter Berücksichtigung von § 305 c Abs. 2) ermitteln, ehe man sich mit ihrer Unwirksamkeit beschäftigt.

b) Unwirksamkeit gem. §§ 307 ff.

15 Die Vertragsklausel könnte gem. §§ 307 ff. unwirksam sein, wenn sie der Inhaltskontrolle gem. § 307 Abs. 3 unterliegt.

aa) Anwendbarkeit der §§ 305 ff.

16 Da § 310 Abs. 4 den Kaufvertrag nicht erwähnt, sind die §§ 305 ff. anwendbar.

17 **Hinweis:** Einen „persönlichen Anwendungsbereich" gibt es nur für einzelne der AGB-Vorschriften, vgl. § 310 Abs. 1 und Abs. 2. Daher sollte man ihn nur bei geeigneten Normen prüfen.

bb) Allgemeine Geschäftsbedingungen

18 Die Klausel mit dem Gewährleistungsausschluss müsste zunächst eine allgemeine Geschäftsbedingung i.S.d. § 305 Abs. 1 S. 1 sein. Es handelt sich um eine Vertragsbedingung; sie war in einem Vertragsformular enthalten, das F bereits mehrfach für gleichartige Geschäfte verwendet hatte, und somit für eine Vielzahl von Verträgen vorformuliert. Ferner müsste sie von einer Partei gestellt worden sein. Da das Vertragsformular von F verwendet wurde, hat er die Klausel i.S.v. § 305 Abs. 1 S. 1 gestellt.

Der Gewährleistungsausschluss wurde nicht von den Parteien i.S.v. von § 305 Abs. 1 S. 3 ausgehandelt, sondern F hat Verhandlungen sogar ausgeschlossen.[6] Damit stellt die Klausel eine Allgemeine Geschäftsbedingung dar.

Hinweis: Bei einem Vertrag zwischen einem Unternehmer i.S.v. § 14 Abs. 1 und einem Verbraucher i.S.v. § 13, der in § 310 Abs. 3 Nr. 1 als Verbrauchervertrag definiert ist, kann man das „Stellen" der AGB durch den Unternehmer auch der eingeschränkt widerleglichen Vermutung des § 310 Abs. 3 Nr. 1 entnehmen. Freilich sollte man zunächst stets prüfen, ob im vorliegenden Fall ein „Stellen" vorliegt. Ist dies der Fall, kommt es auf § 310 Abs. 3 Nr. 1 nicht an, und man sollte die Norm allenfalls kurz als Hilfsbegründung erwähnen. Denn grundsätzlich soll im Gutachten nichts Überflüssiges stehen.

cc) Einbeziehung

Die Klausel muss gem. § 305 Abs. 2 Vertragsbestandteil geworden sein. Diese Vorschrift ist anwendbar, da F und W beim Abschluss des Vertrages nicht im Rahmen einer gewerblichen oder selbständigen beruflichen Tätigkeit und somit nicht als Unternehmer i.S.v. § 14 Abs. 1, vgl. § 310 Abs. 1 S. 1 handeln. Damit ist also erforderlich, dass F den W auf die AGB hingewiesen hat, dieser in zumutbarer Weise von ihnen Kenntnis nehmen konnte und mit ihrer Geltung einverstanden war. Da hier der gesamte Kaufvertrag vorformuliert war, bereitet die Einbeziehung der einzelnen Klauseln keine Schwierigkeiten und erfordert nur den Vertragsschluss.[7] Da ein Gewährleistungsausschluss bei gebrauchten Kfz üblich ist, stellt er sich auch nicht als überraschend i.S.v. § 305c Abs. 1 dar, so dass die Klausel Vertragsbestandteil bleibt.

dd) Inhaltskontrolle

Nach den §§ 307 ff. kontrollfähig sind nur solche Klauseln, die von gesetzlichen Bestimmungen abweichen oder diese ergänzen, § 307 Abs. 3 S. 1. Die Klausel schließt ohne nähere Differenzierung jeglichen Anspruch des Käufers W wegen Mängeln der Kaufsache aus und weicht damit von der gesetzlichen Regelung des § 437 ab. Damit kann sie inhaltlich überprüft werden.

Die Unwirksamkeit der Klausel könnte sich zunächst aus einem der verschiedenen Einzeltatbestände in § 309 Nr. 8 lit. b) ergeben, doch gelten diese nur für den Verkauf neu hergestellter Sachen, nicht aber für Gebrauchtwagen.

Hinweis: Die Norm hat aber seit der Einfügung der Vorschriften über den Verbrauchsgüterkauf (2002) massiv an Bedeutung verloren. Denn im Verhältnis von Unternehmern zu Verbrauchern verbietet § 475 Abs. 1 Gewährleistungsausschlüsse und -beschränkungen weitgehend und unabhängig vom Vorliegen allgemeiner Geschäftsbedingungen. Soweit diese Norm eingreift, braucht man auch im Gutachten nicht zu untersuchen, ob ein Gewährleistungsausschluss in AGB zusätzlich gem. § 309 Nr. 8b) unwirksam wäre. Anders verhält es sich aber beim Schadensersatz, vgl. § 475 Abs. 3. – Im Verhältnis zu Unternehmern gilt § 309 gem. § 310 Abs. 1 grundsätzlich nicht, doch übernimmt die Rspr. seine Wertungen oftmals im Rahmen der Generalklausel des § 307 Abs. 1.

Da die Klausel sämtliche Ansprüche wegen Sachmängeln und somit auch die Haftung des F für Körper- und Gesundheitsschäden ausschließt, ist sie jedoch gem. § 309 Nr. 7 lit. a) unwirksam. Dass solche Schäden nicht eingetreten sind, ist unerheblich. Die Klausel schließt außerdem die Haftung für grob fahrlässige Pflichtverletzungen des Verwenders F (und seiner Erfüllungsgehilfen) aus und ist deshalb auch gem. § 309 Nr. 7 lit. b) unwirksam.

---

[6] Es geht also nicht um die Konstellation, dass die Parteien einvernehmlich ein von einem Dritten bereit gehaltenes Formular verwenden, dazu *BGH* NJW 2010, 1131 und Fall 25.
[7] *BGH* NJW 1995, 190.

ee) Rechtsfolgen der Unwirksamkeit

25 Gemäß § 306 Abs. 1 und 2 bleibt der Vertrag trotz der Unwirksamkeit der Klausel über den Gewährleistungsausschluss im Übrigen wirksam. An die Stelle der unwirksamen Klausel tritt das dispositive Gesetzesrecht. Damit kann W gem. § 439 Abs. 1 Nacherfüllung in Form einer Mängelbeseitigung verlangen.

26 **Hinweis:** Für ein arglistiges Verschweigen oder eine Beschaffenheitsvereinbarung i. S. v. § 444 gibt der Sachverhalt keinerlei Anhaltspunkte. Wenn man will, kann man dies „zur Sicherheit" mit einem Satz im Urteilsstil feststellen. Erforderlich ist es aber nicht.

c) Kenntnis des Mangels

27 Ansprüche wegen Mängeln (aller Art) sind gem. § 442 Abs. 1 S. 1 auch ausgeschlossen, wenn der Käufer sie bei Vertragsschluss positiv kannte. Zwar kannte W den Mangel nicht, doch wären seine Rechte gem. § 442 Abs. 1 S. 2 auch bei grob fahrlässiger Unkenntnis ausgeschlossen, sofern nicht F als Verkäufer arglistig gehandelt oder eine Beschaffenheitsgarantie abgegeben hat. Da W ein Laie ist und der Mangel bei der unternommenen Probefahrt nicht feststellbar war, kann ihm auch eine grob fahrlässige Unkenntnis des Mangels nicht vorgeworfen werden. Damit ist sein Mängelbeseitigungsanspruch aus § 439 Abs. 1 nicht nach § 442 ausgeschlossen.

5. Anspruchsausschluss wegen Unmöglichkeit, § 275 Abs. 1

28 Der Anspruch des W auf Nacherfüllung wäre gem. § 275 Abs. 1 ausgeschlossen, wenn die Nacherfüllung ihrem Schuldner F oder jedermann unmöglich wäre. Hier ist die von W gewünschte Mängelbeseitigung zumindest einer Fachwerkstatt möglich.[8] Insofern käme also nur eine subjektive Unmöglichkeit in Betracht, zumal F darauf hinweist, er könne das Fahrzeug nicht reparieren. Die Mängelbeseitigung muss aber nach dem Wortlaut des § 439 Abs. 1 nicht vom Schuldner in Person geleistet werden, dieser kann also eine Werkstatt beauftragen.[9] Sonst wäre eine Nacherfüllung durch Mängelbeseitigung bei jedem Verkäufer ohne Werkstatt von vornherein ausgeschlossen. Damit ist die Mängelbeseitigung nicht i. S. v. § 275 Abs. 1 unmöglich.

6. Durchsetzbarkeit

29 Zu prüfen bleibt, ob der Anspruch des W auch durchsetzbar ist.

a) Unzumutbarkeit der Nacherfüllung nach § 439 Abs. 3

30 Zu prüfen ist, ob Verkäufer F die Mängelbeseitigung gem. § 439 Abs. 3 S. 1 verweigern kann, weil sie für ihn nur mit unverhältnismäßigen Kosten möglich ist, wie er geltend macht. Die Kosten der Reparatur betragen 650 €. Ob dieser Aufwand unverhältnismäßig ist, muss man gem. § 439 Abs. 3 S. 2 unter Berücksichtigung des Wertes des Pkw in mangelfreiem Zustand, der Bedeutung des Mangels und der Möglichkeit der anderen Art der Nacherfüllung, also einer Ersatzlieferung entscheiden. Ohne den Mangel ist der Astra 500 € mehr wert, als W bezahlt hat. Eine Ersatzlieferung scheidet hier aus, selbst wenn man sie bei einem Stückkauf für grundsätzlich möglich hält, da es dem W auf den Erwerb des bestimmten Gebrauchtwagens von privat an-

---

[8] Objektiv unmöglich wäre die Mängelbeseitigung insb. beim Verkauf eines Unfallfahrzeugs als „unfallfrei", BGHZ 168, 64 Tz. 17 = NJW 2006, 2839.
[9] Vgl. Begr. zum RegE, BT-Drs. 14/6040, 232 im Zusammenhang mit dem Leistungsverweigerungsrecht nach § 439 Abs. 3 (dazu Rn. 31).

Fall 24. Defekte Bremse

kam.[10] Hinzu kommt, dass der Mangel das Fahrzeug verkehrsunsicher macht und erhebliche Gefahren für seine Insassen und andere Verkehrsteilnehmer auslöst. Die Höhe der Mängelbeseitigungskosten ist also nicht unverhältnismäßig.

Zu erwägen bleibt allenfalls, ob die Unverhältnismäßigkeit daraus folgt, dass F 31 selbst über keine Werkstatt verfügt[11] und die Arbeiten daher an einen Unternehmer vergeben müsste. Dem Wortlaut des § 439 Abs. 3 nach ist die Mängelbeseitigung keine höchstpersönliche Pflicht. Reparaturleistungen können unproblematisch auf dem Markt zugekauft werden können, und die Nachbesserungskosten in einer gut ausgelasteten Fremdwerkstatt können sogar niedriger sein als der Betrieb einer eigenen Werkstatt mit nur mäßiger Auslastung. Der organisatorische Aufwand für die Fremdreparatur für sich allein ist ohnehin von § 439 Abs. 2 erfasst.[12] Die Mängelbeseitigung ist für F also nicht wegen ihrer Kosten unzumutbar.

b) Verweigerung der Nacherfüllung gem. § 275 Abs. 2, 3

Da das Leistungsverweigerungsrecht nach § 439 Abs. 3 unbeschadet des § 275 32 Abs. 2 und 3 besteht, bleibt zu prüfen, ob F die Mängelbeseitigung zunächst gem. § 275 Abs. 2 wegen Unzumutbarkeit des damit verbundenen Aufwandes verweigern kann. Dazu müsste der Reparaturaufwand unter Berücksichtigung des Inhalts des Kaufvertrags und der Gebote von Treu und Glauben in einem groben Missverhältnis zum Interesse des W an der Mängelbeseitigung stehen. Die Anforderungen dafür liegen höher als bei der speziellen Ausprägung des gleichen Rechtsgedankens in § 439 Abs. 3 S. 1,[13] da diese Vorschrift sonst überflüssig wäre. Da schon die Voraussetzungen des § 439 Abs. 3 nicht erfüllt sind und andere, nicht finanzielle Aspekte, die eine abweichende Beurteilung rechtfertigen könnten, nicht ersichtlich sind, hat F kein Leistungsverweigerungsrecht nach § 275 Abs. 2.

Hinweis: Ein Leistungsverweigerungsrecht nach § 275 Abs. 3 kommt schon deshalb nicht in Betracht, 33 weil F den Mangel nicht persönlich beseitigen muss (s.o. Rn. 31). Man sollte dies wohl aber besser gar nicht erwähnen. Gleiches gilt für die Verjährung.

7. Ergebnis

W kann von F gem. § 439 Abs. 1 Beseitigung des unfallbedingten Mangels an dem 34 Fahrzeug verlangen.

II. Rücktrittsrecht gem. §§ 437 Nr. 2, 323 Abs. 1

Nach einem wirksamen Rücktritt könnte W Rückzahlung des Kaufpreises verlangen, §§ 346 Abs. 1, 437 Nr. 2, 440, 323 Abs. 1, und müsste dann den Wagen (auf Verlangen des F) zurückgeben. 35

---

[10] H.M., vgl. *Ackermann*, JZ 2002, 378, 379; *Brox/Walker*, BS, § 4 Rn. 44; *Huber*, NJW 2002, 1004, 1006; *S. Lorenz*, JZ 2001, 742, 744; *Lorenz/Riehm*, Rn. 505; AnwK/*Pfeiffer*, Kauf-RiL Art. 3 Rn. 8; *Petersen*, Jura 2002, 461, 462; *Pfeiffer*, ZGS 2002, 23, 29; *Wieser*, MDR 2002, 858, 860; a. A. *Bitter/Meidt*, ZIP 2001, 2114, 2119; *Canaris*, Schuldrechtsmodernisierung 2002, S. XXIV. – Näher dazu in Fall 26.
[11] So ein Hinweis in der Begründung zum RegE, BT-Drs. 14/6040, 232; zustimmend *H.P. Westermann*, JZ 2001, 530, 535.
[12] So die Stellungnahme des Bundesrats, BT-Drs. 14/6857, S. 27; *Bitter/Meidt*, ZIP 2002, 2114, 2122; AnwK/*Büdenbender*, § 439 Rn. 8; *Haas*, BB 2001, 1313, 1316; Hoeren/Martinek/*Wolff*, § 439 Rn. 24. Gleichwohl soll bei einem Händler ohne eigene Reparaturmöglichkeit die Annahme unverhältnismäßiger Kosten eher nahe liegen als bei einem Händler mit eigener Reparaturwerkstatt, so die Gegenäußerung der Bundesregierung, BT-Drs. 14/6857, S. 61.
[13] So auch Begr. zum RegE, BT-Drs. 14/6040, 232.

1. Fälliger Leistungsanspruch aus einem gegenseitigen Vertrag, § 323 Abs. 1

36 Der von den Parteien geschlossene Kaufvertrag ist ein gegenseitiger Vertrag, vgl. § 433. Aus dem von den Parteien geschlossenen Kaufvertrag hat W gegen F einen Anspruch auf Übereignung und Übergabe des Pkw frei von Rechts- und Sachmängeln, § 433 Abs. 1. Der Anspruch ist gem. § 271 Abs. 1 fällig und hinsichtlich der Mängelfreiheit auch nicht i. S. v. § 362 Abs. 1 erfüllt; es besteht ein durchsetzbarer Nacherfüllungsanspruch gem. § 439 Abs. 1 (s. o. Rn. 34).

2. Nicht vertragsgemäße Leistung

37 Der Pkw ist mangelhaft i. S. v. § 434 Abs. 1 (s. o. Rn. 5 ff.).

3. Erfolglose Fristsetzung zur Nacherfüllung

38 Der Rücktritt ist grundsätzlich nur möglich, wenn dem Verkäufer F eine Frist zur Nacherfüllung gesetzt wurde, die erfolglos abgelaufen ist, §§ 323 Abs. 1, 440 S. 1. Da W ihm bislang noch keine solche Frist zur Nacherfüllung gesetzt hat, besteht ein Rücktrittsrecht grundsätzlich nicht.

4. Entbehrlichkeit der Fristsetzung

39 Zu prüfen bleibt, ob die Fristsetzung gem. § 323 Abs. 2 oder § 440 S. 1 entbehrlich ist.

40 Die Fristsetzung könnte zunächst gem. § 440 S. 1 entbehrlich sein; da F die Nachbesserung nicht gem. § 439 Abs. 3 verweigert und sie auch nicht fehlgeschlagen ist, bleibt allenfalls die Unzumutbarkeit der Mängelbeseitigung durch F für W. Da F nicht selbst reparieren will und eine vollständige Mängelbeseitigung möglich ist, wird man diese kaum annehmen können.

41 **Hinweis:** Man sollte mit der spezielleren Norm des § 440 beginnen.

42 Weiter ist die Fristsetzung gem. § 323 Abs. 2 Nr. 1 bei ernsthafter und endgültiger Erfüllungsverweigerung entbehrlich. Hier hat F zwar einige Einwendungen erhoben, die allesamt rechtlich nicht haltbar sind. Jedoch sind an eine Erfüllungsverweigerung strenge Maßstäbe anzulegen: Es kommt darauf an, ob die Weigerung des F als sein letztes Wort aufzufassen ist.[14] Das wird man hier nicht sagen können; zumindest eine rechtlich unterlegte Aufforderung könnte ihn möglicherweise zur Änderung seiner Meinung bewegen. Eine ernsthafte und endgültige Erfüllungsverweigerung liegt noch nicht vor (a. A. kaum vertretbar). Nr. 2 bezieht sich auf das relative Fixgeschäft, das hier nicht vorliegt.

43 Damit kann eine sofortige Rücktrittserklärung nur noch wegen besonderer Umstände nach § 323 Abs. 2 Nr. 3[15] möglich sein, die unter Berücksichtigung der beiderseitigen Interessen den sofortigen Rücktritt rechtfertigen. Dass es sich um einen schwerwiegenden Mangel handelt, reicht dafür allein nicht aus. Damit liegen besondere Umstände i. S. d. § 323 Abs. 2 Nr. 3 nicht vor, welche eine Fristsetzung seitens W entbehrlich machen würden.

5. Ergebnis

44 W kann gem. §§ 440, 323 Abs. 1 derzeit noch nicht vom Vertrag zurücktreten.

---

[14] Vgl. Palandt/*Grüneberg*, § 323 Rn. 18 m. w. N.
[15] Darunter fällt nach dem Willen des Gesetzgebers der Interessenwegfall (§ 326 Abs. 2 a. F.), i. Ü. hat die Rspr. freie Hand bei der Ausfüllung der Formulierung, vgl. Begr. zum RegE, BT-Drs. 14/6040, 186.

III. Minderungsrecht gem. §§ 437 Nr. 2, 441 Abs. 1 S. 1

Zwar könnte W auch ein Minderungsrecht gem. §§ 437 Nr. 2, 441 Abs. 1 S. 1 haben. 45
Da die Minderung aber anstelle des Rücktritts möglich ist, scheitert sie derzeit an der
fehlenden Fristsetzung. W kann noch nicht mindern.

IV. Anspruch auf Schadensersatz statt der Leistung gem. §§ 437 Nr. 3, 280 Abs. 1 und 3, 281 Abs. 1 S. 1, 440

W könnte gegen F einen Anspruch auf Schadensersatz statt der Leistung gem. 46
§§ 437 Nr. 3, 280 Abs. 1 und 3, 281 Abs. 1 S. 1, 440 S. 1 haben.

1. Kaufvertrag, § 433

Das von § 280 Abs. 1 vorausgesetzte Schuldverhältnis liegt in dem von W und F 47
geschlossenen Kaufvertrag.

2. Qualifizierte Pflichtverletzung, §§ 437 Nr. 3, 280, 281 Abs. 1

Der Schadensersatzanspruch setzt des Weiteren eine Pflichtverletzung voraus. Diese 48
liegt hier in der i.S.v. § 434 Abs. 1 mangelhaften Leistung (s.o. Rn. 5ff.), also einer
nicht vertragsgemäßen Leistung i.S.v. § 281 Abs. 1 S. 1. Möglich erscheint angesichts
der Schwere des Bremsdefekts, dass F der Mangel bekannt war und er zusätzlich eine
Offenbarungspflicht verletzt hat; diese Pflichtverletzung ginge aber mit dem Vertragsschluss in der Lieferung der nicht vertragsgemäßen Sache auf.[16]

Doch ist Schadensersatz statt der Leistung gem. §§ 280 Abs. 3, 281 Abs. 1 S. 1, 49
440 S. 1 grundsätzlich nur geschuldet, wenn dem Schuldner durch eine angemessene
Fristsetzung die Möglichkeit zur Nacherfüllung gegeben wird; die Einzelheiten entsprechen im Wesentlichen denjenigen zum Rücktritt nach § 323. Eine Fristsetzung
liegt hier nicht vor. Sie ist hier auch nicht entbehrlich.

3. Ergebnis

W kann von F gem. §§ 437 Nr. 3, 280 Abs. 1 und 3, 281 Abs. 1 S. 1 Schadensersatz 50
statt der Leistung ebenfalls noch nicht verlangen.

V. Anspruch auf Schadensersatz statt der Leistung aus §§ 280 Abs. 1 und 3, 282

Dass F neben der Leistungspflicht auch noch eine nach § 241 Abs. 2 verletzt hätte, 51
ist nicht ersichtlich. Damit scheidet ein solcher Anspruch aus.

VI. Schadensersatzanspruch gem. §§ 280 Abs. 1, 311 Abs. 2 Nr. 1, 241 Abs. 2 auf Vertragsauflösung

W könnte nach umstrittener Rechtsprechung einen Schadensersatzanspruch gem. 52
§§ 280 Abs. 1, 311 Abs. 2 Nr. 1, 241 Abs. 2 gegen F auf Vertragsauflösung nach § 249
Abs. 1 haben.[17] Jedoch ist dem Sachverhalt auch für eine vorvertragliche Pflichtverletzung nichts zu entnehmen. Der Anspruch besteht daher nicht.

---

[16] Vgl. BGHZ 63, 382, 387f.; 79, 281, 287.
[17] *BGH* NJW 1998, 302; *M. Schwab*, JuS 2002, 773, 774f.

VII. Anfechtungsrecht gem. § 123 Abs. 1 und § 119 Abs. 2

53 W fragt nach seinen „vertraglichen Rechten". Dazu zählt im weiteren Sinne auch das Anfechtungsrecht. Man könnte an eine arglistige Täuschung i.S.v. § 123 Abs. 1 denken, doch müsste F dazu von dem Mangel gewusst und ihn vorsätzlich verschwiegen haben. Das liegt zwar nahe, wird aber vom Sachverhalt nicht mitgeteilt. Möglich erscheint aber eine Anfechtung nach § 119 Abs. 2 wegen Eigenschaftsirrtums: Da der technische Zustand eines Pkw diesem unmittelbar anhaftet, bildet er eine Eigenschaft i.S.v. § 119 Abs. 2, die verkehrswesentlich ist, gleichgültig welche Meinung man zu diesem Tatbestandsmerkmal vertritt.[18] Die Anfechtung gem. § 119 Abs. 2 ist jedoch nach ganz h.M. zumindest ab Gefahrübergang, also ab der Übergabe des Astra, ausgeschlossen. Denn andernfalls könnte W das Fristsetzungserfordernis nach § 323 und die Verjährungsregelung des § 438 umgehen; außerdem hätte ein Verkäufer, der vom Mangel nichts weiß, die gleiche Anfechtungsmöglichkeit, so dass er die Gewährleistungsrechte seines Käufers vernichten könnte. Die Anfechtung nach § 119 Abs. 2 ist somit wie im Regelfall durch die §§ 437ff. als vorrangige Sonderregelung ausgeschlossen.[19] Da es im vorliegenden Fall keine Besonderheiten gibt, die eine Ausnahme gebieten würden, kann W also nicht wirksam anfechten.

VIII. Ergebnis und Empfehlung für W

54 W kann derzeit nur den Nacherfüllungsanspruch nach § 437 Nr. 1, 439 Abs. 1 mit Erfolg geltend machen. Zweckmäßigerweise sollte er die Aufforderung an F, den Mangel zu beseitigen, mit der Setzung einer angemessen Frist i.S.d. §§ 281 Abs. 2, 323 Abs. 2 versehen, um nach deren fruchtlosem Ablauf ggf. die oben angesprochenen weiteren Rechte geltend machen zu können. Dabei sollte er darauf achten, dass er die Fristsetzung (bzw. deren Zugang, dazu *Fritzsche*, Fälle zum BGB, Allgemeiner Teil, 3. Aufl., 2009, Fall 6 Rn. 21 f.) auch beweisen kann.

---

[18] Vgl. dazu *Fritzsche*, Fälle zum BGB Allgemeiner Teil, 3. Aufl., 2009, Fall 20 Rn. 24 ff.
[19] *Kropholler*, § 437 Rn. 14; Palandt/*Weidenkaff*, § 437 Rn. 53.

Fall 25. Verschwiegener Verkäufer

BGHZ 168, 64 = NJW 2006, 2839; BGH NJW 2005, 3205; 2010, 1131.

Sachverhalt

Förster Faulstich (F) will seinen gebrauchten Opel Astra verkaufen. Für den Erwerb interessiert sich der Waldarbeiter Würmlich (W), der nach dem technischen Zustand des Wagens und eventuellen Unfallschäden fragt. Faulstich erklärt, ein Unfallschaden sei repariert worden, der Wagen sei „Spitze, bestens, praktisch wie neu!" Dass er den Wagen nach einem schweren Unfall ein Jahr zuvor nur teilweise hat reparieren lassen, um 1000 € zu sparen, und das Fahrzeug nun bei starkem Bremsen erheblich aus der Spur zieht, behält er für sich.

Würmlich kauft den Wagen für 9000 € von Faulstich. Für den Vertrag verwenden sie ein Formular, das sie einvernehmlich unter mehreren ausgewählt und im Internet von einem Automobilclub heruntergeladen haben. Darin heißt es u. a.: „Gekauft wie besichtigt und unter Ausschluss jeder Gewährleistung". Mit intakter Bremse wäre der Wagen 9500 € wert.

Würmlich fährt, vom Zufall behütet, mit dem Astra umher, ohne jemals heftig bremsen zu müssen. Von dem Bremsdefekt erfährt er erst nach mehr als zwei Jahren vom TÜV. Würmlich ist entrüstet, ruft Faulstich an und fordert ihn auf, das Fahrzeug zurückzunehmen und ihm all seine Schäden zu ersetzen. Faulstich beruft sich auf die Klausel im Vertrag und auf die verstrichene Zeit. Falls er den Wagen doch zurücknehmen müsse, müsse Würmlich ihm die gefahrenen Kilometer vergüten.

Abwandlung: Faulstich gibt seinen Opel Astra im Zuge des Erwerbs eines Neufahrzeugs beim Autohändler Haberer (H) in Zahlung. Dieser soll den Wagen im Namen Faulstichs verkaufen und den Verkaufserlös auf den Neuwagenpreis anrechnen; Haberer und Faulstich gehen dabei von einem Erlös von mindestens 6000 € aus, die Faulstich, sollte der Verkauf scheitern, nachzahlen müsste. Auf Würmlichs Frage nach dem technischen Zustand des Wagens sagt Haberer: „Spitze, bestens, unfallfrei!" Dabei hatte er sich weder nach dem Zustand des Wagens erkundigt noch diesen selbst untersucht. Faulstich hatte ihm von dem oben erwähnten Unfall wohlweislich nichts gesagt. Der Vertrag hat den gleichen Inhalt wie im Ausgangsfall.

Hat Würmlich deshalb Ansprüche gegen Haberer?

Vorüberlegungen

W will das Fahrzeug zurückgeben und Ersatz all seiner Schäden, also Rücktritt und Schadenersatz statt der Leistung (§ 325) oder Schadensersatz statt der ganzen Leistung (§ 281 Abs. 1 S. 3). Die Prüfungsreihenfolge ist Geschmackssache. Die gemeinsamen Voraussetzungen prüft man einmal genau und verweist später nach oben.

Der Verkäufer F stellt auf Frage des Käufers W den Zustand des Fahrzeugs als besonders gut dar. Das kann in der Lösung an verschiedenen Stellen eine Rolle spielen, nämlich bei der vertraglichen Beschaffenheitsvereinbarung i.S.v. § 434 Abs. 1 S. 1 sowie einer eventuellen Garantie i.S.v. § 443 sowie i.S.v. § 276 Abs. 1 S. 1. Ob der Verkäufer sich wirklich im einen oder anderen Sinne „binden" oder nur die Beschaffenheit erläutern bzw. die Sache „anpreisen" will, ist im Wege der Auslegung aus dem objektiven Empfängerhorizont (§§ 133, 157) zu klären. Wird ein Mangel verschwiegen, sollte man über die eigentlichen Gewährleistungsrechte hinaus auch über konkurrierende Rechtsbehelfe nachdenken.

Die Abwandlung stellt für Studienanfänger/innen eine Vertiefung dar. Bei den (bewusst ausgeklammerten) Ansprüchen des W gegen F ändert sich nichts, außer dass man dem F das Verhalten des H zurechnen müsste, beim Vertragsschluss und der Arglist mit Hilfe der §§ 164 ff., 166 Abs. 1, beim Schadensersatzanspruch über § 278 (dazu Fall 32 Rn. 23 ff.). Zu prüfen sind deshalb nur die Ansprüche der einen Vertragspartei gegen den Stellvertreter der anderen Vertragspartei auf der Grundlage einer culpa in contrahendo (§§ 280 Abs. 1, 311 Abs. 3, 241 Abs. 2).

Gliederung

Rn.

Ausgangsfall
Ansprüche des W gegen F
I. Anspruch auf Kaufpreisrückzahlung gem. §§ 346 Abs. 1, 437 Nr. 2, 323 Abs. 1 1
   1. Kaufvertrag, § 433 2
   2. Mangel, § 437 Nr. 2 i.V.m. § 434 3
   3. Ausschluss von Gewährleistungsrechten 7
      a) Vereinbarung über den Gewährleistungsausschluss 9
      b) Unwirksamkeit gem. §§ 307 ff., insbesondere § 309 Nr. 8 lit. b) aa) 10
      c) Keine Berufung auf die Klausel gem. § 444 11
      d) Gewährleistungsausschluss durch Kenntnis des Mangels, § 442 14
   4. Fälliger Leistungsanspruch, §§ 437 Nr. 2, 323 Abs. 1 15
      a) Ausschluss wegen Unmöglichkeit der Nacherfüllung, § 275 Abs. 1 16
      b) Unzumutbarkeit der Nacherfüllung nach § 439 Abs. 3 18
      c) Verweigerung der Nacherfüllung gem. § 275 Abs. 2, 3 19
      d) Zwischenergebnis 20
   5. Erfolglose Fristsetzung zur Nacherfüllung 21
   6. Entbehrlichkeit der Fristsetzung 22
      a) Entbehrlichkeit nach § 440 S. 1 23
      b) Entbehrlichkeit nach § 323 Abs. 2 25
   7. Erheblichkeit der Pflichtverletzung 27
   8. Keine Unwirksamkeit des Rücktritts nach § 218 Abs. 1 29
   9. Rücktrittserklärung, § 349 32
   10. Ergebnis 33
II. Anspruch auf Schadensersatz statt der Leistung gem. §§ 437 Nr. 3, 280 Abs. 1 und Abs. 3, 281 Abs. 1 S. 1, 440 34
   1. Kaufvertrag, § 433 35
   2. Qualifizierte Pflichtverletzung, §§ 437, 280, 281 Abs. 1 36
   3. Vertretenmüssen des Verkäufers, § 280 Abs. 1 38
   4. Kein Gewährleistungsausschluss 41
   5. Schaden und Umfang des Ersatzes 42

Fall 25. Verschwiegener Verkäufer 223

Rn.
    a) Schadensersatz statt der Leistung 43
    b) Schadensersatz statt der ganzen Leistung, § 281 Abs. 1 S. 3 44
  6. Durchsetzbarkeit 47
  7. Ergebnis 48
III. Anspruch auf Schadensersatz statt der Leistung aus §§ 280 Abs. 1 und 3, 282 . 49
IV. Schadensersatzanspruch gem. §§ 280 Abs. 1, 311 Abs. 2 Nr. 1, 241 Abs. 2 auf
    Vertragsauflösung 50
V. Anspruch aus Beschaffenheitsgarantie, § 443 53
VI. Anfechtungsrecht gem. § 123 Abs. 1 und § 119 Abs. 2 54

Abwandlung
Ansprüche des W gegen H
  I. Schadensersatz gem. §§ 280 Abs. 1, 311 Abs. 3, 241 Abs. 2 55
    1. Vorliegen eines Schuldverhältnisses 56
    2. Pflichtverletzung 59
    3. Vertretenmüssen 60
    4. Schaden 61
    5. Haftungsausschluss 62
    6. Ergebnis 64
  II. Deliktische Ansprüche 65

Lösung

Ausgangsfall

Ansprüche des W gegen F

I. Anspruch auf Kaufpreisrückzahlung gem. §§ 346 Abs. 1, 437 Nr. 2, 323 Abs. 1

W kann von F nach §§ 346 Abs. 1, 437 Nr. 2, 440, 323 Abs. 1 Rückzahlung des 1
Kaufpreises verlangen, wenn er wirksam vom Kaufvertrag zurückgetreten ist.

1. Kaufvertrag, § 433

Zwischen W und F besteht ein wirksamer Kaufvertrag über den Opel Astra. 2

2. Mangel, § 437 Nr. 2 i. V. m. § 434

Der Opel Astra müsste gem. § 437 einen Mangel aufweisen. In Betracht kommt ein 3
Sachmangel, der gem. § 434 Abs. 1 vorliegt, wenn die Kaufsache nicht die vereinbarte
Beschaffenheit hat oder sich nicht für die vertraglich vorausgesetzte oder übliche Verwendung eignet.

Da W gefragt hatte, ob der Wagen technisch in Ordnung sei, und F dies trotz des 4
Hinweises auf den Unfall bejaht hat, war ein technisch einwandfreier Zustand i.S.v.
§ 434 Abs. 1 S. 1 vereinbart. Deshalb scheiden eventuelle Einschränkungen, an die man
bei einem gebrauchten Pkw denken könnte,[1] wegen des Vorrangs der vertraglichen
Vereinbarung des Zustandes aus, vgl. § 434 Abs. 1 S. 2. Ein Mangel der vorliegenden
Art wäre im Übrigen auch ohne ausdrückliche Vereinbarung bei gebrauchten Pkw

---
[1] Dazu etwa BGHZ 170, 67 = NJW 2007, 759 = JuS 2007, 588 *(Faust)*.

nicht als vertragsgemäße Erfüllung anzusehen, vgl. § 434 Abs. 1 S. 2 Nr. 2. Ein Mangel i. S. v. § 434 Abs. 1 S. 1 liegt also vor.

5   Ein Mangel muss zur Zeit des Gefahrübergangs vorliegen, § 434 Abs. 1 S. 1. Dieser erfolgt gemäß § 446 S. 1 mit der Übergabe der Sache. In diesem Zeitpunkt lag der Mangel des Pkw bereits vor. Daher kann dahinstehen, ob die Vermutung des § 476 anwendbar wäre.

6   **Hinweis:** So hat man auf § 476 hingewiesen, ohne Zeit mit näheren Ausführungen zu verlieren, die angesichts der Eindeutigkeit des Falls letztlich überflüssig wären, da das Ergebnis gleich bleibt.

3. Ausschluss von Gewährleistungsrechten

7   Zu prüfen ist, ob die Gewährleistungsrechte des W aus § 437 ausgeschlossen sind.

8   **Hinweis:** Für den Aufbau gibt es insofern mehrere Möglichkeiten. Wenn es um einen generellen Ausschluss der Gewährleistung geht, kann man ihn gleich nach dem Mangel prüfen und ist gleich fertig, falls der Gewährleistungsausschluss wirksam sein sollte. Das spart sinnlose Ausführungen zu weiteren Rechten. Man kann den Punkt aber auch erst nach den Voraussetzungen des geprüften Anspruchs/Rechts untersuchen. Das ist sinnvoll, wenn der Ausschluss nur einzelne Rechte ausschließt oder beschränkt (vgl. insbesondere § 475 Abs. 3).

a) Vereinbarung über den Gewährleistungsausschluss

9   Im Kaufvertrag ist ein Verkauf „unter Ausschluss jeglicher Gewährleistung" vereinbart. Ein vertraglicher Ausschluss der Gewährleistung ist grundsätzlich möglich, arg. § 444. Da es sich um einen Verkauf zwischen zwei Privatpersonen, also Verbrauchern i. S. v. § 13 handelt, liegt kein Verbrauchsgüterkauf i. S. v. § 474 Abs. 1 vor, bei dem der Gewährleistungsausschluss gem. § 475 Abs. 2 unzulässig wäre. Damit konnten Ansprüche wegen des Mangels zwar grundsätzlich nicht entstehen, doch fragt sich, wie weit ihr Ausschluss hier reicht. Denn die einleitende Wendung „gekauft wie besichtigt" schließt im Gebrauchtwagenhandel an sich nur Mängel aus, die bei einer Besichtigung erkennbar sind.[2] Jedoch muss man bei der Auslegung die Gesamtformulierung berücksichtigen, und der eindeutige Zusatz „unter Ausschluss jeglicher Gewährleistung" ist nach dem Verständnis von Laien der vorrangige Teil der Klausel.[3]

b) Unwirksamkeit gem. §§ 307 ff., insbesondere § 309 Nr. 8 lit. b) aa)

10 Die Vertragsklausel könnte gem. §§ 307 ff., insbes. § 309 Nr. 8 lit. b) aa) unwirksam sein. Dazu müssten zunächst AGB i. S. v. § 305 Abs. 1 S. 1 vorliegen, also für eine Vielzahl von Fällen vorformulierte Vertragsbedingungen, die eine Partei der anderen bei Vertragsschluss gestellt hat. Das Formular enthält Vertragsbedingungen und ist für eine mehrfache Verwendung vorformuliert; wer die Vertragsbedingungen formuliert, ist unerheblich, sodass auch Formulare Dritter, z. B. von Automobilclubs, als AGB anzusehen sein. Das von § 305 Abs. 1 S. 1 verlangte „Stellen" durch eine Partei setzt voraus, dass der anderen Partei keine Möglichkeit gegeben wird, auf den Inhalt der AGB bzw. das zu verwendende Formular Einfluss zu nehmen. Im vorliegenden Fall haben die Parteien das Formular gemeinsam ausgesucht. Daher lässt sich nicht feststellen, dass eine Partei die Verwendung gerade dieses Formulars verlangt hätte. Damit fehlt es an dem von § 305 Abs. 1 S. 1 verlangten „Stellen" der AGB durch einen „Verwender".[4] Die §§ 307 ff. sind also unanwendbar.

---

[2] *BGH* NJW 2005, 3205, 3207 f.
[3] *BGH* NJW 2005, 3205, 3206.
[4] *BGH* NJW 2010, 1131 Tz. 17 ff. m. w. N.

c) Keine Berufung auf die Klausel gem. § 444

Zu prüfen bleibt, ob sich F nach § 444 nicht auf den Gewährleistungsausschluss berufen kann. Dies wäre dann der Fall, wenn er als Verkäufer den Mangel arglistig verschwiegen oder eine Beschaffenheitsgarantie abgegeben hätte. Arglist setzt, wie bei § 123 Abs. 1, lediglich Vorsatz des Verkäufers voraus. Zwar hat F den Unfall erwähnt, aber den aus der unzureichenden Reparatur des Pkws resultierenden Mangel nicht offenbart. Eine Offenbarungspflicht trifft den Verkäufer nach der Rspr. für schwerwiegende und dem Käufer nicht ohne Weiteres erkennbare Mängel; gem. § 242 musste der Mangel beim Bremsen daher auch ungefragt offenbart werden.[5] Da F von diesem Mangel wusste und ihn trotz seiner offenkundigen Bedeutung für den Vertragsentschluss dem W nicht offenbarte, handelte er vorsätzlich und somit arglistig. Damit kann er sich gem. § 444 auf die Klausel über den Gewährleistungsausschluss wegen seiner Arglist nicht berufen.

Dem F könnte die Berufung auf den Gewährleistungsausschluss auch infolge der Übernahme einer Beschaffenheitsgarantie i. S. v. § 443 verwehrt sein. Angesichts der bereits festgestellten Arglist mag dies dahin stehen.

Hinweis: Im Gutachten sollte man § 444 auch prüfen, wenn der Gewährleistungsausschluss noch aus anderen Gründen unwirksam ist. Denn im Gutachten gilt das Vollständigkeitsgebot. Sein Hintergrund ist durchaus praktischer Natur: Es kann sein, dass sich das Vorliegen von AGB (s.o.) oder eines Verbrauchsgüterkaufs nicht nachweisen lässt. Dann kommt es auf § 444 an. Dieser ordnet keine Nichtigkeit an, sondern versagt dem Verkäufer nur die Berufung auf den Gewährleistungsausschluss. Dies soll klarstellen, dass nicht über § 139 eine Gesamtnichtigkeit des Kaufvertrags eintreten soll.[6]

d) Gewährleistungsausschluss durch Kenntnis des Mangels, § 442

Ansprüche des Käufers W wegen des Mangels wären außerdem gem. § 442 Abs. 1 S. 1 ausgeschlossen, wenn er diesen bei Vertragsschluss positiv gekannt hätte. Bei grob fahrlässiger Unkenntnis des Mangels wären seine Rechte gem. § 442 Abs. 1 S. 2 ebenfalls ausgeschlossen, wenn nicht der Verkäufer arglistig gehandelt oder eine Beschaffenheitsgarantie abgegeben hat. W hatte weder Kenntnis vom Mangel noch kann man ihm als Laien eine grob fahrlässige Unkenntnis des Mangels vorwerfen. Damit ist der Anspruch auf Mängelbeseitigung aus § 439 Abs. 1 nicht nach § 442 ausgeschlossen.

4. Fälliger Leistungsanspruch, §§ 437 Nr. 2, 323 Abs. 1

Aus dem geschlossenen Kaufvertrag hat W gegen F einen Anspruch auf Übereignung und Übergabe des Pkw frei von Rechts- und Sachmängeln, § 433 Abs. 1. Der Anspruch ist gem. § 271 Abs. 1 fällig und hinsichtlich der Mängelfreiheit nicht i. S. v. § 362 Abs. 1 erfüllt. Damit könnte W grundsätzlich einen nach § 271 Abs. 1 sofort fälligen Nacherfüllungsanspruch gem. § 439 Abs. 1 gegen W haben.

a) Ausschluss wegen Unmöglichkeit der Nacherfüllung, § 275 Abs. 1

Der Anspruch des W auf Nacherfüllung wäre jedoch gem. § 275 Abs. 1 ausgeschlossen, sollte die Nacherfüllung ihrem Schuldner F oder jedermann unmöglich sein. Gem. § 439 Abs. 1 kommt die Nacherfüllung grundsätzlich in zwei Varianten in Betracht. Für die Ersatzlieferung ist umstritten, ob sie auch bei einem Stückkauf möglich ist.[7] Angenommen wird dies jedenfalls dann, wenn der Verkäufer eine Ersatzsache un-

---

[5] *BGH* NJW 1995, 1549, 1550 m. w. N.
[6] Begr. zum RegE, BT-Drs. 14/6040, 240.
[7] Dazu näher Fall 26 Rn. 10 ff.

schwer beschaffen kann und der Käufer keinen Wert darauf legt, eine bestimmte Sache zu erhalten. Da F kein Händler ist und W aus bestimmten Gründen besonderen Wert gerade auf diesen einen Opel Astra gelegt hat, scheidet hier eine Nacherfüllung durch Ersatzlieferung gem. § 275 Abs. 1 aus.

17 Damit bleibt zu prüfen, ob eine Nacherfüllung durch Mängelbeseitigung in Betracht kommt. Da die Reparatur zumindest einer Fachwerkstatt möglich ist und sie nicht von F in Person erbracht werden muss,[8] ist die Mängelbeseitigung beim Verkauf zwischen zwei Privatpersonen möglich. Eine Unfallfreiheit hat F nicht zugesagt. Damit besteht ein Mängelbeseitigungsanspruch nach § 439 Abs. 1, doch bleibt zu prüfen, ob er auch durchsetzbar ist.

b) Unzumutbarkeit der Nacherfüllung nach § 439 Abs. 3

18 Verkäufer F könnte gem. § 439 Abs. 3 S. 1 die Mängelbeseitigung verweigern, wenn sie für ihn nur mit unverhältnismäßigen Kosten möglich ist. Darauf hat er sich allerdings nicht berufen. Ob der Aufwand unverhältnismäßig ist, muss man gem. § 439 Abs. 3 S. 2 unter Berücksichtigung des Wertes des Pkw in mangelfreiem Zustand, der Bedeutung des Mangels und der Möglichkeit der anderen Art der Nacherfüllung entscheiden. Eine Ersatzlieferung scheidet hier aus. Ohne den Mangel, der das Fahrzeug verkehrsunsicher macht und daher als schwerwiegend einzustufen ist, wäre der Pkw 9500 € und damit 500 € mehr wert. Im Verhältnis dazu sind Mängelbeseitigungskosten von 1000 € nicht unverhältnismäßig hoch, zumal man nach § 439 Abs. 3 S. 2 („insbesondere") auch die Arglist des F berücksichtigen kann. Insgesamt liegen die Voraussetzungen des § 439 Abs. 3 nicht vor.

c) Verweigerung der Nacherfüllung gem. § 275 Abs. 2, 3

19 Da ein über die bereits geprüften Kosten hinausgehender Aufwand des F nicht ersichtlich ist, spricht angesichts seines arglistigen Verhaltens erst recht nichts für eine Unverhältnismäßigkeit i. S. v. § 275 Abs. 2.

d) Zwischenergebnis

20 Der fällige Nacherfüllungsanspruch des W gegen F ist durchsetzbar.

5. Erfolglose Fristsetzung zur Nacherfüllung

21 Der Rücktritt ist grundsätzlich nur möglich, wenn dem Verkäufer F eine Frist zur Nacherfüllung gesetzt wurde, die erfolglos abgelaufen ist, §§ 323 Abs. 1, 440 S. 1. Da W ihm bislang noch keine solche Frist zur Nacherfüllung gesetzt hat, besteht ein Rücktrittsrecht grundsätzlich nicht.

6. Entbehrlichkeit der Fristsetzung

22 Die Fristsetzung könnte gem. § 323 Abs. 2 oder § 440 S. 1 entbehrlich sein.

a) Entbehrlichkeit nach § 440 S. 1

23 Nach § 440 S. 1 ist die Fristsetzung entbehrlich, wenn F die Nachbesserung gem. § 439 Abs. 3 verweigert oder sie fehlgeschlagen oder dem W unzumutbar ist. Eine Verweigerung und ein Fehlschlagen der Nacherfüllung sind nicht ersichtlich. Zu prü-

---

[8] Vgl. dazu etwas ausführlicher Fall 24 Rn. 31.

fen bleibt die Unzumutbarkeit der Mängelbeseitigung für W, die sich bei § 440 S. 1 insbesondere aus der für die Nacherfüllung notwendigen Zeit oder ihren Begleitumständen bzw. der Wahrscheinlichkeit ihres Fehlschlagens ergeben kann. Derartige Umstände sind nicht ersichtlich.

Die Unzumutbarkeit kann ihre Ursache aber auch in der Person des Verkäufers haben, etwa weil dieser zur erfolgreichen Nacherfüllung nicht fähig erscheint, was man hier annehmen kann. Außerdem weist die Pflichtverletzung des F angesichts seiner Arglist[9] und der erheblichen Gefahren, denen er W ausgesetzt hat, eine besondere Schwere auf. Das Verhalten des F war daher geeignet, die Vertrauensgrundlage zwischen den Parteien nachhaltig zu stören. Auf seine Interessen als Verkäufer kommt es bei § 440 S. 1 nicht an. Damit ist dem W die Nacherfüllung durch F unzumutbar, so dass die Fristsetzung gem. § 440 S. 1 entbehrlich ist (a.A. vertretbar). 24

b) Entbehrlichkeit nach § 323 Abs. 2

Weiter ist die Fristsetzung gem. § 323 Abs. 2 Nr. 1 bei ernsthafter und endgültiger Erfüllungsverweigerung entbehrlich. Hier hat F immerhin einige Einwendungen erhoben, die allesamt rechtlich nicht haltbar sind. Jedoch sind an eine Erfüllungsverweigerung strenge Maßstäbe anzulegen: Es kommt darauf an, ob die Weigerung des F als sein letztes Wort aufzufassen ist.[10] Das kann man hier nicht sagen, weil ihn W gar nicht zur Nacherfüllung aufgefordert hat und seine Einwände sich eher gegen die Rückabwicklungsforderung des W richten. Eine ernsthafte und endgültige Erfüllungsverweigerung liegt nicht vor (a.A. wohl vertretbar). 25

Da sich § 323 Abs. 2 Nr. 2 auf das relative Fixgeschäft bezieht, das hier nicht vorliegt, kann eine sofortige Rücktrittserklärung nur noch wegen besonderer Umstände nach § 323 Abs. 2 Nr. 3[11] möglich sein, die unter Berücksichtigung der beiderseitigen Interessen den sofortigen Rücktritt rechtfertigen. Wie bereits zu § 440 dargelegt, hat die Pflichtverletzung des F die Vertrauensgrundlage zwischen den Parteien nachhaltig zerstört. F ist wegen seines vorsätzlichen Verhaltens auch nicht schutzwürdig. Damit liegen besondere Umstände i.S.d. § 323 Abs. 2 Nr. 3 vor, welche eine Fristsetzung seitens W entbehrlich machen. 26

7. Erheblichkeit der Pflichtverletzung

Der Rücktritt wegen Schlechtleistung ist gem. § 323 Abs. 5 S. 2 ausgeschlossen, wenn die Pflichtverletzung des Schuldners unerheblich ist. Insofern ist in erster Linie die vertragliche Vereinbarung als Maßstab heranzuziehen und zu fragen, ob das Leistungsinteresse des W erheblich gestört ist.[12] Der tatsächliche Zustand des Pkw weicht mit dem sicherheitsrelevanten Mangel jedenfalls so stark von der geschuldeten Leistung ab, dass die Erheblichkeit zu bejahen ist.[13] Hinzu kommt das arglistige Verhalten des F, das selbst bei unerheblichen Mängeln eine erhebliche Pflichtverletzung begründen können soll.[14] Die Erheblichkeit seiner Pflichtverletzung i.S.v. § 323 Abs. 5 S. 2 ist somit zu bejahen. 27

---

[9] Vgl. Palandt/*Grüneberg*, § 323 Rn. 22, § 286 Rn. 25; a. A. MünchKomm/*Ernst*, § 323 Rn. 130.
[10] Vgl. Palandt/*Grüneberg*, § 323 Rn. 18 m. w. N.
[11] Darunter fällt nach dem Willen des Gesetzgebers der Interessenwegfall (§ 326 Abs. 2 a. F.), i. Ü. hat die Rechtsprechung freie Hand bei der Ausfüllung dieser offenen Formulierung, vgl. Begr. zum RegE, BT-Drs. 14/6040, 186.
[12] Hk/*Schulze*, § 323 Rn. 14; vgl. Palandt/*Grüneberg*, § 323 Rn. 27, § 281 Rn. 47.
[13] *BGH* NJW 2008, 1517.
[14] BGHZ 167, 19, 22 ff. m. w. N. = NJW 2006, 1960.

28 **Hinweis:** Dieses Abstellen auf die Erheblichkeit der Pflichtverletzung erscheint in § 323 auf den ersten Blick wie ein Fremdkörper. Es beruht auf der Fassung der Vorschrift im Diskussionsentwurf, die noch in Übereinstimmung mit § 280 auf die „Pflichtverletzung" abstellte. Die heutige Fassung des § 323 benennt dagegen spezielle Leistungsstörungen, wie die §§ 281–283 auch. Im Kontext des § 323 Abs. 1 macht das Erheblichkeitselement bei der nicht vertragsgemäßen Leistung eigentlich nur Sinn, wenn man sie auf die Abweichung von der vertraglich geschuldeten Leistung bezieht, zumal auch die Gesetzesbegründung ausführt, bei einer unerheblichen Pflichtverletzung sei „das Leistungsinteresse des Gläubigers im Grunde nicht gestört". Dies kann etwa der Fall sein, wenn die Farbe der gelieferten Sache minimal von der vertraglichen Vereinbarung abweicht und dies für den Käufer keine gravierende Rolle spielt. Fraglich ist, ob sich daran etwas ändert, wenn der Verkäufer die Abweichung vorsätzlich verschweigt. Nach der Rspr. liegt im Verschweigen stets eine erhebliche Pflichtverletzung; die Literatur bezweifelt dies zum Teil.

8. Keine Unwirksamkeit des Rücktritts nach § 218 Abs. 1

29 Der Rücktritt wäre gem. § 218 Abs. 1 unwirksam, wenn Erfüllungs- und Nacherfüllungsansprüche des W verjährt wären. Das Rücktrittsrecht wegen Mängeln als Gestaltungsrecht unterliegt zwar nicht der Verjährung, es wird jedoch durch die §§ 438 Abs. 4 S. 1, 218 Abs. 1 S. 1 zeitlich durch die Verjährung der Gewährleistungsansprüche begrenzt.

30 Da sich F auf den eingetretenen Zeitablauf berufen hat, ist somit zu prüfen, ob der Nacherfüllungsanspruch des W verjährt ist. Die Mängelansprüche des W unterliegen gem. § 438 Abs. 1 Nr. 3 grundsätzlich einer Verjährung von zwei Jahren, die mit der Ablieferung beginnt, § 438 Abs. 2. Eine abweichende Verjährungsvereinbarung, die gem. § 202 grundsätzlich zulässig ist, aber den Grenzen der §§ 202, 475 Abs. 2 und § 309 Nr. 8 lit. b) ff) unterliegt, wurde hier nicht getroffen. Da seit der Ablieferung, also der Übergabe des Fahrzeugs durch F an W, mehr als zwei Jahre vergangen sind, ist die Verjährungsfrist gem. §§ 187 Abs. 1, 188 Abs. 2 abgelaufen.

31 Jedoch verjähren im Falle der hier vorliegenden Arglist des Verkäufers (s.o. Rn. 11) die Mängelansprüche abweichend gem. § 438 Abs. 3 S. 1 in der regelmäßigen Verjährungsfrist. Diese beträgt gem. § 195 drei Jahre. Diese Frist beginnt gem. § 199 Abs. 1 mit dem Ende des Jahres, in dem der Anspruch entstanden ist und in dem der Gläubiger Kenntnis von Anspruch und Gegner hat. Diese Frist ist hier noch nicht abgelaufen, so dass sich F nicht mit Erfolg auf Verjährung berufen kann.

9. Rücktrittserklärung, § 349

32 Da die Voraussetzungen eines sofortigen Rücktritts gegeben sind, müsste W den Rücktritt nur noch gem. § 349 erklären. Sein Begehren lässt sich nach §§ 133, 157 dahin verstehen, dass er zurücktreten und zusätzlich (§ 325) Schadensersatz statt der Leistung verlangen will.

Hinweis: Bei Mängeln hat der Käufer gem. §§ 437 Nr. 2, 323, 326 Abs. 5, 440 (bzw. § 437 Nr. 2, 441 Abs. 1 S. 1) ein Gestaltungsrecht. Bis Ende 2001 waren diese Rechte nach § 462 a.F. als Anspruch ausgestaltet; es bedurfte noch eines Vollzugs nach § 465, dessen Modalitäten umstritten waren[15] mit Problemen wie jetzt bei § 313.[16]

10. Ergebnis

33 W kann gem. §§ 440, 323 Abs. 1 vom Vertrag zurücktreten. Falls er sich dazu entschließt, erlischt sein Nacherfüllungsanspruch. W erlangt dann einen Anspruch auf Rückzahlung des Kaufpreises in Höhe von 9000 € Zug-um-Zug gegen Rückgabe des Opel Astra (§§ 346 Abs. 1, 348). Doch schuldet W seinerseits gem. § 346 Abs. 1 und 2

---

[15] Vgl. nur Palandt/*Weidenkaff*, 61. Aufl., 2002, § 465 Rn. 2 ff. m.w.N.
[16] Vgl. Fall 18 Rn. 12; Fall 33 Fn. 7.

Fall 25. Verschwiegener Verkäufer

Nr. 1 neben der Herausgabe des Pkw auch Ersatz der gezogenen Nutzungen, mithin eine Vergütung für die in den zwei Jahren gefahrenen Kilometer.[17] Ob dies im wirtschaftlichen Ergebnis noch günstiger für ihn ist, als Mängelbeseitigung zu verlangen, hängt von der Kilometerleistung ab.

II. Anspruch auf Schadensersatz statt der Leistung gem. §§ 437 Nr. 3, 280 Abs. 1 und Abs. 3, 281 Abs. 1 S. 1, 440

Wie bereits angesprochen, kann W auch im Falle des Rücktritts gem. § 325 noch Schadensersatz verlangen. Zu prüfen ist daher, ob er einen Anspruch auf Schadensersatz statt der Leistung hat. 34

1. Kaufvertrag, § 433

Das von § 280 Abs. 1 vorausgesetzte Schuldverhältnis liegt in dem von W und F geschlossenen Kaufvertrag. 35

2. Qualifizierte Pflichtverletzung, §§ 437, 280, 281 Abs. 1

Der Schadensersatzanspruch setzt des Weiteren eine Pflichtverletzung voraus. Diese liegt hier in der i. S. v. § 434 Abs. 1 mangelhaften Leistung (s. o. Rn. 3 ff.), also einer nicht vertragsgemäßen Leistung i. S. v. § 281 Abs. 1 S. 1. Außerdem hat F den Mangel arglistig verschwiegen, also eine Offenbarungspflicht verletzt; diese Pflichtverletzung geht aber mit dem Vertragsschluss in der Lieferung der nicht vertragsgemäßen Sache auf.[18] 36

Doch ist Schadensersatz statt der Leistung gem. §§ 280 Abs. 3, 281 Abs. 1 S. 1 grundsätzlich nur geschuldet, wenn dem Schuldner durch eine angemessene Fristsetzung die Möglichkeit zur Nacherfüllung gegeben wird; die Einzelheiten entsprechen im Wesentlichen denjenigen zum Rücktritt nach § 323. Wiederum ergänzt § 440 die Gründe für die Entbehrlichkeit der Fristsetzung. Wie bereits dargelegt, ist die Fristsetzung sowohl nach § 440 S. 1 als auch nach § 281 Abs. 2 Alt. 2, der § 323 Abs. 2 Nr. 3 entspricht, entbehrlich. Da W eine Frist nicht gesetzt hat, kommt es wiederum auf die Entbehrlichkeit der Fristsetzung an, die sich wiederum nur aus besonderen Gründen ergeben kann, die unter Abwägung der beiderseitigen Interessen die sofortige Geltendmachung des Schadensersatzanspruchs rechtfertigen, § 281 Abs. 2 Alt. 2. Insofern kann man auf die Ausführungen oben Rn. 22 ff. verweisen. Die Fristsetzung ist also wiederum entbehrlich. 37

3. Vertretenmüssen des Verkäufers, § 280 Abs. 1

Der Schadensersatzanspruch des W setzt außerdem voraus, dass Schuldner F die Pflichtverletzung zu vertreten hat; bei nachgewiesener Pflichtverletzung muss der Schuldner gem. § 280 Abs. 1 S. 2 beweisen, dass er sie nicht zu vertreten hat. Grundsätzlich hat der Schuldner gem. § 276 Abs. 1 Vorsatz und Fahrlässigkeit zu vertreten, soweit sich aus einer Vereinbarung oder dem sonstigen Inhalt des Schuldverhältnisses, insbesondere aus der Übernahme einer Garantie, nicht eine strengere (oder mildere) Haftung ergibt. 38

Jedoch kannte F den Mangel und hat ihn verschwiegen. Damit hat er aber dem W vorsätzlich eine mangelhafte Sache verschafft. Er hat seine Pflichtverletzung also zu 39

---

[17] Anders beim Verbrauchsgüterkauf und Rückgabe nach Ersatzlieferung, § 474 Abs. 2 S. 1.
[18] Vgl. BGHZ 63, 382, 387 f.; 79, 281, 287.

vertreten und kann den Entlastungsbeweis nicht führen. Ob F hier durch seine Erklärung, der technische Zustand des Wagens sei „Spitze, bestens, praktisch wie neu!", eine Garantie i. S. v. § 276 Abs. 1 S. 1 übernommen hat, kann somit dahin stehen.

40 **Hinweis:** Die Übernahme einer garantiemäßigen Haftung durch die besagte Äußerung darf man nicht mit einer Garantie i. S. v. § 443 verwechseln (dazu unten Rn. 53). Die dortigen Erwägungen könnte man gleichwohl auch im Rahmen § 276 machen.

4. Kein Gewährleistungsausschluss

41 Wie bereits oben (Rn. 11) geprüft, kann sich F gem. § 444 nicht auf den Gewährleistungsausschluss berufen.

5. Schaden und Umfang des Ersatzes

42 Damit kann W von F grundsätzlich Schadensersatz verlangen, denn nach §§ 280 Abs. 1 S. 1 und Abs. 3, 281 Abs. 1 S. 1 erhält der Gläubiger Ersatz seines durch die Nicht- bzw. Schlechterfüllung entstandenen Schadens.

a) Schadensersatz statt der Leistung

43 W kann gem. § 249 Abs. 1 S. 1 verlangen, so gestellt zu werden, wie er bei ordnungsgemäßer Erfüllung stünde. Dann hätte er einen mangelfreien Wagen erhalten. Der Schaden aus der Schlechtleistung liegt im mangelbedingten Minderwert des Pkw i. H. v. 500 €. Weitere Schäden sind wegen des Rücktritts nicht ersichtlich.

b) Schadensersatz statt der ganzen Leistung, § 281 Abs. 1 S. 3

44 Fraglich ist, ob W gem. § 281 Abs. 1 S. 3 auch Schadensersatz statt der ganzen Leistung verlangen kann. Wie bereits zu § 323 Abs. 5 S. 2 (s. o. Rn. 27) festgestellt, ist die Pflichtverletzung des F erheblich, so dass § 281 Abs. 1 S. 3 einem solchen Begehren des W nicht entgegensteht. W kann also grundsätzlich gem. § 281 Abs. 1 S. 1 und 3 auch Schadensersatz statt der ganzen Leistung verlangen, also den Pkw zurückgeben (vgl. § 281 Abs. 5) und Ersatz aller seiner Schäden verlangen. Dieses Vorgehen entspricht seinem Begehren ebenso wie die Kombination aus Rücktritt und Schadensersatz, die er geäußert hat. Von daher braucht man seine Äußerung wegen der Alternativität nicht zwingend als Rücktrittserklärung zu verstehen; ein juristischer Laie weiß typischerweise von diesen Feinheiten nichts.

45 Bei ordnungsgemäßer Erfüllung hätte W ein Fahrzeug im Wert von 9500 € gegen Zahlung von 9000 € erhalten. Sein Schaden beläuft sich daher auf 9500 €. Die Kosten der Zulassung kann er nicht verlangen, da er sie auch bei ordnungsgemäßer Erfüllung hätte aufwenden müssen und sie somit nicht auf der Pflichtverletzung beruhen.[19]

46 Allerdings ist zu berücksichtigen, dass F in diesem Falle von W gem. § 281 Abs. 5 i. V. m. § 346 Abs. 1 und 2 Nr. 1 – mithin wie beim Rücktritt – Rückgewähr des Pkw und die geltend gemachte Nutzungsentschädigung verlangen kann. Im Ergebnis wären der Schadensersatzanspruch des W in Höhe von 9500 € mit dem Nutzungsersatzanspruch des W zu verrechnen, so dass W nur noch die ggf. zu seinen Gunsten verbleibende Differenz verlangen kann.

6. Durchsetzbarkeit

47 Die Gewährleistungsansprüche sind nicht verjährt (s. o. Rn. 31).

---

[19] Vgl. dazu bereits Fall 11 Rn. 35 f.

7. Ergebnis

W kann von F gem. §§ 437 Nr. 3, 280 Abs. 1 und 3, 281 Abs. 1 S. 1 Schadensersatz 48 statt der ganzen Leistung verlangen, also Zahlung von 9500 €, aber gem. §§ 281 Abs. 5, 346 Abs. 1, 348 nur Zug und Zug gegen Herausgabe des Pkw und Ersatz der gezogenen Nutzungen (s. o. Rn. 46). Im Vergleich zum Rücktritt ist das günstiger, weil F nicht nur den gezahlten Kaufpreis zurückerhält, sondern den wahren Wert. Macht er diesen Anspruch geltend, so erlischt gem. § 281 Abs. 4 sein Nacherfüllungsanspruch.

III. Anspruch auf Schadensersatz statt der Leistung aus §§ 280 Abs. 1 und 3, 282

Da neben der Pflicht zur „Leistung einer mangelhaften Sache" auch noch die Aufklärungspflicht bzgl. gravierender Mängel schlecht erfüllt wurde, wäre auch eine Haftung wegen dieser Nebenpflichtverletzung denkbar. Diese Aufklärungspflicht bestand allerdings nicht aufgrund des Kaufvertrags, sondern bereits im Rahmen des vorvertraglichen Vertragsverhandlungsverhältnisses nach § 311 Abs. 2 Nr. 1, das jedem Vertragsschluss vorangeht. Somit ist § 282 schon deshalb nicht anwendbar, weil in dem verletzten Schuldverhältnis keine Leistungspflichten, sondern nur Pflichten nach § 241 Abs. 2 bestanden. – Im Übrigen kommt es für die Abgrenzung der §§ 281 und 282 allein darauf an, ob die verletzte Nebenpflicht leistungsbezogen ist oder nicht, da § 282 nur besondere Voraussetzungen für den Schadensersatz statt der Leistung bei der Verletzung nicht leistungsbezogener Nebenpflichten i.S.v. § 241 Abs. 2 aufstellt. Hier liegt zwar auch eine Verletzung der (vorvertraglichen!) Aufklärungspflicht vor, doch mündet diese in der Schlechterfüllung, so dass hier eine leistungsbezogene Pflicht verletzt ist. Generell sollte man, wenn die Verletzung einer vertraglichen Aufklärungspflicht in die Verletzung der Hauptleistungspflicht mündet, letzterer einen Vorrang zuerkennen. Ein Anspruch gem. §§ 280, 282 besteht daher nicht. 49

IV. Schadensersatzanspruch gem. §§ 280 Abs. 1, 311 Abs. 2 Nr. 1, 241 Abs. 2 auf Vertragsauflösung

Wie soeben dargelegt, bestand eine vorvertragliche Aufklärungspflicht des F, die dieser verletzt hat. Der deshalb denkbare Schadensersatzanspruch gem. §§ 280 Abs. 1, 311 Abs. 2 Nr. 1, 241 Abs. 2 kann nach umstrittener Rechtsprechung auf Vertragsauflösung nach § 249 Abs. 1 gerichtet sein.[20] Da diese vorvertragliche Pflichtverletzung aber nach dem Abschluss des Kaufvertrags zur Lieferung des mangelhaften Gebrauchtwagens führte, für die sich die Käuferrechte aus §§ 437 ff. ergeben, muss sie in der vertraglichen Pflichtverletzung aufgehen. Für eine solche Begrenzung der in §§ 280, 311 Abs. 2 kodifizierten c.i.c. sprechen ihre von den §§ 281 ff. abweichenden Voraussetzungen und Rechtsfolgen: Sie ermöglicht uneingeschränkt den Ersatz des negativen Interesses, während dies über §§ 281, 284 nur eingeschränkt geht.[21] Für den Schadensersatzanspruch aus c.i.c. gilt nicht die Verjährung nach § 438, sondern die nach §§ 195, 199. Die Ausschlussgründe der §§ 442, 445 greifen nicht. Auch kann die c.i.c. unter Umständen zur Vertragsaufhebung im Wege der Naturalrestitution verpflichten,[22] was den in §§ 281, 323 verankerten Vorrang der Nacherfüllung ausheben würde.[23] Deshalb sind die §§ 437 ff. zumindest ab Gefahrübergang als abschließende Sonderregelung zu verstehen, soweit sich die vorvertragliche Pflichtverletzung auf 50

---
[20] Vgl. dazu am besten *Looschelders*, SAT, Rn. 193 ff. m. w. N.
[21] Dazu näher Fall 11 Rn. 16 ff., 43 ff.
[22] Palandt/*Grüneberg*, § 311 Rn. 55.
[23] *Huber/Faust*, § 14 Rn. 25.

ein Merkmal der Kaufsache bezieht, das zum Gegenstand einer Beschaffenheitsvereinbarung hätte gemacht werden können.²⁴ Damit scheidet ein Anspruch aus c.i.c. aus.

51 Strittig ist allerdings, ob zumindest bei Vorsatz ausnahmsweise ein Konkurrenzverhältnis anzunehmen ist²⁵ oder ob die c.i.c. generell verdrängt wird.²⁶ Die Frage wird hier relevant, da F vorsätzlich gehandelt hat. Nach überwiegender Auffassung könnte W daher auch den Anspruch aus §§ 280 Abs. 1, 311 Abs. 2 auf Vertragsauflösung geltend machen. Dann wäre aber nur der auf der vorvertraglichen Pflichtverletzung beruhende Schaden zu ersetzen, d.h. W könnte nur verlangen so gestellt zu werden, wie er ohne das arglistige Verschweigen des Mangels stünde. Da nicht feststellbar ist, ob sich die Parteien dann auf einen anderen Preis geeinigt hätten, ist davon auszugehen, dass W den Wagen in seinem tatsächlichen Zustand nicht gekauft hätte. Er kann daher nur Vertragsauflösung verlangen und bekäme im Wege des Schadensersatzes den gezahlten Kaufpreis zurück.

52 Es liegt allerdings nahe, dass W sich dann im Wege der Vorteilsausgleichung die Nutzungsvorteile anrechnen lassen muss, die er durch den Gebrauch des Fahrzeugs erlangt hat. Im Ergebnis stünde er also genau wie bei einem Rücktritt.

V. Anspruch aus Beschaffenheitsgarantie, § 443

53 In der Erklärung der technischen Mängelfreiheit könnte die Übernahme einer Garantie für eine bestimmte Beschaffenheit liegen. Wie sich aus § 443 ergibt, ist die Garantie eine vertragliche Haftungsübernahme neben bzw. unabhängig von der gesetzlichen Haftung für Mängel. Voraussetzung ist, dass sich aus der Erklärung des Verkäufers F ein entsprechender Wille ablesen lässt. Bei der Auslegung einer Garantie ist Zurückhaltung geboten. Die garantiemäßige Haftung (im Sinne einer „Eigenschaftszusicherung" nach § 459 a.F.) setzt voraus, dass der Verkäufer aus der Sicht des Käufers einen entsprechenden Willen zumindest konkludent zum Ausdruck gebracht hat. Dazu reichen allgemein gehaltene, beschreibende oder anpreisende Angaben allein in der Regel nicht aus.²⁷ Da F kein Fachmann ist und seine Angaben sehr allgemein bzw. eher anpreisender Natur waren, ergibt die Auslegung seiner Erklärung nach §§ 133, 157 hier nicht, er habe eine garantiegleiche Haftung für den technischen Zustand des Fahrzeugs übernehmen wollen (a.A. auch mit Begründung nur „noch vertretbar"). Es handelt sich nur um einfache Beschaffenheitsangaben, die zu einer Vereinbarung i.S.v. § 434 Abs. 1 führen können. F hat also bei objektiver Auslegung keinen Willen zur Übernahme einer Beschaffenheitsgarantieübernahme geäußert und haftet somit auch nicht aus einer solchen.

VI. Anfechtungsrecht gem. § 123 Abs. 1 und § 119 Abs. 2

54 Zu den vertraglichen Rechten, nach denen W fragt, zählt auch im weiteren Sinne das Anfechtungsrecht. Wie bereits zum Gewährleistungsausschluss dargelegt (Rn. 9ff.), hat F den W arglistig getäuscht, so dass eine Anfechtung nach § 123 Abs. 1 durch Erklärung des W gegenüber F (§§ 143 Abs. 1 und 2) binnen Jahresfrist ab dem TÜV-Termin (§ 124 Abs. 1) möglich ist. Dieses Anfechtungsrecht wird nach ganz h.M. nicht

---

²⁴ *Huber/Faust*, § 14 Rn. 26; *Lorenz/Riehm*, Rn. 576f.; Palandt/*Grüneberg*, § 311 Rn. 14; vgl. zu § 459 a.F. BGHZ 114, 263, 266.
²⁵ BGHZ 180, 205 = NJW 2009, 2120 Tz. 19; *Huber/Faust*, § 14 Rn. 29; Palandt/*Weidenkaff*, § 437 Rn. 51b; für generelle Konkurrenz Bamberger/Roth/*Faust*, § 437 Rn. 190.
²⁶ So Palandt/*Grüneberg*, § 311 Rn. 14ff.
²⁷ M.w.N. etwa BGHZ 132, 55, 57ff.; *BGH* NJW 1996, 1962, 1963.

von den §§ 437 ff. verdrängt. Anders verhält es sich mit einer eventuellen Anfechtung nach § 119 Abs. 2 wegen Eigenschaftsirrtums: Diese ist nach h.M. jedenfalls ab Gefahrübergang, also hier ab der Übergabe des Astra, ausgeschlossen, weil andernfalls das Fristsetzungserfordernis nach § 323 und die Verjährungsregelung des § 438 umgangen werden könnten.[28] Da die Anfechtung gem. § 142 Abs. 1 den Kaufvertrag vernichtet und in eine Rückabwicklung nach § 812 mündet, ähneln ihre Rechtsfolgen der Rückabwicklung nach einem Rücktritt. Zur Anfechtung ist W also nicht zu raten, da der Schadensersatz für ihn günstiger ist (s. o. Rn. 48).

Abwandlung

Ansprüche des W gegen H

I. Schadensersatz gem. §§ 280 Abs. 1, 311 Abs. 3, 241 Abs. 2

W könnte gegen H einen Schadensersatzanspruch gem. §§ 280 Abs. 1, 311 Abs. 3, 241 Abs. 2 haben.

1. Vorliegen eines Schuldverhältnisses

Ein Vertrag besteht zwischen W und dem als Stellvertreter des F handelnden H an sich nicht. Für den Fall, dass ein Gebrauchtwagenhändler wie H das wirtschaftliche Risiko des Verkaufs eines in Zahlung genommenen Gebrauchtwagens trägt, wird allerdings diskutiert, ob man (1) ggf. von einem Umgehungsgeschäft i. S. v. § 475 Abs. 1 S. 2 ausgehen sollte und ob dies (2) weitergehend zur Folge hat, dass der vom Händler vermittelte Vertrag mit dem Voreigentümer (F) als Scheingeschäft i. S. v. § 117 Abs. 1 nichtig ist und in Wirklichkeit ein Kaufvertrag zwischen dem Erwerber (W) und dem Händler vorliegt.[29] In Betracht kommt ein solches Umgehungsgeschäft aber nur, wenn in Wirklichkeit der nach außen hin nur vermittelnde Händler das wirtschaftliche Risiko des Verkaufs trägt. Da hier F das Risiko trägt, dass der Verkauf seines Gebrauchtwagens scheitert und er den Restkaufpreis nachzahlen muss, liegt ein solches Umgehungsgeschäft hier nicht vor.

Hinweis: Gemäß § 311 Abs. 2 kann ein Schuldverhältnis mit Pflichten zur Rücksichtnahme auf die Rechte, Rechtsgüter und Interessen des anderen Teils gem. § 241 Abs. 2 aber auch ohne Vertragsschluss bzw. in dessen Vorfeld entstehen. Jedoch sind, da W nicht mit H einen Vertrag schließen wollte, die Tatbestandsalternativen des § 311 Abs. 2 nicht erfüllt.[30]

Darüber hinaus kann ein solches Schuldverhältnis gem. § 311 Abs. 3 S. 1 aber auch zu Personen entstehen, die selbst nicht Vertragspartei werden. Dies gilt gem. § 311 Abs. 3 S. 2 insbesondere dann, wenn der Dritte besonderes Vertrauen für sich in Anspruch nimmt und dadurch die Vertragsverhandlungen oder den Vertragsschluss erheblich beeinflusst.[31] Wie schon die Wortwahl belegt, hat der Gesetzgeber hier vor allem an die schon bisher anerkannten Fälle der Vertreter- und Berufshaftung gedacht. Der H ist als Autohändler Fachmann und nimmt damit gesteigertes Vertrauen für seine Äußerungen in Anspruch. Weil es dem Käufer W aufgrund seiner Nachfrage auf den technischen Zustand ankam, hat H vorliegend dessen besonderes Vertrauen für sich in Anspruch genommen und den Vertragsschluss dadurch nicht nur unerheb-

---

[28] Zum Meinungsstand vgl. Bamberger/Roth/*Faust*, § 437 Rn. 177 ff. m. w. N., der selbst der wenig vertretenen Gegenauffassung anhängt.
[29] Vgl. offen lassend BGHZ 170, 67 Tz. 14 ff. m. w. N. = NJW 2007, 759 = JuS 2007, 588 *(Faust)*.
[30] Vgl. näher Fall 2 Rn. 5 f., 35.
[31] Vgl. Hk/*Schulze*, § 311 Rn. 19 ff.; *Medicus/Petersen*, Rn. 200 ff.

lich beeinflusst. Somit besteht zwischen W und H ein Schuldverhältnis i.S.d. § 311 Abs. 3. Ob sich dieses Schuldverhältnis außerdem aus einem „überragenden Eigeninteresse" des Vertreters H an dem Vertragsschluss zwischen F und W ergeben kann,[32] ist zweifelhaft; das kann aber dahinstehen, weil das bloße Provisionsinteresse des H dafür nicht ausreicht und ein weitergehendes Interesse seinerseits nicht ersichtlich ist.

2. Pflichtverletzung

59 Dadurch, dass H über den technischen Zustand des Pkw unzutreffende Angaben gemacht hat, ohne klarzustellen, dass er ihn nicht untersucht hat, hat er seine Pflichten aus § 241 Abs. 2 verletzt.

3. Vertretenmüssen

60 Da man bei Angaben „ins Blaue hinein" damit rechnen muss, dass sie unzutreffend sind, hat H bedingt vorsätzlich gehandelt[33] und seine Pflichtverletzung nach § 276 Abs. 1 zu vertreten.

4. Schaden

61 Der Schaden liegt im Abschluss des nachteiligen Kaufvertrags einerseits und in der mangelbedingten Beschädigung des Pkw andererseits. Nach der weiterhin gültigen Rechtsprechung des BGH haftet der Autohändler als Sachwalter letztlich im gleichen Umfang wie der Verkäufer auf Schadensersatz.[34] Gleichwohl kommt, da H nicht Vertragspartei und somit keinen Erfüllungsansprüchen ausgesetzt ist, Schadensersatz statt der Leistung nicht in Betracht. Somit kann W von ihm nach § 280 Abs. 1 ohne vorherige Fristsetzung Schadensersatz verlangen.

5. Haftungsausschluss

62 Die Haftung des H als Vertreter bzw. Sachwalter ist allerdings dem Umfang nach durch die gewährleistungsrechtliche Haftung des Verkäufers F begrenzt.[35] Daher käme ihm der Haftungsausschluss im Kaufvertrag zwischen F und W zugute.[36] Doch hat H seine Aussage über den technischen Zustand des Pkw ohne jede Überprüfung „ins Blaue hinein" gemacht und damit billigend in Kauf genommen, dass der Zustand in Wirklichkeit schlechter sein könne. Dieser bedingte Vorsatz reicht für eine Arglist i.S.v. § 444 aus. Er ist F gem. § 166 Abs. 1 zuzurechnen und schließt die Berufung auf den Haftungsausschluss auch für H aus.

63 Darüber hinaus greift § 444 aber auch hier ein, weil F selbst arglistig gehandelt hat (s.o. Rn. 11). Selbst wenn H nicht arglistig gehandelt hätte, könnte F sich darauf gem. § 166 Abs. 2 nicht berufen, wenn H „auf Weisung" des F gehandelt hätte. Nach h.M. ist der Begriff der Weisung weit auszulegen, um Missbrauchsfällen vorzubeugen. Es genügt, wenn der Vertretene den Bevollmächtigten zum Geschäft veranlasst hat oder trotz Kenntnis bestimmter Einzelheiten nicht eingreift, obwohl er dies könnte. Durch das Verschweigen des Unfalls bestimmte F die Verkaufsmodalitäten und lenkte das Geschäft in eine bestimmte Bahn. Demzufolge könnte er sich nicht auf die Unkenntnis des H berufen, § 166 Abs. 2.

---

[32] Vgl. *Kropholler*, § 311 Rn. 8.
[33] Vgl. BGHZ 168, 64 = NJW 2006, 2839, 2840 m.w.N.; *BGH* NJW 2001, 2326, 2327 m.w.N.
[34] Vgl. Palandt/*Grüneberg*, § 311 Rn. 66 m.w.N.
[35] BGHZ 87, 302, 305.
[36] BGHZ 79, 281, 287f.

6. Ergebnis

F hat gegen H einen Anspruch auf Schadensersatz gem. §§ 280 Abs. 1, 311 Abs. 3, 241 Abs. 2. 64

II. Deliktische Ansprüche

Daneben kommen Schadenersatzansprüche gem. §§ 823 Abs. 1, 826, 823 Abs. 2 i. V. m. § 263 StGB in Betracht. Da diese Ansprüche nicht Thema des Bandes sind, folgen nur ein paar kurze Hinweise. 65

Der Anspruch gem. § 823 Abs. 1 setzt eine Eigentumsverletzung voraus. Da der Astra von Anfang an mangelhaft war, W also nie mangelfreies Eigentum erlangt hat, und die Verschaffung des Fahrzeugs mit dem Mangel kein vorher bestehendes Eigentum des W verletzen konnte, fehlt es an einer Eigentumsverletzung. Ein sog. Weiterfresser-Schaden[37] liegt ebenfalls nicht vor, da der Mangel der Bremsen keine weiteren Schäden an dem Fahrzeug nach sich gezogen hat. 66

Die Ansprüche aus § 826 und aus § 823 Abs. 2 i. V. m. § 263 StGB liegen vor. Das Verhalten des F erfüllt sowohl den Tatbestand des Betrugs als auch den der vorsätzlichen sittenwidrigen Schädigung. Daraus kann W aber nur verlangen, so gestellt zu werden, wie er ohne den Betrug stünde. Dann hätte er den Vertrag nicht zu den vereinbarten Konditionen geschlossen. Da nicht feststellbar ist, ob er das Fahrzeug zu einem anderen Preis oder gar nicht gekauft hätte oder ob die Mängel beseitigt worden wären, kann er gem. § 249 Abs. 1 nur Vertragsauflösung verlangen. 67

---

[37] Ebenso *H. P. Westermann*, NJW 2002, 241, 250 m. w. N.; vgl. auch Fall 27 Rn. 46.

Fall 26. Südafrikanischer Rost

BGHZ 168, 64 = NJW 2006, 2839; LG Ellwangen NJW 2003, 517.

Sachverhalt

Werbeassistent Würmlich (W) kauft beim Autohändler Faulstich (F) einen dort vorrätigen Neuwagen zum Preis von 16 500 € und zahlt gleich 10 000 € an. Er holt das Fahrzeug am 5. 2. gegen Abend bei Faulstich ab. Am 6. 2. stellt er fest, dass die hinteren Fensterheber nicht funktionieren, an der Beifahrertür Roststellen zu finden sind und das Fahrzeug in Südafrika und nicht – wie er wegen des Herstellers gedacht hatte, ohne dies beim Vertragsschluss jedoch zu äußern – in Deutschland hergestellt wurde. Aufgrund verschiedener Medienberichte ist allerdings allgemein bekannt, dass der Hersteller des Neuwagens auch in Südafrika ein Werk betreibt, in dem er auch Fahrzeuge für den deutschen Markt produziert, die sich qualitativ nicht von den in Deutschland gefertigten Wagen unterscheiden.

Würmlich verlangt von Faulstich die Lieferung eines neuen, mangelfreien und in Deutschland produzierten Fahrzeugs. Faulstich lehnt dies ab, erklärt sich aber bereit, die Fensterheber und die Tür fachgerecht in seiner Werkstatt zu reparieren. Würmlich setzt dem Faulstich daraufhin eine Frist von zwei Wochen, seine Bereitschaft zur Neulieferung zu erklären. Faulstich bleibt in seiner ablehnenden Antwort bei seinem Standpunkt und erläutert, dass ihn eine Neulieferung rund 2750 € koste, weil es das von Würmlich gekaufte günstige Sondermodell beim Hersteller so nicht mehr gebe. Die Reparatur koste dagegen nur 500 €. Nach Ablauf der gesetzten Frist verlangt Würmlich von Faulstich 18 000 €, die er beim Händler Haberer für einen gleichartigen Neuwagen zahlen musste, Zug-um-Zug gegen Rückgabe des von Faulstich beschafften Fahrzeugs. Faulstich verlangt den Restkaufpreis, Zug-um-Zug gegen die angebotene Mängelbeseitigung. – Wer hat Recht?

Vorüberlegungen

Zu prüfen ist zunächst der von W gegen F geltend gemachte Anspruch auf Schadensersatz statt der ganzen Leistung gem. §§ 280 Abs. 1 und 3, 281 Abs. 1 S. 1 und 3, 437 Nr. 3. Dabei hat W jedenfalls dem Umstand Rechnung getragen, dass er auf Verlangen des F zur Rückgewähr des mangelhaften Fahrzeugs verpflichtet ist, §§ 281 Abs. 5, 346 Abs. 1, und beide Ansprüche gem. § 348 Zug-um-Zug zu erfüllen sind. Man sollte dies daher einfach am Ende der Anspruchsprüfung feststellen.

Das gelieferte Fahrzeug hat unstreitig zwei Sachmängel, deren Beseitigung die F anbietet. Genauer untersuchen muss man anhand von § 434, ob auch die von der Vorstellung des W abweichende Produktionsstätte einen Sachmangel begründet, der jedenfalls im Wege der Mängelbeseitigung nicht zu beheben wäre.

Bei den Voraussetzungen des Schadensersatzes gelangt man auch zu der Frage, ob Käufer W gem. §§ 437 Nr. 2, 439 Abs. 1 auch bei einer Stückschuld nach seiner Wahl Nachlieferung oder Mängelbeseitigung verlangen kann oder ob ersteres hier ausscheidet.

Das zweite Problem des Falles liegt bei § 439 Abs. 3 S. 1, also der Unzumutbarkeit der von W gewünschten Form der Nacherfüllung, auf die F sich ausdrücklich beruft. Dabei ist zu klären, welche Wertrelationen hier eine Rolle spielen. Das Leistungsverweigerungsrecht des § 439 Abs. 3 ist auch für die Entbehrlichkeit der Fristsetzung nach § 440 S. 1 von Bedeutung.[1]

Der Gegenanspruch des F muss gem. §§ 320 Abs. 1, 322 Abs. 1 nur Zug-um-Zug gegen Nacherfüllung in der verbleibenden Form der Mängelbeseitigung erfüllt werden.

Gliederung

	Rn.
I. Anspruch des W gegen F auf Schadensersatz statt der Leistung, §§ 437 Nr. 3, 280 Abs. 1 und 3, 281 Abs. 1	1
1. Kaufvertrag, § 433	2
2. Pflichtverletzung/Mangel, § 437 Nr. 1	3
3. Fristsetzung bzw. Entbehrlichkeit	9
a) Ausschluss des Ersatzlieferungsanspruchs gem. § 275 Abs. 1	10
b) Durchsetzbarkeit, § 439 Abs. 3 S. 1	14
c) Verweigerung der Nacherfüllung gem. § 275 Abs. 2, 3	17
d) Zwischenergebnis	19
4. Ergebnis	20
II. Anspruch des F gegen W auf Restkaufpreiszahlung, § 433 Abs. 2	21
1. Entstehen des Anspruchs	22
2. Einrede des nicht erfüllten Vertrags, § 320 Abs. 1 S. 1	23
a) Gegenseitiger Vertrag	24
b) Fällige, vollwirksame Gegenforderung	25
c) Keine Vorleistungspflicht des W	26
d) Eigene Vertragstreue des Schuldners W	27
e) Erhebung der Einrede	28
f) Zwischenergebnis	29
3. Ergebnis	30

Lösung

I. Anspruch des W gegen F auf Schadensersatz statt der Leistung, §§ 437 Nr. 3, 280 Abs. 1 und 3, 281 Abs. 1

W könnte gegen F einen Anspruch auf Schadensersatz statt der Leistung in Höhe von 18 000 € gem. §§ 437 Nr. 3, 280 Abs. 1 und 3, 281 Abs. 1 Zug-um-Zug gegen Rückgabe des gelieferten Fahrzeugs (§§ 281 Abs. 5, 346 Abs. 1, 348) haben.

---

[1] Verkannt von *AG Leverkusen* ZGS 2003, 39 mit zutreffender Anm. *Schulte-Nölke.*

1. Kaufvertrag, § 433

2   Zwischen W und F besteht ein wirksamer Kaufvertrag.

2. Pflichtverletzung/Mangel, § 437 Nr. 1

3   F müsste eine Pflicht aus dem Kaufvertrag verletzt haben. Er war gem. § 433 Abs. 1 S. 2 zur Lieferung eines mangelfreien Wagens verpflichtet. Diese Pflicht könnte er durch Lieferung eines i. S. v. § 437 mangelhaften Fahrzeugs verletzt haben.

4   In Betracht kommt hier ein Sachmangel. Dazu müsste der Wagen gem. § 434 Abs. 1 nicht die vereinbarte Beschaffenheit haben oder sich hilfsweise nicht für die vertraglich vorausgesetzte oder übliche Verwendung eignen.

5   Eine besondere Beschaffenheitsvereinbarung i. S. v. § 434 Abs. 1 S. 1 haben W und F nicht getroffen. Da sich der Wagen mangels Beeinträchtigung seiner Fahrtüchtigkeit und Verkehrssicherheit auch i. S. v. § 434 Abs. 1 S. 2 Nr. 1 und 2 für die nach dem Vertrag vorausgesetzte bzw. übliche Verwendung eignet, kann sich ein Mangel nur noch aus einer Abweichung von der Beschaffenheit ergeben, die bei Sachen der gleichen Art üblich ist und die der Käufer nach der Art der Sache erwarten kann, § 434 Abs. 1 S. 2 Nr. 2. Ein Neuwagen darf üblicherweise keinerlei Funktionsstörungen und sonstige Qualitätsmängel aufweisen. Damit stellen der nicht funktionierende Fensterheber und der Rost an der Beifahrertür jeweils einen Mangel i. S. v. § 434 Abs. 1 S. 2 Nr. 2 dar.

6   Fraglich ist jedoch, ob auch die Herstellung des Fahrzeugs in Südafrika einen (weiteren) Mangel begründet. Da die Parteien über den Produktionsort nichts vereinbart haben und er sich auf die Verwendbarkeit des Fahrzeugs ebenfalls nicht auswirkt, liegt keiner der in § 434 Abs. 1 genannten Fälle vor.[2] Ein Fehler könnte sich allenfalls noch daraus ergeben, dass das Fahrzeug eine abweichende Beschaffenheit hat, etwa eine andere Ausstattung als ein im Inland produziertes Exemplar. Doch teilt der Sachverhalt weder dies noch eine Erstzulassung im Ausland mit. Im Ergebnis lässt sich aus der südafrikanischen Produktionsstätte also kein Mangel herleiten.

7   Ein Mangel muss zur Zeit des Gefahrübergangs vorliegen, vgl. § 434 Abs. 1 S. 1. Dieser erfolgt gemäß § 446 S. 1 regelmäßig mit der Übergabe der Sache. In diesem Zeitpunkt lagen die Mängel des Pkws bereits vor.

8   Damit liegt eine Pflichtverletzung in Gestalt der mangelhaften Lieferung vor.

3. Fristsetzung bzw. Entbehrlichkeit

9   Gemäß §§ 437 Nr. 3, 281 Abs. 1 S. 1 kann W grundsätzlich Schadensersatz statt der Leistung erst verlangen, wenn er dem F eine angemessene Frist zur Nacherfüllung gesetzt hat, die ergebnislos verstrichen ist. W hat F aufgefordert, ihm einen mangelfreien Neuwagen zu liefern, und insofern von seinem Wahlrecht nach § 439 Abs. 1 Gebrauch gemacht; darüber hinaus hat er dem F eine Frist von zwei Wochen gesetzt, die ergebnislos verstrichen ist.

a) Ausschluss des Ersatzlieferungsanspruchs gem. § 275 Abs. 1

10   Freilich liefe die Fristsetzung des W ins Leere, wäre also unwirksam, wenn sein Anspruch auf Ersatzlieferung gem. § 275 Abs. 1 infolge von Unmöglichkeit ausge-

---

[2] Unzutreffend ist – jedenfalls in ihrer Allgemeinheit – die Aussage des *LG Ellwangen* NJW 2003, 517, 518 im Zusammenhang des § 439 Abs. 3, wegen des in § 439 Abs. 1 kodifizierten subjektiven Fehlerbegriffs begründe der Produktionsort einen Mangel. Immerhin vermag das Gericht dem Vortrag des Käufers nicht zu entnehmen, dass er auf den Produktionsort besonderen Wert gelegt habe.

schlossen wäre, weil hier eine Stückschuld vorliegt. Nach einer verbreiteten Ansicht ist die Lieferung einer anderen mangelfreien Sache bei der Stückschuld i.S.v. § 275 Abs. 1 im Regelfall objektiv unmöglich, weil sich der Kaufvertrag von vornherein nur auf eine konkrete Sache bezieht und deshalb auch im Falle von Mängeln mit einer anderen nicht erfüllbar ist;[3] anders soll es sich nur bei Lieferung einer falschen Sache verhalten (Identitäts-Aliud), da in diesem Fall der Anspruch auf die Ersatzlieferung gerade der Parteivereinbarung entspricht.[4] Im vorliegenden Fall hat W bei F nicht einen nur der Gattung nach beschriebenen Neuwagen bestellt, sondern ein konkret vor ihm stehendes Lagerfahrzeug erworben. Damit scheidet nach h.M. eine Ersatzlieferung also aus.

Nach der in Details nicht ganz einheitlichen herrschenden Gegenauffassung kommt 11 auch beim Stückkauf eine Nacherfüllung durch Ersatzlieferung zumindest dann in Betracht, wenn die vertragsgegenständliche Sache vertretbar i.S.v. § 91 ist[5] bzw. der Käufer jedenfalls erkennbar keinen Wert auf eine bestimmte Sache legt.[6] Da sich der vorliegende Kaufvertrag auf einen Neuwagen bezieht, könnte W also grundsätzlich Neulieferung verlangen. Weitergehend vertritt namentlich der BGH die Ansicht, die Möglichkeit einer Ersatzlieferung sei im Wege der Auslegung des jeweiligen Vertrags zu klären, und auch bei gebrauchten Sachen bestehe ein grundsätzliches Interesse des Käufers, ggf. eine andere gebrauchte Sache mit möglichst ähnlichen Eigenschaften zu erhalten.[7]

Wegen der unterschiedlichen Ergebnisse bedarf die Kontroverse einer Entscheidung. 12 Gegen den Nachlieferungsanspruch spricht vor allem die Dogmatik der Stückschuld, die man möglicherweise an die heutigen Wirtschaftsgegebenheiten anpassen müsste, die durch Massenproduktion und Standardisierung gekennzeichnet sind.[8] Ob eine Stück- oder eine Gattungsschuld vorliegt, hängt häufig allein von Zufälligkeiten des Vertragsschlusses ab, nämlich ob der Käufer selbst aus einem größeren Vorrat eine (meist) vertretbare Sache herausnimmt oder nur eine Sache bestimmter Art verlangt, die ihm dann ausgehändigt wird. Es liegt auf der Hand, dass die Frage des Nachlieferungsanspruchs nicht von solchen Zufälligkeiten abhängen darf. Dies erweist sich aber als letztlich unerheblich, da das Gesetz nach einer bewussten Entscheidung des Gesetzgebers in den §§ 437 Nr. 1, 439 Abs. 1 nicht mehr zwischen Stück- und Gattungsschuld unterscheidet.[9] Da auch der Käufer einer gebrauchten Sache grundsätzlich ein Interesse hat, anstelle der mangelhaften ggf. eine andere gebrauchte Sache mit möglichst ähnlichen Eigenschaften verlangen zu können, ist mit der herrschenden Ansicht ein Nachlieferungsanspruch im Grundsatz zu bejahen. Sein Bestehen im Einzelfall hängt aber von einer Auslegung der Parteivereinbarung ab, insbesondere davon, dass der Wille des Käufers nicht auf den Erwerb einer ganz bestimmten einmaligen Sache gerichtet war und der Verkäufer grundsätzlich zu einer Nacherfüllung in der Lage ist. Da W hier ein Neufahrzeug von einem Händler gekauft hat, kann er hier grundsätzlich die Lieferung eines mangelfreien Fahrzeugs verlangen, das dem gekauften von der Gesamtausstattung her entspricht (a.A. vertretbar).

---

[3] So *Ackermann*, JZ 2002, 378, 379; *Huber*, NJW 2002, 1004, 1006; *Petersen*, Jura 2002, 461, 462; *Pfeiffer*, ZGS 2002, 23, 29; *Wieser*, MDR 2002, 858, 860.
[4] Bamberger/Roth/*Faust*, § 439 Rn. 27.
[5] *LG Ellwangen* NJW 2003, 517; *Bitter/Meidt*, ZIP 2001, 2114, 2119; *Canaris*, Schuldrechtsmodernisierung 2002, 2002, S. XXIV; *Gsell*, JuS 2007, 97; Jauernig/*Berger*, § 439 Rn. 24 ff.; *Oechsler*, § 2 Rn. 140; ähnlich Begr. zum RegE, BT-Drs. 14/6040, 209.
[6] Vgl. Palandt/*Weidenkaff*, § 439 Rn. 15 m.w.N.; *H. Roth*, NJW 2006, 2953, 2955 f.
[7] BGHZ 168, 64 = NJW 2006, 2839, 2841 m.w.N.
[8] In diesem Sinne *Reinicke/Tiedtke*, Rn. 423 ff.
[9] BGHZ 168, 64 = NJW 2006, 2839, 2841 m.w.N.

13 **Hinweis:** Man kann die Streitentscheidung wohl nicht mit dem Hinweis offen lassen, sie sei entbehrlich, falls F gerade diese Art der Nacherfüllung gem. § 439 Abs. 3 oder § 275 Abs. 2 verweigern könne. Hier kommt nur Nacherfüllung durch Mängelbeseitigung in Betracht (dazu sogleich); diese ist dem Sachverhalt zufolge zumindest in einer Fachwerkstatt möglich. Der Mängelbeseitigungsanspruch muss aber nach dem Wortlaut des § 439 Abs. 1 nicht vom Schuldner in Person erbracht werden, er kann auch eine Werkstatt beauftragen.[10] Damit liegt eine Unmöglichkeit der Mängelbeseitigung i.S.v. § 275 Abs. 1 nicht vor.

b) Durchsetzbarkeit, § 439 Abs. 3 S. 1

14 Zu prüfen bleibt, ob der Anspruch des W auf Ersatzlieferung durchsetzbar ist. Da F die Ersatzlieferung nach § 439 Abs. 3 S. 1 verweigert hat, weil sie für ihn nur mit unverhältnismäßigen Kosten möglich ist, sind die Voraussetzungen des § 439 Abs. 3 S. 1 zu prüfen.

15 Die Kosten der Ersatzlieferung belaufen sich auf 2750 €. Ob dieser Aufwand unverhältnismäßig ist, ist nach § 439 Abs. 3 S. 2 unter Berücksichtigung des Wertes des Pkws in mangelfreiem Zustand, der Bedeutung des Mangels und der Möglichkeit der anderen Art der Nacherfüllung, also einer Mängelbeseitigung entscheiden. Über den Wert des Pkws ohne Mangel verrät der Sachverhalt nichts; vermutlich entspricht er dem Kaufpreis, wenn man außer Acht lässt, dass schon die Erstzulassung typischerweise zu einem Wertverlust von ca. 15% führt. Eine Mängelbeseitigung ist hier möglich; sie würde den F lediglich 500 € kosten und die Mängel vollständig beseitigen.

16 In Literatur und Rechtsprechung wird vorgeschlagen, die Unzumutbarkeitsgrenze ähnlich wie bei § 251 Abs. 2 zu ermitteln. Demnach kommt es auf das Verhältnis der Nacherfüllungskosten zum Wert der Kaufsache an, und die Unzumutbarkeitsschwelle liegt bei 130% (oder 150%) des Wertes der Kaufsache, vielleicht auch hilfsweise bei 200% des Mangelunwerts.[11] Diese Grenzen wären hier keinesfalls erreicht, jedoch sind sie auch allein nicht maßgeblich: Gem. § 439 Abs. 1 S. 2 ist auch zu berücksichtigen, welche Bedeutung der Mangel hat und ob auf die andere Art der Nacherfüllung ohne erhebliche Nachteile für den Käufer zurückgegriffen werden kann. Letzteres ist hier der Fall, da eine Mängelbeseitigung möglich ist; zwar hat Käufer W dann einen reparierten Neuwagen, doch beeinträchtigt ihn das eher im immateriellen Bereich, nicht aber bei der Nutzung. Nimmt man dann noch hinzu, dass im vorliegenden Fall die Kosten der Ersatzlieferung bei 550% der Kosten der Mängelbeseitigung liegen, ist die Unzumutbarkeit der Ersatzlieferung i.S.v. § 439 Abs. 3 S. 1 zu bejahen.[12]

c) Verweigerung der Nacherfüllung gem. § 275 Abs. 2, 3

17 Da das Leistungsverweigerungsrecht nach § 439 Abs. 3 unbeschadet des § 275 Abs. 2 und 3 besteht, bleibt ergänzend zu prüfen, ob F die Ersatzlieferung auch gem. § 275 Abs. 2 wegen Unzumutbarkeit des damit verbundenen Aufwandes verweigern kann. Dazu müsste dieser Aufwand unter Berücksichtigung des Inhalts des Kaufvertrags und der Gebote von Treu und Glauben in einem groben Missverhältnis zum Interesse des W an der Nacherfüllung stehen. Die Anforderungen dafür müssen höher liegen als bei der speziellen Ausprägung des gleichen Rechtsgedankens in § 439 Abs. 3 S. 1,[13] da diese Vorschrift sonst überflüssig wäre. Da schon die für § 439 Abs. 3 vorge-

---

[10] Vgl. Begr. zum RegE, BT-Drs. 14/6040, 232 im Zusammenhang mit dem Leistungsverweigerungsrecht nach § 439 Abs. 3 (dazu Rn. 14ff.).
[11] In diesen Größenordnungen *LG Ellwangen* NJW 2003, 517, 518; *Bitter/Meidt*, ZIP 2001, 2114, 2121 f.; Jauernig/*Berger*, § 439 Rn. 33.
[12] Im Ergebnis ebenso *LG Ellwangen* NJW 2003, 517, 518.
[13] So auch Begr. zum RegE, BT-Drs. 14/6040, 232.

schlagenen Grenzen an sich nicht erfüllt sind und andere, nicht finanzielle Aspekte, die eine abweichende Beurteilung rechtfertigen könnten, wie ein Vertretenmüssen des F, nicht ersichtlich sind, hat F kein Leistungsverweigerungsrecht nach § 275 Abs. 2 (a. A. vertretbar).

Hinweis: Das Leistungsverweigerungsrecht nach § 275 Abs. 3 scheidet schon deshalb aus, weil F den Mangel nicht persönlich beseitigen muss. Man sollte es besser gar nicht erwähnen. 18

d) Zwischenergebnis

Da F die Ersatzlieferung gem. § 439 Abs. 3 S. 1 verweigern durfte, geht die Fristsetzung des W ins Leere. W kann gem. § 439 Abs. 1 nur Mängelbeseitigung verlangen, die F allerdings angeboten hat. Von daher war eine Fristsetzung also auch nicht gem. § 281 Abs. 2 oder § 440 S. 1 entbehrlich. 19

4. Ergebnis

W hat keinen Anspruch auf Schadensersatz statt der Leistung gegen F. 20

II. Anspruch des F gegen W auf Restkaufpreiszahlung, § 433 Abs. 2

F könnte gegen W einen Anspruch auf Zahlung des restlichen Kaufpreises von 6500 € haben. 21

1. Entstehen des Anspruchs

Der dazu erforderliche Kaufvertrag liegt vor und begründete einen Anspruch in Höhe von 16 500 €, der durch die Anzahlung in Höhe von 10 000 € gem. § 362 Abs. 1 teilweise erloschen ist. Der Restanspruch ist gem. § 271 Abs. 1 fällig. 22

2. Einrede des nicht erfüllten Vertrags, § 320 Abs. 1 S. 1

Zu prüfen ist, ob W die Zahlung gem. § 320 Abs. 1 von der Mängelbeseitigung abhängig machen kann: 23

a) Gegenseitiger Vertrag

Beim Kaufvertrag stehen die Pflichten des Verkäufers nach § 433 Abs. 1 und die des Käufers nach § 433 Abs. 2 im Gegenseitigkeitsverhältnis. Insbesondere ist F gem. § 433 Abs. 1 S. 2 zu einer mangelfreien Lieferung verpflichtet. 24

b) Fällige, vollwirksame Gegenforderung

Wie oben (Rn. 9ff.) festgestellt, besteht der Nacherfüllungsanspruch des W gem. §§ 437 Nr. 1, 439 Abs. 1 hier nur in Form der Mängelbeseitigung. Der Anspruch ist gem. § 271 Abs. 1 fällig und grundsätzlich vollwirksam. 25

c) Keine Vorleistungspflicht des W

Eine Vorleistungspflicht des W besteht mangels Vereinbarung nicht. 26

d) Eigene Vertragstreue des Schuldners W

Die Einrede des § 320 verlangt nach bisher h. M. als ungeschriebene Voraussetzung, dass sich der Schuldner selbst vertragstreu verhält, also am Vertrag festhalten will; ohne 27

Unterschied in der Sache kann man auch erwägen, dass die Vertragsuntreue die Einrede unter dem Gesichtspunkt des Rechtsmissbrauchs ausschließt.[14] Insofern bestehen hier Zweifel, da sich W über § 281 Abs. 1 S. 1 vom Vertrag lösen wollte, obwohl die Voraussetzungen dafür nicht gegeben waren (s. o. Rn. 9 ff.). Freilich spricht nichts dafür, dass sich W nach Aufklärung über die wahre Rechtslage nicht wieder vertragstreu verhalten wird (a. A. vertretbar, § 320 dann ausgeschlossen). Letztlich kann dies dahin stehen, da F seinen Anspruch den §§ 320, 322 Abs. 1 entsprechend formuliert hat.

e) Erhebung der Einrede

28   Die Erhebung der Einrede durch W ist entbehrlich, da F sie bei seiner Forderung sogleich berücksichtigt hat.

f) Zwischenergebnis

29   W kann die Kaufpreiszahlung bis zur Bewirkung der Mängelbeseitigung durch F gem. § 320 Abs. 1 verweigern und ist gem. § 322 Abs. 1 nur zur Leistung Zug-um-Zug zu verurteilen.

3. Ergebnis

30   F kann von W gem. §§ 433 Abs. 2, 320 Abs. 1, 322 Abs. 1 die Zahlung des Restkaufpreises Zug-um-Zug gegen Mängelbeseitigung verlangen.

---

[14] Vgl. m. w. N. MünchKomm/*Emmerich*, § 320 Rn. 37; Palandt/*Grüneberg*, § 320 Rn. 6.

Fall 27. Der Rahmenbruch

Sachverhalt

Der Fahrradhändler Bertold Bayerle (B) will seine Lagerbestände räumen und bietet u. a. ein Auslaufmodell des Mountainbikes Marke „Firebird", das bei ihm bereits achtzehn Monate auf Lager steht, zum „Sonderpreis von € 1200" an. Der Jurastudent Thomas Trunzer (T) erwirbt ein solches Rad. Beim Kauf wird ihm eine mit dem Firmenstempel und der Unterschrift des Bayerle versehene Garantiekarte ausgehändigt, die nur den gedruckten Satz enthält: „Auf Gabel und Rahmen fünf Jahre Garantie".

Zweieinhalb Jahre später stürzt Trunzer bei einer Downhill-Fahrt vom Ochsenkopf im Fichtelgebirge infolge eines Rahmenbruchs. Dabei zieht er sich Abschürfungen und Prellungen zu. Das Mountainbike ist nicht mehr zu reparieren. Der Fall wird in der Presse aufgegriffen. Dabei stellt sich heraus, dass auch bei anderen Rädern dieses Fabrikats der Rahmen bei starker Belastung gebrochen war. Untersuchungen des TÜV ergeben, dass sämtliche Rahmen dieses Fabrikats aus minderwertigem Material hergestellt waren.

Bayerle hatte vor dem Verkauf an Trunzer von der Fa. Handke GmbH (H), die das Mountainbike hergestellt und geliefert hatte, ein Rundschreiben erhalten, in dem auf „Probleme" mit dem Rahmen dieses Fabrikats bei stärkerer Belastung und die deshalb zwischenzeitlich erfolge Einstellung seiner Produktion hingewiesen wurde. Bayerle hatte diese Mitteilung gelesen, aber gleich wieder vergessen.

1. Trunzer möchte wissen, ob er von Bayerle und/oder der Fa. Handke GmbH Erstattung des Kaufpreises und der Heilungskosten verlangen kann, obwohl sich diese auf Verjährung berufen.
2. Bayerle möchte wissen, ob er bei Erfüllung der Ansprüche des Trunzer bei der Fa. Handke GmbH Rückgriff nehmen kann.

Vorüberlegungen

Die Mangelhaftigkeit der Leistung betrifft das Äquivalenzinteresse des Käufers, also sein Interesse an einer Gleichwertigkeit von Leistung und Gegenleistung, das nur im Wege des Schadensersatzes statt der Leistung gem. §§ 280 Abs. 3, 281, 283 ersatzfähig ist. Von diesem sog. Mangelschaden unterscheidet man den sog. Mangelfolgeschaden, der infolge des Mangels der Kaufsache an anderen Rechten, Rechtsgütern oder Interessen des Käufers entsteht. Ob dieser ebenfalls unter die §§ 280 Abs. 3, 281 ff. fällt oder nicht und wie er verjährt (§ 438 oder §§ 195, 199), ist umstritten.

Denkbar ist auch ein Anspruch nach § 823 Abs. 1 wegen Eigentumsverletzung unter dem Gesichtspunkt des sog. „Weiterfresser-Mangels": Betrifft der Mangel der Kaufsache nur einen funktionell abgrenzbaren Teil der Sache und führt er später zur Beschädigung oder Zerstörung der mangelfreien Restsache, kann darin eine Verletzung des Eigentums des Käufers i. S .v. § 823 Abs. 1 liegen. Denn insofern geht es nicht „nur" um das Äquivalenzinteresse, sondern auch um das Integritätsinteresse des Käufers am

Erhalt seiner Rechtsgüter. Für dessen Schutz ist primär das Deliktsrecht zuständig. Ein Schaden ist wegen der Funktionsunterschiede zwischen Leistungsstörungs- und Deliktsrecht nur dann nach den §§ 823 ff. zu ersetzen, wenn er über den bloßen Mangelunwert der gelieferten Sache hinausgeht und sonstige Rechtsgüter des Käufers betrifft. Deliktische Ansprüche scheiden folglich aus, wenn zwischen dem mangelbedingten Minderwert, welcher der Sache von vornherein anhaftet, und dem eingetretenen Schaden sog. „Stoffgleichheit" besteht. Die Abgrenzung zwischen dem Gewährleistungsrecht (§ 437) und dem Deliktsrecht (§§ 823 ff.) ist wegen der unterschiedlichen Verjährungsfristen (§ 438 oder §§ 195, 199) von Bedeutung.[1] Der „Weiterfresser-Mangel" verdankt seine Existenz den früher stark unterschiedlichen Verjährungsfristen von Kaufgewährleistung (sechs Monate ab Ablieferung, § 477 a. F.) und Deliktsrecht (drei Jahre ab Kenntnis von Schaden und Schädiger, § 852 Abs. 1 a. F.).

In Fallkonstellationen der vorliegenden Art sollte man auch eine Gefährdungshaftung des Herstellers fehlerhafter Produkte nach dem ProdHaftG in Betracht ziehen, das neben dem allgemeinen Deliktsrecht anwendbar ist (§ 15 Abs. 2 ProdHaftG). Schließlich ist die Erklärung „Auf Gabel und Rahmen fünf Jahre Garantie" auszulegen und vor dem Hintergrund der Vorschriften über Garantien im Kaufrecht zu würdigen.

Die zweite Frage zielt auf den Lieferantenregress des Unternehmers beim Verbrauchsgüterkauf, der erst seit 2002 aufgrund von Vorgaben der Verbrauchsgüterkaufrichtlinie in den §§ 478, 479 kodifiziert ist. Diese Vorschriften sollen verhindern, dass der Regressanspruch des Verkäufers gegen seinen Lieferanten bereits nach § 438 verjährt ist, wenn der Käufer Rechte nach § 437 erhebt.

Gliederung

	Rn.
Frage 1: Ansprüche des T	
I. Ansprüche des T gegen den B	1
1. Auf Erstattung des Kaufpreises	1
a) Aus §§ 346 Abs. 1, 437 Nr. 2, 326 Abs. 5	1
aa) Kaufvertrag	2
bb) Rücktritt wegen Mängeln	3
(1) Mangel	3
(2) Unmöglichkeit der Nacherfüllung	4
(3) Unwirksamkeit des Rücktritts, §§ 218 Abs. 1 S. 1 i. V. m. § 438 Abs. 4?	5
(a) Ausschluss der Nacherfüllung gem. § 275	6
(b) Verjährung des Nacherfüllungsanspruchs nach § 438 Abs. 1	7
(c) Längere Verjährungsfrist gem. § 438 Abs. 3?	8
(d) Vertraglich verlängerte Verjährungsfrist (§ 202 Abs. 2)	9
cc) Ergebnis	14
b) Aus §§ 437 Nr. 3, 311a Abs. 2	16
aa) Anwendbarkeit	17
bb) Wirksamer Kaufvertrag	18
cc) Mangel	19
dd) Anfänglicher Ausschluss der Nacherfüllung	20
ee) Haftungsausschluss nach § 311a Abs. 2 S. 2	21

---

[1] *Schulze/Ebers,* JuS 2004, 462, 465 m. w. N.

	Rn.
ff) Leistungsverweigerungsrecht, §§ 214 Abs. 1, 438 Abs. 1 Nr. 3	22
gg) Rechtsfolge: Schadensersatz statt der Leistung	23
hh) Ergebnis	24
2. Auf Erstattung der Heilungskosten	25
a) Aus §§ 437 Nr. 3, 280 Abs. 1, 249 Abs. 2	25
aa) Bestehendes Schuldverhältnis	26
bb) Pflichtverletzung	27
cc) Weitere Voraussetzungen nach §§ 280 Abs. 3, 281 ff. bzw. § 311a Abs. 2?	32
dd) Vertretenmüssen	37
ee) Leistungsverweigerungsrecht gem. § 214 Abs. 1	38
ff) Ergebnis	39
b) Aus § 823 Abs. 1	40
II. Ansprüche des T gegen H	43
1. Auf Erstattung des Kaufpreises	43
a) Aus Vertrag oder rechtsgeschäftsähnlichem Verhältnis	43
b) Aus § 1 Abs. 1 S. 1 ProdHaftG	44
c) Aus § 823 Abs. 1 (Produzentenhaftung)	45
2. Auf Erstattung der Heilungskosten	48
a) Aus § 1 Abs. 1 S. 1, § 8 S. 1 ProdHaftG	48
b) Aus § 823 Abs. 1 (Produzentenhaftung)	50

Frage 2: Erstattungsansprüche des B gegen H

I. Anspruch aus §§ 437 Nr. 3, 280 Abs. 1 und 3, 283 i. V. m. § 478 Abs. 1 hinsichtlich des erstatteten Kaufpreises	52
1. Wirksamer Kaufvertrag	54
2. Mangel	55
3. Pflichtverletzung und nachträgliche Unmöglichkeit (§ 275 Abs. 1)	56
4. Vertretenmüssen, §§ 280 Abs. 1 S. 2, 276 ff.	58
5. Schaden und haftungsausfüllende Kausalität	59
6. Ergebnis	62
II. Ersatz für die erstatteten Heilungskosten nach §§ 437 Nr. 3, 280 Abs. 1	63
III. Ersatz für die erstatteten Heilungskosten nach §§ 840 Abs. 1, 426	64

Lösung

Frage 1: Ansprüche des T

I. Ansprüche des T gegen den B

1. Auf Erstattung des Kaufpreises

a) Aus §§ 346 Abs. 1, 437 Nr. 2, 326 Abs. 5

T hat gegen B einen Anspruch auf Rückgewähr des Kaufpreises nach § 346 Abs. 1, wenn er wegen eines Sachmangels wirksam vom Kaufvertrag zurückgetreten ist. Der Rücktrittsgrund könnte sich hier aus §§ 326 Abs. 5, 437 Nr. 2 ergeben.

aa) Kaufvertrag

2   T und B haben einen Kaufvertrag geschlossen, der auch bei Bestehen eines anfänglichen Leistungshindernisses wirksam wäre, wie § 311 a Abs. 1 klarstellt.

bb) Rücktritt wegen Mängeln

3   *(1) Mangel.* Erste Voraussetzung ist, dass die verkaufte Sache bei Gefahrübergang mangelhaft war (§ 434 Abs. 1). Eine Beschaffenheitsvereinbarung i. S. v § 434 Abs. 1 S. 1 haben die Parteien nicht getroffen, und es ist auch nicht ersichtlich, dass sie bei Vertragsschluss eine spezielle Verwendung i. S. v. § 434 Abs. 1 S. 2 Nr. 1 vorausgesetzt hätten, denn ein Mountainbike kann auch als normales Fahrrad Einsatz finden. Doch eignete sich das Mountainbike, weil sein Rahmen aus minderwertigem Material hergestellt war, nicht für die gewöhnliche Verwendung, die man anhand des Fahrradtyps ermitteln muss; zugleich hatte es wegen des für den Rahmen verwendeten Materials nicht die Beschaffenheit, die bei Mountainbikes dieser Preisklasse zu erwarten ist. Es wies daher im Zeitpunkt des Gefahrübergangs, nämlich der Übergabe (§ 446), einen Sachmangel i. S. d. § 434 Abs. 1 S. 2 Nr. 2 auf.

4   *(2) Unmöglichkeit der Nacherfüllung.* Grundsätzlich setzt der wirksame Rücktritt des T nach § 437 Nr. 2 i. V. mit § 323 Abs. 1 voraus, dass T dem B erfolglos eine Frist zur Nacherfüllung i. S. d § 439 Abs. 1 gesetzt hat. Der Fristsetzung bedarf es allerdings nach § 326 Abs. 5 nicht, wenn beide Arten der Nacherfüllung nach § 275 Abs. 1 unmöglich sind, weil dann der von § 323 Abs. 1 vorausgesetzte fällige Nacherfüllungsanspruch nicht besteht. Eine Nacherfüllung durch Mangelbeseitigung scheidet hier aus, weil das Mountainbike nicht mehr zu reparieren ist. Eine Nacherfüllung durch Lieferung einer mangelfreien Sache ist ebenfalls nicht möglich, weil alle Rahmen dieses Fabrikats aus minderwertigem Material hergestellt waren, somit keine mangelfreie Sache existierte und wegen Einstellung der Produktion auch künftig nicht mehr beschafft werden kann. Damit ist ein Rücktritt nicht nach § 323 Abs. 1, sondern nach § 326 Abs. 5 möglich.

5   *(3) Unwirksamkeit des Rücktritts, § 218 Abs. 1 S. 1 i. V. m. § 438 Abs. 4?* Ein etwaiger Rücktritt wäre jedoch nach §§ 438 Abs. 4 S. 1, 218 Abs. 1 S. 1 unwirksam, wenn im Zeitpunkt des Rücktritts der Nacherfüllungsanspruch verjährt wäre und Schuldner B sich hierauf beruft.

6   *(a) Ausschluss der Nacherfüllung gem. § 275.* Da der Nacherfüllungsanspruch nach § 275 Abs. 1 ausgeschlossen war, konnte er hier nicht verjähren. Daran knüpft die Regelung des § 218 Abs. 1 S. 2 an, nach welcher der Rücktritt auch dann unwirksam ist, wenn der Schuldner u. a. nach § 275 Abs. 1 nicht zu leisten braucht, der Nacherfüllungsanspruch aber im Falle seines Bestehens verjährt wäre und – wie zu ergänzen ist – der Schuldner sich darauf beruft. Es kommt sonach darauf an, ob der Nacherfüllungsanspruch des T ohne die Unmöglichkeit im Zeitpunkt eines etwaigen Rücktritts verjährt gewesen wäre.

7   *(b) Verjährung des Nacherfüllungsanspruchs nach § 438 Abs. 1.* Der Nacherfüllungsanspruch des T verjährt nach § 438 Abs. 1 Nr. 3 in zwei Jahren, da es um den Kauf einer beweglichen Sache geht. Die Verjährungsfrist beginnt gem. § 438 Abs. 2 bei beweglichen Sachen mit der Ablieferung der Sache. Diese setzt voraus, dass der Verkäufer die Sache vollständig so in den Machtbereich des Käufers verbracht hat, dass dieser sie untersuchen und sofort in Gewahrsam nehmen kann.[2] Dafür ist eine Übergabe, wie sie hier erfolgt ist, zwar nicht notwendig, aber stets ausreichend. Da sich der Unfall

---

[2] Vgl. näher BGHZ 93, 338, 345; *BGH* NJW 1995, 3382.

Fall 27. Der Rahmenbruch

erst zweieinhalb Jahre nach Übergabe des Mountainbikes ereignete, wäre die Verjährungsfrist bereits abgelaufen.

(c) Längere Verjährungsfrist gem. § 438 Abs. 3? Allerdings würde nach § 438 Abs. 3 S. 1, abweichend von § 438 Abs. 1 Nr. 3 und Abs. 2, die regelmäßige Verjährungsfrist des § 195 gelten, wenn der Verkäufer den Sachmangel *arglistig verschwiegen* hätte. Die regelmäßige Verjährungsfrist von drei Jahren beginnt gem. § 199 Abs. 1 mit dem Schluss des Jahres, in dem der Anspruch entstanden ist und der Gläubiger von den anspruchsbegründenden Umständen und der Person des Verletzers Kenntnis erlangt oder ohne grobe Fahrlässigkeit erlangen müsste; diese Frist hätte also erst mit dem Schluss des Jahres begonnen, in dem sich der Unfall ereignet hat, und wäre noch nicht abgelaufen. Arglist i.S.v. § 438 Abs. 3 setzt – wie bei § 123 Abs. 1 – lediglich (zumindest bedingten) Vorsatz voraus. Laut Sachverhalt hatte B keine aktuelle Kenntnis von den „Problemen" mit dem Rahmen und damit vom Sachmangel. Dass seine Unkenntnis auf (u.U. grober) Fahrlässigkeit beruht, reicht für eine Arglist nicht aus.[3] Damit greift § 438 Abs. 3 nicht ein.

(d) Vertragliche Verlängerung der Verjährungsfrist (§ 202 Abs. 2). Die Verjährungsfrist des § 438 Abs. 1 könnte jedoch vertraglich verlängert worden sein; dies ist gem. § 202 Abs. 2 innerhalb der dort genannten Grenze zulässig, bei Vertragsschluss aber nicht geschehen. Eine solche Vereinbarung könnte sich aber aus der „fünfjährigen Garantie für Gabel und Rahmen" ergeben. In der Aushändigung der Garantiekarte und ihrer Entgegennahme durch T kann man grundsätzlich eine entsprechende Vertragsergänzung (§ 311 Abs. 1) erblicken.

Freilich müsste diese Vereinbarung ihrem Inhalt nach (auch) die Verjährungsfrist für alle Mängelrechte des T verlängern. Dies ist im Wege der Auslegung der Garantieerklärung (§§ 133, 157) zu ermitteln, die einen eher dürftigen Inhalt hat: Es handelt sich um eine Verkäufergarantie dahingehend, dass Teile der Kaufsache, nämlich Gabel und Rahmen, für eine bestimmte Dauer eine bestimmte Beschaffenheit behalten. Damit handelt es sich um eine *Haltbarkeitsgarantie* im Sinne des § 443 Abs. 1. Jedoch trifft § 443 zum genauen Inhalt einer solchen Garantie keine Regelung und enthält auch keine Hinweise für ihre Auslegung.

Auch § 477 Abs. 1 vermag den Inhalt der Garantie nicht zu konkretisieren, da die Norm lediglich bestimmt inhaltliche Anforderungen für eine Garantieerklärung i.S.d. § 443 bei einem *Verbrauchsgüterkauf* i.S.d § 474 Abs. 1 macht. Da T als Verbraucher (§ 13) eine bewegliche Sache von B als Unternehmer (§ 14 Abs. 1) gekauft hat, hätte dieser nach § 477 Abs. 1 Nr. 2 den Inhalt der Garantie, d.h. die möglichen Rechte des Käufers, angeben müssen. Dass dies hier nicht geschehen ist, hat auf die Wirksamkeit der Garantie nach § 477 Abs. 3 keinen Einfluss.

Damit müssen die aus der Garantie folgenden Rechte des Käufers durch Auslegung (§§ 133, 157) ermittelt werden. Da die Garantie eine für eine Vielzahl von Verträgen vorformulierte und von B einseitig gestellte Vertragsbedingung i.S.v. § 305 Abs. 1 darstellt, gelten die besonderen Auslegungsgrundsätze für Allgemeine Geschäftsbedingungen. Dazu gehört zum einen der (ungeschriebene) Grundsatz der *objektiven* Auslegung. Er besagt, dass AGB nicht unter Berücksichtigung der besonderen Umstände des jeweiligen Einzelfalls, sondern nach objektiven Maßstäben einheitlich auszulegen sind, und zwar so, wie die an derartigen Geschäften typischerweise beteiligten Verkehrskreise sie verstehen können und müssen.[4] Da sich die Garantieerklärung an Verbraucher wendet, kommt es sonach auf die Verständnismöglichkeiten eines rechtsun-

---

[3] Vgl. Jauernig/*Berger*, § 438 Rn. 8 i.V.m. § 444 Rn. 9; Palandt/*Weidenkaff*, § 438 Rn. 12.
[4] BGHZ 60, 164, 177; 79, 117, 118 f.; *BGH* NJW 1992, 2629; Palandt/*Grüneberg*, § 305 c Rn. 15 f.

kundigen Durchschnittsverbrauchers an.[5] Hinzu tritt die sog. *Unklarheitenregel* des § 305 c Abs. 2, nach der Zweifel bei der Auslegung zu Lasten des Verwenders, hier also des B, gehen, weil es der Verwender in der Hand hat, der Klausel einen eindeutigen Inhalt zu geben.

13   Aus der Sicht eines rechtsunkundigen Durchschnittsverbrauchers ist nicht eindeutig erkennbar, ob die Garantie lediglich den Nacherfüllungsanspruch oder auch die sonstigen Sachmängelrechte des Käufers aus § 437 Nr. 2 und 3 auf einen Zeitraum von fünf Jahren erweitern soll. Da sonach Zweifel bestehen, greift die Unklarheitenregel des § 305 c Abs. 2 ein mit der Folge, dass B die für ihn ungünstigere Auslegung gegen sich gelten lassen muss. Dem T stehen somit aus der Garantie über den Nacherfüllungsanspruch hinaus auch die Rechte aus § 437 Nr. 2 und 3 zu. Da der Mangel innerhalb der fünfjährigen Garantie aufgetreten ist, kann T vom Kaufvertrag noch zurücktreten. Das Ergebnis ist auch nicht unbillig, wenn man bedenkt, dass eine Nacherfüllung hier aus technischen Gründen ausgeschlossen ist und eine auf Nacherfüllung beschränkte Garantie daher für den Käufer wertlos wäre.

cc) Ergebnis

14   T kann daher noch durch Erklärung gegenüber B (§ 349) vom Kaufvertrag zurücktreten und anschließend Rückzahlung des Kaufpreises verlangen.

15   Hinweis: Er muss dann nach §§ 346 Abs. 1, 348 S. 1 Zug um Zug das beschädigte Mountainbike zurückgeben. An sich müsste T wegen der Beschädigung auch Wertersatz nach § 346 Abs. 2 leisten. Hier entfällt eine Wertersatzpflicht jedoch nach § 346 Abs. 3 Nr. 3, weil T kraft Gesetzes zum Rücktritt berechtigt ist und die Verschlechterung eingetreten ist, ohne dass T die Sorgfalt in eigenen Angelegenheiten (§ 277) missachtet hätte. Denn zum bestimmungsgemäßen Gebrauch eines Mountainbikes zählt die Verwendung bei Bergfahrten.

b) Aus §§ 437 Nr. 3, 311 a Abs. 2

16   Möglicherweise kann T von B die Erstattung des Kaufpreises i. H. v. 1200 € auch im Wege des Schadensersatzes statt der Leistung nach §§ 437 Nr. 3, 311 a Abs. 2 verlangen.

aa) Anwendbarkeit

17   Die Erklärung des Rücktritts durch T würde einen Schadensersatzanspruch nicht ausschließen, da Rücktritt und Schadensersatz gem. § 325 nebeneinander möglich sind.

bb) Wirksamer Kaufvertrag

18   Zwischen T und B besteht ein Kaufvertrag (s. o. Rn. 2).

cc) Mangel

19   Wie oben (Rn. 3) festgestellt, war das Mountainbike bei Gefahrübergang (§ 446) mangelhaft i. S. d. § 434 Abs. 1 S. 2 Nr. 2.

dd) Anfänglicher Ausschluss der Nacherfüllung

20   Ferner müsste die Nacherfüllungspflicht des B aus §§ 437 Nr. 1, 439 wegen anfänglicher Unmöglichkeit gem. § 275 Abs. 1 ausgeschlossen sein. Wie oben (Rn. 4) festgestellt, war dies bei beiden Arten der Nacherfüllung und jeweils bereits bei Abschluss

---

[5] BGHZ 79, 117, 119.

ee) Haftungsausschluss nach § 311a Abs. 2 S. 2

Die Haftung des B wäre ausgeschlossen, wenn er die anfängliche Unmöglichkeit der 21
Nacherfüllung nicht kannte und seine Unkenntnis auch nicht zu vertreten hätte. B
hatte im Zeitpunkt des Vertragsschlusses mit T zwar keine positive Kenntnis davon,
dass alle Räder des betreffenden Fabrikats einen unbehebbaren Mangel aufwiesen. Er
hätte aber aufgrund der Mitteilung des H wissen müssen, dass der Rahmen stärkerer
Belastung nicht standhielt und die Produktion deshalb eingestellt worden war. Denn B
hatte die Mitteilung gelesen und dies nur wieder vergessen. Folglich fällt ihm fahrlässige Unkenntnis von der Unmöglichkeit der Nacherfüllung zur Last.

ff) Leistungsverweigerungsrecht, §§ 214 Abs. 1, 438 Abs. 1 Nr. 3

B kann die Leistung nicht nach § 214 Abs. 1 wegen Verjährung gem. § 438 Abs. 1 22
Nr. 3 verweigern, da die Aushändigung der Garantiekarte auch hinsichtlich der Sachmängelrechte aus § 437 Nr. 3 zu einer vertraglichen Verlängerung der Verjährungsfrist
auf fünf Jahre führte, die hier noch nicht abgelaufen ist (s. o. Rn. 13).

gg) Rechtsfolge: Schadensersatz statt der Leistung

T kann von B also gem. § 311a Abs. 2 S. 1 Schadensersatz statt der Leistung bean- 23
spruchen und ist so zu stellen, wie er bei ordnungsgemäßer Erfüllung durch B stünde.
Da die Rückzahlung des Kaufpreises vollständig an die Stelle des ursprünglichen Anspruchs auf Verschaffung eines mangelfreien Mountainbikes treten soll, verlangt T hier
Schadensersatz statt der ganzen Leistung. Dies setzt nach §§ 311a Abs. 2 S. 3, 281
Abs. 1 S. 3 eine erhebliche Pflichtverletzung voraus. Der instabile Rahmen bedeutete
ein Sicherheitsrisiko, welches sich in der Zerstörung des Mountainbikes und der Verletzung des T realisiert hat, und stellt somit einen schwerwiegenden Mangel dar. Die
Erheblichkeitsschwelle ist damit überschritten.

hh) Ergebnis

T kann den bezahlten Kaufpreis i.H.v. 1200 € auch als Mindestschaden nach §§ 437 24
Nr. 3, 311a Abs. 2 von B ersetzt verlangen.

2. Auf Erstattung der Heilungskosten

a) Aus §§ 437 Nr. 3, 280 Abs. 1, 249 Abs. 2

Bei den erlittenen Körperverletzungen handelt es sich um *Mangelfolgeschäden*, 25
deren Ersatz nach den §§ 437 Nr. 3, 280 Abs. 1 verlangt werden kann.

aa) Bestehendes Schuldverhältnis

Mit dem Kaufvertrag besteht ein Schuldverhältnis. 26

bb) Pflichtverletzung

Eine Pflichtverletzung des B liegt in der Lieferung des mangelhaften Mountainbikes. 27
Doch ist umstritten, ob diese Verletzung der Pflicht zur Lieferung einer mangelfreien

Sache aus § 433 Abs. 1 S. 2 BGB eine Ersatzpflicht für Mangelfolgeschäden zu tragen vermag. Da Folgeschäden an anderen Gütern des Gläubigers auftreten, könnte auch die Verletzung einer Schutzpflicht i. S. v. § 241 Abs. 2 BGB erforderlich sein. Von dieser Einordnung hängt zugleich ab, ob Mangelfolgeschäden ohne weiteres nach § 280 Abs. 1 oder nur unter den weiteren Voraussetzungen des § 280 Abs. 3 zu ersetzen sind.

28 (1) Eine Meinung sieht die Verletzung der Leistungspflicht des Verkäufers aus § 433 Abs. 1 S. 2 BGB als Haftungsgrund für den Ersatz von Mangelfolgeschäden an.[6] Denn bei natürlicher Betrachtungsweise liege die Pflichtverletzung primär in der Schlechtleistung, hinter welche die gleichzeitig vorliegende Schutzpflichtverletzung zurücktrete.[7] Das Leistungsversprechen lasse sich dahingehend auslegen, dass der Schuldner sich nicht nur zur Verschaffung der geschuldeten Sache verpflichte, sondern auch zum Schutz sonstiger Rechtsgüter des Gläubigers vor mangelbedingten Schäden. Da von einer Schlechtleistung auch Gefahren für sonstige Rechtsgüter des Gläubigers ausgehen, bestehe ein für den Schuldner erkennbares, berechtigtes Interesse des Gläubigers an der Mangelfreiheit der Kaufsache.[8] Für diese Ansicht spricht auch, dass der Gesetzgeber im Zuge der Schuldrechtsreform sowohl Mangelschäden als auch Mangelfolgeschäden den kurzen Verjährungsfristen des Gewährleistungsrechts (§§ 438, 634 a BGB) unterwerfen wollte.[9] Schließlich gewährleistet die alleinige Anknüpfung an die Schlechtleistung auch eine gerechte Beweislastverteilung, da etwaige Sorgfaltsverstöße des Schuldners erst im Rahmen des Vertretenmüssens relevant werden und sich der Schuldner diesbezüglich entlasten muss, § 280 Abs. 1 S. 2. Bei einer Anknüpfung an eine Sorgfaltspflichtverletzung müsste hingegen der Gläubiger den Sorgfaltsverstoß des Schuldners beweisen, obwohl die den Verstoß begründenden Umstände aus der Sphäre des Schuldners stammen.

29 (2) Die Gegenauffassung stellt auf die Verletzung von Schutzpflichten i. S. d. § 241 Abs. 2 BGB ab.[10] Ihre Vertreter berufen sich darauf, dass Mangelfolgeschäden das Integritätsinteresse des Schuldners beträfen, das nicht vom Schutzweck der verletzten Leistungspflicht umfasst werde. Die Ersatzpflicht resultiere daher aus dem allgemeinen Schädigungsverbot, das in § 241 Abs. 2 BGB Niederschlag gefunden habe.[11]

(3) Eine vermittelnde Auffassung spricht sich schließlich für eine „Doppelanknüpfung", also ein Nebeneinander von Schlechtleistung und Schutzpflichtverletzung, aus.[12]

30 Letztlich kann der Meinungsstreit hier dahinstehen, da alle Auffassungen zum gleichen Ergebnis führen. B hat seine Leistungspflicht aus § 433 Abs. 1 S. 2 verletzt, indem er T ein mangelhaftes Rad verschafft hat. Darin liegt zugleich ein Verstoß gegen eine Schutzpflicht aus § 241 Abs. 2, nämlich die Pflicht, sonstige Rechtsgüter des Vertragspartners vor Schäden zu bewahren.

31 **Hinweis:** Der Streit kann sich allenfalls bei der Frage der Verjährung auswirken, da ein Schadensersatzanspruch nach §§ 280 Abs. 1, 241 Abs. 2 an sich der Regelverjährung nach §§ 195, 199 unterliegt. Selbst die Befürworter einer Anknüpfung an eine Schutzpflichtverletzung sprechen sich aber überwiegend

---

[6] *Lorenz*, NJW 2002, 2497, 2500; *Stringari*, Die Haftung des Verkäufers für mangelbedingte Schäden, 2007, S. 38.
[7] *Lorenz*, NJW 2002, 2497, 2500; Palandt/*Grüneberg*, § 280 Rn. 18; Staudinger/*Otto*, § 280 Rn. C 24 m. w. N.
[8] *Stringari*, Die Haftung des Verkäufers für mangelbedingte Schäden, 2007, S. 51.
[9] BT-Drs. 14/6040, S. 228.
[10] Bamberger/Roth/*Faust*, § 437 Rn. 144: Aufklärungspflicht hinsichtlich des Mangels; *Richardi*, NZA 2002, 1004, 1011.
[11] *Richardi*, NZA 1002, 1004, 1011.
[12] MünchKomm/*Ernst*, § 280 Rn. 54; Staudinger/*Otto*, § 280 Rn. C 25.

für eine analoge Anwendung der kurzen gewährleistungsrechtlichen Verjährungsfrist auf diesen Anspruch aus, da der Gesetzgeber die Folgen einer Schlechtleistung in den §§ 437 ff. umfassend regeln wollte.[13]

cc) Weitere Voraussetzungen nach §§ 280 Abs. 3, 281 ff. bzw. § 311a Abs. 2?

Fraglich ist, ob dieser Schadensersatzanspruch aus § 280 Abs. 1 allein folgt oder nur unter den zusätzlichen Voraussetzungen der §§ 280 Abs. 3, 281 ff. bzw. des § 311a Abs. 2 BGB besteht. Dies hängt davon ab, was unter „Schadensersatz statt der Leistung" in § 280 Abs. 3 bzw. § 311a Abs. 2 genau zu verstehen ist. Nach dem Willen des Reformgesetzgebers entspricht der Begriff des Schadensersatzes „statt der Leistung" dem früheren Begriff des Schadensersatzes wegen Nichterfüllung.[14] Dem folgt das Schrifttum überwiegend.[15] Schadensersatz, der an die Stelle des verfehlten Leistungserfolgs tritt und auf einer pflichtwidrigen Leistungshandlung beruht, muss den Berechtigten wirtschaftlich so stellen, wie er bei ordnungsgemäßer Leistung gestanden hätte (positives Interesse). Es muss ein Gesamtvermögensvergleich angestellt werden, bei dem alle Vor- und Nachteile berücksichtigungsfähig sind, die durch die Nichterfüllung adäquat verursacht sind und mit Sinn und Zweck der Schadensersatzpflicht im Rahmen der §§ 249, 252 vereinbar sind. Es ist die Vermögenslage des Geschädigten aufgrund der Pflichtverletzung mit der hypothetischen Vermögenslage des Gläubigers bei ordnungsgemäßer Erfüllung zu vergleichen, sog. Differenzhypothese.[16]

32

Grundsätzlich gehören zu den berücksichtigungsfähigen Nachteilen des Gläubigers neben dem durch die Schlechtleistung eingetretenen Verlust auch die Begleit- und Folgeschäden einschließlich des entgangenen Gewinns.[17] Damit wären bei Verletzung leistungsbezogener Pflichten alle adäquat kausal und zurechenbar verursachten Begleit- und Folgeschäden entweder über §§ 280, 281/283 oder § 311a Abs. 2 bzw. über §§ 280, 286 zu liquidieren.[18]

33

Ob dies allerdings auch für Mangelfolgeschäden gilt, die nicht an der Kaufsache selbst oder im Rahmen ihrer eingeschränkten Nutzbarkeit entstehen, sondern an ganz anderen Rechtsgütern des Käufers, ist umstritten.

34

Nach einer Mindermeinung sollen Mangelfolgeschäden zum Schadensersatz statt der Leistung zählen (§§ 281, 283 bzw. § 311a Abs. 2). Es sei folgerichtig und geboten, auch bei Mängeln im Kauf- und Werkvertragsrecht den Schadensersatz statt der Leistung nicht auf den eigentlichen Mangelschaden zu beschränken, sondern Mangelfolgeschäden in den einheitlichen Schadensersatzanspruch einzubeziehen. Damit würden die schwierigen Abgrenzungen zwischen Mangel- und Mangelfolgeschaden, die es bereits im früheren Schuldrecht gab, obsolet.[19]

35

Gegen diese Ansicht spricht, dass der Gesetzgeber selbst durch die Differenzierung nach einfachem Schadensersatz und Schadensersatz statt der Leistung die Unterscheidung zwischen Mangelschaden und Mangelfolgeschaden wieder hat aufleben lassen, obwohl die Beseitigung dieser Problematik eines der wesentlichen Ziele der Schuldrechtsmodernisierung von 2001 war.[20] Wären Mangelfolgeschäden in den Schadensersatz statt der Leistung i.S.v. §§ 280 Abs. 1, 3, 281 ff. bzw. § 311a Abs. 2 einzubezie-

36

---

[13] Bamberger/Roth/*Faust*, § 437 Rn. 144; MünchKomm/*Ernst*, § 280 Rn. 73.
[14] BT-Drs. 14/6040, S. 137.
[15] *Däubler-Gmelin*, NJW 2001, 2281, 2284; *Canaris*, DB 2001, 1815, 1816.
[16] Palandt/*Grüneberg*, § 281 Rn. 17, 25; *Recker*, NJW 2002, 1247.
[17] MünchKomm/*Emmerich*, vor § 281 Rn. 59; Soergel/*Wiedemann*, vor § 275 a.F., Rn. 37; Palandt/*Grüneberg*, § 281 Rn. 26.
[18] *Recker*, NJW 2002, 1247.
[19] *Recker*, NJW 2002, 1247, 1248.
[20] H.M., AnwK/*Dauner-Lieb*, § 280 Rn. 39; BT-Drs. 14/6040, S. 133.

hen, wären sie bei behebbaren Mängeln nach § 281 Abs. 1 erst ab dem erfolglosen Ablauf einer Nacherfüllungsfrist ersatzfähig, nicht aber für den Zeitraum vor Fristablauf bzw. bei erfolgreicher Nacherfüllung. Dies wäre schon deshalb fragwürdig, weil derartige Schäden nicht über eine Nacherfüllung behoben werden können und somit eine Fristsetzung sinnlos ist,[21] auch wenn man die Fristsetzung deshalb natürlich über § 281 Abs. 2 Alt. 2 für entbehrlich erklären könnte. Daher erfasst § 280 Abs. 1 alle Schäden, die durch Nachbesserung oder Ersatzlieferung nicht beseitigt werden können.[22]

dd) Vertretenmüssen

37 B hat die Pflichtverletzung auch i. S. d. § 280 Abs. 1 S. 2 zu vertreten, da er bei Vertragsschluss den Mangel zwar nicht aktuell kannte, aber auf Grund des Herstellerhinweises hätte kennen können und ihm sonach Fahrlässigkeit zur Last fällt.

ee) Leistungsverweigerungsrecht gem. § 214 Abs. 1

38 B könnte sich gem. § 214 Abs. 1 erfolgreich auf Verjährung berufen, wenn der Schadensersatzanspruch gem. § 438 verjährt wäre. Dem steht entgegen, dass die an sich auch für Mangelfolgeschäden geltende zweijährige Verjährungsfrist vertraglich auf fünf Jahre verlängert wurde und sich diese Verlängerung auch auf Schadensersatzansprüche aus § 437 Nr. 3 bezog (Rn. 13). Deshalb kann hier offenbleiben, ob für Ansprüche auf Ersatz von Mangelfolgeschäden nicht anstelle des § 438 die Regelverjährungsfrist nach §§ 195, 199 anzuwenden ist.[23]

ff) Ergebnis

39 Da B nach §§ 437 Nr. 3, 280 Abs. 1 wegen der Verletzung einer Person Schadensersatz zu leisten hat, kann T die Heilungskosten nach § 249 Abs. 2 S. 1 im erforderlichen Umfang ersetzt verlangen.

b) Aus § 823 Abs. 1

40 Mit dem Verkauf des Mountainbikes setzte B adäquat-kausal eine Ursache für den späteren Sturz des T. Zwar war dies nicht die unmittelbare Schadensursache, sodass die Rechtswidrigkeit der Handlung eine Pflichtverletzung des B voraussetzt. Eine objektive Pflichtverletzung (i. S. einer Verletzung der allgemeinen Verkehrssicherungspflicht) liegt hier jedoch vor, da B ein Mountainbike auslieferte, das Sicherheitsmängel aufwies. Auch das erforderliche Verschulden des B ist gegeben, da er diese Mängel zwar nicht kannte, aber auf Grund des Herstellerhinweises hätte kennen müssen, sodass Fahrlässigkeit vorliegt.

41 Zu prüfen bleibt, ob B die Schadensersatzleistung gem. § 214 Abs. 1 verweigern kann. Der Deliktsanspruch wegen einer mangelhaften Lieferung unterliegt der dreijährigen Regelverjährungsfrist (§ 195).[24] Diese beginnt gem. § 199 Abs. 1 Nr. 1 grundsätzlich erst mit dem Schluss des Jahres der Anspruchsentstehung, d. h. des Unfalls zu laufen. Verjährung ist daher noch nicht eingetreten, da auch die zeitlichen Voraussetzungen des § 199 Abs. 2 nicht erfüllt sind. Allerdings wurde die Anwendung des De-

---

[21] AnwK/*Dauner-Lieb*, § 280 Rn. 42; *Brox/Walker*, AS, § 24 Rn. 22; *Musielak*, Rn. 603, 605.
[22] Palandt/*Grüneberg*, § 280 Rn. 18.
[23] Str.; nach zutreffender h. M. gilt § 438, weil der Gesetzgeber unterschiedliche Fristen vermeiden wollte, vgl. *Schulze/Ebers*, JuS 2004, 462, 464 f. m. w. N.
[24] *Schulze/Ebers*, JuS 2004, 462, 465 m. w. N.; zum früheren Recht BGHZ 101, 337, 344 f.

likts- neben dem Kaufrecht unter dem früheren Schuldrecht gerade wegen der sehr kurzen Verjährung kaufrechtlicher Ansprüche notwendig.[25] Wegen der heute in § 438 vorgesehenen längeren Frist wird teils erwogen, diese Norm auf deliktische Ansprüche analog anzuwenden, um Wertungswidersprüche mit dem Kaufrecht zu vermeiden.[26] Dagegen spricht aber, dass der Käufer dann schlechter stünde als ein außenstehender Dritter, der sich die Sache z.B. ausleiht.[27] Für die Heilbehandlungskosten kann die Zulässigkeit der Analogie allerdings dahinstehen, da sie nicht für Körperschäden gelten soll.

T kann daher auch nach den §§ 823 Abs. 1, 249 Abs. 2 S. 1 von B Erstattung der erforderlichen Heilungskosten verlangen. 42

II. Ansprüche des T gegen H

1. Auf Erstattung des Kaufpreises

a) Aus Vertrag oder rechtsgeschäftsähnlichem Verhältnis

Da zwischen T und H kein Vertragsverhältnis und auch kein rechtsgeschäftsähnliches Verhältnis i.S.d. § 311 Abs. 2 bestand, scheiden vertragliche und quasivertragliche Ansprüche aus. Die H ist gem. § 13 Abs. 1 GmbHG rechtsfähig und somit möglicher Anspruchsgegner. 43

b) Aus § 1 Abs. 1 S. 1 ProdHaftG

Die Produkthaftung nach § 1 Abs. 1 S. 1 ProdHaftG erfasst zwar auch Sachbeschädigungen. Nach Satz 2 gilt dies aber nur, wenn eine andere Sache als das fehlerhafte Produkt beschädigt wird. Deshalb kann T von H nach § 1 Abs. 1 S. 1 ProdHaftG nicht Ersatz wegen der unfallbedingten Zerstörung des Mountainbikes fordern. 44

c) Aus § 823 Abs. 1 (Produzentenhaftung)

Das Produkthaftungsgesetz schließt die allgemeine Deliktshaftung des Produzenten nicht aus, § 15 Abs. 2 ProdHaftG. Daher ist zu prüfen, ob T nach §§ 823 Abs. 1, § 251 Abs. 1 Wertersatz für das zerstörte Mountainbike beanspruchen kann. 45

An sich ist für einen Anspruch aus § 823 Abs. 1 wegen Eigentumsverletzung kein Raum, da T das Mountainbike bereits als mangelhaftes erworben hat. Nach der Rspr.[28] können dem Käufer einer Sache gegen den Hersteller aber dann deliktische Schadensersatzansprüche aus Eigentumsverletzung zustehen, wenn die Sache nach ihrem Erwerb infolge eines fehlerhaft konstruierten oder mit Herstellungsfehlern versehenen *Einzelteils* beschädigt wird (sog. *„weiterfressender Mangel"*). Dies setzt, bei diversen Kontroversen im Detail, jedenfalls gewöhnlich voraus, dass der Mangel an einem funktionell abgrenzbaren, austauschbaren Einzelteil auftritt und die Restsache, die als solche mangelfrei ist, beschädigt oder zerstört wird. Da hier lediglich der Rahmen des Mountainbikes einen Mangel aufwies, der Rest aber nicht, wäre dies grundsätzlich der Fall. Doch soll die Delikthaftung gleichwohl ausscheiden, wenn sich der geltend gemachte Schaden mit dem Unwert deckt, welcher der Sache wegen ihrer Mangelhaftig- 46

---

[25] Verjährung trat gem. § 477 BGB a.F. nach sechs Monaten ein.
[26] AnwK/*Mansel*, § 195 Rn. 50 ff.
[27] Vgl. *Schulze/Ebers*, JuS 2004, 462, 465 m.w.N.
[28] Vgl. BGHZ 86, 256, 258 ff.; 138, 230, 236 ff.; eingehend Palandt/*Sprau*, § 823 Rn. 177; Jauernig/ *Teichmann*, § 823 Rn. 6. – Daran hat die Schuldrechtsmodernisierung nichts geändert, vgl. *Haas*, BB 2001, 1313, 1319; *Foerste*, ZRP 2001, 342; *Dauner-Lieb u.a.*, Fall 154.

keit von Anfang an anhaftete. Hier manifestiert sich in der unfallbedingten Zerstörung der „Gesamtsache" Mountainbike der Minderwert, der dem Fahrrad durch die Mangelhaftigkeit seines Rahmens von Anfang an anhaftete. Daher besteht sog. „Stoffgleichheit" zwischen dem geltend gemachten Schaden und dem von Anfang an vorhandenen mangelbedingten Minderwert. Deshalb scheiden eine Eigentumsverletzung i. S. v. § 823 Abs. 1 und ein Anspruch nach dieser Norm hier doch aus. Vielmehr ist der Ersatz derartiger Schäden ausschließlich Aufgabe der Vertragsordnung, da es doch lediglich um das Nutzungs- und Äquivalenzinteresse des Käufers insgesamt und nicht auch um sein Integritätsinteresse an den sonstigen Teilen des Mountainbikes geht.[29]

47 T kann von H also nicht Erstattung des Kaufpreises verlangen.

2. Auf Erstattung der Heilungskosten

a) Aus § 1 Abs. 1 S. 1, § 8 S. 1 ProdHaftG

48 Ein Anspruch des T gegen H auf Ersatz seiner Heilungskosten könnte aus § 1 Abs. 1 ProdHaftG folgen. Dazu müsste durch den Fehler eines Produkts jemand körperlich verletzt worden sein; dies ist bei T der Fall. Das Mountainbike als bewegliche Sache ist ein „Produkt" i. S. d. § 2 ProdHaftG. Es hat einen (Konstruktions-)„Fehler" i. S. d. § 3 Abs. 1 ProdHaftG, da es infolge des minderwertigen Rahmens nicht die Sicherheit bietet, die man unter Berücksichtigung aller Umstände, insbesondere des Gebrauchs in Form der Abfahrt von Bergen, berechtigterweise erwarten kann. H ist auch „Hersteller" i. S. d. § 4 Abs. 1 S. 1 ProdHaftG, da er das Mountainbike als Endprodukt hergestellt hat. Der Produktfehler war schließlich ursächlich für den Sturz des T und dessen Verletzungen. Der Tatbestand der Produkthaftung ist daher erfüllt; ein Verschulden ist nicht erforderlich (Gefährdungshaftung!). T kann nach § 8 ProdHaftG Ersatz der Heilungskosten verlangen.[30]

49 Da sich B gem. § 214 Abs. 1 auf Verjährung beruft, ist deren Eintritt zu prüfen. Der Anspruch des T verjährt nach § 12 Abs. 1 ProdHaftG in drei Jahren von dem Zeitpunkt an, in dem der Ersatzberechtigte von dem Schaden, dem Fehler und von der Person des Ersatzpflichtigen Kenntnis erlangt hat oder hätte erlangen müssen. Verjährung ist demnach noch nicht eingetreten, der Anspruch des T nach § 1 Abs. 1 ProdHaftG somit durchsetzbar.

b) Aus § 823 Abs. 1 (Produzentenhaftung)

50 Auch nach § 823 Abs. 1 könnte T gegen H einen Anspruch auf Ersatz seiner Heilungskosten haben. Der Körper des T wurde verletzt; dies beruht darauf, dass H mit dem instabilen Mountainbike ein fehlerhaftes Produkt in den Verkehr gebracht und dadurch seine Verkehrssicherungspflicht als Warenhersteller verletzt hat. Dies war adäquat-kausal für den Sturz und damit für die Verletzung des T. Da H minderwertiges Material verwendete und bei gehöriger Sorgfalt hätte erkennen können, dass die verwendeten Rahmen nicht der üblichen Belastung gewachsen sein würden, handelte H auch schuldhaft, nämlich fahrlässig i. S. v. § 276 Abs. 2. Damit sind die Voraussetzungen der deliktischen Produzentenhaftung erfüllt, und T kann nach § 249 Abs. 2 Erstattung der erforderlichen Heilungskosten verlangen.

---

[29] Die gesamte Begrifflichkeit (Nutzungs- und Äquivalenzinteresse bzw. Integritätsinteresse) erweist sich im Ergebnis als kaum hilfreich, vgl. *Musielak*, Rn. 625 f.
[30] Im Gegensatz zu § 249 Abs. 2 S. 1 spricht § 8 S. 1 ProdHaftG nicht von den „erforderlichen" Heilungskosten.

Fall 27. Der Rahmenbruch

Zur Verjährungseinrede der H (§ 214 Abs. 1) ist festzustellen, dass für den Deliktsanspruch nach § 195 die dreijährige Regelverjährungsfrist gilt, deren Beginn sich nach § 199 Abs. 1 richtet. Da seit dem anspruchsbegründenden Unfall keine drei Jahre vergangen sind, ist Verjährung noch nicht eingetreten; der Anspruch aus § 823 Abs. 1 ist ebenfalls durchsetzbar. 51

Frage 2: Erstattungsansprüche des B gegen H

I. Anspruch aus §§ 437 Nr. 3, 280 Abs. 1 und 3, 283 i.V.m. § 478 Abs. 1 hinsichtlich des erstatteten Kaufpreises

Da B das mangelhafte Mountainbike bei H gekauft hatte, steht B möglicherweise gegen H ein (Regress-)Anspruch auf Erstattung des an T zurückgezahlten Kaufpreises aus §§ 437 Nr. 3, 280 Abs. 1 und 3, 283 i.V.m. § 478 Abs. 1 zu. 52

Hinweis: § 478 Abs. 1 ist keine eigene Anspruchsgrundlage, sondern erleichtert nur die Geltendmachung der Mängelrechte des Unternehmers gegen seinen Lieferanten aus § 437, indem er die Nachfristsetzung für entbehrlich erklärt[31] (sog. „unselbständiger Unternehmerregress"). Eigenständige Bedeutung erlangt § 478 Abs. 1 hier nicht, da der Schadensersatzanspruch aus §§ 437 Nr. 3, 311a Abs. 2 ohnehin keine vorherige Fristsetzung voraussetzt. Dagegen enthält § 478 Abs. 2 eine eigene Anspruchsgrundlage, welche dem Unternehmer einen verschuldensunabhängigen Aufwendungsersatzanspruch gegen seinen Lieferanten gewährt[32] (sog. „selbständiger Unternehmerregress"). 53

1. Wirksamer Kaufvertrag

Zwischen B und H besteht ein wirksamer Kaufvertrag über das Mountainbike. 54

2. Mangel

Das Rad hatte infolge des Materialfehlers bereits bei Gefahrübergang auf B (§ 446) einen Sachmangel i.S.d. § 434 Abs. 1 S. 2 Nr. 2 (vgl. oben Rn. 3). 55

3. Pflichtverletzung und nachträgliche Unmöglichkeit (§ 275 Abs. 1)

H müsste eine Pflicht aus dem Kaufvertrag mit B verletzt haben. Da das gelieferte Mountainbike mangelhaft war, hat sie ihre kaufvertragliche Pflicht aus § 433 Abs. 1 S. 2 verletzt. 56

Da B von H Schadensersatz wegen der Mangelhaftigkeit des Fahrrads verlangt, müssen gem. § 280 Abs. 3 zusätzliche Voraussetzungen erfüllt sein. Wie oben (Rn. 4) festgestellt, sind beide Formen der Nacherfüllung unmöglich. Damit § 283 anwendbar ist, müsste im Verhältnis der H zu B die Ersatzlieferung eines mangelfreien Mountainbikes nachträglich unmöglich geworden sein, arg. § 311a Abs. 2. Da H erst nach dem Verkauf des fraglichen Rades an B die Produktion dieses Typs eingestellt und sich selbst die Möglichkeit genommen hat, unter Verwendung anderer Materialien ein Mountainbike mit bruchsicherem Rahmen herzustellen, ist dies zu bejahen. Damit sind die Voraussetzungen des § 283 erfüllt. 57

4. Vertretenmüssen, §§ 280 Abs. 1 S. 2, 276 ff.

Nach §§ 437 Nr. 3, 280 Abs. 1 S. 2 wird vermutet, dass die Schuldnerin H die Pflichtverletzung zu vertreten hat. Da H bei Anwendung der erforderlichen Sorgfalt hätte erkennen können, dass der Rahmen infolge der Verwendung minderwertigen 58

---
[31] *Brox/Walker*, BS, § 7 Rn. 14.
[32] *Brox/Walker*, BS, § 7 Rn. 17.

Materials nicht bruchfest war, fällt ihr hinsichtlich der mangelhaften Lieferung Fahrlässigkeit (§ 276 Abs. 2) zur Last; die Unmöglichkeit der Nacherfüllung haben ihre Organe (§ 31) vorsätzlich herbeigeführt. Damit wird die H die Vermutung des § 280 Abs. 1 S. 2 nicht widerlegen können.

5. Schaden und haftungsausfüllende Kausalität

59 B hat einen Schaden i.S.d. Differenzhypothese erlitten, da sein Vermögen infolge der Rückzahlung des Kaufpreises an T um 1200 € gemindert ist.

60 Fraglich ist hier aber die (haftungsausfüllende) Kausalität zwischen der mangelhaften Lieferung durch H und dem Schaden des B. Denn die Pflichtverletzung müsste in adäquat kausaler und zurechenbarer Weise zum Schaden des B geführt haben. Zwar kann man dies grundsätzlich bejahen. Doch ereignete sich der Unfall des T erst zweieinhalb Jahre nach Übergabe des Mountainbikes und somit nach Ablauf der gesetzlichen Verjährungsfrist von zwei Jahren (§ 438 Abs. 1 Nr. 3 und Abs. 2). Hätte B dem T nicht eine fünfjährige Garantie auf den Rahmen gegeben, so hätte er sich gegenüber T auf Verjährung berufen können. Da nicht ersichtlich ist, dass H den B zur Gewährung einer solchen Garantie aufgefordert hat, hat der freie Willensentschluss des B, dem T die Garantie zu gewähren, den Zurechnungszusammenhang zwischen der Pflichtverletzung der H und dem Schaden des B unterbrochen.[33]

61 Fraglich ist, ob gegen diese Beurteilung spricht, dass die Verjährung nach § 214 Abs. 1 nur eine Einrede gewährt und es daher im Ermessen des Schuldners liegt, ob er von ihr Gebrauch macht oder nicht. Auch ohne die Garantie hätte B unter Verzicht auf die Einrede der Verjährung den Kaufpreis an T zurückerstatten können (Einwand des rechtmäßigen Alternativverhaltens). Doch würde ein Verzicht des B auf die Verjährungseinrede entweder ebenfalls den Zurechnungszusammenhang unterbrechen oder zumindest ein überwiegendes Mitverschulden i.S.d. § 254 Abs. 1 gegenüber H darstellen. Daher kann B nicht geltend machen, sein Schaden wäre auch ohne die Garantie entstanden.

6. Ergebnis

62 B kann von H Schadensersatz statt der ganzen Leistung i.H.v. 1200 € (Zug um Zug gegen Rückgewähr des zerstörten Mountainbikes) aus §§ 437 Nr. 3, 280, 283 verlangen.

II. Ersatz für die erstatteten Heilungskosten nach §§ 437 Nr. 3, 280 Abs. 1

63 Die erstatteten Heilungskosten stellen einen Mangelfolgeschaden dar, der grundsätzlich nach §§ 437 Nr. 3, 280 Abs. 1 ersetzt verlangt werden kann. H kann jedoch auch insoweit geltend machen, dass sie dafür nicht verantwortlich ist, weil B erst mit seiner fünfjährigen Garantie die Grundlage dafür geschaffen hat, dass T überhaupt Ersatz der Heilungskosten aus Sachmängelrecht beanspruchen konnte (s.o. Rn. 38 und 59ff.).

III. Ersatz für die erstatteten Heilungskosten nach §§ 840 Abs. 1, 426

64 Da sowohl B als auch H aus unerlaubter Handlung bzw. Gefährdungshaftung für den Unfallschaden des T nebeneinander verantwortlich sind und die Ersatzansprüche

---

[33] Allgemein zur Unterbrechung des Kausalverlaufs durch Willensentschlüsse des Verletzten Palandt/*Grüneberg*, Vorbem. v. § 249 Rn. 41 ff. m.w.N.

des T auch nicht verjährt sind, haften B und H nach § 840 Abs. 1 als Gesamtschuldner. B kann also nach § 426 Abs. 1 S. 1 bei H Regress nehmen. Danach gilt, dass die Gesamtschuldner im Verhältnis zueinander zu gleichen Anteilen verpflichtet sind, soweit nicht ein anderes bestimmt ist. Eine andere Bestimmung kann sich bei Schadensersatzansprüchen insbesondere aus § 254 ergeben.[34] Sonach kommt es in erster Linie auf den Verursachungsbeitrag, daneben, aber erst in zweiter Linie, auf das Verschulden an. Die entscheidende Ursache liegt hier zweifellos bei H, weil sie das Produkt fehlerhaft hergestellt und B es nur bestimmungsgemäß vertrieben hat. Was das Verschulden angeht, liegt ebenfalls das entscheidende Verschulden bei H. Daneben tritt ein Verschulden des B auf Grund einer Nichtbeachtung des Warnhinweises der H in den Hintergrund, zumal dieser Hinweis sehr unbestimmt war. Danach ist es gerechtfertigt, im Innenverhältnis zwischen H und B der H die alleinige Verantwortung zuzuweisen. B kann also im vollen Umfang Ausgleich der dem T erstatteten Heilungskosten verlangen.

---

[34] Vgl. nur BGHZ 59, 97, 103.

Fall 28. Nutzungsprobleme

Nach BGHZ 181, 317 = NJW 2009, 2674 = JuS 2009, 863 (Faust)

Sachverhalt

Volkmann (V) verkauft Klinger (K) mit notariellem Vertrag vom 2.1. ein Grundstück, das mit einem Büro- und Lagergebäude bebaut ist und von Klinger weiterhin, wie bei den Vertragsverhandlungen deutlich wurde, als solches genutzt werden soll. In dem Vertrag heißt es außerdem u. a.:
„Der Verkäufer garantiert, dass die gegenwärtige Grundstücksnutzung und der Bestand der mitverkauften Bauwerke materiell bauordnungsgemäß sind."
Nach der Übergabe des Grundstücks und seiner Eintragung in das Grundbuch sucht Klinger einen Mieter für das Bürogebäude. Er verhandelt mit Möller (M) über einen Mietvertrag, der am 1. 4. beginnen soll und auf zunächst fünf Jahre befristet ist. Die monatliche Miete soll bei 9000 € liegen und Klinger die Nutzbarkeit des Gebäudes zu Verwaltungs- und Lagerzwecken garantieren. Wie mit Möller vereinbart, fertigt Klinger eine entsprechende Vertragsurkunde an, die Möller am 13. 3. unterzeichnet und an Klinger sendet. Am 15. 3. stellt sich heraus, dass für die Nutzung von Teilen des Gebäudes als Lager keine Baugenehmigung vorliegt. Klinger informiert Möller entsprechend und erklärt ihm, er müsse unter diesen Umständen von der Unterzeichnung des Mietvertrags einstweilen Abstand nehmen. Da sich Volkmann gerade im Urlaub befindet und nicht erreichbar ist, kann Klinger ihn erst am 22. 3. auffordern, die Baugenehmigung beizubringen. Volkmann tut, wie ihm geheißen. Die zuständige Behörde erteilt die Genehmigung Mitte Juni, weil sie zu dem Ergebnis gelangt ist, dass der Lagernutzung weder bauordnungsrechtliche noch andere Vorschriften des öffentlichen Rechts entgegenstehen und die Nutzung deshalb zu genehmigen ist.
Möller hatte gar nicht erst abgewartet, wie sich die Dinge entwickeln, sondern sogleich andere Räumlichkeiten gesucht und ab April angemietet. Klinger tut sich schwer, einen anderen Mieter zu finden. Dies gelingt ihm erst zum 1. 10. für eine Monatsmiete von 7000 €.
Klinger fordert von Volkmann Schadensersatz in Höhe von 54000 € für die Monate April bis September sowie weitere 108 000 € für die Zeit ab Oktober bis zum Ende des Vertrags, den er mit Möller geschlossen hätte. Volkmann meint, Klinger sei selbst schuld, dass er den Vertrag mit Möller nicht abgeschlossen habe. Außerdem müsse er allenfalls für Schäden aufkommen, die Klinger entstanden seien, nachdem er ihn zur Beschaffung der Baugenehmigung aufgefordert habe. Doch sei auch dies ausgeschlossen, da er nichts für die Langsamkeit der Behörden könne.
Besteht der Anspruch des Klinger, und wenn ja, in welcher Höhe?

Vorüberlegungen

Es geht hier um ein stark diskutiertes Problem, das man sich mit Hilfe von Volkmanns letztem Argument und der Systematik des § 280 erschließen kann, der zwischen dem Schadensersatz statt der Leistung (Abs. 3) und dem Schadensersatz neben der Leistung unterscheidet, wobei bei letzterem die Frage zu stellen ist, ob es um einen Verzögerungsschaden (Abs. 2) oder einen sonstigen Schaden (Abs. 1) geht. Die Frage ist also, wie man den hier vorliegenden Schaden einzuordnen hat. Darüber sollte man aber nicht vergessen, auch die im Rahmen von § 434 relevante Pflichtverletzung deutlich herauszuarbeiten. Solche einem echten „Problem" vorgelagerten Prüfungspunkte werden in Klausuren oft nachlässig bearbeitet, weil Studierende oft zu stark auf das Auffinden von Problemen bedacht sind. Dies ist zwar sehr wichtig, aber darüber darf man die anderen Prüfungspunkte nicht vernachlässigen. Gleiches gilt für Aspekte, die in der Anspruchsprüfung nach dem Problem vorkommen, und die Argumente der Parteien: Wenn V meint, K sei „selbst schuld, dass er den Vertrag mit Möller nicht abgeschlossen habe", muss man diesen Hinweis ernst nehmen und versuchen, ihn an der richtigen Stelle anzusprechen.

Für Studienanfänger und u.U. auch mittlere Semester eher irritierend dürften die Bezugnahmen im Sachverhalt auf die materielle Bauordnungsmäßigkeit und die spätere Erteilung der Baugenehmigung sein. Was „materiell bauordnungsgemäß" bedeutet, ist im Sachverhalt am Ende des dritten Absatzes erläutert: Dem Bauvorhaben bzw. der konkreten Nutzung dürfen öffentlich-rechtliche Vorschriften nicht entgegenstehen. Soweit dies der Fall ist, muss die Baugenehmigung erteilt werden (vgl. etwa Art. 68 Abs. 1 S. 1 BayBO). Solange die notwendige Bau- bzw. Nutzungsgenehmigung fehlt, darf man das bereits vorhandene Gebäude aber dennoch nicht benutzen.

Gliederung

	Rn.
Anspruch aus §§ 437 Nr. 3, 280 Abs. 1	1
1. Bestehendes Schuldverhältnis	2
2. Pflichtverletzung in Gestalt eines Mangels (§ 434)	4
a) Beschaffenheitsvereinbarung, § 434 Abs. 1 S. 1	5
b) Eignung zur vertraglich vorausgesetzten oder gewöhnlichen Verwendung § 434 Abs. 1 S. 2 Nr. 1 und 2	10
c) Rechtsmangel, § 435	14
d) Weitere Voraussetzungen für den Schadensersatz, § 280 Abs. 2 oder 3?	15
aa) Schadensersatz statt der Leistung, §§ 280 Abs. 1, Abs. 3, 281 Abs. 1 S. 1	16
bb) Ersatz für Verzögerungsschäden, §§ 280 Abs. 1, Abs. 2, 286	19
cc) Keine weiteren Voraussetzungen	22
dd) Stellungnahme	23
3. Vertretenmüssen	31
4. Ersatzfähiger Schaden, §§ 249 ff.	32
a) Zustandekommen eines Mietvertrags zwischen K und M	33
b) Haftungsausfüllende Kausalität	34
c) Schadenshöhe	37
5. Ergebnis	39

Lösung

Anspruch aus §§ 437 Nr. 3, 280 Abs. 1

1 K könnte gegen V einen Anspruch auf Erstattung entgangener Mieteinnahmen gem. §§ 437 Nr. 3, 280 Abs. 1 haben.

1. Bestehendes Schuldverhältnis

2 Mit dem Kaufvertrag vom 2. 1. besteht ein Schuldverhältnis. Die Form der notariellen Beurkundung (§ 311b Abs. 1) wurde eingehalten.

3 **Hinweis:** Eine eingehendere Prüfung der Formwirksamkeit (§ 125 S. 1) ist hier entbehrlich.

2. Pflichtverletzung in Gestalt eines Mangels (§ 434)

4 V müsste eine Pflicht aus dem Kaufvertrag verletzt haben. In Betracht kommt eine Verletzung der Pflicht aus § 433 Abs. 1 S. 2 zur mangelfreien Verschaffung der Kaufsache. Denn das verkaufte Grundstück könnte mangelhaft (§ 437) sein, weil für die Nutzung von Teilen des darauf stehenden Gebäudes als Lager keine Baugenehmigung vorliegt. Der Begriff des Sachmangels ist in § 434 geregelt.

a) Beschaffenheitsvereinbarung, § 434 Abs. 1 S. 1

5 Die Parteien haben im Kaufvertrag und somit formwirksam[1] vereinbart, dass die gegenwärtige Nutzung von Grundstück und Gebäude materiell bauordnungsgemäß sein soll.

6 **Hinweis:** Eine Beschaffenheitsvereinbarung außerhalb des notariellen Kaufvertrags verstieße gegen § 311b Abs. 1 S. 1 und wäre nach § 125 S. 1 formnichtig. Dies hat im Zweifel nach § 139 die Nichtigkeit des gesamten Vertrags zur Folge; dass die Parteien übereinstimmend wollen, dass der Vertrag dennoch wirksam ist, wird man in aller Regel nicht feststellen können.

7 Tatsächlich ist das auf dem Grundstück befindliche Gebäude aufgrund der fehlenden Baugenehmigung jedoch nur eingeschränkt nutzbar. Ob darin ein Abweichen von einer „vereinbarten Beschaffenheit" i.S.d. § 434 Abs. 1 S. 1 liegt, hängt zunächst einmal davon ab, welche „Beschaffenheit" die Parteien hier genau vereinbart haben. Der Beschaffenheitsbegriff umfasst nicht nur die natürlichen Eigenschaften der Kaufsache, sondern erstreckt sich auf ihre tatsächlichen, wirtschaftlichen und rechtlichen Bezüge zur Umwelt, soweit sie ihren Grund im tatsächlichen Zustand der Sache selbst haben, ihr auf eine gewisse Dauer anhaften und sie nach der Verkehrsanschauung Einfluss auf die Wertschätzung bzw. Verwendbarkeit der Kaufsache haben können.[2] Ein Vorteil dieser Sichtweise ist, dass man sich in vielen Fällen eine Abgrenzung zwischen innerlicher Beschaffenheit (physischer Anhaftung an Kaufsache) und äußerlicher Beschaffenheit (Umstände außerhalb der Sache) erspart.[3] Der BGH hebt allerdings hervor, dass sich diese Beziehungen nicht erst durch Heranziehen von außerhalb des Kaufgegenstandes liegenden Verhältnissen oder Umständen ergeben dürfen, sondern in der *Beschaffenheit* des Kaufgegenstandes selbst ihren Grund haben, ihm selbst unmittelbar innewohnen bzw. von ihm ausgehen müssen.[4] Danach kann eine öffentlich-rechtliche

---
[1] Vgl. Staudinger/*Beckmann*, § 434 Rn. 57; Palandt/*Weidenkaff*, § 434 Rn. 18 m.w.N.
[2] *BGH* NJW 1992, 2564, 2565 (zum Ruf eines Gastbetriebs nach § 459 Abs. 2 a.F.); *Musielak*, Rn. 580; Palandt/*Weidenkaff*, § 434 Rn. 11f.; *H. Roth*, NJW 2004, 330, 331.
[3] Vgl. *H. Roth*, NJW 2004, 330, 331.
[4] Vgl. BGHZ 132, 320, 324 (zur abgelaufenen Herstellergarantie als Sachmangel).

Baubeschränkung (etwa aus dem Naturschutz- oder Wasserrecht) einen Sachmangel eines Grundstücks darstellen, denn sie resultiert letztlich aus der Lage des Grundstücks[5] und haftet dem Grundstück unmittelbar an.

Im vorliegenden Fall ist der auf dem Grundstück errichtete Bau *materiell* baurechtsgemäß, wie die zuständige Behörde später festgestellt hat. Er ist lediglich *formell* baurechtswidrig, weil die erforderliche Baugenehmigung für die konkrete Nutzung fehlt. Auf die Erteilung der Genehmigung besteht ein Anspruch, wenn das materielle Baurecht nicht entgegensteht (z. B. in Bayern gem. Art. 68 Abs. 1 BayBO). Die formelle Baurechtmäßigkeit hängt damit (jedenfalls im konkreten Fall) von der materiellen ab. Da V nur für die materielle Baurechtmäßigkeit eine Garantie übernommen hat, haben die Parteien in der notariellen Urkunde auch nur insofern eine Beschaffenheitsvereinbarung getroffen. Daher führt das Fehlen der (förmlichen) Baugenehmigung nicht zu einer Abweichung von der vereinbarten Beschaffenheit. Dass der Wunsch des K nach einer Nutzung als Büro- und Lagergebäude während der Vertragsverhandlungen deutlich geworden ist, reicht für sich genommen nicht für eine *weitergehende* Beschaffenheitsvereinbarung aus; daran hätte auch V mitwirken müssen. Damit ist ein Sachmangel nach § 434 Abs. 1 S. 1 zu verneinen. 8

Hinweis: Man kann das sicherlich auch kürzer darstellen. Hier sollte aus didaktischen Gründen verdeutlicht werden, dass der Begriff der Beschaffenheit, der auch in § 434 Abs. 1 S. 2 Nr. 2 auftaucht, durchaus Probleme bereiten kann. 9

b) Eignung zur vertraglich vorausgesetzten oder gewöhnlichen Verwendung, § 434 Abs. 1 S. 2 Nr. 1 und 2

Fraglich ist, ob sich das Grundstück wegen der fehlenden Baugenehmigung zur vertraglich vorausgesetzten Verwendung i.S.d. § 434 Abs. 1 S. 2 Nr. 1 eignet. Abgesehen von der fehlenden Genehmigung könnten, wie im Kaufvertrag angesprochen, Grundstück und Gebäude sehr wohl als Lager bzw. Büro genutzt werden. Auch insoweit ist umstritten, ob die mangelnde Verwendbarkeit auf der Beschaffenheit beruhen muss, um einen Sachmangel zu begründen, oder von ihr unabhängig ist.[6] 10

Eine Ansicht stellt eine Verknüpfung zwischen Verwendbarkeit und Beschaffenheit her: Die Verwendbarkeit beruhe auf der Beschaffenheit.[7] Demnach müsste man einen Sachmangel verneinen, denn das Grundstück hat die für die garantierte Nutzung erforderliche (physische) Beschaffenheit und eignet sich deshalb (zwingend) für die vertraglich vorausgesetzte Verwendung. Die h.M.[8] löst dagegen die Verwendbarkeit von der Beschaffenheit. Da der Gesetzgeber diese Begriffe in § 434 Abs. 1 nebeneinander genannt hat und der Nachteil für den Käufer, der die Kaufsache nicht verwenden kann, unabhängig davon ist, worauf die fehlende Verwendbarkeit beruht,[9] ist dem zuzustimmen. Im vorliegenden Fall wurde eine Verwendung des Grundstücks als Büro- und Lagergebäude im Kaufvertrag vorausgesetzt, denn die bauordnungsrechtlichen Voraussetzungen dafür wurden sogar garantiert. Die Verwendung war aber nicht möglich, solange die notwendige Baugenehmigung fehlte. Der daraus folgende Sachmangel i.S.v. § 434 Abs. 1 S. 2 Nr. 1 lag auch bei Gefahrübergang (§ 446) vor. 11

---

[5] Vgl. BGHZ 117, 159, 162 m. w. N. = NJW 1992, 1384.
[6] Vgl. *Faust*, JuS 2009, 863 m. w. N.
[7] *Oetker/Maultzsch*, Vertragliche Schuldverhältnisse, 3. Aufl., 2007, § 2 Rn. 61; vgl. Erman/*Grunewald*, § 434 Rn. 16.
[8] Bamberger/Roth/*Faust*, § 434 Rn. 29; MünchKomm/*H. P. Westermann*, § 434 Rn. 14; Palandt/*Weidenkaff*, § 434 Rn. 23; *Wolf/Kaiser*, DB 2002, 411, 412.
[9] Bamberger/Roth/*Faust*, § 434 Rn. 29.

12 Auf die Frage der Eignung zur gewöhnlichen Verwendbarkeit i.S.d. § 434 Abs. 1 S. 2 Nr. 2 lässt sich diese Diskussion übertragen; insoweit kann man den Mangel ebenfalls mit den genannten Argumenten bejahen: Ein Grundstück mit einem Büro- und Lagergebäude hat eine eindeutige „gewöhnliche Verwendung", für die es sich aber nur eignet, wenn auch die notwendige Baugenehmigung vorliegt.[10]

13 **Hinweis:** An dieser Stelle kann man auch die Gegenauffassung gut vertreten, wenn man beispielsweise argumentiert, dass sich ohne Anknüpfung an die Beschaffenheit nicht sinnvoll bestimmen ließe, ob ein Umstand in der Sache selbst liegt (Sachmangel) oder ob ein Rechtsmangel oder eine Nebenpflichtverletzung vorliege.[11] – Sehr str. ist darüber hinaus, ob die „vertraglich vorausgesetzte Verwendung" eine Vereinbarung der Parteien erfordert und diese damit ggf. vom Beurkundungszwang des § 311b Abs. 1 S. 1 erfasst wird. Verneint man das Erfordernis einer Vereinbarung, genügt es, dass eine Partei (wie hier K) die künftige Nutzung der Kaufsache während den Vertragsverhandlungen deutlich macht und die andere Partei entweder ausdrücklich oder konkludent zustimmt oder sich nicht dagegen verwahrt.[12] Die wohl h.M. bejaht auch insoweit den Beurkundungszwang.[13] Doch auch diese Ansicht kommt im vorliegenden Fall zu einer vertraglich vorausgesetzten Verwendung, weil der Grundstückskaufvertrag jedenfalls durch die Eintragung des K als Eigentümer im Grundbuch seinem ganzen Inhalt nach gültig geworden ist (Heilung), § 311b Abs. 1 S. 2.

c) Rechtsmangel, § 435

14 Soweit man einen Sachmangel verneint, kommt hier ein *Rechtsmangel* i.S.d. § 435 S. 1 in Betracht.[14] Nach § 435 S. 1 ist eine Sache frei von Rechtsmängeln, wenn Dritte in Bezug auf die Sache keine oder nur die im Kaufvertrag übernommenen Rechte gegen den Käufer geltend machen können. Auch öffentlich-rechtliche Nutzungsbeschränkungen fallen unter den Begriff des Rechtsmangels.[15] Die fehlende Baugenehmigung verhindert jedenfalls eine (auch) formell bauordnungsgemäße Nutzung des verkauften Grundstücks und begründet einen Rechtsmangel. Außerdem führt sie dazu, dass die zuständige Behörde gegen die nicht genehmigte Grundstücksnutzung einschreiten könnte. Daraus ergibt sich ein von der Frage der Nutzbarkeit i.S. eines Sachmangels unabhängiger Rechtsmangel.[16]

d) Weitere Voraussetzungen für den Schadensersatz, § 280 Abs. 2 oder 3?

15 Zu prüfen ist, ob der Schadensersatzanspruch allein aus § 280 Abs. 1 folgt oder von zusätzlichen Voraussetzungen abhängt. Diese könnten aus §§ 280 Abs. 1 und 3, 281 Abs. 1 S. 1 folgen oder, sofern der Schaden des A als Verzögerungsschaden einordnen sein sollte, aus §§ 280 Abs. 1 und 2, 286. In der Sache geht es um die Behandlung sog. Betriebsausfallschäden, die durch die Leistung einer mangelhaften Kaufsache verursacht worden sind. Die zutreffende Behandlung derartiger Schäden ist umstritten.

aa) Schadensersatz statt der Leistung, §§ 280 Abs. 1, Abs. 3, 281 Abs. 1 S. 1

16 Sollten Betriebsausfallschäden zum Schadensersatz statt der Leistung zählen, wäre für ihren Ersatz das fruchtlose Verstreichen einer vom Gläubiger gesetzten Frist erforderlich, §§ 280 Abs. 1 und 3, 281 Abs. 1 S. 1. Zur Ermittlung der Schadenshöhe ist die Vermögenslage des Geschädigten aufgrund der Pflichtverletzung mit der hypotheti-

---

[10] *BGH* NJW 2003, 2380, 2381.
[11] So *Oetker/Maultzsch*, Vertragliche Schuldverhältnisse, 3. Aufl., 2007, § 2 Rn. 61.
[12] Vgl. Palandt/*Weidenkaff*, § 434 Rn. 20ff.
[13] Bamberger/Roth/*Faust*, § 434 Rn. 50 m.w.N.
[14] Rechts- und Sachmängel sind nach dem neuen Kaufrecht weitgehend (vgl. aber § 476) gleichgestellt, sodass die Abgrenzung an Bedeutung verloren hat, vgl. Bamberger/Roth/*Faust*, § 435 Rn. 10. Zum Zusammentreffen von Sach- und Rechtsmängeln vgl. *Faust*, a.a.O., Rn. 12.
[15] Bamberger/Roth/*Faust*, § 435 Rn. 18 mit Verweis auf § 436 Abs. 2.
[16] Vgl. Palandt/*Weidenkaff*, § 435 Rn. 12.

schen Vermögenslage des Gläubigers bei ordnungsgemäßer Erfüllung zu vergleichen, sog. Differenzhypothese.[17] Der Berechtigte, hier K, ist wirtschaftlich so stellen, wie er bei ordnungsgemäßer Leistung gestanden hätte (positives Interesse).

Die entscheidende Frage ist dabei, was unter „Schadensersatz statt der Leistung" 17 in § 280 Abs. 3 genau zu verstehen ist. Grundsätzlich gehören zu den zu berücksichtigenden Nachteilen für den Gläubiger neben dem durch die Nicht- oder Schlechtleistung eingetretenen Verlust auch die Begleit- und Folgeschäden einschließlich des entgangenen Gewinns.[18] Damit wären bei Verletzung leistungsbezogener Pflichten, insbesondere bei Vorliegen eines Mangels i. S. d. §§ 434 f., alle adäquat kausal und zurechenbar verursachten Begleit- und Folgeschäden entweder über §§ 280, 281/283 oder § 311 a Abs. 2 zu liquidieren.[19]

Da die Baugenehmigung noch beigebracht werden konnte und deswegen keine 18 Unmöglichkeit der mangelfreien Leistung vorlag, käme nur die Anwendung der §§ 437 Nr. 3, 280 Abs. 1 und 3, 281 Abs. 1 S. 1 in Frage. Eine Nachfrist hat K dem V allerdings nicht gesetzt. Demnach müsste ein Anspruch des K nach dieser Auffassung ausscheiden, jedenfalls solange er dem V keine Nachfrist gesetzt hat.

bb) Ersatz für Verzögerungsschäden, §§ 280 Abs. 1, Abs. 2, 286

Nach einer häufig vertretenen Ansicht ist eine Schlechtleistung wegen § 434 Abs. 1 19 S. 2 zugleich als Verzögerung der ordnungsgemäßen Leistung ansehen, solange diese noch möglich ist, weshalb eine Ersatzpflicht für Betriebsausfallschäden nur unter den zusätzlichen Voraussetzungen des § 286 möglich sein soll.[20] Zur Begründung wird zum einen angeführt, § 437 Nr. 3 verweise allgemein auf § 280 und damit indirekt auch auf den Ersatz des Verzögerungsschadens nach §§ 280 Abs. 1 und 2, 286.[21] Zum anderen soll für die Einordnung als Verzögerungsschaden der Umstand sprechen, dass der Schaden bei K in gleicher Weise und Höhe auch dann entstanden wäre, wenn V gar nicht geliefert hätte. Deshalb sei nicht das Integritätsinteresse des Gläubigers betroffen, sondern sein Leistungsinteresse in zeitlicher Hinsicht.[22] Da die Mangelhaftigkeit der erbrachten Leistung für den Schuldner häufig schwerer erkennbar ist als die Fälligkeit seiner eigentlichen Leistungspflicht, mache das Erfordernis einer Mahnung auch in diesem Falle Sinn.[23] Solange V den K nicht in Verzug setzt, kann er nach dieser Ansicht keinen Schadensersatz wegen des Ausfalls verlangen.

Um eine Schutzlücke im Zeitraum zwischen Übergabe und Mahnung zu vermeiden, 20 wird vorgeschlagen, nach § 286 Abs. 2 Nr. 4 vom Mahnungserfordernis abzusehen, weil der Gläubiger bei einer mangelhaften Leistung besonders schutzwürdig sei, da sich der Mangel u. U. erst später zeige und dann schon wesentliche Dispositionen im Vertrauen auf die Mangelfreiheit der Leistung getroffen worden sind.[24]

Hinweis: Folgt man dieser letztgenannten Auffassung, befände sich V bereits ab der mangelhaften 21 Leistung[25] in Schuldnerverzug. Das führt zum gleichen Ergebnis wie die h. M. (dazu als nächstes).

---
[17] Palandt/*Grüneberg*, § 281 Rn. 17, 25; *Recker*, NJW 2002, 1247.
[18] MünchKomm/*Emmerich*, vor § 281 Rn. 12; Palandt/*Grüneberg*, § 281 Rn. 26.
[19] *Recker*, NJW 2002, 1247.
[20] Vgl. *Arnold/Dötsch*, BB 2003, 2250, 2253; *Grigoleit/Riehm*, AcP 203 (2003), 727, 754 ff.; *dies.*, JuS 2004, 745, 747 f.
[21] *Grigoleit/Riehm*, AcP 203 (2003), 727, 755.
[22] *Grigoleit/Riehm*, AcP 203 (2003), 727, 754.
[23] *Arnold/Dötsch*, BB 2003, 2250, 2253.
[24] *Grigoleit/Riehm*, AcP 203 (2003), 727, 755 ff.
[25] Das heißt: Mit Vornahme der verzugsbegründenden Handlung, vgl. Palandt/*Grüneberg*, § 286 Rn. 35, die hier in der Abgabe der zur Erfüllung des schuldrechtlichen Anspruchs auf Auflassung (§ 433 Abs. 1 S. 1) notwendigen Erklärungen besteht.

cc) Keine weiteren Voraussetzungen

22 Demgegenüber stützt die h. M.[26] den Anspruch auf Ersatz von Betriebsausfallschäden ausschließlich auf die §§ 437 Nr. 3, 280 Abs. 1. Der Schaden beruhe nicht auf einer Verzögerung der Leistung, sondern auf der Schlechtleistung. Das Gesetz unterscheide diese beiden Kategorien der Pflichtverletzung; außerdem bemerke man einen Mangel meist erst nach Inbetriebnahme der Kaufsache; müsste der Käufer dann erst mahnen, könnte er für die bis dahin entstandenen Schäden keinen Ersatz verlangen.[27] Folgt man dieser Auffassung, so genügt die bloße Schlechtleistung, die mit dem vorliegenden Sach- oder auch Rechtsmangel bereits bejaht worden ist.

dd) Stellungnahme

23 (1) Wären Betriebsausfallschäden dem Schadensersatz statt der Leistung i. S. v. §§ 280 Abs. 1 und 3, 281 Abs. 1 zuzuordnen, wären sie grundsätzlich erst nach erfolglosem Ablauf einer angemessenen Nacherfüllungsfrist ersatzfähig, nicht aber für den Zeitraum davor.[28] Dies wäre schon deshalb fragwürdig, weil Betriebsausfallschäden durch eine Nacherfüllung gar nicht behoben werden können; insofern wäre eine Fristsetzung sinnlos,[29] auch wenn man sie dann nach § 281 Abs. 2 Alt. 2 für entbehrlich erklären könnte. Das Problem ist aber, dass oftmals für die Nacherfüllung als solche die Fristsetzung nicht auch entbehrlich sein wird. Wollte man die Fristsetzung nur für den Betriebsausfallschaden für entbehrlich halten, liefe dies darauf hinaus, dass vor Entstehung des Anspruchs auf Schadensersatz statt der Leistung bereits eingetretene Folgeschäden an sonstigen Rechtsgütern (wie Betriebsausfallschäden) rückwirkend in Schadensersatz statt der Leistung umqualifiziert würden, was kaum vertretbar sein dürfte.[30] Im Ergebnis wäre der Gläubiger zwischen der Pflichtverletzung und dem Entstehen des Anspruchs auf Schadensersatz statt der Leistung schutzlos.

24 Im vorliegenden Fall kommt hinzu, dass die Baugenehmigung Mitte Juni auf Betreiben des V noch erteilt wurde. Er hat somit alle Vertragspflichten, wenn auch teils erst mit Verspätung, vollständig *erfüllt* (§ 362 Abs. 1). Insofern erscheint es ausgeschlossen, ihn Schäden, die neben der vollständig ordnungsgemäßen Leistung verbleiben, im Wege des Schadensersatzes „statt der Leistung" liquidieren zu lassen.

25 (2) Damit stellt sich der Betriebsausfall – gerade im vorliegenden Fall – als ein Schaden dar, der neben der Leistung entsteht und ggf. zu ersetzen ist. Insofern bleibt zu klären, ob die Pflichtverletzung des V dem in § 280 Abs. 2 geregelten Fall der Leistungsverzögerung zuzuordnen ist.

26 Dagegen spricht, dass das Gesetz die nicht vertragsgemäße Leistung in § 281 Abs. 1 S. 1 anders behandelt als die verzögerte Leistung i. S. v. § 280 Abs. 2. Die §§ 434 ff. befassen sich insgesamt nur mit mangelhaften Leistungen, für die § 437 bestimmte Rechtsfolgen auflistet. Eine mangelhafte Leistung als verzögerte vertragsgemäße Leistung anzusehen, erscheint (nicht nur vor diesem Hintergrund) gekünstelt. Dieser Eindruck wird noch verstärkt, wenn man die Anwendbarkeit des § 286 fordert und gleichzeitig über § 286 Abs. 2 Nr. 4 vom Mahnungserfordernis mit dem Argument der besonderen Schutzbedürftigkeit des Gläubigers bei mangelhaften Lieferungen im Ver-

---

[26] BGHZ 181, 317 Tz. 12 = NJW 2009, 2674, 2675; *Canaris*, ZIP 2003, 321, 326; *Dauner-Lieb/Dötsch*, DB 2001, 2535, 2537; *Faust*, JuS 2009, 863, 864; vgl. auch *Schulze/Ebers*, JuS 2004, 462, 465 m. w. N. zum Meinungsstand.
[27] *Canaris*, ZIP 2003, 321, 326.
[28] Ebenso *Grigoleit/Riehm*, JuS 2004, 745, 746.
[29] AnwK/*Dauner-Lieb*, § 280 Rn. 42.
[30] *Grigoleit/Riehm*, AcP 203 (2003), 727, 753.

gleich zur Nichtleistung absieht. Diese Schutzwürdigkeit spricht eher dafür, § 286 von vornherein nicht anzuwenden.[31]

Richtig ist aber, dass die Interessen des Gläubigers bei völliger Untätigkeit des Schuldners anders betroffen sind, als wenn dieser wenigstens mangelhaft leistet: Die Nichtleistung bemerkt der Gläubiger sofort, während er einen Mangel häufig erst einige Zeit nach der Übergabe feststellt. Der Schuldner dringt aus diesem Grunde mit einer mangelhaften Leistung in gefährlicher Weise in die Gütersphäre des Gläubigers ein.[32] Ein Nutzungsausfall lässt sich dann zumeist nicht mehr abwenden.[33] Auch dies spricht gegen eine Anwendung des § 286 im Rahmen von § 437 Nr. 3.

Letztlich greift auch das Argument, § 437 Nr. 3 verweise auch auf § 280 Abs. 2 und damit auf § 286, nicht: Denn § 437 Nr. 3 verweist eben nicht nur auf § 280, sondern auch auf die §§ 281 und 283 sowie 311a. Nach der eindeutigen Gesetzesbegründung, die den Betriebsausfallschaden als über § 280 Abs. 1 ersatzfähig ansieht,[34] ist § 286 bei der Schaffung des § 437 bewusst nicht genannt worden, weil bei Vorliegen eines Mangels ein Nutzungsausfallschaden unabhängig vom Vorliegen eines Schuldnerverzugs gewährt werden soll.[35]

(3) Im Ergebnis sprechen somit die besseren Argumente für die h.M., der deshalb zu folgen ist. Eine „haftungsrechtliche Überforderung" provoziert man mit der alleinigen Anwendung des § 280 Abs. 1 für den Schuldner nicht, denn es muss stets noch sein Vertretenmüssen geprüft werden.[36] Die erforderliche Pflichtverletzung des V liegt daher allein in der Leistung eines mangelhaften Grundstücks.

Hinweis: Unberührt von dieser Streitfrage bleiben die Fälle, in denen der Schuldner mit der Nacherfüllung in Verzug gerät. Hier ist der Betriebsausfallschaden nach Eintritt des Verzugs unstreitig (auch) über §§ 280 Abs. 1, Abs. 2, 286 zu ersetzen.[37] – Im vorliegenden Fall ändert sich das Ergebnis also erheblich, wenn man den Schuldnerverzug fordert und die Mahnung nicht für entbehrlich erklärt. Zwar enthält die Aufforderung des K an V, die Baugenehmigung beizubringen, die notwendige Mahnung, die Leistung mängelfrei zu erbringen (§ 433 Abs. 1 S. 2). Da M aber schon vorher „abspringt", wären die Schäden des K überwiegend nicht ersatzfähig. Dies zeigt die erhebliche wirtschaftliche Bedeutung der Kontroverse.

3. Vertretenmüssen

V müsste die Pflichtverletzung zu vertreten haben, was von § 280 Abs. 1 S. 2 vermutet wird. Zu prüfen bleibt, ob V die Vermutung widerlegen kann. Der Schuldner hat gem. § 276 Abs. 1 S. 1 Vorsatz und Fahrlässigkeit zu vertreten, wenn eine strengere oder mildere Haftung weder bestimmt noch aus dem sonstigen Inhalt des Schuldverhältnisses, insbesondere der Übernahme einer Garantie oder eines Beschaffungsrisikos, zu entnehmen ist. V hat dem K im notariellen Kaufvertrag „garantiert", dass der gegenwärtige Bestand und die gegenwärtige Nutzung des Grundstücks materiell bauordnungsgemäß sind. Dadurch hat V zwar zu erkennen gegeben (§§ 133, 157), dass er verschuldensunabhängig für die materielle Baurechtmäßigkeit der gegenwärtigen Nutzung von Grundstück und Gebäude als Büro und Lager einstehen möchte. Die formelle Rechtmäßigkeit und damit das Vorliegen einer Baugenehmigung hat er aber

---

[31] Ähnlich *Canaris*, ZIP 2003, 321, 326.
[32] BGHZ 181, 317 Tz. 17 = NJW 2009, 2674, 2676 mit Bezug auf *Canaris*, ZIP 2003, 321, 323.
[33] BGHZ 181, 317 Tz. 17 = NJW 2009, 2674, 2676; *Canaris*, ZIP 2003, 321, 326; *Gruber*, ZGS 2003, 130, 133.
[34] BT-Drs. 14/6040, S. 225; vgl. BGHZ 181, 317 Tz. 14 = NJW 2674, 2675f.; *Dauner-Lieb/Dötsch*, DB 2001, 2535, 2537.
[35] BGHZ 181, 317 Tz. 15 = NJW 2009, 2674, 2676.
[36] Vgl. BGHZ 181, 317 Tz. 19 = NJW 2009, 2574, 2576.
[37] *Canaris*, ZIP 2003, 321, 326; *Faust*, JuS 2009, 863, 865.

nicht garantiert. Insoweit haftet er nicht verschuldensunabhängig. Jedoch wird sein Vertretenmüssen gem. § 280 Abs. 1 S. 2 vermutet. Bei lebensnaher Betrachtung ist davon auszugehen, dass V als bisheriger Grundstückseigentümer aus seinen Unterlagen hätte ersehen können, dass eine Baugenehmigung für die Nutzung teilweise fehlt. Somit hat er im Hinblick auf den Mangel fahrlässig i. S. v. § 276 Abs. 2 gehandelt, und er wird die Vermutung nicht widerlegen können.

4. Ersatzfähiger Schaden, §§ 249 ff.

32 Schaden i. S. d. §§ 249 ff. ist jede unfreiwillige Vermögenseinbuße. K verlangt als Schadensersatz 54 000 € für Mietausfall von April bis September sowie 108 000 € von Oktober bis Vertragsende, denn ab 1. 10. konnte er das Grundstück zumindest für 7 000 € Monatsmiete vermieten. Fraglich ist, in welcher Höhe der Schadensersatzanspruch besteht.

a) Zustandekommen eines Mietvertrags zwischen K und M

33 Ein Schaden kann K nur insoweit entstanden sein, als er keine Mietforderungen (§ 535 Abs. 2) gegen M erworben hat. Daher ist zu prüfen, ob zwischen K und M nicht doch durch den Austausch übereinstimmender Willenserklärungen (Antrag und Annahme, §§ 145 ff.) ein Vertrag zustande gekommen ist. K hat die von M bereits unterzeichnete Mietvertragsurkunde nicht unterschrieben. Doch könnte eine auf den Vertragsschluss gerichtete Willenserklärung des K bereits darin zu sehen sein, dass er den Vertragsentwurf an M gesandt hat, denn formbedürftig ist ein Mietvertrag nicht. Etwas anderes folgt auch nicht aus den §§ 578 Abs. 1, 550 S. 1, denn bei Nichteinhaltung der Schriftform ist lediglich die Befristung unwirksam und der Vertrag gilt als auf unbestimmte Zeit geschlossen. Jedoch hatten K und M i. S. v. § 154 Abs. 2 eine Beurkundung des Vertrags vereinbart, sodass der Mietvertrag im Zweifel erst mit der beiderseitigen Unterzeichnung zustande kommen sollte. Da die Parteien den Vertrag auch nicht in Vollzug gesetzt haben,[38] kann noch kein Vertragsschluss angenommen werden. Damit hat K keine Forderung gegen M erworben.

b) Haftungsausfüllende Kausalität

34 Die Pflichtverletzung des V müsste ursächlich für den Schaden des K sein. Hätte V ordnungsgemäß erfüllt, hätte K den Mietvertrag mit M abgeschlossen und eine monatliche Mietforderung gegen diesen i. H. v. 9 000 € erworben (äquivalente Kausalität); dies allerdings auch nur, solange das Mietverhältnis gedauert hätte (Gedanke des rechtmäßigen Alternativverhaltens), denn dann hätte sich K ohnehin einen neuen Mieter suchen oder mit M über eine Verlängerung verhandeln müssen. Das Mietverhältnis mit K wäre auf fünf Jahre befristet und während dieser Dauer grundsätzlich nicht kündbar gewesen, sodass V grundsätzlich für den Mietausfall in dieser Zeit einstehen muss.

35 Problematisch erscheint aber, dass K den Mietvertrag nicht unterschrieben hat und so selbst dafür gesorgt hat, dass er keine Forderung gegen M erworben hat. Hierdurch könnte der rechtliche Zurechnungszusammenhang zwischen der Pflichtverletzung des V und dem Schadenseintritt unterbrochen worden sein.

36 Doch bleibt dieser Zurechnungszusammenhang dann gewahrt, wenn für das Verhalten des Geschädigten (K) ein rechtfertigender Anlass bestand oder dieses durch das haftungsbegründende Ereignis herausgefordert wurde und sich die Reaktion des Ge-

---

[38] Vgl. dazu etwa *BGH* NJW 2009, 433.

schädigten auch nicht als ungewöhnlich oder gänzlich unangemessen erweist.[39] Für K war hier problematisch, dass er im Mietvertrag seinerseits die Nutzbarkeit des Gebäudes zu Verwaltungs- und Lagerzwecken garantiert hätte. Mit Unterzeichnung der Urkunde wäre er das Risiko eingegangen, verschuldensunabhängig (vgl. auch § 536a Abs. 1) gegenüber M haften zu müssen, obwohl er konkret befürchten musste, die Garantie nicht erfüllen zu können.[40] Zwar könnte man erwägen, ob K den Vertrag nicht trotzdem hätte abschließen müssen, um sich anschließend bei einem Ersatzverlangen des M an V zu halten. Doch hätten K und damit auch V dann u. U. noch deutlich höhere Schäden gedroht als der bloße Mietausfall, sodass K aufgrund der Schadensminderungsobliegenheit nach § 254 Abs. 2 gehalten war, den Vertrag besser nicht abzuschließen. Schließlich war es K nicht zuzumuten, dass Risiko einer Insolvenz des V auf sich zu nehmen. Deshalb führt bereits das Risiko einer Inanspruchnahme durch M bei Nichterfüllung der Garantie dazu, dass die Nichtunterzeichnung des Mietvertrags durch den K nicht als ungewöhnliche oder unangemessene Reaktion bewertet werden kann.[41]

c) Schadenshöhe

Hätte V ordnungsgemäß erfüllt, hätte K eine monatliche Mietforderung gegen M 37 i. H. v. 9000 € für die Dauer von (mindestens) fünf Jahren erworben. Von April bis September konnte K trotz aller Bemühungen (vgl. § 254 Abs. 1) keinen anderen Mieter finden, weshalb er 6 × 9 000 € (54 000 €) Schadensersatz geltend machen kann (§§ 249 Abs. 1, 251 Abs. 1). Ab Oktober konnte K das Grundstück für nur 7 000 € im Monat vermieten. Diese tatsächlich erzielten 7 000 € Mieteinnahmen sind ab Oktober für die restliche (hypothetische) Mietzeit mit M nach den Grundsätzen über die Vorteilsausgleichung[42] anzurechnen. Sie sehen als Vorteil mit der Pflichtverletzung des V in adäquatem Zusammenhang, da K nun eine Baugenehmigung erhalten hat und nur deswegen einen Mietvertrag mit einem Dritten abgeschlossen hat, weil M inzwischen andere Räumlichkeiten angemietet hatte. Die Anrechnung der 7 000 € ist auch mit dem Zweck des Schadensersatzes nach §§ 437 Nr. 3, 280 Abs. 1 vereinbar, da sie den V nicht unbillig entlastet. Für die verbleibenden 54 Monate, die ein hypothetisches, am 1. 4. beginnendes Mietverhältnis mit M ab Oktober noch gedauert hätte, erleidet K im Ergebnis nach Anrechnung seiner tatsächlichen Einnahmen monatlich 2 000 € Mindereinnahmen (zusammen 108 000 €), die ihm V erstatten muss.

Hinweis: Bemerkt der Gläubiger den Mangel der Kaufsache, darf er freilich nicht einfach schweigen, 38 sondern muss dies dem Schuldner so schnell wie möglich mitteilen; dies gebietet schon § 254 Abs. 2 S. 1. Hier hat sich K aber sofort an V gewandt, als er das Fehlen der erforderlichen Baugenehmigung bemerkt hatte. Insofern ist ein Eingehen auf § 254 im vorliegenden Fall entbehrlich.

5. Ergebnis

K kann von V gem. §§ 437 Nr. 3, 280 Abs. 1 Zahlung von 54 000 € für den Mietaus- 39 fall zwischen April und September sowie weitere 108 000 € für Mietmindereinnahmen von Oktober bis zum Ende des Mietverhältnisses verlangen, das K mit M geschlossen hätte, mithin zusammen 162 000 €.

---

[39] BGHZ 181, 317 Tz. 21 = NJW 2009, 2674, 2676 m. w. N.
[40] Vgl. BGHZ 181, 317 Tz. 21 = NJW 2009, 2674, 2676.
[41] Vgl. BGHZ 181, 317 Tz. 21 = NJW 2009, 2674, 2676.
[42] Allgemein dazu Palandt/*Grüneberg*, Vorbem. v. § 249 Rn. 67 ff.

Fall 29. Falsche Lieferungen

Sachverhalt

Der pensionierte Medizinaldirektor von Prittwitz (P) kommt bei einer Wanderung zum Weingut des Wohlfahrt (W). Nach einer Weinprobe entschließt er sich zum Kauf von sechzig Flaschen „Iphöfer Blautopf", Silvaner, Jahrgang 2000 zum Preis von 9 € pro Flasche. Er zahlt den Kaufpreis sofort, die Flaschen sollen ihm nach Hause geliefert werden. Als die Lieferung eintrifft, stellt von Prittwitz fest, dass nur dreißig Flaschen des Jahrgangs 2000 darin enthalten sind und die restlichen dreißig Flaschen aus dem Jahrgang 1999 stammen, der wesentlich besser und deshalb auch teurer ist, nämlich 12 € pro Flasche kostet. Einige Tage später teilt Wohlfahrt ihm mit, bei der Zusammenstellung der Lieferung habe sich ein Versehen mit den Jahrgängen ergeben. Falls von Prittwitz den Jahrgang 1999 behalten wolle, bitte er um Bezahlung des Mehrbetrags von 90 €, andernfalls um Rücksendung der 1999er Flaschen gegen Erstattung der anfallenden Versandkosten. Eine Lieferung von dreißig Flaschen des Jahrgangs 2000 sei leider nicht mehr möglich, da zwischenzeitlich dieser Jahrgang restlos ausverkauft sei.

Von Prittwitz bittet um Klärung der Rechtslage, um Wohlfahrt möglichst sinnvoll antworten zu können.

Abwandlung: Bei der Wanderung entdeckt von Prittwitz die in einem ehemaligen Weingut gelegene Künstlerwerkstatt des Wohlfahrt und besichtigt diese. Danach kauft er aus einer Serie von Drucken mit dem Titel „Drei Models" das Exemplar 3/20 zum Preis von 200 €. Er zahlt den Kaufpreis sofort, der Druck soll ihm nach Hause geliefert werden. Die Lieferung, die bei ihm eintrifft, enthält aber ein Gemälde, das er im Katalog des Wohlfahrt als „Drei Grazien" identifiziert. Da ihm das Gemälde, das er bei seinem Besuch nicht gesehen hatte, besser gefällt als der Druck, und es überdies im Katalog mit einem Preis von 1000 € ausgewiesen ist, beschließt von Prittwitz, es zu behalten. Wohlfahrt bemerkt seinen Fehler nach einiger Zeit und verlangt Herausgabe des Gemäldes gegen Lieferung des Drucks.

Vorüberlegung

Ausnahmsweise ist hier nicht unbedingt eine konkrete Prüfung der Ansprüche des P notwendig, sondern man *kann* sich darauf beschränken, die Rechtslage zu erläutern. Der Verkäufer W liefert dem Käufer P teilweise etwas Falsches (= ein Aliud), nämlich den falschen Jahrgang. Die Falschlieferung ist in § 434 Abs. 3 einem Mangel gleichgestellt und führt zu den Gewährleistungsrechten des § 437. Nachdem man dies geklärt hat, kann man die einzelnen Gewährleistungsrechte und ihre besonderen Voraussetzungen sowie aus der Gleichstellung von Manko- und Mangellieferung folgende Zweifelsfragen darlegen.

In der Abwandlung geht es um die Falschlieferung beim Stückkauf. Ob § 434 Abs. 3 auch auf sie anzuwenden ist, ist sehr umstritten. Da das Kaufrecht nicht (mehr) zwischen Gattungs- und Stückkauf unterscheidet und der Gesetzgeber durch die Schaffung von § 434 Abs. 3 gerade die im früheren Recht höchst umstrittene Behandlung der Aliud-Lieferung[1] eindeutig lösen wollte, plädiert die überwiegende Ansicht für die Anwendung des § 434 Abs. 3 auf die Falschlieferung bei der Stückschuld (sog. Identitätsaliud).

Die Erwägungen der Gegenansicht liegen beinahe auf der Hand: Ist eine individuelle Sache geschuldet, kann die Lieferung einer anderen Sache an sich keine ordnungsgemäße Erfüllung sein.[2] Also besteht der bisherige Lieferungsanspruch aus § 433 Abs. 1 S. 1 weiter, und der Verkäufer kann Herausgabe des Aliuds gem. § 812 Abs. 1 S. 1 Alt. 1 verlangen. Für einen „Umweg" über § 439 Abs. 1 scheint es keinen Anlass zu geben, kommt doch die dort alternativ vorgesehene Mängelbeseitigung bei der Falschlieferung nicht in Betracht. Der Gesetzgeber hat sich aber bewusst für den „Umweg" entschieden, um zur Verjährungsfrist des § 438 Abs. 1 (wobei im Falle einer bewussten Aliud-Lieferung § 438 Abs. 3 analog anzuwenden ist)[3] und einer Rückgewähr auf vertraglicher Basis gem. §§ 439 Abs. 4, 346 Abs. 1 zu gelangen, wenn der Käufer gem. §§ 437 Nr. 1, 439 Abs. 1 die Lieferung der richtigen Sache verlangt.

Damit ist auch das andere Problem angesprochen, das in Fällen wie dem hier vorliegenden Relevanz erlangen kann: Ein Käufer, der im Wege der Falschlieferung etwas Wertvolleres erhält, als er nach dem Vertrag hätte bekommen sollen, wird nicht stets den Drang haben, seinen Nacherfüllungsanspruch geltend zu machen. Dann – so ein angesichts von § 439 Abs. 4 nahe liegender Schluss – bekommt der Verkäufer auch das Aliud nicht zurück. Hier liegt der Gedanke „Das kann doch nicht sein!" nahe, und es bleibt zu überlegen, wie man ihn ins Juristische übertragen und das gewünschte Ergebnis begründen kann.

Gliederung

Rn.

Ausgangsfall
I. Sachmängelrechte des P gegen W wegen der Lieferung von dreißig Flaschen des Jahrgangs 1999 1
   1. Vorliegen eines Sachmangels 2
   2. Rechte des P gegen W aus dem Gesichtspunkt der Falschlieferung 9
      a) Anspruch auf Nacherfüllung nach §§ 437 Nr. 1, 439 9
      b) Recht des P zum Rücktritt oder zur Minderung nach § 437 Nr. 2 13
      c) Anspruch des P auf Schadensersatz nach §§ 437 Nr. 3, 280 Abs. 1 und 3, 283 S. 1 17
II. Rechte des W gegen P wegen der Lieferung von dreißig Flaschen des Jahrgangs 1999 18
   1. Anspruch des W gegen P auf Zahlung des Mehrbetrags von 90 € aus § 433 Abs. 2 18
   2. Anspruch des W gegen P auf Herausgabe der gelieferten Flaschen des Jahrgangs 1999 gem. § 439 Abs. 4 i.V.m. § 346 Abs. 1 19

---
[1] Dazu und zu den Gründen *Lettl*, JuS 2002, 866 f.; *S. Lorenz*, JuS 2003, 36.
[2] Daran ändert auch § 434 Abs. 3 nichts, zutreffend *Lorenz/Riehm*, Rn. 574.
[3] Zutreffend *Lorenz/Riehm*, Rn. 492.

	Rn.
3. Anspruch des W gegen P auf Rücksendung der Flaschen des Jahrgangs 1999 aus § 812 Abs. 1 S. 1 Alt. 1	20
a) Tatbestandsvoraussetzungen der Leistungskondiktion	21
b) Einwendung des Vorrangs der §§ 433 ff., 437 ff.	23
c) Einwendung des § 814	29
d) Einwendung der unbestellten Warenlieferung (§ 241 a)	30
e) Ergebnis	32
III. Empfehlung an P	33

Abwandlung

I. Sachmängelrechte des P gegen W wegen der Lieferung des Gemäldes	34
1. Vorliegen eines Sachmangels	35
2. Rechte des P gegen W aus dem Gesichtspunkt der Falschlieferung	39
a) Anspruch auf Nacherfüllung nach §§ 437 Nr. 1, 439	39
b) Recht des P zum Rücktritt oder zur Minderung nach § 437 Nr. 2	40
c) Anspruch des P auf Schadensersatz nach §§ 437 Nr. 3, 280 Abs. 1 und 3, 283 S. 1	41
3. Möglichkeiten des P	42
II. Rechte des W gegen P wegen der Lieferung des Originals	43
1. Anspruch auf Zahlung weiterer 800 € gem. § 433 Abs. 2	43
2. Anspruch des W gegen P auf Herausgabe des Gemäldes analog § 439 Abs. 4 i.V.m. § 346 Abs. 1	44
3. Anspruch des W gegen P auf Rücksendung des Gemäldes aus § 812 Abs. 1 S. 1 Alt. 1	45
4. Gesamtergebnis zum Herausgabeverlangen und zur Frage der Analogie zu § 439 Abs. 4	46

Lösung

Ausgangsfall

I. Sachmängelrechte des P gegen W wegen der Lieferung von dreißig Flaschen des Jahrgangs 1999

1   Zu prüfen ist, ob P gegen W wegen der Lieferung von dreißig Flaschen des Jahrgangs 1999 anstelle des vereinbarten Jahrgangs 2000 Rechte aus Sachmängelhaftung (§ 437) geltend machen kann, da die Parteien einen Kaufvertrag geschlossen haben. Dazu müsste der Tatbestand des Sachmangels erfüllt sein.

1. Vorliegen eines Sachmangels

2   Es stellt sich die Frage, ob die dreißig Flaschen aus dem Jahrgang 1999 mangelhafte Flaschen aus dem Jahrgang 2000 sind oder, ob es sich insoweit um eine (teilweise) Falschlieferung – ein Aliud – im Sinne des § 434 Abs. 3 handelt.

3   Ob ein Sachmangel im Sinne des § 434 Abs. 1 S. 1 gegeben ist, richtet sich zunächst nach der vereinbarten Beschaffenheit.[4] Da die Ist-Beschaffenheit der gelieferten Fla-

---

[4] Palandt/*Weidenkaff*, § 434 Rn. 1. – In § 434 findet sich eine Abstufung von subjektiven (§ 434 Abs. 1 S. 1) hin zu objektiven Fehlerkriterien (§ 434 Abs. 1 S. 1 Nr. 2), ähnlich *Lorenz/Riehm*, Rn. 483,

schen von der vertraglichen Soll-Beschaffenheit abweicht, könnte man einen Mangel unabhängig davon bejahen, dass die Flaschen aus dem Jahre 1999 qualitativ hochwertigeren Wein enthalten.[5] Denn eine Abweichung zuungunsten des Käufers verlangt § 434 Abs. 1 nicht.[6]

Gegen einen Sachmangel spricht aber, dass die Lieferung einer bestimmten Gattung 4 Weines i. S. v. § 243 Abs. 1 vereinbart war, welche die Parteien durch die Anbaulage und den Jahrgang spezifiziert haben. Geschuldet war ein Wein des Jahrgangs 2000, an dessen Stelle etwas anderes geliefert wurde, nämlich Wein des Jahrgangs 1999. Zwar ist die Abgrenzung zwischen Aliud und Sachmangel zumindest für den Gattungskauf wegen der Existenz des § 434 Abs. 3 an sich entbehrlich.[7] Jedoch spricht die Existenz dieser Norm dafür, dass eine Falschlieferung keinen Mangel i. S. v. § 434 Abs. 1 begründet, da es der Gleichstellung sonst nicht bedürfte.

Die teilweise Lieferung des falschen Jahrgangs stellt also eine Aliudlieferung 5 i. S. v. § 434 Abs. 3 dar. Sie führt zugleich dazu, dass vom richtigen Jahrgang zu wenig geliefert ist. Auch eine Minderlieferung ist in § 434 Abs. 3 einem Sachmangel gleichgestellt, doch wird man sagen müssen, dass dieser Aspekt hier als zwangsläufige Folge der teilweisen Falschlieferung hinter diese zurücktritt.

P kann daher die Rechte aus den §§ 437 ff. geltend machen. 6

Hinweis 1: Neben der quantitativen wird im Schrifttum auch eine „qualitative" Zuweniglieferung diskutiert, die etwa bei zu kurz geschnittenen Brettern oder nicht richtig gefüllten Getränkeflaschen vorliegen soll. Dabei handelt es sich aber nicht um eine Zuweniglieferung i. S. v. § 434 Abs. 3, die eine teilbare Leistung voraussetzt; daher stellen zu kurze Bretter ganz einfach einen echten Sachmangel i. S. v. § 434 Abs. 1 dar.[8] Die „qualitative" ist also überhaupt keine Zuweniglieferung, man sollte den irreführenden Begriff vermeiden. 7

Hinweis 2: Bei der Mankolieferung kann sich – über den vorliegenden Fall hinaus – die umstrittene Frage stellen, ob § 434 Abs. 3 auch anzuwenden ist, wenn der Verkäufer bewusst nur eine Teilleistung erbringt.[9] Nach der Begründung des Regierungsentwurfs kann eine Zuweniglieferung nur dann einem Sachmangel gleichgestellt werden, wenn der Verkäufer mit der Mindermenge tatsächlich seine ganze Verbindlichkeit erfüllen will, sich die Leistung also nach dem objektiven Empfängerhorizont erkennbar als Versuch vollständiger Erfüllung darstellt.[10] Das spricht dafür, nur die verdeckte Mankolieferung unter § 434 Abs. 3 zu subsumieren und die offene (bewusste) Mankolieferung als teilweise Nichterfüllung i. S. v. § 281 Abs. 1 S. 1 und 2 anzusehen.[11] Die Rechte des Käufers hängen dann davon ab, ob er die Teilleistung als solche zurückweist. Hierzu ist er nach § 266 berechtigt mit der Folge, dass er bezüglich der gesamten Verbindlichkeit nach § 323 bzw. §§ 280, 281, 286 vorgehen kann. Die besonderen Regelungen für Rücktritt sowie Schadensersatz statt der Leistung finden dann keine Anwendung, weil es sich um einen Fall der vollständigen Nichtleistung handelt.[12] Nimmt der Käufer dagegen die Teilleistung an, die vom Verkäufer auch als solche gedacht ist, so spricht viel dafür, es bezüglich der noch ausstehenden Leistung beim ursprünglichen Erfüllungsanspruch zu belassen, da Bedarf für die Gewährleistungsrechte des § 437 wohl nur dann besteht, wenn der Verkäufer die Zuweniglieferung als Erfüllung seiner gesamten Verpflichtung versteht.[13] 8

485; MünchKomm/*H. P. Westermann*, § 434 Rn. 8 ff. – Zur Abgrenzung des objektiven vom subjektiven Fehlerbegriff nach früherem Recht s. Soergel/*Huber*, 12. Aufl., 1991, Vor § 459 Rn. 29 ff.

[5] Vgl. noch zu § 459 a. F. Staudinger/*Honsell* (1995), § 459 Rn. 63.
[6] A. A. *Lorenz/Riehm*, Rn. 493, die nur beim minderwertigen Aliud § 439, dagegen bei irrtümlicher Lieferung eines höherwertigen Aliuds § 812 anwenden wollen. – Nach § 459 a. F. musste die Abweichung in der Tat zum Nachteil des Käufers gereichen.
[7] Vgl. *Huber/Faust*, Kap. 12 Rn. 60.
[8] Vgl. *Ehmann/Sutschet*, § 7 X 1 a, S. 219. Ebenso zu §§ 459 ff. a. F. BGH WM 1975, 562, 563; MünchKomm/*Westermann*, 3. Aufl., 1995, § 459 Rn. 17, 25; Soergel/*Huber*, 12. Aufl., 1991, § 459 Rn. 56; Staudinger/*Honsell* (1995), § 459 Rn. 42.
[9] So *Ehmann/Sutschet*, § 7 X 1 a, S. 219 unter Hinweis auf BT-Drs. 14/6040, 216.
[10] Begr. zum RegE, BT-Drs. 14/6040, S. 216.
[11] *Ehmann/Sutschet*, § 7 X 1 a, S. 219; *Lorenz/Riehm*, Rn. 496; Palandt/*Weidenkaff*, § 434 Rn. 53 b.
[12] *Lorenz/Riehm*, Rn. 496; Palandt/*Grüneberg*, § 323 Rn. 24.
[13] *Lorenz/Riehm*, Rn. 496.

2. Rechte des P gegen W aus dem Gesichtspunkt der Falschlieferung

a) Anspruch auf Nacherfüllung nach §§ 437 Nr. 1, 439

9   Nach §§ 437 Nr. 1, 439 Abs. 1 kann P von W grundsätzlich Nacherfüllung in Gestalt der Beseitigung des Mangels oder der Lieferung einer mangelfreien Sache verlangen. Da sich der gelieferte Wein nicht umwandeln lässt, scheidet eine Mangelbeseitigung hier aus. Jedoch kommt ein Anspruch auf Lieferung der vereinbarten Gattung entsprechender Sachen in Betracht, also von dreißig Flaschen des Jahrgangs 2000.

10 Fraglich ist, ob dieser Anspruch nach § 275 Abs. 1 ausgeschlossen ist, da W den Jahrgang 2000 nicht mehr liefern kann. Insofern ist zu berücksichtigen, dass P und W den Gegenstand des Kaufvertrags nur nach allgemeinen Merkmalen bestimmt hatten, so dass eine Gattungsschuld i.S.v. § 243 Abs. 1 vorliegt. Dabei trifft den Schuldner eine Beschaffungspflicht, solange der vereinbarte Jahrgang noch bei Weinhändlern vorrätig ist. Doch gilt dies nicht stets und uneingeschränkt; insbesondere ist anerkannt, dass bei einem Kauf von einem Erzeuger und Direktvermarkter – wie dem W – dieser lediglich aus seiner Produktion und seinem Vorrat liefern muss.[14] Da eine solche beschränkte Gattungsschuld (Vorratsschuld) vorliegt, trifft W keine Beschaffungspflicht, so dass die Erschöpfung seines Vorrats zur Leistungsbefreiung nach § 275 Abs. 1 führt.

11 **Hinweis:** In § 276 Abs. 1 S. 1 ist vom „Beschaffungsrisiko" die Rede, dies aber im Rahmen des Vertretenmüssens. Ob und inwieweit der Verkäufer sich zur Beschaffung auf dem Markt verpflichtet hat, ist eine davon zu trennende, durch Vertragsauslegung zu beantwortende Frage.

12 Ein Anspruch des P gem. §§ 437 Nr. 1, 439 besteht daher nicht.

b) Recht des P zum Rücktritt oder zur Minderung nach § 437 Nr. 2

13 P kann vom Vertrag grundsätzlich nur dann zurücktreten oder den Kaufpreis mindern, wenn er dem W erfolglos eine Frist zur Nacherfüllung gesetzt hat (§ 437 Nr. 2 i.V.m. § 323 Abs. 1). Eine Fristsetzung ist jedoch u.a. nach § 437 Nr. 2 i.V.m. § 326 Abs. 5 dann entbehrlich, wenn der Verkäufer nach § 275 Abs. 1 die Nacherfüllung wegen Unmöglichkeit nicht mehr schuldet, wie hier der Fall.

14 P kann daher hinsichtlich der Falschlieferung vom Kaufvertrag zurücktreten (*Teilrücktritt* i.S.v. § 326 Abs. 5). Er kann in diesem Fall die Hälfte des Kaufpreises zurückverlangen, muss jedoch die empfangenen dreißig Flaschen des Jahrgangs 1999 nach § 346 Abs. 1 zurückgewähren.

15 Zu prüfen bleibt, ob P auch vom ganzen Vertrag zurücktreten kann. Dann könnte P nach § 346 Abs. 1 den ganzen Kaufpreis zurückverlangen, müsste aber auch die gesamte Lieferung zurückgeben. Zu prüfen ist, unter welchen Voraussetzungen dies im vorliegenden Fall möglich ist: An sich wäre es naheliegend, von einer Teillieferung auszugehen, so dass P nach §§ 326 Abs. 5, 323 Abs. 5 S. 1 nur zurücktreten könnte, wenn er „an der Teilleistung kein Interesse hat", was er im Streitfall ggf. darlegen und beweisen müsste. Die Gleichstellung in § 434 Abs. 3 spricht aber dafür, auch bei den Rechtsfolgen eine Schlechtleistung annehmen, so dass es gem. § 323 Abs. 5 S. 2 darauf ankäme, ob die teilweise Falschlieferung eine wesentliche Pflichtverletzung darstellt.[15] Dagegen

---

[14] Hk/*Schulze*, § 243 Rn. 6; *Medicus/Lorenz* I, Rn. 202; MünchKomm/*Emmerich*, § 243 Rn. 11 ff.; Palandt/*Grüneberg*, § 243 Rn. 3; z.B: *OLG München* OLGZ 1973, 454 (Bier aus einer bestimmten Brauerei); *OLG Karlsruhe* JZ 1972, 120 (Kohle aus einer bestimmten Zeche).

[15] H.M. in Anschluss an BT-Drs. 14/6040, S. 187; *Brox/Walker*, AS, § 4 Rn. 96; *Grigoleit/Riehm*, ZGS 2002, 115 ff.; Bamberger/Roth/*Faust*, § 434 Rn. 115 m.w.N.; Palandt/*Grüneberg*, § 281 Rn. 38.

Fall 29. Falsche Lieferungen

hat der Rechtsausschuss die zutreffende Lösung in seiner Beschlussempfehlung ausdrücklich der Rechtsprechung überlassen.[16]

Die Kriterien für die Wesentlichkeit i.S.v. § 323 Abs. 5 S. 2 (und § 281 Abs. 1 S. 3) sind keineswegs eindeutig; nach h.M. bedarf es einer Interessenabwägung zwischen dem Aufwand für die Mängelbeseitigung bzw. den Beeinträchtigungen durch einen unbehebbaren Mangel und dem ursprünglichen Leistungsinteresse des Gläubigers; auch ein Verschulden des Schuldners kann u.U. berücksichtigt werden.[17] Wie wenig aussagekräftig all dies ist, belegt der vorliegende Fall, denn es liegt zwar eine Pflichtverletzung vor, die aber dem P insgesamt die gewünschte Menge beschert hat, zur Hälfte aber in besserer Qualität. Letztlich wird man damit auf ähnliche Kriterien wie bei Annahme einer Teilleistung abstellen müssen. Hätte P dagegen überhaupt nur 30 Flaschen erhalten, wäre ohne weiteres von einer erheblichen Pflichtverletzung auszugehen, und es käme auf den Interessewegfall selbst dann nicht mehr an, wenn der Käufer die Teillieferung ohne weiteres verwenden kann. Dies würde freilich wegen §§ 434 Abs. 3, 634 Abs. 3 S. 2 nur bei Kauf- und Werkverträgen gelten, im Übrigen aber nicht. Diese Ungereimtheiten sprechen dafür, es bei der Gleichstellung von Mangel und Mankolieferung im Rahmen der Normen zu belassen, die sie ausdrücklich vornehmen, und bei den §§ 281 Abs. 1 S. 2, 323 Abs. 5 S. 1 davon abzusehen, zumal diese Vorschriften sonst faktisch kaum einen Anwendungsbereich hätten.[18]

Damit kommt es darauf an, ob P dartun kann, dass ihn die Lieferung des höherwertigen Jahrgangs erheblich in seinen Interessen beeinträchtigt, was insbesondere dann der Fall wäre, wenn die beabsichtigte Verwendung des Weins vom Vorhandensein von 60 Flaschen desselben Jahrgangs abhängig ist. Ist dies nicht der Fall, kann P also nicht vom ganzen Vertrag zurücktreten.

Eine *Minderung* nach §§ 437 Nr. 2, 441 Abs. 1 hinsichtlich der Falschlieferung (Jahrgang 1999) ist hier ausgeschlossen, weil die gelieferte Ware nicht weniger, sondern mehr wert ist als die geschuldete Ware. 16

c) Anspruch des P auf Schadensersatz nach §§ 437 Nr. 3, 280 Abs. 1 und 3, 283 S. 1

Grundsätzlich könnte P wegen der Falschlieferung nach § 437 Nr. 3 i.V.m. §§ 280 Abs. 1 und 3, 283 S. 1 Schadensersatz statt der Leistung verlangen. Ein Schaden könnte entstehen, wenn sich P die fehlenden Flaschen bei einem Weinhändler zu einem höheren Preis beschaffen könnte. Außerdem könnte er nach § 283 S. 2 i.V.m. § 281 Abs. 1 S. 2 auch Schadensersatz statt der ganzen Leistung („großer Schadensersatz") verlangen, wenn er an der Teillieferung kein Interesse hätte (Tatfrage). In diesem Fall müsste er die empfangenen dreißig Flaschen des Jahrgangs 2000 nach § 281 Abs. 5 zurückgeben. Sofern P sich entschließt, die Flaschen des Jahrgangs 2000 behalten zu wollen, ist ein Schaden nicht ersichtlich. 17

II. Rechte des W gegen P wegen der Lieferung von dreißig Flaschen des Jahrgangs 1999

1. Anspruch des W gegen P auf Zahlung des Mehrbetrags von 90 € aus § 433 Abs. 2

W kann Zahlung des Mehrbetrags verlangen, wenn die Parteien den ursprünglichen Kaufvertrag entsprechend abgeändert haben. Dazu bedarf es eines Änderungsvertrags i.S.v. § 311 Abs. 1. Es liegt ein entsprechendes Vertragsangebot des W vor, das P an- 18

---

[16] Vgl. BT-Drs. 14/7052, S. 185.
[17] MünchKomm/*Ernst*, § 323 Rn. 243; Palandt/*Grüneberg*, § 323 Rn. 27 i.V.m. § 281 Rn. 47.
[18] Medicus/Lorenz I, Rn. 442; *Looschelders*, SBT, Rn. 629.

nehmen kann, um die Flaschen auf jeden Fall behalten zu können. Dann muss er den Mehrbetrag zahlen. Sofern aber P dieses Angebot nicht annimmt, braucht er den Mehrbetrag nicht zu bezahlen.

2. Anspruch des W gegen P auf Herausgabe der gelieferten Flaschen des Jahrgangs 1999 gem. § 439 Abs. 4 i. V. m. § 346 Abs. 1

19 Ein solcher Anspruch entsteht gem. § 439 Abs. 4 erst dadurch, dass der Käufer seinen Nacherfüllungsanspruch gem. § 439 Abs. 1 geltend macht. Zwar könnte man erwägen, ob ein solcher Anspruch auch dadurch entstehen kann, dass W seinerseits Lieferung des geschuldeten Weins anbietet. Da er dies aber mangels Liefermöglichkeit nicht tut, scheidet diese Möglichkeit hier aus. Der Anspruch besteht nicht.

3. Anspruch des W gegen P auf Rücksendung der Flaschen des Jahrgangs 1999 aus § 812 Abs. 1 S. 1 Alt. 1

20 W kann Rücksendung verlangen, wenn die Voraussetzungen einer Leistungskondiktion (§ 812 Abs. 1 S. 1 Alt. 1.) gegeben sind und keine Einwendungen gegen einen solchen Anspruch bestehen.

a) Tatbestandsvoraussetzungen der Leistungskondiktion

21 P hat „*etwas*" i. S. d. § 812 Abs. 1 S. 1 erlangt, nämlich Besitz und Eigentum an den Flaschen des Jahrgangs 1999. Da W mit der Lieferung seine Verpflichtung aus dem Kaufvertrag erfüllen, also das Vermögen des P bewusst und gewollt mehren wollte, geschah dies aufgrund einer „*Leistung*" i. S. d. § 812 Abs. 1 S. 1 Alt. 1. Fraglich ist das Fehlen eines „*rechtlichen Grundes*" für diese Leistung. Dafür spricht, dass es an einem Kaufvertrag über die dreißig Flaschen des Jahrgangs 1999 fehlt. Zwar legt die Gleichstellung von Falschlieferung und Mangel die Überlegung nahe, der Kaufvertrag über die 60 Flaschen des Jahrgangs 2000 könne als Rechtsgrund für die Falschlieferung zu betrachten sein.[19] Dagegen spricht aber, dass der Kaufvertrag über eine andere Gattung geschlossen wurde und die Gleichstellung in § 434 Abs. 3 nur den Zweck hat, Abgrenzungsprobleme zwischen Falschlieferung und Schlechtleistung zu vermeiden; es handelt sich also insofern nicht um ein Tatbestands-, sondern um eine Konkurrenzproblem.[20] Damit fehlt der Rechtsgrund (a. A. vertretbar).

22 **Hinweis:** Das Problem des fehlenden Rechtsgrundes muss man auch bei Lieferung eines minderwertigen Aliuds überwinden, das der Käufer behalten möchte. Bei einer (anfänglich oder nachträglich) bewussten Falschlieferung bietet sich der Weg über § 364 Abs. 1 an. Ansonsten hat der Käufer die Möglichkeit der Minderung nach § 441 Abs. 1 S. 1, die den Kaufvertrag im Falle der Falschlieferung auch hinsichtlich des Vertragsgegenstandes umgestaltet. – Ein Rückforderungsrecht des Verkäufers für den Fall, dass er aus Imagegründen usw. mangelhafte Produkte aus dem Verkehr ziehen möchte, wird zwar erwogen, im Ergebnis jedoch abgelehnt.[21]

b) Einwendung des Vorrangs der §§ 433 ff., 437 ff.

23 Zu prüfen ist jedoch, ob ein Vorrang der Vorschriften über die Sachmängelhaftung die Kondiktion ausschließt:[22] Dafür spricht neben der Gleichstellung der Falschlieferung mit dem Sachmangel in § 434 Abs. 3 vor allem, dass das Verkäuferinteresse an

---

[19] Dafür *Wilhelm*, JZ 2001, 861, 868; – Zur vergleichbaren Problematik von Irrtumsanfechtung des Verkäufers und Sachmängelrechten des Käufers vgl. BGH NJW 1988, 2597 und dazu *Köhler/Fritzsche*, JuS 1990, 16.
[20] Zutreffend *S. Lorenz*, JuS 2003, 36, 39; *Oechsler*, § 2 Rn. 110; a. A. wohl *Huber/Faust*, Kap. 13 Rn. 156.
[21] Vgl. *Huber/Faust*, § 13 Rn. 155 f.
[22] Vgl. hierzu *Lettl*, JuS 2002, 866, 869; *S. Lorenz*, JuS 2003, 36, 39 f.

Fall 29. Falsche Lieferungen

einer Rückgewähr der Falschlieferung in § 439 Abs. 4 mitgeregelt ist (s. o. Rn. 19). Könnte der Verkäufer eine Falschlieferung uneingeschränkt nach § 812 Abs. 1 S. 1 Alt. 1 zurückfordern, so würde außerdem die Wahl einzelner Käuferrechte aus den §§ 437 ff. (v. a. teilweiser Rücktritt, Minderung, Schadensersatz) eingeschränkt.

Gegen einen Ausschluss der Leistungskondiktion des Verkäufers wegen Vorrangs der Käuferrechte aus den §§ 437 ff. sprechen mögliche unbillige Ergebnisse bei der Falschlieferung einer *wertvolleren* als der vertraglich geschuldeten Sache. Denn bei ihr besteht die Gefahr, dass der Käufer von seinen Rechten aus den §§ 437 ff. keinen Gebrauch macht, weil er die gelieferte wertvollere Sache behalten möchte. Der Verkäufer müsste ihm die wertvollere Sache belassen, obwohl der Käufer sie nach dem Vertrag gar nicht beanspruchen könnte. Die Sicherung eines solchen ungerechtfertigten Vorteils geht über den Schutzzweck der Sachmängelhaftung hinaus, den Käufer vor den Nachteilen einer mangelhaften oder falschen Lieferung zu bewahren. **24**

Daher stellt sich die Frage, ob dem Käufer unzumutbare Nachteile aus einer Leistungskondiktion des Verkäufers entstünden, wenn die irrtümlich gelieferte Sache wertvoller ist als die geschuldete, insbesondere ob ihm etwaige Rechte aus einer Sachmängelhaftung abgeschnitten würden. **25**

Was den – hier nicht bestehenden – Anspruch auf Nacherfüllung durch Lieferung einer mangelfreien Sache (§ 437 Nr. 1) angeht, so ist ein Nachteil für den Käufer aus der Zulassung einer Leistungskondiktion für den Verkäufer zu verneinen. Denn die Rückforderung der Falschlieferung nach § 812 würde am Erfüllungs- bzw. Nacherfüllungsanspruch bzgl. der geschuldeten Ware aus §§ 433 Abs. 1 S. 1, 437 Nr. 1, 439 Abs. 1 Alt. 2 nichts ändern. Es wird letztlich nur der Zustand hergestellt, der bei anderem Verhalten des Käufers über § 439 Abs. 4 i. V. m. §§ 346 ff. bestünde. Gleiches gilt für den Rücktritt des Käufers nach § 437 Nr. 2, der ebenfalls nur dazu führt, dass er die falsch gelieferte Sache zurückgeben müsste (§ 437 Nr. 2 i. V. m. §§ 323, 346 Abs. 1). Auch der Schadensersatzanspruch (§ 437 Nr. 3) wird durch die Zulassung der Leistungskondiktion nicht beschnitten. Der Käufer kann weiterhin nach § 281 Abs. 1 vorgehen. **26**

Damit stehen Interessen des Käufers einer Leistungskondiktion nicht entgegen. Zu klären bleibt noch, ob Verkäufer W sein Aliud hier ohne weiteres herausverlangen darf[23] oder vorher seine im Zuge der Leistungserbringung konkludent abgegebene (irrtumsbehaftete) Erklärung, den Kaufvertrag mit dem Wein von 1999 erfüllen zu wollen („Tilgungsbestimmung"), analog § 119 Abs. 1 anfechten muss.[24] Freilich wird in der Rückforderung zugleich die erforderliche Anfechtungserklärung gem. § 143 Abs. 1 und 2 liegen. Die Bedeutung der Frage liegt vor allem in der zeitlichen Begrenzung, die bei Notwendigkeit einer (oder Deutung als) Anfechtung aus der analogen Anwendung des § 121 Abs. 1 folgt. Da W hier ohne schuldhaftes Zögern, nämlich gleich nach Entdeckung des Irrtums, die Herausgabe verlangt hat, kann die Frage für den vorliegenden Fall auf sich beruhen. **27**

Zumindest im vorliegenden Fall der Lieferung einer wertvolleren anderen Ware als der geschuldeten, stehen die §§ 434 ff. einer Leistungskondiktion des Verkäufers W nicht entgegen.[25] **28**

---

[23] So offenbar *Lettl*, JuS 2002, 866, 869 f.; *S. Lorenz*, JuS 2003, 36, 39; *Lorenz/Riehm*, Rn. 493.

[24] So *Huber/Faust*, § 13 Rn. 157; die Antwort hängt letztlich davon ab, ob man das Verhältnis zwischen § 812 und §§ 434 ff. als konkurrenzrechtlich oder als tatbestandlich einordnet, vgl. oben Rn. 21. Nur wenn man in dem Kaufvertrag auch einen Rechtsgrund für das Aliud sieht (vgl. *Huber/Faust*, Kap. 13 Rn. 156), wird eine Anfechtung erforderlich.

[25] *Lorenz/Riehm*, Rn. 493; a. A. die h. M., *Musielak*, NJW 2003, 89, 90 ff. m. w. N.; *Palandt/Weidenkaff*, § 434 Rn. 57 m. w. N.

Fall 29. Falsche Lieferungen

c) Einwendung des § 814

29 Der Leistungskondiktion würde § 814 entgegenstehen, falls W bewusst teilweise den falschen Jahrgang geliefert hätte. Das ist dem Sachverhalt nach nicht der Fall.

d) Einwendung der unbestellten Warenlieferung (§ 241 a)

30 Da P Flaschen des Jahrgangs 1999 nicht bestellt hat, könnte der Bereicherungsanspruch des W auf Rückgabe der Flaschen nach § 241 a Abs. 1 ausgeschlossen sein. Die Vorschrift differenziert nicht nach verschiedenen Sachverhaltskonstellationen, könnte also auch auf die versehentliche Falschlieferung anzuwenden sein. Freilich stellt sich die Frage, ob ihr insofern nicht § 434 Abs. 3 vorgeht.[26] Dies kann allerdings im vorliegenden Fall auf sich beruhen, da nach § 241 a Abs. 2 gesetzliche Ansprüche, wie etwa aus § 812, nicht ausgeschlossen sind, wenn die Leistung in der irrigen Vorstellung einer Bestellung erfolgte und der Empfänger dies erkannt hat oder bei Anwendung der im Verkehr erforderlichen Sorgfalt hätte erkennen können. Der Tatbestand dieser Ausnahmeregelung ist hier erfüllt, da die Lieferung der dreißig Flaschen des Jahrgangs 1999 aus einem Versehen bei der Durchführung der Bestellung erfolgt war und P jedenfalls hätte erkennen müssen, dass ein Irrtum vorlag.

31 **Hinweis:** Im Hinblick auf Sachverhalte, in denen das nicht so ist, wäre es besser, wenn die im Verhältnis zu ihrem Schutzzweck tatbestandlich zu weit gefasste Vorschrift des § 241 a Abs. 1 auf Aliudlieferung generell unanwendbar wäre. Denn an sich soll die Vorschrift nur eine (belästigende, § 7 Abs. 1 UWG) Zusendung verhindern, die dem Verbraucher ohne ihm zurechenbare Aufforderung zugeht.[27] Sie soll also eigentlich nur unbestellte Zusendungen „zum Zwecke des Vertragsschlusses" verhindern.[28] Man könnte daraus folgern, dass die Norm deshalb Ansprüche aufgrund der Lieferung im Rahmen eines bereits vorher geschlossenen Vertrags nicht erfassen soll.[29] Freilich steht dieser Überlegung § 241 a Abs. 3 entgegen: Danach unterfällt eine bewusste Falschlieferung bei bestehendem Vertrag § 241 a Abs. 1, sofern nicht der Verkäufer den Käufer auf die *Ersatzlieferung* hinweist und letztere gleichwertig ist. Ohne einen solchen Hinweis ist die Ersatzlieferung nämlich ebenfalls unlauter (sog. Unterschieben von Waren oder Dienstleistungen). Zumindest für Fernabsatzgeschäfte i. S. v. § 312 b Abs. 1[30] kann man § 434 Abs. 3 somit nicht als abschließende Sonderregelung zu § 241 a verstehen.[31] Im praktischen Ergebnis kann sich ein Verbraucher als Käufer damit sowohl auf § 434 Abs. 3 als auch auf § 241 a berufen, so dass die vom Gesetzgeber für erledigt gehaltene Unterscheidung zwischen Aliud und Mangel nun bei § 241 a weiterlebt.[32]

e) Ergebnis

32 W kann die dreißig Flaschen des Jahrgangs 1999 nach § 812 Abs. 1 S. 1 Alt. 1 zurückverlangen; ein Vorrang des § 439 scheidet hier wegen der Unmöglichkeit der Nacherfüllung aus. Da es sich bei der Bereicherungsschuld nach § 269 Abs. 1 um eine *Holschuld* handelt, ist P aber lediglich verpflichtet, die Flaschen des Jahrgangs 1999 zur Abholung bereitzustellen, nicht jedoch zur von W verlangten Rücksendung, selbst wenn W angeboten hat, die Versendungskosten zu übernehmen.[33] Auch kann P nach § 273 die Rückgabe davon abhängig machen, dass ihm der halbe Kaufpreis rückerstattet wird.

---

[26] Palandt/*Grüneberg*, § 241 a Rn. 4.
[27] So Palandt/*Grüneberg*, § 241 a Rn. 1.
[28] *S. Lorenz*, JuS 2003, 36, 40 m. w. N. wegen der Entstehungsgeschichte der Norm.
[29] So *Lorenz/Riehm*, Rn. 492; *S. Lorenz*, JuS 2003, 36, 40.
[30] Da § 241 a Abs. 3 auf Art. 7 Abs. 3 der Fernabsatz-Richtlinie beruht; vgl. zu den damit zusammenhängenden Problemen *Wrase/Müller-Helle*, NJW 2002, 2537, 2538.
[31] *Wrase/Müller-Helle*, NJW 2002, 2537, 2538.
[32] Zutreffend *Wrase/Müller-Helle*, NJW 2002, 2537, 2538.
[33] Näher zur Problematik des Leistungsorts bei Bereicherungsansprüchen *Köhler*, FS Heinrichs, 1998, S. 367, 377 ff.; Palandt/*Grüneberg*, § 269 Rn. 16.

III. Empfehlung an P

Da W den Wein auf jeden Fall nach § 812 herausverlangen kann, kann P ihn nicht einfach behalten. Er sollte sich also überlegen, welches seiner oben genannten Rechte er ausüben will, insbesondere, ob er Schadensersatz statt der Leistung fordern will. Soweit er dies tut, wird man allerdings ggf. davon ausgehen müssen, dass die Rückabwicklung nach § 281 Abs. 5 zu erfolgen hat und nicht nach Bereicherungsrecht.

Abwandlung

I. Sachmängelrechte des P gegen W wegen der Lieferung des Gemäldes

Wiederum kann P gegen W Rechte aus Sachmängelhaftung (§ 437) geltend machen, wenn die Lieferung des Gemäldes anstelle des vereinbarten Drucks den Tatbestand des Sachmangels erfüllt.

1. Vorliegen eines Sachmangels

Ein Sachmangel i.S.d. § 434 Abs. 1 S. 1 setzt nach dem Wortlaut des § 434 Abs. 1 und wegen der Existenz des § 434 Abs. 3 voraus, dass die richtige (Gattungs- oder Stück-) Sache geliefert wird und ihre tatsächliche Beschaffenheit von der vereinbarten Beschaffenheit abweicht. Zwar könnte man hier erwägen, ob das gelieferte Gemälde „Drei Grazien" von der Soll-Beschaffenheit „Druck Drei Models, Nr. 3/20" abweicht, doch erscheint es gekünstelt, bei einer Falschlieferung ein Gemälde als mangelhaften Druck anzusehen. Es liegt daher kein echter Sachmangel vor, sondern eine diesem in § 434 Abs. 3 gleichgestellte *Falschlieferung*. Nach dem Gesetzeswortlaut gilt diese Gleichstellung für alle Fälle einer Falschlieferung, also auch für die hier vorliegende Stückschuld.

Gleichwohl ist die Anwendung des § 434 Abs. 3 auf die Falschlieferung beim Stückkauf (sog. Identitäts-Aliud) umstritten. So wird die Auffassung vertreten, der Gesetzgeber habe mit § 434 Abs. 3 lediglich die Abgrenzungsschwierigkeiten zwischen mangelhafter Lieferung und Falschlieferung *beim Gattungskauf* beseitigen wollen.[34] Dann liegt eine teleologische Reduktion der Norm dahin gehend nahe, dass sie von vornherein nur den Gattungskauf erfasst und hier auch nur den Fall, dass der Verkäufer mit der Leistung den Vertrag erfüllen will und dies für den Käufer erkennbar ist.[35]

Überwiegend lehnt man eine solche teleologische Reduktion jedoch ab, weil die dafür herangezogenen Stellen in den Gesetzesmaterialien sie nicht tragen und sich überdies auf eine Entwurfsfassung des jetzigen § 434 Abs. 3 beziehen, die nicht Gesetz geworden ist.[36] Deshalb ist § 434 Abs. 3 nach h.M. auch auf die Falschlieferung beim Stückkauf anzuwenden, sofern die Lieferung aus der Sicht des Käufers einen Erfüllungsversuch darstellt.[37] Letzteres ist im Wege der Auslegung aus dem objektiven Empfängerhorizont des Käufers (§§ 133, 157) zu ermitteln.[38] Dabei spielt nicht nur der Grad der Abweichung,[39] sondern auch eine eventuelle Tilgungsbestimmung des Ver-

---

[34] Vgl. *Canaris*, Schuldrechtsmodernisierung 2002, 2002, S. XXIII.
[35] So *Lettl*, JuS 2002, 866, 871.
[36] Eingehend *Musielak*, NJW 2003, 89, 90, 91 f.
[37] Zutreffend *Huber/Faust*, § 12 Rn. 61 ff.; *S. Lorenz*, JuS 2003, 36, 37 f., allerdings mit Überbewertung einer eventuellen Tilgungsbestimmung des Verkäufers (vgl. zu deren Bedeutung im Rahmen der Erfüllung Palandt/*Grüneberg*, § 362 Rn. 7).
[38] Jauernig/*Berger*, § 434 Rn. 20 f.; *S. Lorenz*, JuS 2003, 36, 37 f.
[39] So wohl *Ehmann/Sutschet*, S. 221; Jauernig/*Berger*, § 434 Rn. 21; vgl. auch *Medicus/Petersen*, Rn. 288.

käufers bei seiner Falschlieferung[40] eine Rolle. Allerdings dürfte letztlich jede Bezugnahme des Verkäufers auf den bestehenden Kaufvertrag dazu ausreichen, die Lieferung auch eines völlig falschen Gegenstandes aus der Käufersicht zum Erfüllungsversuch zu machen.[41] Da P bei W immerhin einen Kunstgegenstand gekauft hatte, kann sich ihm die Lieferung des Gemäldes nur als Erfüllungsversuch des W darstellen.

38 Eine Streitentscheidung kann angesichts der unterschiedlichen Ergebnisse nicht deshalb unterbleiben, weil § 437 auf das allgemeine Leistungsstörungsrecht verweist. Denn es ergeben sich Unterschiede in der anzuwendenden Verjährungsnorm (§ 438 einerseits, § 195 andererseits) und damit auch beim Verjährungsbeginn (§ 438 Abs. 2 bzw. § 199). Die Streitentscheidung fällt zugunsten der Anwendung des § 434 Abs. 3 aus: Neben den oben erwähnten Argumenten spricht dafür auch, dass die Norm zugleich der Umsetzung der Verbrauchsgüterkauf-Richtlinie dient, in deren Terminologie nach ganz überwiegender Auffassung Falschlieferungen als nicht vertragsmäßige Leistungen anzusehen sind.[42] Damit greift hier § 434 Abs. 3 ein.

2. Rechte des P gegen W aus dem Gesichtspunkt der Falschlieferung

a) Anspruch auf Nacherfüllung nach §§ 437 Nr. 1, 439

39 Nach §§ 437 Nr. 1, 439 Abs. 1 kann P von W Nacherfüllung in Gestalt der Beseitigung des Mangels oder der Lieferung einer mangelfreien Sache verlangen. Eine Mangelbeseitigung scheidet hier aus. Die Lieferung einer mangelfreien Sache, d.h. des vereinbarten Drucks, ist aber möglich.

b) Recht des P zum Rücktritt oder zur Minderung nach § 437 Nr. 2

40 P kann vom Vertrag erst dann zurücktreten oder den Kaufpreis mindern, wenn er dem W erfolglos eine Frist zur Nacherfüllung gesetzt hat (§ 437 Nr. 2 i.V.m. § 323 Abs. 1), da hier ein Grund für deren Entbehrlichkeit angesichts der Lieferbereitschaft des W nicht ersichtlich ist. Eine *Minderung* nach §§ 437 Nr. 2, 441 Abs. 1 wegen der Falschlieferung scheidet außerdem deshalb aus, weil das gelieferte Gemälde mehr wert ist als der geschuldete Druck.

c) Anspruch des P auf Schadensersatz nach §§ 437 Nr. 3, 280 Abs. 1 und 3, 283 S. 1

41 Ebenfalls nach ergebnislosem Nachfristablauf könnte P wegen der Falschlieferung nach § 437 Nr. 3 i.V.m. §§ 280 Abs. 1 und 3, 283 S. 1 grundsätzlich Schadensersatz statt der Leistung verlangen. Von einem Vertretenmüssen des W wäre gem. § 280 Abs. 1 S. 2 auszugehen. Doch ist ein Schaden des P bislang nicht ersichtlich.

3. Möglichkeiten des P

42 Im Ergebnis kann P (derzeit) lediglich gem. §§ 437 Nr. 1, 439 Abs. 1 Nacherfüllung im Wege der Ersatzlieferung des vereinbarten Drucks verlangen. Er ist aber nicht verpflichtet, diesen Anspruch tatsächlich zu erheben.

---

[40] Im Grundsatz zutreffend *S. Lorenz*, JuS 2003, 36, 37 f.; krit. zu solchen Erwägungen *Musielak*, NJW 2003, 89, 91 f. unter Hinweis auf die herrschende Theorie der realen Leistungsbewirkung – freilich wird hier ja gerade nicht die geschuldete Leistung erbracht, vgl. auch § 433 Abs. 1 S. 2.

[41] *Huber/Faust*, § 12 Rn. 63; *S. Lorenz*, JuS 2003, 36, 37 f. (allerdings über die Annahme einer entsprechenden Tilgungsbestimmung); *Musielak*, NJW 2003, 89, 92.

[42] *Dauner-Lieb/Arnold*, JuS 2002, 1175, 1176 m.w.N.

II. Rechte des W gegen P wegen der Lieferung des Originals

1. Anspruch auf Zahlung weiterer 800 € gem. § 433 Abs. 2

Einen Kaufvertrag über das Gemälde zum Preis von 1000 € haben die Parteien nicht geschlossen, und er kam auch durch die Lieferung allein nicht zustande (vgl. auch § 241a Abs. 1). Anders als im Ausgangsfall sind auch keine Willenserklärungen der Parteien ersichtlich, die auf Abschluss eines solchen Vertrags oder auf Änderung des bestehenden Kaufvertrags über den Druck (§ 311 Abs. 1) gerichtet wären. Damit besteht kein Anspruch auf Zahlung von 800 €. 43

2. Anspruch des W gegen P auf Herausgabe des Gemäldes analog § 439 Abs. 4 i. V. m. § 346 Abs. 1

Ein solcher Anspruch entsteht gem. § 439 Abs. 4 erst dadurch, dass P seinen Nacherfüllungsanspruch gem. § 439 Abs. 1 geltend macht. Fraglich ist, ob er auch dadurch entstehen kann, dass W seinerseits Lieferung des Drucks anbietet. Dafür könnte sprechen, dass nach h.M. § 439 Abs. 1 ein „Recht auf Nachbesserung" oder „Recht zur zweiten Andienung" enthält, das wohl eher daraus folgt, dass der Käufer andere Rechte gem. §§ 437, 281, 323, 441 erst geltend machen kann, wenn der Verkäufer eine Frist zur Nacherfüllung hat verstreichen lassen.[43] Wenn der Verkäufer aber ein Recht zur Nacherfüllung hat und dem Käufer in § 439 Abs. 1 lediglich das Wahlrecht überlassen ist, für welche Art der Nacherfüllung er sich entscheidet, müsste jedenfalls dann, wenn nur eine Nach- bzw. Ersatzlieferung in Betracht kommt, ohne weiteres ein Recht des Verkäufers zur Nachlieferung bestehen. Als Folge davon hätte er dann – zumindest ab Eintritt des Annahmeverzugs des Käufers hinsichtlich der Ersatzlieferung, arg. § 446 S. 3 – einen Anspruch auf Herausgabe der mangelhaften Kaufsache gem. §§ 439 Abs. 4, 346 Abs. 1, 348 Zug-um-Zug gegen die Nachlieferung.[44] Da das Gesetz den Anspruch aber so nicht anordnet, ließe er sich nur im Wege der Analogie begründen. Eine Regelungslücke könnte man nach dem Gesagten grundsätzlich annehmen, wenn das Gesetz dem berechtigten Interesse des Verkäufers nicht doch auf anderem Wege Rechnung trägt, insbesondere mit Hilfe von § 812. 44

3. Anspruch des W gegen P auf Rücksendung des Gemäldes aus § 812 Abs. 1 S. 1 Alt. 1

W kann Rücksendung verlangen, wenn die Voraussetzungen einer Leistungskondiktion (§ 812 Abs. 1 S. 1 Alt. 1) gegeben sind und keine Einwendungen gegen einen solchen Anspruch bestehen. Insofern ergeben sich keine Unterschiede zum Ausgangsfall, so dass auf die dortigen Ausführungen verwiesen werden kann: Im Ergebnis muss W das Gemälde, sofern man nicht einen Vorrang des § 439 annehmen will, nach § 812 Abs. 1 S. 1 Alt. 1 herausgeben, aber nicht zurücksenden (s.o. Rn. 32). 45

4. Gesamtergebnis zum Herausgabeverlangen und zur Frage der Analogie zu § 439 Abs. 4

W kann das Gemälde nach beiden Lösungswegen zurückverlangen. Auch beim Erfüllungsort ergeben sich im vorliegenden Fall keine Unterschiede, da die Rückgewähr 46

---

[43] Vgl. *LG Ellwangen* NJW 2003, 517, 518; Jauernig/*Berger*, § 439 Rn. 4, 6; *Kropholler*, § 439 Rn. 2; *Lorenz/Riehm*, Rn. 504; *Musielak*, NJW 2003, 89, 91 m. w. N.

[44] So Jauernig/*Berger*, § 439 Rn. 38 a.E. – Nur bei minderwertigem Aliud ebenso *Lorenz/Riehm*, Rn. 493 a.E. – A.A. wohl Palandt/*Weidenkaff*, § 439 Rn. 25.

nach §§ 346 Abs. 1, 439 Abs. 4 da erfolgen müsste, wo sich das Gemälde vertragsgemäß befindet, also ebenfalls am Wohnsitz des P. Zwar sprechen an sich die besseren Gründe für eine Lösung innerhalb des Kaufrechts, um dessen Wertungen (in anderen Konstellationen) nicht zu stören. Andererseits ist die Analogie zu § 439 Abs. 4 aber nicht so einfach zu begründen, wenn der Nacherfüllungsanspruch ausgeschlossen ist wie im Ausgangsfall. Wiederum andererseits dürfte ein Herausgabeverlangen des Käufers den Verkäufer regelmäßig dazu veranlassen, seine Gewährleistungsrechte ggf. doch geltend zu machen, schon um einer Berufung des Verkäufers auf § 818 Abs. 3 entgegenzuwirken. Dann greift aber § 346 ohnehin ein, sei es direkt oder über § 281 Abs. 5.

Fall 30. Die defekte Lenkung

BGHZ 162, 219 = NJW 2005, 1348.

Sachverhalt

Manfred Müller (M), Inhaber der Fa. Malereibedarf Manfred Müller e. K. in München, verkauft seinem Nachbarn, dem Studienrat Stefan Spinner (S), einen gebrauchten Firmenwagen VW Kombi für 8000 €. In den handschriftlichen Kaufvertrag nehmen die Parteien folgende Klausel auf: „Verkauft wie besichtigt und probegefahren. Der Verkäufer haftet nicht für etwaige Mängel des Fahrzeugs." Spinner zahlt den Kaufpreis, übernimmt das Fahrzeug und fährt tags darauf in den Urlaub nach Istrien. Beim Befahren der Alpenpässe stellt er fest, dass die Lenkung des Wagens nicht richtig funktioniert. Er möchte dies dem Müller mitteilen, erreicht ihn aber wegen Betriebsurlaubs nicht. Um die Fahrt fortsetzen zu können, lässt er den Defekt in der nächsten österreichischen Werkstatt für 600 € beheben; die Reparatur hätte in Deutschland das Gleiche gekostet. Nach seiner Rückkehr verlangt er unter Vorlage der Rechnung diesen Betrag von Müller ersetzt. Dieser weigert sich zu bezahlen, weil er selbst nie einen Defekt der Lenkung festgestellt habe, jedenfalls aber laut Vertrag jegliche Haftung ausgeschlossen sei. Es lässt sich nicht feststellen, wann der Defekt an der Lenkung eingetreten war und ob die Behauptung des Müller, er habe nie einen Defekt festgestellt, zutrifft.

Abwandlung: Müller betreibt einen Kfz-Handel mit Werkstatt. Spinner bemerkt den Defekt am Abend nach der Übergabe, erreicht Müller aber telefonisch nicht. Am nächsten Morgen lässt Spinner den Defekt von einer Fachwerkstatt beseitigen.
Wie ist jeweils in der Sache zu entscheiden?

Vorüberlegungen

Unter den Rechten des Käufers bei Mängeln (§ 437) hat der Anspruch auf Nacherfüllung (§§ 437 Nr. 1, 439 Abs. 1) Vorrang. S verlangt von M aber nicht Nacherfüllung durch Beseitigung eines Sachmangels (Reparatur), sondern Zahlung eines Geldbetrages. Dazu bedarf es einer Anspruchsgrundlage.

Anders als das Werkvertragsrecht (vgl. § 637) enthält das Kaufrecht keinen Aufwendungsersatzanspruch bei Selbstvornahme der Mangelbeseitigung. Eine analoge Anwendung des § 637 auf den Kaufvertrag scheitert daran, dass dem Gesetzgeber die Abweichung bewusst war. Auch § 439 Abs. 2 (früher § 476a a. F.) scheidet als Anspruchsgrundlage letztlich aus. In der Klausur dürfte es grundsätzlich ausreichen, dies einfach kurz festzustellen; wenn man Zeit hat, kann man diese spezielle Norm aber auch ordnungsgemäß prüfen und erst bei den ersatzfähigen Aufwendungen scheitern lassen, wie dies unten aus didaktischen Gründen praktiziert wird.

Für das Zahlungsbegehren des S kommen sonach nur andere Anspruchsgrundlagen in Betracht. Dabei kann man an den Anspruch auf Rückzahlung nach erklärter

Fall 30. Die defekte Lenkung

Kaufpreisminderung, § 441 Abs. 4 S. 1, ebenso denken wie an einen Schadensersatzanspruch statt der Leistung. Die Prüfungsreihenfolge dürfte beliebig sein.

Allerdings hat der Käufer S keine Frist gesetzt. Im Ausgangsfall kann man diese Schwierigkeit wegen der besonderen Umstände überwinden. Anders sieht es in der Abwandlung aus. Dort muss man erwägen, einen Anspruch des Käufers S zumindest auf Erstattung der Aufwendungen zu konstruieren, die M sich dadurch erspart hat, dass er den Mangel nicht mehr beseitigen musste.

Gliederung

	Rn.
Ausgangsfall	
I. Anspruch analog § 637?	1
II. Anspruch aus Kaufpreisminderung gem. § 441 Abs. 4 S. 1	2
1. Vorliegen eines Kaufvertrages	3
2. Vorliegen eines Sachmangels i.S.d. § 434 Abs. 1	4
3. Voraussetzungen der Minderung	9
a) Fristsetzung, § 323 Abs. 1	10
b) Entbehrlichkeit der Fristsetzung, §§ 440 S. 1, 323 Abs. 2	11
4. Vertraglicher Ausschluss der Minderung	17
5. Vorliegen einer Minderungserklärung	19
6. Wirksamkeit der Minderung	20
7. Höhe der Minderung	21
8. Ergebnis	23
III. Anspruch auf Schadensersatz gemäß §§ 437 Nr. 3, 280 Abs. 1 und 3, 281, 440	24
1. Kaufvertrag	26
2. Pflichtverletzung	27
3. Fristsetzung bzw. Entbehrlichkeit	28
4. Vertretenmüssen	30
5. Inhalt und Umfang des Schadensersatzanspruchs	32
6. Vertraglicher Ausschluss der Schadensersatzhaftung	33
7. Ergebnis	35
IV. Anspruch gem. § 439 Abs. 2	36
1. Kaufvertrag und Mangel	37
2. Aufwendungen zum Zwecke der Nacherfüllung	38
3. Rechtsfolge?	39
4. Ergebnis	41
V. Anspruch aus Geschäftsführung ohne Auftrag nach §§ 683 S. 1, 670	42
VI. Anspruch aus § 812 Abs. 1 S. 1 2. Alt.	44
VII. Gesamtergebnis	45
Abwandlung	
I. Anspruch analog § 637 bzw. gem. § 439 Abs. 2	46
II. Anspruch aus Kaufpreisminderung gem. §§ 441 Abs. 4 S. 1	47
III. Anspruch auf Schadensersatz gemäß §§ 280 Abs. 1 und 3, 281, 437 Nr. 3, 440	53
1. Schuldverhältnis, Pflichtverletzung	54
2. Fristsetzung bzw. Entbehrlichkeit	55
3. Ergebnis	56

Fall 30. Die defekte Lenkung

	Rn.
IV. Anspruch auf Schadensersatz gemäß §§ 280 Abs. 1 und 3, 283, 437 Nr. 3	57
1. Schuldverhältnis, Pflichtverletzung	59
2. Vertretenmüssen	61
3. Ergebnis	62
V. Anspruch aus Geschäftsführung ohne Auftrag nach §§ 683 S. 1, 670/§ 684 S. 1 bzw. aus § 812 Abs. 1 S. 1 2. Alt.	63
VI. Anspruch analog §§ 326 Abs. 2 S. 2 und Abs. 4, 346 Abs. 1	65
1. Gegenseitiger Vertrag	66
2. Leistungsbefreiung nach § 275 Abs. 1–3	67
3. Ähnlichkeit mit Erbringung nicht geschuldeter Gegenleistung	68
4. Ergebnis	70
VII. Ergebnis	71

Lösung

Ausgangsfall

I. Anspruch analog § 637?

Ein Anspruch des S gegen den M auf Ersatz der Mängelbeseitigungskosten analog 1 § 637 setzt voraus, dass das Kaufrecht bezüglich derartiger Kosten eine planwidrige Regelungslücke enthält. Dagegen spricht, dass der Gesetzgeber im Jahr 2001 das Mängelrecht sowohl für den Werk- als auch für den Kaufvertrag neu konzipiert und weitgehend parallel ausgestaltet hat. Dabei hat er im Werkvertragsrecht einen Anspruch auf Ersatz von Mängelbeseitigungskosten unter bestimmten Voraussetzungen in § 637 vorgesehen, im Kaufrecht dagegen eine entsprechende Regelung nicht geschaffen.[1] Damit liegt keine planwidrige Regelungslücke vor, so dass die Analogie und der Anspruch ausscheiden.

II. Anspruch aus Kaufpreisminderung gem. § 441 Abs. 4 S. 1

S könnte gegen M gem. § 441 Abs. 4 S. 1 einen Anspruch auf Rückzahlung von 2 600 € haben.

1. Vorliegen eines Kaufvertrages

Die Parteien haben einen wirksamen Kaufvertrag (§ 433) geschlossen. 3

2. Vorliegen eines Sachmangels i. S. d. § 434 Abs. 1

Es müsste gem. §§ 437, 441 ein Mangel vorliegen; in Betracht kommt hier ein Sach- 4 mangel i. S. d. § 434 Abs. 1. Die Parteien hatten bei Vertragsschluss keine Vereinbarung über die Beschaffenheit des Fahrzeugs i. S. d. § 434 Abs. 1 S. 1 getroffen. Nach § 434 Abs. 1 S. 2 Nr. 1 ist die Kaufsache daher frei von Sachmängeln, „wenn sie sich für die nach dem Vertrag vorausgesetzte Verwendung eignet". Da hier die Lenkung defekt war, fehlte die Eignung des Fahrzeugs für den vorausgesetzten Gebrauch. Damit war ein Sachmangel gegeben.

---
[1] BGHZ 162, 219, 225 = NJW 2005, 1348; *LG Gießen* NJW 2004, 2906, 2907; AnwK/*Büdenbender*, § 439 Rn. 14 m. N.; Jauernig/*Berger*, § 439 Rn. 16 (Analogie nur zu § 637 Abs. 3); *Reinicke/Tiedtke*, Rn. 630.

5   Der Mangel muss bereits bei *Gefahrübergang* vorgelegen haben, wie sich aus § 434 Abs. 1 S. 1 ergibt. Gefahrübergang tritt nach § 446 S. 1 mit Übergabe der Kaufsache ein. Entscheidend ist also, ob der Lenkungsdefekt bereits bei der Übergabe vorhanden war oder sich erst später ergeben hat. Dies lässt sich laut Sachverhalt nicht feststellen, so dass sich die Frage stellt, welche Auswirkungen dies hat. An sich müsste S, da er Mängelrechte geltend macht, nach allgemeinen Beweislastgrundsätzen im Streitfall beweisen, dass der Defekt bereits im Zeitpunkt der Übergabe bestanden hatte. Da er dies nicht kann, wäre daher seine Klage abzuweisen. Anders verhält es sich jedoch bei einem *Verbrauchsgüterkauf* i.S.d. §§ 474ff., denn für diesen gilt nach § 476 eine *Beweislastumkehr*.

6   Nach § 474 Abs. 1 S. 1 liegt ein Verbrauchsgüterkauf vor, wenn ein Verbraucher von einem Unternehmer eine bewegliche Sache kauft. Da S das Fahrzeug hier zu rein privaten Zwecken kauft, ist er Verbraucher i.S.d. § 13. Der eingetragene Kaufmann M verkauft ein Firmenfahrzeug, so dass der Kaufvertrag seiner gewerblichen Tätigkeit zuzuordnen ist (vgl. auch §§ 1, 343, 344 Abs. 1 HGB) und er infolgedessen als Unternehmer i.S.v. § 14 Abs. 1 handelt.

7   **Hinweis:** Etwas so Unproblematisches dürfte man auch im Urteilsstil feststellen.

8   Da ein Verbrauchsgüterkauf vorliegt, greift die Beweislastumkehr des § 476 ein, und es wird vermutet, dass der Pkw bereits bei Gefahrübergang mangelhaft war, weil sich der Bremsdefekt innerhalb von sechs Monaten seit Gefahrübergang gezeigt hat. Der Pkw ist auch keine Sache, mit deren Art die Vermutung unvereinbar wäre.

3. Voraussetzungen der Minderung

9   Nach den §§ 437 Nr. 2, 441 Abs. 1 S. 1 kann der Käufer *„statt zurückzutreten"* den Kaufpreis durch Erklärung gegenüber dem Verkäufer mindern.

a) Fristsetzung, § 323 Abs. 1

10   Aus der Formulierung „statt zurückzutreten" ergibt sich, dass die Minderung nur zulässig ist, wenn die Voraussetzungen für einen Rücktritt gegeben sind. Diese Voraussetzungen sind in den §§ 437 Nr. 2, 440, 323 und 326 Abs. 5 geregelt. Das bedeutet: Grundsätzlich ist der Rücktritt und demzufolge auch die Minderung nicht sofort möglich, sondern erst nach erfolgloser Fristsetzung zur Nacherfüllung (§ 323 Abs. 1). Eine solche Fristsetzung ist hier nicht erfolgt.

b) Entbehrlichkeit der Fristsetzung, §§ 440 S. 1, 323 Abs. 2

11   Folglich kommt es darauf an, ob eine Fristsetzung entbehrlich war. Eine Fristsetzung ist nach § 440 S. 1 entbehrlich, wenn entweder einer der in § 323 Abs. 2 geregelten Tatbestände vorliegt oder der Verkäufer beide Arten der Nacherfüllung (§ 439 Abs. 1) gemäß § 439 Abs. 3 verweigert oder die dem Käufer zustehende Art der Nacherfüllung fehlgeschlagen oder ihm unzumutbar ist.

12   Von den in § 323 Abs. 2 geregelten Tatbeständen der Entbehrlichkeit der Fristsetzung scheidet die Nr. 1 aus, da Verkäufer M die Nacherfüllung nicht ernstlich und endgültig verweigert hat. Auch die von Nr. 2 verlangte Vereinbarung über die Leistungszeit, d.h. den Zeitpunkt der Nacherfüllung, fehlt. Es kommt daher nur der Auffangtatbestand der Nr. 3 in Betracht. Danach ist die Fristsetzung entbehrlich, wenn *„besondere Umstände vorliegen, die unter Abwägung der beiderseitigen Interessen den sofortigen Rücktritt rechtfertigen"*. Da S auf einer Urlaubsfahrt im Ausland und M nicht erreichbar ist, M außerdem die Reparatur nicht selbst vornehmen könnte und ein

Rücktransport des Fahrzeugs nach München zur Reparatur unverhältnismäßige Kosten verursachen würde, ergibt eine Interessenabwägung, dass die sofortige Minderung gerechtfertigt ist.

Hinweis: An sich bedürfte es daher keiner Prüfung der sonstigen Tatbestände einer Entbehrlichkeit der Fristsetzung mehr. Der im Gutachten gebotenen Vollständigkeit wegen bietet es sich aber an, dennoch darauf einzugehen (vgl. auch Fall 25 Rn. 22 ff.). 13

Die Fristsetzung könnte weiter gem. § 440 S. 1 entbehrlich sein. Dazu müsste nach dem Gesetzeswortlaut M beide Arten der Nacherfüllung verweigert haben. Zwar stand dem S die Nacherfüllung hier nur in Gestalt der Mangelbeseitigung zu,[2] weil die Lieferung eines mangelfreien vergleichbaren Gebrauchtwagens durch einen Nicht-Händler als Verkäufer praktisch ausgeschlossen ist. § 440 S. 1 muss aber auch dann gelten, wenn nur eine Form der Nacherfüllung möglich ist und diese verweigert wird.[3] Freilich hat M die Nacherfüllung nicht verweigert. Jedoch war S eine Mangelbeseitigung angesichts der oben Rn. 12 dargelegten Umstände nicht zumutbar. 14

Hinweis: Hinzu kommt, dass M die Mängelbeseitigung im Ausland gem. § 439 Abs. 3 wegen der damit verbundenen Kosten und Mühen hätte verweigern können. Das spielt aber keine Rolle, da § 440 S. 1 auf die tatsächliche Verweigerung nach § 439 Abs. 3 und nicht auf deren bloße Zulässigkeit abstellt. Dem Verkäufer bleibt es überlassen, die Nachbesserung auch unter den Bedingungen des § 439 Abs. 3 durchzuführen.[4] 15

Da somit eine Fristsetzung gem. § 440 S. 1 für S entbehrlich war, war der Rücktritt und dementsprechend auch die Minderung zulässig. Dabei findet § 323 Abs. 5 S. 2 nach § 441 Abs. 1 S. 2 auf die Minderung keine Anwendung, so dass es auf die Erheblichkeit des Mangels nicht ankommt. 16

4. Vertraglicher Ausschluss der Minderung

Im Umkehrschluss aus § 444 ist ein vertraglicher Ausschluss der Rechte des Käufers wegen eines Sachmangels grundsätzlich möglich. Da M den Mangel weder arglistig verschwiegen, noch eine Garantie für die Beschaffenheit der Sache übernommen hat, könnte er sich daher auf die Haftungsausschlussklausel im Vertrag berufen. Gem. § 475 Abs. 1 S. 1 kann sich bei einem Verbrauchsgüterkauf, wie er hier vorliegt (Rn. 6), der Unternehmer auf einen vor Mitteilung des Mangels vereinbarten Haftungsausschluss nicht berufen. Da der Haftungsausschluss bereits im Kaufvertrag selbst enthalten war, kann sich M nicht auf ihn berufen. 17

Hinweis: Die §§ 474 ff. beruhen auf der Verbrauchsgüterkaufrichtlinie[5] und gelten auch für Gebrauchtwaren. § 475 ist strenger als die AGB-Kontrolle! 18

5. Vorliegen einer Minderungserklärung

Nach § 441 Abs. 1 S. 1 erfolgt die Minderung – anders als im früheren Recht (§§ 462, 465 a. F.) – durch (formlose) Erklärung gegenüber dem Verkäufer. Eine ausdrückliche Minderungserklärung ist hier nicht erfolgt. Vielmehr hat S lediglich Erstat- 19

---

[2] Nach *Westermann*, JZ 2001, 530, 535 ist eine Nacherfüllung durch Mangelbeseitigung bei gebrauchten Sachen nur vorstellbar, wenn der Verkäufer eine eigene Werkstatt hat. Es ist aber dem Verkäufer, der keine eigene Werkstatt unterhält, durchaus zumutbar, die Mangelbeseitigung durch Einschaltung eines Dritten durchzuführen.
[3] Palandt/*Weidenkaff*, § 440 Rn. 5.
[4] Begr. zum RegE, BT-Drs. 14/6040, 234; Jauernig/*Berger*, § 440 Rn. 2. Insofern ungenau Palandt/*Weidenkaff*, § 440 Rn. 5.
[5] RL 1999/44/EG des Europäischen Parlaments und des Rates vom 25. 5. 1999 zu bestimmten Aspekten des Verbrauchsgüterkaufs und der Garantien für Verbrauchsgüter („Verbrauchsgüterkauf-Richtlinie"), ABl. EG L 171 S. 12.

tung der Reparaturrechnung verlangt. Allerdings kann darin konkludent auch eine Minderungserklärung erblickt werden. Denn S hat jedenfalls sinngemäß auch zum Ausdruck gebracht, dass er wegen des Mangels einen Abzug vom Kaufpreis vornehmen wolle.

6. Wirksamkeit der Minderung

20   Eine Unwirksamkeit der Minderung gem. §§ 218 Abs. 1 S. 1, 438 Abs. 5 kommt nach § 438 Abs. 1 Nr. 3 frühestens zwei Jahre nach Ablieferung der Sache (§ 438 Abs. 2) in Betracht und scheidet somit aus. Auch ein eventuelles Schadensersatzbegehren des S (dazu unten Rn. 24 ff.) schließt die Minderung analog § 325 nicht aus.[6]

7. Höhe der Minderung

21   Da S den Kaufpreis bereits bezahlt hat, kann er nach § 441 Abs. 4 S. 1 den Mehrbetrag, d.h. den Differenzbetrag zwischen dem vollen und dem geminderten Kaufpreis erstattet verlangen. Nach § 441 Abs. 3 S. 1 ist der Kaufpreis in dem Verhältnis herabzusetzen, in welchem zur Zeit des Vertragsschlusses der Wert der Sache in mangelfreiem Zustand zu dem wirklichen Wert gestanden haben würde. Es ist also zu fragen, was das Fahrzeug ohne den Lenkungsdefekt wert gewesen wäre und was sein wirklicher Wert (d.h. im mangelbehafteten Zustand) war. In diesem Verhältnis ist der Kaufpreis herabzusetzen. Dem Sachverhalt sind die entsprechenden Angaben nicht zu entnehmen.

22   Doch lässt § 441 Abs. 3 S. 2 eine Schätzung des Minderungsbetrags zu, soweit sie erforderlich ist, da seine exakte Ermittlung in der Praxis sehr schwierig bzw. aufwändig sein kann. Die Gerichte neigen dazu, die Minderung in der Weise zu berechnen, dass der zur Mangelbeseitigung erforderliche Betrag vom Kaufpreis abgezogen wird, sofern sich Kaufpreis und objektiver Wert der Sache in mangelfreiem Zustand decken.[7] Allerdings kann dies nicht ausnahmslos gelten, denn die Mangelbeseitigungskosten müssen nicht unbedingt dem Minderwert entsprechen.[8] Bei Kraftfahrzeugen mit Sicherheitsmängeln wie hier bestehen gegen die Gleichsetzung von Minderwert und Mangelbeseitigungskosten in der Regel aber keine Bedenken. Denn ohne Mangelbeseitigung wäre das Fahrzeug nicht verkehrssicher und eine vertragsgemäße Verwendung ausgeschlossen. Daher kann S im Wege der Minderung gemäß § 441 Abs. 4 den Rechnungsbetrag erstattet verlangen, da er den üblichen Reparaturkosten entspricht.

8. Ergebnis

23   S kann von M gem. § 441 Abs. 4 S. 1 Zahlung von 600 € verlangen.

III. Anspruch auf Schadensersatz gemäß §§ 437 Nr. 3, 280 Abs. 1 und 3, 281, 440

24   S könnte einen Anspruch auf Schadensersatz statt der Leistung gemäß §§ 437 Nr. 3, 280 Abs. 1 und 3, 281 Abs. 1 haben.

25   **Hinweis:** In der Literatur wird der Schadensersatzanspruch bei Mängeln zum Teil auf §§ 280, 283 gestützt, wenn dem Käufer nur eine Form der Nacherfüllung zusteht und der Verkäufer diese gem. § 439 Abs. 3 zu Recht verweigert.[9] Bei anfänglichen Mängeln ist dementsprechend auf § 311a Abs. 2 abzu-

---

[6] *Derleder*, NJW 2003, 998, 1002; Jauernig/*Berger*, § 441 Rn. 7; Palandt/*Weidenkaff*, § 441 Rn. 19.
[7] Vgl. *BGH* LM § 472 (a.F.) BGB Nr. 1; Staudinger/*Honsell*, 13. Bearb., 1995, § 472 (a.F.) Rn. 8 m.w.N.
[8] Vgl. Palandt/*Weidenkaff*, § 441 Rn. 15.
[9] *Lorenz/Riehm*, Rn. 536; vgl. auch BT-Drs. 14/6040, S. 232: § 439 Abs. 3 als besondere Ausprägung des § 275 Abs. 2 (und somit wertungsmäßig in den Bereich der Unmöglichkeit gestellt).

stellen.[10] Das ist nicht falsch, weil § 281 Abs. 1 S. 1 einen fälligen und vollwirksamen Anspruch voraussetzt, der in diesen Fällen nicht besteht. Damit ähnelt die Situation den in § 275 geregelten Fällen. Dennoch kann man die §§ 283, 311a Abs. 2 nicht unmittelbar anwenden, da sie ausdrücklich eine Leistungsbefreiung *nach* § 275 verlangen. Da der Gesetzgeber das Problem angesichts des Wortlauts des § 440 S. 1 offensichtlich nicht vollständig erkannt hat, erscheint eine Analogie zu den Unmöglichkeitsvorschriften zulässig. Stattdessen kann man aber auch sagen, dass § 440 S. 1 ausdrücklich auf das Fristsetzungserfordernis und die §§ 281 und 323 verweist und damit deren Anwendung auch für diesen Fall anordnet. – Im vorliegenden Fall stellt sich die Frage nicht (s. o. Rn. 16).

1. Kaufvertrag

Der nach §§ 437 Nr. 3, 280 Abs. 1 erforderliche Kaufvertrag liegt vor. 26

2. Pflichtverletzung

M müsste eine Pflicht aus dem Kaufvertrag verletzt haben. Die Lieferung des i. S. v. 27 § 434 Abs. 1 mangelhaften Pkws (s. o. Rn. 4ff.) verletzt die Pflicht aus § 433 Abs. 1 S. 2. Eine weitere Pflichtverletzung kann sich daraus ergeben, dass M seiner Verpflichtung zur Nacherfüllung gem. §§ 437 Nr. 1, 439 Abs. 1 nicht nachgekommen ist.

3. Fristsetzung bzw. Entbehrlichkeit

Da S Schadensersatz statt der von M geschuldeten Nacherfüllung verlangt, müsste er 28 nach § 281 Abs. 1 S. 1 an sich zunächst erfolglos eine angemessene Frist zur Nacherfüllung bestimmt haben. Die Fristsetzung ist hier jedoch gem. § 440 S. 1 und § 281 Abs. 2 Alt. 2 entbehrlich (s. o. Rn. 11ff.).

Hinweis: Man mag hier zweifeln, ob nicht eine Verzögerung der mangelfreien Leistung i. S. v. § 280 29 Abs. 2 vorliegt, so dass der Schaden nur bei Verzug nach § 286 ersatzfähig wäre. Die richtige Anspruchsgrundlage hängt aber nicht nur von der Art der Pflichtverletzung ab, sondern primär von dem zu ersetzenden Schaden. Die Kosten der Mängelbeseitigung bedeuten aber Ersatz der Leistung selbst. – Man könnte hier auch an § 283 denken. Denn im Zeitpunkt des Schadensersatzbegehrens des S ist dem M die Mängelbeseitigung durch die Selbstvornahme unmöglich (Zweckerreichung). Es scheint daher an dem von § 281 Abs. 1 S. 1 vorausgesetzten fälligen Anspruch zu fehlen. Das stimmt aber nicht, wie eine kleine Abwandlung zeigt: Hätte der Käufer eine Frist gesetzt, die ergebnislos verstrichen ist, so wäre mit Fristablauf der Anspruch gem. §§ 280, 281 entstanden. Die anschließende Mängelbeseitigung könnte ihn dann nicht wieder beseitigen. Ist nun die Fristsetzung nach §§ 440, 281 Abs. 2 entbehrlich, entsteht der Anspruch sofort und wird von der späteren Mängelbeseitigung ebenso wenig tangiert. – Überdies käme man bei § 283 in argumentative Schwierigkeiten. Denn das Ausbleiben der Nacherfüllung bzw. seine Leistungsbefreiung (§§ 280, 283) hat M in unserem Fall nicht zu vertreten. Damit bestünde überhaupt kein Anspruch. Stellt man deshalb für die Pflichtverletzung auf die mangelhafte Leistung ab, mag M diese zwar zu vertreten haben (§ 280 Abs. 1 S. 2), doch darf man das Fristsetzungserfordernis des § 281 Abs. 1 S. 1 bei der Anwendung des § 283 nicht außer Acht lassen. Wegen dieser Schwierigkeiten sollte man Fälle der vorliegenden Art, in denen die Nacherfüllung später durch Zweckerreichung unmöglich wird, besser mit § 281 zu lösen versuchen. Denn der Schadensersatzanspruch nach dieser Norm ist mit Fristablauf entstanden und kann durch die weiteren Ereignisse nicht wieder entfallen.

4. Vertretenmüssen

Der Anspruch besteht aber nach § 280 Abs. 1 S. 2 dann nicht, *„wenn der Schuldner* 30 *die Pflichtverletzung nicht zu vertreten hat".* Da ein Vertretenmüssen vermutet wird, obliegt es dem Schuldner, darzulegen und zu beweisen, dass er die Pflichtverletzung nicht zu vertreten hat. Was der Schuldner zu vertreten hat, ist in § 276 Abs. 1 S. 1 geregelt, nämlich grundsätzlich Vorsatz und Fahrlässigkeit.

Mit der bloßen (Partei-)Behauptung, er habe keinen Defekt an der Lenkung festgestellt, kann M die Vermutung des Vertretenmüssens der mangelhaften Lieferung nicht

---

[10] MünchKomm/*Ernst,* § 311a Rn. 83.

entkräften. Da sich laut Sachverhalt die Richtigkeit seiner Behauptung nicht feststellen lässt, wird ihm der Entlastungsbeweis nicht gelingen.

31 **Hinweis:** Es sei nochmals daran erinnert, dass man § 280 Abs. 1 S. 2 im Gutachten nicht vorschnell anwenden darf. Hier darf man, weil eine weitere Aufklärung laut Sachverhalt nicht möglich ist und die Vermutung gerade in solchen Fällen helfen soll. In anderen Fällen ist aber zu untersuchen, ob nicht eine Entlastung möglich ist, zumal dafür keine übertriebenen Anforderungen zu stellen sind. Würde sich M also darauf berufen, seine Angestellten hätten keinen Defekt bemerkt, und würde im Sachverhalt sonst nichts dazu gesagt, müsste man die Exkulpationsmöglichkeit bejahen und den Anspruch verneinen. Häufig wird es darauf ankommen, ob der Verkäufer verpflichtet war, die Sache auf (andere als leicht feststellbare) Mängel zu untersuchen bzw. untersuchen zu lassen, was bei Händlern und Privatpersonen in der Regel zu verneinen ist. Dagegen kann man bei einem Verstoß gegen die Nacherfüllungspflicht das Vertretenmüssen im Regelfall bejahen.[11] Deshalb ist es so wichtig, den doppelten Ansatzpunkt für die Pflichtverletzung im Rahmen von § 281 herauszuarbeiten. Hier scheidet das freilich wegen der Entbehrlichkeit der Fristsetzung aus.

5. Inhalt und Umfang des Schadensersatzanspruchs

32 Die Voraussetzungen eines Schadensersatzanspruchs statt der Leistung sind daher gegeben. Nach § 249 Abs. 1 hat M den S so zu stellen, wie er ohne die Pflichtverletzung stünde, d.h. wie wenn er ihm ein mangelfreies Fahrzeug geliefert hätte. Der Schadensersatz statt der Leistung ist zwar regelmäßig auf Ersatz in Geld gerichtet; ausnahmsweise kommt aber eine Naturalherstellung in Betracht, wenn der Gläubiger daran ein besonderes Interesse hat.[12] Da die Mangelbeseitigung durch M dem S nach § 440 S. 1 aber nicht zumutbar war, kann S nach § 251 Abs. 1 eine Entschädigung in Geld, und zwar in Höhe der zur Mangelbeseitigung erforderlichen Aufwendungen, verlangen.[13] Denn bei mangelfreier Leistung hätte S keine Aufwendungen für die notwendige Einschaltung der österreichischen Werkstatt tätigen müssen. Daher kann er die Reparaturkosten auch im Wege des Schadensersatzanspruchs geltend machen. Soweit man in dem Ersatzbegehren des S eine Minderungserklärung sieht, ist der Kaufvertrag allerdings umgestaltet. Dann ist der Minderungsbetrag auf den Schadensersatz anzurechnen,[14] so dass im vorliegenden Fall ein Schaden entfällt.

6. Vertraglicher Ausschluss der Schadensersatzhaftung

33 Nach § 475 Abs. 1 S. 1 kann sich beim Verbrauchsgüterkauf der Verkäufer nicht auf einen Haftungsausschluss berufen (s.o. Rn. 17). Doch gilt dies nach § 475 Abs. 3 *„unbeschadet der §§ 307 bis 309 nicht für den Ausschluss oder die Beschränkung des Anspruchs auf Schadensersatz"*. Mit anderen Worten ist ein Haftungsausschluss für den Schadensersatzanspruch möglich, kann aber aufgrund einer Inhaltskontrolle gem. §§ 307–309 unwirksam sein, wenn er in Allgemeinen Geschäftsbedingungen i.S.v. § 305 Abs. 1 enthalten ist. Da der Haftungsausschluss von M nicht vorformuliert war, sondern ausgehandelt wurde (§ 305 Abs. 1 S. 3), greifen die §§ 307 bis 309 hier nicht ein, und zwar auch nicht gem. § 310 Abs. 3 Nr. 2. M konnte daher wirksam den Schadensersatzanspruch aus § 437 Nr. 3 innerhalb der Grenzen des § 444 (Arglist; Garantie) ausschließen.

34 Allerdings ist der Haftungsausschluss hier nicht auf den Schadensersatz beschränkt, sondern erfasst seinem Wortlaut nach alle Sachmängelrechte. Da er für alle anderen

---

[11] Näher Bamberger/Roth/*Faust*, § 437 Rn. 82 ff.; MünchKomm/*Westermann*, § 437 Rn. 27 f.
[12] MünchKomm/*Ernst*, § 281 Rn. 8 f.
[13] Ebenso zum früheren Recht (im Rahmen des kleinen Schadensersatzes nach § 463 S. 2 a.F.) *BGH* NJW 1991, 2900, 2901; Staudinger/*Honsell*, 13. Bearb., 1995, § 463 Rn. 58 m.w.N.; Palandt/*Putzo*, 61. Aufl., 2002, § 463 Rn. 18.
[14] Bamberger/Roth/*Faust*, § 437 Rn. 173; Palandt/*Weidenkaff*, § 441 Rn. 19.

Rechte des Käufers gem. § 475 Abs. 1 unwirksam (Rn. 17) ist, stellt sich die Frage, ob er nicht sogar vollständig wirkungslos ist. Für Allgemeine Geschäftsbedingungen ist anerkannt, dass eine Klausel stets ganz unwirksam ist, wenn sie ihrem Wortlaut nach sowohl Fälle erfasst, für die sie zulässig ist, als auch solche, für die sie verboten ist. Zwar gilt dieses zu § 306 entwickelte sog. „Verbot der geltungserhaltenden Reduktion" nicht, weil keine Allgemeinen Geschäftsbedingungen vorliegen. Doch führt nach § 139 die Nichtigkeit eines Teils eines Rechtsgeschäfts im Zweifel zu dessen vollständiger Nichtigkeit. Dann wäre freilich nicht nur der Ausschluss des Schadensersatzes, sondern der ganze Kaufvertrag nichtig. Jedoch erklärt § 475 seinem Wortlaut nach nicht die Nichtigkeit eines Haftungsausschlusses, sondern versagt nur dem Verkäufer die Berufung darauf. Dies soll eine Anwendung von § 139 gerade vermeiden. Überdies soll § 475 den Verbraucher nur vor nachteiligen Klauseln schützen und ihm nicht den wirksamen Vertrag nehmen, so dass auch § 139 nicht zur Gesamtnichtigkeit führt.[15] Damit bleibt der Kaufvertrag wirksam, und M kann sich, soweit es den Schadensersatzanspruch betrifft, auf den Haftungsausschluss berufen.

7. Ergebnis

Als Schadensersatz statt der Leistung (§§ 280 Abs. 1 und 3, 281 bzw. 283) kann M die 600 € nicht verlangen.

IV. Anspruch gem. § 439 Abs. 2

S könnte gegen M einen Anspruch auf Zahlung von 600 € gem. § 439 Abs. 2 haben, weil der Verkäufer nach dieser Vorschrift alle zur Nacherfüllung erforderlichen Aufwendungen zu tragen hat.

1. Kaufvertrag und Mangel

Wie bereits festgestellt, haben die Parteien einen Kaufvertrag geschlossen, und M hat eine mangelhafte Lieferung erbracht.

2. Aufwendungen zum Zwecke der Nacherfüllung

Aufwendungen sind freiwillige Vermögensopfer; solche könnten hier in den durch die Beauftragung der österreichischen Werkstatt dem S entstandenen Kosten denken. Seinem Wortlaut nach bezieht sich § 439 Abs. 2 auf alle Aufwendungen zum Zwecke einer Nacherfüllung durch den Verkäufer, also in Anbetracht der eigens erwähnten Arbeits- und Materialkosten auch auf Aufwendungen für die Mängelbeseitigung selbst.

3. Rechtsfolge?

Fraglich ist, ob § 439 Abs. 2 dem Käufer einen Aufwendungsersatzanspruch gegen den Verkäufer gibt. Der Wortlaut spricht eher für eine reine Kostenzuordnung im Rahmen einer ordnungsgemäßen Nacherfüllung nach § 439 Abs. 1.[16] Dann wäre der Aufwendungsersatz nur noch auf §§ 683, 670 bzw. 812 zu stützen[17] bzw. ausgeschlossen.[18] Andere entnehmen § 439 Abs. 2 einen Aufwendungsersatzanspruch, wenn der

---
[15] Vgl. *BGH* NJW 2000, 1333, 1335; Palandt/*Ellenberger,* § 139 Rn. 18.
[16] Gegen jeglichen Anspruch des Käufers Bamberger/Roth/*Faust,* § 439 Rn. 25.
[17] AnwK/*Büdenbender,* § 439 Rn. 13.
[18] Bamberger/Roth/*Faust,* § 439 Rn. 25.

Käufer Aufwendungen getätigt hat, die vom Verkäufer zu tragen sind,[19] ohne diesen Anspruch klar herzuleiten[20] und sein Verhältnis zum Vorrang der Nacherfüllung (§§ 281, 323) zu klären.

40 Ein Aufwendungsersatzanspruch kann aus § 439 Abs. 2 allenfalls dann folgen, wenn der Käufer einzelne vom Verkäufer zu tragende Kosten (z. B. Transportkosten) auf dessen Veranlassung hin übernimmt. Im Übrigen steht einem Anspruch auf Ersatz von Mängelbeseitigungskosten über § 439 Abs. 2 die Systematik der §§ 437 Nr. 1 und 2, 281, 323, 440 entgegen. Danach kann der Käufer vom Verkäufer zunächst einmal nur kostenfreie (§ 439 Abs. 2) Nacherfüllung (§ 439 Abs. 1) verlangen, während die Geltendmachung weitergehender Rechte grundsätzlich eine Fristsetzung erfordert (§§ 281 Abs. 1, 323 Abs. 1, 440).[21] Außerdem enthält das ansonsten parallel geregelte Werkvertragsrecht eine eigene Anspruchsgrundlage für die Kosten einer Selbstvornahme der Mängelbeseitigung in § 637 Abs. 1, obwohl die Kostentragung in § 635 Abs. 2 genau wie in § 439 Abs. 2 geregelt ist. Die Existenz dieser Norm lässt deutlich werden, dass der Käufer nicht berechtigt sein kann, einen Mangel ohne Fristsetzung zu beseitigen, um sodann über § 439 Abs. 2 Aufwendungsersatz zu verlangen. Daher spielt es auch keine Rolle, ob hier eine Fristsetzung notwendig oder entbehrlich war.

4. Ergebnis

41 Aus § 439 Abs. 2 folgt kein Anspruch des S gegen M auf Ersatz der Mängelbeseitigungskosten von 600 €.

V. Anspruch aus Geschäftsführung ohne Auftrag nach §§ 683 S. 1, 670

42 S könnte einen Anspruch auf Aufwendungsersatz in Gestalt der aufgewandten Reparaturkosten nach den §§ 683 S. 1, 670 haben. Da die Mängelbeseitigung an sich dem M oblag (§§ 437 Nr. 1, 439), könnte S mit der Selbstbeseitigung des Mangels (durch Einschaltung der österreichischen Werkstatt) ein Geschäft des M geführt haben, ohne von ihm beauftragt zu sein.

43 Doch stellen die §§ 437 ff. eine abschließende Regelung der Rechte des Käufers wegen eines Sachmangels dar.[22] Die tatbestandlichen Voraussetzungen für die Geltendmachung einzelner Ansprüche und die Verjährungsregelung würden hinfällig, wenn der Käufer daneben Ansprüche aus Geschäftsführung ohne Auftrag geltend machen könnte.[23] Ein Anspruch gem. §§ 683 S. 1, 670 besteht somit nicht (a. A. kaum mehr vertretbar).

VI. Anspruch aus § 812 Abs. 1 S. 1 2. Alt.

44 Auch ein Bereicherungsanspruch (Verwendungskondiktion gemäß § 812 Abs. 1 S. 1 2. Alt.) scheidet wegen des Vorrangs der kaufrechtlichen Regelungen aus[24] (a. A. vertretbar; man kann dann an der Bereicherung zweifeln, da M zwar von seiner Nacherfüllungspflicht befreit ist, an deren Stelle aber Schadensersatz schuldet).

---

[19] *BGH* NJW-RR 1999, 813, 814; Palandt/*Weidenkaff*, § 439 Rn. 13.
[20] Vgl. *BGH* NJW-RR 1999, 813, 814 (zu §§ 633 Abs. 2 S. 2, 476a a. F.); Palandt/*Weidenkaff*, § 439 Rn. 13.
[21] Zutreffend Bamberger/Roth/*Faust*, § 439 Rn. 21.
[22] Vgl. Begr. zum RegE, BT-Drs. 14/6040, 219; Bericht des Rechtsausschusses, BT-Drs. 14/7052, 196 (zu § 438).
[23] Vgl. zum früheren Recht BGHZ 92, 123, 125 (zum Verhältnis Werkvertragsrecht und Recht der GoA).
[24] Vgl. zum früheren Recht BGHZ 46, 246; 70, 389, 398; 92, 123, 125 (zum Verhältnis Werkvertragsrecht und Bereicherungsrecht).

VII. Gesamtergebnis

S kann von M Ersatz der Reparaturkosten lediglich unter dem Gesichtspunkt der Kaufpreisminderung verlangen. 45

Abwandlung

I. Anspruch analog § 637 bzw. gem. § 439 Abs. 2

Solche Ansprüche bestehen nicht (s.o. Rn. 1, 41). 46

II. Anspruch aus Kaufpreisminderung gem. §§ 441 Abs. 4 S. 1

S könnte gegen M gem. §§ 441 Abs. 4, 346 Abs. 1 einen Anspruch auf Rückzahlung von 600 € haben. 47

Die Grundvoraussetzungen für den Anspruch liegen vor (s.o. Rn. 3ff.). Da der Käufer gem. §§ 437 Nr. 2, 441 Abs. 1 S. 1 nur *statt zurückzutreten* den Kaufpreis durch Erklärung gegenüber dem Verkäufer mindern kann, bedarf es grundsätzlich einer erfolglosen Fristsetzung zur Nacherfüllung (§ 323 Abs. 1), an der es hier fehlt. 48

Fraglich ist, ob die Fristsetzung wiederum (vgl. oben Rn. 11ff.) nach § 323 Abs. 2 Alt. 2 entbehrlich war. Jedoch befindet sich S dieses Mal an seinem Wohnort und kann M nur nicht erreichen, weil bereits Abend ist. Besondere Umstände, die einen sofortigen Rücktritt rechtfertigen könnten, sind somit nicht ersichtlich; es war S zuzumuten, M am nächsten Morgen erneut anzurufen oder den Wagen einfach in die Werkstatt des M zu bringen. Die Fristsetzung ist auch nicht gem. § 440 S. 1 entbehrlich, da M weder beide Arten der Nacherfüllung verweigert hat noch die dem S zustehende Art der Nacherfüllung fehlgeschlagen oder unzumutbar wäre. 49

Jedoch könnte der Rücktritt ohne Fristsetzung nach § 326 Abs. 5 zulässig sein. Da S den Mangel inzwischen ohne Mitwirkung des M hat beseitigen lassen, ist es bei seinem Nacherfüllungsanspruch zu einer sog. „Zweckerreichung" gekommen. Diese hat zur Unmöglichkeit der Nacherfüllung[25] und damit zur Leistungsbefreiung des M gem. § 275 Abs. 1 geführt. Damit wäre der Rücktritt gem. § 326 Abs. 5 möglich. 50

Zu prüfen ist aber, ob der Rücktritt (und damit die Minderung) gem. § 326 Abs. 5 Halbs. 2 i.V.m. § 323 Abs. 6 Alt. 1 ausgeschlossen ist. Dazu müsste S den zum Rücktritt berechtigenden Umstand allein oder weit überwiegend zu verantworten haben. Das Rücktrittsrecht folgt hier aus § 326 Abs. 5, also aus der Leistungsbefreiung des M.[26] Diese beruht auf der vorsätzlichen Ersatzvornahme der Mängelbeseitigung durch S, zu der er ohne Fristsetzung nicht berechtigt (bzw. „herausgefordert") war. Der zum Rücktritt berechtigende Umstand ist also, wenn man den Sachmangel hier überhaupt berücksichtigen will, jedenfalls weit überwiegend von S zu verantworten. Damit sind Rücktritt und sofortige Minderung durch S gem. § 323 Abs. 6 Alt. 1 unzulässig. 51

S kann von M nicht gem. § 441 Abs. 4 i.V.m. § 346 Abs. 1 Zahlung von 600 € verlangen. 52

III. Anspruch auf Schadensersatz gemäß §§ 280 Abs. 1 und 3, 281, 437 Nr. 3, 440

Da M seine Verpflichtung aus § 433 Abs. 1 S. 2 zur Lieferung einer mangelfreien Sache nicht erfüllt hat, kann S gemäß § 437 Nr. 3 „nach den §§ 440, 280, 281, 283 und 311a Schadensersatz oder nach § 284 Ersatz vergeblicher Aufwendungen verlangen". 53

---

[25] So auch Jauernig/*Berger*, § 437 Rn. 16, 22; offengelassen in BGHZ 162, 219, 225 = NJW 2005, 1348.
[26] Insoweit zutreffend *S. Lorenz*, NJW 2003, 1417, 1418; i.E. auch Jauernig/*Berger*, § 437 Rn. 16.

1. Schuldverhältnis, Pflichtverletzung

54 Mit dem Kaufvertrag liegt ein Schuldverhältnis vor. Die Pflichtverletzung ergibt sich aus der Lieferung einer mangelhaften Sache, arg. § 433 Abs. 1 S. 2 (s. o. Rn. 27).

2. Fristsetzung bzw. Entbehrlichkeit

55 Die nach § 281 Abs. 1 S. 1 zunächst erforderliche Setzung einer angemessenen Frist zur Nacherfüllung fehlt hier, und sie war weder nach § 440 S. 1 noch nach § 281 Abs. 2 Alt. 2 entbehrlich (s. o. Rn. 49 entsprechend).

3. Ergebnis

56 Ein Anspruch des S gem. §§ 280 Abs. 1 und 3, 281 besteht nicht.

IV. Anspruch auf Schadensersatz gemäß §§ 280 Abs. 1 und 3, 283, 437 Nr. 3

57 Zu prüfen ist, ob S gemäß § 437 Nr. 3 i. V. m. §§ 280, 283 Schadensersatz verlangen kann.

58 **Hinweis:** Wie schon im Ausgangsfall erwähnt, sollte man es an sich bei § 281 belassen. Wenn dessen Voraussetzungen aber nicht vorliegen, kann man im Gutachten auch den Tatbestand des § 283 prüfen. Man muss ihn aber im Ergebnis verneinen.

1. Schuldverhältnis, Pflichtverletzung

59 Mit dem Kaufvertrag liegt ein Schuldverhältnis vor. Eine Pflichtverletzung ergibt sich nach h. M. aus jeder Nichterfüllung einer Leistungspflicht, also ggf. sowohl aus der ursprünglichen mangelhaften Leistung als auch aus dem endgültigen Ausbleiben der Nacherfüllung, arg. § 283. Zwar war M die wegen des Mangels gem. §§ 437 Nr. 1, 439 geschuldete Nacherfüllung zunächst möglich, doch hat die von S veranlasste Mängelbeseitigung zur „Zweckerreichung" und damit zur Leistungsbefreiung des M gem. § 275 Abs. 1 geführt (s. o. Rn. 50). Damit ist diese Voraussetzung erfüllt.

60 **Hinweis:** Dieses eher befremdliche Ergebnis der h. M. lässt sich vermeiden, wenn man im Falle der Leistungsbefreiung nach § 275 nicht auf das (zwangsläufige) Ausbleiben der Leistung abstellt, sondern die Pflichtverletzung davon unterscheidet. Das führt aber zu Beweislastproblemen. Man könnte auch an einen „Vorrang" des § 281 denken, der sich aber nach Eintritt der Leistungsbefreiung kaum überzeugend begründen lässt.

2. Vertretenmüssen

61 Zu prüfen ist, ob M die in § 280 Abs. 1 S. 2 enthaltene Vermutung, dass er die Pflichtverletzung i. S. v. § 276 Abs. 1 S. 1 zu vertreten hat, widerlegen kann. Abzustellen ist auf die maßgebliche Pflichtverletzung: Hinsichtlich der mangelhaften Lieferung sind dem Fall keine entsprechenden Anhaltspunkte zu entnehmen, doch kann wegen der mangelhaften Lieferung allein Schadensersatz statt der Leistung grundsätzlich nicht verlangt werden, wie § 281 belegt.[27] Somit muss es hier, vgl. § 283, auf das endgültige Ausbleiben der Nacherfüllung ankommen. Dieses beruht aber darauf, dass S den Mangel ohne vorherige Fristsetzung hat beseitigen lassen. Er hat dem M also keine Gelegenheit zur Nacherfüllung gegeben, ihn nicht einmal von dem Mangel in Kenntnis gesetzt. Damit hat M das Ausbleiben der Nacherfüllung auch nicht zu vertreten.

---

[27] Näher S. Lorenz, NJW 2002, 2497 ff.; MünchKomm/*Ernst*, § 280 Rn. 46 ff. m. w. N.

3. Ergebnis

Ein Anspruch des S gem. §§ 280 Abs. 1 und 3, 283 besteht nicht.[28] 62

V. Anspruch aus Geschäftsführung ohne Auftrag nach §§ 683 S. 1, 670/§ 684 S. 1 bzw. aus § 812 Abs. 1 S. 1 2. Alt.

Diesen Ansprüchen stehen die §§ 437 ff. als abschließende Regelung der Rechte des Käufers wegen eines Mangels entgegen,[29] die gerade dann nicht unterlaufen werden dürfen, wenn ihre Voraussetzungen nicht erfüllt sind (a. A. vetretbar). 63

Hinweis: Wenn man den Vorrang leugnet, liegt „nur" eine unberechtigte GoA vor. Beim Anspruch des S aus § 684 S. 1 schuldet M dann Herausgabe der Bereicherung, die sich aus dem ersatzlosen Wegfall seiner Nacherfüllungspflicht ergibt. Dabei kann man den Gedanken einer aufgedrängten Bereicherung einbringen, falls der Verkäufer die Nacherfüllung billiger hätte bewerkstelligen können. Zum gleichen Ergebnis kommt man über die Nichtleistungskondiktion. – Man wird diese Ansprüche aber auf jeden Fall durch eine analoge Anwendung von § 438 begrenzen müssen. 64

VI. Anspruch analog §§ 326 Abs. 2 S. 2 und Abs. 4, 346 Abs. 1

Möglicherweise hat S gegen M einen Anspruch auf Erstattung ersparter Mängelbeseitigungskosten analog §§ 326 Abs. 2 S. 2 und Abs. 4, 346 Abs. 1. 65

1. Gegenseitiger Vertrag

Der zwischen den Parteien bestehende Kaufvertrag begründet gegenseitige Pflichten. 66

2. Leistungsbefreiung nach § 275 Abs. 1–3

M ist gem. § 275 Abs. 1 von seiner Nacherfüllungspflicht befreit. 67

3. Ähnlichkeit mit Erbringung nicht geschuldeter Gegenleistung

Zwar ist S nicht gem. § 326 Abs. 1 S. 1 von seiner Pflicht zur Kaufpreiszahlung befreit, da die Norm im Falle der Unmöglichkeit der Nacherfüllung nicht gilt (S. 2). Die Situation ähnelt aber dem in § 326 Abs. 2 S. 1 Alt. 1 geregelten Fall: Hätte S den von M geschuldeten Pkw zerstört, würde M seinen Kaufpreisanspruch behalten, müsste sich aber gem. S. 2 die ersparten Aufwendungen der Leistungserbringung anrechnen lassen. Hier hat die eigenmächtige Mängelbeseitigung durch S den M von seiner Nacherfüllungspflicht befreit. Zwar rechtfertigt es der Verstoß gegen §§ 281 Abs. 1, 323 Abs. 1, dem S einen Kostenerstattungsanspruch zu versagen (s.o.). Dass nun M aber trotz mangelhafter Leistung weder nacherfüllen noch die Nacherfüllungskosten tragen muss, erscheint als Ergebnis unbillig. Die völlige Umkehrung der Kostentragungslast (§ 439 Abs. 2) erscheint planwidrig, zumal sie sich auch mit gesetzlichen Ansprüchen nicht ausgleichen lässt. Der Gesetzgeber scheint diese Möglichkeit übersehen zu haben. Zur Schließung dieser planwidrigen Regelungslücke erscheint es angemessen, § 326 Abs. 2 S. 2 in dem Sinne analog anzuwenden, dass der Verkäufer M seine ersparten Nacherfüllungskosten an den Käufer S analog §§ 326 Abs. 4, 346 Abs. 1 herausgeben muss. Dafür soll auch sprechen, dass der Rücktrittsausschluss nach § 323 Abs. 6 den gleichen Tatbestand wie § 326 Abs. 2 S. 1 aufweist.[30] 68

---

[28] Ebenso *S. Lorenz*, NJW 2003, 1417, 1418; i. E. ebenso Jauernig/*Berger*, § 437 Rn. 16.
[29] Vgl. Begr. zum RegE, BT-Drs. 14/6040, 219; Bericht des Rechtsausschusses, BT-Drs. 14/7052, 196 (zu § 438).
[30] So *S. Lorenz*, NJW 2003, 1417, 1418 f.; für die Fälle der Zerstörung der Kaufsache und einer vom Käufer verursachten Unzumutbarkeit der Nacherfüllung i. S. v. §§ 275 Abs. 2, 439 Abs. 3 übereinstimmend Bamberger/Roth/*Faust*, § 439 Rn. 37 f.; MünchKomm/*Westermann*, § 437 Rn. 14.

69 Gegen diese Billigkeitserwägungen spricht freilich, dass der Gesetzgeber das Gewährleistungsrecht von Kauf- und Werkvertrag in der Frage der Kostenerstattung für eine Selbstvornahme der Mängelbeseitigung bewusst unterschiedlich geregelt hat. Ihm war das Problem also bekannt. Er hat zudem im Werkvertragsrecht die Kostenerstattung an die engen Voraussetzungen des § 637 geknüpft. Im Werkvertragsrecht entspricht es seit jeher der h. M., dass der Besteller nur unter den gesetzlichen Voraussetzungen den Mangel selbst beseitigen und die Kosten dafür erstattet verlangen kann. Hält er sich nicht an die Voraussetzungen, muss er die Mängelbeseitigungskosten selbst tragen. Diese Umstände und Wertungen sprechen dafür, dass es im Kaufrecht (und im Werkvertragsrecht) zumindest für den Fall des Verstoßes gegen das Fristsetzungserfordernis[31] insofern gar keine Regelungslücke gibt.[32] Die Analogie ist daher unzulässig. Hinzu kommt das praktische Problem, dass ein Käufer kaum wissen wird, welche Kosten sich der Verkäufer konkret erspart.[33] Schließlich würde, könnte der Käufer zumindest die ersparten Aufwendungen des Verkäufers analog § 326 Abs. 2 S. 2 von diesem fordern, der in den §§ 437, 281, 323, 440 angeordnete Vorrang der Nacherfüllung teilweise ausgehebelt, dem Verkäufer jedenfalls die daraus folgende Nacherfüllungsmöglichkeit genommen. Auch dies spricht gegen die bereits aus anderen Gründen unzulässige Analogie.[34]

4. Ergebnis

70 S hat gegen M keinen Anspruch analog §§ 326 Abs. 2 S. 2, 326 Abs. 4, 346 Abs. 1 (a. A. vertretbar).

VII. Ergebnis

71 S kann von M unter keinem rechtlichen Gesichtspunkt Ersatz der Reparaturkosten oder Herausgabe ersparter Nacherfüllungsaufwendungen verlangen.

---

[31] Anders mag man das in den Fällen der §§ 275 Abs. 2, 439 Abs. 3 sehen.
[32] BGHZ 162, 219, 225 ff. = NJW 2005, 1348; *LG Gießen* NJW 2004, 2906, 2907 m. w. N.
[33] *LG Gießen* NJW 2004, 2906, 2907 m. w. N.
[34] BGHZ 162, 219, 227 f. = NJW 2005, 1348.

Fall 31. Ein Hauskauf mit Hindernissen

Sachverhalt

Der in Hamburg lebende 21-jährige Broker Derek Dachser (D) hat von seinem Großonkel Melchior Dachser ein Hausgrundstück in Bad Endorf geerbt. Er nimmt sich Mitte Januar Urlaub, um das Haus zu besichtigen und zu verkaufen. Dabei stellt er fest, dass es seit über zehn Jahren an die Rentnerin Roswitha Reichel (R) zu einem sehr niedrigen Mietzins von monatlich € 300 vermietet ist. Er kündigt daher der Reichel schriftlich ohne Angabe von Gründen zum Ende April. Über eine Zeitungsanzeige findet er einen Käufer, den türkischen Gemüsehändler Hassan Özdemir (Ö), der bislang in der nahegelegenen Stadt Rosenheim zur Miete wohnt und selbst in das Haus einziehen will. Er erklärt ihm, das Haus sei zwar vermietet, werde aber zum Ende April von der Mieterin geräumt. Daraufhin entschließt sich Özdemir zum Kauf und vereinbart mit seinem jetzigen Vermieter die Auflösung des Mietvertrages zum 30. April. Im notariellen Kaufvertrag vom 20. Januar wird u. a. festgelegt, dass das Hausgrundstück am 1. Mai übergeben werden soll. Am 29. April erhält Özdemir einen Brief vom Notar, in dem ihm mitgeteilt wird, seine Eintragung im Grundbuch als Eigentümer sei am 23. April erfolgt. Als er am 1. Mai einziehen will, stellt er fest, dass die Reichel das Haus nicht geräumt hat. Sie erklärt ihm auch klipp und klar, dass sie nicht daran denke auszuziehen, es sei denn, ihr würden Makler- und Umzugskosten bezahlt und man gebe ihr bis zum Jahresende Zeit, eine andere Wohnung zu finden. Der bisherige Vermieter des Özdemir, Johann Müller (M), ist zwar bereit, einen neuen Mietvertrag mit ihm abzuschließen, verlangt jedoch nunmehr € 800 Monatsmiete. Dem Özdemir bleibt nichts anderes übrig, als auf dieses Angebot einzugehen, um nicht ohne Wohnung dazustehen.

Özdemir möchte nunmehr wissen,
1. ob er bis zu einem etwaigen Auszug der Reichel von Derek Dachser Erstattung der Mietkosten in Höhe von monatlich € 800 verlangen kann und
2. ob er sich von dem Kaufvertrag lösen kann.

Vorüberlegungen

Auf den ersten Blick dürfte sich der Gedanke aufdrängen, dass D seine Verpflichtung zur Eigentumsverschaffung nach § 433 Abs. 1 S. 1 nicht ordnungsgemäß erfüllt hat. Denn gem. § 433 Abs. 1 S. 2 muss der Verkäufer die Kaufsache frei von Sach- und Rechtsmängeln übereignen. Das verkaufte Hausgrundstück ist aber an R vermietet.
Die nächste Frage ist dann, ob dies einen Sach- oder einen Rechtsmangel bedeutet. Dabei scheint der Schwerpunkt des Problems offenbar im Nutzungsrecht der R nach § 535 Abs. 1 S. 1 zu liegen, das gem. § 566 Abs. 1 auch gegenüber Ö besteht, so dass ein Rechtsmangel nahe liegt. Zwar ist die zutreffende Abgrenzung zwischen Sach- und Rechtsmangel auf den ersten Blick von untergeordneter Bedeutung, weil jeweils § 437

eingreift. Auch im geltenden Recht gibt es aber Unterschiede bei der Verjährung, weil § 438 Abs. 1 Nr. 1 für bestimmte Rechtsmängel immer noch eine Verjährungsfrist von 30 Jahren vorsieht.

Die Rechte des Käufers bei einem Rechtsmangel sind also – anders als im früheren Recht (§§ 434 bis 443 a. F.) – die gleichen wie bei einem Sachmangel. Daher spricht § 437 nur von den „Rechten des Käufers bei Mängeln" und meint damit sowohl Sachmängel als auch Rechtsmängel. Die Erstattung der Mietkosten, um die es Ö geht, führt wieder einmal zur Prüfung von Schadensersatzansprüchen des Käufers nach § 437 Nr. 3 i.V.m. §§ 440, 280, 281, 283 und 311a. Dabei stellt sich auch die Frage, ob D seine Pflichtverletzung zu vertreten hat. Das ist zwar nicht sonderlich zweifelhaft, doch besteht die Kunst hier gerade darin, den genauen Ansatz herauszuarbeiten. Hier kommt ein Rechtsirrtum in Betracht, dessen Behandlung man kennen sollte.

Darin erschöpfen sich aber die Probleme des Falls nicht. Denn R hat das Grundstück nicht geräumt, so dass D – und dies wird man nach einigem Nachdenken in der Niederschrift sogar als erstes prüfen – das Grundstück nicht fristgerecht übergeben hat. Gem. § 433 Abs. 1 S. 1 ist der Verkäufer aber nicht nur zur Eigentums-, sondern auch zur Besitzverschaffung verpflichtet. Auch diese Pflicht aus dem Grundstückskaufvertrag hat D noch nicht und insbesondere nicht rechtzeitig erfüllt. In Betracht kommt also auch ein Anspruch auf Ersatz der Mietkosten des Ö als Verzögerungsschaden; die Anspruchsgrundlage hierfür bilden die §§ 280 Abs. 1 und 2, 286. Das setzt allerdings voraus, dass es sich hier um ein vorübergehendes Leistungshindernis handelt. Sodann muss geklärt werden, wie die sog. vorübergehende Unmöglichkeit zu behandeln ist. Das hängt nach h.M. davon ab, ob die Dauer des Leistungshindernisses abzusehen ist oder nicht. Nach der Mindermeinung liegt dagegen nie Unmöglichkeit vor, sondern nur Nichterfüllung, so dass die §§ 281, 323 anzuwenden sind. Deren Schaffung hat die Problematik – was den Leistungsanspruch anbelangt – im Vergleich zur Rechtslage bis Ende 2001 sicherlich entschärft.

Hinweis: Freilich hat die Kontroverse nicht nur Bedeutung für den Leistungsanspruch, sondern auch für die Gegenleistung, die bei Anwendung der Unmöglichkeitsvorschriften immerhin noch unter den Voraussetzungen der §§ 326 Abs. 2 S. 1, 446, 447 etc. geschuldet sein kann. Wendet man dagegen stets §§ 281, 323 an, ist dies ausgeschlossen.

Im Ergebnis stellt man dann fest, dass der von Ö geltend gemachte Schaden sowohl unter dem Gesichtspunkt der Rechtsmängelhaftung als auch unter demjenigen der nicht rechtzeitigen Besitzverschaffung ersatzfähig ist. Das irritiert, weil die Dogmatik des § 280 (insbesondere Abs. 2 und 3) so etwas eigentlich auszuschließen scheint. Doch geht es hier um zwei unterschiedliche Aspekte, die auf dem spezifischen Pflichtenprogramm des Verkäufers gem. § 433 Abs. 1 S. 1 beruhen: D übergibt einerseits nicht rechtzeitig und verschafft andererseits das Eigentum nur mit einem Rechtsmangel. Man kann auch nicht sagen, dass der Rechtsmangel die Verzögerung der Übergabe quasi konsumiere; dies kann man allenfalls insofern erwägen, als die Verschaffung mängelbehafteten Eigentums zugleich eine Verzögerung der rechtzeitigen Verschaffung mangelfreien Eigentums bedeutet. Hier fehlt aber darüber hinaus die Besitzverschaffung, und dies stellt eine eigenständige Pflichtverletzung dar (a.A. vertretbar).

Die Lösungsmöglichkeiten, nach denen Ö außerdem fragt, muss man vollständig durchdenken. Aufgrund der bisherigen Überlegungen steht bereits inzident fest, dass Ö wegen Nicht- bzw. Schlechterfüllung zurücktreten können wird. Freilich bedarf dies gem. § 323 Abs. 1 S. 1 (bzgl. des Rechtsmangels i.V.m. § 437 Nr. 2, bzgl. der Besitzverschaffung ohne diese Spezialnorm) der Fristsetzung, die bislang fehlt und zu der man Ö also raten muss, sofern diese nicht entbehrlich ist.

Auch mit Hilfe des Schadensersatzes statt der ganzen Leistung gem. §§ 280 Abs. 1 und 3, 281 Abs. 1 oder einer Anfechtung kann man vom Vertrag loskommen. Bei Verletzung vorvertraglicher Aufklärungspflichten kann zudem ein Schadensersatzanspruch auf Vertragsauflösung gem. §§ 280 Abs. 1, 311 Abs. 2 bestehen. Diese „Produktpalette" des BGB zur Lösung vom Vertrag sollte man sich einprägen und bei entsprechender Fragestellung zumindest gedanklich komplett abarbeiten.

Gliederung

	Rn.
I. Anspruch des Ö gegen D auf Erstattung der Mietkosten	1
1. Aus § 280 Abs. 1 und 2 i.V.m. § 286 (Verzögerungsschaden)	1
a) Schuldverhältnis	2
b) Pflichtverletzung, §§ 280 Abs. 1, 286 (Schuldnerverzug)	3
aa) Fälliger Anspruch	4
bb) Erlöschen des Anspruchs gem. § 275 Abs. 1?	5
cc) Mahnung bzw. Entbehrlichkeit	11
dd) Nichtleistung	12
ee) Vertretenmüssen	13
ff) Zwischenergebnis	17
c) Vertretenmüssen (§ 280 Abs. 1 S. 2)	18
d) Schadensersatz	19
e) Ergebnis	21
2. Aus §§ 433 Abs. 1 S. 2, 437 Nr. 3, 280 Abs. 1	22
a) Kaufvertrag	22
b) Pflichtverletzung in Gestalt eines Mangels	23
aa) Sachmangel, § 434	24
bb) Rechtsmangel, § 435	26
cc) Weitere Voraussetzungen gem. § 280 Abs. 2	27
dd) Weitere Voraussetzungen gem. § 280 Abs. 3	28
c) Vertretenmüssen	32
d) Schaden	33
e) Ergebnis	34
II. Möglichkeiten der Lösung vom Kaufvertrag	35
1. Anfechtung des Kaufvertrages wegen arglistiger Täuschung nach § 123 Abs. 1	35
2. Anfechtung des Kaufvertrages wegen Irrtumsanfechtung nach § 119 Abs. 2	37
3. Rücktritt vom Kaufvertrag nach § 437 Nr. 2 i.V.m. § 323	39
a) Gegenseitiger Vertrag	40
b) Fälliger durchsetzbarer Leistungsanspruch	41
c) Nicht- oder Schlechterfüllung	42
d) Fristsetzung	43
e) Rücktritt vom ganzen Vertrag, § 323 Abs. 5	46
f) Ergebnis	49
4. Anspruch auf Schadensersatz statt der ganzen Leistung, §§ 280 Abs. 1 und 3, 281 Abs. 1 S. 1	50
a) Schuldverhältnis	51
b) Qualifizierte Pflichtverletzung, §§ 280, 281 Abs. 1	52
c) Vertretenmüssen	54

	Rn.
d) Schadensersatz	55
e) Schadensersatz statt der ganzen Leistung, § 281 Abs. 1 S. 2 und 3?	56
f) Ergebnis	57
5. Anspruch auf Vertragsaufhebung nach §§ 311 Abs. 2 Nr. 1, 280 Abs. 1, 249 Abs. 1	58
6. Rücktritt wegen Wegfalls der Geschäftsgrundlage (§ 313)	63
7. Ergebnis	64

Lösung

I. Anspruch des Ö gegen D auf Erstattung der Mietkosten

1. Aus § 280 Abs. 1 und 2 i. V. m. § 286 (Verzögerungsschaden)

1   Ö könnte gegen D einen Anspruch gem. §§ 280 Abs. 1 und 2, 286 auf Ersatz der Mietkosten als Verzögerungsschaden haben.

a) Schuldverhältnis

2   Mit dem (gem. § 311b Abs. 1 S. 1 formwirksamen) Grundstückskaufvertrag liegt ein Schuldverhältnis zwischen den Parteien vor.

b) Pflichtverletzung, §§ 280 Abs. 1, 286 (Schuldnerverzug)

3   Aus dem Kaufvertrag war D nach § 433 Abs. 1 S. 1 nicht nur zur bereits erfolgten Eigentumsverschaffung, sondern auch zur Übergabe des Hausgrundstücks an Ö zum 1. Mai verpflichtet. Dieser Verpflichtung ist D nicht nachgekommen, so dass objektiv eine Pflichtverletzung vorliegt. Im Rahmen des Ersatzes des Verzögerungsschadens reicht dies jedoch nicht aus, sondern es müssen die Voraussetzungen des Schuldnerverzugs gem. § 286 Abs. 1 vorliegen; die Pflichtverletzung muss also gerade darin bestehen, dass sich der D in Verzug befindet:

aa) Fälliger Anspruch

4   Die Übergabepflicht aus § 433 Abs. 1 S. 1 war am 1. Mai zu erfüllen und daher in diesem Zeitpunkt fällig i. S. v. § 271 Abs. 2. Dem Anspruch standen grundsätzlich auch keine Einreden entgegen.

bb) Erlöschen des Anspruchs gem. § 275 Abs. 1?

5   Jedoch wäre dieser fällige und vollwirksame Erfüllungsanspruch gem. § 275 Abs. 1 erloschen, wenn S die Erfüllung der Übergabepflicht unmöglich wäre. Da eine Übergabe grundsätzlich stattfinden kann, wenn die R freiwillig – etwa auf Grund einer Abstandszahlung – auszieht, liegt es nahe, hier lediglich ein vorübergehendes Hindernis im Sinne einer *Verzögerung* der Leistung anzunehmen. Damit stellt sich die Frage, ob auch vorübergehende Leistungshindernisse von § 275 Abs. 1 erfasst werden.

6   Nach dem Regierungsentwurf sollte auch die vorübergehende Unmöglichkeit in § 275 Abs. 1 geregelt sein, was mit der Formulierung „soweit und solange" zum Aus-

druck gebracht werden sollte. Während dieser Zeit sollte auch die Gegenleistung nach § 326 Abs. 1 S. 1 ausgeschlossen sein.[1] Der Bundesrat sprach sich jedoch gegen diese Lösung aus, weil dadurch eine Reihe von Folgeproblemen aufgeworfen worden wäre, die der Regierungsentwurf nicht berücksichtigte, und plädierte dafür, die Klärung weiterhin der Rechtsprechung zu überlassen.[2] Der Rechtsausschuss hat sich dem angeschlossen, so dass das „und solange" wieder gestrichen wurde und es bei der früheren Rechtslage geblieben ist. Unmöglichkeit im Sinne von § 275 Abs. 1 ist daher grundsätzlich im Sinne einer dauernden, nicht nur vorübergehenden Unmöglichkeit zu verstehen. Nach dem fortgeltenden Meinungsstand, der bereits zu § 275 a.F. entwickelt wurde, ist umstritten, ob es stets dabei verbleibt.

Eine Mindermeinung sieht im Falle einer sich später als vorübergehend herausstellenden Unmöglichkeit die Leistungspflichten – vorbehaltlich einer abweichenden Einigung der Parteien oder eines Vorgehens über §§ 281, 323 – als fortbestehend an, da dem Gläubiger alles andere unzumutbar sei und sich eine zeitliche Abgrenzung kaum treffen lasse.[3] Die ganz h.M. hält eine Gleichstellung der vorübergehenden mit der dauernden Unmöglichkeit ausnahmsweise dann für möglich, wenn die vorübergehende Unmöglichkeit die Erreichung des Geschäftszweckes in Frage stellt und dem Gläubiger das Festhalten am Vertrag bis zum Wegfall des Leistungshindernisses nicht zuzumuten ist. Ob das der Fall ist, ist im Einzelfall unter Berücksichtigung aller Umstände und der Belange beider Parteien nach Treu und Glauben aufgrund einer ex-post-Analyse zu entscheiden.[4]

Im vorliegenden Fall ist nicht eindeutig abzusehen, wann das Leistungshindernis entfällt. Zwar könnte man zunächst an eine Umdeutung der zum 30. April unwirksamen Kündigung des D nach § 140 in eine ordentliche Kündigung zum 31. Oktober denken. Denn die Kündigung zu einem späteren Zeitpunkt ist als Minus von ihr umfasst, und D will den Vertrag offensichtlich auf jeden Fall beenden. Damit wäre die Leistung dem D nur für einen absehbaren Zeitraum unmöglich. Jedoch wäre die Kündigung gem. § 573 Abs. 1 S. 1 auch nach der Umdeutung nur zulässig gewesen, wenn D ein berechtigtes Interesse an der Beendigung des Mietverhältnisses gehabt hätte. Ein solches Interesse könnte hier zwar darin bestehen, das Grundstück angemessen wirtschaftlich zu verwerten (§ 573 Abs. 2 Nr. 3). Diesen Grund hätte D jedoch im Kündigungsschreiben angeben müssen, damit er in einem Rechtsstreit berücksichtigt werden kann (§ 573 Abs. 3 S. 1). Da dies nicht geschehen ist, kann die Kündigung auch zum 31. Oktober nicht wirksam werden. Überdies könnte R der Kündigung nach § 574 widersprechen und Fortsetzung des Mietverhältnisses verlangen, wenn die Beendigung des Mietverhältnisses für sie eine Härte bedeuten würde, die auch unter Würdigung der berechtigten Interessen ihres Vermieters D nicht zu rechtfertigen wäre. Ein Ende des Mietverhältnisses war daher im Zeitpunkt des Abschlusses des Kaufvertrages tatsächlich nicht abzusehen. Dies spricht für eine Gleichsetzung des vorübergehenden Leistungshindernisses mit Unmöglichkeit.

Jedoch hat die R ihre grundsätzliche Bereitschaft erklärt, gegen gewisse Zugeständnisse bis spätestens 31. 12. auszuziehen, und damit ist die Beseitigung des Leistungshindernisses möglich und auch absehbar. Eine Anwendung der Unmöglichkeitsvorschriften im Verhältnis von D und Ö scheidet somit aus, weil keine Unmöglichkeit vorliegt

---
[1] BT-Drs. 14/6040, S. 128 f., 189.
[2] Stellungnahme des Bundesrats, BT-Drs. 14/6857, S. 11, mit Vorschlägen zu einer umfassenden Lösung der Problematik.
[3] *Leonhard*, Allgemeines Schuldrecht des BGB, 1929, § 137, S. 300 ff.
[4] *Huber*, Leistungsstörungen, Bd. 1, 1999, S. 606; Palandt/*Grüneberg*, § 275 Rn. 11 m.w.N. vor allem auch zur Rechtsprechung.

und auch eine Unzumutbarkeit der Leistung i. S. v. § 275 Abs. 2 nicht ersichtlich ist. Außerdem könnte sich Ö ggf. gem. §§ 281, 323 von der Vereinbarung lösen.

10   Damit liegt weiterhin ein fälliger und (im Verhältnis zu D) grundsätzlich durchsetzbarer Anspruch auf Übergabe vor.

cc) Mahnung bzw. Entbehrlichkeit

11   Eine Mahnung durch Ö ist hier zwar nicht erfolgt. Sie war jedoch nach § 286 Abs. 2 Nr. 1 entbehrlich, da für die Leistung (Übergabe) eine Zeit nach dem Kalender (1. Mai) bestimmt war.

dd) Nichtleistung

12   D hat gleichwohl seine Übergabepflicht nicht erfüllt.

ee) Vertretenmüssen

13   Gem. § 286 Abs. 4 kommt D nur in Verzug, wenn er die nicht rechtzeitige Erfüllung der Übergabepflicht zu vertreten hat. Zu vertreten hat er gem. § 276 Abs. 1 S. 1 grundsätzlich Vorsatz und Fahrlässigkeit.

14   Vorsatz bedeutet im Zivilrecht Wissen und Wollen eines rechtswidrigen Erfolgs,[5] hier also der nicht rechtzeitigen Übergabe. Da D davon ausging, dass die Kündigung zum 30. April wirksam war und die R bis dahin ausziehen würde, liegt Vorsatz nicht vor.

15   In Betracht kommt aber Fahrlässigkeit i. S. v. § 276 Abs. 2. Zu prüfen ist also, ob D bei Abschluss des Vertrags mit Ö und/oder der Kündigung des Mietverhältnisses die im Verkehr erforderliche Sorgfalt außer Acht gelassen hat. Grundsätzlich hat er aus seiner Sicht alles getan, um seinen Pflichten aus dem Kaufvertrag mit Ö rechtzeitig nachkommen zu können, insbesondere das Mietverhältnis gekündigt. Zu prüfen ist, ob seine Annahme bzgl. der Beendigung des Mietverhältnisses mit R zutraf und die ordentliche Kündigung zum 30. April wirksam war. Dies beurteilt sich zunächst nach § 573 c Abs. 1. Zwar ist die Kündigung gem. S. 1 der Vorschrift bis zum dritten Werktag eines Kalendermonats zum Ende des übernächsten Monats zulässig. Doch wohnte R bereits über zehn Jahre in dem Haus, so dass sich die Kündigungsfrist gem. S. 2 um sechs Monate verlängerte. Die Kündigung war somit erst zum Ende Oktober zulässig. Schon deshalb unterlag D also hinsichtlich des Beendigungstermins des Mietverhältnisses einem Rechtsirrtum. Hinzu kommt noch die bereits dargelegte Unwirksamkeit der Kündigung nach § 573.

16   Das Vertretenmüssen schließt ein Rechtsirrtum aber nach h. M. nur dann aus, wenn er seinerseits unverschuldet war. D kannte die wahre Rechtslage zwar nicht, hätte sie aber bei Anwendung der im Verkehr erforderlichen Sorgfalt i. S. v. § 276 Abs. 2, nämlich bei Einholung von Rechtsrat oder Gesetzeslektüre, erkennen können. Daher hat D die Nichtleistung auch zu vertreten.

ff) Zwischenergebnis

17   D befand sich ab 1. 5. in Verzug.

c) Vertretenmüssen (§ 280 Abs. 1 S. 2)

18   Wie soeben festgestellt, hat D den Verzugseintritt und damit zugleich die Pflichtverletzung zu vertreten, § 280 Abs. 1 S. 2.

---

[5] Palandt/*Grüneberg*, § 276 Rn. 10 m. w. N.

d) Schadensersatz

Dem Ö muss durch die nicht rechtzeitige Leistung ein Schaden entstanden sein. 19
Dieser liegt hier zunächst einmal in der fehlenden Nutzungsmöglichkeit des Hauses,
die den Ö zur Anmietung einer Wohnung zwingt und ihm somit auch eine Vermögenseinbuße beschert.

Folglich kann Ö von D Schadensersatz nach Maßgabe der §§ 280 Abs. 1, 249 ff. ver- 20
langen. Hätte D rechtzeitig erfüllt, bräuchte Ö nicht den Mietzins von € 800 monatlich zu bezahlen. Er kann daher von D Erstattung dieser Kosten verlangen, allerdings
unter Abzug etwaiger Ersparnisse und Anrechnung sonstiger Vorteile. Dabei ist insbesondere zu berücksichtigen, dass Ö mit Eigentumsübergang kraft Gesetzes in das
Mietverhältnis mit der R eingetreten ist (§ 566 Abs. 1), ihm also auch der Mietzinsanspruch gegen die R zusteht. Dieser Vorteil steht mit der Pflichtverletzung in
adäquatem Zusammenhang, und seine Anrechnung ist auch mit dem Zweck des
Schadensersatzes vereinbar, da sie den D nicht unbillig entlastet. Daher muss sich Ö
nach den Grundsätzen über die Vorteilsausgleichung[6] die monatliche Mietzinszahlung
durch R anrechnen lassen.

e) Ergebnis

Ö kann von D gem. §§ 280, 286 Ersatz seiner monatlichen Mietaufwendungen ab- 21
züglich der von R an ihn geleisteten Mietzahlungen verlangen, mithin 500 €.

2. Aus §§ 433 Abs. 1 S. 2, 437 Nr. 3, 280 Abs. 1

a) Kaufvertrag

Die Parteien haben einen Kaufvertrag geschlossen. 22

b) Pflichtverletzung in Gestalt eines Mangels

D müsste seine Pflichten aus dem Kaufvertrag verletzt haben. 23

aa) Sachmangel, § 434

Nach § 433 Abs. 1 S. 2 war D verpflichtet, die Kaufsache frei von Sach- und 24
Rechtsmängeln zu verschaffen. Fraglich ist, ob die Tatsache, dass das Mietverhältnis
mit R zum 1. Mai noch nicht beendet war, einen *Sachmangel* begründet. Der Begriff
des Sachmangels ist in § 434 definiert. Da die Parteien keine Beschaffenheitsvereinbarung i.S.d. § 434 Abs. 1 S. 1 getroffen haben, kommt nur ein Sachmangel i.S.d. § 434
Abs. 1 S. 2 in Betracht. An einen solchen Sachmangel kann man hier deshalb denken,
weil das Hausgrundstück an Ö für seine eigenen Wohnzwecke verkauft war und es
sich infolge der Vermietung nicht für die nach dem Vertrag vorausgesetzte Verwendung eignet.

Allerdings muss die fehlende Eignung zur vertraglich vorausgesetzten Verwendung 25
gerade in der *Beschaffenheit* der Kaufsache ihren Grund haben. Beschaffenheitsmerkmale können sich zwar auch aus rechtlichen Beziehungen der Sache zu ihrer
Umwelt ergeben. Doch müssen diese Beziehungen nach der Rechtsprechung[7] in der
Beschaffenheit des Kaufgegenstandes selbst ihren Grund haben, ihm selbst unmittelbar
innewohnen, von ihm ausgehen; sie dürfen sich nicht erst durch Heranziehen von

---

[6] Allgemein dazu Palandt/*Grüneberg*, Vorbem. v. § 249 Rn. 67 ff.
[7] Vgl. BGHZ 130, 320, 324 (zur abgelaufenen Herstellergarantie als Sachmangel).

außerhalb des Kaufgegenstandes liegenden Verhältnissen oder Umständen ergeben. Danach kann zwar eine öffentlich-rechtliche Baubeschränkung einen Sachmangel eines Grundstücks darstellen,[8] weil sie letztlich aus der Lage des Grundstücks resultiert. Dagegen gehören Vereinbarungen des Eigentümers mit einem Dritten über die Nutzung des Kaufgegenstandes, wie hier der Mietvertrag zwischen D und R, nicht zur Beschaffenheit des Kaufgegenstandes. Es stellt daher keinen Sachmangel dar, dass das Hausgrundstück vermietet ist und infolgedessen vom Käufer nicht genutzt werden kann.

bb) Rechtsmangel, § 435

26 Allerdings kommt hier ein *Rechtsmangel* i.S.d. § 435 S. 1 in Betracht. Nach § 435 S. 1 ist eine Sache frei von Rechtsmängeln, wenn Dritte in Bezug auf die Sache keine oder nur die im Kaufvertrag übernommenen Rechte gegen den Käufer geltend machen können. Diese Freiheit von Rechtsmängeln ist hier nicht gegeben, weil die Mieterin R gegen den neuen Eigentümer Ö auf Grund der Mieterschutzregelung des § 566 Abs. 1 ihr Recht zum Besitz aus dem Mietvertrag (§ 535 Abs. 1 S. 1) geltend machen kann, weil und solange das Mietverhältnis nicht beendet ist.[9] Es liegt daher ein Rechtsmangel vor.

cc) Weitere Voraussetzungen gem. § 280 Abs. 2

27 Zu prüfen ist ferner, ob Ö einen Verzögerungsschaden i.S.d. § 280 Abs. 2 geltend macht. Denn in diesem Fall könnte Schadensersatz nur unter der zusätzlichen Voraussetzung des § 286, d.h. Verzugseintritt, verlangt werden. Hier liegt aber kein Schaden infolge einer nicht rechtzeitigen Pflichterfüllung vor. Der Schaden des Ö entsteht vielmehr unmittelbar aus der Verletzung der Pflicht zur mangelfreien Lieferung.[10] Die Verzugsregelung kommt bei der Sach- und Rechtsmängelhaftung erst dann zum Tragen, wenn der Verkäufer seiner *Nacherfüllungspflicht* aus § 437 Nr. 1 nicht nachkommt. Das setzt voraus, dass überhaupt ein Nacherfüllungsverlangen gestellt wird. Schäden, die aus einer „qualitativen Verspätung" herrühren, also daraus, dass zunächst nur mangelhaft geleistet wird, sind im Falle des Vertretenmüssens unmittelbar über § 280 Abs. 1 zu ersetzen.[11]

Hinweis: Ein – sehr prüfungsrelevantes – **Parallelproblem** betrifft den Ersatz des sog. Betriebsausfallschadens: Der Verkäufer liefert eine mangelhafte Maschine, der Käufer kann nicht produzieren.[12] Ist dieser Schaden bereits nach §§ 437 Nr. 3, 280 Abs. 1 ersatzfähig, oder müssen die zusätzlichen Voraussetzungen der § 280 Abs. 2, 286 vorliegen?[13] Richtigerweise ist das ebenfalls im ersteren Sinne zu lösen.

dd) Weitere Voraussetzungen gem. § 280 Abs. 3?

28 Schließlich ist zu prüfen, ob es sich bei dem geltend gemachten Schaden um einen „Mangelschaden" handelt, also um „Schadensersatz statt der Leistung" i.S.v. § 280 Abs. 3, der grundsätzlich erst nach erfolgloser Setzung einer angemessenen Frist zur Nacherfüllung (§ 281 Abs. 1) zu ersetzen ist. Unter dem Mangelschaden versteht man

---

[8] Vgl. BGHZ 117, 159, 162 m.w.N.
[9] Vgl. *BGH* NJW 1991, 2700.
[10] Vgl. Begr. zum RegE, BT-Drs. 14/6040, 225.
[11] Ebenso S. *Lorenz,* NJW 2002, 2497, 2502f.
[12] Vgl. dazu *Schulze/Ebers,* JuS 2004, 462, 465 m.w.N. zum Meinungsstand; *Grigoleit/Riehm,* JuS 2004, 745ff.
[13] Näher dazu bereits Fall 28.

den Schaden, der gerade in der Mangelhaftigkeit der Sache selbst begründet ist, also ihren Minderwert oder hilfsweise die Reparaturkosten,[14] hier also den vermietungsbedingten Minderwert bzw. eventuelle Kosten für die Beendigung des Mietverhältnisses. Mangelfolgeschäden sind dagegen alle Schäden außerhalb der Kaufsache, die am sonstigen Vermögen des Ö entstehen. In diese Kategorie fällt die Belastung des Ö mit der Verpflichtung zur Mietzahlung gegenüber M. Da es hier somit um einen Mangelfolgeschaden geht, greift die Vorschrift des § 281 Abs. 1 nach h. M. nicht ein. Vielmehr bleibt es bei der Grundnorm des § 280 Abs. 1. Begründen lässt sich dies damit, dass die in § 281 grundsätzlich vorgesehene Setzung einer Frist zur (Nach-)Erfüllung den Eintritt eines Schadens verhindern soll. Bei Mangelfolgeschäden ist das grundsätzlich nicht mehr möglich, so dass sie nicht unter § 281, sondern allein unter § 280 Abs. 1 zu subsumieren sind.[15]

Nach der Gegenauffassung sind auch Mangelfolgeschäden unter § 281 zu subsumieren, weil diese Norm bei der Verletzung von Leistungspflichten stets anzuwenden sei und § 280 Abs. 1 nur Integritätsinteressen schütze.[16] 29

Im Ausgangspunkt ist der h. M. zu folgen, weil es für die Zuordnung zu den §§ 280 Abs. 1 bzw. Abs. 3, 281, 283 in erster Linie auf den geltend gemachten Schaden und nicht auf die Art der Pflichtverletzung ankommt. Somit sind bereits entstandene Mangelfolgeschäden unter § 280 Abs. 1 zu subsumieren, obwohl sie auf einer Schlechterfüllung beruhen, weil sie durch eine Nacherfüllung nicht zu beseitigen sind. Dagegen fallen künftig drohende Mangelfolgeschäden, deren Eintritt die Nacherfüllung verhindern würde, unter §§ 280 Abs. 3, 281.[17] Daher ist die Annahme, die Schuldrechtsmodernisierung von 2001 habe die Unterscheidung von Mangel- und Mangelfolgeschaden bzw. von Äquivalenz- und Integritätsinteresse überflüssig gemacht,[18] unzutreffend. 30

Für den vorliegenden Fall bedeutet dies, dass die weiteren Voraussetzungen der §§ 281 oder 283 nicht erfüllt sein müssen, solange Ö bereits entstandene Mietschäden geltend macht. Anders wäre es nur, wenn die Mängelbeseitigung ausgeschlossen wäre, was nicht der Fall ist, oder er sich zu einem Vorgehen nach § 281 entschlösse, was bislang nicht geschehen ist. 31

c) Vertretenmüssen

D kann die Vermutung des Vertretenmüssens nach § 280 Abs. 1 S. 2 nicht widerlegen, da er den Rechtsmangel aus den oben in Rn. 16 dargelegten Gründen zu vertreten hat. 32

d) Schaden

Weiter müsste ein Schaden des Ö vorliegen, der durch die Nichterfüllung der Verpflichtung aus § 433 Abs. 1 S. 2 verursacht wurde. Dies ist hier der Fall. Denn hätte D dafür gesorgt, dass das Mietverhältnis bis zum 1. Mai beendet worden wäre, so hätte Ö nicht den neuen Mietvertrag schließen und die Kostenbelastung auf sich nehmen müssen. Da diese finanziellen Belastungen auf der Nichterfüllung seiner Pflicht zur rechtsmängelfreien Verschaffung der Kaufsache beruhen, muss D dem Ö gem. §§ 437 Nr. 3, 280 Abs. 1 die Mietkosten ersetzen. Allerdings muss Ö sich etwaige Ersparnisse sowie die Mietzahlungen der R anrechnen lassen (s. o. Rn. 20). 33

---

[14] Palandt/*Weidenkaff*, § 437 Rn. 34.
[15] So etwa *Brox/Walker*, BS, § 4 Rn. 108.
[16] *Recker*, NJW 2002, 1247 f.
[17] Zutreffend *S. Lorenz*, NJW 2002, 2497, 2500 f.
[18] So etwa *Schudnagies*, NJW 2002, 396, 398; vorsichtiger *H. P. Westermann*, NJW 2002, 241, 250.

e) Ergebnis

34 Ö kann sein Begehren auf Erstattung der Mietkosten auf zwei konkurrierende Schadensersatzansprüche stützen. Allerdings muss er sich etwaige Ersparnisse sowie die Mietzahlungen der R anrechnen lassen.

II. Möglichkeiten der Lösung vom Kaufvertrag

1. Anfechtung des Kaufvertrages wegen arglistiger Täuschung nach § 123 Abs. 1

35 Eine Arglistanfechtung nach § 123 Abs. 1 besteht hier nicht, weil D den Ö nicht arglistig, also vorsätzlich darüber getäuscht hat, dass das Mietverhältnis zum Ende April enden würde. Vielmehr fällt dem D insoweit nur Fahrlässigkeit zur Last.

36 **Hinweis:** Nach h. M. schließen Gewährleistungsansprüche die Anfechtung nach § 123 Abs. 1 nicht aus,[19] da der arglistig Täuschende nicht schutzwürdig ist. Freilich stellt sich die Konkurrenzfrage hier nicht.

2. Anfechtung des Kaufvertrages wegen Irrtumsanfechtung nach § 119 Abs. 2

37 Voraussetzung einer Anfechtung wäre ein relevanter Irrtum i. S. d. §§ 119, 120. Hier kommt allenfalls ein Eigenschaftsirrtum i. S. d § 119 Abs. 2 in Betracht. Zu den Eigenschaften einer Sache i. S. d. § 119 Abs. 2 gehören zwar auch alle tatsächlichen und rechtlichen Verhältnisse, die infolge ihrer Beschaffenheit auf Dauer für die Brauchbarkeit und den Wert der Sache von Einfluss sind.[20] Diese Beziehungen der Sache zur Umwelt müssen aber in der Sache selbst ihren Grund haben oder von ihr ausgehen und dürfen nicht nur mittelbar auf die Sache Einfluss haben.[21] Dies ist bei einer Vermietung der Sache nicht der Fall. Die Vermietung ist daher keine Eigenschaft einer Sache. Eine Anfechtung nach § 119 Abs. 2 scheidet sonach aus.

38 **Hinweis:** Natürlich liegt der Gedanke nahe, die Irrtumsanfechtung hier schon wegen des Vorrangs des Gewährleistungsrechts abzulehnen. Doch stellt sich die Konkurrenzfrage erst, wenn überhaupt ein Eigenschaftsirrtum vorliegt. Allein mit dem Vorrang des Gewährleistungsrechts kann man also korrekterweise nicht argumentieren; man mag sich das als Notlösung vorbehalten, wenn sich in einer Klausur Zeitprobleme ergeben.

3. Rücktritt vom Kaufvertrag nach § 437 Nr. 2 i. V. m. § 323

39 Da ein Rechtsmangel vorliegt (s. o. Rn. 26), kann Ö nach § 437 Nr. 2 vom Kaufvertrag zurücktreten. Allerdings begründet § 437 Nr. 2 nicht selbst ein Rücktrittsrecht, sondern verweist auf die Möglichkeit eines Rücktritts nach §§ 440, 323 und 326 Abs. 5. Dies bedeutet, dass grundsätzlich die Voraussetzungen des § 323 Abs. 1 erfüllt sein müssen, ein Rücktritt aber unter den erleichterten Bedingungen des § 440 bzw. abweichend auch nach § 326 Abs. 5 möglich sein kann.

a) Gegenseitiger Vertrag

40 Beim Kaufvertrag handelt es sich um einen gegenseitigen Vertrag i. S. d. § 323 Abs. 1.

b) Fälliger durchsetzbarer Leistungsanspruch

41 D schuldete die Verschaffung des Eigentums an dem Hausgrundstück frei von Rechtsmängeln (§ 433 Abs. 1 S. 2) und außerdem die Besitzverschaffung. Der An-

---

[19] *Lorenz/Riehm*, Rn. 573.
[20] *BGH* NJW 2001, 226, 227.
[21] Vgl. BGHZ 70, 47, 49; *Köhler*, § 7 Rn. 19.

spruch war zum 1. Mai fällig. Einreden sind nicht ersichtlich; insbesondere ist D nicht gem. § 275 Abs. 1 von seiner Leistungspflicht befreit (s. o. Rn. 5 ff.). Dass der Rechtsmangel nicht rückwirkend für die Vergangenheit zum 1. Mai beseitigt werden kann, ändert nichts daran, dass er jedenfalls für die Zukunft beseitigt werden könnte. Den bis zur Beseitigung des Rechtsmangels entstehenden Schaden kann Ö, wie dargelegt (Rn. 22 ff.), u. a. nach §§ 437 Nr. 3, 280 Abs. 1 ersetzt verlangen. Dieser Anspruch entfällt gem. § 325 auch nicht durch einen etwaigen Rücktritt.

c) Nicht- oder Schlechterfüllung

D hat seine Besitzverschaffungspflicht bislang gar nicht und die Eigentumsverschaffungspflicht wegen der Rechtsmangels nicht wie geschuldet erfüllt (s. o. Rn. 1 ff. bzw. 22 ff.). 42

d) Fristsetzung

Jedoch hätte Ö dem D gem. § 323 Abs. 1 noch eine angemessene Frist zur Nacherfüllung i. S. d. § 439 Abs. 1, hier zur Beseitigung des Rechtsmangels, setzen müssen, die zudem erfolglos abgelaufen sein müsste. Hier fehlt es an einer derartigen Fristsetzung. Das wäre aber unschädlich, wenn die Fristsetzung nach § 323 Abs. 2 entbehrlich wäre. 43

Eine Entbehrlichkeit der Fristsetzung nach § 323 Abs. 2 Nr. 1 liegt hier nicht vor, da D die Nacherfüllung, d. h. die Beseitigung des Rechtsmangels, nicht ernsthaft und endgültig verweigert hat. Aber auch § 323 Abs. 2 Nr. 2 greift nicht ein, da zwar D seine Pflicht zur rechtsmängelfreien Verschaffung des Hausgrundstücks nicht fristgerecht vorgenommen hat, aber Ö im Vertrag den Fortbestand seines Leistungsinteresses nicht an die Rechtzeitigkeit der Leistung gebunden hat. Schließlich liegen auch keine besonderen Umstände vor, die nach § 323 Abs. 2 Nr. 3 unter Abwägung der beiderseitigen Interessen den sofortigen Rücktritt rechtfertigen würden. 44

Eine Entbehrlichkeit der Fristsetzung nach § 440 S. 1 scheidet hier ebenfalls aus, da D weder die Nacherfüllung verweigert hat noch dem Ö die ihm zustehende Art der Nacherfüllung unzumutbar ist. Dem Ö steht hier als Nacherfüllung nur die Beseitigung des Rechtsmangels zu, da Gegenstand des Kaufvertrags ein konkretes Grundstück und damit eine Stückschuld ist, bei der die Lieferung einer mangelfreien Ersatzsache ausscheidet. 45

e) Rücktritt vom ganzen Vertrag, § 323 Abs. 5

Fraglich ist, ob Ö ggf. ohne weiteres vom Vertrag zurücktreten kann oder ob dazu gem. § 323 Abs. 5 weitere Voraussetzungen erfüllt sein müssen. Wiederum stellt sich das Problem, dass D einerseits teilweise nicht (Besitzverschaffung) und andererseits schlecht (Rechtsmangel) erfüllt hat. Unklar ist, ob insofern § 323 Abs. 5 S. 1 oder S. 2 anzuwenden ist. 46

Die fehlende Besitzverschaffung kann man nicht als Teilleistung i. S. d. S. 1 ansehen, da diese eine quantitative Teilbarkeit der geschuldeten Leistung voraussetzt.[22] Die Eigentumsverschaffung und die Übergabe (Besitzverschaffung) stehen in § 433 Abs. 1 S. 1 als zwei qualitativ unterschiedliche gleichberechtigte Leistungen nebeneinander.[23] Es liegt daher insgesamt eine Nichterfüllung (der Besitzverschaffungspflicht) vor. Somit kommt es auf das – angesichts des Kaufs zu Wohnzwecken vorliegende – fehlende Interesse des Ö an der bloßen Eigentumsverschaffung nicht an. 47

---

[22] Palandt/*Grüneberg,* § 281 Rn. 36.
[23] Ebenso MünchKomm/*Ernst,* § 326 Rn. 24.

48 Zugleich liegt in dem Rechtsmangel, der die Nutzung des Grundstücks durch Ö ausschließt, eine wesentliche Pflichtverletzung i.S.v. § 323 Abs. 5 S. 2.

f) Ergebnis

49 Wenn Ö dem D eine angemessene Frist zur Nacherfüllung setzt, kann er nach deren fruchtlosem Ablauf gem. §§ 437 Nr. 2, 323 Abs. 1 S. 1 vom Kaufvertrag zurücktreten.

4. Anspruch auf Schadensersatz statt der ganzen Leistung, §§ 280 Abs. 1 und 3, 281 Abs. 1 S. 1

50 Im Ergebnis kann sich Ö auch dann vom Vertrag lösen, wenn er von D gem. §§ 280, 281 Abs. 1 Schadensersatz statt der ganzen Leistung fordern kann.

a) Schuldverhältnis

51 Mit dem Kaufvertrag liegt ein Schuldverhältnis vor.

b) Qualifizierte Pflichtverletzung, §§ 280, 281 Abs. 1

52 D hat seine Leistungspflichten aus dem Schuldverhältnis dadurch verletzt, dass er einerseits seiner Pflicht zur Besitzverschaffung bislang gar nicht und andererseits seiner Pflicht zur mangelfreien Eigentumsverschaffung nicht ordnungsgemäß nachgekommen ist (s.o. Rn. 1 ff. bzw. 22 ff.).

53 Zusätzlich muss gem. §§ 280 Abs. 3, 281 Abs. 1 eine von Ö gesetzte angemessene Frist zur Nacherfüllung, also zur Besitzverschaffung einerseits und zur Beseitigung des Rechtsmangels andererseits, ergebnislos verstrichen sein. Eine solche Frist hat Ö bislang nicht gesetzt, und die Fristsetzung ist auch nicht gem. §§ 281 Abs. 2, 440 überflüssig (s.o. Rn. 44 f. entsprechend).

c) Vertretenmüssen

54 Von einem Vertretenmüssen der Pflichtverletzung ist gem. § 280 Abs. 1 S. 2 auszugehen, da D der Nachweis des Gegenteils nicht gelingen wird: Wie bereits dargelegt (s.o. Rn. 5 ff.), ist die Beseitigung der beiden Leistungsstörungen hier möglich, sofern D nur die notwendigen Maßnahmen ergreift. Täte er dies trotz einer Nachfristsetzung nicht, hätte er seine fortdauernde Nichterfüllung gem. § 276 Abs. 1 S. 1 wegen bedingten Vorsatzes zu vertreten.

d) Schadensersatz

55 Der Schaden, den Ö aus der Nichterfüllung erlitte, läge im endgültigen Ausbleiben der nach § 433 Abs. 1 geschuldeten Leistung, also der rechtsmängelfreien Übereignung des Grundstücks. Zu ersetzen wäre also die durch die Fortdauer des Mietverhältnisses – zumindest bis zum Zeitpunkt einer ordnungsgemäßen Beendigung durch Ö – entstehende eventuelle Wertminderung sowie die höheren Mietkosten, die Ö in der Zukunft noch aufwenden muss.

e) Schadensersatz statt der ganzen Leistung, § 281 Abs. 1 S. 2 und 3?

56 Ö kann ohne weiteres insgesamt Schadensersatz statt der Leistung verlangen, ohne dass dafür die zusätzlichen Voraussetzungen nach § 281 Abs. 1 S. 2 bzw. 3 vorliegen müssten (s.o. Rn. 46 ff. entsprechend).

f) Ergebnis

Ö kann – nach fruchtlosem Ablauf einer noch zu setzenden angemessenen Nacherfüllungsfrist – gem. §§ 280 Abs. 1 und 3, 281 Abs. 1 S. 1 und 3 von D Schadensersatz statt der ganzen Leistung verlangen und sich somit de facto ebenfalls vom Vertrag lösen, vgl. §§ 281 Abs. 1 S. 2 und 3, Abs. 5.

5. Anspruch auf Vertragsaufhebung nach §§ 311 Abs. 2 Nr. 1, 280 Abs. 1, 249 Abs. 1

Ö könnte gegen D einen Anspruch auf Vertragsauflösung im Wege des Schadensersatzes gem. §§ 280 Abs. 1, 311 Abs. 2 Nr. 1, 249 Abs. 1 haben.

Durch die Aufnahme von Vertragsverhandlungen zwischen D und Ö wurde nach § 311 Abs. 2 Nr. 1 ein Schuldverhältnis mit Pflichten nach § 241 Abs. 2 begründet („Schuldverhältnis aus Vertragsverhandlungen"). Die Verletzung daraus resultierender Rücksichtnahmepflichten kann einen Schadensersatzanspruch nach § 280 Abs. 1 begründen, es sei denn, der Schuldner hat die Pflichtverletzung nicht zu vertreten. Ist die Pflichtverletzung die Ursache für einen Vertragsschluss, der für den Gegner wirtschaftlich nachteilig oder unvernünftig ist, so kann der Gegner nach der Rechtsprechung[24] gem. § 249 Abs. 1 die Aufhebung des Vertrages verlangen.

Allerdings könnte die Anwendung dieser Grundsätze wegen Vorrangs der Vorschriften über die Rechtsmängelhaftung (§§ 433 Abs. 1 S. 2, 435, 437 ff.) ausgeschlossen sein. Ein solcher Vorrang ist deshalb zu bejahen, weil die Interessen von Verkäufer und Käufer in diesen Vorschriften einen ausgewogenen Ausgleich gefunden haben und dieser Ausgleich gestört würde, wenn dem Käufer *zusätzlich* das Recht eingeräumt würde, wegen fahrlässiger Nichtaufklärung über einen Rechtsmangel bei Vertragsschluss vom Verkäufer Vertragsaufhebung begehren zu können (a. A. mit Begründung noch vertretbar). Insbesondere würde dadurch das Erfordernis einer vergeblichen Fristsetzung zur Nacherfüllung (§§ 437 Nr. 2 und 3, 323 bzw. 281) und die Begrenzung der Mängelrechte durch die Verjährungsfristen (§ 438) unterlaufen.

Hinweis: Allerdings zeigt der Fall, ohne dass es seine Lösung beeinflusst, dass die Verjährungsregelung des § 438 bei Rechtsmängeln zu Problemen führen kann. Da die Verjährung erst mit der Übergabe des Grundstücks beginnt (§ 438 Abs. 2), eine Übergabe aber eine Besitzverschaffung verlangt,[25] die gerade infolge des Rechtsmangels nicht möglich ist, könnte hier im Grunde die Verjährung gar nicht beginnen. Damit stellt sich die Frage, ob man den Zeitpunkt z. B. durch den der Grundbucheintragung substituieren kann[26] oder ob man es hier einfach bei der Nichterfüllung und damit bei der Verjährung des ursprünglichen Erfüllungsanspruchs belässt; bei letzterem wäre noch die Frage, ob trotz der grundsätzlichen Erfüllung der Eigentumsübertragung § 196 anzuwenden ist oder § 195.

Ein Anspruch aus culpa in contrahendo (§§ 280 Abs. 1, 311 Abs. 2) auf Vertragsaufhebung scheidet daher aus.

6. Rücktritt wegen Wegfalls der Geschäftsgrundlage (§ 313)

Zu denken ist allerdings auch an einen Rücktritt vom Kaufvertrag wegen Fehlens der Geschäftsgrundlage (vgl. § 313 Abs. 3 S. 1), weil sich die beiderseitige Vorstellung der Parteien, die R werde zum Ende April ausziehen, als falsch herausgestellt hat. Allerdings sind die gewohnheitsrechtlich entwickelten und nunmehr in § 313 kodifizierten Grundsätze über die „Störung der Geschäftsgrundlage" nur anwendbar, wenn die betreffende Vertragsstörung keine anderweitige Regelung im Vertrag oder im Ge-

---

[24] Vgl. dazu *BGH* NJW 1998, 302; dazu *S. Lorenz*, ZIP 1999, 1053; *Grigoleit*, NJW 1998, 900; *Fleischer*, AcP 200 (2000) 91.
[25] Vgl. nur Jauernig/*Berger*, § 438 Rn. 4; Palandt/*Weidenkaff*, § 438 Rn. 14.
[26] Vgl. zur Problematik bei Rechten Palandt/*Weidenkaff*, § 438 Rn. 16.

setz gefunden hat.[27] Sie werden durch speziellere Regelungen wie die §§ 437ff. in deren Anwendungsbereich ebenfalls verdrängt, weil sie sonst die vertraglichen oder gesetzlichen Regelungen und die in ihnen enthaltene Risikoverteilung aushöhlen würden. Ö kann sich also nicht auf den Wegfall der Geschäftsgrundlage berufen.

7. Ergebnis

64 Ö kann gem. § 323 Abs. 1 S. 1 vom Kaufvertrag zurücktreten oder gem. § 281 Abs. 1 S. 1 Schadensersatz statt der Leistung insgesamt verlangen, jedoch nur, wenn er zuvor dem D erfolglos eine angemessene Nachfrist zur Beseitigung des Rechtmangels (und zur Übergabe) gesetzt hat.

---

[27] Vgl. statt aller BGHZ 98, 100, 103 zum Verhältnis der Sachmängelhaftung zur Geschäftsgrundlagenstörung.

Fall 32. Juristische Feinheiten

BGHZ 144, 118 = NJW 2000, 2101.

Sachverhalt

Tante Berta (B) schließt mit ihrem Großneffen Konrad (K) einen notariell beurkundeten Vertrag. Darin verpflichtet sie sich, ihm im Wege der vorweggenommenen Erbfolge ihren Miteigentumsanteil an einem Grundstück zu übertragen. Bei Vertragsschluss gehen beide davon aus, dass Tante Berta Miteigentümerin des Grundstücks ist. Tatsächlich steht das Grundstück aber im Eigentum der ungeteilten Erbengemeinschaft nach dem Urahnen Udo (U), an der Tante Berta beteiligt und die im Grundbuch als Eigentümerin eingetragen ist. Dies hatte der beurkundende Notar Notfried (N), der von Tante Berta mit dem Entwurf des Vertrags und seiner Vorbereitung beauftragt war, übersehen, obwohl er einen Grundbuchauszug besorgt hatte.

Konrad bemüht sich zunächst um einen Erwerb des Gesamthandsanteils von Tante Berta, zu dem es allerdings nicht kommt, weil möglicherweise noch Nachlassverbindlichkeiten in unklarer Höhe bestehen und eine Auseinandersetzung der Erbengemeinschaft nach Udos Testament bis zu Bertas Tod unzulässig ist.

Konrad verlangt nun von Tante Berta Schadensersatz. Diese erklärt unter Hinweis auf ihren Irrtum die Anfechtung des Vertrags. Außerdem fordert sie von Konrad „wegen seiner Dreistigkeit" eine Uhr zurück, die sie ihm am letzten Weihnachtsfest geschenkt hatte. Ergänzend weist sie darauf hin, dass sie ihm die Uhr ohnehin unter der Bedingung geschenkt habe, dass er bis Ostern mit seinem Auto zum Grab des Udo fahre und ihr bei dessen Pflege helfe, was er nicht getan habe.

Vorüberlegungen

Ehe man eine anfängliche Leistungsbefreiung des Schuldners nach § 275 Abs. 1 bis 3 und eine Haftung nach § 311a Abs. 2 prüft, sollte man erst einmal im Besonderen Schuldrecht nach vorrangigen Spezialnormen fahnden. Die im Sachverhalt erwähnte Anfechtung sowie die Anordnung aus dem Testament des U müssen in der Lösung auch vorkommen; die Anordnung des U findet ihre Grundlage in § 2044. Sie kommt in dem Fall nur vor, um ein denkbares Gegenrecht der B auszuschließen, das die zugrunde liegende BGH-Entscheidung andeutet. (Was gemeint ist, erklärt die Lösung.)

Außerdem macht Tante Berta einen Gegenanspruch auf Rückgabe einer anderen Schenkung geltend und stützt sich auf zwei Gründe an, die man in der Lösung mit den richtigen Anspruchsgrundlagen prüfen sollte. Über die richtige Prüfungsreihenfolge kann man grübeln, weil der allgemeine Grundsatz (vertragliche Ansprüche zu erst) mit dem Bertas Vorbringen kollidiert. Man ist daher ausnahmsweise frei, womit man beginnt.

> **Gliederung**

	Rn.
A. Anspruch des K auf Schadensersatz	1
I. Anspruch gem. § 523 Abs. 1	1
1. Schenkungsvertrag	3
2. Nichtigkeit infolge Anfechtung, § 142 Abs. 1	7
a) Anfechtungserklärung	8
b) Anfechtungsgrund	9
3. Schenkung eines Gegenstandes aus dem Vermögen der B	11
4. Rechtsmangel	12
5. Ergebnis	13
II. Anspruch auf Schadensersatz statt der Leistung gem. § 311a Abs. 2	14
1. Vertraglicher Anspruch	15
2. Leistungsbefreiung aufgrund anfänglichen Leistungshindernisses	16
3. Kenntnis oder zu vertretende Unkenntnis	19
a) Zu vertretende Unkenntnis der B	20
b) Haftung für Unkenntnis des N, § 278	22
aa) Notar als Erfüllungsgehilfe	23
bb) Verschulden des N	24
cc) Zwischenergebnis	25
4. Schaden	26
5. Zurückbehaltungsrecht der B, § 273 Abs. 1	27
6. Ergebnis	28
B. Anspruch der B auf Rückgabe der Uhr	29
I. Anspruch gem. § 527 Abs. 1	29
1. Schenkung	30
2. Auflage, § 525 Abs. 1	32
3. Nichtvollziehung der Auflage	33
4. Voraussetzungen der §§ 323, 326 Abs. 5	34
5. Ergebnis	38
II. Anspruch gem. § 812 Abs. 1 S. 2 Alt. 1	39
1. Etwas erlangt	40
2. Durch Leistung der B	41
3. Ohne rechtlichen Grund	42
a) Formnichtigkeit, § 125 S. 1	43
b) Widerruf, § 530 Abs. 1	44
c) Zwischenergebnis	48
4. Ergebnis	49

> **Lösung**

A. Anspruch des K auf Schadensersatz

I. Anspruch gem. § 523 Abs. 1

1 K könnte einen Schadensersatzanspruch gem. § 523 Abs. 1 haben.

Hinweis: Der Gesetzgeber hat nur § 523 Abs. 2 S. 2 an das seit 2002 geltende allgemeine Leistungsstörungsrecht angepasst. Dagegen gibt § 523 Abs. 1 weiterhin einen Anspruch bei arglistigem Verschweigen eines Rechtsmangels, und Abs. 2 S. 1 verwendet noch die eigentlich überholte Terminologie („Schadensersatz wegen Nichterfüllung"). 2

1. Schenkungsvertrag

Dazu bedarf es zunächst eines Schenkungsvertrags i.S.v. § 516 Abs. 1, den die Parteien formwirksam (§§ 518 Abs. 1 S. 1, 311b Abs. 1 S. 1) geschlossen haben. 3

Hinweis: Zwar bedarf nach § 518 Abs. 1 S. 1 lediglich das Schenkungsversprechen der B der notariellen Beurkundung, nach dem hier ebenfalls eingreifenden § 311b Abs. 1 S. 1 aber auch die Annahmeerklärung des K. 4

Der Wirksamkeit des Vertrages steht es gem. § 311a Abs. 1 nicht entgegen, dass die K (möglicherweise) gem. § 275 Abs. 1 oder 2 von ihrer Leistungspflicht aufgrund eines Leistungshindernisses befreit ist, das bereits bei Vertragsschluss vorlag. 5

Hinweis: An dieser Stelle kann man offen lassen, ob § 275 Abs. 1 oder 2 eingreift, da der Vertrag immer wirksam ist (anders § 306 BGB a. F.). 6

2. Nichtigkeit infolge Anfechtung, § 142 Abs. 1

Der Anspruch könnte dadurch entfallen sein, dass B ihre auf den Vertragsschluss gerichtete Willenserklärung mit der Rechtsfolge des § 142 Abs. 1 angefochten hat. 7

a) Anfechtungserklärung

Die B hat die Anfechtung gegenüber ihrem Vertragspartner K erklärt, § 143 Abs. 1 und 2. 8

b) Anfechtungsgrund

Als Anfechtungsgrund kommt ein Irrtum über eine verkehrswesentliche Eigenschaft in Betracht, § 119 Abs. 2: Dazu müsste die Art der Mitberechtigung der B an dem Grundstück als dessen verkehrswesentliche Eigenschaft anzusehen sein. Der Begriff der Sache in § 119 Abs. 2 ist nach ganz h.M. nicht im engen Sinne des § 90 zu verstehen, sondern meint jeden denkbaren Geschäftsgegenstand.[1] Eigenschaften sind Merkmale, die dem Gegenstand unmittelbar anhaften. Das Eigentum ist die rechtliche Herrschaftsbeziehung zu einer Sache, ihre Zuordnung zu einer Person. Es haftet als solches der Sache also nicht unmittelbar an. Da es somit keine Eigenschaft ist,[2] berechtigt ein Irrtum über das Eigentum nicht zur Anfechtung. 9

Hinweis: Selbst wenn man dies anzweifelt und einen Irrtum im Sinne des § 119 Abs. 2 annimmt, wäre die Anfechtung ausgeschlossen. Denn nach h.M. steht der Anfechtung § 242 entgegen,[3] wenn sie nur den Sinn haben kann, einen gegen den Anfechtungsberechtigten bestehenden Schadensersatzanspruch zu vernichten. Man könnte auch einen Vorrang der Rechtsmängel- bzw. – da eine solche hier nicht eingreift – der Nichterfüllungshaftung[4] erwägen. Die Anfechtung ist somit in jedem Fall unzulässig. 10

3. Schenkung eines Gegenstandes aus dem Vermögen der B

Wie sich im Umkehrschluss aus § 523 Abs. 2 ergibt, setzt die Haftung aus Abs. 1 voraus, dass ein bereits vorhandener Gegenstand aus dem Vermögen des Schenkers 11

---

[1] Vgl. MünchKomm/*Kramer*, § 119 Rn. 131 m.w.N.
[2] H.M., BGHZ 34, 32, 41 = NJW 1961, 772; krit. MünchKomm/*Kramer*, § 119 Rn. 134 m.w.N.
[3] Vgl. Begr. zum RegE, BT-Drs. 14/6040, 165.
[4] Vgl. *Canaris*, JZ 2001, 499, 506; MünchKomm/*Ernst*, § 311a Rn. 79. S.a. *BGH* NJW 1988, 2597, 2598.

zugewendet wird. B hatte die Leistung eines ihr vermeintlich zustehenden Miteigentumsanteils versprochen.

4. Rechtsmangel

12 Schließlich müsste der geschenkte Gegenstand mit einem Rechtsmangel behaftet sein. Dafür scheint zu sprechen, dass hier anstelle des geschuldeten Miteigentums Gesamthandseigentum der Erbengemeinschaft besteht. Dies als Rechtsmangel des geschuldeten Miteigentumsanteils anzusehen, erscheint jedoch eher gekünstelt: Gem. § 516 Abs. 1 S. 1 war B verpflichtet, dem K Miteigentum zu verschaffen. Dies hat sie nicht getan. Erhält der Beschenkte aber gar kein Eigentum, ist dies nach h. M. nicht als Rechtsmangel, sondern als vollständige Nichterfüllung anzusehen.[5] Damit liegt kein Rechtsmangel vor.

5. Ergebnis

13 K hat keinen Anspruch gem. § 523 Abs. 1 gegen die B.

II. Anspruch auf Schadensersatz statt der Leistung gem. § 311a Abs. 2

14 K könnte gegen B einen Anspruch auf Schadensersatz statt der Leistung gem. § 311a Abs. 2 haben.

1. Vertraglicher Anspruch

15 Dazu bedarf es zunächst eines vertraglichen Anspruchs, der sich hier aus dem wirksamen (s. o. Rn. 3 ff.) Schenkungsvertrag ergibt.

2. Leistungsbefreiung aufgrund anfänglichen Leistungshindernisses

16 Weiter muss B gem. §§ 311a Abs. 1, 275 Abs. 1–3 durch ein bereits bei Vertragsschluss vorliegendes Leistungshindernis von ihrer Leistungspflicht befreit sein. In Betracht kommt eine Leistungsbefreiung wegen anfänglicher subjektiver Unmöglichkeit nach § 275 Abs. 1: Da B keine entsprechende Rechtsstellung hat, ist ihr die Übertragung des versprochenen Miteigentumsanteils unmöglich; da die Begründung von Miteigentum an dem Grundstück nicht ausgeschlossen ist, ist die Unmöglichkeit keine objektive.

17 Allerdings ist, wie sich aus der Existenz des § 275 Abs. 2 ergibt,[6] eine subjektive Unmöglichkeit i. S. v. Abs. 1 nur dann anzunehmen, wenn sich die B nur zur Übertragung eines vorhandenen Miteigentumsanteils verpflichtet hat und sie keine Beschaffungspflicht für den Fall übernommen hat, dass sie nicht Miteigentümerin sein sollte. Eine derartige Beschaffungspflicht ist dem Sachverhalt nicht zu entnehmen. Damit ist der Schuldnerin B die Leistung gem. § 275 Abs. 1 unmöglich.

18 Eine subjektive Unmöglichkeit läge auch dann nicht vor, wenn die Vertragsparteien in Wirklichkeit nur den Vertragsgegenstand falsch bezeichnet hätten.[7] Nach dem Auslegungsgrundsatz „falsa demonstratio non nocet" gilt, wenn die Parteien objektiv etwas anderes vereinbart haben, als sie übereinstimmend subjektiv gewollt haben, aus-

---

[5] Vgl. *BGH* NJW 2000, 1256 zum Kaufrecht; str., a. A. etwa *Löwisch,* Anm. JZ 2001, 355 m. w. N. zum Streitstand.
[6] Vgl. auch Begr. zum RegE, BT-Drs. 14/6040, 129.
[7] Für eine Lösung des Originalfalls mittels des falsa-demonstratio-Grundsatzes, da B habe verschenken wollen, was sie tatsächlich hatte: *Huber,* ZIP 2000, 1372, 1375; vgl. auch *Wegmann,* DNotZ 2000, 846 f. – Der Sachverhalt wurde hier insofern abgeändert.

nahmsweise das Gewollte. Da die Parteien hier jedoch übereinstimmend von Miteigentum der B ausgegangen sind und damit zutreffend erklärt haben, was sie meinten, liegt hier keine Falschbezeichnung vor, sondern ein beiderseitiger Irrtum, der seiner Art nach nicht zur Anfechtung berechtigt (s. o. Rn. 10).

3. Kenntnis oder zu vertretende Unkenntnis

Gemäß § 311a Abs. 2 haftet B nicht, wenn sie das Leistungshindernis weder kannte noch ihre Unkenntnis zu vertreten hat; daher ist zu prüfen, ob sie sich entlasten kann. Da sich B irrtümlich für die Miteigentümerin des Grundstücks hielt, scheidet positive Kenntnis aus. Damit käme es grundsätzlich darauf an, ob sie ihre Unkenntnis bzgl. der Rechtsverhältnisse an dem Grundstück gem. § 276 Abs. 1 S. 1 zu vertreten hat.

a) Zu vertretende Unkenntnis der B

Jedoch hat B als Schenkerin gem. § 521, der auch im Rahmen des § 311a Abs. 2 S. 2 gilt,[8] neben Vorsatz nur grobe Fahrlässigkeit zu vertreten. Damit müsste ihre Unkenntnis darauf beruhen, dass sie die im Verkehr erforderliche Sorgfalt (§ 276 Abs. 2) in einem besonders groben Maß verletzt hat, also mit anderen Worten einfachste, ganz nahe liegende Erwägungen nicht angestellt und damit das nicht beachtet hat, was im gegebenen Fall jedem einleuchten musste.[9] Wer ein Recht an einem Grundstück veräußert, kann sich zumindest mit Hilfe des Grundbuchs seiner formellen Rechtsstellung vergewissern. Dies hat die B hier versäumt. Darüber hinaus kann man (allgemein) verlangen, dass der Veräußerer sich seiner Rechtsstellung vergewissert, womit letztlich Argumente zur Begründung der bisherigen Garantiehaftung auch weiterhin Gültigkeit behalten (a. A. vertretbar).

Hinweis: Dagegen ist die Haftung ausgeschlossen, wenn z. B. eine abhanden gekommene bewegliche Sache oder bloßes Bucheigentum veräußert wird, sofern dem Veräußerer seine fehlende materielle Berechtigung nicht aufgrund irgendwelcher Umstände hätte zweifelhaft erscheinen müssen.

b) Haftung für Unkenntnis des N, § 278

Unabhängig von ihrer eigenen Unkenntnis muss B für die Unkenntnis des N einstehen, wenn dieser Erfüllungsgehilfe i. S. v. § 278 ist.

aa) Notar als Erfüllungsgehilfe

Erfüllungsgehilfe ist jeder, der nach den tatsächlichen Gegebenheiten des Falles und mit dem Willen des Schuldners bei der Erfüllung einer diesem obliegenden Verbindlichkeit als seine Hilfsperson tätig wird; dabei ist die Art der rechtlichen Beziehung zwischen dem Schuldner und der Hilfsperson unerheblich.[10] Deshalb kann auch ein Notar, obwohl er ein öffentliches Amt innehat und grundsätzlich zur Neutralität verpflichtet ist, bei der Beurkundung von Verträgen bzw. bei Vorbereitungshandlungen im Rahmen seiner betreuenden Tätigkeit nach § 24 Abs. 1 S. 1 BNotO[11] Erfüllungsgehilfe einer Person sein. Hier ist N von B bei dem Entwurf des Schenkungsvertrags und

---

[8] Jauernig/*Mansel*, § 521 Rn. 1; MünchKomm/*Ernst*, § 311a Rn. 53; Palandt/*Weidenkaff*, § 521 Rn. 4. A. A. zur früheren Rechtslage BGHZ 144, 118 = NJW 2000, 2101 f. m. w. N.
[9] St. Rspr., etwa *BGH* NJW 1992, 3235, 3236; *BGH* NJW-RR 2002, 1108, 1109 m. w. N.
[10] Unstr., etwa *BGH* NJW 1984, 1748, 1749 m. w. N.
[11] Die Vorschrift lautet: „Zu dem Amt des Notars gehört auch die sonstige Betreuung der Beteiligten auf dem Gebiete vorsorgender Rechtspflege, insbesondere die Anfertigung von Urkundenentwürfen und die Beratung der Beteiligten."

damit auch bei dessen inhaltlicher Ausgestaltung, insbesondere der Festlegung des Vertragsgegenstands, eingeschaltet worden; insofern nahm er ihre Interessen wahr und erfüllte nicht nur seine hoheitlichen Pflichten.[12]

bb) Verschulden des N

24 Da B gem. § 278 S. 1 ein Verschulden ihres Erfüllungsgehilfen N im gleichen Umfang zu vertreten hat wie eigenes, kommt es wegen § 521 darauf an, ob N grob fahrlässig gehandelt hat. Im Rahmen des § 24 Abs. 1 S. 1 BNotO ist zu berücksichtigen, dass der Notar gerade deshalb mit der Fertigung von Urkundenentwürfen betraut wird, weil der rechtliche Laie dazu nicht in der Lage ist. Deshalb musste N darauf achten, ob B dem K das in Aussicht gestellt Miteigentum überhaupt übertragen konnte. Aus dem Grundbuchauszug konnte N ohne weiteres ersehen, dass B gar keine Miteigentümerin war. Damit hat er die bei der Fertigung des Vertragsentwurfs gebotene Sorgfalt in besonders schwerem Maße außer Acht gelassen und grob fahrlässig gehandelt.

cc) Zwischenergebnis

25 B hat die grobe Fahrlässigkeit des N gem. §§ 278 S. 1, 521 zu vertreten. Damit wird ihr der Entlastungsbeweis nach § 311a Abs. 2 nicht gelingen.

4. Schaden

26 Durch das Ausbleiben der Leistung der B ist bei K die vertraglich geschuldete unentgeltliche Vermögensmehrung nicht eingetreten. Der Schaden liegt somit im Wert des zugewendeten Miteigentumsanteils.

5. Zurückbehaltungsrecht der B, § 273 Abs. 1

27 Zu prüfen ist, ob B gem. § 313 Abs. 2 i.V.m. Abs. 1 von K eine Vertragsanpassung verlangen und ihren Anspruch dem Schadensersatzbegehren des K im Wege des Zurückbehaltungsrechts nach § 273 Abs. 1 entgegenhalten kann. Immerhin haben sich hier beide Parteien über die Rechtsstellung der B geirrt. Auf beiderseitige Irrtümer ist aber nach ganz h.M. die in § 313 Abs. 2 kodifizierte Geschäftsgrundlagenlehre anzuwenden.[13] Die Anpassung könnte in der Übertragung der Miterbenstellung der B liegen, wie K sie zunächst angestrebt hatte. Das kommt aber nur in Betracht, wenn es keine anderen Nachlassgegenstände gibt,[14] weil K sonst mehr erhielte, als vertraglich vorgesehen. Hier scheidet das also aus. Eine Änderung dahingehend, dass B die Auseinandersetzung der Erbengemeinschaft betreiben müsste, um so Miteigentum an dem Grundstück erwerben zu können, scheitert an der testamentarisch festgelegten Einschränkung der Auseinandersetzung nach § 2044 Abs. 1 S. 1, Abs. 2 S. 2.[15] Damit scheidet eine Vertragsanpassung und somit auch das Zurückbehaltungsrecht aus.

6. Ergebnis

28 K kann gem. § 311a Abs. 2 S. 1 Schadensersatz statt der Leistung von B verlangen.

---

[12] Vgl. *BGH* NJW 1993, 648, 652 m.w.N.
[13] Vgl. Begr. zum RegE, BT-Drs. 14/6040, 176; Hk/*Schulze*, § 313 Rn. 22; MünchKomm/*Roth*, § 313 Rn. 223 ff., 250 ff.
[14] *BGH* NJW 2000, 2101, 2102.
[15] Zur konkreten Gestaltung vgl. MünchKomm/*Ann*, § 2044 Rn. 6.

Fall 32. Juristische Feinheiten

B. Anspruch der B auf Rückgabe der Uhr

I. Anspruch gem. § 527 Abs. 1

B könnte einen Herausgabeanspruch gem. § 527 Abs. 1 haben. 29

1. Schenkung

Es muss zunächst eine Schenkung i.S.v. § 516 vorliegen. B hat dem K die Uhr zu 30 Weihnachten geschenkt, sie ihm also unentgeltlich aus ihrem Vermögen zugewendet. Von einer entsprechenden Einigung ist auszugehen.

Die Schenkung wäre gem. § 125 S. 1 formnichtig, wenn der Vertrag nicht in der von § 518 Abs. 1 S. 1 geforderten Form geschlossen worden wäre. Davon ist bei realistischer Betrachtung – Weihnachtsgeschenk – grundsätzlich auszugehen. Jedoch hat B dem K das Eigentum an der Uhr zeitgleich mit der Schenkung verschafft. Damit handelt es sich um eine sog. Handschenkung i.S.v. § 516, nicht um ein Schenkungsversprechen i.S.v. § 518. Das Formerfordernis gilt also nicht, die Schenkung ist wirksam.

Hinweis: Man darf hier nach h.M. also § 518, auch Abs. 2, nicht anwenden.[16] Im Falle der Formnich- 31 tigkeit wäre § 812 Abs. 1 S. 1 Alt. 1 anzuwenden. Das braucht man hier aber nicht vorab gesondert zu prüfen.

2. Auflage, § 525 Abs. 1

B hat dem K die Uhr „unter der Bedingung" geschenkt, er müsse mit ihr bis Ostern 32 zum Grab des U fahren und ihr bei der Grabpflege helfen. Dabei kann es sich um eine Bedingung für die Wirksamkeit der Schenkung (§ 158) handeln, was der Wortlaut nahe legt, aber auch um eine Auflage i.S.v. § 525 Abs. 1 handeln, die auch bei der Handschenkung möglich ist.[17] Was gewollt ist, ist durch Auslegung (§§ 133, 157) zu klären. Bei der Schenkung unter Auflage vereinbaren die Parteien im Schenkungsvertrag eine Leistung, die der Beschenkte nach Erhalt der Schenkung i.S.v. § 241 Abs. 1 leisten muss. Ihrem Gegenstand nach eignet sich die Hilfe bei der Grabpflege zur Leistung. Es liegt nahe, dass B von K diese Hilfe einfordern können wollte. Das spricht für eine Auflage und gegen eine Bedingung, bei der B die Hilfe des K nicht einfordern könnte, sondern nur die Schenkung unwirksam wäre, wobei dahinstehen kann, welche Art von Bedingung vorläge. Das Interesse der B an der Hilfe des K spricht außerdem gegen eine sog. Zweckschenkung, bei der keine Leistungspflicht i.S. einer Auflage begründet und der Beschenkte nur zu einem nicht durchsetzbaren Verhalten veranlasst werden soll[18] (a.A. vertretbar).

3. Nichtvollziehung der Auflage

K hat die Auflage weder bis Ostern noch danach vollzogen. 33

4. Voraussetzungen der §§ 323, 326 Abs. 5

Die Rückforderung des Geschenks durch B ist gem. § 527 Abs. 1 nur möglich, 34 wenn zusätzlich die Voraussetzungen für den Rücktritt bei gegenseitigen Verträgen vorliegen.

---
[16] Vgl. *Brox/Walker*, BS, § 9 Rn. 1 ff.; Palandt/*Weidenkaff*, § 518 Rn. 4.
[17] Erman/*Herrmann*, § 525 Rn. 2.
[18] Zu den Kriterien näher MünchKomm/*J. Koch*, § 516 Rn. 29, § 525 Rn. 8.

35 **Hinweis:** § 527 verweist hinsichtlich der Voraussetzungen auf die §§ 323 ff., hinsichtlich des Umfangs der Herausgabepflicht dagegen auf § 818.

36   Es reicht also gem. § 323 Abs. 1 grundsätzlich nicht aus, dass K die Auflage nicht vollzogen hat, sondern es muss zusätzlich eine von B gesetzte angemessene Frist zur Vollziehung fruchtlos verstrichen sein. Da B eine solche Frist nicht gesetzt hat, kommt es darauf an, ob die Fristsetzung gem. § 323 Abs. 2 entbehrlich ist. Da eine Weigerung des K nicht i. S. v. Nr. 1 ersichtlich ist, ist zu prüfen, ob B nach Nr. 2 eine Frist für den Vollzug der Auflage gesetzt und den Fortbestand ihres Leistungsinteresse in der Schenkung an die Rechtzeitigkeit der Leistung geknüpft hat. Eine Frist bis Ostern war gesetzt, doch erscheint es zweifelhaft, ob B ihr Leistungsinteresse i. S. v. § 323 Abs. 2 Nr. 2 an die Fristwahrung geknüpft hat, denn dies meint das sog. relative Fixgeschäft. Dafür reicht, wie sich schon aus dem Gesetzeswortlaut ergibt, die bloße Fristbestimmung nicht aus. Da dem Sachverhalt nicht zu entnehmen ist, dass die Wahrung der Frist für B besonders wichtig gewesen wäre, ist es nahe liegend, dass sie lediglich einen zeitlichen Rahmen vorgeben wollte (a. A. vertretbar).

37   So bleibt nur noch die Möglichkeit einer sofortigen Rückforderung nach Nr. 3 wegen besonderer Umstände. Diese könnten sich hier aus der Störung der Vertrauensbeziehung ergeben, zu der es durch die Schadensersatzforderung des K aus dem anderen Schenkungsvertrag aus Sicht der B gekommen ist. Nr. 3 meint sonstige Fälle besonderer Dringlichkeit, aber auch die Zerstörung der Vertrauensbasis,[19] sofern es nicht um die Verletzung nicht leistungsbezogener Nebenpflichten geht, die in § 324 gesondert geregelt ist. Letztere passt hier nicht. Die Entscheidung zu Nr. 3 hängt davon ab, für wie gewichtig man das Verhalten des K hält, der immerhin nur einen Anspruch geltend macht, den eine Leistungsstörung der B in einer anderen Leistungsbeziehung ausgelöst hat. Insgesamt gebieten die beiderseitigen Interessen die sofortige Rückforderung nicht (a. A. vertretbar).

5. Ergebnis

38   B hat gegen K keinen Herausgabeanspruch hinsichtlich der Uhr gem. § 527 Abs. 1 i. V. m. § 818 (a. A. vertretbar).

II. Anspruch gem. § 812 Abs. 1 S. 2 Alt. 1

39   B könnte einen Herausgabeanspruch gem. § 812 Abs. 1 S. 2 Alt. 1 haben.

1. Etwas erlangt

40   K hat Eigentum und Besitz an der Uhr erlangt.

2. Durch Leistung der B

41   B hat dem K die Uhr zu Weihnachten geschenkt und sie somit bewusst und zweckgerichtet geleistet.

3. Ohne rechtlichen Grund

42   Fraglich ist, ob für die Leistung der rechtliche Grund fehlt. B hat dem K die Uhr zu Weihnachten geschenkt, sie ihm also unentgeltlich aus ihrem Vermögen zugewendet. Von einer entsprechenden Einigung ist auszugehen.

---

[19] Vgl. Palandt/*Grüneberg*, § 323 Rn. 22; s. a. *Looschelders*, SAT, Rn. 620, 704.

a) Formnichtigkeit, § 125 S. 1

Das Formerfordernis gilt nicht, die Schenkung ist wirksam (s. o. Rn. 30). 43

b) Widerruf, § 530 Abs. 1

Möglicherweise hat B ihre Handschenkung aber gem. § 530 Abs. 1 wirksam wider- 44
rufen. Eine entsprechende Erklärung i. S. v. § 531 Abs. 1 gegenüber K liegt mit der
Rückforderung vor.

Zu prüfen ist, ob B gem. § 530 Abs. 1 zum Widerruf berechtigt ist. Dazu müsste sich 45
K als Beschenkter durch eine schwere Verfehlung der B gegenüber groben Undanks
schuldig gemacht haben. Die Verfehlung kann hier nur in der Schadensersatzforderung
liegen. Sie kann als Verfehlung zu werten sein, da ein rechtswidriges Verhalten grundsätzlich nicht erforderlich ist. Doch darf der Beschenkte andererseits Rechte zumindest schonend geltend machen.[20] Schließlich müsste die Forderung des K moralisch
verwerflich sein, wie das Gesetz mit der Wendung „groben Undanks schuldig" zum
Ausdruck bringt.

Ob dies hier vorliegt, könnte aber dahinstehen, wenn der Widerruf jedenfalls nach 46
§ 534 ausgeschlossen wäre. Zwar erfolgt ein Weihnachtsgeschenk nicht aufgrund einer
sittlichen Pflicht, wohl aber aufgrund einer auf den Anstand zu nehmenden Rücksicht.
Zu den Anstandsgeschenken zählen insbesondere Geburtstags- und Weihnachtsge-
schenke unter Verwandten, somit auch das Geschenk der B an den K. Die Rückforderung und der Widerruf sind daher gem. § 534 ausgeschlossen.

Hinweis: Nach h. M. ist der Rückforderungsausschluss des § 534 als Einwendung anzusehen; bei den 47
§§ 529, 532 ist das stärker umstritten.[21]

c) Zwischenergebnis

Der Rechtsgrund ist nicht weggefallen. 48

4. Ergebnis

B hat keinen Herausgabeanspruch gem. § 812. 49

---

[20] Vgl. MünchKomm/*J. Koch,* § 530 Rn. 12.
[21] Zum Meinungsstand MünchKomm/*Kollhosser,* § 534 Rn. 4 m. w. N.

Fall 33. Wenig los im Einkaufscenter

Sachverhalt

Die Constructa GmbH (C) errichtete in der Stadt Augsburg ein Einkaufscenter und vermietete die Läden an Geschäftsleute. Unter anderem mietete auch Hermine Hörwick (H) einen Laden für 1500 € pro Monat und betrieb darin eine Modeboutique. Nach einem Jahr mussten jedoch viele Geschäfte schließen. Deswegen kamen immer weniger Kunden in das Einkaufscenter, sodass die Hörwick nur noch unbedeutende Umsätze machte. Sie kündigte daraufhin am 20. 3. den auf zehn Jahre befristeten Mietvertrag fristlos und räumte den Laden zum 31. 3.

Die Constructa GmbH hält die Kündigung für unwirksam und verlangt von der Hörwick die Miete für April. Zu Recht?

Vorüberlegungen

Gefragt ist zwar der Mietzinsanspruch (§ 535 Abs. 2), doch im Kern geht es um etwas anderes, nämlich um mögliche Ausnahmen vom privatrechtlichen Grundsatz „pacta sunt servanda": H hat den Mietvertrag mit C fristlos, also ohne Einhaltung einer gesetzlich vorgeschriebenen oder vertraglich vereinbarten Frist, gekündigt. Angesichts der Befristung des Vertrags ist eine außerordentliche Kündigung die einzige Möglichkeit für die H, sich von dem Vertrag vor Ablauf der vereinbarten Dauer zu lösen, arg § 542 Abs. 1.

Aufgabe in diesem Fall ist es daher, zunächst mögliche Rechtsgrundlagen zu suchen, die eine sofortige Auflösung des Mietvertrages gestatten. Hier geht es also wieder einmal um Gestaltungsrechte; man sollte auch bei der Kündigung auf eine korrekte Terminologie achten – einen „Anspruch auf Kündigung" gibt es nicht.

In Betracht kommen sowohl spezielle mietrechtliche Kündigungsrechte, wie z.B. § 543, aber auch Normen aus dem allgemeinen Schuldrecht, wie z.B. § 313 Abs. 3 und § 314. Im Weiteren ist zu prüfen, in welchem Verhältnis die gefundenen Kündigungsrechte zueinander stehen.

Im Mietrecht ist es oft hilfreich, sich den Gesetzesaufbau zu vergegenwärtigen, damit man auch die richtigen Normen anwendet: Die §§ 535–548 gelten als allgemeine Mietrechtsvorschriften grundsätzlich für sämtliche Mietverhältnisse (Untertitel 1). Gemäß § 549 Abs. 1 gelten sie für Wohnraummietverhältnisse aber nur, soweit für diese keine anders lautenden Regelungen (meist zum Schutz des Mieters) vorgesehen sind (Untertitel 2, §§ 549–577a). Für alle anderen Mietverträge (die nicht Wohnraum betreffen) gelten neben den allgemeinen Mietrechtsvorschriften (§§ 535–548) auch §§ 578–580a (Untertitel 3), die z.T. die entsprechende Anwendbarkeit einzelner Normen des 2. Untertitels anordnen. Unter Beachtung dieses Zusammenspiels ergibt sich – ohne dass man dies in der Lösung unterbringen könnte – für den vorliegenden Fall folgendes:

§ 543 Abs. 1 S. 1 erklärt die fristlose Kündigung eines Mietverhältnisses für möglich, wenn es hierfür einen wichtigen Grund gibt. Ein solcher liegt nach § 543 Abs. 1

S. 2 vor, wenn die Fortsetzung des Mietverhältnisses unter Einhaltung der vorgeschriebenen Frist für einen Vertragsteil unzumutbar wäre. Bei der Frage, wann Unzumutbarkeit vorliegt, sind alle Einzelfallumstände zu berücksichtigen, insbesondere das Verschulden einer Vertragspartei. Unzumutbarkeit wird daher umso eher angenommen, je mehr dem Kündigungsgegner die Entstehung des Kündigungsgrundes zum Vorwurf gemacht werden kann. § 543 Abs. 2 zählt beispielhaft anerkannte „wichtige Gründe" auf, bei denen eine zusätzliche Unzumutbarkeitsprüfung entfällt. § 543 Abs. 1 S. 2 stellt somit gegenüber § 543 Abs. 2 lediglich einen Auffangtatbestand dar.[1]

Da es hier um die Miete von Geschäftsräumen geht, ist gem. § 578 Abs. 2 (Untertitel 3) u.a. § 569 Abs. 2 entsprechend anwendbar. In § 569 geht es um die fristlose Kündigung von Wohnraummietverträgen; die Norm modifiziert also § 543. Jedoch enthält § 569 Abs. 2 keine Einschränkung des § 543, sondern erweitert nur den Beispielskatalog des § 543 Abs. 2. Deshalb ergeben sich aus der Verweiskette für den vorliegenden Fall keine Besonderheiten.

Als weiterer Kündigungsgrund kommt § 313 Abs. 3 S. 2 in Betracht. Voraussetzung ist, dass ein dem Vertrag zugrunde liegender Umstand wegfällt oder – entgegen den Vorstellungen der Vertragsparteien – noch nie vorlag, wenn dies zur Folge hat, dass dem Kündigenden ein weiteres Festhalten am Vertrag nicht zuzumuten ist und der Wegfall dieses Umstands nicht in seine Risikosphäre fällt.

Schließlich ist noch an den Kündigungsgrund des § 314 Abs. 1 zu denken, der Dauerschuldverhältnisse bei Vorliegen eines wichtigen Grundes generell für fristlos kündbar erklärt. Die Definition des wichtigen Grundes ist – bis auf die fehlende ausdrückliche Erwähnung des Verschuldens – die gleiche wie in § 543 Abs. 1 S. 2.

Nunmehr sind noch Überlegungen dazu anzustellen, in welchem Verhältnis § 543, § 313 Abs. 3 S. 2 und § 314 Abs. 1 zueinander stehen. Als speziellere Norm verdrängt § 543 bei Mietvertragskündigungen § 314. Schwieriger ist es, das Verhältnis von § 543 zu § 313 Abs. 3 S. 2 zu bestimmen. Auch hier liegt der Gedanke nahe, dass § 543 spezieller ist, da auch § 543 mit dem Unzumutbarkeitskriterium auf einen „Wegfall der Geschäftsgrundlage" abzielt.[2] Dagegen spricht jedoch folgende Erwägung: Die Aufnahme des Verschuldens in § 543 Abs. 1 als Abwägungskriterium für die Unzumutbarkeit lässt vermuten, dass – wie im früheren Recht – der zur fristlosen Kündigung berechtigende wichtige Grund i.S.d. § 543 Abs. 1 entweder in der Person oder der Risikosphäre des Kündigungsgegners liegen muss.[3] Dagegen reicht es bei § 313 Abs. 3 S. 2 aus, wenn der Wegfall der Geschäftsgrundlage jedenfalls nicht im Risikobereich des Kündigenden liegt, selbst wenn der Vorfall in seiner eigenen Interessenssphäre liegt.[4] Aufbautechnisch ist § 543 als speziellere Norm vor § 313 Abs. 3 S. 2 zu prüfen.

Gliederung

	Rn.
Anspruch der C gegen H auf Mietzahlung, § 535 Abs. 2	1
I. Anspruch entstanden	2
II. Anspruch erloschen	3

---

[1] *Kraemer*, NZM 2001, 553, 556.
[2] *Kraemer*, NZM 2001, 553, 557.
[3] Vgl. noch zur fristlosen Kündigung nach § 554a a.F. *BGH* ZMR 1996, 309.
[4] Vgl. noch zur fristlosen Kündigung nach § 554a a.F. *BGH* ZMR 1996, 309, 311.

	Rn.
1. Kündigungsrecht aus § 543 Abs. 2 S. 1 Nr. 1 wegen Nichtverschaffung des vertragsgemäßen Gebrauchs	4
2. Kündigungsrecht aus § 313 Abs. 3 S. 2 wegen Wegfalls der Geschäftsgrundlage	8
a) Geschäftsgrundlage, § 313 Abs. 1	10
b) Schwerwiegende Änderung der Umstände	11
c) Anderer Vertragsinhalt bei Voraussicht	12
d) Unzumutbarkeit des Festhaltens am Vertrag	13
e) Zwischenergebnis	15
3. Kündigungsrecht nach § 314 aus wichtigem Grund	16
4. Ergebnis zur fristlosen Kündigung	19
5. Umdeutung in eine ordentliche Kündigung, § 140	20
III. Ergebnis	21

Lösung

Anspruch der C gegen H auf Mietzahlung, § 535 Abs. 2

1 C könnte gegen H einen Anspruch auf Mietzahlung für April gem. § 535 Abs. 2 haben.

I. Anspruch entstanden

2 Der von den Parteien geschlossene Mietvertrag verpflichtet die H gem. § 535 Abs. 2 für seine Dauer grundsätzlich zur Mietzahlung. Die C-GmbH kann gem. § 13 Abs. 1 GmbHG Vertragspartei sein.

II. Anspruch erloschen

3 Da die Mietzahlungspflicht vom Bestand des Mietverhältnisses abhängt, entfällt sie, wenn H den Mietvertrag wirksam gekündigt hat. Wegen der Befristung des Mietverhältnisses ist hier gem. §§ 542 Abs. 1, 578 eine ordentliche Kündigung ausgeschlossen. Zu prüfen ist, ob H zur fristlosen Kündigung berechtigt war.

1. Kündigungsrecht aus § 543 Abs. 2 S. 1 Nr. 1 wegen Nichtverschaffung des vertragsgemäßen Gebrauchs

4 Nach § 543 Abs. 1 S. 1 kann jede Vertragspartei das Mietverhältnis aus wichtigem Grund außerordentlich fristlos kündigen. Ein wichtiger Grund liegt nach § 543 Abs. 1 S. 2 vor, wenn dem Kündigenden unter Berücksichtigung aller Umstände des Einzelfalls, insbesondere eines Verschuldens der Vertragsparteien, und unter Abwägung der beiderseitigen Interessen die Fortsetzung des Mietverhältnisses bis zum Ablauf der Kündigungsfrist oder bis zur sonstigen Beendigung des Mietverhältnisses nicht zugemutet werden kann. Dazu gibt § 543 Abs. 2 Beispielsfälle. So liegt nach § 543 Abs. 2 S. 1 Nr. 1 ein wichtiger Grund vor, wenn dem Mieter der vertragsgemäße Gebrauch der Mietsache ganz oder zum Teil nicht rechtzeitig gewährt oder wieder entzogen wird.

5 Der vertragsgemäße Gebrauch wird insbesondere dann nicht gewährt bzw. wieder entzogen, wenn die Mietsache einen Mangel aufweist.[5] Daher ist zu fragen, ob hier die

---
[5] Vgl. nur Palandt/*Weidenkaff*, § 543 Rn. 18.

vermieteten Räume mangelhaft sind. Unter einem Mangel ist die für den Mieter nachteilige Abweichung des tatsächlichen Zustands der Mietsache von dem vertraglich geschuldeten Zustand zu verstehen, wobei sowohl tatsächliche Umstände als auch rechtliche Verhältnisse in Betracht kommen. Auch bestimmte äußere Einflüsse oder Umstände können einen Mangel begründen. Allerdings ist dazu eine unmittelbare Einwirkung auf die Gebrauchstauglichkeit erforderlich. Umstände, die die Eignung der Mietsache zum vertragsgemäßen Gebrauch nur *mittelbar* berühren, reichen nicht aus.[6]

Der Umstand, dass viele andere Läden im Einkaufscenter schließen mussten, hat zwar Einfluss auf den Kundenstrom und die zu erwartenden Umsätze. Es handelt sich dabei jedoch um einen Umstand, der allenfalls mittelbar die Gebrauchstauglichkeit des an H vermieteten Ladens beeinträchtigt. Da sonach kein Mangel vorliegt, ist der vertragsgemäße Gebrauch nicht beeinträchtigt. Die fristlose Kündigung kann daher nicht auf § 543 Abs. 2 S. 1 Nr. 1 gestützt werden. 6

Auch § 569 Abs. 2, der gem. § 578 Abs. 2 auf das vorliegende Geschäftsraummietverhältnis anwendbar ist und den Katalog wichtiger Gründe erweitert, hilft hier nicht weiter, da es nicht um eine Störung des Hausfriedens geht. 7

2. Kündigungsrecht aus § 313 Abs. 3 S. 2 wegen Wegfalls der Geschäftsgrundlage

Ein Kündigungsrecht könnte sich aber aus dem Gesichtspunkt der Störung der Geschäftsgrundlage (§ 313) ergeben.[7] Grundsätzlich kann bei Störung der Geschäftsgrundlage nur Vertragsanpassung gemäß § 313 Abs. 1 verlangt werden. Wenn allerdings eine Anpassung nicht möglich oder einem Teil nicht zumutbar ist, kann nach § 313 Abs. 3 S. 1 der benachteiligte Teil vom Vertrag zurücktreten. Bei Dauerschuldverhältnissen, wie hier, tritt nach § 313 Abs. 3 S. 2 an die Stelle des Rücktrittsrechts das Recht zur Kündigung. Jedoch müssen auch im Falle des Rücktritts bzw. der Kündigung die Voraussetzungen vorliegen, die das Gesetz für einen Anspruch auf Vertragsanpassung vorsieht. 8

Ausgangspunkt ist sonach § 313 Abs. 1. Erste Voraussetzung ist, dass sich Umstände, die zur Grundlage des Vertrages geworden sind, nach Vertragsschluss schwerwiegend verändert haben und die Parteien den Vertrag nicht oder mit anderem Inhalt geschlossen hätten, wenn sie diese Veränderung vorausgesehen hätten. 9

a) Geschäftsgrundlage, § 313 Abs. 1

Hier ist davon auszugehen, dass die (weitgehenden) Vermietungen der anderen Läden Umstände waren, welche die Geschäftsgrundlage des Mietvertrages zwischen H und C bildeten, weil die Rentabilität eines derartigen Ladens entscheidend davon beeinflusst wird. 10

b) Schwerwiegende Änderung der Umstände

Da viele Geschäfte schließen mussten, haben sich diese Umstände nach Vertragsschluss schwerwiegend geändert. 11

---

[6] Vgl. *BGH* NJW 2000, 1714, 1715.
[7] Die Regelung des § 313 tritt an die Stelle der von der Rspr. zu § 242 entwickelten, weitgehend gewohnheitsrechtlich anerkannten Grundsätze über die Geschäftsgrundlage (vgl. dazu *BGH* NJW 2000, 1714, 1716; *Köhler*, Festgabe 50 Jahre Bundesgerichtshof, 2000, 295). Substanzielle Unterschiede sind nur in der Regelung der Vertragsanpassung zu erkennen: Während im früheren Recht die Vertragsanpassung nach h.M. automatisch erfolgte, gewährt § 313 Abs. 1 nur einen Anspruch auf Vertragsanpassung (vgl. dazu *Eidenmüller*, Jura 2001, 824, 831).

c) Anderer Vertragsinhalt bei Voraussicht

12   Es ist auch davon auszugehen, dass H den Mietvertrag nicht, jedenfalls nicht mit diesem Mietzins geschlossen hätte, wenn sie dies vorausgesehen hätte.

d) Unzumutbarkeit des Festhaltens am Vertrag

13   Allerdings gewährt § 313 Abs. 1 einen Anspruch auf Vertragsanpassung wegen Störung der Geschäftsgrundlage nicht schlechthin, sondern nur „soweit einem Teil unter Berücksichtigung aller Umstände des Einzelfalls, insbesondere der vertraglichen oder gesetzlichen Risikoverteilung, das Festhalten am unveränderten Vertrag nicht zugemutet werden kann".

14   Es ist deshalb zu fragen, wie die vertragliche oder gesetzliche Risikoverteilung im Mietvertrag zwischen C und H geregelt ist. Hierfür gilt, dass bei einem Mietvertrag, soweit nichts anderes vereinbart ist, der Mieter grundsätzlich das *Verwendungsrisiko* trägt, bei einer Geschäftsraummiete also das Risiko der Gewinnerzielung mit der Mietsache.[8] Daran ändert es nichts, dass auch der Vermieter von einem wirtschaftlichen Erfolg der Vermietung ausgeht.

e) Zwischenergebnis

15   Da sonach schon eine Vertragsanpassung nicht in Betracht kommt, scheidet folgerichtig auch die Möglichkeit der Kündigung aus.

3. Kündigungsrecht nach § 314 aus wichtigem Grund

16   In § 314 Abs. 1 S. 1 ist angeordnet, dass jeder Vertragsteil ein Dauerschuldverhältnis aus wichtigem Grund ohne Einhaltung einer Kündigungsfrist kündigen kann.[9] Nach § 314 Abs. 1 S. 2 liegt ein wichtiger Grund vor, wenn dem kündigenden Teil unter Berücksichtigung aller Umstände des Einzelfalls und unter Abwägung der beiderseitigen Interessen die Fortsetzung des Vertragsverhältnisses bis zur vereinbarten Beendigung oder bis zum Ablauf einer Kündigungsfrist nicht zugemutet werden kann.

17   Vergleichbare Regelungen finden sich in den §§ 543, 626 sowie in § 89a HGB. Diese Spezialregelungen für bestimmte Dauerschuldverhältnisse gehen der allgemeinen Regelung des § 314 vor.[10] Umstritten ist hingegen, ob § 313 Abs. 3 S. 2 (Kündigung wegen Störung der Geschäftsgrundlage) dem § 314 vorgeht.[11] Da hier beide Regelungen nicht eingreifen, braucht darauf nicht weiter eingegangen zu werden.

18   Da hier die mietvertragliche Spezialregelung des § 543 anwendbar ist, ist kein Raum für eine Heranziehung des § 314. (Im Übrigen würden sich daraus keine abweichenden Resultate ergeben.)

4. Ergebnis zur fristlosen Kündigung

19   Die H hat kein Recht zur fristlosen Kündigung.

5. Umdeutung in eine ordentliche Kündigung, § 140

20   Grundsätzlich kommt bei einer unwirksamen fristlosen Kündigung ihre Umdeutung in eine fristgemäße (ordentliche) Kündigung gem. § 140 in Betracht, wenn davon

---
[8] Vgl. *BGH* NJW 2000, 1714, 1716.
[9] Dies war auch schon im früheren Recht anerkannt; vgl. BT-Drs. 14/6040, S. 176.
[10] Vgl. BT-Drs. 14/6040, S. 177.
[11] Dafür Begr. zum RegE, BT-Drs. 14/6040, S. 177. – Anders insoweit BGHZ 133, 316, 320 f. und *Eidenmüller*, Jura 2000, 824, 832 (Abgrenzung auf der Tatbestandsebene).

auszugehen ist, dass der Kündigende das Dauerschuldverhältnis auf jeden Fall zum nächstmöglichen Termin beenden will. Jedoch liegt hier ein befristeter Mietvertrag vor, bei dem eine ordentliche Kündigung ausgeschlossen ist, vgl. § 542 Abs. 1. Damit scheidet auch die Umdeutung aus.

III. Ergebnis

C kann von H gem. § 535 Abs. 2 Mietzahlung für April verlangen. 21

Fall 34. Nicht mehr auf Achse

BGH NJW-RR 1991, 204.

Sachverhalt

Die Krause Kipper GmbH (K) vermietet der Bernhard Bau GmbH (B) am 2. 1. auf unbestimmte Zeit einen gebrauchten Muldenkipper zum Transport heißer Schlacke für monatlich 5500 €. Der Mietvertrag enthält u. a. folgende AGB:
§ 8 Unterhaltungspflicht des Mieters: 1. Der Mieter ist verpflichtet: a) das gemietete Gerät vor Überbeanspruchung in jeder Weise zu schützen; b) für sach- und fachgerechte Wartung und Pflege des Gerätes Sorge zu tragen; c) notwendige Instandsetzungsarbeiten sofort sach- und fachgerecht unter Verwendung von Original- oder gleichwertigen Ersatzteilen auf seine Kosten vornehmen zu lassen, es sei denn, der Mieter und seine Hilfspersonen haben nachweislich jede gebotene Sorgfalt beachtet.
Die Bernhard Bau GmbH hält sich stets an diese Vorgaben. Dennoch erleidet der Muldenkipper am 31. 8. einen Bruch der Vorderachse und ist nicht mehr einsatzfähig. Laut Kostenvoranschlag vom nächsten Tag beläuft sich der Reparaturaufwand auf 75 000 € zuzüglich Mehrwertsteuer; der Zeitwert des Muldenkippers liegt bei 50 000 €. Die Bernhard Bau GmbH beschließt erst nach reiflicher Überlegung und Einholung rechtlichen Rates, keinen Reparaturauftrag zu erteilen. Daher teilt sie der Krause Kipper GmbH den Schaden erst am 30. 9. mit und fordert diese auf, den Muldenkipper reparieren zu lassen. Dies verweigert die K am 1. 10.; sie verweist auf ihre AGB sowie die hohen Reparaturkosten, das Alter des Fahrzeugs und die Möglichkeit, ein gleichartiges Fahrzeug bei einem anderen Anbieter zu mieten. B zahlt daraufhin die Miete für Oktober nicht.

1. Kann die B die Reparatur des Muldenkippers verlangen?
2. Kann die K für Oktober Zahlung der Miete verlangen?
3. Kann die B die Miete für September zurückfordern?

Vorüberlegungen

Das erst 2001 reformierte Mietrecht ist (wie das Reisevertragsrecht) nur rudimentär an das seit 2002 geltende allgemeine Leistungsstörungsrecht angepasst. So hat man die Mängelgewährleistungsansprüche in ihrer bisherigen Form beibehalten, weil man insbesondere die Garantiehaftung für anfängliche Mängel beibehalten wollte, und letztlich nur zwei terminologische Anpassungen vorgenommen und Verweise geändert.[1]

---

[1] Gegenäußerung der Bundesregierung zur Stellungnahme des Bundesrates, BT-Drs. 14/6847, 66 f.; Bericht des Rechtsausschusses, BT-Drs. 14/7052, 203. – Man hat in §§ 536 a und c nach dem Wort

Das wirkt sich im vorliegenden Fall nicht allzu sehr aus, da nach h. M. das allgemeine Leistungsstörungsrecht anzuwenden ist.

Der Mietzinsanspruch wäre gem. § 536 Abs. 1 S. 1 entfallen, wenn ein Fehler vorläge. Ein Fehler liegt aber – zumindest nach Ansicht des BGH (str.) – nicht vor, wenn die Vermieterin gem. § 275 von ihren Pflichten gem. § 535 Abs. 1 ohne weiteres befreit ist.[2] Damit entfiele der Miet(zins)Anspruch gem. § 326 Abs. 1 S. 1.

Im Rahmen des § 275 ist zwischen der „echten" und der sog. „praktischen" Unmöglichkeit abzugrenzen (vgl. Fälle 6 und 18). Für den konkreten Sachverhalt ergeben sich außerdem im Hinblick auf die fehlende Abstimmung des Mietrechts Schwierigkeiten mit § 326 Abs. 1 S. 2.

Gliederung

	Rn.
I. Anspruch der B auf Reparatur des Muldenkippers, § 535 Abs. 1 S. 2 Hs. 2	1
1. Bestehen eines Mietvertrags	2
2. Nicht vertragsgemäßer Zustand des Muldenkippers	3
3. Überwälzung der Reparaturpflicht auf B?	4
4. Ausschluss des Anspruchs gem. § 275 Abs. 1	9
5. Leistungsverweigerungsrecht der K gem. § 275 Abs. 2	10
6. Ergebnis	14
II. Anspruch der K auf Mietzahlung für Oktober gem. § 535 Abs. 2	15
1. Entstehen durch Mietvertragsschluss	16
2. Erlöschen gem. § 326 Abs. 1 S. 1	17
a) Gegenseitiger Vertrag	18
b) Leistungsbefreiung der K gem. § 275 Abs. 2	19
c) Vorrang des § 536?	20
d) Unanwendbarkeit des S. 1 gem. S. 2	21
aa) Befreiung von einer Nacherfüllungspflicht	22
bb) Folgen der Anwendung des § 326 Abs. 1 S. 2 auf den Mietvertrag	23
cc) Teleologische Reduktion des S. 2	24
3. Ergebnis	27
III. Anspruch der B auf Rückzahlung der Miete für September?	28
1. Anspruch gem. §§ 346 Abs. 1, 326 Abs. 4	28
2. Anspruch gem. § 536a Abs. 1	31

„Schadensersatz" die Wörter „wegen Nichterfüllung" gestrichen und in § 536 Abs. 1 S. 1 aus dem „Fehler" ein „Mangel" gemacht.

[2] Vgl. *BGH* NJW-RR 1991, 204, 205: „Es entspricht der ständigen Rechtsprechung des Senats, dass die Verpflichtung des Vermieters zur Wiederherstellung der Mietsache dort endet, wo der dazu erforderliche Aufwand die „Opfergrenze" übersteigt (*BGH* NJW 1957, 826 = LM § 536 BGB Nr. 4; LM § 281 BGB Nr. 5 = WM 1977, 400, 401). Dann liegt nämlich ein Fall der Unmöglichkeit vor, der den Vermieter gem. § 275 Abs. 1 BGB von seiner Pflicht frei werden lässt, sofern er – wie im vorliegenden Fall – die zur Unmöglichkeit führenden Umstände nicht zu vertreten hat (RGZ 89, 203 [207]; vgl. auch *Mittelstein*, Miete, 4. Aufl., S. 266 f.; Staudinger/*Emmerich*, 12. Aufl., 2. Bearb. [1981], §§ 535, 536 Rn. 48, Vorb. § 537 Rn. 8 ff.; *Emmerich/Sonnenschein*, Miete, Vorb. § 537 Rn. 6; MünchKomm/ *Voelskow*, 2. Aufl., §§ 535, 536, Rn. 66, 67 sowie Vorb. §§ 537 bis 543 Rn. 6; *Kraemer*, in: Bub/Treier, Handbuch der Geschäfts- und Wohnraummiete, Rn. 1192; *Roquette*, Das Mietrecht des BGB, 1966, § 536 Rn. 30 Fn. 28). Dabei ist nicht erforderlich, dass der Vermieter – anders als dies § 633 II 3 BGB für die Nachbesserungspflicht des Werkunternehmers bestimmt – die Beseitigung des Mangels wegen unverhältnismäßigen Aufwandes verweigert."

	Rn.
3. Anspruch gem. §§ 280 Abs. 1 und 3, 283 bzw. 281 Abs. 1	31
4. Anspruch gem. § 812 Abs. 1 S. 1 Alt. 1	33
a) Etwas durch Leistung erlangt	34
b) Ohne rechtlichen Grund	35
aa) Mangelhaftigkeit des Muldenkippers, § 536 Abs. 1	36
bb) Ausschluss der Minderung analog § 536b	39
cc) Ausschluss der Minderung gem. § 536c Abs. 2 S. 2 Nr. 1	40
c) Ausschluss gem. § 814	41
d) Ergebnis	42

Lösung

I. Anspruch der B auf Reparatur des Muldenkippers, § 535 Abs. 1 S. 2 Hs. 2

1   Ein Anspruch der B gegen die K auf Reparatur des Muldenkippers könnte sich aus § 535 Abs. 1 S. 2 Hs. 2 ergeben.

1. Bestehen eines Mietvertrags

2   Ein Mietvertrag über einen Muldenkipper zum Transport heißer Schlacke liegt vor. Die beiden GmbHs können aufgrund ihrer in § 13 Abs. 1 GmbHG angeordneten Rechtsfähigkeit Vertragspartei sein.

2. Nicht vertragsgemäßer Zustand des Muldenkippers

3   Der Muldenkipper müsste sich in einem nicht vertragsgemäßen Zustand befinden, was angesichts der durch den Achsbruch entfallenen Einsatzfähigkeit zu bejahen ist. Daher ist K grundsätzlich gem. § 535 Abs. 1 S. 2 Hs. 2 verpflichtet, den Muldenkipper wieder in einen vertragsgemäßen Zustand zu versetzen, also zu reparieren.

3. Überwälzung der Reparaturpflicht auf B?

4   K wäre nicht zur Reparatur verpflichtet, wenn sie diese Pflicht in § 8 ihrer AGB auf die B übertragen hätte. Beim Mietvertrag ist eine Abwälzung der vertraglichen Instandhaltungspflicht auf den Mieter grundsätzlich möglich, obwohl es sich dabei um eine Hauptleistungspflicht des Vermieters handelt.[3]

5   Daher ist zu prüfen, ob K ihre Instandhaltungspflicht in § 8 ihrer AGB wirksam auf B übertragen hat: Von einer wirksamen Einbeziehung der lt. Sachverhalt vorliegenden AGB, die im Verhältnis der Parteien als Unternehmer i.S.v. § 14 Abs. 1 gem. § 310 Abs. 1 auch ohne Einhaltung der Erfordernisse nach § 305 Abs. 2 und 3 möglich ist, ist auszugehen.

6   **Hinweis:** Wenn der Sachverhalt von AGB-Klauseln berichtet, die in einem Vertrag vorkommen, sollte man von einer wirksamen Einbeziehung ausgehen, wenn keine Gründe ersichtlich sind, die gegen die Einbeziehung sprechen.

7   Sodann ist § 8 der AGB zunächst auszulegen. Die Klausel konkretisiert in lit. a die Pflicht der B, von dem Kipper nur einen vertragsgemäßen Gebrauch zu machen. In

---

[3] Vgl. – nicht nur zu Schönheitsreparaturen bei der Wohnraummiete – Hk/*Eckert*, § 535 Rn. 6; Palandt/*Weidenkaff*, § 535 Rn. 42 ff. m.w.N.

lit. b ist die laufende Wartung und Pflege des Fahrzeugs auf die B übertragen. Eine Pflicht zur Reparatur ergibt sich lediglich aus lit. c). Diese Vertragsbestimmung setzt jedoch voraus, dass der Mieter und seine Hilfspersonen nicht jede gebotene Sorgfalt beachtet haben. Da die B den Kipper in der gebotenen Weise behandelt und auch ordnungsgemäß gewartet hatte, greift lit. c hier nicht ein. Die Pflicht zur Reparatur von sonstigen Schäden bzw. Mängeln des Kippers ist von § 8 nicht erfasst.[4] Somit kommt es auf die Wirksamkeit dieser Klausel gem. § 307 Abs. 1 nicht an. Die Reparaturverpflichtung traf somit gem. § 535 Abs. 1 S. 2 Hs. 2 die K.

Hinweis: Die Auslegung von AGB ist wichtig, wird aber gern übergangen. Nur sie klärt ggf., ob eine Pflicht übertragen wurde oder ob aus den AGB ein Anspruch folgt, aber auch, ob die Inhaltskontrolle gem. § 307 Abs. 3 durch Abweichung oder Ergänzung von Rechtsnormen überhaupt eröffnet ist. 8

4. Ausschluss des Anspruchs gem. § 275 Abs. 1

Der Anspruch auf Reparatur wäre gem. § 275 Abs. 1 ausgeschlossen, wenn die Instandsetzung jedermann oder zumindest der K unmöglich wäre. Da die Reparatur technisch möglich ist und lediglich einen sehr hohen finanziellen Aufwand erfordern würde, liegt Unmöglichkeit i. S. d. § 275 Abs. 1 nicht vor,[5] arg § 275 Abs. 2. 9

5. Leistungsverweigerungsrecht der K gem. § 275 Abs. 2

Möglicherweise konnte die K die Reparatur gem. § 275 Abs. 2 verweigern. Dazu müsste die Reparatur des Muldenkippers einen Aufwand erfordern, der unter Beachtung des Inhalts des Schuldverhältnisses und der Gebote von Treu und Glauben in einem groben Missverhältnis zu dem Leistungsinteresse der B steht. 10

Zur Feststellung eines solchen groben Missverhältnisses kann man als *Ausgangspunkt* den Wert des Leistungsinteresses des Gläubigers dem finanziellen Aufwand gegenüberstellen, der dem Schuldner im Falle der Leistungserbringung entstehen würde. Dabei ist zu berücksichtigen, dass es hier um eine Dauerverpflichtung geht, B also ein Interesse an der Überlassung für die gesamte vereinbarte Mietzeit oder zumindest bis zur nächsten ordentlichen Kündigungsmöglichkeit des K hat. Jedoch ist die Kündigung hier gem. § 580a Abs. 3 Nr. 2 mit drei Tagen zum Monatsende möglich. Damit kann man das Leistungsinteresse des B mit der monatlichen Miete gleichsetzen, wenn man davon ausgeht, dass es sich um eine marktübliche Miete handelt. Das sind dann 5500 €, die der finanzielle Aufwand für die Herstellung des vertragsgemäßen Zustandes in Höhe von 75 000 € zzgl. Mehrwertsteuer sehr deutlich übersteigt.[6] 11

Gleichwohl kann man nicht allein auf die finanziellen Relationen abstellen, sondern muss auch noch weitere Umstände berücksichtigen. So übersteigt der Aufwand für die Reparatur den Zeitwert des Muldenkippers von 50 000 € um mehr als die Hälfte. Im Sinne der Rechtsprechung zum Schadensersatzrecht liegt somit ein wirtschaftlicher Totalschaden vor.[7] Dies spricht zusammen mit dem Umstand, dass es hier um die Verpflichtung zur Überlassung und Erhaltung einer gebrauchten Mietsache geht, für eine Unzumutbarkeit der Reparatur.[8] 12

Letztere ist aber nur anzunehmen, wenn der Aufwand nach Treu und Glauben in einem groben Missverhältnis zum Leistungsinteresse des Gläubigers steht. Es kommt insofern also auf die Schutzwürdigkeit des Interesses der B an der Reparatur des ge- 13

---

[4] Vgl. *BGH* NJW-RR 1991, 204.
[5] Zur Lösung nach § 275 Abs. 1 a. F. vgl. *BGH* NJW-RR 1991, 204.
[6] So jedenfalls Palandt/*Grüneberg*, § 275 Rn. 28.
[7] Vgl. zuletzt *BGH* NJW 1999, 500 m. w. N.
[8] Palandt/*Grüneberg*, § 275 Rn. 28; zum früheren Recht auch *BGH* NJW-RR 1991, 204, 205.

brauchten Mietmuldenkippers an. Da davon auszugehen ist, dass sich B auf dem Markt eine Ersatzmietsache beschaffen kann, und K den Eintritt des Achsbruchs auch nicht zu vertreten hat (§ 275 Abs. 2 S. 2), ist das grobe Missverhältnis zu bejahen.[9] K war somit berechtigt, die Reparatur des Muldenkippers und somit die weitere Überlassung einer vertragsgemäßen Mietsache zu verweigern. Da sie dies am 1. 10. getan hat, entfiel ihre Leistungspflicht ab diesem Zeitpunkt.

6. Ergebnis

14   B kann von K nicht Reparatur des Muldenkippers verlangen, § 275 Abs. 2 S. 1.

II. Anspruch der K auf Mietzahlung für Oktober gem. § 535 Abs. 2

15   Zu prüfen ist der Anspruch der K gegen die B auf Mietzahlung, § 535 Abs. 2.

1. Entstehen durch Mietvertragsschluss

16   Der Anspruch ist durch Abschluss des Mietvertrags über den Muldenkipper in der vereinbarten Höhe von 5500 € pro Monat entstanden.

2. Erlöschen gem. § 326 Abs. 1 S. 1

17   Der Anspruch könnte ab 1. 10. gem. § 326 Abs. 1 S. 1 Hs. 1 vollständig entfallen sein.

a) Gegenseitiger Vertrag

18   Der Mietvertrag ist ein gegenseitiger Vertrag i. S. d. §§ 320 ff.

b) Leistungsbefreiung der K gem. § 275 Abs. 2

19   Wie in Rn. 13 dargelegt, ist die K gem. § 275 Abs. 2 S. 1 ab 1. 10. von ihrer Verpflichtung zur Erhaltung der Mietsache in einem vertragsgemäßen Zustand (§ 535 Abs. 1 S. 1 und 2) vollständig befreit. Diese Pflicht stand im Gegenseitigkeitsverhältnis, arg § 535 Abs. 1 und 2.

c) Vorrang des § 536?

20   Die Anwendung des § 326 Abs. 1 könnte wegen Vorrangs der spezielleren Sachmängelgewährleistungsvorschriften der §§ 536 ff. ausgeschlossen sein, den man grundsätzlich zumindest ab (dem Zeitpunkt) der Überlassung der Mietsache annimmt,[10] die hier erfolgt ist. Ob der Vorrang uneingeschränkt gilt,[11] ist umstritten; die h. M. macht eine Ausnahme für den Fall, dass die fehlende Gebrauchstauglichkeit der Mietsache nicht auf einen Fehler, sondern ein anderes Leistungshindernis zurückgeht, das den Vermieter gem. § 275 Abs. 1 oder 2 von seiner Leistungspflicht befreit.[12] Im vorliegenden Fall hebt zwar die gebrochene Achse die Gebrauchstauglichkeit des Kippers vollständig auf, so dass ein Mangel vorliegt, der gem. § 536 Abs. 1 die Mietzahlungspflicht ausschließt. Dieser Ausschluss greift aber nur bis zur Behebung des Mangels ein.

---

[9] Ebenso i. Erg. *Fischer*, DB 2001, 1923, 1925.
[10] Vgl. m. w. N. BGHZ 136, 102, 106 ff.; Hk/*Eckert*, § 536 Rn. 2 ff.; Jauernig/*Teichmann*, § 536 Rn. 2; Palandt/*Weidenkaff*, § 536 Rn. 7 ff.
[11] Dafür Jauernig/*Teichmann*, § 536 Rn. 2 m. w. N.
[12] Hk/*Eckert*, § 536 Rn. 3; Palandt/*Weidenkaff*, § 536 Rn. 10. – Aus der Rspr. zum alten Recht BGHZ 116, 334, 336 f.; *BGH* NJW-RR 1991, 204, 205.

Fall 34. Nicht mehr auf Achse 329

Demgegenüber schließt die Leistungsverweigerung der K bezüglich der Mängelbeseitigung nach § 275 Abs. 2 den Mietzahlungsanspruch endgültig aus. Aus diesem Grunde findet § 536 keine Anwendung (a. A. vertretbar; dann entfällt der Zahlungsanspruch gem. § 536 Abs. 1 S. 1, solange keine Reparatur erfolgt).

d) Unanwendbarkeit des S. 1 gem. S. 2

Jedoch könnte § 326 Abs. 1 S. 1 gemäß S. 2 unanwendbar sein, wenn es sich hier um 21 einen Fall der nicht vertragsgemäßen Leistung handelt, in dem der Schuldner (lediglich) von seiner Nacherfüllungspflicht gem. § 275 befreit ist.

aa) Befreiung von einer Nacherfüllungspflicht

Dazu müsste der Instandhaltungsanspruch des Mieters gem. § 535 Abs. 1 S. 2 22 Hs. 2 ein „Nacherfüllungsanspruch" i. S. v. § 326 Abs. 1 S. 2 sein. Dessen Terminologie knüpft offensichtlich an die Gewährleistung bei Kauf- und Werkverträgen an (§§ 439 Abs. 1, 635 Abs. 1). Doch soll auch der Anspruch aus § 535 Abs. 1 S. 2 dem Sachleistungsgläubiger eine vertragsgemäße Leistung verschaffen. Zwar könnte man einwenden, der Begriff der Nacherfüllung passe hier nicht, da zunächst ordnungsgemäß erfüllt worden ist, bis der Mangel auftrat. Wenn aber dem Mieter eine von Anfang an mangelhafte Mietsache überlassen wird, besteht kein relevanter Unterschied zu einer mangelhaften Kaufsache oder einem mangelhaften Werk. Damit enthält auch § 535 Abs. 1 S. 2 einen Nacherfüllungsanspruch.

bb) Folgen der Anwendung des § 326 Abs. 1 S. 2 auf den Mietvertrag

Bei Anwendung des § 326 Abs. 1 S. 2 auf den Mietvertrag müsste die B gem. §§ 326 23 Abs. 5, 323 vom Mietvertrag zurücktreten bzw. diesen wegen seines Dauercharakters kündigen (vgl. § 313 Abs. 3 S. 2), um von ihrer Mietzahlungspflicht befreit zu werden. Die Befreiung durch eine Kündigung träte aber nur ex nunc ein. Somit bliebe die Mieterin B im Übrigen auf das Leistungsverweigerungsrecht des § 320 Abs. 1 S. 1 angewiesen.[13] Da dieses aber seinerseits eine fällige und vollwirksame Gegenforderung voraussetzt, an der es hier fehlt, weil die K als Vermieterin von ihrer Leistungspflicht gem. § 275 Abs. 2 befreit ist, bliebe B zur Entrichtung der Gegenleistung verpflichtet, obwohl K von ihrer Hauptleistungspflicht befreit ist. Das erscheint wenig sachgerecht.

cc) Teleologische Reduktion des S. 2

Es liegt nahe, § 326 Abs. 1 S. 2 aufgrund einer teleologischen Reduktion auf den 24 Mietvertrag nicht anzuwenden, solange eine Anpassung der für ihn geltenden Gewährleistungsvorschriften an die allgemeinen Leistungsstörungsregeln nicht erfolgt ist. Denn andernfalls wäre die Situation hier unhaltbar: Träte die Leistungsstörung – der Achsbruch – bereits vor Überlassung an den Mieter auf, wäre § 326 Abs. 1 S. 1 ohne weiteres anzuwenden, da die Überlassungsverpflichtung gem. § 275 Abs. 2 von Anfang an entfiele. Der Eintritt der Störung nach Überlassung bei gleichzeitigem Nichtbestehen einer Erhaltungspflicht nach § 535 Abs. 1 S. 2 lässt die gesamte Überlassungsverpflichtung des Vermieters für die Zukunft entfallen.

Für die Notwendigkeit einer teleologischen Reduktion spricht der Zweck des § 326 25 Abs. 1 S. 2:[14] Die Vorschrift soll verhindern, dass über § 326 Abs. 1 S. 1 eine Minde-

---

[13] Dieses ist in der Praxis allerdings oftmals stark eingeschränkt bis ausgeschlossen, weshalb die in der Lösung folgenden Erwägungen über den Fall hinaus von Bedeutung sind.
[14] Vgl. die Begründung im RegE, BT-Drs. 14/6040, S. 437 f., zu § 326 Abs. 1 S. 3 RE, aus dem im Laufe des Gesetzgebungsverfahrens § 326 Abs. 1 S. 2 und § 326 Abs. 5 geworden sind.

rung kraft Gesetzes eintritt. Denn die Minderung setzt gem. §§ 441, 638 eine entsprechende Erklärung (und damit Entscheidung) des Käufers bzw. Bestellers voraus. Damit es dabei bleibt, erklärt § 326 Abs. 1 S. 2 i.V.m. Abs. 5 den Rücktritt bei der Schlechterfüllung für notwendig. Bei diesen einleuchtenden Erwägungen scheint man nicht ausreichend bedacht zu haben,[15] dass im Mietrecht die Minderung kraft Gesetzes eintritt, § 536 Abs. 1 S. 1. Damit erfasst § 326 Abs. 1 S. 2 seinem Wortlaut nach einen Fall, den er seinem Zweck nach nicht erfassen sollte, so dass eine teleologische Reduktion bei Mietverträgen zulässig und geboten ist. Es verbleibt daher bei der Regel des § 326 Abs. 1 S. 1.[16]

26 **Hinweis:** Das Problem ließe sich auch bei Anwendung des § 326 Abs. 1 S. 2 lösen. Dazu muss man allerdings entgegen der h. M.[17] § 536 Abs. 1 hier anwenden.[18] Dann entfiele der Mietzinsanspruch recht zwanglos gem. § 536 Abs. 1 S. 1.

3. Ergebnis

27 Ein Anspruch auf Mietzinszahlung besteht jedenfalls ab 1. 10. nicht mehr.

III. Anspruch der B auf Rückzahlung der Miete für September?

1. Anspruch gem. §§ 346 Abs. 1, 326 Abs. 4

28 B könnte gegen K einen Anspruch auf Rückzahlung der Miete für September gem. § 346 Abs. 1 haben.
29 Da B einen Rücktritt vom Mietvertrag (bzw. die ersatzweise Kündigung) nicht gem. § 349 erklärt hat, kann der Anspruch nur gem. § 326 Abs. 4 bestehen. Dazu müsste die von B gezahlte Miete für September gem. § 326 Abs. 1 nicht geschuldet gewesen sein. Wie bereits festgestellt, entfiel die Mietzahlungspflicht jedoch erst mit der Erhebung der Einrede nach § 275 Abs. 2 durch K am 1. 10.[19]
30 Ein Anspruch gem. § 346 Abs. 1 besteht somit für die Septembermiete nicht.

2. Anspruch gem. § 536a Abs. 1

31 Gemäß § 536a Abs. 1 könnte B gegen K einen Schadensersatzanspruch in Höhe der Septembermiete haben. Soweit man der oben vertretenen Auffassung folgt, fehlt allerdings der dafür erforderliche Mangel. Wenn man ihn bejahen wollte, bestünde eine Schadensersatzpflicht für diesen nach Vertragsschluss eingetretenen Mangel aber nur, wenn die K ihn gem. § 276 Abs. 1 S. 1 zu vertreten hätte. Dies ist dem Sachverhalt nicht zu entnehmen, so dass der Anspruch auf keinen Fall besteht.

---

[15] Vgl. auch Gegenäußerung der Bundesregierung zur Stellungnahme des Bundesrates, BT-Drs. 14/6847, 66f.; Bericht des Rechtsausschusses, BT-Drs. 14/7052, 203.
[16] Für die Anwendung des § 326 Abs. 1 S. 1 ex nunc kann man auch die Regelung in S. 1 Hs. 2 heranziehen, die die Anwendung der Vorschrift im Falle einer teilweisen Unmöglichkeit regelt. Zwar ist insofern eine teilweise Unmöglichkeit im klassischen Sinne gemeint, die eine quantitative Teilbarkeit der Leistung voraussetzt. Jedoch liegt hier eine zeitweise Unmöglichkeit bei einer Dauerverpflichtung vor, die der klassischen teilweisen Unmöglichkeit nicht völlig unähnlich ist und die man daher in § 326 Abs. 1 S. 1 einbeziehen könnte. Damit bliebe es also beim Wegfall der Pflicht zur Mietzahlung gem. § 326 Abs. 1 S. 1 ab Berufung auf § 275 Abs. 2.
[17] Palandt/*Weidenkaff*, § 536 Rn. 10.
[18] *Wolf-Eckert*, Handbuch des gewerblichen Miet-, Pacht- und Leasingrechts, 5. Aufl., 1987, Rn. 117; *Sternel*, Mietrecht, 3. Aufl., 1988, II Rn. 501 mit nicht zutr. Hinw. auf *BGH* NJW 1963, 804 = LM § 538 *BGB* Nr. 6; noch weitergehend Soergel/*Kummer*, 11. Aufl., 1980, §§ 535–536 Rn. 127.
[19] Nach altem Recht dagegen mit Eintritt dem Achsbruch, vgl. *BGH* NJW-RR 1991, 204, 205.

3. Anspruch gem. §§ 280 Abs. 1 und 3, 283 bzw. 281 Abs. 1

Der Anspruch scheitert in der ersten Variante daran, dass die erforderliche Leistungsbefreiung erst ab Oktober eingetreten ist. Da es zuvor keine Fristsetzung gab, scheidet auch die zweite Variante aus. Im Übrigen gilt auch hier wieder jeweils, dass die K den Achsbruch nicht zu vertreten hat.

4. Anspruch gem. § 812 Abs. 1 S. 1 Alt. 1

In Betracht kommt ein Anspruch der B auf Herausgabe der zu Unrecht gezahlten Miete aus Leistungskondiktion, § 812 Abs. 1 S. 1 Alt. 1.

a) Etwas durch Leistung erlangt

K hat von B die Zahlung der Septembermiete erlangt, und zwar aufgrund einer Zahlung zum Zwecke der Erfüllung der Mietzahlungspflicht gem. § 535 Abs. 2. Darin liegt eine bewusste und zweckgerichtete Mehrung des Vermögens der K, also eine Leistung.

b) Ohne rechtlichen Grund

Die Leistung muss ohne rechtlichen Grund erfolgt sein. Dies wäre der Fall, wenn der Mietanspruch für September gem. § 536 Abs. 1 S. 1 entfallen wäre.[20]

aa) Mangelhaftigkeit des Muldenkippers, § 536 Abs. 1

Dazu müsste der Muldenkipper mit einem Mangel behaftet gewesen sein, der seine Tauglichkeit zum vertragsgemäßen Gebrauch aufhob. Unter einem Mangel ist jede für den Mieter nachteilige Abweichung des tatsächlichen Zustands der Mietsache von dem vertraglich geschuldeten Zustand zu verstehen.[21] Da der Muldenkipper einen Achsbruch erlitten hatte, war er nicht mehr einsetzbar und somit grundsätzlich vollständig mangelhaft i. S. d. § 536 Abs. 1 S. 1.

Dem könnte entgegenstehen, dass nach h. M. ein Mangel nur in Betracht kommt, solange die K als Vermieterin die Gebrauchsgewährung des Muldenkippers gem. § 535 Abs. 1 S. 1 ohne Achsschaden schuldete und somit gem. § 535 Abs. 1 S. 2 zur Beseitigung des Achsschadens verpflichtet war.[22] Dies war solange der Fall, wie sie sich nicht auf ihr Leistungsverweigerungsrecht nach § 275 Abs. 2 S. 1 berufen hatte (s. o. Rn. 13), also bis 1. 10. Das bedeutet mit anderen Worten, dass der Muldenkipper aufgrund des Achsschadens einen Mangel i. S. v. § 536 Abs. 1 S. 1 aufwies, der seine Tauglichkeit für die vertragliche Verwendung völlig ausschloss.

Damit war B gem. § 536 Abs. 1 S. 1 im September von der Verpflichtung zur Mietzahlung befreit; ihre Zahlung erfolgte also ohne rechtlichen Grund.

bb) Ausschluss der Minderung analog § 536 b

Zwar ist umstritten, ob § 536 b entsprechend auf nachträgliche Mängel anzuwenden ist,[23] doch kann dies hier dahinstehen: Denn diese analoge Anwendung setzt voraus,

---
[20] Vgl. Hk/*Eckert*, § 536 Rn. 23; MünchKomm/*Schilling*, § 536 Rn. 27.
[21] *BGH* NJW 2000, 1714, 1715 m. w. N.
[22] Palandt/*Weidenkaff*, § 536 Rn. 10; zum alten Recht *BGH* NJW-RR 1991, 204, 205.
[23] Ablehnend wegen § 536c Abs. 2 S. 2 *BGH* NJW 2007, 147, 148f. m. w. N.; Hk/*Eckert*, § 536 b Rn. 2. A. A. *OLG Naumburg* NJW 2002, 1132, 1133; Palandt/*Weidenkaff*, § 536 b Rn. 8 m. w. N.

dass der Mieter in Kenntnis des Mangels die Miete längere Zeit beanstandungslos weiterzahlt.[24] Diese zeitliche Grenze ist nach einem Monat noch nicht erreicht.

cc) Ausschluss der Minderung gem. § 536c Abs. 2 S. 2 Nr. 1

40 Fraglich ist, ob der Minderung § 536c Abs. 2 S. 2 Nr. 1 entgegensteht, weil B den Mangel erst am 30.9. angezeigt hat und K ihn infolgedessen vorher nicht beseitigen konnte. Freilich muss gerade die Verzögerung der Anzeige die Ursache für die Nichtbeseitigung des Mangels sein. Ist die Mängelbeseitigung nicht möglich, greift die Norm dagegen nicht ein.[25] Dem ist der Fall gleichzustellen, dass der Vermieter die Mängelbeseitigung nach § 275 Abs. 2 verweigern darf. Damit scheidet auch § 536c Abs. 2 S. 2 aus (a. A. vertretbar).

c) Ausschluss gem. § 814

41 Da B erst rechtlichen Rat einholen musste, um zu klären, ob sie nicht selbst zur Reparatur des Muldenkippers verpflichtet war, hatte sie zunächst keine positive Kenntnis vom Nichtbestehen der Mietzahlungspflicht. Daher ist der Bereicherungsanspruch nicht durch § 814 ausgeschlossen.

d) Ergebnis

42 B kann von K gem. § 812 Abs. 1 S. 1 Alt. 1 Rückzahlung der Septembermiete verlangen.

---

[24] So zu § 539 a. F. *BGH* NJW 1997, 2674 m. w. N.
[25] Palandt/*Weidenkaff*, § 536c Rn. 8.

Fall 35. Zangerls Zeche

Sachverhalt

Viehhändler Max Mooshuber (M) hat vom Bauern Leopold Lettenbichler (L) den Zuchtstier Ottokar (O) für 20 000 € gekauft. Als Lettenbichlers alter, seit Jahrzehnten zuverlässiger Knecht Zangerl (Z) den Ottokar zu Mooshuber bringen soll, flößt er dem Stier zum Abschied drei Maß Bier ein, die dazu führen, dass Ottokar ausbricht und randaliert. Anschließend wird er von einem LKW überfahren, der bei dem Vorgang so stark beschädigt wird, dass Lettenbichler an den Halter Hallhuber (H) 5000 € Schadensersatz zahlen muss.

Kann Lettenbichler von Zangerl 25 000 € verlangen?

Vorüberlegung

Das Dienstvertragsrecht enthält kein spezielles Gewährleistungsrecht. Deshalb sind Leistungsstörungen mit den allgemeinen Vorschriften zu bewältigen. Man muss daher § 280 Abs. 1 anwenden, wobei sich die Frage stellt, ob L hier Schadensersatz „statt der Leistung" nach §§ 280, 281 bzw. 283 oder „neben der Leistung" nach § 280 Abs. 1 verlangt. Damit bedarf es der Abgrenzung, die hier zeigt, dass die Kriterien nicht ganz eindeutig sind.

Die Vermutung für das Vertretenmüssen in § 280 Abs. 1 S. 2 erschien dem Gesetzgeber bei Arbeitsverträgen zu weitgehend. Deshalb gilt sie gem. § 619a für Ansprüche des Arbeitgebers gegen den Arbeitnehmer nicht.[1]

Schließlich muss man die besonderen Grundsätze des BAG zum Umfang der Schadensersatzverpflichtung des Arbeitnehmers kennen. Denn mit dessen fremdbestimmter und fremdnütziger Tätigkeit ist der Grundsatz der Totalreparation (§ 249 Abs. 1), also des der Höhe nach unbeschränkten Schadensersatzes, nicht vereinbar. Diese – schon bei Inkrafttreten des BGB erkannte – Regelungslücke wurde vom Großen Senat des BAG im Wege der richterlichen Rechtsfortbildung 1957 durch die Entwicklung der Grundsätze zur gefahrgeneigten Arbeit in entsprechender Anwendung von § 254 geschlossen[2] und über Jahrzehnte mit Änderungen im Detail beibehalten. Eine Haftungsbeschränkung gab es zunächst nur bei sog. gefahrgeneigten Tätigkeiten, denen ein hohes Unfall- und Schadensrisiko immanent ist. Dann haftete der AN nach folgenden Grundsätzen:
– bei Vorsatz und grober Fahrlässigkeit hatte der AN den Schaden alleine zu tragen;
– bei normaler (mittlerer) Fahrlässigkeit wurde der Schaden zwischen AN und AG quotal verteilt;
– bei leichtester Fahrlässigkeit fand eine Schadenstragung allein durch den AG statt.

Nicht zuletzt wegen Abgrenzungsschwierigkeiten hat das BAG 1994 das Erfordernis der gefahrgeneigten Arbeit aufgegeben. Heute gilt die dreistufige Haftungsvertei-

---

[1] Vgl. auch *BAG* NJW 1999, 1049, 1051 f. zur Vorgängernorm, § 282 a. F.
[2] *BAG* NJW 1958, 235; NJW 1959, 1796.

lung für alle Tätigkeiten, die betrieblich veranlasst sind und aufgrund des Arbeitsvertrages erbracht werden.[3] Mehr braucht man heute wohl in einer Klausurlösung nicht mehr dazu auszuführen. Ohnehin sind diese Kenntnisse in Übungen nur zu erwarten, wenn die Teilnehmer/innen bereits Arbeitsrecht gehört haben oder in anderer Weise mit der Problematik vertraut gemacht wurden.

Gliederung

	Rn.
Ansprüche des L gegen Z	1
I. Anspruch gemäß § 280 Abs. 1	1
1. Bestehendes Schuldverhältnis	2
2. Pflichtverletzung	3
3. Ausschluss des Anspruchs bei fehlendem Vertretenmüssen	5
4. Schadensersatz	6
5. Besonderheiten der Schadensersatzhaftung im Arbeitsverhältnis	7
II. § 823 Abs. 1	10

Lösung

Ansprüche des L gegen Z

I. Anspruch gemäß § 280 Abs. 1

1   L könnte gegen seinen Knecht Z einen Schadensersatzanspruch in Höhe von 25 000 € aus § 280 Abs. 1 haben.

1. Bestehendes Schuldverhältnis

2   Das von § 280 Abs. 1 vorausgesetzte Schuldverhältnis liegt in dem zwischen L und Z bestehenden Arbeitsvertrag im Sinne von § 611.

2. Pflichtverletzung

3   Aufgrund des Arbeitsvertrags ist Z verpflichtet, die ihm von L aufgrund seines Direktionsrechts übertragenen Aufgaben ordnungsgemäß zu erfüllen. Gegen diese Pflicht hat Z dadurch, dass er den Stier O in einen betrunkenen Zustand versetzte, verstoßen. Damit hat er zugleich gegen seine Nebenpflicht aus § 241 Abs. 2 verstoßen, die Rechte und sonstigen Interessen seines Vertragspartners zu achten.

4   Fraglich ist allerdings, ob dieser Schadensersatzanspruch aus § 280 Abs. 1 allein folgt, oder ob dieser nicht vielmehr nur unter den zusätzlichen Voraussetzungen der §§ 280 Abs. 1, 3, 281 Abs. 1 S. 1 gewährt werden kann. Dies kann jedoch letztlich dahinstehen, da die Autoren, die den Mangelfolgeschaden § 281 Abs. 1 zuordnen wollen, die nach dieser Norm erforderliche Fristsetzung für entbehrlich halten, wenn ein Folgeschaden durch eine ordnungsgemäße Leistung nicht mehr zu beseitigen ist.

---

[3] *BAG (GS)* NJW 1995, 210, 211 f.; s. a. *BAG* NJW 1999, 1049, 1051.

3. Ausschluss des Anspruchs bei fehlendem Vertretenmüssen

Z muss die Pflichtverletzung zu vertreten haben. Der Schuldner hat gemäß § 276 Abs. 1 S. 1 grundsätzlich Vorsatz und Fahrlässigkeit zu vertreten. Zwar wird das Vertretenmüssen gem. § 280 Abs. 1 S. 2 grundsätzlich vermutet, die Beweislast läge also bei Z. Jedoch gilt dies für Arbeitsverhältnisse aufgrund der Sonderregelung des § 619a nicht, da dem Arbeitgeber die Tatsachen, auf die es für den Beweis ankommt, näher sind und er aufgrund seines Weisungsrechts das Organisationsrisiko trägt. Deshalb liegt die Beweislast gem. § 619a beim Arbeitgeber L.[4] Da Z damit rechnen musste, dass O durch den ungewohnten Alkoholgenuss aggressiv werden und randalieren würde und er selbst nicht so stark angetrunken war, dass er zu dieser Erkenntnis nicht mehr fähig gewesen wäre, hat er die bei der Auslieferung eines Stieres erforderliche Sorgfalt in besonders großem Maße außer Acht gelassen und seine Pflicht zu ordentlicher Arbeit nach § 276 Abs. 2 grob fahrlässig verletzt.

4. Schadensersatz

Z ist dem L daher gem. §§ 249ff. zum vollständigen Ersatz aller Schäden aus seiner Pflichtverletzung verpflichtet. L kann also verlangen, so gestellt zu werden, wie er ohne die Pflichtverletzung des Z stünde, § 249 Abs. 1. Dann wäre sein Eigentum an O nicht verletzt worden und er hätte ihn gegen Zahlung eines Kaufpreises von 20000 € an M übereignet. Da eine Naturalrestitution hier ausscheidet, muss Z den Wert des O gem. § 251 Abs. 1 und den entgangenen Verkaufsgewinn gem. § 252 ersetzen, die zusammen den mit M vereinbarten Kaufpreis von 20000 € bilden. Außerdem wäre es ohne die Pflichtverletzung des Z nicht zu der Kollision zwischen O und dem Lkw des H gekommen. Damit beruht auch die Belastung des L mit seiner Schadensersatzverpflichtung gegenüber H i.H.v. 5000 € auf der Pflichtverletzung, so dass Z diesen Betrag ebenfalls zu ersetzen hat.

5. Besonderheiten der Schadensersatzhaftung im Arbeitsverhältnis

Zu prüfen ist, ob die Rechtsprechung zum innerbetrieblichen Schadensausgleich zu einem anderen Ergebnis führt. Die dem Grundsatz der Totalreparation (§§ 249ff.) entsprechende volle Schadensersatzpflicht des Arbeitnehmers wird allgemein als nicht sachgerecht empfunden, da sie die Besonderheiten des Arbeitslebens nicht berücksichtigt: So trägt grundsätzlich der AG das Betriebsrisiko und hat die Befugnis zur Organisation des Betriebes und zur Gestaltung der Arbeitsbedingungen inne. Deshalb wendet das BAG seit 1994 eine dreistufige Haftungsverteilung auf alle Tätigkeiten an, die betrieblich veranlasst sind und aufgrund des Arbeitsvertrages erbracht werden:[5] Bei Vorsatz und grober Fahrlässigkeit haftet der Arbeitnehmer voll, bei leichter Fahrlässigkeit gar nicht und bei normaler quotal.

Da der Transport des O eine betrieblich veranlasste Tätigkeit darstellt (bzw. sogar gefahrgeneigt ist) und Z grob fahrlässig gehandelt hat (s.o. Rn. 5), ist er somit grundsätzlich in vollem Umfang zum Schadensersatz verpflichtet. Jedoch ist auch bei grober Fahrlässigkeit eine Haftungserleichterung nicht ausgeschlossen. Eine Ausnahme wird dann angenommen, wenn das vom Arbeitnehmer übernommene Risiko außer Verhältnis zu seinem Verdienst steht. Nur bei gröbster Fahrlässigkeit soll dann eine Haftungsmilderung ausgeschlossen sein.[6] Das übernommene Risiko steht aber nur dann

---

[4] Palandt/*Weidenkaff*, § 619a Rn. 1, 6.
[5] *BAG* NZA 1994, 1083.
[6] *BAG* NJW 1999, 966; NJW 2002, 2900, 2902.

außer Verhältnis zum Verdienst, wenn Fälle von Existenzgefährdung vorliegen. Dies ist hier jedoch nicht ersichtlich, so dass Z die volle Haftung trifft (a. A. vertretbar).[7]

9   L hat somit gegen Z gem. § 280 Abs. 1 S. 1 einen Schadensersatzanspruch i. H. v. 25 000 €.

II. § 823 Abs. 1

10 Da Z den Tod des noch im Eigentum des L stehenden O dadurch adäquat kausal verursacht hat, dass er dem Tier Alkohol zu trinken gegeben und dabei grob fahrlässig gehandelt hat (s. o. Rn. 5), hat L gegen Z auch einen Anspruch aus § 823 Abs. 1. Für den Umfang des Anspruchs ergeben sich keine Unterschiede zu § 280 Abs. 1.

---

[7] Vgl. *BAG* NJW 2002, 2900, 2902.

Fall 36. Schnüffler im Pech

Nach LG Trier, Urteil v. 28. 1. 2003 – 1 S 134/02, Pressemitteilung vom 30. 1. 2003.

Sachverhalt

Benno (B) ist mit Elvira (E) verheiratet und wähnt, diese habe ein außereheliches Verhältnis mit Gerhard (G). Deshalb beauftragt er den Detektiv Klemens (K) damit, seine Ehefrau zu beschatten und Beweise für deren Affäre mit dem mutmaßlichen Liebhaber zu beschaffen. Klemens soll neben Aufwendungsersatz für seine Tätigkeit nach dem Zeitaufwand bezahlt werden.

Leider stellt sich Klemens bei der Observation ungeschickt an: Zunächst ruft er Gerhards Geheimnummer an und gibt sich als Fahrer eines Paketdienstes aus, der eine Sendung liefern wolle, obwohl Gerhard nichts bestellt und demzufolge seine Telefonnummer auch nicht angegeben hat. Dann parkt er mit seinem Auto sehr auffällig in der Nähe der Wohnung und der Arbeitsstelle des Gerhard, der nicht zuletzt deshalb aufmerksam wird, weil Klemens leere Getränkedosen aus dem Autofenster wirft. Schließlich läuft Klemens dem Gerhard auch mehrfach beim Einkaufen über den Weg, obwohl dieser verschiedene Spezialgeschäfte aufsucht und dabei viele Umwege macht. Gerhard schöpft also Verdacht und verhält sich unauffällig. Klemens kann daher keine für Benno verwertbaren Angaben liefern. Dieser weigert sich daraufhin, Klemens' Rechnung zu bezahlen. Insgesamt bleibt unklar, ob Elvira und Gerhard ein Verhältnis haben oder nicht.

Hätte eine Zahlungsklage des Klemens Erfolg?

Vorüberlegungen

Der Dienstvertrag i.S.d. § 611 und der Werkvertrag sind miteinander verwandt, da Gegenstand des Werkvertrags gem. § 631 Abs. 2 u.a. jeder durch Arbeit oder Dienstleistung herbeizuführende Erfolg sein kann. Deshalb muss man sie in der Fallbearbeitung oft gegeneinander abgrenzen. Das entscheidende Abgrenzungskriterium liegt darin, dass der Werkunternehmer einen Erfolg herbeiführen muss, der Dienstverpflichtete dagegen nur Dienste leisten muss. Was im Einzelfall geschuldet ist, muss im Wege der Auslegung ermittelt werden. Dabei ist auch zu berücksichtigen, ob der Schuldner einen eventuellen Erfolg überhaupt garantieren kann. So verpflichten sich Ärzte und Rechtsanwälte zu Leistungen, die man grundsätzlich als Erfolg ansehen könnte, nämlich eine Heilbehandlung oder die gerichtliche Durchsetzung einer Forderung. Da der Erfolgseintritt aber in beiden Fällen nicht allein von der Art und Weise der Leistungserbringung abhängt, ist jeweils „nur" ein Dienstvertrag anzunehmen. Ähnliche Erwägungen muss man auch hier anstellen, wobei *darüber hinaus* zu berücksichtigen ist, welche Art von Entgelt die Parteien vereinbart haben, obwohl dies *allein* nicht entscheidend ist.

Im Ergebnis liegt ein Dienstvertrag vor. Die Schutzlücke, die dadurch für den „Auftraggeber" zu entstehen scheint, ist geringer, als es zunächst scheint: Zwar ist beim Werkvertrag grundsätzlich der Erfolgseintritt Voraussetzung des Gegenleistungsanspruchs des Unternehmers, vgl. § 641 Abs. 1, während für den Dienstverpflichteten nur § 614 gilt. Doch kann dem Vergütungsanspruch des Dienstverpflichteten die Schlechterfüllung entgegengehalten werden. Die Behandlung der Schlechterfüllung durch den Dienstverpflichteten ist im Übrigen aus Fall 35 bekannt.

Gliederung

	Rn.
I. Anspruch entstanden	2
II. Fälligkeit des Anspruchs	6
III. Gegenrechte des B?	7
1. Erlöschen durch Schlechterfüllung?	8
2. Einrede des § 320 Abs. 1 S. 1?	9
3. Aufrechnung mit einem Gegenanspruch?	10
a) Gegenanspruch gem. §§ 280, 281?	11
b) Gegenanspruch gem. §§ 280, 281, 284?	17
c) Gegenanspruch gem. § 280 Abs. 1?	18
d) Sonstige Gegenansprüche	20
e) Zwischenergebnis	21
IV. Ergebnis	22

Lösung

1   K könnte gegen B einen Anspruch auf Zahlung des vereinbarten Honorars gem. § 611 Abs. 1 haben.

I. Anspruch entstanden

2   Damit der Anspruch entstanden ist, müssten die beiden einen Dienstvertrag i.S.v. § 611 geschlossen haben. Ein Vertragsschluss zwischen K und B steht außer Zweifel, doch stellt sich die Frage, ob es sich um einen Dienst- oder um einen Werkvertrag handelt. Das hängt davon ab, ob sich K gegenüber B lediglich zur Erbringung von Diensten oder zur Herbeiführung eines bestimmten Erfolgs verpflichtet hat, § 631 Abs. 2.

3   Für einen Werkvertrag spricht, dass B Beweise für ein außereheliches Verhältnis seiner Frau erhalten wollte. Dagegen spricht, dass aus der Sicht jedenfalls des K völlig unklar war, ob sich der Verdacht seines Kunden B erhärten lassen würde; falls E tatsächlich gar kein Verhältnis hatte, wäre dies das Ergebnis der Ermittlungen und nicht die von B verlangte Lieferung von Beweisen für das Gegenteil. Dies wiederum war auch für B bzw. einen objektiven Dritten an seiner Stelle (§§ 133, 157) ersichtlich, so dass er nicht davon ausgehen konnte, K wolle eine Verpflichtung eingehen, bei der er nur im „Erfolgsfall", also bei Beibringung von Beweisen für ein Verhältnis, einen Entgeltanspruch hätte.

4   Damit ist der Detektivvertrag dahin auszulegen, dass K den G beobachten und gegebenenfalls Beweise liefern sollte. K schuldete also keinen bestimmten Erfolg, son-

dern nur die vereinbarte Dienstleistung der Überwachung. Dass er im Erfolgsfall Beweise liefern sollte, ist von untergeordneter Bedeutung.[1] Für den Dienstvertrag spricht auch, dass K das Entgelt für seine Tätigkeit zeitabhängig und nicht erfolgsabhängig bekommen sollte; die Vereinbarung einer Erfolgsprämie, die die Beurteilung vielleicht ändern könnte, ist hier nicht erfolgt.

Damit liegt ein Dienstvertrag vor, und K kann grundsätzlich gem. § 611 Abs. 1 die vereinbarte Vergütung verlangen. 5

II. Fälligkeit des Anspruchs

Die Vergütung des K ist mangels abweichender Vereinbarung gem. § 614 S. 1 nach 6 der Erbringung seiner Dienste zu leisten. Da K seine Dienste erbracht hat, ist sie fällig.

III. Gegenrechte des B?

Fraglich ist, ob sich B irgendwie gegen den Vergütungsanspruch des K wehren kann. 7

1. Erlöschen durch Schlechterfüllung?

Zu prüfen ist, ob der Anspruch des K wegen der Mangelhaftigkeit seiner Leistung 8 entfallen bzw. gemindert ist. Eine derartige Rechtsfolge ist aber im Dienstvertragsrecht – anders als bei der Miete usw. – nicht vorgesehen. Eine Analogie zu § 654, wie sie einst das RG befürwortet hat, kommt allenfalls in Extremfällen in Betracht, in denen der Verpflichtete auch für einen Gegner des Dienstberechtigten tätig wird,[2] was hier nicht der Fall ist. Seit der Schuldrechtsmodernisierung scheidet die Analogie grundsätzlich deshalb aus, weil man die Schlechtleistung beim Dienstvertrag mit den §§ 280 ff. bewältigen kann. Auch nach diesen Normen bleibt der Vergütungsanspruch aber zunächst bestehen.

2. Einrede des § 320 Abs. 1 S. 1?

Der Dienstvertrag ist gegenseitiger Natur, doch hat K die geschuldete Observa- 9 tionsleistung erbracht. Damit greift § 320 Abs. 1 S. 1 nicht ein.

3. Aufrechnung mit einem Gegenanspruch?

Zu prüfen ist, ob B den Anspruch des K gem. § 389 durch Aufrechnung mit einem 10 Gegenanspruch zum Erlöschen bringen kann.

a) Gegenanspruch gem. §§ 280, 281?

B könnte einen Anspruch gegen K gem. §§ 280 Abs. 1 S. 1, 281 Abs. 1 S. 1 auf 11 Schadensersatz statt der Leistung haben.

Fraglich ist, ob K einen fälligen vollwirksamen Anspruch des B auf Erbringung der 12 Dienstleistung nicht vertragsgemäß erbracht hat. Dies könnte man grundsätzlich in Erwägung ziehen, weil sich K sehr ungeschickt verhalten hat und infolge der entstandenen Aufmerksamkeit des G den eigentlichen Zweck des Vertrags, nämlich das Liefern von Beweisen für oder gegen eine Affäre von Bs Ehefrau E nicht mehr liefern konnte. Andererseits schuldet der Dienstverpflichtete als Hauptpflicht nur die Erbringung bestimmter Dienste, und observiert hat K den G.

---
[1] *BGH* NJW 1990, 2549 m.w. N.; eingehend *Schünemann*, NJW 2003, 1689 ff.
[2] Vgl. *BGH* NJW 2004, 2817 m.w. N.

13 Doch wird man die Verpflichtung des mit einer Überwachung beauftragten Detektivs dahingehend konkretisieren können, dass er eine möglichst unauffällige Überwachung schuldet. Es ist von einem Detektiv zu erwarten, dass er Techniken der unauffälligen Beschattung kennt und anwendet, auch wenn trotz aller Vorsicht nie auszuschließen ist, dass der Observierte ihn dennoch bemerkt. Angesichts der massiven Verstöße des K gegen die Regeln der Observationskunst ist eine Pflichtverletzung zu bejahen.

14 Da er die bei der Beobachtung erforderliche Sorgfalt außer Acht gelassen hat, hat K die Pflichtverletzung gem. §§ 280 Abs. 1 S. 2, 276 Abs. 1 S. 1 und Abs. 2 zu vertreten.

15 Fraglich ist, welcher Schaden dem B entstanden ist. Der Schaden könnte darin liegen, dass die Leistung des K und damit auch die dafür zu zahlende Vergütung wertlos sind. Da aber nicht feststeht, dass bei ordnungsgemäßer Erledigung des Überwachungsauftrags ein anderes Ergebnis erzielt worden wäre, ist ein Schaden hier nicht feststellbar. Aus diesem Grunde scheidet ein Schadensersatzanspruch aus.

16 **Hinweis:** Zudem könnte B als Schadensersatz statt der Leistung verlangen, von K so gestellt zu werden, wie er bei ordnungsgemäßer Erfüllung stünde. Freilich hätte er auch dann die Vergütung zu zahlen gehabt, da seine Verpflichtung auf dem Vertragsschluss und nicht auf der Schlechtleistung des K beruht. Er hätte auch keinen sonstigen Vermögenswert erhalten. Es fehlt also an der haftungsausfüllenden Kausalität. Dagegen wären die Kosten für die Tätigkeit eines weiteren Detektivs ersatzfähig,[3] sofern diese konkrete Ergebnisse liefert.

b) Gegenanspruch gem. §§ 280, 281, 284?

17 Zu prüfen ist, ob dem B § 284 helfen könnte. Doch ermöglicht diese Vorschrift nur den Ersatz von Aufwendungen, die der Gläubiger im Vertrauen auf den Erhalt der Leistung macht. Um solche Aufwendungen handelt es sich aber bei der Gegenleistung nicht.[4]

c) Gegenanspruch gem. § 280 Abs. 1?

18 Damit bliebe allenfalls noch ein Gegenanspruch aus § 280 Abs. 1 wegen einfacher Pflichtverletzung. Doch bleibt auch hier das Problem, dass ein gem. § 253 Abs. 1 allein ersatzfähiger Vermögensschaden des B nicht feststellbar ist.

19 **Hinweis:** Dies ist anders bei der Arzthaftung[5] und der Anwaltshaftung sowie in Fall 35.

d) Sonstige Gegenansprüche

20 Sonstige Gegenansprüche, die nicht zumindest auch am fehlenden Schaden scheitern würden, sind nicht ersichtlich.

e) Zwischenergebnis

21 Eine Aufrechnung kommt nicht in Betracht, und auch sonstige Gegenrechte des B sind nicht ersichtlich.

IV. Ergebnis

22 K kann von B gem. § 611 Abs. 1 Zahlung der vereinbarten Vergütung verlangen (a. A. vertretbar).

---

[3] Vgl. den Parallelfall der fehlerhaften Zahnprothese bei *Spickhoff*, NJW 2002, 2530, 2533.
[4] MünchKomm/*Ernst*, § 284 Rn. 16; vgl. auch Jauernig/*Stadler*, § 284 Rn. 4.
[5] Dazu *Spickhoff*, NJW 2002, 2530 ff.

Fall 37. Alte Liebe rostet manchmal

Sachverhalt

Beim 15 Jahre alten VW-Golf des Kaiser (K) wird wieder einmal der TÜV fällig. Obwohl von Hause aus ein sparsamer Mensch, ringt sich Kaiser dazu durch, den Wagen in der Werkstatt des Hammer (H) nicht nur auf technische Mängel durchsehen zu lassen, sondern zusätzlich noch eine Neulackierung des Wagens in Auftrag zu geben, weil sich an verschiedenen Stellen Rost gebildet hat. Hammer weist Kaiser bei dem Gespräch über die Lackierung auf deren voraussichtliche Kosten und seine Allgemeinen Werkstattbedingungen hin, die gut sichtbar an der Eingangstür angebracht sind und in denen es unter dem Punkt „Gewährleistung" heißt: „Für Mängel haftet die Werkstatt nach den gesetzlichen Vorschriften. Dies gilt nicht für Lackierungen." Danach erteilt Kaiser ihm den Auftrag.

Hammer führt die gewünschten Arbeiten selbst aus. Dabei schleift er vor der Grundierung und Neulackierung des Fahrzeugs die Roststellen nur unvollständig ab.

Nach zwei Tagen holt Kaiser den Wagen ab und lässt sich zunächst von Hammer die Lackierung zeigen. Mit einem beeindruckten „Respekt! Wie neu!" fragt er nach der Rechnung und zahlt.

Sieben Wochen später zeigen sich diverse Beulen im Lack, unter denen sich Rostflecken finden, die auf das unsachgemäße Abschleifen der Roststellen zurückzuführen sind.

1. Ist H dem K zur Neuvornahme der Lackierung verpflichtet, wenn H meint, das sei zu teuer?
2. Angenommen, H weigert sich strikt, die Lackierung erneut vorzunehmen, was kann und sollte K dann verlangen?
3. Hat H einen Gegenanspruch, wenn er die Lackierung neu vornimmt?

Vorüberlegungen

Im Werkvertragsrecht folgt der Anspruch auf ein sach- und rechtsmängelfreies Werk (schon seit jeher) aus §§ 631 Abs. 1, 633 Abs. 1. Wie § 437 beim Kauf zählt § 634 die Rechte des Bestellers im Falle eines Werkmangels auf, nämlich Nacherfüllung gem. § 635 (Nr. 1), Selbstbeseitigung bei Kostenerstattung durch den Unternehmer gem. § 637 (Nr. 2), Rücktritt gem. §§ 323, 326 Abs. 5, 636[1] und Minderung gem. § 638 (Nr. 3) sowie Schadensersatz gem. §§ 280, 281, 283, 636, 311a bzw. Aufwendungsersatz gem. § 284 (Nr. 4). Die Vorschrift in § 633 Abs. 1 legt den Pflichtenkatalog des Unternehmers fest und ist von Bedeutung für die Abnahmepflicht des Bestellers nach § 640 Abs. 1.

---

[1] Die Reihung im Gesetz ist anders: § 636 wird zuerst genannt, obwohl die Norm nur weitere Ausnahmen vom Fristsetzungserfordernis des § 323 Abs. 1 enthält.

In der ersten Frage geht es um den (bereits aus dem Kaufrecht bekannten) Nacherfüllungsanspruch. Zur Frage nach der Lackierung ist folgendes anzumerken: Da es im Werkvertragsrecht schon immer einen Anspruch auf Mängelbeseitigung gab, ist das Verhältnis des ursprünglichen Anspruchs auf ein mangelfreies Werk (§§ 631 Abs. 1, 633 Abs. 1) zum Nacherfüllungsanspruch der §§ 634 Nr. 1, 635 auch schon immer unklar. Nach h.M. ist der Nacherfüllungsanspruch ein modifizierter Erfüllungsanspruch[2] und setzt entgegen einer verbreiteten Fehlvorstellung nicht stets die Abnahme voraus, arg § 634 Abs. 1 S. 2 a.F.[3] Vor der Abnahme kann der Besteller die mangelhafte Leistung ablehnen und weiterhin auf Erfüllung bestehen. Die Abnahme beschränkte den Anspruch dann auf das gebilligte Werk und setzte die Verjährung nach § 634a in Gang. Sie kann zudem den Anspruch auf eine mangelfreie Leistung ausschließen, vgl. § 640 Abs. 2. Das muss man sich merken. Ob man hier wirklich – wie unten – zunächst den ursprünglichen Erfüllungsanspruch prüfen will oder nicht, ist eher eine Geschmackssache als einer klaren Antwort zugänglich.

Da der Sachverhalt die Allgemeinen Werkstattbedingungen des H erwähnt, muss man untersuchen, ob diese dem Nacherfüllungsanspruch entgegenstehen können. Hier spielt die Vorschrift des § 309 Nr. 8 b), die im Kaufrecht durch § 475 ihre Bedeutung eingebüßt hat, noch eine Rolle.

Die Rechte des Werkbestellers nach § 634 sehen über die aus dem Kaufrecht bekannten Möglichkeiten hinaus noch die Möglichkeit vor, die Nacherfüllung selbst vorzunehmen und Ersatz der Kosten zu verlangen (§ 637).

Die Frage nach dem Gegenanspruch des H im Falle der Durchführung ist etwas schwieriger. Woraus sich dieser Anspruch ergeben könnte, dürfte leicht festzustellen sein. Ein Gegenanspruch des H wäre hier natürlich geradezu widersinnig. Man muss nur überlegen, wie man mit korrekter Rechtsanwendung ebenfalls zu diesem Ergebnis gelangen kann.

Gliederung

	Rn.
Frage 1: Anspruch des K gegen H auf Neuvornahme der Lackierung	1
I. Aus §§ 631 Abs. 1, 633 Abs. 1?	1
1. Wirksamer Werkvertrag über die Lackierung	2
2. Verpflichtung gem. §§ 631 Abs. 1, 633 Abs. 1	3
3. Erlöschen durch Erfüllung?	4
4. Erlöschen durch Abnahme	7
5. Ergebnis	8
II. Anspruch aus § 634 Nr. 1 i.V.m. § 635 Abs. 1	9
1. Werkvertrag	10
2. Mangel i.S.v. § 633 Abs. 2	11
3. Nacherfüllungsverlangen	12
4. Vertraglicher Ausschluss der Gewährleistung durch Allgemeine Werkstattbedingungen	13
a) Vereinbarung über den Gewährleistungsausschluss	14

---

[2] BGHZ 61, 42, 45; 96, 111, 116, 118; 139, 325, 330.
[3] Vgl. zum Ganzen Palandt/*Sprau*, Vor § 633 Rn. 6, 7, § 633 Rn. 3.

Fall 37. Alte Liebe rostet manchmal 343

Rn.
b) Unwirksamkeit gem. §§ 307 ff.	15
aa) Anwendbarkeit der §§ 305 ff.	16
bb) Allgemeine Geschäftsbedingungen	17
cc) Einbeziehung	19
dd) Inhaltskontrolle	20
ee) Rechtsfolgen der Unwirksamkeit	23
5. Ausschluss der Gewährleistung nach § 640 Abs. 2	24
6. Leistungsverweigerungsrechte gem. § 635 Abs. 3	25
7. Ergebnis	27
Frage 2: Rechte des K bei Erfüllungsverweigerung des H	28
I. Aufwendungsersatz nach Selbstvornahme	29
II. Rücktritt	30
III. Minderung	31
IV. Schadensersatz	32
V. Zweckmäßiges Vorgehen	33
Frage 3: Anspruch des H nach Neuvornahme	34

Lösung

Frage 1: Anspruch des K gegen H auf Neuvornahme der Lackierung

I. Aus §§ 631 Abs. 1, 633 Abs. 1?

Ein Anspruch auf Neuvornahme der Lackierung gegen H könnte sich für K aus 1
§§ 631 Abs. 1, 633 Abs. 1 ergeben.

1. Wirksamer Werkvertrag über die Lackierung

Die Parteien haben vereinbart, dass H den Wagen des K neu lackieren soll. H schul- 2
dete somit einen Erfolg i.S.v. § 631 Abs. 2 den Umständen nach gegen Entgelt (§ 632
Abs. 1 und 2). Damit ist ein Werkvertrag zustande gekommen, § 631.

2. Verpflichtung gem. §§ 631 Abs. 1, 633 Abs. 1

Da H aus diesem Werkvertrag die Verschaffung eines mangelfreien Werks schuldet 3
(§ 633 Abs. 1), kann K auch nach der Herstellung des Werkes weiterhin der Erfüllungsanspruch zustehen.

3. Erlöschen durch Erfüllung?

Der Anspruch könnte, da H die Lackierung vorgenommen hat, gem. § 362 Abs. 1 4
durch Erfüllung erloschen sein. Dazu müsste H die geschuldete Leistung bewirkt
haben, also gem. § 633 Abs. 1 eine mangelfreie Lackierung erbracht haben.

Voraussetzung wäre zunächst, dass die Lackierung frei von Mängeln der in § 633 5
Abs. 2 beschriebenen Art ist. Das wäre zunächst dann der Fall, wenn die Lackierung
die vereinbarte Beschaffenheit hätte, § 633 Abs. 2 S. 1. Da die Parteien hier keine besondere Beschaffenheitsvereinbarung getroffen haben, kommt es gem. § 633 Abs. 2

S. 2 Nr. 1 darauf an, ob sich die Lackierung für die nach dem Vertrag vorausgesetzte Verwendung eignet. Diese Formulierung passt nicht gut auf Fälle wie den vorliegenden, da das Werk „Lackierung" an sich keine Verwendung hat, sondern – wie Reparaturen generell – der Erhaltung einer Sache dient. Auch § 633 Abs. 2 S. 2 Nr. 2 stellt auf die „gewöhnliche Verwendung" ab, womit nichts gewonnen ist. Man muss sich damit behelfen, dass eine Lackierung (oder Reparatur) typischerweise der Erhaltung oder Instandsetzung einer Sache dient und diesen Zweck erfüllen muss.[4] Nach Nr. 1 kommt es weiter darauf an, ob aus dem Werkvertrag eine vorausgesetzte Verwendung der Lackierung ersichtlich ist. Die Lackierung eines älteren, rostbefallenen Pkws kann nur den Zweck haben, das Fahrzeug durch die Lackierung länger erhalten zu wollen. Folglich muss sich hier die Lackierung zur Erhaltung des alten Golfs eignen. Zwar war die Lackierung als solche einwandfrei, jedoch leidet ihre Verwendbarkeit darunter, dass H die Roststellen vor der Lackierung nur unzureichend abgeschliffen hatte, sodass wenige Wochen nach der Lackierung wieder Rostflecken am Fahrzeug des K auftraten. Folglich ist die Lackierung für die „Verwendung" zur Erhaltung des alten Golfs nicht geeignet und daher mangelhaft i.S.v. § 633 Abs. 2 S. 2 Nr. 1. Wenn man dem nicht folgen will, fehlt der Lackierung aber aus dem gleichen Grund die Eignung für die gewöhnliche Verwendung nach Nr. 2.

6   Da die Lackierung mit einem Sachmangel behaftet war, hat H nicht die nach § 633 Abs. 1 geschuldete Leistung bewirkt. Damit behält K zunächst seinen ursprünglichen Erfüllungsanspruch und kann sein Mängelbeseitigungsbegehren auf diesen stützen. Auch aus § 634 Nr. 1 ergibt sich nicht zwingend etwas anderes, denn der Anspruch auf Nacherfüllung gem. § 635 deckt sich inhaltlich mit dem Erfüllungsanspruch. Wie schon im alten Recht liegt es daher nahe, bis zur Abnahme von einem Nebeneinander des Erfüllungs- und des Nacherfüllungsanspruchs auszugehen (a. A. vertretbar).

4. Erlöschen durch Abnahme

7   Der ursprüngliche Erfüllungsanspruch des H könnte jedoch durch Abnahme der Lackierung i.S.v. § 640 Abs. 1 erloschen sein. Denn nach der Abnahme stehen ihm gem. § 640 Abs. 2 nur noch die in § 634 aufgeführten Rechte zu. Unter Abnahme versteht man die Entgegennahme des Werkes als im Wesentlichen vertragsgemäße Leistung;[5] es muss also ein Verhalten des Bestellers vorliegen, das als Billigung der Werkleistung zu deuten ist. Hier hat K den Wagen, nachdem er sich die Lackierung hat zeigen lassen, vorbehaltlos entgegengenommen und die Rechnung bezahlt. Damit hat K die Lackierung abgenommen.

5. Ergebnis

8   Nach der Abnahme kann K die Neuvornahme der Lackierung nicht nach §§ 631 Abs. 1, 633 Abs. 1 verlangen.

II. Aus § 634 Nr. 1 i.V.m. § 635 Abs. 1

9   Der Anspruch auf Neulackierung kann sich aber aus §§ 634 Nr. 1, 635 Abs. 1 ergeben.

1. Werkvertrag

10 Ein Werkvertrag über die Lackierung liegt vor (s.o. Rn. 2).

---

[4] Vgl. Palandt/*Sprau*, § 633 Rn. 7.
[5] BGHZ 47, 257, 262; 132, 96, 100.

2. Mangel i. S. v. § 633 Abs. 2

Die Lackierung war mangelhaft (s. o. Rn. 5f.). 11

3. Nacherfüllungsverlangen

K hat sein Nacherfüllungsverlangen auch geltend gemacht. Allerdings ergibt sich 12
aus § 635 Abs. 1, dass die Entscheidung über eine Mängelbeseitigung oder Neuvornahme[6] grundsätzlich dem Unternehmer zusteht, also H. K kann demnach nicht Neuherstellung verlangen; führt eine Nachbesserung allerdings nicht zu einem mangelfreien Werk, hat K den Nacherfüllungsanspruch nicht erfüllt, so dass er im Ergebnis ggf. doch zur Neulackierung verpflichtet sein kann.[7] Da eine Beseitigung des Mangels nicht anders möglich ist (§ 275 Abs. 1) und nur eine Neuvornahme den Mangel der Lackierung zu beseitigen vermag, läuft das Wahlrecht des H letztlich leer. K kann also Neulackierung verlangen.

4. Vertraglicher Ausschluss der Gewährleistung durch Allgemeine Werkstattbedingungen

Zu prüfen ist, ob die Parteien die Gewährleistung und damit den Anspruch auf 13
Nacherfüllung im Vertrag wirksam ausgeschlossen haben. Ein solcher Ausschluss ist grundsätzlich möglich, wie sich im Umkehrschluss aus § 639 ergibt.

a) Vereinbarung über den Gewährleistungsausschluss

In den AGB des H ist vorgesehen, dass die Werkstatt – also ihr Inhaber H – für 14
Mängel nach den „gesetzlichen Vorschriften" haftet, dies aber nicht für Lackierungen gilt. Legt man diese Regelung nach §§ 133, 157 aus, konnte K es eigentlich nur so verstehen, dass H für Mängel von Lackierungen nicht haften soll. Eine Unklarheit i. S. v. § 305c Abs. 2 besteht nicht, die Haftung für Mängel sollte insgesamt ausgeschlossen sein.

b) Unwirksamkeit gem. §§ 307 ff.

Die Vertragsklausel könnte gem. §§ 307 ff. unwirksam sein, wenn sie der Inhaltskon- 15
trolle gem. § 307 Abs. 3 unterliegt.

aa) Anwendbarkeit der §§ 305 ff.

Die §§ 305 ff. sind auf den Werkvertrag anwendbar, vgl. § 310 Abs. 4. 16

bb) Allgemeine Geschäftsbedingungen

Sodann muss es sich bei der Klausel zunächst um eine AGB i. S. d. § 305 Abs. 1 S. 1 17
handeln. Da sie in „Allgemeinen Werkstattbedingungen" enthalten ist, wird sie von H für alle gleichartigen Geschäfte verwendet und ist somit für eine Vielzahl von Verträgen vorformuliert. Sie ist ferner von H i. S. v. § 305 Abs. 1 S. 1 gestellt, und ein Aushandeln des Gewährleistungsausschlusses im Sinne von § 305 Abs. 1 S. 3 hat nicht stattgefunden. Damit stellt die Klausel eine Allgemeine Geschäftsbedingung dar.

Überdies wäre das „Stellen" hier gem. § 310 Abs. 3 Nr. 1 (eingeschränkt widerleg- 18
lich) zu vermuten: Da H den Werkvertrag im Rahmen des Werkstattbetriebs, also im

---

[6] Dass Mängelbeseitigung auch Neuvornahme bedeuten kann, war auch zu § 633 Abs. 2 a. F. anerkannt, vgl. Palandt/*Sprau*, 61. Aufl., 2002, § 633 Rn. 5c m. w. N.
[7] Vgl. Begr. zum RegE, BT-Drs. 14/6040, 265.

Rahmen seiner gewerblichen Tätigkeit geschlossen hat, hat er insofern als Unternehmer i.S.v. § 14 Abs. 1 gehandelt, während K sein Privatauto lackieren lassen wollte und somit als Verbraucher i.S.v. § 13 auftrat. Damit liegt ein Verbrauchervertrag i.S.v. § 310 Abs. 3 Nr. 1 vor, und die besagte Vermutung würde eingreifen.

cc) Einbeziehung

19   Die Klausel muss gem. § 305 Abs. 2 Vertragsbestandteil geworden sein. Diese Vorschrift ist anwendbar, da K den Vertrag nicht im Rahmen einer gewerblichen oder selbständigen beruflichen Tätigkeit geschlossen hat (s. o. Rn. 18). Da H den K auf die AGB hingewiesen hat und dieser in zumutbarer Weise von ihnen Kenntnis nehmen konnte und K mangels Widerspruchs mit ihrer Geltung einverstanden war, ist der Gewährleistungsausschluss gem. § 305 Abs. 2 Vertragsbestandteil geworden. Der Versuch, die Gewährleistung auszuschließen, ist auch nicht völlig unüblich und erfolgte hier an einer Stelle, wo man danach suchen würde. Daher ist der Gewährleistungsausschluss hier nicht überraschend i.S.v. § 305c Abs. 1, so dass es bei der Einbeziehung bleibt.

dd) Inhaltskontrolle

20   Nach den §§ 307 ff. kontrollfähig sind nur solche Klauseln, die von gesetzlichen Bestimmungen abweichen oder diese ergänzen, § 307 Abs. 3 S. 1. Die Klausel schließt inhaltlich ohne nähere Differenzierung jeglichen Anspruch des Bestellers wegen Mängeln einer Lackierung aus und weicht damit von der gesetzlichen Regelung (§§ 634 ff.) ab. Damit kann sie inhaltlich überprüft werden.

21   Die Unwirksamkeit der Klausel könnte sich zunächst aus einem der verschiedenen Einzeltatbestände in § 309 Nr. 8 lit. b) ergeben, die für Werkleistungen gelten. Da die Klausel die Gewährleistung komplett ausschließt, verstößt sie gegen das Verbot in lit. aa) und ist daher unwirksam.

22   Da die Klausel zudem auch die Haftung des H für Körper- und Gesundheitsschäden ausschließt, ist sie außerdem gem. § 309 Nr. 7 lit. a) unwirksam. Dass solche Schäden nicht eingetreten und unwahrscheinlich sind, ist unerheblich. Die Klausel schließt außerdem die Haftung für grob fahrlässige Pflichtverletzungen des Verwenders H (und seiner Erfüllungsgehilfen) aus und ist deshalb auch gem. § 309 Nr. 7 lit. b) unwirksam.

ee) Rechtsfolgen der Unwirksamkeit

23   Gem. § 306 Abs. 1 und 2 bleibt der Vertrag trotz der Unwirksamkeit des Gewährleistungsausschlusses im Übrigen wirksam und gilt mit dem dispositiven Gesetzesrecht. Damit kann W also gem. § 635 Abs. 1 Nacherfüllung verlangen.

5. Ausschluss der Gewährleistung nach § 640 Abs. 2

24   K kannte den Mangel der Lackierung bei der Abnahme nicht, so dass § 640 Abs. 2 seinen Anspruch nicht ausschließt.

6. Leistungsverweigerungsrechte gem. § 635 Abs. 3

25   Zu prüfen ist, ob H die Nacherfüllung gem. § 635 Abs. 3[8] verweigern kann, weil sie nur mit unverhältnismäßigen Kosten möglich ist. Die Unverhältnismäßigkeit ist durch

---

[8] Im Unterschied zu § 439 Abs. 3 bezieht sich die Einrede aus § 635 Abs. 3 auf den Nacherfüllungsanspruch insgesamt. Denn nach § 635 Abs. 1 richtet sich der Anspruch des Bestellers nur auf Nacherfüllung, und nicht auf eine ihrer Arten (Nachbesserung oder Neuherstellung). Das Wahlrecht liegt beim Werkunternehmer.

eine Abwägung aller Umstände zu ermitteln: Es kommt nicht nur auf die Kosten der Mängelbeseitigung (im Zeitpunkt der Leistungspflicht) und ihr Verhältnis zum Werklohn an, sondern entscheidend auf den Vorteil, den der Besteller durch die Mängelbeseitigung erlangt, im Verhältnis zum Zeit- und Kostenaufwand des Unternehmers;[9] außerdem ist der Grad des Verschuldens des Unternehmers zu berücksichtigen.[10] Daher ist die Nacherfüllung nicht schon deshalb unzumutbar, weil sie dem H im vorliegenden Fall aufgrund der Notwendigkeit einer Neuvornahme letztlich jeglichen Gewinn nimmt. Entscheidend ist vielmehr, dass die Lackierung ihren Sinn für K nur dann erfüllen kann, wenn sie ordnungsgemäß wiederholt wird. Somit ist die Nacherfüllung dem H zumutbar; er kann sie nicht gem. § 635 Abs. 3 verweigern.

§ 635 Abs. 3 lässt das Recht des H unberührt, die Nacherfüllung auch nach § 275 Abs. 2 und 3 zu verweigern. Da im vorliegenden Fall eine persönliche Unzumutbarkeit nicht in Betracht kommt, bleibt nur das Leistungsverweigerungsrecht des § 275 Abs. 2 S. 1. Dessen Voraussetzungen unterscheiden sich von denen des § 635 Abs. 3, der eine Leistungsverweigerung wegen der Kosten auch dann ermöglichen soll, wenn dem Unternehmer die Nacherfüllung nach § 275 Abs. 2 noch zumutbar wäre.[11] Außer den Kosten sind hier allerdings keine Aspekte ersichtlich, die die Nacherfüllung für den H unter Abwägung mit dem Leistungsinteresse des K unzumutbar machen könnten. Zudem ist gem. § 275 Abs. 2 S. 2 zu berücksichtigen, ob H als Schuldner das Leistungshindernis zu vertreten hat. Mit anderen Worten ist zu berücksichtigen, ob H die Schlechtleistung zu vertreten hat. Da diese auf seiner eigenen Nachlässigkeit beruht, ist dies gem. § 276 Abs. 2 zu bejahen. Ein Leistungsverweigerungsrecht gem. § 275 Abs. 2 besteht somit nicht.

26

7. Ergebnis

K kann von H gem. §§ 634 Nr. 1, 635 Abs. 1 Nacherfüllung verlangen, die H hier nur in Gestalt der Neuvornahme vornehmen kann.

27

Frage 2: Rechte des K bei Erfüllungsverweigerung des H

Verweigert H zu Unrecht die von K gem. § 635 Abs. 1 verlangte Nacherfüllung, hat letzterer gem. § 634 Nrn. 2 bis 4 alternativ folgende Möglichkeiten:

28

I. Aufwendungsersatz nach Selbstvornahme

Gem. § 637 Abs. 1 kann K den Mangel selbst beseitigen und Ersatz der erforderlichen Aufwendungen verlangen. Voraussetzung ist nach dieser Vorschrift zwar grundsätzlich, dass K dem H zuvor noch eine Frist zur Nacherfüllung setzt. Diese ist aber gem. § 637 Abs. 2 S. 1 i.V.m. § 323 Abs. 2 Nr. 1 entbehrlich, wenn H die Nacherfüllung ernsthaft und endgültig verweigert. Um nicht hinterher auf den Kosten der Selbstvornahme sitzen zu bleiben, kann K gem. § 637 Abs. 3 die erforderlichen Mängelbeseitigungskosten als Vorschuss verlangen.

29

II. Rücktritt

K könnte auch gem. § 323 Abs. 1 zurücktreten; der Fristsetzung bedarf es gem. § 323 Abs. 2 Nr. 1 nicht (s.o. Rn. 29). In der Folge könnte er dann gem. §§ 346 Abs. 1,

30

---

[9] St. Rspr., *BGH* NJW 1996, 3269; NJW-RR 1997, 1106.
[10] *BGH* NJW 1988, 699.
[11] So die Begr. zum RegE, BT-Drs. 14/6040, 265.

348 Rückzahlung der Vergütung Zug-um-Zug gegen Rückgewähr der Lackierung verlangen. Seine Schadensersatzansprüche bleiben davon gem. § 325 unberührt.

III. Minderung

31 K könnte gem. § 638 Abs. 1 S. 1 auch die Vergütung durch Erklärung gegenüber H mindern, anstatt zurückzutreten, und den zu viel entrichteten Betrag gem. § 638 Abs. 4 S. 1 zurückverlangen. Dies ist der gesamte Werklohn, da die Lackierung völlig wertlos ist und sich gem. § 638 Abs. 3 S. 1 die zu zahlende Vergütung auf Null reduziert.[12]

IV. Schadensersatz

32 Schließlich könnte K auch gem. §§ 280 Abs. 1 und 3, 281 Abs. 1 Schadensersatz statt der Leistung verlangen; die Fristsetzung wäre gem. § 281 Abs. 2 Alt. 1 wegen der Nacherfüllungsverweigerung durch H entbehrlich. K könnte auf diese Weise entweder die gezahlte Vergütung zurückfordern, was hier gegenüber der Minderung keine Vorteile bringt, oder die Kosten der Neuvornahme durch einen anderen Werkunternehmer verlangen.

V. Zweckmäßiges Vorgehen

33 Die Forderung nach einem Vorschuss für die Selbstbeseitigung der Mängel nach § 637 Abs. 3 ist für K am günstigsten, wenn er noch an einer möglichst langen Fahrzeugnutzung interessiert ist und nicht in Vorlage treten will. Sonst kann er auch Aufwendungs- bzw. Schadensersatz verlangen. Will er nur sein Geld zurück, bieten sich Minderung oder Schadensersatz an.

Frage 3: Anspruch des H nach Neuvornahme

34 Im Falle der Neuvornahme kann H gem. § 635 Abs. 4 vom Besteller K Rückgewähr des mangelhaften Werkes nach Maßgabe der §§ 346 bis 348 verlangen. Diese vom Gesetzgeber als Klarstellung gedachte Vorschrift[13] ist im Falle einer mangelhaften Lackierung bzw. Reparatur nicht unproblematisch:

35 Die Rückgewähr der mangelhaften Lackierung, die gem. §§ 635 Abs. 4, 346 Abs. 1 grundsätzlich geschuldet wäre, ist gem. § 275 Abs. 1 unmöglich. Demzufolge müsste K gem. §§ 635 Abs. 4, 346 Abs. 2 S. 1 Nr. 1 Wertersatz leisten, für den gem. § 346 Abs. 2 S. 2 die vereinbarte Gegenleistung zugrunde zu legen ist. Wie bereits bei Fall 19, Rn. 22 ff. dargelegt, muss man die Vorschrift im Falle einer mangelhaften Leistung dahingehend verstehen, dass sinnvollerweise nur die geminderte Gegenleistung gemeint sein kann. Geht man hier davon aus, dass die Lackierung absolut wertlos war, ist nichts geschuldet und das Problem insofern elegant gelöst.

36 **Hinweis:** Problematisch sind Fälle, in denen die mangelhafte Leistung noch einen Wert hat und sich der Unternehmer allein aus Kostengründen für eine Neuvornahme entscheidet. Für solche Fälle drängt sich die Frage auf, ob die aufgrund des Verweises in § 635 Abs. 4 bestehende Wertersatzpflicht des Bestellers dann wenigstens gem. § 346 Abs. 3 S. 1 ausgeschlossen ist. Die Ausschlusstatbestände (lesen und subsumieren!) greifen hier aber alle nicht. Im Ergebnis passt der Verweis in § 635 Abs. 4 also nur für mangelhafte Werke, die als solche rückgewährfähig sind, da man andernfalls zu unsinnigen Ergebnissen gelangt.

---

[12] BGHZ 42, 232, 234 f.
[13] Vgl. Begr. zum RegE, BT-Drs. 14/6040, 265.

Denn es kann kaum sein, dass der Besteller dem Unternehmer, der sich für die Neuvornahme entscheidet, das mangelhafte Werk auch nur teilweise zu vergüten hat, bloß weil es sich seiner Art nach nicht für eine Herausgabe eignet. Da der Wortlaut des § 635 Abs. 4 also zu weit ist, bedarf die Vorschrift einer teleologischen Reduktion dahingehend, dass sich der Verweis nicht auf § 346 Abs. 2 S. 1 Nr. 1 bezieht.

Fall 38. Bis dass der TÜV uns scheidet

Sachverhalt

Kaiser (K) lässt trotz allem an seinem VW Golf eine Inspektion einschließlich Ölwechsels in der Werkstatt des Hammer (H) vornehmen. Hammer lässt seine Gesellin Prummbaur (P), die sich seit Jahren stets als zuverlässig erwiesen hat, die gewünschten Arbeiten ausführen. Er selbst ist während der Arbeiten nicht anwesend, da er mit einem anderen Fahrzeug eine längere Probefahrt machen muss. Als Prummbaur die Motorhaube des VW Golf entriegelt, erblickt sie unter dem Fahrersitz eine CD und entschließt sich, diese „mitgehen" zu lassen. Beim anschließenden Ölwechsel vergisst Prummbaur, die Ölablassschraube festzuziehen.

Nach zwei Tagen holt Kaiser den Wagen ab und lässt sich zunächst von Hammer die Lackierung und einen Zettel im Motorraum zeigen, auf dem Zeitpunkt und Kilometerstand des Ölwechsels vermerkt sind. Dann zahlt er. Auf der anschließenden Fahrt zum TÜV bleibt Kaiser mit irreparablem Motorschaden liegen, denn wegen der nicht angezogenen Ölablassschraube war unbemerkt das ganze neue Öl abgeflossen. Kaiser muss den Wagen abschleppen lassen.

1. Kann K von H Ersatz für die Vergütung des Ölwechsels sowie für den Motorschaden und die Abschleppkosten fordern?
2. Darüber hinaus verlangt K von H Ersatz für die CD. – Zu Recht?

Vorüberlegung

K verlangt hier Ersatz für die gezahlte Vergütung, den Motorschaden und die Abschleppkosten, mit anderen Worten für Vermögenseinbußen, die infolge der Mangelhaftigkeit des Werkes Ölwechsel entstanden sind. Da es um Folgen der mangelhaften Leistung geht, stellt sich die Frage, ob hier allein § 280 Abs. 1 anzuwenden ist oder in Kombination mit § 281 oder § 283. Die Vergütung für den Ölwechsel betrifft das mangelhafte Werk selbst, während Motorschaden und Abschleppkosten an anderen Rechtendes K bzw. in seinem sonstigen Vermögen entstanden sind. Man sollte also zwischen diesen Schadensposten differenzieren. Insofern lebt die Unterscheidung zwischen Mangel- und Mangelfolgeschäden weiter, die die Schuldrechtsreform samt gewisser Ungereimtheiten und Unsicherheiten des früheren Rechts beseitigen wollte.[1] Soweit K die Vergütung ersetzt bekommen möchte, begehrt er jedenfalls Schadensersatz statt der mangelfreien Leistung. Zwar könnte K die Rückzahlung der Vergütung auch über § 346 Abs. 1 verlangen; da er aber Ersatz begehrt, ist hier nur Schadensersatz zu prüfen. Motorschaden und Abschleppkosten beruhen auf der mangelhaften Leistung, so dass sich die Frage stellt, ob sie ebenfalls über den Schadensersatz statt der Leistung zu ersetzen sind oder über den „einfachen" Schadensersatz wegen Pflichtverletzung. Der Diebstahl der CD hat hingegen mit der Mangelhaftigkeit des Ölwechsels nichts zu tun, doch ist hier etwas näher über die Zurechnung nachzudenken.

---

[1] Vgl. BT-Drs. 14/6040 vom 14. 5. 2001, S. 133.

Fall 38. Bis dass der TÜV uns scheidet 351

Gliederung

	Rn.
Frage 1	
I. Anspruch des K auf Schadensersatz statt der Leistung gem. §§ 634 Nr. 4, 280 Abs. 1 und 3, 283	1
1. Bestehendes Schuldverhältnis	2
2. Pflichtverletzung	3
3. Leistungsbefreiung gem. § 283	4
4. Vertretenmüssen	5
a) Eigenes Verhalten	6
b) Haftung für Erfüllungsgehilfin	7
5. Schaden und Ersatz nach §§ 249 ff.	9
6. Ergebnis	10
II. Anspruch des K auf Ersatz für den Motorschaden und die Abschleppkosten gem. §§ 634 Nr. 4, 280 Abs. 1	11
1. Bestehendes Schuldverhältnis, Pflichtverletzung, Vertretenmüssen	12
2. Schaden und Ersatz nach §§ 249 ff.	13
3. Ergebnis	14
III. Anspruch aus § 831 Abs. 1 S. 1 auf Ersatz für den Motorschaden und die Abschleppkosten	15
1. P als Verrichtungsgehilfin	16
2. Tatbestandsmäßige rechtswidrige unerlaubte Handlung	17
3. In Ausführung der Verrichtung	18
4. Exkulpation gem. § 831 Abs. 1 S. 2	19
5. Ergebnis	20
Frage 2	
I. Anspruch des K gegen H gem. § 280 Abs. 1	21
1. Bestehendes Schuldverhältnis	22
2. Pflichtverletzung	23
a) Pflichtverletzung aufgrund eigenen Verhaltens	25
b) Zurechnung des Verhaltens der P	26
3. Vertretenmüssen	29
4. Schaden	30
5. Ergebnis	31
II. Anspruch aus § 831	32

Lösung

Frage 1

I. Anspruch des K auf Schadensersatz statt der Leistung gem. §§ 634 Nr. 4, 280 Abs. 1 und 3, 283

K könnte gegen H einen Anspruch auf Schadensersatz statt der Leistung gem. §§ 634 Nr. 4, 280 Abs. 1 und 3, 283 haben.   1

1. Bestehendes Schuldverhältnis

2   Voraussetzung dafür ist zunächst ein bestehendes Schuldverhältnis, hier ein wirksamer Werkvertrag i. S. v. § 631. Die Vornahme eines Ölwechsels an einem Motor ist ein durch Arbeit herzustellender Erfolg i. S. v. § 631 Abs. 2, und die Parteien haben sich nach den Umständen über die entgeltliche Vornahme (§ 632 Abs. 1 und 2) des Ölwechsels geeinigt. Damit ist ein Werkvertrag zustande gekommen, § 631.

2. Pflichtverletzung

3   § 634 Nr. 4 verweist auf § 280 als die zentrale Anspruchsgrundlage für Ansprüche auf Schadensersatz. Hiernach müsste H eine Pflicht aus dem Schuldverhältnis verletzt haben, § 280 Abs. 1 S. 1. Nach § 633 Abs. 1 ist der H verpflichtet, dem K das Werk vertragsgemäß, d. h. frei von Sach- und Rechtsmängeln zu verschaffen. Eine besondere Beschaffenheit haben die Parteien, wie bei derartigen Leistungen üblich, weder ausdrücklich noch konkludent (§ 633 Abs. 2 S. 1 und S. 2 Nr. 1) vereinbart. Ein Ölwechsel soll aber stets die Funktionsfähigkeit des Motors erhalten, und der Besteller kann deshalb als übliche Beschaffenheit erwarten, dass er fachgerecht ausgeführt wird. Da die Ölablassschraube nicht festgezogen war und in der Folge das gesamte Öl abfloss, weist das Werk des K einen Mangel i. S. v. § 633 Abs. 1 i. V. m. § 633 Abs. 2 S. 2 Nr. 1 auf.[2] Die Verletzung einer Leistungspflicht liegt demnach vor.

3. Leistungsbefreiung gem. § 283

4   Schadensersatz statt der Leistung kann K gem. § 280 Abs. 3 nur unter den zusätzlichen Voraussetzungen der §§ 281–283 verlangen. Angesichts der Mangelhaftigkeit des Werkes müsste er an sich nach § 281 Abs. 1 S. 1 eine Frist zur Nacherfüllung setzen. Dies setzt jedoch einen fälligen Anspruch auf Nacherfüllung voraus. Da der Motor, an dem H den Ölwechsel vornehmen musste, aber inzwischen zerstört ist, ist die Nacherfüllung infolge Wegfalls des Leistungssubstrats unmöglich i. S. v. § 275 Abs. 1, so dass die Voraussetzungen des § 281 Abs. 1 nicht vorliegen. Es ist damit aber zugleich der Tatbestand des § 283 erfüllt, so dass K darüber Schadensersatz statt der Leistung verlangen kann.

4. Vertretenmüssen

5   Nach § 280 Abs. 1 S. 2 ist der Schadensersatz wegen Pflichtverletzung ausgeschlossen, falls H nachweisen kann, dass er die Pflichtverletzung nicht zu vertreten hat.

a) Eigenes Verhalten

6   H selbst hat den Ölwechsel nicht vorgenommen, so dass ein Vertretenmüssen gem. § 276 ausscheidet. Da die von ihm eingesetzte P bislang auch stets zuverlässig war, ist auch ein Auswahlverschulden nicht ersichtlich. Insofern könnte H die Vermutung des § 280 Abs. 1 S. 2 widerlegen.

b) Haftung für Erfüllungsgehilfin

7   Jedoch ist zu prüfen, ob dem H gem. § 278 das Verhalten der P zugerechnet werden kann. Dazu müsste P Erfüllungsgehilfin des H im Verhältnis zu K sein. Im Zeitpunkt des Ölwechsels bestand zwischen H und K mit dem Werkvertrag ein Schuldverhältnis.

---

[2] Vertretbar m. E. auch Sachmangel nach § 633 Abs. 2 S. 1.

Fall 38. Bis dass der TÜV uns scheidet

H hat P bewusst bei der Erfüllung seiner Pflichten aus dem Werkvertrag eingesetzt, so dass sie als seine Erfüllungsgehilfin anzusehen ist.

Weiter müsste ein Verschulden der P bei der Erfüllung einer Verbindlichkeit des H gegenüber K vorliegen. Die unsachgemäße Vornahme des Ölwechsels betrifft die Hauptleistungspflicht des H aus dem Werkvertrag, deren Ausführung H der P aufgetragen hatte. Damit handelte P „in Erfüllung" der Verbindlichkeit des H. Weil sie das Anziehen der Ölablassschraube vergessen hat, hat sie die im Verkehr erforderliche Sorgfalt außer Acht gelassen und damit fahrlässig i.S.v. § 276 Abs. 2 gehandelt. H muss sich daher das Verschulden seiner Erfüllungsgehilfin zurechnen lassen und hat die Pflichtverletzung zu vertreten. 8

5. Schaden und Ersatz nach §§ 249 ff.

Rechtsfolge ist gem. §§ 634 Nr. 4, 280 Abs. 1 und 3, 283, dass K Schadensersatz statt des mangelfreien Ölwechsels verlangen kann. Der Schadensersatz statt der Leistung erfasst allerdings nur den sog. Mangelschaden, also die Minderwertigkeit des Werks. Der irreparable Motorschaden, die dadurch verursachten Abschleppkosten und der Verlust der CD zählen nicht dazu. K kann für beide Posten gem. § 251 Abs. 1 Schadensersatz in Geld verlangen. Die Abnahme des Werkes durch K steht dem Anspruch gem. § 640 Abs. 2 nicht entgegen. 9

6. Ergebnis

K kann von H gem. §§ 634 Nr. 4, 280 Abs. 1 und 3, 283 Rückzahlung des Werklohns verlangen. 10

II. Anspruch des K auf Ersatz für den Motorschaden und die Abschleppkosten gem. §§ 634 Nr. 4, 280 Abs. 1

K könnte gegen H einen Anspruch auf Schadensersatz gemäß § 634 Nr. 4 i.V.m. § 280 Abs. 1 haben. 11

1. Bestehendes Schuldverhältnis, Pflichtverletzung, Vertretenmüssen

Wie bereits festgestellt, liegt mit dem Werkvertrag ein Schuldverhältnis vor (s.o. Rn. 2). Durch die mangelhafte Leistungserbringung hat H seine Pflicht gem. § 633 Abs. 1 verletzt (s.o. Rn. 3). Er hat diese Pflichtverletzung auch zu vertreten (s.o. Rn. 5 ff.). 12

2. Schaden und Ersatz nach §§ 249 ff.

Rechtsfolge ist, dass K den Schaden ersetzt verlangen kann, der durch den mangelhaften Ölwechsel verursacht worden ist, § 634 Nr. 4 i.V.m. § 280 Abs. 1. Dazu gehört nicht nur der irreparable Motorschaden, sondern auch die hierdurch verursachten Kosten für das Abschleppen des Fahrzeugs. K kann für beide Posten gem. § 251 Abs. 1 Schadensersatz in Geld verlangen. Da K in diesem Moment von dem Mangel nichts wusste, steht die Abnahme des Werkes dem Anspruch nicht gem. § 640 Abs. 2 entgegen. 13

3. Ergebnis

K kann von H gem. §§ 634 Nr. 4, 280 Abs. 1 Ersatz des Motorschadens und der Abschleppkosten verlangen. 14

III. Anspruch aus § 831 Abs. 1 S. 1 auf Ersatz für den Motorschaden und die Abschleppkosten

15 Ein Anspruch auf Ersatz der beiden Schadensposten könnte sich für K auch aus § 831 Abs. 1 S. 1 ergeben.

1. P als Verrichtungsgehilfin

16 Dazu müsste die P Verrichtungsgehilfin des K gewesen sein. Verrichtungsgehilfe ist, wer mit Wissen und Wollen des Geschäftsherrn in dessen Interesse tätig wird und von dessen Weisungen abhängig ist. Da H als Geschäftsherr die Tätigkeit der P jederzeit beschränken und entziehen sowie nach Zeit und Umfang bestimmen kann, ist diese Voraussetzung im Verhältnis des H zu seiner Gesellin gegeben. Angesichts ihres Arbeitnehmerstatus würde auch die überwiegend verlangte soziale Abhängigkeit der P im Verhältnis zu H zu bejahen sein.

2. Tatbestandsmäßige rechtswidrige unerlaubte Handlung

17 Weiterhin müsste P den objektiven Tatbestand einer unerlaubten Handlung i.S.d. §§ 823 ff. widerrechtlich verwirklicht haben. In Betracht kommt hier eine Eigentumsverletzung gem. § 823 Abs. 1: P hat vergessen, die Ölablassschraube nach dem Ölwechsel wieder festzuziehen, was zur Zerstörung des Motors von Ks Fahrzeug führte. Eine Eigentumsverletzung liegt insofern[3] also vor; Rechtfertigungsgründe sind nicht ersichtlich. Damit liegt eine tatbestandsmäßige rechtswidrige unerlaubte Handlung der Verrichtungsgehilfin P vor.

3. In Ausführung der Verrichtung

18 Da der Ölwechsel zu dem der P übertragenen Aufgabenbereich gehörte, ist die Eigentumsverletzung in Ausführung der Verrichtung verursacht worden.

4. Exkulpation gem. § 831 Abs. 1 S. 2

19 § 831 knüpft die Einstandspflicht des Geschäftsherrn an ein vermutetes eigenes Verschulden. Da hier die rechtswidrige Schädigung durch die Verrichtungsgehilfin feststeht, besteht zugunsten des Verletzten K nach § 831 Abs. 1 S. 2 Hs. 1 die vom Geschäftsherrn H zu widerlegende Vermutung dafür, dass dieser seine Gehilfin nicht ausreichend ausgewählt oder überwacht hat. Da die P die ihr aufgetragenen Arbeiten bis zu diesem Zeitpunkt stets ordnungsgemäß ausführte, wird dem H der Entlastungsbeweis gelingen.

5. Ergebnis

20 Ein Anspruch des K gegen H gem. § 831 besteht nicht.

Frage 2

I. Anspruch des K gegen H gem. § 280 Abs. 1

21 K könnte die CD nach § 280 Abs. 1 ersetzt verlangen.

---

[3] Die Abschleppkosten betreffen dagegen nur das Vermögen des K, können aber als adäquate Folge der Eigentumsverletzung ersatzfähig sein.

1. Bestehendes Schuldverhältnis

Die Parteien haben einen Werkvertrag geschlossen (s. o. Rn. 2). **22**

2. Pflichtverletzung

Es müsste eine Pflichtverletzung vorliegen, § 280 Abs. 1 S. 1. Zu den Pflichten aus **23** dem Werkvertrag zählt zum einen die Leistungspflicht, den Ölwechsel ordnungsgemäß durchzuführen, die allerdings in keinem Zusammenhang mit dem Diebstahl der CD steht. Zum anderen hat der Unternehmer auch die Schutzpflicht, den Wagen vor Beschädigungen zu schützen, keine Gegenstände aus dem ihm anvertrauten Wagen zu entwenden und in zumutbarer Weise Diebstähle durch Dritte zu verhindern, vgl. § 241 Abs. 2.[4] Diese Pflicht könnte durch den Diebstahl der CD objektiv verletzt worden sein.[5]

Hinweis: Die unterschiedlichen Pflichtverletzungen muss man auch erkennen, wenn nicht bereits die **24** Fragestellung – wie hier – zwischen den verschiedenen Aspekten trennt. Denn für die haftungsausfüllende Kausalität kommt es darauf an, dass der Schaden gerade auf der festgestellten Pflichtverletzung beruht. Deshalb muss man bereits bei der Pflichtverletzung einigermaßen genau herausarbeiten, wodurch der Schuldner gegen das Pflichtenprogramm verstoßen hat. Das gilt insbesondere für die Verletzung von Nebenpflichten i. S. v. § 241 Abs. 1.

a) Pflichtverletzung aufgrund eigenen Verhaltens

H könnte selbst eine Pflichtverletzung begangen haben. Er hatte gegenüber K nicht **25** nur die Pflicht, selbst Diebstähle aus dem ihm anvertrauten Wagen zu unterlassen, sondern er musste, wenn er nicht selbst die Arbeiten an dem Wagen durchführte, sorgfältig ausgewählte Hilfspersonen mit der Erfüllung der Leistungspflicht und der Beachtung der Schutzpflichten betrauen. H hat die Beachtung der Schutzpflichten bei der Beauftragung der P mit dem Ölwechsel konkludent auf P übertragen. Anhaltspunkte dafür, dass P sich bereits in der Vergangenheit pflichtwidrig verhalten hat, sind nicht vorhanden. Auch kann es dem H nicht zum Vorwurf gemacht werden, dass er sich aus der Werkstatt entfernte, ohne eine andere Aufsichtsperson einzusetzen. Es würde die zumutbare Schutzpflicht übersteigen, wenn der Geschäftsherr während seiner vorübergehenden Abwesenheit eine besondere Person zur Aufsicht über den als zuverlässig bekannten Gehilfen einsetzen müsste. Eine eigene Pflichtwidrigkeit ist daher zu verneinen.

b) Zurechnung des Verhaltens der P

Dem H könnte das Verhalten der P über § 278 zuzurechnen sein. Die Norm rechnet **26** zwar ihrem Wortlaut nach dem Schuldner nur ein fremdes Verschulden im Rahmen des Vertretenmüssens zu. Da aber gerade die Pflichtverletzung selbst zu vertreten sein muss, bedarf es bereits einer Zurechnung des Verhaltens des Erfüllungsgehilfen. Wie bereits festgestellt, war P Erfüllungsgehilfin des H im Verhältnis zu K (s. o. Rn. 7), und zwar hinsichtlich der Pflichten nach § 241 Abs. 2. Durch ihr Verhalten ist es zu einer

---

[4] Palandt/*Grüneberg*, § 241 Rn. 7, § 280 Rn. 28 a; *BGH* NJW 1983, 113.
[5] Die Beweislast für den Tatbestand der Pflichtverletzung trägt der Gläubiger, auch wenn ihm hier unter dem Gesichtspunkt von Verantwortungsbereichen (Palandt/*Grüneberg*, § 280 Rn. 37) Beweiserleichterungen zugute kommen. Ohne die Darlegung und ggf. den Nachweis des Tatbestandes der Pflichtverletzung kann sich der Gläubiger auf die Vermutung des Vertretenmüssens in Satz 2 nicht berufen, siehe BT-Drs. 14/1460, S. 136. Kritisch zur Trennung der Kategorien Pflichtverletzung und Vertretenmüssen in § 280 Abs. 1 *Canaris*, JZ 2001, 499 (512), der sich für eine Mischung von Nichterfüllungs- und Pflichtverletzungsterminologie für die §§ 280 ff. aussprach (ebenda und 523).

Pflichtverletzung gekommen (s. o. Rn. 23). Umstritten ist, ob dies ausreicht, um den Diebstahl der P dem H nach § 278 zuzurechnen, oder ob noch weiter erforderlich ist, dass der Erfüllungsgehilfe gerade „in Erfüllung" der ihm aufgetragenen Tätigkeit und nicht nur „bei Gelegenheit" gehandelt hat.

27 Nach h. M. muss das Fehlverhalten des Gehilfen im Rahmen der Tätigkeit liegen, die ihm der Schuldner bei der Erfüllung seiner Pflichten zugedacht hat.[6] Eine Einstandspflicht des Geschäftsherrn für ein eigenmächtiges Verhalten des Gehilfen ist somit dann zu verneinen, wenn die Verfehlung des Gehilfen sich von dem ihm übertragenen Aufgabenbereich so weit entfernt, dass aus der Sicht eines Außenstehenden ein innerer Zusammenhang zwischen dem Handeln der Hilfsperson und dem allgemeinen Rahmen der ihr übertragenen Aufgaben nicht mehr zu erkennen ist.[7] Da P mit dem Diebstahl eine Handlung vorgenommen hat, die von den ihr übertragenen Aufgaben völlig losgelöst ist und die grundsätzlich jeder deliktisch handelnde Dritte hätte vornehmen können, sind die Voraussetzungen der Zurechnung nach § 278 nach h. M. nicht gegeben.

28 Die Gegenauffassung verweist für Fälle wie den vorliegenden darauf, dass aus einem Vertrag auch die Pflicht folgt, nicht schädigend auf die Rechtsgüter des Gläubigers einzuwirken (vgl. jetzt § 241 Abs. 2). Bedient der Schuldner sich einer Hilfsperson, so ist dieser an den Sachen, die ihr unmittelbar zur Durchführung der übertragenen Tätigkeit anvertraut sind, auch die Schutzpflicht selbst übertragen.[8] Hätte H selbst den Ölwechsel durchgeführt und hierbei die CD aus dem Wagen entwendet, so wäre er dem K nach § 280 zum Schadensersatz verpflichtet. Die Einschaltung der P in die Vertragserfüllung darf den K demgegenüber nicht schlechter stellen. Denn die Gelegenheit zu dem Diebstahl erhielt P gerade dadurch, dass H sie in die Erfüllung des Werkvertrags einschaltete. Daher muss H sich ihr „Wirken" grundsätzlich zurechnen lassen (a. A. vertretbar).

3. Vertretenmüssen

29 Die Erfüllungsgehilfin P hat die Schutzpflicht nach § 241 Abs. 2 vorsätzlich, also schuldhaft verletzt. Dieses Verschulden ist dem H gem. § 278 zuzurechnen.

4. Schaden

30 Durch die Pflichtverletzung hat K den Besitz an der CD verloren. Da H ihm den Besitz nicht wieder verschaffen kann (§ 249 Abs. 1), schuldet er Wertersatz (§ 251 Abs. 1).

5. Ergebnis

31 H haftet daher dem K auf Schadensersatz nach § 280 Abs. 1.

II. Anspruch aus § 831

32 In Betracht kommt außerdem wieder ein Anspruch des K gegen H aus § 831 Abs. 1 S. 1: P hat als Verrichtungsgehilfin (vgl. Rn. 16) des H rechtswidrig eine unerlaubte Handlung in der Form eines Diebstahls begangen.

---

[6] BGHZ 31, 358, 366; 114, 263, 270; Palandt/*Grüneberg*, § 278 Rn. 20.
[7] BGHZ 23, 319, 323; Palandt/*Grüneberg*, § 278 Rn. 20.
[8] Siehe *Medicus/Lorenz* I, Rn. 391, wonach § 278 immer dann angewendet werden sollte, wenn dem Gehilfen die Schädigung durch die übertragene Tätigkeit erleichtert worden ist.

Zweifelhaft ist allein, ob dies auch „in Ausführung der Verrichtung" geschah. Auch **33**
hier sieht die h.M. wieder unter dem Hinweis darauf, dass kein unmittelbarer innerer
Zusammenhang zwischen der der P aufgetragenen Verrichtung nach ihrer Art und
ihrem Zweck einerseits und der schädigenden Handlung andererseits bestehe,[9] bereits
den haftungsbegründenden Tatbestand des § 831 als nicht erfüllt an. Überzeugender ist
es allerdings auch hier, von einem Handeln „in Ausführung der Verrichtung" auszugehen, da sich gerade durch den Einsatz der Gehilfin ein spezifisches Risiko verwirklicht
hat.[10] Die Tatbestandsvoraussetzungen des § 831 Abs. 1 S. 1 sind demnach erfüllt (a. A.
vertretbar).

Da sich H als Geschäftsherr jedoch nach § 831 Abs. 1 S. 2 für die unerlaubte Hand- **34**
lung der P exkulpieren kann (s.o. Rn. 19), besteht ein Anspruch gem. § 831 Abs. 1 S. 2
nicht.

---

[9] Vgl. BGHZ 11, 151, 153.
[10] Vgl. *Larenz/Canaris*, S. 480.

Stichwortverzeichnis

Die Zahlen bezeichnen die Nummern der Fälle.

Ablaufhemmung 27
Ablieferung 19, 24, 25, 27, 30, 31
Abnahme 30, 37, 38
Abtretung 3, 5, 22, 23
– svertrag 22, 23
– Voraussetzungen der wirksamen 22, 23
Äquivalenzinteresse 27
AGB (siehe Allgemeine Geschäftsbedingungen)
Aliud-Lieferung 26, 29
Allgemeine Geschäftsbedingungen (AGB) 1, 13, 24, 25, 27, 30, 34
– Auslegung 24, 27, 34
– Einbeziehung in Vertrag 24, 34
– Inhaltskontrolle 24, 30, 34
– Überwälzung von Pflichten 34
– Unklarheitenregel 24, 27
– Unwirksamkeit 24, 25
Alternativverhalten, rechtmäßiges 27, 28
Analogie 12, 15, 30
– zu § 132 BGB 4
Angebot der Leistung 9
– entbehrliches 9
– tatsächliches 9
– wörtliches 9
Anerkenntnis 3
Anfängliche Leistungshindernisse 4, 19, 30, 34
Anfechtung 4, 19, 20, 24, 25, 29, 31, 32
Angemessenheit der Frist 4, 11, 14, 15, 17, 24, 25, 26, 30, 31
Annahmeverzug 9, 10, 14–16
– Angebot der Leistung: s. dort
– Leistungsbereitschaft 9, 16
Annahmewille 3
Anpassung des Vertrags 19, 32, 33, 34
Anscheinsbeweis 2
Arbeitnehmerhaftung 35
Arbeitsvertrag 7, 35
Arglistanfechtung 24, 25, 31
Arglistiges Verschweigen 19, 24, 25, 26, 27, 30, 31
Aufrechnung 12, 17, 23
– Ausschluss der 23
– serklärung 23
– slage 23
– Wirkung der 23
Aufwendungen 4, 6, 8, 11, 13, 19, 30, 31, 36, 37, 38
Aufwendungsersatz 4, 11, 24, 25, 30, 36, 37, 38
Auslegung 1, 2, 3, 4, 8, 9, 14, 15, 19, 24, 25, 27, 30, 32, 34, 36
– ergänzende 32
– von § 102 Abs. 2, 3 BGB 2
– von AGB 24, 27, 34

Auslegungsregel 1, 8, 15
Ausschluss
– der Anfechtung 19
– der Gegenleistungspflicht 4, 7, 34
– der Leistungspflicht 4, 11, 24, 25, 34
– des Anspruchs aus § 311a Abs. 2 BGB 4
– des Bereicherungsanspruchs 34

Bankgeheimnis 13
Bankvertrag 13
Bargeldlose Zahlung 3
Bedingungseintritt 15
Bei Gelegenheit der Erfüllung oder Verrichtung 37, 38
Berechtigte Interessen 13
Bereicherungsherausgabe nach Rücktritt 19
Beschaffenheitsgarantie 24, 25
Beschaffenheitsvereinbarung 19, 24, 25, 26, 28, 30, 31, 38
Beschaffungspflicht 4, 6, 8, 19, 30, 32
Beschaffungsrisiko 6, 8, 9, 10, 17, 30, 32
Besitzverschaffung(spflicht) 31
Betriebliche Tätigkeit 35
Betriebsausfallschaden 28
Beweislastumkehr 2, 30
Bewirken der geschuldeten Leistung 3
Bringschuld 8–10, 16
BGB-InfoV 20, 21

Commodum ex negotiatione cum re 6
Culpa in contrahendo (c.i.c.) 2, 24, 25, 31
– Drittschutz 2
– Pflichten gem. § 241 Abs. 2 BGB 2
– Sachwalter- und Vertreterhaftung 25
– und § 311a Abs. 2 BGB 4
– Verjährung 2
– Vertragsaufhebung 31

Darlehensvertrag 21
Dauerschuldverhältnis 7, 11, 33, 34
Dienstvertrag 7, 35, 36
Differenzhypothese 12, 13, 16, 17, 27
Differenzmethode 4
Differenztheorie (eingeschränkte) 4
Drittleistung 3
Drittschadensliquidation 10, 12
Drittschutz 2
Doppelverkauf 6

E-commerce 21
Eigenhaftung des Vertreters oder Verhandlungsgehilfen 2, 25, 26

Eigenschaftsirrtum 19, 24, 25, 31
Eigenschaftszusicherung 24, 25
Eigentumsvorbehalt 15
Entbehrlichkeit der Fristsetzung 11, 15, 19, 24, 25, 26, 27, 30, 31
Entbehrlichkeit der Mahnung 16, 17, 31
Entlastungsbeweis 4, 19, 24, 25, 37, 38
Erbringbarkeit (siehe Nachholbarkeit)
Erfüllung 3, 10, 15, 22, 37
– Bewirken der Leistung 3, 7, 9, 22, 23
– durch Überweisung 3
– Unmöglichkeit der (siehe Unmöglichkeit)
Erfüllungsgehilfe 2, 4, 10, 24, 25, 32, 37, 38
Erfüllungsverweigerung 15, 24, 25, 37
Erheblichkeit der Pflichtverletzung 24, 25, 30, 31
Ersatz 5, 6, 8
– Anrechnung auf Schadensersatz 5
– Anspruch 5, 6
– Herausgabe 5, 6, 8
Ersetzungsbefugnis 3
Ersparnisanrechnung 9, 31

Fahrlässigkeit 2, 9, 10, 13, 15–17, 19, 24, 25, 27, 30–35
– leichte 10, 35
– grobe 9, 19, 24, 25, 27, 10
– Organisationsfahrlässigkeit 2
– beim Rechtsirrtum 31
Fälligkeit und Fälligkeitsbedingung 1
Falschlieferung 29
Fernabsatzgeschäft 20, 21
Fixgeschäft/Fixschuld
– absolutes 7, 9, 14, 24, 25
– relatives 14, 15, 24, 25
Fremdtilgungswille 3
Fristsetzung 9–15, 19, 24–31, 35, 37, 38
– angemessene Frist 11, 14, 15, 17, 30, 31
– Entbehrlichkeit beim Rücktritt 9, 14, 15, 19, 24, 25, 31
– Entbehrlichkeit beim Schadensersatz 11, 14, 15, 24–27, 30, 31
Form 28, 30
Formzwang 28
– Umfang bei § 434 28
Frustrierte Aufwendungen 11

Garantie 24–31
– siehe auch Beschaffenheits-Haltbarkeitsgarantie
Gattungsschuld 4, 8, 9, 10, 17, 24–26, 29, 30, 32
– Konkretisierung der 8, 9, 19, 10
Gefahr 8, 9, 12, 16, 19, 10
– Gegenleistungs- 8, 9, 10, 12, 34
– Leistungs- 8, 9, 10, 12, 16, 34
– Sach- 9, 19, 10
– -übergang 9, 19, 24–27, 30, 10
Gefahrgeneigte Arbeit 35
Gefahrübergang (s. Gefahr)
Gegenleistung(spflicht) 4–7, 9, 12
– Wegfall 4–7, 9, 12, 14, 19, 31–32, 34
Gegenleistungsgefahr 8, 9, 10, 12, 34

Gegenseitiger Vertrag 5, 6, 9, 12–16, 19, 22, 24, 25, 31, 10
– Befreiung von der Gegenleistungspflicht 4–7, 9, 12, 14, 19, 31–32, 34
– Einrede des nichterfüllten Vertrags 14–17, 19, 22, 26, 34, 36
– Rücktritt vom 4, 7, 9, 10, 12–16, 19, 24, 25, 30–34, 37, 38
Gegenseitigkeitsverhältnis 9, 10, 12, 19–22, 26, 34
Geldschuld 3, 9, 15–17, 10
– Barzahlung 3
– Erfüllung 3
– qualifizierte Schickschuld 10, 16
– Überweisung 3
Geldsummenschuld 17
Gesamtschuld 27
– Ausgleichsanspruch 27
– Regress 27
Geschäftlicher Kontakt 2
Geschäftsbesorgung 13
Geschäftsbeziehung als gesetzliches Schuldverhältnis ohne primäre Leistungspflicht 13
Geschäftsführung ohne Auftrag 30
Geschäftsgrundlage 7, 8, 18, 19, 31, 32, 33
– Verhältnis zu anderen Rechtsbehelfen 32
– Verhältnis zum Leistungsausschluss 19, 32
Gewährleistung (s. Rechts- bzw. Sachmängelhaftung)
Gewährleistungsausschluss 24, 25
Gläubigerverzug, siehe Annahmeverzug

Haftung des Arbeitnehmers 35
Haftungsausschluss 24–26, 30
Haltbarkeitsgarantie 24, 25, 27
Hauptleistung(spflichten) 1, 2, 6, 9–11, 14, 15, 34, 37, 38
– beim Dienstvertrag 36
Haustürgeschäft 20
Holschuld 8, 9, 18, 29

Informationspflichten 20, 21
Innerbetrieblicher Schadensausgleich 35
Instandhaltungspflicht des Vermieters 34
Integritätsinteresse 27, 31
Interessenwahrungspflicht 13
Internet 21
Inzahlungnahme 3
Irrtumsanfechtung 24, 25, 31

Kaufvertrag 3–6, 8, 9, 12, 14–22, 24–10
Kausalität 2, 4, 6, 11, 12, 13, 36
– haftungsausfüllende 2, 4, 11–13, 27, 28, 36
– haftungsbegründende 2
Kenntnis des Mangels 24, 25
Kommission 13
Konkretisierung 8, 9, 19, 10
Konkurrenzen 19, 24, 25, 29, 30, 34
– Irrtumsanfechtung und Gewährleistung 19, 24, 31, 32
– rechtsgeschäftliche und deliktische Ansprüche 2, 27

- Rücktritt und Schadensersatz 4, 12, 24, 25, 27, 31, 37
Kündigung 7, 11, 31, 33, 34
- eines Arbeitsvertrags 7
- wegen Mietmangels 33
- eines Mietvertrags 31, 33
- wegen Störung der Geschäftsgrundlage 33
- aus wichtigem Grund 33
Kündigungsfristen beim Mietvertrag 31
Kündigungsschutz 7, 31
- im Arbeitsrecht und Leistungsverweigerungsrecht 7
- im Wohnraummietrecht 31

Leasingvertrag 3
Leistung an Erfüllungs Statt 3
Leistung eines Dritten 3
Leistung erfüllungshalber 3
Leistungsangebot 9
Leistungsgefahr 8–10, 12, 16, 34
Leistungspflichten 4, 10, 19, 24, 25, 27, 31, 34, 37, 38
Leistungskondiktion 29, 34
- Verhältnis zur Sachmängelhaftung 29
Leistungsort 8, 9, 16, 29, 30
Leistungsverweigerungsrecht 6, 7, 24–26, 32, 34, 37
- und Kündigungsschutz 7
- bei Unzumutbarkeit der Leistung 6, 7, 13, 14, 24, 25, 26, 32, 34
- bei Verjährung 2, 23, 25, 27, 30, 37
Leistungsverzögerung 14, 16, 17, 37, 38

Maklervertrag 1
Mahnung 13, 14–17, 24, 25, 28, 31
- Entbehrlichkeit der 16, 17, 28
Mangel (siehe auch Rechtsmangel, Sachmangel)
- Begriff 24, 25, 34
Mängelbeseitigung 24, 25–31, 34, 37
- Fehlschlagen 24, 25, 30
- durch Käufer 30
- Neuherstellung 37
- Selbstbeseitigung 30
- Unzumutbarkeit für Werkunternehmer 37
- Unzumutbarkeit für Verkäufer 24–31
- Unzumutbarkeit für Vermieter 34
- durch Vermieter 34
- Wahlrecht 24, 25, 37
Mangelfolgeschaden 27, 31, 35, 37, 38
Mangelschaden 24, 25, 27, 31, 37, 38
Mankolieferung 29
Mietmangel 33, 34
Mietvertrag 11, 16, 19, 31, 33, 34
Minderung 5, 19, 24, 30, 34, 37, 38
- beim Kauf 19, 24, 29, 30
- bei der Miete 34
- auf Null 34, 37
- bei teilweisem Ausschluss der Leistungspflicht 4
- beim Werkvertrag 37, 38
Mitverschulden 2, 12, 27, 28

Nacherfüllung(sanspruch) 19, 24–31, 34, 37, 38
- Arten 24–31
- Entbehrlichkeit der Fristsetzung 19, 24, 25, 30, 31, 37
- beim Kauf 24–31
- durch Mängelbeseitigung 24–26, 30, 31, 34, 37, 38
- beim Mietvertrag 34
- durch Nachlieferung 24–26, 30, 37
- beim Werkvertrag 37, 38
Nachfrist 14, 15, 27, 31
Nachholbarkeit der Leistung 11, 14, 15, 16
Nebenleistungspflicht 13, 37, 38
Neuherstellung 37
Nebenpflichten 1, 2, 10, 12, 24, 25, 27, 35, 37, 38
- leistungsbezogene 37, 38
- nicht leistungsbezogene 1, 2, 4, 11, 13, 27, 35, 37, 38
Nichtleistung 14
Nichtleistungskondiktion 30
Nutzungsersatz nach Rücktritt 19

Online-Vertrag 21
Optionsvertrag 17
Organisationsverschulden 2

Pauschalierter Schadensersatz 17
Pflichten gem. § 241 Abs. 2 BGB 1, 2, 4, 10–13, 19, 24, 25, 31, 35, 38
Pflichtverletzung 2, 4–7, 10–13, 15–17, 19, 24–27, 30, 31, 35, 36, 38
- Erheblichkeit 25, 30
Positive Forderungs-/Pflichtverletzung (pFV 11, 13, 27, 35)
Preisgefahr (s. Gegenleistungsgefahr)
Produkthaftung 27
Produzentenhaftung 27
PVV, siehe pFV

Rahmenvertrag 13
Rechtfertigung 13
Rechtmäßiges Alternativverhalten 27, 28
Rechtsirrtum 13, 31
Rechtsmangel 25, 28, 31, 32
Rechtsmängelhaftung 31
Regress
- bei der Gesamtschuld 27
- beim Verbrauchsgüterkauf 27
Rentabilitätsvermutung 11
Rückabwicklung 19–21, 27
- nach Rücktritt 19
- nach Widerruf 19–21
Rückgewähranspruch 8, 14, 15, 19, 20, 27, 29, 37, 38
Rückgewährschuldverhältnis 14, 15, 19
Rückgriff auf Vorlieferant 27
Rücktritt 4, 6–16, 19–21, 24–34, 37, 38
- gesetzliches Rücktrittsrecht 6, 9, 13–15, 19, 20
- vom ganzen Vertrag 14, 27, 29, 31
- bei Leistungsbefreiung 4, 6–12, 14–16, 19, 29, 30, 32, 34, 38
- Privilegierung des Rücktrittsberechtigten 19

- Rücktrittserklärung 6, 9, 12–14, 19, 25
- und Schadensersatz 4, 6–8, 11–16, 19, 20, 25–32, 34, 37, 38
- Teilrücktritt 29
- Unwirksamkeit 14, 19, 25, 27
- und Verjährung 14, 19, 25, 27–31, 37, 38
- vertragliches Rücktrittsrecht 9, 13, 14, 15
- Wertersatz 19, 27

Sachgefahr 9, 20, 10
Sachmangel 19, 20, 24–31, 33, 34, 37, 38
Sachmängelhaftung 19, 24–29, 31, 33, 34, 37, 38
- und Anfechtung 24, 25
- und Bereicherungsrecht 30
- beim Kauf 24–30
- bei der Miete 33, 34
- beim Werkvertrag 37, 38
Sachwalterhaftung 2, 25
Schaden 2, 4–6, 8, 11–20, 23–32
- entgangener Gewinn 4, 11, 16, 25, 35
- frustrierte Aufwendungen 11
- Mangelschaden, s. dort
- Mehraufwendungen 4, 13
Schadensersatz 2, 4–6, 8, 11–17, 19, 23–32, 34–38
- Äquivalenzinteresse 27
- „großer" 11, 15, 20, 25–31, 38
- wegen immaterieller Schäden 2, 11
- Integritätsinteresse 27, 31
- bei Leistungsbefreiung (Unmöglichkeit) 4–6, 11, 12, 14, 15, 16, 18, 19, 25–32, 34, 38
- neben der Leistung 28
- pauschalierter 17
- nach Rücktritt beim gegenseitigen Vertrag 19
- wegen Pflichtverletzung 2, 4, 12, 13, 24, 25, 30, 37, 38
- statt der Leistung 4–6, 11–13, 14–16, 24–31, 32, 35–38
- statt der ganzen Leistung 11, 15, 20, 25–31, 38
- wegen Verzögerung der Leistung 15–17, 28, 31
Schadensminderungsobliegenheit 28
Schenkung 32
Schickschuld 8–10, 16
- qualifizierte: s. Geldschuld
Schmerzensgeld 2
Schuldanerkenntnis
- abstraktes 3
- deklaratorisches 3
- kausales 3
- konstitutives 3
Schuldnerverzug 14–17, 31
Schuldverhältnis i. S. v. § 102 Abs. 2 BGB 2, 4, 24, 25, 27, 31
Schutzpflicht (siehe Pflichten gem. 241 Abs. 2 BGB)
Selbstvornahme 30, 37
Selbstbeseitigung von Mängeln 30
Stellvertretendes commodum 5, 6, 8
Surrogationsmethode 4, 12
Synallagma 2, 4, 6, 9, 13, 14, 15, 17, 10

Teilnichtigkeit 25, 30
Teleologische Reduktion 9–12, 19, 34

Übereignung durch Vertreter 10
Überweisung 3, 22
Umgehungsgeschäft 25
Umfang der Ersatzpflicht 11
Unbestellte Warenlieferung 29
Unmöglichkeit 4–14, 15, 16, 18, 19, 25–32, 34, 38
- anfängliche 4, 19, 27
- und Gegenleistungsanspruch 4–7, 9, 10, 12, 14, 31, 34
- der Nacherfüllung 19, 25, 38
- nachträgliche 4, 34
- objektive 4, 7, 14, 19, 25, 26
- Pflichtverletzung und 4, 5, 11, 12, 19, 30
- praktische 6, 34
- qualitative 19
- und Schadensersatz 4, 5, 11, 12, 19, 30
- subjektive 4, 6, 14, 19, 25, 26, 32
- wirtschaftliche 18, 32, 34
Unterbrechung des Kausalverlaufs 28
Unterlassungsanspruch 13
Unternehmerregress 27
Unvermögen 32
Unwirksamkeit der Gewährleistungsbeschränkung 24, 25
Unwirksamkeit des Rücktritts 14, 19, 25, 27
Unzumutbarkeit der Leistung 4, 6, 13, 15, 25, 26, 32, 34, 37
- bei Nacherfüllung 6, 25, 26, 37
- objektive 4, 6, 13, 15, 25, 26, 32, 34, 37
- persönliche 7

Verantwortlichkeit des Gläubigers 9, 12
Verbraucher 20, 21
Verbraucherdarlehensvertrag 21
Verbraucherschutz 20, 21, 27
Verbrauchsgüterkauf 8, 27, 30
- Unternehmerregress 27
- Umgehungsgeschäft 25
Verbundenes Geschäft 21
Vereitelung des Bedingungseintritts 15
Verjährung 1, 2, 3, 19, 23, 25, 27–31, 37, 38
- Ablaufhemmung 27
- allgemeine Verjährungsfrist 2
- und Anerkenntnis 3
- von deliktischen Ansprüchen 38
- Einrede 2, 23, 25, 27, 37, 38
- von Gewährleistungsansprüchen 19, 25, 27, 38
- Hemmung der 2
- Neubeginn der 3
- und Unwirksamkeit des Rücktritts 14, 19, 25, 27
Verkäufergarantie 24, 25, 27
Verkehrs(sicherungs)pflicht 2, 27
Vermögensschaden 4
Vermutung 2–4, 11, 12, 15, 16, 19, 24, 25, 30, 31, 35, 37, 38
- für Rücktrittsrecht 15
- für Vertretenmüssen der Pflichtverletzung 2, 4, 5, 9–14, 15–17, 19, 24, 25, 27, 30–31, 35–38
Verrichtungsgehilfe 2, 38
Verschwiegenheitspflicht 13
Vertrag mit Schutzwirkung 2

Vertrag zugunsten Dritter 1, 2, 9
Vertragsanbahnung 2, 3
Vertragsanpassung 18, 32, 33
Vertragsschluss im elektronischen Geschäftsverkehr 21
Vertragsverhandlungen 1, 2, 31
Vertretenmüssen 2, 4–6, 9–13, 15–17, 19, 25–32, 35, 37, 38
- allgemeiner Maßstab 2, 4, 9–13, 16, 19, 25, 30, 31, 35
- während des Annahmeverzugs 9, 10
- bei Beschaffungsrisiko 6, 9, 17, 32, 30, 10
- bei Garantie 4, 9, 19, 25, 27, 28, 30, 31
- während des Schuldnerverzugs 16
- der Unkenntnis 4, 19, 27
- Verhältnis zur Pflichtverletzung 4
- Vermutung (siehe dort)
- Verschulden 2, 4–6, 8–13, 15–17, 19, 25, 27, 29, 32, 33, 37, 38
Verwendung der Kaufsache 28
- vertraglich vorausgesetzte 24, 28
- Verwendungsmöglichkeit i. S. v. § 434 28
Verwendungsersatz 19
Verzögerungsschaden 15–17, 28, 31
Verzug 4, 8, 9, 14–17, 31
- bei Einrede 16
- Verzugsschaden, s. Verzögerungsschaden
- Voraussetzungen 17
Vorlieferant 27

Vorteilsausgleichung 16
Vorvertragliches Schuldverhältnis 2

Wahlrecht 4, 24, 26, 37, 38
- des Gläubigers nach § 102a Abs. 2 BGB 4
- des Käufers bei Nacherfüllung 24, 26
- des Werkunternehmers bei Nacherfüllung 37, 38
Wahrnehmung berechtigter Interessen 13
Weiterfresser-Schaden 25, 27
Werkvertrag 11, 13, 30, 36–38
Wertersatz nach Rücktritt 19, 27
Widerruf des Verbrauchers 20, 21
Widerrufsrecht 29, 21
Wirksamkeit des Vertrags 4, 32
Wirtschaftlicher Totalschaden 34
Wissensvertreter 4

Zinsen 17, 19, 21
- als Nutzung 19
- als unterlassene Nutzung 19
- bei Verzug 17
Zufallshaftung 16
Zurückbehaltungsrecht 16–18, 32
Zurechnungszusammenhang 27, 28
Zusicherung 25
Zuweniglieferung 29
Zweckerreichung 30